À mes compagnons de vie à qui je
n'ai pas encore dédié de livre,
Yves Boudreault, Claude Allard
et Bertrand Ducharme.

À un moment ou l'autre de ma vie,
vous m'avez amoureusement ou
affectueusement supportée.
Recevez ma reconnaissance, mon
affection indéfectible.

Gisèle

Fleurbec, auteur et éditeur

Plantes sauvages des villes et des champs, volume 1. 1978.

Plantes sauvages comestibles. 1981.

Plantes sauvages au menu (guide culinaire). 1981.

Plantes sauvages des villes, des champs et en bordure des chemins, volume 2. 1983.

Plantes sauvages du bord de la mer. 1985.

Plantes sauvages des lacs, rivières et tourbières. 1987.

Fougères, prêles et lycopodes. 1993.

Fleurbec, éditeur

Gisèle Lamoureux et collaborateurs, 1975. Plantes sauvages printanières. (Épuisé)

Ernest Rouleau, 1986. Index des Contributions du Laboratoire de botanique et de l'Institut botanique de l'Université de Montréal.

Ernest Rouleau & Gisèle Lamoureux, 1992. Atlas des plantes vasculaires de l'île de Terre-Neuve et des îles de Saint-Pierre-et-Miquelon / Atlas of the vascular plants of the island of Newfoundland and of the islands of Saint-Pierre-et-Miquelon.

Gisèle Lamoureux & Patrick Nantel,1999. Cultiver des plantes sauvages ... sans leur nuire.

Comment citer ce livre

Lamoureux, G. 2002. Flore printanière. Collaboration à la photographie: R. Larose. Fleurbec éditeur, Saint-Henri-de-Lévis, Québec.

Dépôt légal - 1er trimestre 2002
Bibliothèque nationale du Québec
Bibliothèque nationale du Canada

Gisèle Lamoureux

COLLABORATION À LA PHOTOGRAPHIE: ROGER LAROSE

Flore printanière

Guide d'identification Fleurbec

Fleurbec éditeur

Saint-Henri-de-Lévis, 2002

Édition et graphisme

Gisèle Lamoureux

Conseillers scientifiques

Jacques Cayouette, Patrick Nantel, Jacques Labrecque.

Conseillers en rédaction, révision des épreuves

Pierre Lincourt, Camille Rousseau.

Conseiller en microinformatique

Yves Boudreault.

Conseillers en gestion, administration

Claude Allard, Francis Boudreau.

Soutien financier

Le ministère de l'Environnement du Québec, grâce à son programme Action-Environnement, a contribué à la réalisation de ce livre (1994-1995).

Recherchistes, documentalistes

Marie-Ève Charbonneau, Bertrand Ducharme, Lucette Durand, Marie Fortier, Ginette Gauthier, Robert Gauthier, Normand Lalonde, Sylvain Lamoureux, Janouk Murdock, Kateri Lescop-Sinclair, Pascale Maynard, Nathalie Poirier, Aude Tousignant.

Collaboration à la mise en pages

Yves Boudreault, Janouk Murdock, Sylvain Lamoureux, Vincent Lebeau-Lamoureux.

Photos

Les photos sont de l'auteur, sauf les mentions qui suivent:

Claude Allard 65; Francis Boudreau 31, 113, 126, 127, 223, 261, 335, 340, 362, 410, 417; Yves Boudreault 357; Michel Boulianne 57, 407, 445; Line Couillard 28; Lucette Durand 32; Alain Giard 35; Miroslav Grandtner 34; Jacques Labrecque 163, 434; Normand Lalonde 63, 173; Sylvain Lamoureux 29; Roger Larose 66, 68, 72, 103, 111, 121, 131, 149, 175, 182, 185, 187, 189, 199, 203, 209, 213, 216, 217, 219, 244, 246, 260, 264, 265, 266, 307, 313, 325, 333, 336, 344, 345, 351, 357, 359, 361, 363, 369, 377, 379, 385, 389, 401, 403, 420, 421, 436, 447, 449, 473, 474, 488; Gilles Ouellette 311; Serge Payette 30; Camille Rousseau 35, 36, 37, 38, 39, 40.

Dessins (reproduction autorisée par les auteurs)

Yves Boudreault: cartes 27, 41, 43.
Robert E. Cook: 491; retracé numériquement par Marie-Josée Poulin.
Daniel Gagnon: 271; Normand Lalonde: 500 à 509; Masayoshi Umebayashi: 431. Retracés numériquement par Yves Boudreault.
Daniel Gagnon et M.-Josée Poulin: 255.
Sylvain Lamoureux et Yves Boudreault: cartes de répartition.
Marc Noiseux et Marie-Josée Poulin: pictogrammes.
Marie-Josée Poulin: 347.
Réjean Roy: 272, 274, 275.

Données de catalogage avant publication (Canada)

Lamoureux, Gisèle

Flore printanière

(Guide d'identification Fleurbec)

Comprend des réf. bibliogr. et des index.

ISBN 2-920174-15-0

1. Plantes sauvages - Amérique du Nord (Est) - Identification. 2. Flore forestière - Amérique du Nord (Est) - Identification. 3. Plantes sauvages - Québec (Province) - Identification. 4. Flore forestière - Québec (Province) - Identification. 5. Plantes sauvages - Amérique du Nord (Est) - Ouvrages illustrés. 6. Flore forestière - Amérique du Nord (Est) - Ouvrages illustrés. I. Larose, Roger, 1919- . II. Fleurbec (Organisation). III. Titre. IV. Collection.

QK110.L35 2002 581.97 C2001-940-347-X

L'indicible jubilation

L'indicible jubilation qui nous saisit, aux premiers jours du printemps! Pour un botaniste, l'ivresse verte naît avec les premières cheminées percées dans la neige par l'arisème petit-prêcheur, avec les premières pousses de l'érythrone d'amérique.

Et la fébrilité qui nous gagne... tout sort de terre vite et en même temps. Tout contempler, tout humer et même tout entendre pousser et tout goûter... Oups... Plus maintenant. Avec ce que j'ai appris et observé depuis la parution de *Plantes sauvages printanières,* je ne cueille plus ces espèces pour les manger, sinon quelques bouts de feuilles à l'occasion mais jamais les parties souterraines. Plutôt que de les cueillir, je m'agenouille pour les regarder de près.

En 1975, qui connaissait la biologie des plantes printanières? Maintenant, je sais que plusieurs croissent lentement, qu'elles mettent une dizaine d'années à fabriquer une première fleur, qu'elles vivent centenaires et que leurs populations sont très sensibles au prélèvement.

J'ai aussi réalisé qu'elles fréquentent seulement les forêts de l'est de l'Amérique du Nord. C'est un trésor mondial qu'il nous faut préserver. Ici le développement domiciliaire, l'agriculture, le réseau routier ont largement entamé les forêts tempérées. En Montérégie, par exemple, il reste des lambeaux, des forêts tellement morcelées que la faune et la flore les désertent, que les cycles naturels disparaissent. Les quelques forêts qui restent font l'objet de convoitises destructrices et, ces jours-ci, malgré sa richesse floristique reconnue, on parle de gruger le Grand-Bois de Saint-Grégoire en faveur d'un site à déchets.

Et certains aiment tellement les plantes sauvages, surtout les plantes printanières et les fougères, qu'il «leur en faut» dans leur parterre. Quelques petits producteurs de plantes sauvages, respectueux des populations naturelles, les cultivent à partir de graines. Mais la majorité des gros producteurs considèrent plus rentable et plus rapide de les prélever en milieu naturel. Or il est impossible, actuellement, de distinguer une plante cultivée d'une plante prélevée, sinon par des indices extrinsèques (Lamoureux & Nantel p. 76) ou en se fiant à la parole d'un vendeur!!! En horticulture, il existe des modes, des tendances, dont une qualité inhérente est de changer! Le trille que vous achetez et plantez dans votre parterre ne vous plaira peut-être plus dans 4 ou 5 ans et vous le jetterez. En forêt, il aurait pu vivre encore 60 ou 100 ans... car il vient forcément d'une forêt, puisque sa croissance lente empêche de le produire en serre de façon rentable à partir de graines.

En écrivant *Flore printanière,* toutes ces choses m'apparurent clairement... la sensibilité à la récolte des plantes printanières, la raréfaction des forêts qui les abritent et, comme la cerise sur le sundæ, le commerce qu'on en fait, avec ses quantités faramineuses de plantes arrachées à leur milieu. D'où la publication d'une petite parenthèse sur le sujet: le livre *Cultiver des plantes sauvages ... sans leur nuire*, destiné à aider la compréhension des enjeux écologiques de ce commerce.

Dans *Flore printanière,* se répètent des mises en garde, des recommandations de ni cueillir ni transplanter ces plantes, ni perturber leur habitat. Elles expriment mon inquiétude de ne plus retrouver mes vieilles complices du printemps, l'inquiétude de ne plus goûter l'ivresse que nos retrouvailles font naître. Je parie qu'à mieux les connaître, vous souhaiterez aussi assurer leur pérennité, dans leurs habitats.

Gisèle Lamoureux
mars 2002

Table des matières

Deuxième partie
Les arbres en fleurs

Troisième partie
Suites des textes de la première partie
par ordre alphabétique des noms français

Couvertures: Fleurbec, l'auteur, picto-grammes, symboles, abréviations et réglette.

Remerciements

Sans la contribution des botanistes qui nous précédèrent, sans l'existence des herbiers et bibliothèques de botanique, il eut été impossible d'arriver à la connaissance des plantes que requiert cette œuvre de vulgarisation. Aussi sommes-nous reconnaissants à ceux qui édifièrent cette somme de connaissances et ces hauts lieux du savoir.

Fleurbec désire remercier plus particulièrement ceux qui collaborèrent directement à la préparation du manuscrit et à sa publication et dont les noms paraissent à la page 4. Plusieurs autres personnes et plusieurs gestes méritent aussi de vifs remerciements:

• Les auteurs de *Plantes sauvages printanières:* Claude Allard, Lucette Durand, Gilles Houle, Gisèle Lamoureux et Louise Venne, dont la réflexion, l'engagement, la créativité et les connaissances, permirent la mise sur pied du Groupe Fleurbec et de sa collection de guides d'identification. Les photographes qui illustrèrent ce premier guide imprimèrent aussi un élan de départ enthousiaste: Janouk Murdock, Maurice Lalonde, Gisèle Lamoureux et Maxime Saint-Amour.

• Les botanistes Claude J. Bouchard, Francis Boudreau, Luc Brouillet, Line Couillard, Daniel Gagnon, Michèle Garneau, Camille Gervais, Stuart Hay, Pierre Morisset, Andrée Nault, Peterjurgen Neumann et Marie-Josée Poulin qui révisèrent certains textes ou nous conseillèrent sur des points particuliers, tout comme l'horticulteur Lucien Bilodeau et le biologiste Michel Crête.

• Les chercheurs qui fournirent des données inédites: Jacques Cayouette, Frédéric Coursol et Jean Deshaye, sur la répartition de certaines espèces; Isabelle Dupras, sur la culture des plantes sauvages; Line Lapointe, sur l'érythrone d'amérique et la matteuccie tête-de-violon.

• La Direction du patrimoine écologique et du développement durable du ministère de l'Environnement du Québec, qui encouragea la reproduction du contenu de sa fiche sur l'ail des bois.

• Les illustrateurs talentueux qui autorisèrent gracieusement Fleurbec à reproduire leurs œuvres: Robert E. Cook, Daniel Gagnon, Réjean Roy, Masayoshi Umebayashi.

• Marie-Josée Poulin, pour la conception et la réalisation soignée des pages couvertures et de la signature Fleurbec.

• Aimé Lamoureux et Vincent Lebeau-Lamoureux pour leur attentive collaboration à l'indexation.

• La direction et le personnel d'institutions qui facilitèrent nos recherches: bibliothèques du Jardin botanique de Montréal, de l'Institut de recherche en biologie végétale, de la Faculté des Sciences de l'Université Laval; herbiers Louis-Marie de l'Université Laval et Marie-Victorin de l'Université de Montréal.

Mille fois merci à tous!

L'**auteur** désire vivement souligner la fidèle collaboration bénévole des conseillers compétents de Fleurbec: Claude Allard, Francis Boudreau, Yves Boudreault, Jacques Cayouette, Pierre Lincourt, Camille Rousseau, Jacques Labrecque et Patrick Nantel.

Leur soutien a rassuré, stimulé et ranimé le souffle que requiert un projet de cette envergure et d'aussi longue haleine, puisque la préparation du manuscrit s'échelonna sur quelque 18 années!

Introduction aux guides Fleurbec

Ce guide d'identification s'inscrit dans la collection des guides d'identification Fleurbec. Le texte qui suit présente, de façon succincte, les façons de faire adoptées dans la préparation des manuscrits de cette collection.

Pour faciliter sa consultation, ce volume se divise en trois parties. La première présente 105 plantes sauvages printanières, chacune sur deux pages, une page texte et une page photo. Les espèces se groupent par couleur de fleur et un onglet de couleur identifie chaque section. Dans une section, les espèces se succèdent à la fois selon leur période de floraison (les plus hâtives en premier), mais se regroupent aussi d'après leur ressemblance et leur habitat. Les textes de cette partie se divisent en plusieurs rubriques thématiques, dont le sens est expliqué dans les pages qui suivent.

En deuxième partie, un petit cadeau pour l'œil: un reportage photographique sur les fleurs de plusieurs arbres, puisque pratiquement tous les arbres d'ici fleurissent au printemps (seul le tilleul fait exception et retarde sa floraison en juillet).

Pour certaines espèces, l'abondance de documentation permit l'élaboration de longs textes, qui débordent du module sur deux pages. Le texte en excédent est reporté dans la 3e partie du livre, où les espèces se classent, cette fois, par ordre alphabétique du nom français, indépendamment de la couleur des fleurs. Le nom de l'espèce, placé en titre courant au bas de la page, facilite le repérage.

Nomenclature

Le nom français adopté par Fleurbec paraît en titre de page. C'est souvent le plus employé ou celui qui, à notre avis, prête le moins à confusion ou décrit le mieux la plante (voir le chapitre *Noms français des plantes).* Le nom anglais qui nous a semblé le plus utilisé dans la littérature nord-américaine l'accompagne. Viennent ensuite une liste aussi complète que possible des noms français et anglais par lesquels la plante est connue, puis les noms français et latin de la famille à laquelle se rattache la plante. Traditionnellement, le nom français de la famille traduit le nom latin (ex. rosacées pour *Rosaceae*); pour des raisons de vulgarisation, nous préférons la méthode qui mentionne directement le nom d'un genre connu auquel se rattache la famille (exemple rosacées devient famille de la rose).

La classification des plantes (taxonomie ou taxinomie) est régie par un système relativement simple. L'espèce constitue l'unité de base; les espèces se regroupent en genres, les genres en familles et les familles en ordres. Certains botanistes subdivisent par contre l'unité de base en sous-espèces (ssp.), en variétés (var.) et en formes (f.). En réalité, les plantes varient beaucoup et ne se laissent pas facilement classer... contrairement aux désirs des botanistes! Parfois, ceux-ci ne s'entendent pas sur le rang taxinomique d'une entité: forme, variété à l'intérieur d'une espèce ou espèce distincte? Dans ces cas, nous tentons de rapporter les différentes opinions.

Le nom latin constitue le terme de référence universel pour les botanistes de toutes les langues. En général, il n'y en a qu'un, mais dans certains cas il existe des synonymes; nous mentionnons ceux encore récemment en usage.

Le nom latin se compose de deux mots: le premier désigne le genre et porte une majuscule, le second (sans majuscule) se rapporte à l'espèce et pourrait se comparer à un prénom. Vient ensuite le nom du botaniste qui, le premier, décrivit l'espèce. Parfois le nom du botaniste paraît entre parenthèses, suivi d'un autre nom comme dans le cas du sapin: *Abies balsamea* (Linné) Miller, cela signifie que Miller modifia le nom de la plante que

Linné avait d'abord baptisée *Pinus balsamea* Linné. Dans la plupart des cas, il s'agit d'un changement du nom de genre, tel le cas d'une espèce rattachée désormais à un autre genre ou qu'on élève au rang de genre; parfois, c'est une modification du nom d'espèce, par exemple une variété qui devient une espèce. Le nom latin change régulièrement; nous avons adopté celui qui nous a semblé refléter les tendances actuelles chez les botanistes professionnels.

Comme pour le latin, nous adoptons la lettre minuscule pour l'épithète qui désigne l'espèce en français. Ainsi, nous écrivons violette de selkirk et érythrone d'amérique car, dans notre esprit, les mots selkirk et amérique ne désignent pas une personne ou un continent. Ils désignent plutôt une espèce, en qualifiant le nom de genre d'une plante, et cessent alors d'être des noms propres, deviennent des épithètes. (Voir *Pourquoi la minuscule?* page 22)

Étymologie du nom latin

L'étymologie des noms de genre et d'espèce permet d'en connaître la signification. Il existe parfois plusieurs explications, tout aussi plausibles les unes que les autres. Certaines racines semblent remonter à la nuit des temps; leur passage à travers les siècles en rend l'interprétation obscure, surtout dans les cas des noms de genre.

Généralement plus récent, le mot désignant l'espèce (épithète spécifique) se rapporte souvent à un caractère bien visible ou à l'habitat de la plante... mais ce n'est pas toujours le cas et l'explication de certains noms reste mystérieuse. Chose certaine, dans la plupart des cas, connaître la signification du nom latin aide à le retenir.

Floraison et description

La fleur à trois pétales annonce la description de la plante. Chaque pétale représente une période du printemps et les pétales noircis indiquent à quel moment la majorité des individus de l'espèce fleurissent.

- floraison au début du printemps (avant que les feuilles des érables ne commencent à sortir)
- floraison au milieu du printemps (pendant que les feuilles des érables se développent)
- floraison à la fin du printemps (après que les feuilles des érables eurent atteint leur pleine grandeur)

Il est impossible d'indiquer une date précise de floraison pour l'ensemble de l'aire de répartition d'une plante: entre Québec et Gaspé, le décalage peut atteindre deux ou trois semaines.

Rédigée d'après des plantes vivantes, la description tente de donner les informations essentielles permettant une identification certaine sur le terrain. Si les parties décrites sont traitées au singulier, c'est qu'il n'y en a qu'une chez les individus de cette espèce (plante qui n'aurait qu'une fleur ou qu'une feuille). Les mesures se réfèrent à la moyenne et ne visent qu'à donner une idée approximative des dimensions de l'espèce; une réglette est fournie au revers de la couverture.

Fleurbec a choisi d'éviter l'utilisation de termes botaniques techniques, afin de faciliter la compréhension des textes par tous. Toutefois, certains mots restent incontournables: sépale, style, ramet, etc. À mesure que s'ajoutent des informations, à mesure aussi que des groupes végétaux différents sont abordés, il faut augmenter, bien malgré nous, l'emploi du vocabulaire technique. Chaque fois que c'est possible, nous remplaçons ces termes par des mots plus simples. Par exemple, nous préférons utiliser «queue», en remplacement à la fois de pétiole, de pétiolule, de pédoncule et de pédicelle, des mots hors du vocabulaire des non-botanistes.

Plantes semblables

≠ Ce symbole mathématique signifie «différent de». Le texte qui le suit résume les caractères permettant de distinguer l'espèce des plantes semblables ou d'espèces du même genre. Particulièrement

Carte de l'Amérique du Nord
(d'après Hammond 1964)

utile en présence d'un spécimen sans fleurs! Cette rubrique traite, à l'occasion, des variations ou des problèmes taxinomiques liés à l'espèce.

Habitat et répartition

↓ Cette flèche indique «où» se trouve cette plante. Quelles sont ses préférences écologiques? Pousse-t-elle dans le sable ou dans la vase, dans des sols inondés ou tout juste humides? Quel est son habitat? En compagnie de quelles espèces la trouve-t-on? Autant de questions auxquelles il importe de répondre, pour chercher une espèce au bon endroit ou pour en faciliter l'identification.

Les cartes de répartition géographique ne permettent pas de connaître la fréquence (nombre de colonies ou de sites) ni l'abondance (nombre d'individus) d'une espèce. À l'occasion, la rubrique mentionne ces caractéristiques.

Les plantes décrites dans ce livre sont adaptées, pour la plupart, au domaine tempéré, ou au domaine boréal. Leur aire de répartition couvre, le plus souvent, seulement l'Amérique du Nord (plante nord-américaine) ou l'hémisphère nord (plante circumboréale) ou les deux côtés de l'Atlantique sans toucher le Pacifique (plante amphi-atlantique). La rubrique mentionne les autres conti-

Interprétation de la carte

Dans l'élaboration de nos cartes de répartition, nous avons adopté les symboles suivants:

P indique que pour l'État, la province ou le territoire, la présence de la plante est rapportée sans indication de localités;

† indique que la plante est disparue de la province, du territoire ou de l'État.

D'après Montgomery, 1955 (modifiée). Cette mention au bas de la carte indique l'utilisation d'une carte existante, que nous avons mise à jour (généralement pour le Québec). Dans cet exemple, il s'agit de celle de Montgomery, parue en 1955 (la référence complète paraît dans la bibliographie).

Les cartes ne donnent qu'une idée de la répartition générale d'une espèce, valable pour les régions bien explorées. Elles doivent constamment être remises à jour, à la lumière des dernières explorations, non seulement dans les régions éloignées mais aussi dans les endroits où des plantes risquent «d'arriver» d'ailleurs ou de se répandre — c'est-à-dire presque partout, mais surtout dans les cultures, le long des cours d'eau navigables, des voies ferrées et des autoroutes.

nents où pousse la plante et indique sa rareté au Canada, ou dans ses provinces et territoires.

Carte

Toute la nomenclature et la classification des plantes, toute la phytogéographie reposent sur des observations confirmées par des spécimens conservés dans des herbiers, et les cartes de répartition se dressent normalement à partir de ces spécimens. Pour les fins de ce volume, l'élaboration des cartes se fit d'après la littérature sur le sujet, à partir de cartes ou de listes de localités déjà publiées pour l'une ou l'autre des régions de l'Amérique du Nord, sans porter de jugement sur la valeur de ces cartes ou de ces listes. Les botanistes qui publièrent ces données ayant déjà révisé les spécimens d'herbier, nous n'avons pas refait ce travail, surtout qu'il aurait débordé largement de notre mission de vulgarisation scientifique et des moyens dont nous disposons. Notre travail a donc consisté à compiler les cartes régionales existantes, afin de dessiner un portrait global, visuellement plus expressif de la répartition des espèces qu'une simple énumération des États, des provinces et des territoires où la plante se trouve. Les principales publications consultées figurent dans la bibliographie.

L'examen des cartes révèle qu'en général, la répartition des plantes est d'abord intimement liée aux conditions climatiques, puis aux autres conditions du milieu. Par exemple, une plante du domaine boréal de l'Amérique du Nord, peut se retrouver n'importe où dans ce domaine, pour peu qu'on la cherche dans l'habitat qu'elle fréquente c'est-à-dire, suivant ses préférences, en milieu soit ombragé (forêt) soit ensoleillé (champ), soit sec soit humide, ou selon des caractères particuliers de l'habitat essentiels à sa croissance. Le temps entre aussi en ligne de compte: la plante doit avoir disposé du temps requis pour s'installer dans son habitat, partout où celui-ci se trouve dans le domaine floristique concerné. Et cela dépend, en bonne partie, de sa façon de se propager: végétativement ou par graine.

Notes encyclopédiques

 Ce livre ouvert consigne ce que la tradition nous a légué des coutumes, des superstitions et des anecdotes du temps où les plantes s'intégraient naturellement à la médecine, aux fêtes, à la vie de tous les jours. En plus du folklore, se trouvent de nombreuses notes sur la nomenclature, sur la biologie de la plante ou d'espèces voisines, sur les relations avec la faune et sur certaines utilisations médicinales anciennes dont la science actuelle n'a pas prouvé ou vérifié l'efficacité. Les utilisations médicinales confirmées par des données scientifiques sont plutôt rap-

portées dans la rubrique avec, dans la mesure du possible, le mode d'emploi et la posologie.

Comestibilité

À la suite de ce pictogramme, se trouve un résumé des possibilités culinaires de la plante. Des essais furent réalisés pour les utilisations mentionnées.

Les facteurs les plus fréquents limitant les dégustations de plantes sauvages sont le temps et l'énergie nécessaires à la récolte, au nettoyage et à la préparation des parties comestibles, souvent petites et peu nourrissantes.

Retenons que les récoltes doivent toujours se faire en pensant à la conservation de la nature, ne serait-ce que par souci de préserver son garde-manger sauvage dans le même état pour les années suivantes. Les débutants ramassent généralement plus que ce qu'ils peuvent apprêter et consommer; de toute façon, quand il s'agit d'une première expérience, mieux vaut limiter la quantité pour éviter les risques de malaises.

Ici encore, ne cueillir que les plantes très abondantes et très fréquentes, afin de ne pas augmenter les risques de disparition d'espèces rares. Les parties comestibles dont la récolte détruit ou affaiblit la plante font l'objet de mises en garde; il s'agit, le plus souvent, des parties souterraines.

Trois autres précautions sont nécessaires. D'abord, il convient de s'assurer que la plante récoltée est bien celle désirée: donner toute l'attention requise pour une identification certaine. Dans le cas des plantes qui se mangent à l'état de jeune pousse, prendre soin de bien les reconnaître à ce stade; les repérer sur le terrain au moment de leur maturité, quand elles sont faciles à identifier, et revenir l'année suivante.

Ensuite, il faut éviter les individus malades, les eaux polluées par des déversements d'égouts ou d'eaux d'usines de même que les cours d'eau à proximité d'endroits pollués tels les routes, les champs aspergés de pesticides ou d'engrais chimiques et les pâturages où le bétail accède à l'eau.

Enfin, avant la dégustation de plantes, veillez à bien les nettoyer, afin d'éliminer le plus possible les sources de contamination susceptibles de s'y trouver: saletés, bactéries, microorganismes et insectes. Redoubler de prudence avant de manger les parties souterraines des plantes aquatiques parce que plusieurs d'entre elles accumulent les polluants chimiques et les métaux lourds présents dans l'eau, vraisemblablement surtout dans leurs parties souterraines puisqu'elles y stockent ordinairement leurs réserves. En général, on croit que les quantités stockées n'atteignent pas le seuil toxique, les plantes se situant à la base des chaînes alimentaires. Par contre, les mangeurs de plantes risquent, à leur tour, d'accumuler, non de rejeter après digestion, ces produits alors susceptibles d'atteindre des seuils toxiques, lorsque consommés en grandes quantités.

Pour plus d'informations concernant les utilisations culinaires des plantes sauvages, consulter nos précédents volumes: *Plantes sauvages au menu* (guide culinaire) et *Plantes sauvages comestibles* (guide d'identification).

Toxicité

La tête de mort remplace la fourchette dans le cas des plantes toxiques. Souvent, la toxicité d'une espèce devient une question de dose. Une plante tout à fait inoffensive à faible dose se révèle toxique à forte dose... un peu comme le sont presque tous les médicaments.

Utilisation médicinale

Il faut bien le dire, nous n'avons pu tester les effets curatifs des plantes comme nous l'avons fait pour leurs utilisations culinaires. Mais seules sont rapportées, dans cette chronique, les utilisations médicinales confirmées par des données scientifiques.

Selon leur lignée et l'endroit où ils poussent, les individus d'une même espèce contiennent souvent des concentrations fort différentes d'une même substance,

Vulnérabilité

Ce symbole universel indiquant un ralentissement, annonce une incitation à la réflexion sur les conséquences, pour la plante, de la cueillette qu'on en fait ou de la destruction de son habitat. Un résumé du cycle vital connu de l'espèce permet de savoir si elle montre ou non une croissance lente, ou d'autres caractères biologiques qui rendent ses populations vulnérables à la récolte ou autrement fragiles.

Ces plantes sont un trésor mondial qui mérite d'être protégé et conservé pour les générations futures. À nous de les préserver dans leur milieu naturel.

Certains seront tentés de les cultiver, à partir de graines et, lorsqu'ils sont connus, leurs modes de culture sont précisés. Quant à acheter des plants pour les cultiver, il faut faire attention. Le plus souvent, justement à cause de leur croissance lente ou de particularités biologiques, la production en serre de ces espèces est impossible ou n'est pas rentable. Souvent, elles demandent plusieurs années pour atteindre la taille d'une plante vendable — de l'ordre de 5 ans ou plus. Ces espèces, lorsqu'elles se trouvent sur le marché ont été prélevées en très grandes quantités en milieu naturel et généralement sans considérations pour la préservation de leur habitat. Il existe une longue liste de ces plantes; y figurent, entre autres, tous les trilles, cypripèdes et dicentres indigènes, l'érythrone d'amérique, le symplocarpe chou-puant, la matteuccie tête-de-violon et l'ail des bois (ces deux derniers sont aussi prélevés à des fins alimentaires).

Pour plus d'information sur cette problématique, consulter: Lamoureux, G. & P. Nantel. 1999. Cultiver des plantes sauvages... sans leur nuire.

Et se souvenir que: «Science sans conscience n'est que ruine de l'âme» (Rabelais)... c'est vieux, mais toujours vrai!

ce qui rend le dosage difficile. La récolte et le séchage influencent aussi les résultats. Les substances actives sont plus abondantes à un stade particulier du développement de la plante; choisir le moment de la récolte en fonction de cette donnée.

Il faut aussi prendre les mêmes précautions que pour les plantes comestibles lors de la récolte, du nettoyage et du séchage. Comme certaines plantes perdent de leur efficacité en vieillissant, les placer dans des pots hermétiques, indiquer la date de la récolte sur l'étiquette et garder les pots à l'obscurité.

En plus de bien identifier la plante et de la récolter au bon moment, il faut aussi la préparer de la bonne façon; par exemple, le séchage débarrasse certaines plantes de produits toxiques volatils. Contrairement aux médicaments en pilules, une plante contient des centaines de produits différents, certains bénéfiques, d'autres sans effets, d'autres néfastes. Il faut donc préparer la tisane selon la méthode décrite; par exemple, l'utilisation d'alcool au lieu d'eau ou d'une décoction au lieu d'une macération donne des tisanes ne contenant pas les mêmes produits.

Les plantes médicinales contiennent des substances actives d'un point de vue pharmacologique; elles peuvent interagir avec les médicaments vendus en pharmacie et causer des réactions néfastes. Mieux vaut éviter les mélanges maison de plantes et de pilules: on en ignore les conséquences à court et à long terme. Souvenez-vous que les plantes médicinales les plus actives sont aussi les plus dangereuses.

Horticulture et intérêt agricole

La faucille annonce les utilisations en agriculture ou en horticulture, les effets sur les animaux domestiques et les moyens de propager les espèces dont il est question. Parmi les plantes présentées dans ce livre, certaines se comportent comme des «plantes nuisibles» et envahissent tout l'espace qui les entoure; il vaut mieux s'abstenir de les cultiver.

Les conditions de vie qui prévalent dans la nature s'éloignent considérablement de celles d'un jardin. Par contre, presque toutes les plantes sauvages se cultivent, si on leur fournit des soins et un milieu semblable à leur habitat naturel; à vous de recréer cet habitat. Dans ce volume, l'absence de cette rubrique pour une espèce ne signifie pas qu'elle ne se cultive pas, mais que nous ne connaissons pas les particularités de sa culture. Par souci de conservation de la nature, nous avons choisi de ne parler, dans cette rubrique, ni d'engrais ni de pesticides.

À l'intention des personnes qui désirent cultiver des plantes sauvages (à partir de graines, bien sûr), nous avons ajouté quelques pictogrammes indiquant les préférences de la plante en matière de culture. L'information n'existe malheureusement pas pour toutes les espèces.

● ombragé
◑ mi-ombragé
○ ensoleillé
💧 sol sec
💧💧 sol mésique (humidité moyenne)
💧💧💧 sol humide
💧💧💧💧 sol mouillé

La mention du pH donne une indication sur l'acidité optimale du sol que requiert la culture de la plante.

Références spécifiques

Réf. sp. Les ouvrages consultés pour préparer ce livre sont de deux ordres: des ouvrages généraux, qui servent pour toutes les espèces, et des ouvrages spécifiques, qui portent sur une ou quelques espèces en particulier. Par exemple, les flores et autres livres se classent dans les ouvrages généraux. Les ouvrages spécifiques sont, le plus souvent, des articles scientifiques parus dans des revues spécialisées.

À la fin du texte portant sur une espèce, apparaît la rubrique *Réf. sp.*, constituée d'une liste des ouvrages spécifiques consultés pour la rédaction de ce texte. Pour économiser l'espace et pour alléger, seul le nom du premier auteur de l'article paraît, suivi de l'année de publication. S'il y a risque de confusion, la mention est plus longue. Lorsque l'année ne comporte que deux chiffres, la publication date des années 1900. Les années 1700, 1800 ou 2000 sont écrites au long. Bien sûr, les références complètes paraissent dans la bibliographie, à la fin du volume.

Dans le cas de textes ayant une suite dans la troisième partie du livre, cette rubrique paraît à la fin du texte sur l'espèce, dans la troisième partie.

Noms français des plantes

Depuis 1975, au fur et à mesure de sa recherche de noms français à privilégier dans ses ouvrages, Fleurbec s'est donné des règles pour le choix, la création, la modification et les modalités d'écriture des noms français... Tout en gardant en mémoire que la nomenclature des plantes reste bien vivante et que le bon sens commande parfois de déroger aux règles!

L'idée n'est pas d'imposer des noms et de bannir les autres. À nos yeux, tous les noms sont bons, utiles pour communiquer, et c'est pourquoi nous présentons, pour chaque plante, la liste la plus exhaustive possible des noms français et anglais utilisés en Amérique du Nord. Libre à chacun d'en adopter un, plutôt qu'un autre! Par contre nous trouvons avantageux d'utiliser un seul nom pour parler d'une plante dans nos livres et de proposer ce nom, comme commun dénominateur facilitant la communication.

Après 28 années expérimentales...

Écrivant sa *Flore laurentienne,* Marie-Victorin eut à proposer un nom français pour plus de 1500 plantes, dans un seul souffle. Il adopta parfois les noms français proposés par ses prédécesseurs (Provancher 1862, Brunet 1865, 1870, Moyen 1885) ou les remplaça par d'autres de son cru et en créa plusieurs centaines. Souvent, dans ses créations, il se contenta de traduire le nom latin et d'inventer ainsi des mots français, bien difficiles à trouver dans les dictionnaires généraux! Cela donna plusieurs noms rébarbatifs, techniques, que le grand public retient peu. Un témoin de l'époque, Ernest Rouleau, proche collaborateur de Marie-Victorin, affirmait que le choix des noms se faisait très rapidement, à cause de la somme de travail que demandait la préparation de la *Flore*, et qu'il vaudrait la peine d'en repenser plusieurs.

Jusqu'à maintenant, Fleurbec s'est le plus souvent «collé» au grand maître. Mais durant nos 28 années d'expérience en vulgarisation de la botanique, nous eûmes l'occasion de recevoir et de peser à peu près tous les genres de conseils et avis sur les noms français. Fleurbec acquit aussi une expérience précieuse en proposant des noms français pour 235 plantes susceptibles d'être désignées menacées ou vulnérables — dont une bonne proportion ne possédait pas de noms français du tout. Le temps nous semble venu, à la lumière de cette expérience et des avis reçus, de prendre position. Nous avons donc revu les noms adoptés pour les espèces décrites dans nos guides (près de 500 espèces) et, au fur et à mesure des rééditions, nous incorporerons ces noms révisés.

Deux petites règles de base

Flore printanière constitue la première de ces rééditions et de nouveaux noms français s'y trouvent. Les deux principales règles qui nous guidèrent sont les suivantes:

1 Pour le genre: conserver un seul nom de genre français par genre latin, sauf pour de très rares exceptions.

2 Pour l'épithète spécifique: adopter des noms populaires très répandus (quatre-temps, petit-prêcheur, chou-puant, etc.) et éviter les termes techniques ou ne figurant pas au dictionnaire.

La première règle tient compte des besoins et commentaires des scientifiques et la deuxième, du grand public. Cette deuxième règle devient la principale innovation concernant les noms français dans *Flore printanière.* Cela donne, par exemple: aralie chassepareille, asaret gingembre, cardamine carcajou, érable bois-barré.

Ces deux règles laissent encore passablement de latitude et la décision est souvent subjective. Décider quand un nom populaire est suffisamment répandu pour être ainsi intégré est arbitraire et affaire d'intuition. Si, en parlant d'une plante avec un non-professionnel de la botanique, on ajoute le nom populaire au nom plus scientifique (exemple: en parlant du thuya, spécifier qu'il s'agit du cèdre), c'est signe d'un nom répandu... utiliser ce nom peut faciliter la communication.

Nom générique et épithète spécifique

À l'intention des personnes moins familières avec la nomenclature biologique, rappelons que le nom d'espèce, plante ou animal, se compose de deux éléments. Le premier, le nom générique, désigne le genre auquel se rattache l'espèce. Le second, l'épithète spécifique, est l'élément du nom qui est particulier à l'espèce. C'est la nomenclature binaire: nom d'espèce = nom générique + épithète spécifique.

Par exemple, dans lobélie de kalm, ou *Lobelia kalmii*, «lobélie» est un nom générique et «de kalm», une épithète spécifique. Nom générique et épithète spécifique sont des termes utilisés par le *Code international de la nomenclature botanique* (Greuter *et alii*, 1995), une convention qui règle l'écriture et l'utilisation des noms latins pour désigner les plantes.

Le choix du nom français est affaire de vulgarisation scientifique et c'est au public non averti qu'il faut d'abord penser. Les botanistes professionnels utilisent presque toujours le nom latin d'un plante. Mais ils ont des opinions sur les noms français, ça oui! Et souvent, chacun la leur, pour un groupe de plantes ou l'autre. Faire un consensus sur ce sujet pour l'ensemble de la flore d'ici, serait l'oeuvre d'une vie...

Tenter de léguer un système de noms français qui se tienne scientifiquement, des noms agréables, originaux, non rébarbatifs, qui intègrent des noms populaires, voilà un objectif emballant. Fleurbec ne se sent pas lié par les noms français adoptés par Marie-Victorin, qui lui-même ne s'est pas senti lié par les noms français de Provancher ou de Moyen. D'un siècle à l'autre, tenter d'améliorer les choses, n'est-ce pas légitime?

Pour les mordus de nomenclature, voici plus en détail les règles qui guident Fleurbec dans ces questions.

Règles guidant Fleurbec dans le choix, la création, la modification et l'écriture des noms français de plantes

Priorité

S'il existe plusieurs noms satisfaisants, adopter celui proposé par Alex, Cayouette et Mulligan — à cause de l'effort de normalisation consenti par ces auteurs — ou celui proposé par Marie-Victorin, dans la *Flore laurentienne* — à cause de la popularité de cet ouvrage au Canada.

S'efforcer d'harmoniser les noms québécois et européens pour éviter les risques de confusion. La référence la plus utilisée: Gerth van Wijk, qui signale lesquels sont les plus répandus en Europe.

Changement de nom latin

Lorsque le nom latin subit des modifications, le nom français devrait les refléter, s'il est calqué sur le nom latin. Sinon, le nom français peut être conservé, s'il est toujours pertinent et n'entraîne pas de confusion avec d'autres noms latins.

Noms génériques

1 Adopter un seul nom générique français par genre latin, afin de faire le lien entre les espèces d'un même genre. Désavantage: cela laisse de côté des noms populaires très connus et souvent imagés: «quatre-temps» pour «cornouiller». Pour contrer ce désavantage, intégrer ces noms populaires comme épithètes spécifiques, tel cornouiller quatre-temps.

Exception:
• Nom générique latin qui a deux ou plusieurs noms français très connus et incontournables: *Prunus* = prunier et cerisier, *Ribes* = gadellier et groseiller.

2 S'il n'est pas trop rébarbatif, le nom générique ressemblera au nom latin. Ceci en facilite la mémorisation par les botanistes qui connaissent déjà le nom latin et familiarise les non-botanistes avec les noms latins.
Exceptions:
• Nom générique vernaculaire très connu: *Erigeron* = vergerette et non érigeron, même si ce nom existe, et pareillement *Solidago* = verge-d'or, non solidage.
• Création d'un nom attrayant (imagé ou décrivant bien le genre), en l'absence de nom français répandu: lézardelle, pour *Saururus*.

3 Éviter les noms qui portent à confusion parce qu'ils désignent plusieurs genres, parfois sur des continents différents.
Exception:
• Nom générique ne s'appliquant qu'occasionnellement à une espèce d'un autre genre. La répartition mondiale des deux genres en cause entre aussi en considération.

4 Adopter un nom générique français, ou, du moins, à consonance française. L'utilisation d'un nom latin tel quel n'est pas souhaitable. Un changement de la terminaison du nom est préférable: «adiante» au lieu d'«adiantum» et «échinochloé» au lieu d'«échinochloa».

5 Par souci de normalisation et pour faciliter l'indexation, éviter systématiquement l'emploi d'inversions, où l'épithète précède le nom générique: cardamine géante plutôt que grande cardamine.

Épithètes spécifiques ou de rangs inférieurs

1 Donner priorité aux épithètes descriptives, faisant référence à la morphologie, à l'habitat ou à la répartition spécifique, et aux épithètes provenant d'un nom populaire très répandu.

2 Adopter un mot proche de l'épithète spécifique latine, à la fois quant à la consonance et quant au sens.
Exceptions:
• Termes techniques, ou ne faisant pas partie du vocabulaire courant ou ne figurant pas aux dictionnaires généraux communs: amplexicaule, latériflore, cordifolié.
• Plante mal nommée en latin: *Asclepias syriaca* ne pousse pas en Syrie.
• Épithète latine non spécifique, c'est-à-dire pouvant s'appliquer à plusieurs espèces du même genre et ne servant pas vraiment à distinguer l'espèce, tel *Viola renifolia,* alors que plusieurs espèces de violette ont des feuilles en forme de rein.
• Épithètes spécifiques françaises consacrées par l'usage, si elles ne prêtent pas à confusion: «ail des bois» de préférence à «ail trilobé» pour *Allium tricoccum*.

3 Favoriser les épithètes formées d'un mot plutôt que de plusieurs mots: cardamine géante de préférence à cardamine très grande.
Exceptions:
• Noms d'habitats, de lieux ou de personnes pour lesquels il existe déjà un usage général bien établi: «des champs» et non «champêtre», «d'amérique» et non «américain», «de selkirk» et non «selkirkéen».
• Expressions imagées ou consacrées: tussilage pas-d'âne (voir règle sur le trait d'union).
• Remplacement d'un terme technique ou ne figurant pas dans le vocabulaire courant: «à fleurs latérales», de préférence à «latériflore». Si possible, réduire l'épithète ainsi formée (surtout lorsqu'elle commence par «à»), afin qu'elle ressemble plus à un nom qu'à une description: «tiarelle feuille-en-cœur» au lieu de «tiarelle à feuille en cœur» ou de «tiarelle cordifoliée»; dans ce cas-ci, utiliser uniformément le singulier.

4 Lorsqu'une épithète latine fait référence au nom d'un autre genre, utiliser le nom français du genre, en le précédant de «faux-» ou de «fausse-»: *Populus* *tremuloides* = peuplier faux-tremble. Accorder «faux» avec le nom de genre qui figure dans l'épithète spécifique.

Trait d'union

Si le nom générique ou l'épithète spécifique compte plusieurs mots, adopter la règle suivante (adaptée de Alex, Cayouette & Mulligan, 1980):

Les termes multiples constituant soit un nom générique soit une épithète spécifique nécessitent l'emploi d'un trait d'union:

1 Si le nom ou l'épithète ne sont pas exacts d'un point de vue taxinomique, tel «trèfle-d'odeur» désignant un mélilot *(Melilotus)* et non un véritable trèfle *(Trifolium)*.

2 Si le nom ou l'épithète se réfèrent à un grand groupe végétal, comme «fougère» ou «herbe», telles fougère-aigle commune, chélidoine herbe-aux-verrues.

3 Si le nom constitue une expression consacrée ou imagée, tels cornouiller quatre-temps, épigée fleur-de-mai.

4 Si le nom fait référence à une autre espèce ou à un autre genre, tel peuplier faux-tremble.

Majuscules et minuscules

Voir le chapitre *Pourquoi la minuscule?* page 22.

Noms adoptés dans Flore printanière

Genre grammatical du nom français: *f:* féminin, *m:* masculin

Acer negundo	érable à giguère	*m*	ash-leaved maple
Acer pensylvanicum	érable bois-barré	*m*	striped maple
Acer platanoides	érable de norvège	*m*	norway maple
Acer rubrum	érable rouge	*m*	red maple
Acer saccharinum	érable argenté	*m*	silver maple
Acer saccharum	érable à sucre	*m*	sugar maple
Acer spicatum	érable à épis	*m*	mountain maple
Actæa pachypoda	actée blanche	*f*	white baneberry
Actæa rubra	actée rouge	*f*	red baneberry
Allium tricoccum	ail des bois	*m*	wild leek
Alnus incana	aulne hâtif	*m*	white alder
Alnus viridis	aulne tardif	*m*	green alder
Amelanchier	amélanchier	*m*	serviceberry
Anemone canadensis	anémone du canada	*f*	canada anemone
Antennaria	antennaire	*f*	pussytoes
Aquilegia canadensis	ancolie du canada	*f*	wild columbine
Aralia nudicaulis	aralie chassepareille	*f*	wild sarsaparilla
Arisæma triphyllum	arisème petit-prêcheur	*m*	jack-in-the-pulpit
Asarum canadense	asaret gingembre	*m*	wild ginger
Barbarea vulgaris	barbarée vulgaire	*f*	yellow rocket

Betula alleghaniensis	bouleau jaune	*m*	yellow birch
Betula papyrifera	bouleau à papier	*m*	white birch
Betula populifolia	bouleau gris	*m*	gray birch
Caltha palustris	populage des marais	*m*	marsh-marigold
Cardamine concatenata	cardamine découpée	*f*	cutleaf toothwort
Cardamine diphylla	cardamine carcajou	*f*	two-leaved toothwort
Cardamine maxima	cardamine géante	*f*	large toothwort
Caulophyllum thalictroides	cohosh bleu	*m*	blue cohosh
Cerastium arvense	céraiste des champs	*m*	field chickweed
Chelidonium majus	chélidoine herbe-aux-verrues	*f*	greater celandine
Claytonia caroliniana	claytonie feuille-large	*f*	broadleaf springbeauty
Claytonia virginica	claytonie feuille-étroite	*f*	narrow-leaved springbeauty
Clintonia borealis	clintonie boréale	*f*	bluebead-lily
Coptis trifolia	coptide savoyane	*f*	goldthread
Cornus canadensis	cornouiller quatre-temps	*m*	bunchberry
Cornus stolonifera	cornouiller hart-rouge	*m*	red-osier dogwood
Cornus suecica	cornouiller de suède	*m*	lapland dwarf cornel
Corydalis sempervirens	corydale toujours-verte	*f*	pale corydalis
Corylus cornuta	noisetier long-bec	*m*	beaked hazelnut
Crataegus	aubépine	*f*	hawthorn
Cypripedium acaule	cypripède rose	*m*	stemless lady's-slipper
Dicentra canadensis	dicentre capuchon-rose	*f*	squirrel-corn
Dicentra cucullaria	dicentre capuchon-jaune	*f*	dutchman's-breeches
Dirca palustris	dircé bois-de-plomb	*f*	leatherwood
Epigæa repens	épigée fleur-de-mai	*f*	trailing arbutus
Equisetum arvense	prêle des champs	*f*	field horsetail
Erythronium americanum	érythrone d'amérique	*m*	trout-lily
Fragaria vesca	fraisier des bois	*m*	woodland strawberry
Fragaria virginiana	fraisier des champs	*m*	wild strawberry
Fraxinus pensylvanica	frêne rouge	*m*	red ash
Geum rivale	benoîte des ruisseaux	*f*	purple avens
Glechoma hederacea	gléchome lierre-terrestre	*m*	ground-ivy
Hepatica nobilis	hépatique noble	*f*	noble liverleaf
Houstonia cærulea	houstonie bleue	*f*	bluets
Iris versicolor	iris versicolore	*m*	larger blue flag
Juglans cinerea	noyer cendré	*m*	white walnut
Larix laricina	mélèze laricin	*m*	tamarack
Linnæa borealis	linnée boréale	*f*	twinflower
Lonicera canadensis	chèvrefeuille du canada	*m*	fly honeysuckle
Maianthemum canadense	maïanthème du canada	*m*	wild lily-of-the-valley
Maianthemum racemosum	maïanthème à grappes	*m*	false solomon's-seal
Maianthemum stellatum	maïanthème étoilé	*m*	starry false solomon's-seal
Matteuccia struthiopteris	matteuccie tête-de-violon	*f*	ostrich-fern
Medeola virginiana	médéole de virginie	*f*	indian cucumberroot
Mitella diphylla	mitrelle deux-feuilles	*f*	two-leaved miterwort
Mitella nuda	mitrelle nue	*f*	naked miterwort
Myosotis sylvatica	myosotis des parterres	*m*	garden forget-me-not
Oxalis montana	oxalide des bois	*f*	common wood-sorrel
Picea glauca	épinette blanche	*f*	white spruce
Pinus divaricata	pin gris	*m*	jack pine
Polygonatum pubescens	sceau-de-salomon poilu	*m*	hairy solomon's-seal
Populus deltoides	peuplier liard	*m*	eastern cottonwood

Populus tremuloides	peuplier faux-tremble	*m*	trembling aspen
Prunus nigra	prunier noir	*m*	canada plum
Prunus pensylvanica	cerisier petit-merisier	*m*	pin cherry
Prunus serotina	cerisier tardif	*m*	black cherry
Prunus virginiana	cerisier à grappes	*m*	choke cherry
Ranunculus abortivus	renoncule avortée	*f*	small-flowered buttercup
Ribes glandulosum	gadellier malodorant	*m*	skunk currant
Salix discolor	saule p'tits-minous	*m*	pussy willow
Sambucus racemosus	sureau rouge	*m*	red-berried elder
Sanguinaria canadensis	sanguinaire du canada	*f*	bloodroot
Saxifraga virginiensis	saxifrage de virginie	*f*	early saxifrage
Sisyrinchium montanum	bermudienne commune	*f*	common blue-eyed grass
Sorbus americana	sorbier d'amérique	*m*	american mountain-ash
Sorbus decora	sorbier décoratif	*m*	showy mountain-ash
Streptopus amplexifolius	streptope blanc	*m*	claspleaf twistedstalk
Streptopus lanceolatus	streptope rose	*m*	rose twistedstalk
Symplocarpus fœtidus	symplocarpe chou-puant	*m*	skunk-cabbage
Taraxacum officinale	pissenlit officinal	*m*	common dandelion
Thalictrum dioicum	pigamon hâtif	*m*	early meadow-rue
Tiarella cordifolia	tiarelle feuille-en-cœur	*f*	foamflower
Trientalis borealis	trientale boréale	*f*	northern starflower
Trillium cernuum	trille penché	*m*	nodding trillium
Trillium erectum	trille rouge	*m*	purple trillium
Trillium grandiflorum	trille blanc	*m*	large-flowered trillium
Trillium undulatum	trille ondulé	*m*	painted trillium
Tussilago farfara	tussilage pas-d'âne	*m*	colt's-foot
Ulmus americana	orme d'amérique	*m*	american elm
Uvularia grandiflora	uvulaire grande-fleur	*f*	large-flowered bellwort
Uvularia sessilifolia	uvulaire petite-fleur	*f*	little bellwort
Vaccinium angustifolium	bleuet feuille-dentelée	*m*	lowbush blueberry
Vaccinium myrtilloides	bleuet rameau-velouté	*m*	velvet-leaved blueberry
Viburnum lantanoides	viorne bois-d'orignal	*f*	hobblebush
Viburnum trilobum	viorne pimbina	*f*	high bush-cranberry
Viola adunca	violette des sables	*f*	hooked-spur violet
Viola arvensis	violette des champs	*f*	field violet
Viola blanda	violette tapissante	*f*	sweet white violet
Viola canadensis	violette du canada	*f*	canada violet
Viola cucullata	violette dressée	*f*	marsh blue violet
Viola labradorica	violette bleu-pâle	*f*	american dog violet
Viola lanceolata	violette élancée	*f*	lance-leaved violet
Viola macloskeyi	violette minuscule	*f*	small white violet
Viola nephrophylla	violette des calcaires	*f*	northern-bog violet
Viola odorata	violette odorante	*f*	sweet violet
Viola palustris	violette rosée	*f*	alpine-marsh violet
Viola pubescens	violette jaune	*f*	downy yellow violet
Viola renifolia	violette trousse-dents	*f*	kidney-leaved violet
Viola rostrata	violette long-éperon	*f*	long-spurred violet
Viola rotundifolia	violette feuille-ronde	*f*	round-leaved violet
Viola selkirkii	violette de selkirk	*f*	great-spurred violet
Viola sororia	violette commune	*f*	woolly blue violet
Viola tricolor	violette pensée	*f*	wild pansy

Pourquoi la minuscule?

Bien des gens se demandent pourquoi Fleurbec écrit les «noms propres» avec une minuscule, dans les noms français de plantes. Par exemple, pourquoi écrire sanguinaire du canada et non sanguinaire du Canada ou lobélie de kalm et non lobélie de Kalm.

Le système de nomenclature adopté dans les publications de Fleurbec comprend des innovations. L'une d'entre elles est l'adoption systématique, dans les noms français, de la minuscule pour les épithètes spécifiques. Et ceci, pour toutes les épithètes spécifiques, incluant celles dérivées de noms propres.

Deux raisons motivent notre innovation. Toutes deux relèvent d'une évolution récente dans l'écriture des noms de plantes:

1. L'usage récemment généralisé de la minuscule, en français, pour les noms génériques. Ceci confirme que le nom d'espèce est un nom commun.

2. Une recommandation encore récente du *Code international de la nomenclature botanique:* en latin, la lettre initiale de toute épithète spécifique ou infraspécifique devrait être une minuscule.

En français, pas de majuscule aux noms de genre

Anciennement, la majuscule pour les noms de genre, en français, était réservée aux ouvrages scientifiques et relevait d'un usage général de la majuscule pour toutes les catégories d'êtres vivants. Dans ce système, le mot Champignon s'écrivait avec une majuscule, tout comme Bactérie, Mousse, Conifère, Fougère et... forêt de Hêtres ou barrage de Castors — voir, par exemple, les anciens livres français de botanique (des Abbayes *et all,* 1963; Guillermond & Mangenot, 1946). Il s'agissait d'un usage établi en typographie et figurant dans les codes typographiques. Mais ce n'était pas une règle de français et ça ne figurait pas dans les grammaires. Ne pas suivre cet usage n'entraînait pas une faute de français.

Fleurbec, publiant de la vulgarisation scientifique, devait-il écrire «Érable» dans ses livres et «érable» lorsqu'il publiait le même texte dans un journal quotidien? Pour le commun des mortels du XXIe siècle, scientifique ou pas, Fido est un nom propre d'animal, mais chien est un nom commun. La presque totalité des ouvrages scientifiques récents, surtout en Amérique, ont abandonné l'ancien usage. Les noms de catégories, comme les noms génériques, sont considérés comme des noms communs, tant dans les ouvrages scientifiques qu'ailleurs.

Les épithètes spécifiques en latin: l'ancien et l'actuel

Il n'y a pas de règle en latin classique (le latin des anciens Romains) qui demande d'utiliser la majuscule ou la minuscule pour les épithètes spécifiques des noms de plantes. À cette époque, il n'existait pas de système de nomenclature binaire, établissant l'emploi systématique des épithètes spécifiques (voir encadré page 17).

Le latin des botanistes diffère du latin classique et répond à des règles d'écriture que les botanistes se sont données et se donnent encore. Ces règles varièrent au cours des ans, au gré des besoins et des opinions des botanistes, notamment en ce qui concerne l'emploi de la majuscule dans les épithètes spécifiques.

Au XVIIIe siècle

Le premier à utiliser systématiquement la nomenclature binaire, Linné en 1753 dans *Species Plantarum*, utilisait la majuscule pour les épithètes spécifiques dans un seul cas. C'était pour des noms de genre utilisés par ses prédécesseurs et qu'il employait, lui, comme épithètes. Ce fut le cas, par exemple, de *Cichorium Intybus*, de *Lobelia Cardinalis* et même de *Picris Hieracioides* (même si le nom de genre, *Hieracium,* est modifié).

Linné n'utilisait pas la majuscule pour les épithètes dérivées d'un nom de lieu, tel *Cornus canadensis,* ou d'un nom de personne, tel *Lobelia kalmii.* Si Linné écrit *Lobelia Dortmanna,* ce n'est pas parce qu'il dédie l'espèce au botaniste Dortmann, mais parce que *Dortmanna* désignait un genre que le botaniste Rudbeck, avant Linné, avait dédié à Dortmann. Subtil pour qui ne connaît pas les noms de genre prélinnéen, c'est-à-dire subtil pour à peu près tout le monde!

Au XIXe siècle

Plus récemment, à l'époque de Léon Provancher (Flore canadienne,1862), ou de Gray (Manual of the botany of the Northern United States, 1863), on mettait une majuscule non seulement aux épithètes dérivées d'anciens noms de genre *(Lobelia Dortmanna)*, mais également à celles dérivées de noms de lieux, tel *Cornus Canadensis,* ou de noms de personnes, tel *Lobelia Kalmii.* Mais pourquoi Provancher écrit-il *Lobelia cardinalis* et *Cichorium intybus?* Mystère.

Au XXe siècle

Le *Code international de la nomenclature botanique* actuellement en vigueur autorise (mais ne recommande pas) l'emploi de la majuscule seulement pour des épithètes dérivées de noms de personnes réelles ou mythiques *(Lobelia Kalmii),* de noms vernaculaires ou d'anciens noms de genre *(Cichorium Intybus).* La recommandation 73F stipule plutôt que, en latin, la lettre initiale de toute épithète spécifique ou infraspécifique devrait être une minuscule.

Cette recommandation est postérieure à la publication des flores nord-américaines de la première moitié du XXe siècle et encore d'usage courant *(Flore laurentienne,* Marie-Victorin 1935 et 1964; *Gray's manual of botany,* Fernald 1950; *The new Britton and Brown illustrated flora of the Northeastern United States and adjacent Canada,* Gleason 1952; etc.).

Par contre, dans les ouvrages récents, l'usage systématique de la minuscule est universellement adopté *(Flora Europæa,* Tutin *et all* 1964; *Flora of Canada,* Scoggan 1978; *Flora of North America,* 1993; *A synonymized checklist of the flora of the United States, Canada and Greenland,* Kartesz 1994).

Il y a quelques décennies à peine que les botanistes ont laissé tomber la majuscule... une bien courte période dans l'histoire pluricentenaire de la botanique!

Signalons que dans *Lobelia kalmii, kalmii* est un complément de nom (génitif), comme en français, et se traduit fidèlement par lobélie de kalm et non par un adjectif, tel lobélie kalmienne, par exemple. Aucun botaniste ne refuse d'écrire *kalmii* avec une minuscule à l'initiale, même s'il s'agit du nom propre d'une personne!

En français, il existe déjà des noms propres utilisés sans majuscule

Une des objections à l'adoption de la minuscule pour les épithètes spécifiques issues de noms de pays ou de personnes, est que les noms propres conservent toujours la majuscule. Mais ce n'est pas le cas. Les règles du français prévoient des cas, bien répandus, de noms propres qui deviennent des noms communs et s'écrivent alors sans majuscule. Grevisse (1980) en cite deux catégories.

Dans des antonomases: (p. 157)

> «...figure de langage désignant un personnage par le caractère dont il est le type, ou un individu qui a un certain caractère, par le personnage qui en est le type. ... les noms propres de personnes pris par antonomase comme noms communs gardent la majuscule, à moins qu'un long usage n'en ait fait de véritables noms communs: ...C'est un vrai tartuffe. – Il se prend pour un adonis (Ac.). – Quel harpagon! (Id.)»

Noms employés par métonymie: (p. 267)

> «...(contenant et contenu, cause et effet, etc. employés l'un pour l'autre). Exemples: Du hollande (du fromage de Hollande), du champagne (du

vin de Champagne), un havane (un cigare de La Havane), ..., un terre-neuve (un chien de Terre-Neuve). Pour la majuscule et pour la marque du pluriel, l'usage est indécis, mais on est fondé à écrire: des japons (Littré), de vieux saxes, de vieux chines, comme on écrit: des bourgognes, des havanes, etc.: Au milieu de cette collection de Saxes (J. Green). »

Qu'un nom propre devenu un nom commun s'écrive sans majuscule n'est donc pas une innovation. Les noms communs macadam, bottin, poubelle et sandwich étaient, à l'origine, des noms propres de personnes.

L'épithète spécifique fait partie du nom commun de la plante. Elle désigne la plante, lui donne son rang d'espèce. Dans cet usage, elle ne sert plus à désigner le personnage lui-même ou le lieu géographique qu'elle désignait à l'origine. Le nom «maïanthème du canada» désigne une plante et non le Canada, «lobélie de kalm» désigne une plante et non un personnage, tout comme le «terre-neuve» est un chien et non une province du Canada.

À notre avis, tous les noms qui entrent dans la composition du nom d'espèce doivent être considérés comme des noms communs, tels kalm et canada.

Et puis, la publicité nous a habitués à toutes sortes d'utilisations de la majuscule, depuis la majuscule pour chaque mot d'un slogan jusqu'à l'absence de majuscules dans les noms propres de personnes, telles les signatures, par exemple.

Répandre un nouvel usage, la proposition Fleurbec

En 1975 et en 1978, nos deux premiers ouvrages — *Plantes sauvages printanières* et *Plantes sauvages des villes et des champs* — furent publiés à l'origine non pas par Fleurbec éditeur, mais par l'Éditeur officiel du Québec, un organisme gouvernemental. Toutes les épithètes spécifiques françaises y figurent sans majuscule.

Il ne s'agissait pas d'une fantaisie d'un auteur publiant à compte d'auteur, mais d'une position entérinée par le plus important éditeur au Québec, faisant suite à l'avis favorable de ses réviseurs. À l'époque, nous avions d'abord consulté et suivi les avis de monsieur Ernest Rouleau — botaniste de renommée mondiale, spécialiste international de la nomenclature botanique, réviseur de la *Flore laurentienne*, collaborateur du frère Marie-Victorin, concepteur et réalisateur de nombreux index de noms de plantes, en particulier d'un très volumineux index mondial des épithètes spécifiques (Rouleau, 1986).

À trois reprises, l'Office de la langue française fut consulté à ce sujet. D'abord conjointement par Fleurbec et l'Éditeur officiel du Québec, puis, à deux reprises, par la Direction du patrimoine écologique et du développement durable du ministère de l'Environnement du Québec. Dans les trois cas la réponse fut que l'Office n'a pas à trancher cette question, il indique simplement quel est l'usage actuel. Rien de surprenant à ce que l'Office indique que cet usage n'est pas répandu en dehors des publications de Fleurbec et nous sommes bien conscients d'innover! Pour contribuer à actualiser cet usage, il faut que vous l'adoptiez.

Les avantages

Depuis 25 ans, Fleurbec utilise systématiquement la minuscule pour toutes les épithètes spécifiques, tant en latin qu'en français, sans aucun inconvénient. Cette politique ne constitue pas une faute de français et présente les avantages suivants:

- L'avantage d'être très simple d'application.
- L'avantage de marquer bien clairement qu'il s'agit du nom commun d'une plante. Autrement, par exemple, l'expression «les lis du Canada» désigne-t-elle

toutes les espèces de lis qui poussent au Canada ou l'espèce appelée lis du canada? Si l'expression orale ne fait pas la distinction, au moins l'écrit peut le faire.

• L'avantage de rendre identique l'écriture des épithètes spécifiques en français et en latin, selon les règles que se sont données les botanistes pour le latin.

• L'avantage de ne pas insérer une majuscule au beau milieu d'un nom commun. Il faut se rappeler que le nom d'espèce (un nom commun) se compose de deux parties. L'épithète «du canada» ne s'utilise jamais seule pour désigner une plante; elle ne constitue pas à elle seule le nom d'espèce mais s'accompagne toujours du nom générique, qui est un nom commun, sans majuscule. Si le rôle des majuscules est d'attirer l'œil — sur le début d'une phrase, sur un nom propre, un titre (Grevisse 1980, p. 156) — pourquoi les utiliser en plein milieu d'un nom commun?

Innover

Nous sommes bien conscients d'innover. Nous croyons cependant que notre proposition repose sur des raisons valables et sur un système cohérent. Nous espérons vous avoir convaincu qu'il ne s'agit pas d'une fantaisie passagère (qui durerait depuis 25 ans!).

Nous proposons donc l'adoption de cet usage. Nous espérons que botanistes et amateurs de la flore se rallieront à notre position, tout comme les biologistes de la faune et les éditeurs de revues et magazines. C'est la seule façon de consacrer un usage et, éventuellement, de l'exporter dans les autres pays de langue française. Tout comme le Québec a su le faire dans le cas de la féminisation des noms de métiers et de professions!

Et puis, si quelqu'un vous dit que vous faites erreur en écrivant sanguinaire du canada, ne vous gênez pas pour dire que vous endossez simplement la proposition de Fleurbec!

Inconvénient: la Flore laurentienne accuse un sérieux retard

Le retard à mettre à jour la *Flore laurentienne* représente une embûche. Ce volume, non révisé depuis 1964 et simplement annoté en 1995, constitue une référence de base importante au Québec, en particulier pour les botanistes autodidactes ou débutants, les journalistes, les chroniqueurs, les rédacteurs, les linguistes, etc.

La presque totalité de ces personnes ne connaissent pas les recommandations (ni même l'existence) du *Code international de la nomenclature botanique* et ils ignorent le retard pris par la *Flore laurentienne*, en ce début du XXIe siècle. Ils y voient des épithètes spécifiques latines portant la majuscule et c'est bien normal, dans leur esprit, que l'épithète française prenne aussi la majuscule, comme dans la *Flore laurentienne.*

Ces personnes sont aussi les plus susceptibles d'utiliser les noms français. Pour leur part, les botanistes professionnels utilisent continuellement et presque exclusivement les noms latins, non seulement entre eux, mais souvent même lorsqu'ils publient des articles de vulgarisation, dans des revues de vulgarisation! (Gauthier 1995.)

Réf.sp. des Abbayes 63, Fernald 50, Fleurbec 94, Fleurbec 75b, Fleurbec 78, Flora 93, Gauthier 95, Gleason 52, Gray 1863, Greuter 95, Grevisse 80, Guillermond 46, Kartesz 94, Linné 1753, Marie-Victorin 95, Provancher 1862, Rouleau 86, Scoggan 78-79, Tutin 64-80.

Domaines floristiques de l'Amérique du Nord[1]

Chaque espèce de plante montre une répartition qui lui est propre, l'examen des cartes de ce volume le prouve bien. Mais au-delà des détails, même un oeil peu averti détectera des tendances: plusieurs espèces laissent voir des cartes très semblables. Comment interpréter ces regroupements?

Les phytogéographes (du grec *phuton*: plante), classent les plantes d'après leur répartition et délimitent des *domaines floristiques*, c'est-à-dire des aires supportant un groupe de plantes qui montrent une répartition semblable. Ainsi, en Amérique du Nord, on reconnaît une dizaine de domaines ou sous-domaines, représentés sur la carte ci-contre.

D'autres botanistes spécialisés dans une discipline connexe, la phytosociologie (sociologie des plantes), cartographient les grands paysages végétaux (ou *formations végétales*): toundra, forêt, prairie, désert, etc. Et, surprise, la carte des domaines floristiques et celle des paysages végétaux correspondent assez bien dans leurs grandes lignes... l'une permettant parfois de fignoler l'autre!

Est-ce vraiment une surprise? Les formations végétales regroupent des plantes qui montrent, à l'échelle du continent, des préférences semblables quant aux facteurs du milieu, surtout quant au climat, au sol, à l'ensemble de la végétation avoisinante. Par ailleurs, ces plantes suivirent le même cheminement historique (migrations à cause de glaciations, de submersions marines, de changements climatiques, etc.). Somme toute, le temps et les facteurs du milieu posent des limites aux plantes. Celles-ci agissent comme des intégrateurs qui juxtaposent ces limites avec le résultat qu'une espèce, ou qu'un groupe d'espèces, pousse ou non dans telle ou telle région de l'Amérique du Nord.

Une description détaillée de chaque domaine floristique comprendrait surtout la liste des espèces qui se confinent à ce domaine. À notre connaissance, de telles listes sont très partielles ou n'existent pas encore. Nous avons préféré décrire, pour chaque domaine, les conditions du milieu rencontrées par les plantes. Comme la végétation elle-même constitue un facteur du milieu parce que, entre autres, chaque plante crée ou modifie le milieu ambiant des autres plantes, nous avons insisté plus longuement sur les traits dominants de la végétation, citant les espèces les plus caractéristiques. Cette insistance sur la végétation se justifie aussi, et se trouve facilitée, par la concordance entre les cartes des domaines floristiques dressées par les phytogéographes et celles des formations végétales, dressées par les phytosociologues.

À quelques exceptions près, les noms choisis pour les domaines floristiques conviennent autant à des subdivisions d'une carte des formations végétales. Nous verrons les principales caractéristiques des domaines floristiques de l'Amérique du Nord, soit les domaines arctique, boréal, tempéré décidu-mixte, tempéré décidu, tempéré de la plaine côtière, prairial, montagnard des Rocheuses, montagnard côtier, tropical, désertique. Certains s'étendent à d'autres continents, notamment les domaines arctique et boréal en Eurasie, mais nous ne décrirons que leur partie américaine. Nous nous attarderons surtout aux domaines de l'Est, ceux qui nous touchent de plus près.

---

[1] La révision stimulante de Francis Boudreau, Luc Brouillet et Pierre Morisset contribua à améliorer la qualité du texte de ce chapitre.

Le domaine arctique

Ce qui marque surtout le paysage arctique? L'absence d'arbres et un sol gelé en permanence (pergélisol ou permafrost), qui ne dégèle qu'en surface, offrant peu d'emprise aux racines.

Dans la partie nord, appelée *toundra herbacée* ou haut arctique, la végétation ne couvre le sol qu'ici et là. Les mousses et les lichens en constituent la plus grande partie et, par exemple, les espèces de saules propres aux régions arctiques n'atteignent que trois ou quatre centimètres de hauteur et ressemblent à un tapis de trèfle. Il s'agit d'un véritable désert froid. Dans la partie sud du domaine, nommée *toundra arbustive* ou bas arctique, la végétation recouvre la plus grande partie du sol et les arbustes, appartenant sur-

Domaines floristiques et paysages végétaux de l'Amérique du Nord

D'après les ouvrages de Cronquist 1982, Gleason & Cronquist 1964, Farb 1963, Rowe 1972, Thibault & Hotte 1985, Vankat 1979.

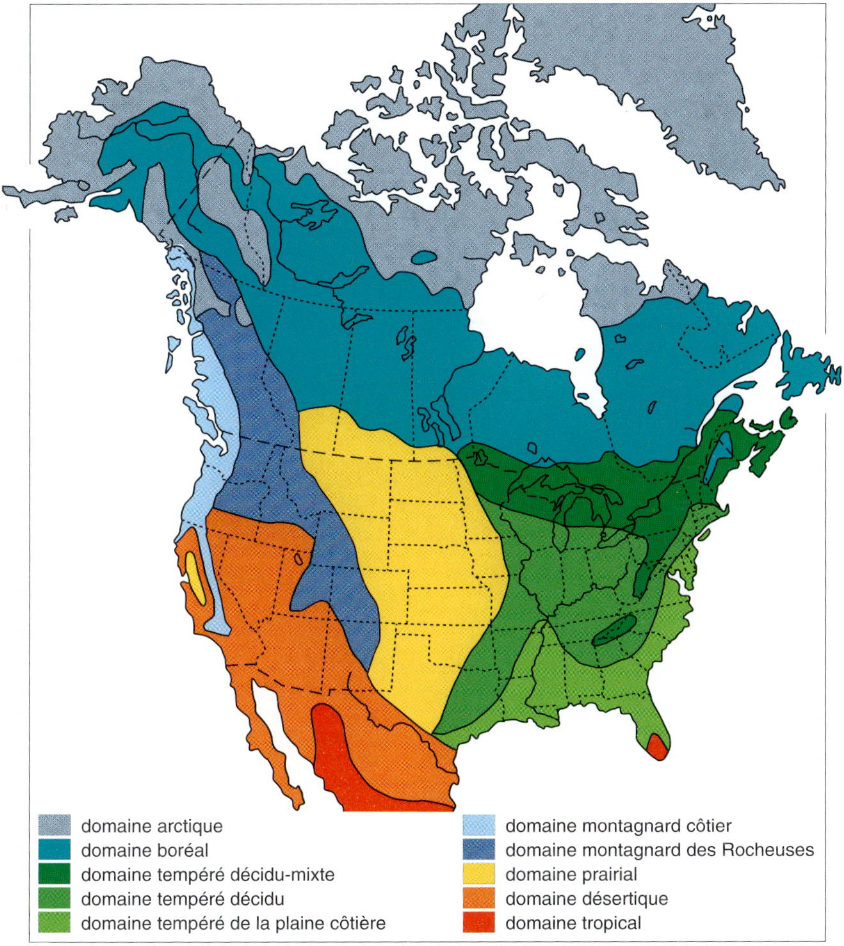

La toundra alpine

Plus au sud, les hauts sommets des montagnes présentent des conditions de température et un paysage végétal semblables: c'est la *toundra alpine*. Elle suit les Appalaches, jusqu'au centre de la Nouvelle-Angleterre (au-delà de 1200 m), et les Rocheuses jusqu'au Guatemala (au-delà de 4500 m). Si la saison de végétation s'y montre plus longue, les jours, par contre, y sont plus courts.

Plusieurs plantes de la toundra arctique, ou leurs proches parentes, se retrouvent dans la toundra alpine, bien qu'à partir d'une certaine latitude, les flores divergent grandement. Par exemple, environ 75 % des espèces de la flore alpine des Appalaches, au New Hampshire, se retrouvent dans la toundra arctique. Ce pourcentage passe à 45 pour la flore alpine du Montana, et à seulement 15 ou 20 pour celle de la Sierra Nevada (Californie).

tout aux familles du bleuet, du saule et du bouleau, ne sont pas rares. Le long des cours d'eau, les buissons de bouleaux, d'aulnes et d'espèces différentes de saules atteignent la taille d'une personne. Avant de céder le pas au domaine boréal, des parcelles de toundra se juxtaposent à des parcelles de forêt. La toundra occupe les lieux exposés aux vents, comme les collines, tandis que la forêt boréale se développe dans les lieux plus abrités comme le fond des vallées où la neige s'accumule: c'est la *toundra forestière*, d'une largeur de 100 à 200 km, au milieu de laquelle, sur notre carte, passe la limite entre les domaines arctique et boréal.

Trois caractères climatiques importants régissent la toundra arctique et la toundra alpine: une courte saison de végétation, des températures basses et de forts vents.

1 Dans l'Arctique, la *courte saison de végétation* (2 ou 3 mois) est compensée par des jours très longs, qui favorisent une croissance rapide. Les plantes de la toundra sont presque toutes des vivaces (98 à 99 %), ce qui économise leur énergie: nul besoin de renouveler tout l'appareil végétatif à chaque printemps. Plusieurs conservent leurs feuilles, en tout ou en partie, pendant plus d'une année.

2 Adapté aux *températures basses*, souvent le tapis végétal de la toundra ne dépasse pas 5 à 10 cm de hauteur et forme

Line Couillard

L'absence d'arbres caractérise la toundra. Ici, la ***toundra arctique****, avec des polygones dans les parties sèches, et des tourbières dans les parties humides.*

*La **toundra forestière**. La forêt devient discontinue et n'occupe plus que les parties les mieux protégées et les plus humides du paysage, dans les vallées, au pied des collines.*

Sylvain Lamoureux

Gisèle Lamoureux

*La **toundra alpine**. Le pendant, en montagne, de la toundra arctique des régions nordiques. Voyez, ici, les sols polygonaux du mont Albert, en Gaspésie.*

des coussins. Les plantes profitent alors d'une température plus élevée à la surface du sol que dans l'air ambiant, où le risque de gel subsiste chaque jour de l'année. Chez la plupart des espèces, la température optimale de la photosynthèse est plus basse qu'en moyenne et, chez certaines, la photosynthèse s'effectue même sous le point de congélation. Les plantes de la toundra doivent aussi résister aux brusques variations de température.

3 La croissance en coussin s'oppose efficacement aux effets des *vents forts*. Le manteau de neige offre aussi une protection contre l'érosion que causent le vent ou la neige balayée par le vent. Son épaisseur exerce un certain contrôle sur la hauteur de la végétation: le dessèchement et l'érosion rasent pratiquement tout ce qui dépasse la couche de neige. Lorsque suffisamment épais (environ 50 cm audessus des végétaux), le couvert de neige protège aussi contre le gel. Localement, à la faveur d'un obstacle, la neige s'accumule, permettant la croissance d'arbustes. Mais, elle s'amasse peu, car les régions arctiques relèvent d'un climat sec: les précipitations y sont faibles — rarement plus de 25 cm par année, sou-

vent moins de 12 cm —, souvent inférieures à celles des déserts (sud-ouest américain, Australie). Les précipitations sont plus fortes en montagne, mais la neige est cependant balayée par les vents.

La *flore* de la toundra compte peu d'espèces (moins de 500), mais se répète sur de grandes étendues. Plusieurs de ces espèces occupent une aire vaste, encerclant le pôle (circumpolaire).

Le domaine boréal

Ce domaine, qui s'étend aussi en Eurasie, comprend la plus grande partie des forêts du Canada et forme une ceinture très large (env. 800 km), au sud de la toundra. Son orientation sud-est — nord-ouest ne manque pas d'étonner. Elle s'explique par un refroidissement de la côte est, occasionné par le courant du Labrador, et par un réchauffement de la côte du Pacifique, relié au courant du Japon.

Le *climat* se caractérise par des températures basses (moyennes mensuelles variant environ entre 30 ° et -15 °C), relativement peu de précipitations (40 à 50 cm, dans la partie centrale, la plus sèche) et une courte saison de végétation (3 à 4 mois), avec un danger de gel qui persiste l'année durant dans certaines régions. Le *relief* vallonneux cache d'innombrables lacs et cours d'eau et le domaine compte d'immenses tourbières à sphaignes. Les *sols*, plutôt acides, se révèlent très peu fertiles. De nombreuses *perturbations* modifient la forêt: incendies, chablis (renversement d'arbres par des vents violents), épidémies d'insectes et coupes; ils constituent, de ce fait, des facteurs importants du milieu.

Un peu plus riche et moins homogène à l'échelle du globe que celle du domaine arctique, sa *flore* comprend des genres

Un « grand jardin» que ce pâle tapis de lichens, parsemé d'îlots d'épinettes. Quel nom préférez-vous: ***forêt boréale ouverte*** *ou forêt subarctique, forêt-parc, taïga?*

Serge Payette

La ***forêt boréale dense*** *étale un tapis sombre et uniforme de conifères.*

Francis Boudreau

communs aux différents continents nordiques et quantité d'espèces circumboréales. La dominance des conifères et des plantes de la famille du bleuet y est frappante. Parmi les conifères, se trouvent surtout les épinettes blanche et noire; le mélèze laricin y abonde aussi (sauf dans l'extrême nord-ouest), de même que le sapin baumier et le pin gris (dans l'est et le centre), le sapin de l'ouest et le pin lodgepole (dans l'ouest et le nord-ouest). L'épinette noire et le mélèze laricin s'installent particulièrement dans les tourbières, mais aussi sur des sites moins humides, surtout lorsqu'ils se trouvent vers la limite des arbres. Le bouleau à papier caractérise également ce domaine et deux peupliers y abondent: le peuplier faux-tremble et le peuplier baumier, surtout dans le centre et le centre-ouest, à la lisière du domaine prairial. À cet endroit, le peuplier faux-tremble constitue non pas une espèce de transition qui succède à des perturbations, tels les feux ou la coupe comme dans l'est du domaine, mais une espèce des forêts terminales, en équilibre avec le climat (forêt climax).

Une *forêt coniférienne* règne d'un bout à l'autre du domaine boréal, avec des arbres petits (moins de 15 m) et de faible diamètre (moins de 50 cm). Vers le nord et dans les lieux secs, la forêt boréale s'ouvre et se présente sous forme d'îlots distancés les uns des autres; entre ces îlots, un tapis non pas de mousses mais de lichens (surtout des *Cladina*, les lichens à caribous). Cet agencement rappelle physionomiquement les plantations d'arbres sur pelouses, d'où le nom de forêt-parc que certains donnent à la forêt boréale ouverte, que d'autres nomment forêt subarctique ou taïga. Cette formation en îlots de la pessière à lichens s'explique, en partie, par le fait que, dans les régions nordiques, la reproduction par graines de l'épinette noire devient moins importante, au profit de la propagation végétative par marcottage: les branches basses de l'épinette noire ne meurent pas, à cause de la faible densité des arbres, et s'enracinent facilement; leur bout retroussé donne naissance à de nouveaux arbres. Ainsi, l'épinette noire ne pousse pas en individus isolés, mais forme des îlots composés de l'arbre originel, encerclé de ses «petits», produits par marcottage. Dans le sud du domaine boréal, le couvert dense de la forêt coniférienne, surtout dans les endroits humides, rend la promenade difficile, parfois exténuante aux yeux du botaniste dilettante. Sous les conifères droits et serrés, les mousses forment parfois un tapis continu sur lequel poussent peu de plantes herbacées (pessière à mousses). Vers la limite sud du domaine, le bouleau jaune s'ajoute au sapin pour former des sapinières à bouleau jaune puis des bétulaies jaunes à sapin.

Le domaine tempéré décidu-mixte

Qui ne l'a pas deviné? Les trois domaines tempérés (décidu-mixte, décidu, de la plaine côtière) se révèlent très apparentés, tous trois dominés qu'ils sont par la forêt décidue. Décrivons plus en détail le domaine tempéré décidu-mixte, pour n'indiquer ensuite que de quelle manière les deux autres s'en distinguent.

Les botanistes émettent des opinions différentes quant à la classification du territoire couvert par le domaine tempéré décidu-mixte. Certains en font un domaine à part, d'autres le rattachent au domaine tempéré décidu, d'autres encore le considèrent comme une transition entre les domaines boréal et tempéré décidu.

Ce domaine couvre la partie nordique de la grande forêt décidue de l'est de l'Amérique du Nord, dont le caractère le plus frappant reste sa *variation saisonnière* qui ne laisse personne indifférent: silence hivernal des forêts sans feuilles, explosion printanière des bourgeons qui éclatent en mille feuilles et fleurs, ombre profonde des bois sous la densité du feuillage de l'été, incroyable orgie des couleurs de l'automne qui embrasent les feuilles avant leur chute. L'Europe centrale et l'est de l'Asie comptent aussi des forêts décidues.

En plus de grands changements saisonniers, le *climat* tempéré, qui s'étend à tout le domaine tempéré (décidu-mixte, décidu et de la plaine côtière), se caractérise par la présence de gel, l'absence de sécheresse périodique et une saison de végétation moyenne ou longue. Pour l'ensemble du domaine tempéré, les précipitations varient autour de 100 cm, de l'est à l'ouest (125 à 85 cm) et du nord au sud (75 à 150 cm). Les différences de température font qu'une grande partie de ces précipitations tombe sous forme de neige au nord et presque entièrement sous forme de pluie au sud. La longueur de la saison de végétation varie aussi et passe de 3 mois au nord à un peu plus de 8 mois au sud.

Dans le domaine tempéré décidu-mixte, la *végétation* se présente en mosaïque: forêt décidue (parfois qualifiée de laurentienne) sur les sites moyennement humides (versants des collines, par exemple), forêt coniférienne apparentée à la forêt boréale sur les sites trop humides ou sur les sols minces et secs (bas et haut des collines, falaises, entre autres). Cette diversité appuie l'opinion voulant qu'il s'agisse d'un territoire de transition.

À maturité, la *forêt* comprend de grands arbres (plus de 30 m). Le haut feuillage

Lucette Durand

La forêt décidue, à l'automne. Dans le ***domaine tempéré décidu-mixte****, les conifères, relativement abondants, s'installent surtout sur les sites humides, comme le bas des pentes, ou sur les sites secs, tels les sommets rocheux.*

Au printemps, la forêt décidue du ***domaine tempéré décidu-mixte*** *refait son feuillage. Elle se pare d'autant de couleurs qu'à l'automne, mais en plus tendre.*

Gisèle Lamoureux

imite un plafond de cathédrale en été, de sorte que bien peu de lumière atteint le sol. La riche flore d'herbacées qui couvre le parterre doit fleurir rapidement au printemps, avant l'apparition des feuilles, et compléter son cycle vital en quelques semaines. Certaines, comme les dicentres°, les claytonies° et l'érythrone d'amérique°, deviennent pratiquement invisibles avant même la fin du printemps: leurs feuilles disparaissent et seules leurs parties souterraines subsistent. L'érable à sucre représente généralement l'espèce dominante des versants de collines. Dans la partie nord du domaine, il s'associe au bouleau jaune et au hêtre à grandes feuilles auxquels se joint, dans la partie centrale, le tilleul d'amérique; la pruche de l'est constitue aussi une espèce caractéristique de ces forêts et non de la forêt coniférienne. La partie la plus méridionale du domaine comprend, en plus de ces espèces, bien d'autres arbres à feuilles caduques, les plus caractéristiques étant les caryers ovale et cordiforme. Les pins blanc et rouge, aussi considérés comme typiques de ce domaine, se trouvent surtout sur les affleurements rocheux.

Si le froid le délimite vers le nord, environ à la limite de l'aire de répartition de l'érable à sucre, le domaine tempéré décidu-mixte doit plutôt faire face à l'aridité vers l'ouest. Au sud, sa limite coïncide à peu près avec celle de la dernière glaciation; il y cède alors la place au domaine tempéré décidu, où poussent des espèces exigeant plus de chaleur.

Le domaine tempéré décidu

La forêt dominante dans ce domaine présente les mêmes caractéristiques générales que dans le domaine précédent, mais les conifères s'y font plus rares; il s'agit encore de la grande forêt décidue de l'est de l'Amérique du Nord. Mais une *forêt combien plus diversifiée*: une trentaine d'espèces d'arbres à feuilles cadu-

Miroslav Grandtner

*Dans la forêt du **domaine tempéré décidu**, poussent le tulipier, au tronc bien droit, et plusieurs espèces de chêne, qui gardent leur feuillage séché en hiver.*

ques se partagent la dominance. À celles du domaine tempéré mixte se joignent, en particulier, plusieurs espèces de chênes, de tilleuls, et le tulipier. Les vallées et les pentes du sud de la chaîne des Appalaches montrent les conditions les plus favorables de développement; elles réunissent tout l'éventail des espèces de cette forêt (parfois qualifiée d'appalachienne).

Riche en espèces d'arbres, oui, mais aussi en arbustes et en herbacées. Probablement à cause de la *complexité du substrat géologique* formé, ici, de roches cristallines et acides (granit), et là, de roches sédimentaires et basiques (calcaires). Probablement aussi à cause de l'*histoire géologique* de la région: de manière continue, ce territoire fut disponible pour les plantes, vraisemblablement depuis la fin du paléozoïque, avant même l'existence des plantes à fleurs. Les dernières glaciations ne l'atteignirent pas (le glacier ne se rendit qu'à New York et aux rivières Ohio et Missouri) et la mer ne le recouvrit pas dans les périodes géologiques récentes, comme ce fut le cas pour le domaine tempéré de la plaine côtière.

Le domaine tempéré de la plaine côtière

Eh oui! voilà que la mer s'en mêle! Il n'y a pas si longtemps (à l'échelle géologique, entre 80 000 et 200 000 ans), elle recouvrait les basses terres de ce domaine qui s'étend de l'Atlantique jusqu'aux premières collines des Appalaches. La limite du domaine se marque par une *discordance d'ordre géologique*, qui correspond à la plus haute ligne de rivage atteinte par la mer. À cet endroit, les dépôts marins rencontrent la roche en place typique des contreforts appalachiens.

Ici encore croît la forêt décidue de l'est de l'Amérique du Nord (qualifiée de sud-atlantique), avec les mêmes caractéristiques, mais dominée surtout par de nombreuses espèces de chênes et quelques espèces de caryers. Dans le sud et l'est du domaine, peu de forêts dominées par les chênes et les caryers subsistent. Des incendies répétés favorisèrent plutôt l'implantation d'*une dizaine d'espèces de pins*, des arbres qui s'installent souvent après feux; ils forment maintenant des forêts de très grande étendue.

À cause d'une température plus élevée, l'extrême sud du domaine (Floride et sud de la Louisiane) compte plusieurs types de végétation. La forêt typique de ce domaine (climax), celle qui se maintient en équilibre avec le climat et tend à se perpétuer indéfiniment (par opposition aux forêts de transition), se trouve peu représentée. Elle comprend des arbres à feuillage persistant mais qui ne sont pas des conifères, ce qui l'apparente à la forêt tropicale de la pointe sud de la Floride. Ce territoire recèle un plus grand nombre d'espèces, dont quelques palmiers et la mousse espagnole *(Tillandsia*, non pas une mousse au sens botanique, mais une plante de la famille de l'ananas), qui pend des arbres, des fils téléphoniques et caractérise tellement le paysage de cette contrée. Plusieurs parties du territoire sont inondées périodiquement ou en permanence et forment de *grands marécages*, colonisés par le cyprès chauve, ce très grand arbre à pied renflé.

Signalons que quelques éléments, parmi les plus nordiques du domaine, se retrouvent le long de la côte, jusque dans le sud de la Nouvelle-Écosse.

Alain Giard

Les cyprès chauves, à pieds renflés, caractérisent les marécages du ***domaine tempéré de la plaine côtière****.*

Camille Rousseau

La mousse espagnole (Tillandsia), qui pend des arbres, marque le paysage du ***domaine tempéré de la plaine côtière****.*

Les herbacées constituent les plantes dominantes de la ***prairie****. Les feux contribuent à maintenir cette dominance: les plantes de la famille du blé alimentent peu un incendie et cachent leurs bourgeons juste sous le niveau du sol.*

Le domaine prairial

Le terme prairie désigne un paysage végétal dominé par des *plantes herbacées*. Les prairies naturelles couvrent près du quart de la terre, dont les steppes de Russie et de l'Afrique du Sud, les pampas de l'Amérique du Sud et les prairies de l'ouest américain.

Le domaine prairial de l'Amérique du Nord se divise grossièrement en *trois bandes*: à l'est, la prairie à grandes graminées (2 m ou plus), au centre, la prairie à graminées mixtes, montrant deux strates, à 30 cm et à 125 cm, et à l'ouest, la prairie à graminées courtes (de 20 à 50 cm). Les frontières entre ces trois bandes s'avèrent instables et irrégulières; elles se déplacent au gré des sécheresses ou des périodes un peu plus humides.

Le *climat* du domaine prairial est continental: été très chaud, hiver très froid, les températures extrêmes atteignant souvent 45 ° et –35 °C. Les précipitations varient entre 100 cm dans le sud-est et 25 cm à la base des montagnes Rocheuses. De fréquentes sécheresses résultent de ces valeurs faibles, combinées à de hautes températures et à des vents asséchants; ces sécheresses durent parfois plusieurs années. La saison de végétation varie du nord au sud de 4 à plus de 6 mois.

Riches en matière organique rapidement décomposée, les *sols* figurent parmi les plus fertiles au monde; on ne se gêne d'ailleurs pas pour les cultiver. Entre 35 à 150 cm de profondeur, ils comptent une couche de calcium indurée (cimentée).

Les *feux* constituent aussi un facteur important, qui contribue à maintenir la dominance des herbacées dans la prairie. Il ne détruit pas la plupart de ces plantes: les graminées, par exemple, alimentent peu un feu et, surtout, cachent le bourgeon terminal qui assure leur croissance, juste sous la surface du sol. Le long des cours d'eau, des arbres réussissent à s'installer, mais brûlent facilement, car ils représentent un bon apport de combustible.

Les graminées et les espèces qui leur ressemblent constituent les plantes dominantes de la prairie. Très variée, la *flore* compte plusieurs plantes des familles de la marguerite et du pois. La plupart de ces espèces sont des vivaces et présentent une masse beaucoup plus importante dans le sol que dans l'air, leur permettant de mieux résister aux sécheresses.

Le domaine montagnard des Rocheuses

Dans ce domaine, la végétation dessine des bandes parallèles, posées de bas en haut des hautes montagnes. Ces bandes, nommées *étages de végétation*, reflètent les changements importants de climat reliés à l'altitude. Grosso modo, les botanistes reconnaissent cinq principaux étages: alpin, subalpin, haut montagnard, bas montagnard et piedmont (ou collinéen). En simplifiant à outrance, disons que chacun occupe environ 650 m ou plus de dénivellation, mais les limites entre les étages ne sont pas toujours très nettes.

Très varié, le *climat* présente des caractères qu'il importe de garder en mémoire pour interpréter, sur le terrain, la répartition de la flore et des groupements végétaux. D'abord les vents, à prédominance d'ouest, apportent beaucoup plus de précipitations sur la partie ouest des montagnes que sur les versants est. Les précipitations varient aussi selon l'altitude, avec un maximum un peu au-dessus du mi-versant pour les hautes montagnes; la moyenne annuelle s'échelonne généralement entre 40 et 150 cm. Bien sûr, la température descend à mesure qu'on s'élève en montagne; on compte, en moyenne, une baisse de 1,7 °C par tranche de 300 m, ce qui amène un retard dans la saison de végétation de 2 ou 3 semaines par 300 m.

La position en altitude des étages varie avec la latitude; par exemple, vers le nord, l'étage alpin s'installe plus bas que sur une montagne du sud, à cause du climat plus froid. De cette façon, les étages du bas (le piedmont, surtout) n'existent pas dans les montagnes du nord. La *toundra alpine* occupe l'étage alpin, nous l'avons déjà dit. L'étage subalpin et les étages montagnards sont couverts par une *forêt conifériennne* dominée par des espèces différentes de celles qui dominent la forêt boréale. Dans le subalpin c'est l'épinette d'engelmann, le sapin de l'ouest et le pin lodgepole, fréquemment accompagnés de peuplier faux-tremble. À ces essences s'ajoutent, dans les étages montagnards, le sapin de douglas, l'épinette blanche et, dans certaines parties moins élevées, le pin ponderosa.

Le domaine montagnard côtier

Étroit, mais riche en espèces, ce domaine borde le Pacifique sur une largeur ne dépassant pas 175 km, parallèlement aux chaînes de la Sierra Nevada, des Cascades et des Rocheuses.

Camille Rousseau

Dans le ***domaine montagnard des Rocheuses****, la végétation dessine des bandes parallèles, posées de bas en haut des hautes montagnes: les étages de végétation. Noter ici la démarcation bien visible entre la forêt et la toundra alpine.*

Camille Rousseau

La forêt conifé-rienne très dense du ***domaine montagnard côtier****. Elle se compose d'arbres parmi les plus grands au monde.*

Les chaînes des Cascades et de la Sierra Nevada ressemblent suffisamment aux Rocheuses pour faire partie du même domaine (sur notre carte, partie ouest du domaine montagnard côtier, depuis son extrémité sud jusqu'à un peu au-delà de la frontière canado-américaine). Certains phytogéographes préfèrent cependant en faire un domaine à part, tandis que d'autres les rattachent plutôt au domaine montagnard côtier. Le climat s'y présente sous forme d'hivers humides et frais, d'étés secs et chauds, rappelant le climat méditerranéen. Ici aussi s'installe une forêt coniférienne qui forme différents étages où dominent, dans le subalpin: la pruche de mertens et le pin lodgepole, dans le haut montagnard: le sapin de douglas et le sapin concolore; le bas montagnard ressemble à celui des Rocheuses. À noter, dans la Sierra Nevada, la présence de séquoias géants, parmi les plus gros êtres vivants; on estime à 3800 ans l'âge de l'un d'entre eux, qui mesure 92 m de hauteur et 11 m de diamètre à la base.

Le *climat*, grandement influencé par la proximité du Pacifique, reste doux à l'année; même dans le nord, des températures de –15 °C sont peu communes et le gel est rare dans la partie sud du domaine. Les précipitations très abondantes (de 65 à 400 cm ou plus par année) et les brouillards fréquents, permettent l'installation d'une forêt dite ombrophile (ou pluviale) tempérée, par comparaison à la forêt ombrophile équatoriale. Dans la partie nord, s'accumulent plusieurs mètres de neige.

La *forêt coniférienne* qui couvre ce domaine semble relativement homogène en apparence. Bien différente de la forêt boréale, elle se compose d'arbres parmi les plus grands au monde et s'avère très dense. Les arbres y atteignent souvent 75 m avec un diamètre de 2 m. L'espèce la plus commune, le sapin de douglas, s'installerait après feux; c'est l'espèce commercialement la plus importante pour le bois de construction. Les espèces dominantes des forêts en équilibre avec le climat (climax) sont la pruche de l'ouest, l'épinette de sitka et le thuya-cèdre de l'ouest. Dans la partie sud du domaine se trouve le séquoia toujours-vert, un arbre très grand (le record: plus de 120 m), qui affectionne les lieux sujets à de fréquents brouillards.

Le domaine tropical

Il n'y a pas que les humains qui aiment le soleil des tropiques, certaines plantes le recherchent aussi! Plusieurs espèces caractéristiques du domaine tropical, juste à la pointe de la Floride, ne supportent nullement le gel, les autres endurent tout juste un gel léger. Par contre, plusieurs plantes du domaine tempéré de la plaine

Camille Rousseau

*Le **domaine tropical**. Des forêts de pins avec des palmiers, quel contraste à nos yeux de Nordiques!*

côtière y pénètrent, mais leur limite sud semble régie par le besoin d'une période de dormance (associée aux températures froides) ou par une incapacité de faire concurrence aux espèces tropicales, sous un climat tropical. Trois types de paysages végétaux se partagent ce domaine: les forêts de palétuviers sur la côte, les marécages du type des Everglades et les forêts de pins de la crête calcaire située à quelque distance de la côte atlantique.

Les *forêts de palétuviers* s'installent dans la vase de la zone des marées, en bordure de la mer. Arquées, les racines aériennes des palétuviers étonnent. L'arbre ne porte-t-il pas le nom latin *Rhizophora*, signifiant porteur de racines? Celles-ci donnent naissance à de nouvelles tiges et les graines, avant de tomber, laissent pendre des racines embryonnaires longues de 30 cm. Le tout finit par donner une formation végétale impénétrable.

Les Everglades constituent un vaste *marécage d'eau douce* couvert d'une «mer» de plantes des familles du blé et du carex, parsemée «d'îlots» d'arbres sur des sites un peu plus secs. Ce sont ces mêmes arbres que l'on retrouve ailleurs en Floride, où la plus petite élévation paraît une colline et se couvre d'arbres. Certains perdent leurs feuilles, de novembre à avril, à cause de la sécheresse, non du froid. Plusieurs lianes caractérisent ces forêts tropicales, de même que quantité d'épiphytes, ces plantes posées sur d'autres

Camille Rousseau

*Les palétuviers, dans le **domaine tropical**, s'installent en bordure de la mer. Leur nom latin,* Rhizophora, *signifie porteur de racines.*

Camille Rousseau

*Le **désert américain**, avec une végétation très éparse de cactus. L'alternance des saisons s'y résume à de longues périodes sans pluie, interrompues par des périodes de pluies violentes.*

sans pour autant les parasiter, dont plusieurs fougères (à l'ombre) et plusieurs espèces des familles de la bromélie et de l'orchidée (au soleil).

La *forêt de pins* rappelle celle de la plaine côtière. Il s'agit du même type de végétation, composée en bonne partie des mêmes espèces d'arbres.

Le domaine désertique

En dehors du désert polaire, où ne subsistent que quelques plantes très dispersées de la toundra, existe-t-il, en Amérique du Nord, des déserts répondant à l'image classique, avec une végétation très éparse de cactus et d'autres plantes adaptées aux climats excessivement chauds et secs? Oui: le domaine désertique regroupe quatre grands déserts, nommés d'après les régions géographiques qu'ils occupent: le Grand Bassin (partie nord du domaine), le Mojave, le Sonoran et le Chihuahua. On qualifie le premier de désert froid, parce la température se maintient généralement sous le point de congélation en hiver, ce qui n'est pas le cas des trois autres.

Les caractères des précipitations, de la température, des vents et des sols marquent profondément la végétation. Les précipitations annuelles varient énormément et ne sont pas réparties régulièrement; aussi, l'alternance des saisons se résume à de longues périodes sans pluie, interrompues par des périodes de pluies violentes. La température aussi varie beaucoup, mais sur une base plus régulière: l'absence de nuages donne lieu à de très chaudes températures durant le jour, suivies de nuits fraîches, voire froides. La force des vents cause des tempêtes de sable ou de poussière. Évidemment, peu de matière organique se trouve dans le sol, par ailleurs riche en sels; il se forme généralement à la surface, une croûte ou un durcissement favorisant l'écoulement de l'eau plutôt que sa pénétration. Plusieurs des vallées, sises entre les petites montagnes de ces régions, constituent des dépressions fermées, sans contact avec la mer. L'évaporation très forte qui y sévit, laisse des dépôts de sédiments ou de sels, que la végétation colonise par bandes concentriques reliées à la diminution graduelle de la concentration en sel.

Très peu d'espèces de nos régions poussent dans ces déserts et les plantes qui y dominent sont parfaitement inconnues dans l'est, si ce n'est le genre armoise qui compte une espèce presque omniprésente là-bas: *Artemisia tridentata* (*sagebrush*). Apparemment, les plantes modifient si peu leur environnement, qu'on n'y observe pas de successions végétales; tout se passe comme si seul le stade pionnier existait.

Flore printanière des forêts du Québec

Quelques plantes printanières croissent en milieu ensoleillé, mais la majorité vivent à l'ombre des forêts. Et les forêts du Québec sont vastes et variées — du moins l'étaient-elles à l'origine! La carte de la végétation du Québec montre en détail comment ces forêts se succèdent dans le paysage, du sud au nord.

Zones et domaines de végétation du Québec — Labrador

D'après les ouvrages de Grandtner 1966, Rowe 1972, Saucier, Grondin, Robitaille, Bergeron 1998, Thibault & Hotte 1985.

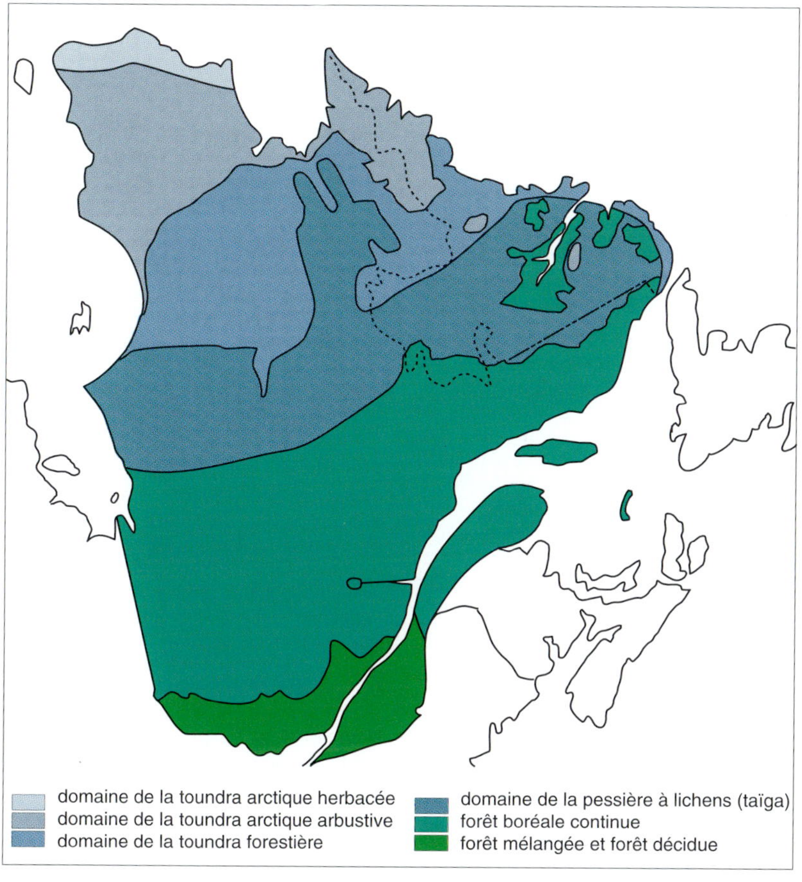

Tel qu'énoncé au chapitre précédent, ces forêts se situent dans les domaines floristiques boréal et tempéré décidu-mixte.

Domaines floristiques et domaines de végétation

Les domaines floristiques représentent les unités de base d'une carte floristique à l'échelle de l'Amérique du Nord (p. 27). Ils furent nommés surtout en référence aux grands climats de la planète, le facteur principal qui régit la répartition des espèces. Pour leur part, les domaines de végétation sont les unités de base d'une carte de végétation à l'échelle du Québec. Ils se nomment d'après le nom de l'association végétale arrivée à maturité et en équilibre avec le climat (climax), stade d'aboutissement des successions végétales dans un milieu mésique d'une région donnée — humidité moyenne des sols, pente moyenne, etc. Dans le cas des forêts, les domaines de végétation se nomment d'après les espèces dominantes des climax, celles qui impriment un caractère à la forêt et qui influencent le plus les conditions écologiques d'un site.

Un domaine floristique comprend essentiellement une liste des espèces présentes. En comparaison, un domaine de végétation se réfère non seulement à la liste des espèces, mais aussi à la proportion de chacune, aux espèces dominantes et aux associations des plantes entre elles. Sur la carte, les domaines de végétation sont regroupés en zones, correspondant grosso modo aux domaines floristiques.

Du sud au nord

Lorsqu'on considère la liste des espèces d'arbres d'une forêt, celle des forêts du sud du territoire québécois se révèle bien plus longue que celle des forêts du nord. Ce qui change aussi beaucoup, du sud au nord, c'est la proportion de chaque espèce. Par exemple, dans une érablière à caryers du sud du Québec, il peut se trouver quelques individus de sapin, d'épinette blanche ou de bouleau jaune. Mais ils ne dominent pas cette forêt. Dans une forêt plus au nord, les érables et les caryers sont absents et ce sont soit le sapin, l'épinette blanche ou le bouleau jaune qui abondent et dominent.

Au fond, les noms des forêts qui caractérisent les domaines de végétation reflètent soit l'appauvrissement en espèces du sud au nord, soit le changement de dominance en faveur d'une espèce différente, soit les deux.

Les érablières à sucre

Prenons le cas des érablières dominées par l'érable à sucre. L'érablière à caryers comprend non seulement deux espèces de caryer, mais aussi du tilleul d'amérique et du bouleau jaune. Juste un peu plus au nord, les caryers sont absents, mais le tilleul et le bouleau jaune subsistent, dans l'érablière à tilleul. Encore juste un peu plus au nord, le tilleul disparaît, mais le bouleau jaune persiste, et c'est l'érablière à bouleau jaune.

Ainsi, le bouleau jaune se trouve dans ces trois sortes d'érablières et le tilleul dans les deux sortes les plus méridionales. Ce n'est pas uniquement parce qu'il y a du bouleau jaune que l'érablière à bouleau se nomme ainsi. C'est surtout parce que c'est une érablière d'où les deux caryers et le tilleul sont absents... et où le bouleau jaune est plus abondant!

Bref, en simplifiant, dès que vous êtes dans une forêt dominée par des érables à sucre associés à des caryers, vous êtes dans une érablière à caryers. S'il n'y a pas de caryers mais qu'il y a du tilleul, vous êtes dans une érablière à tilleul (synonyme: érablière laurentienne). Et finalement si vous êtes dans une érablière à sucre sans tilleul ni caryer, il y a probablement du bouleau jaune et vous êtes dans une érablière à bouleau jaune. À moins que l'exploitant de l'érablière n'ait malencontreusement coupé toutes les essences, sauf l'érable aux précieuses entailles!

Dans l'érablière à caryers, la présence de deux espèces de caryers justifie le «s» de caryers. Certains préfèrent nommer ce domaine érablière à caryer cordi-

Principaux domaines de végétation du Québec méridional

D'après les ouvrages de Grandtner 1966, Rowe 1972, Saucier, Grondin, Robitaille, Bergeron 1998, Thibault & Hotte 1985.

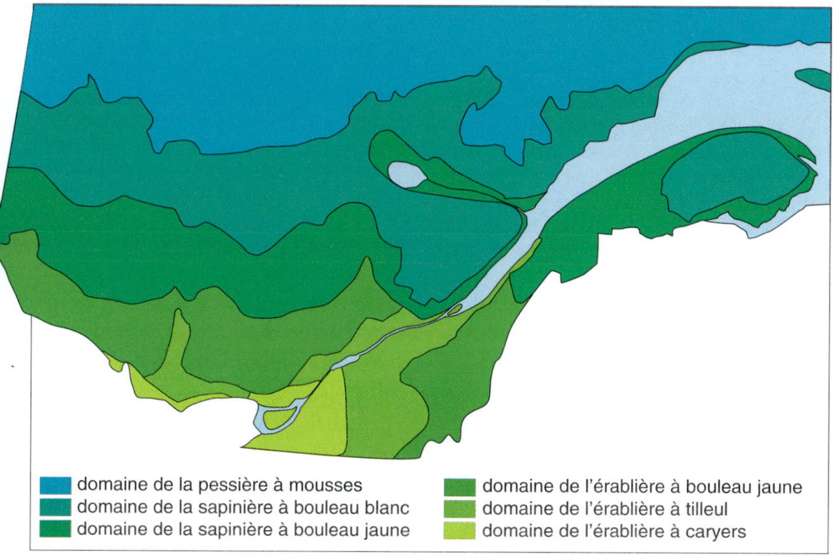

forme, du nom de la plus fréquente des deux espèces.

La richesse printanière des forêts

Les érablières à sucre sont certes des endroits privilégiés pour observer des plantes printanières. Toutefois, les érablières ne recèlent pas toutes la même diversité biologique et certaines sont plus riches que d'autres. Mais il existe un fonds d'espèces printanières qui fréquentent à la fois les trois grands types d'érablières à sucre: la dicentre à capuchon, la cardamine carcajou, l'actée rouge, la claytonie feuille-large, l'érythrone d'amérique, le maïanthème à grappes et le sceau-de-salomon poilu sont de ce fonds.

Peu d'espèces printanières fréquentent seulement l'érablière à caryers, la plus méridionale des érablières du Québec. C'est le cas de la cardamine découpée et, à un degré moindre de l'uvulaire grande-fleur et du trille blanc qui se trouvent parfois dans des érablières à tilleul.

Par contre, un bon nombre de printanières fréquentent à la fois l'érablière à caryers et l'érablière à tilleul, souvent regroupées sous l'appellation «érablières riches». Comparés au domaine de l'érablière à bouleau jaune, ces domaines présentent des sols moins acides, plus riches en éléments nutritifs, et un climat plus doux. C'est là que se trouvent le plus souvent l'actée blanche, l'ail des bois, l'asaret gingembre, le cohosh bleu, la dicentre du canada, la dircé bois-de-plomb, l'hépatique noble, la mitrelle deux-feuilles, le pigamon hâtif, la sanguinaire du canada, la violette du canada.

Tendance boréale

Quelques printanières plus nordiques fréquentent surtout les érablières à tilleul et à bouleau jaune, avec des incursions occasionnelles ou régulières dans la forêt mixte (dominée par le bouleau jaune): médéole de virginie, renoncule avortée, streptope rose, trille rouge (celui-ci parfois présent mais peu abondant dans l'érablière à caryers).

Située plus au nord, l'érablière à bouleau jaune partage certaines espèces printanières avec non seulement la forêt mixte, mais aussi avec la grande forêt coniférienne boréale. Quelles sont ces plantes un peu plus boréales? L'aralie chasse-pareille, le cornouiller quatre-temps, le maïanthème du canada, l'oxalide des bois.

Rarement présentes dans les érablières, sinon dans les plus nordiques ou encore dans les microhabitats frais, la clintonie boréale, la coptide savoyane, la linnée boréale et la mitrelle nue fréquentent plutôt la forêt boréale.

Endroits humides ou secs des forêts

Certaines printanières poussent en forêt, oui, mais peu importe le type de forêt puisque ce qu'elles recherchent c'est un site humide et plus ou moins ombragé, la proximité d'un ruisseau par exemple ou d'une mare, des microhabitats où se concentrent le frêne noir et l'orme d'amérique. C'est là que se trouvent l'arisème petit-prêcheur, le symplocarpe chou-puant, le populage des marais.

Pour d'autres, il vaut mieux de l'ombre et de la sécheresse. L'épigée fleur-de-mai ne pousse pratiquement que sur des sols secs, en compagnie des pins, par exemple.

Première partie
105 plantes sauvages printanières

classées par couleur de fleurs, puis par ordre d'apparition au printemps ou par ressemblance

Sanguinaire du canada, *bloodroot*

Racine-de-sang; sang-de-dragon; sang-dragon. *Puccoonroot; red puccoon.* Famille du pavot, *Papaveraceæ.*

Sanguinaria canadensis Linné. De *sanguinarius:* saignant, d'après la couleur du latex; *canadensis:* du Canada.

Herbacée vivace à rhizome. Petite (0,2 m), la sanguinaire du canada forme des tapis denses, dépourvus d'autres plantes. Fleurs et feuilles naissent directement sur la tige souterraine. Feuille solitaire (largeur 15-20 cm), épaisse; d'un vert grisâtre, surtout au revers; en forme de rein et découpée en grands lobes au pourtour sinueux; nervures en relief, sur le revers. Fleur solitaire, au bout d'une longue queue; 2 sépales qui durent peu, 8 à 16 pétales blancs, étamines nombreuses, stigmate à 2 lobes. Fruit en forme de fuseau.

Forêts. Érablières riches (à caryers, à tilleul), surtout si elles comptent des microhabitats rocheux ou humides. Nord-américaine. Rare: Manitoba.

Les plantes de la famille du pavot contiennent souvent des latex colorés et des alcaloïdes importants en médecine. Les plus connus? La morphine et la codéine, dérivées de l'opium. En matière d'alcaloïdes, dépasser la dose efficace engendre souvent des effets toxiques et, avec la sanguinaire du canada, la mort s'ensuit. Largement utilisée en médecine (expectorant, vomitif), en médecine homéopathique (en Europe) et en médecine populaire pour les maux les plus divers, elle causa des accidents fatals. Heureusement, son goût amer et âcre la rend tout à fait repoussante. Jugée inacceptable comme ingrédient de médicament en vente libre au Canada (1995).

À contre-jour, les nervures laissent voir la coloration rouge du latex, qui s'échappe à la moindre cassure de la feuille, telle une goutte de sang. Les Amérindiens s'en peignaient le visage, en teignaient vêtements et paniers, et y trempaient leurs tomahawks en signe de guerre; certains l'utilisaient comme stimulant pour la divination. Son rhizome teignait la laine en rouge ou en orange. Un de ses alcaloïdes, la sanguinarine, combat la plaque dentaire et certains produits d'hygiène en contenaient, jusqu'à ce qu'on trouve que l'usage prolongé causait des lésions buccales cancéreuses. Comme la colchicine, elle induit le dédoublement des chromosomes.

De croissance lente, la sanguinaire du canada prend 2 ou 3 ans avant de fleurir une première fois. Ni cueillir, ni transplanter, ni modifier l'habitat. Les graines nécessitent une période au froid pour germer et leur taux de germination serait faible (0,5 %). Même en serre, elles ne produisent, la première année, qu'une seule feuille, parfois 2 ou 3, et un rhizome pas plus gros qu'un petit pois. Une fois établie, la plante se multiplie par graines et par la ramification de son rhizome; elle vivrait durant plusieurs décennies. Propager par graines (éviter leur dessèchement, en les semant aussitôt récoltées) ou utiliser les cultivars à fleurs doubles du commerce. En culture, chaque rhizome peut être divisé en 2 ou 3 individus annuellement, pas plus. ● pH 5-7

Suite page 411.

***Sanguinaire du canada.** Quelle éphémèr beauté! Sa fleur s'ouvre tout au plus tro heures par jour, seulement s'il fait soleil, chacune ne vit que de 2 à 5 jours. S'il vent ses pétales tombent aussitô*

Photo: Gisèle Lamoureux

Trille blanc, *large-flowered trillium*

Pâquerette (à tort); trille à grande fleur, grandiflore; trillie à grande fleur. *Large-flowered wakerobin; big white, snow* (à tort) *or white trillium.* Famille du lis, *Liliaceæ.*

Trillium grandiflorum (Michaux) Salisbury. De *tres:* trois, à cause de la disposition par trois des parties de la plante; *grandiflorum:* à grande fleur.

Herbacée vivace à rhizome. De taille moyenne (0,3 m), le trille blanc pousse en très grandes colonies formées de tiges solitaires. Trois feuilles, presque aussi larges que longues et longuement effilées, sans queue. Grande fleur (diam. 8 cm) à 3 pétales plus larges que chez les autres trilles; blanc éclatant devenant rose en fin de floraison; 3 sépales; 6 étamines; pistil à 3 stigmates.

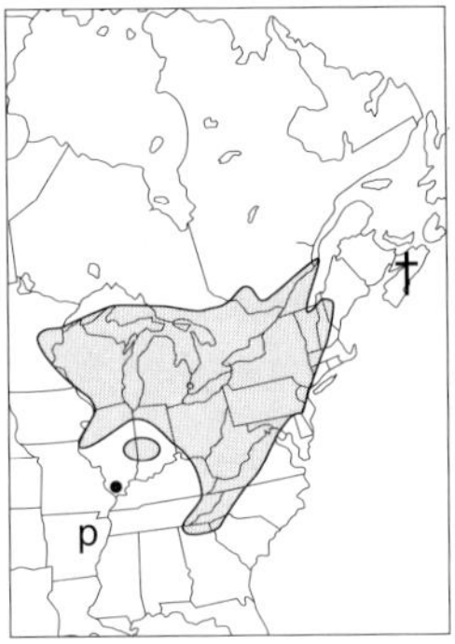

Pour identifier les trilles par leurs fruits, voir trille ondulé*.

Forêts. Érablières riches: à caryers et, parfois, à tilleul. Nord-américain.

En 1937, les Ontariens choisirent le trille blanc comme emblème floral. La floraison de ce trille s'étalerait généralement sur huit jours. Chanceux qui trouvera des trilles blancs à fleur double ou à revers des pétales rosé, qui semblent être des formes dues à des mutations. Par ailleurs, ce trille présente souvent des anomalies d'un autre ordre: feuilles et parties de la fleur surnuméraires ou déficitaires (par 2, 4 ou 5 au lieu de 3), étamines développées en pétales, pétales partiellement ou entièrement verts, absence de feuilles, etc. Ces anomalies ou «monstruosités» font la joie des horticulteurs en quête d'exotisme. Méfiance! La plupart doivent leur existence non pas à des mutations, mais à une infection causée par des bactéries du groupe des mycoplasmes. Ceux-ci agiraient sur le développement des tissus, un peu à la manière des gènes. L'infection se répand lentement, puis affecte, à la longue, des colonies entières; elle s'attaque parfois à d'autres espèces de trille. Les plantes touchées, aussi spectaculaires qu'elles paraissent, dépérissent et meurent prématurément. En conséquence, les bannir des jardins et des échanges horticoles, car elles risquent de contaminer des plantes saines.

Largement utilisés en médecine populaire et à des fins diverses, les rhizomes de toutes les espèces de trilles de nos contrées avaient la réputation de soigner, grosso modo, les mêmes maux. Cependant, les Amérindiens convenaient que ceux à fleurs rouges (appelés mâles) se montraient les meilleurs(!), alors que ceux à fleurs blanches (appelées femelles) excellaient pour traiter les maladies des femmes. Aussi, le trille blanc s'utilisait pour provoquer les accouchements ou pour régulariser les menstruations. De façon certaine, son rhizome donne, par hydrolyse, de la diosgénine, précurseur de stéroïdes utilisés dans la préparation de contraceptifs et de la cortisone (anti-inflammatoire, antiallergique). Âcre et amer, il provoque des vomissements ou, lorsque réduit en poudre, de violents éternuements; à forte dose, il entraîne la mort rapide de souris de laboratoire. Usage domestique à proscrire.

De croissance très lente, et se propageant uniquement par graines à germination lente. Ni cueillir, ni transplanter, ni modifier l'habitat. Pour semer, suivre les indications à la page 439.

Suite sur les trilles page 429.

*La joie des érablières, le **trille blanc**. Tril de trois: 3 feuilles, 3 sépales et 3 pétales, styles et 2 fois 3 étamines. Théoriqueme ne fleurit pas avant l'âge de 7 à 10 ans, l'âge minimum observé est de 17 a*

Photo: Gisèle Lamoureux

Trille ondulé, *painted trillium*

Trille à fruit rouge, à pétales ondulés, peint. *Painted wakerobin.* Famille du lis, *Liliaceæ.*
Trillium undulatum Willdenow. De *tres:* trois, à cause de la disposition par trois des parties de la plante; *undulatum:* ondulé, d'après les pétales.

Herbacée vivace à rhizome. De taille moyenne (0,3 m) le trille ondulé pousse en petites colonies clairsemées, formées de tiges solitaires ou de petites touffes de 2 ou 3 tiges. Trois feuilles longuement effilées au sommet, portées par une queue bien définie (contrairement aux autres trilles). Fleur à 3 pétales étroits et ondulés, blancs, marqués d'un «V» rouge à la base, alternant avec les 3 sépales verts; 6 étamines rouges et un pistil renflé terminé par 3 longs stigmates.

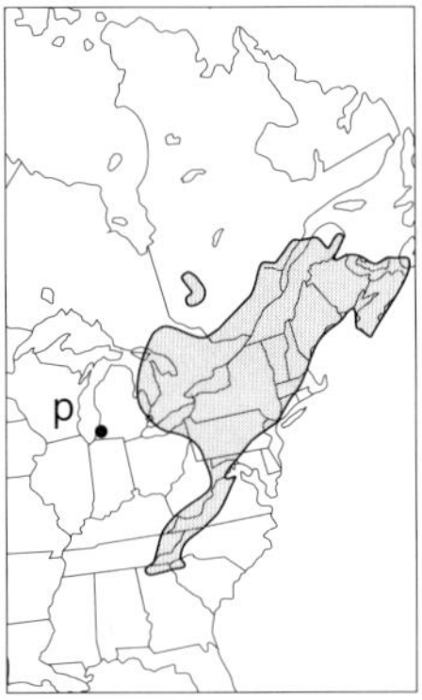

La floraison passée, les trilles s'identifient par leurs fruits: bleu noir chez le trille blanc, rouge et pendant sous la feuille chez le trille penché, plus large que haut et d'un rouge vin mat chez le trille rouge, effilé en forme d'œuf et d'un rouge vermillon luisant chez le trille ondulé. Seul ce dernier montre des feuilles à queue bien définie; par contre, celles du trille rouge présentent un évasement plus marqué à la base que les feuilles des autres trilles.

Forêts. Érablière à bouleau jaune; forêts mixtes ou conifériennes, parfois dans les forêts tourbeuses, plutôt sur des sols acides. Nord-américain.

Son nom iroquois signifie «front ridé», allusion à l'apparence des pétales. Ceux-ci deviennent parfois translucides, comme liquéfiés. Ceci se produirait lorsque la fécondation précède le plein épanouissement de la fleur, et résulterait d'une réaction hormonale. Est-ce l'autofécondation ou l'apomixie dont on la soupçonne qui produirait cette fécondation hâtive? Plus souvent qu'autrement, et contrairement au trille blanc et au trille rouge, le trille ondulé se présente en bouquet de deux tiges fleuries. Loin de former des colonies denses et étendues comme ces deux espèces, il pousse en petites colonies, aux individus dispersés; cette tendance se remarque chez les plantes qui s'autopollinisent (voir *Autofécondation: surtout ou uniquement* page 446). Il fréquente aussi des forêts plus nordiques et des sols plus acides que ceux fréquentés par les deux autres trilles. Vraiment différent! Le genre trille s'apparente au genre européen *Paris;* tous deux possèdent les plus gros chromosomes du règne végétal. Les trilles de l'Amérique du Nord en comptent 5 paires (2*n* =10), l'un des plus petits nombres chez les plantes à fleurs. Ces caractéristiques, liées aux anomalies fréquentes chez certaines espèces, font des trilles un sujet de choix pour l'étude de l'hérédité. Le trille ondulé montre moins souvent des anomalies que les trilles blancs ou rouges.

Voir trille blanc, page 48.

De croissance très lente, il se propage uniquement par graines à germination lente et demande près de 10 ans pour fleurir une première fois. Semble former ses graines sans fécondation (apomixie). Son rhizome ne croît que d'environ 0,5 cm par année, sans se ramifier. Ni cueillir, ni transplanter, ni modifier l'habitat. Pour semer, suivre les indications page 439. ● pH 4-5

Suite sur les trilles page 429.

*Le **trille ondulé** pousse en petites coloni clairsemées, formées de tiges solitaires c de petites touffes de deux ou trois tige Après la fécondation, les pétales devienne translucides, comme liquéfiés. Remarqu les feuilles, à la queue bien définie, contra rement aux feuilles des autres trilles d'ic*

Photo: Gisèle Lamoureux

Trille penché, *nodding trillium*

Trillie penché. *Nodding or smiling wakerobin; sugarberry* (Terre-Neuve). Famille du lis, *Liliaceæ*.

Trillium cernuum Linné. De *tres:* trois, à cause de la disposition par trois des parties de la plante; *cernuum:* penché, d'après la fleur.

Herbacée vivace à rhizome. De taille moyenne (0,4 m), le trille penché pousse en petites colonies (tiges solitaires ou touffes). Trois feuilles, longuement effilées au sommet mais sans queue. Fleur pendante et cachée sous les feuilles; 3 pétales blancs — parfois teintés de rose ou veinés de vert — gracieusement courbés vers l'arrière et alternant avec les 3 sépales verts étalés à l'horizontale; sommet de l'ovaire, les trois stigmates et les six étamines: rouge-brun. Rares anomalies: marge des pétales roses, pétales verts ou rouge foncé.

Pour identifier les trilles par leurs fruits, voir trille ondulé*.

Forêts. Peu fréquent dans le sud de son aire; sols argileux mal drainés, zones actuelles ou anciennes de débordement de cours d'eau. Nord-est de son aire: forêts mixtes ou de conifères. Nord-américain.

Une fois recourbés, les stigmates se trouvent juste sous les anthères, facilitant l'autofécondation… advenant le cas! Dans nos contrées, le trille penché se distingue aisément du trille rouge. Mais dans le sud des Appalaches, certains trilles *(T. rugellii, vaseyi)* présentent des caractères intermédiaires entre ces trilles. À bien y penser, sans aller jusqu'à la dissimuler sous les feuilles, le pédoncule du trille rouge présente régulièrement la fleur à l'horizontale; quant au fruit, il le cache souvent sous les feuilles. Et puis, dans le cas de certaines anomalies soit du trille rouge, soit du trille penché, la coloration des fleurs se rejoint. Peut-être le trille rouge s'est-il différencié dans le sud, à partir du trille penché? Ou les deux ont-ils un ancêtre commun?

Voir trille blanc, page 48.

De croissance très lente, les trilles d'ici mettent près de 10 ans à fleurir. Sa croissance dans des forêts sur sols humides favoriserait hypothétiquement une propagation végétative. Ni cueillir, ni transplanter, ni modifier l'habitat. Indications pour semer page 439. ● pH 5-6

Suite sur les trilles page 429.

***Trille penché.** Peu fréquent. Cache sa fleur so[us] ses feuilles. Grâce des courbes, des teinte[s]*

Photos: Gisèle Lamoureux

Dicentre capuchon-jaune, *dutchman's-breeches*

Cœurs-saignants-des-bois; culottes-de-hollandais; dicentre à capuchon, cucullée, en cornet; diclytra à capuchon. *Breechesflower*. Famille de la dicentre, *Fumariaceæ*.

Dicentra cucullaria (Linné) Bernhardi. Incluant *D. cucullaria* (Linné) Millspaugh, *D. occidentalis* (Rydberg) Fedde. De *dis:* double et *centron:* éperon; *cucullaria:* ancien nom de genre signifiant «en forme de capuchon».

Herbacée vivace à bulbe écailleux, situé près de la surface du sol. Petite (0,15 m), elle forme de fragiles tapis ne supportant pas le piétinement. Feuilles minces; plus grises au revers; découpées en lanières étroites, rappelant les feuilles de la carotte. Fleurs blanches et jaunes, petites (2,5 cm); en coeur aux lobes plus étirés, plus aigus et écartés que chez la dicentre capuchon-rose*; pendantes et rassemblées en longues grappes arquées. Fruits effilés.

Forêts; érablières (à caryers, à tilleul, moins souvent, à bouleau jaune). Nord-américaine. Rare: Île-du-Prince-Édouard, Manitoba.

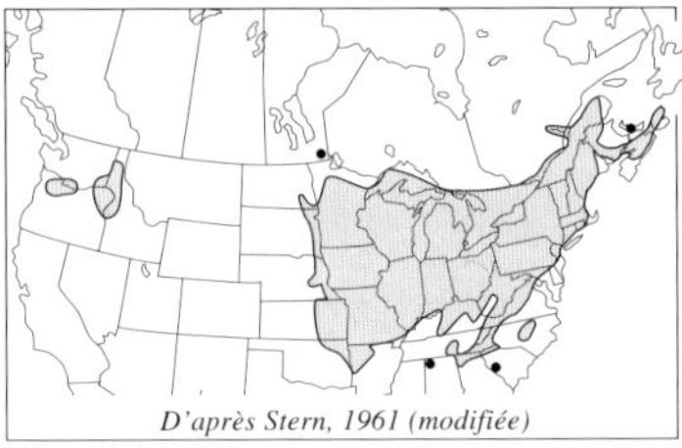

D'après Stern, 1961 (modifiée)

Cucullaria (capuchon) constitue, pour les dicentres, un ancien nom de genre. Pas surprenant que les deux dicentres de nos contrées affectent la forme d'un capuchon. Elles poussent aussi toutes deux au Canada, de sorte que leurs épithètes latines *canadensis* et *cucullaria,* non diagnostiques, n'aident aucunement à les identifier! Capuchon désigne aussi un bouchon, tels les petits «bouchons» jaunes ou roses posés au sommet de la fleur. Ces couleurs distingent les deux espèces, d'où leurs nouveaux noms français. Les fleurs de la dicentre capuchon-jaune, suspendues comme des culottes attachées par le califourchon à une corde à linge, inspirèrent le nom culottes-de-hollandais. Les dicentres illustrent bien un groupe de plantes printanières à période de croissance des plus éphémères. Tout le cycle de leurs parties vertes doit s'accomplir avant le déploiement des feuilles des arbres, qui leur cacheront le soleil. Dès le début du printemps, vivement ces espèces sortent feuilles et fleurs, emmagasinent des réserves dans leurs rhizomes, élaborent leurs fruits puis se fanent, s'affaissent et disparaissent, ne laissant subsister que leurs parties souterraines. Telles sont, en plus des dicentres, les claytonies* et l'érythrone* qui ne laissent aucune trace à la surface du sol en été. À remarquer, la double symétrie de la fleur des dicentres: 2 pétales aplatis dans un sens et deux, dans l'autre. Sa complexité étonne. À l'intérieur des 2 premiers pétales, la fleur en compte 2 autres, qui dépassent un peu et portent, sur le dos, une aile transparente. Les 2 groupes de 3 étamines, soudées par leur base, s'arcqueboutent (pour former un 2e cœur, chez la dicentre capuchon-rose*) avant d'entourer le sommet du pistil. La pollinisation repose sur les abeilles et les papillons munis d'une trompe assez longue pour atteindre le nectar logé dans les éperons. Cependant, comme chez le cœur-saignant *(D. spectabilis,* cultivé dans les parterres) ou comme chez l'ancolie du canada*, abeilles, guêpes et fourmis percent directement les éperons. L'aire de répartition de la dicentre capuchon-jaune déborde en tous sens celle de la dicentre capuchon-rose. Ceci suggère une amplitude écologique plus grande, c'est-à-dire une tolérance à des conditions plus variées, dans ce cas-ci, du climat.

Voir dicentre capuchon-rose.

Réf. sp. Abrahamson 79, Berg 69, Doyon 66, Macior 70, Schemske et al. 78, Stern 61, Walton 94.

Dicentre capuchon-jaune*. Soupçon de jau dans la fleur, lobes plus longs, plus aigus et éca tés que chez la dicentre capuchon-ros*

Photo: Gisèle Lamoureux

Dicentre capuchon-rose, *squirrel-corn*

Cœurs-saignants-des-bois; dicentre ou diclytra du canada. *Bleedingheart (genre); turkey-corn, -pea.* Famille de la dicentre, *Fumariaceæ.*

Dicentra canadensis (Goldie) Walpers. Incluant *Bicuculla canadensis* (Goldie) Millspaugh, *Corydalis canadensis* Goldie. De *dis:* double et *centron:* éperon; *canadensis:* du Canada.

Très semblable à la dicentre capuchon-jaune*. Comment la distinguer? Par le rose du sommet de la fleur et par ses lobes courts et arrondis, moins étirés que chez la dicentre capuchon-jaune. En l'absence de fleur? Pas facile: feuillage plus violacé, découpé en segments plus fins, aux bouts moins retroussés.

Érablières riches (à caryers, à tilleul). Souvent avec la dicentre capuchon-jaune*, mais un peu moins nordique. Nord-américaine.

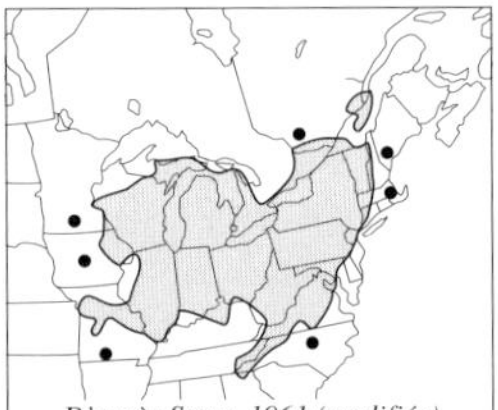
D'après Stern, 1961 (modifiée)

Les Menominis lui attribuaient un pouvoir de séduction: est-ce à cause de la fleur en cœur? Le soupirant lancait la plante à la jeune fille, dans le but de la toucher, ou tournait autour d'elle en soufflant pour que son haleine imprégnée de la plante (toxique) la rejoigne; alors seulement, elle le suivrait partout, malgré elle. Au XIXe siècle, la dicentre capuchon-rose soignait les affections cutanées et la syphilis. Très particuliers, les organes souterrains des dicentres capuchon-jaune* et capuchon-rose, et visibles en écartant doucement la terre à la base de la plante (remettre la terre en place, pour ne pas nuire à la plante). Ordinairement, chez les plantes, les tubercules — organes de stockage de réserves — se forment sur les racines ou les tiges, comme les pommes-de-terre *(Solanum tuberosum),* par exemple. Phénomène peu répandu chez les plantes à fleurs, unique peut-être, chez les dicentres c'est la base de chaque feuille qui devient tubéreuse. Les réserves ainsi stockées alimenteront la formation des bourgeons, des fleurs et des feuilles, qui demanderont 2 ans pour s'épanouir. La reproduction sexuée des dicentres capuchon-jaune* et capuchon-rose demeure peu documentée. Mieux connue, et sans doute plus commune, la propagation végétative s'accomplit de deux façons. D'abord, par des rhizomes horizontaux, qui bifurquent à la verticale et se séparent de la plante mère. Mais, plus souvent, par la germination des plus petites bases tubéreuses, n'ayant pas porté de feuilles vertes mais des sortes de «feuilles souterraines». Ces réserves d'amidon se détachent facilement de la plante mère, et certaines germent sur place, tout près les unes des autres, pour produire les massifs compacts si caractéristiques. Ces propagules ne présentent aucune structure spécialisée pour la dispersion; mais comme elles se forment très près de la surface du sol, l'érosion ou les herbivores en constituent les agents de dispersion potentiels.

Les dicentres contiennent des alcaloïdes apparentés à ceux de la famille du pavot (voir p. 46). Ceux de la dicentre capuchon-jaune*, sans causer la mort, intoxiquent le bétail s'il en ingère de grandes quantités. Des rougeurs de la peau se développeraient, dans certains cas, lors de la manipulation de la plante.

Cycle biologique peu connu, plante soupçonnée de croître lentement. Ne cueillir que les fruits, ne pas transplanter ni modifier son habitat. Semer les graines dès leur maturité, sans les faire sécher. ● pH 6-7

Réf. sp. Berg 69, Doyon 66, Schemske et al. 78, Stern 61, Walton 94.

Dicentre capuchon-rose. *Ses fragiles tap ne supportent pas le piétinement. Rema quez le rose du sommet de la fleur, les lob courts et arrondis, moins étirés que chez dicentre capuchon-jaun*

Photo: Michel Boulianne

Cardamine carcajou, *two-leaved toothwort*

Carcajou; dentaire à deux feuilles; snicroûte. *Crinkleroot; pepperroot.* Famille de la moutarde, *Brassicaceæ.*

Cardamine diphylla (Michaux) A. Wood Incluant *Dentaria diphylla* Michaux, *D. incisa* Small. Du grec *kardamon,* utilisé déjà par Aristophane et Xénophon (IVe et Ve siècle avant Jésus-Christ) pour désigner une sorte de cresson; *diphylla:* à deux feuilles.

Herbacée vivace à rhizome. De petite taille (0,2 m), la cardamine carcajou forme de petits tapis. Tige terminée par une grappe de fleurs et portant 2 feuilles (très rarement 3). Celles-ci vert foncé et un peu charnues; divisées en 3 parties (folioles) bordées de grosses dents. Fleurs à 4 sépales verts et 4 pétales blancs; 6 étamines, dont deux plus courtes. Abondance de juvéniles, formés seulement d'une feuille à longue queue (sans fleurs), naissant directement sur le rhizome.

D'après Montgomery, 1955 (modifiée)

Forêts. Érablières (à caryers, à tilleul, à bouleau jaune); surtout dans les microhabitats humides et riches en humus, par exemple le long des cours d'eau. La plus fréquente des cardamines forestières de nos contrées. Nord-américaine. Rare: Île-du-Prince-Édouard.

Le nom abénaquis signifie «petites veines», en référence aux racines qui serpentent dans le sol. La disposition en croix des pétales et des sépales rappelle son nom de famille le plus connu: crucifères, à cause justement de ce caractère — une famille peu représentée en forêt. Les cardamines carcajou et géante nécessitent une fécondation croisée; leur pollen auto-incompatible ne peut féconder les fleurs de l'individu l'ayant produit. Depuis 1769, des botanistes joignent, à différentes époques, les dentaires aux cardamines; alternativement, d'autres les séparent. En 1988, soit 219 ans et cinq (cinq!) tentatives plus tard, l'idée de les réunir semble rallier les botanistes faisant autorité en la matière. Pour combien de temps?

L'utilisation alimentaire du rhizome des cardamines (du groupe des dentaires) remonte à la préhistoire américaine. Des archéologues repérèrent des rhizomes carbonisés de cardamine découpée* et de cardamine géante* dans un site du Michigan nommé Juntunen (Bois Blanc Island) et daté de 1070 à 1320. Plusieurs tribus amérindiennes les utilisaient comme condiment, après fermentation (pendant 4-5 jours) pour en extraire l'âcreté.

Dans certaines régions du Québec, le rhizome mariné de la dentaire carcajou connut une certaine vogue. Le prélèvement du rhizome en milieu naturel détruit cependant la plante, qui se raréfie. Les botanistes connaissent bien peu le cycle de vie de ces cardamines; le délai entre la germination et la production de la première fleur reste inconnu. Il est certain cependant qu'elles donnent peu de graines viables et de plantules (pas du tout, selon certains botanistes, chez les cardamines carcajou et géante). Certain aussi qu'elles se propagent presque uniquement par voie végétative. Et tout indique une croissance lente. Ces caractéristiques dictent de ni la cueillir, ni la transplanter, ni modifier son habitat.

Réf. sp. Al-Shehbaz 88, Doyon 66, Harriman 65, Montgomery 55, Rollins 93, Sabourin 91.

Cardamine carcajou. *La plus répandue d cardamines forestières. Dans les microhab tats humides et riches en humus, par exer ple le long des cours d'eau. Le prélèveme et le commerce du rhizome à des fi alimentaires détruit la plante, qui se raréf*

Photo: Gisèle Lamoureux

Cardamine géante, *large toothwort*

Dentaire géante. *Pepperroot*. Famille de la moutarde, *Brassicaceæ*.

Cardamine maxima (Nuttall) A. Wood. Incluant *Cardamine* X*maxima* (Nuttall) A. Wood et *Dentaria maxima* Nuttall. Du grec *kardamon*, utilisé déjà par Aristophane et Xénophon pour désigner une sorte de cresson; *maxima:* très grande ou la plus grande.

Ressemble à la cardamine carcajou*; taille plus élevée et feuillage différent. Plus abondant, le feuillage rend les colonies denses et luxuriantes; feuilles découpées différemment: 3 folioles incisées, comme chez la cardamine découpée*, mais en segments larges comme chez la cardamine carcajou; dents plus longuement aiguës. Fleurs blanches ou rosées.

D'après Montgomery, 1955 (modifiée)

Forêts. Érablières (les plus riches: à caryers, à tilleul). Microhabitats plus humides que ceux fréquentés par les cardamines carcajou et découpée: bas de pente et pentes calcaires raides et sourceuses. Nord-américaine. Rare: Québec (Bouchard 1983).

Les caractères intermédiaires de la cardamine géante laissent croire qu'elle résulterait d'un croisement entre les cardamines carcajou* et découpée*. Qu'en est-il? Dans certaines régions, notamment ici, dans le nord de leurs aires de répartition, ces trois cardamines produisent surtout des graines avortées ou pas de graines du tout. Leur pollen? Normal. La pollinisation? Normale aussi. Par contre, peu de temps après la pollinisation, l'ovule meurt. Difficile pour des plantes stériles de former des hybrides! Mais la découverte de plantules de cardamine découpée, dans l'est des États-Unis (vers le sud de son aire), raviva l'hypothèse de l'origine hybride de la cardamine géante, l'un de ses parents présumés se révélant fertile. Mais la cardamine géante fréquente un habitat plus humide que les cardamines carcajou et découpée. Cette divergence, selon certains, indique une origine ancienne, à partir d'une ou plusieurs espèces parentales aujourd'hui disparues. Le comptage des chromosomes chez les cardamines carcajou ($2n = 96$), découpée ($2n = \pm 240$) et géante ($2n = 120$, 124, 132, 138, 156, 161, ± 208) donne des nombres élevés, et très variables dans le cas de la cardamine géante, dévoilant un haut degré de ploïdie. Pour certains botanistes, la polyploïdie engendre les formes variées observées chez ces espèces. D'autres croient que cette variabilité résulte de croisements successifs entre les trois cardamines, ou encore que la stérilité tend à propager et à maintenir les variations qui surgissent chez les clones. Qu'advient-il des espèces stériles? En théorie, elles constitueraient la fin d'une lignée évolutive. Sans sexualité, donc sans recombinaison des chromosomes, elles n'engendrent rien de nouveau, que des clones, et se destinent à la disparition, incapables de s'adapter à de rapides changements environnementaux... en théorie! Car certaines subsisteraient durant des millénaires, apparemment par la seule propagation végétative.

Sa fréquence réduite la classe parmi les plantes rares du Québec. Stérile, elle ne se propagerait que par voie végétative. Cette caractéristique, jumelée à une répartition extrêmement restreinte, dicte de ni la cueillir, ni la transplanter, ni modifier son habitat.

Réf. sp. Al-Shehbaz 88, Baskin 95, Braun 57, Doyon 66, Harriman 65, Louis-Marie 40a, 40b, 41, 60, Montgomery 55, Rollins 93, Sabourin 91.

***Cardamine géante**. Feuillage abondar rendant les colonies denses et luxuriante Fleurs blanches ou rosées. Folioles incisé en segments larges (caractère intermédiai entre les cardamines carcajou et découpé*

Photo: Gisèle Lamoureux

Cardamine découpée, *cutleaf toothwort*

Dentaire laciniée. *Cut-leaved toothwort; pepperroot.* Famille de la moutarde, *Brassicaceæ.*

Cardamine concatenata (Michaux) O. Schwarz. Incluant *C. laciniata* (Muhlenberg *ex* Willdenow) A. Wood, *Dentaria concatenata* Michaux, *D. laciniata* Muhlenberg *ex* Willdenow. Du grec *kardamon,* une sorte de cresson; *concatenata:* enchaîné, probablement d'après le rhizome, découpé en chaînons.

La cardamine découpée ressemble à la cardamine carcajou*. Présence de 3 feuilles (au lieu de 2), à 3 folioles plus découpées, profondément incisées, donnant entre 5 et 9 segments très étroits. Fleurs blanches ou rosées.

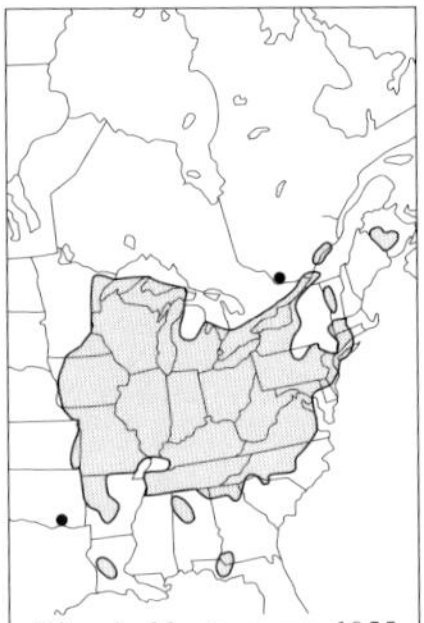

D'après Montgomery, 1955 (modifiée)

Forêts. Érablières (très riches: à caryers). Souvent sur calcaires. Substrats secs et rocheux ou humides et riches en humus; aussi le long des cours d'eau, avec frênes et ormes et près d'étangs temporaires. Nord-américaine. Rare: Québec et Nouveau-Brunswick.

En général, la nécessité d'une dormance hivernale évite aux graines de germer en plein hiver, lors de redoux. Cette période au froid se révèle essentielle pour induire les mécanismes biochimiques nécessaires à la germination de quantité d'espèces. Chez plusieurs plantes printanières de sous-bois, la dormance hivernale permet aussi à l'embryon de compléter son développement, inachevé à la maturité de la graine. Mais certaines espèces requièrent aussi une chaleur estivale avant la période au froid. Des études au Kentucky révèlent que la cardamine découpée demande une longue dormance hivernale avant de germer — 18 à 20 semaines à 5 °C (50 % de germination) ou même 28 semaines (98 % de germination). Ceci même si, au préalable, son embryon est entièrement développé. Mais un hiver ne dure pas si longtemps. Sauf que... le séjour préalable à la chaleur estivale raccourcit la dormance hivernale: 2 semaines entre 30 °C et 15 °C (max.-min.) suffisent pour réduire de 6 semaines la période de froid nécessaire! Ce modèle peu courant (partagé avec la floerkée fausse-proserpinie: embryon entièrement développé + période de chaleur + période de froid) résulterait d'une adaptation à des changements climatiques: passage d'un climat sans hiver (dormance levée par la chaleur), à un climat avec hiver (dormance levée par le froid). Cette étude révèle aussi qu'en milieu naturel, environ 60 % des graines semées dès leur maturité germent le printemps suivant, mais aucune au cours des 2 années subséquentes. Vraisemblablement, les graines ne vivent pas plus d'un an et ne s'accumulent pas dans le sol pour y former un réservoir.

Bien plus fréquente aux États-Unis, la cardamine découpée n'est connue que de 38 localités au Québec; au-delà de la moitié de ces mentions remontent à plus de 25 ans. Vingt-trois localités se trouvent dans un rayon de 50 km de Montréal, où d'importantes superficies d'habitats naturels disparurent au profit de l'étalement urbain. Considérée en déclin, elle figure sur la liste québécoise des espèces susceptibles d'être désignées menacées ou vulnérables. À la limite nord de son aire, elle serait stérile et propagée uniquement par voie végétative. Ni cueillir, ni transplanter, ni modifier son habitat, sous aucune considération.

Réf. sp. Baskin 95, Braun 57, Centre de données, Doyon 66, Harriman 65, Montgomery 55, Sabourin 91.

*La **cardamine découpée** ressemble à cardamine carcajou. Trois folioles pl découpées, profondément incisées en 5 à segments très étroits. Fleurs blanches rosées. Très rare, ne pas dérange*

Photo: Normand Lalonde

Saxifrage de virginie, *early saxifrage*

Passe-pierre. *Everlasting; sweet-wilson; virginia saxifrage.* Famille de la saxifrage, *Saxifragaceæ.*

Saxifraga virginiensis Michaux. Incluant *Micranthes virginiensis* (Michaux) Small. De *saxum:* pierre et *frangere:* briser, d'après l'habitat ou d'après le pouvoir attribué à une espèce européenne de dissoudre les pierres aux reins; *virginiensis:* de Virginie.

Herbacée vivace à rhizome. Petite (0,12 m), la saxifrage de virginie forme de petits tapis composés de rosettes de feuilles appliquées au sol. Tige (hampe) très velue, naissant au centre de la rosette; poils blancs ou rouges, collants. Feuilles toutes à la base, légèrement charnues; contour ondulé et dents courtes; base atténuée; queue large, bordée de cils; présence de feuilles modifiées, dans l'inflorescence. Fleurs à 5 (ou 4) pétales blancs; petites; en un bouquet dense, d'abord aplati, puis s'allongeant.

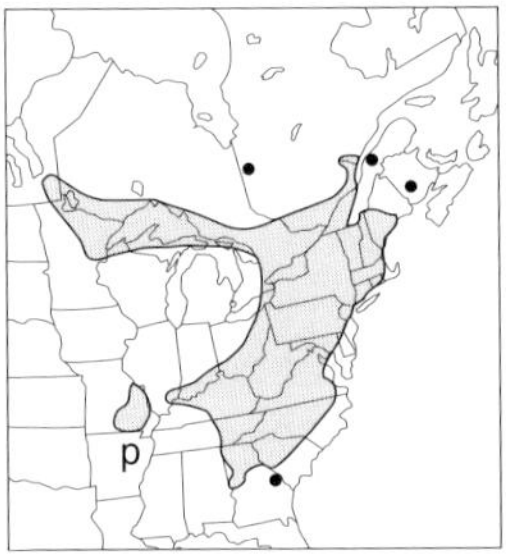

≠ Les autres saxifrages de nos contrées fréquentent des habitats arctiques, alpins ou calcaires. Vert foncé et de forme particulière, ses feuilles distinguent la saxifrage de virginie; en milieu nordique, la saxifrage des neiges *(S. nivalis)* lui ressemble, mais son inflorescence reste compacte.

Rochers ou falaises, acides ou calcaires, exposés au plein soleil; secs ou humides. Aussi bois rocheux; talus graveleux, ombragés ou non. Nord-américaine. Rare: Nouveau-Brunswick.

Chaque tapis de saxifrage de virginie constitue un clone: il proviendrait d'une seule plante-mère projetant, au cours des ans, des rhizomes qui s'allongent un petit peu puis produisent chacun une rosette. Ces rosettes deviennent autonomes à la suite du bris du rhizome — par exemple par le gel. Rouges en hiver, les feuilles persistantes, produites au cours de l'été précédent, perdent cette pigmentation très tôt au printemps, alors que la plante fleurit. À la base du pistil, des cellules font probablement office de nectaires et attirent des mouches (diptères); des hyménoptères (groupe des abeilles et bourdons) figurent aussi parmi ses pollinisateurs. À l'inverse de bien des plantes, les graines de la saxifrage de virginie ne germent qu'en présence de lumière; et puis, une température de 30 °C ou plus empêche généralement la germination. Chaud, froid, chaud, telle est l'alternance des périodes nécessaires à la levée de leur dormance: chaleur de l'été qui suit la maturation printanière des graines, froid d'un hiver, puis chaleur du printemps qui suit. Elles germent donc au début du printemps suivant leur maturité, quasiment sur la roche et en l'absence de litière, et au soleil, donc non enfouies. Mais, peu de plantules survivent au premier hiver (≈ 5 %).

Plante peu fréquente et de croissance lente. Les botanistes ignorent combien d'années la plante demande pour fleurir mais, chose certaine, c'est plus de 2 ans. Après une première floraison, la rosette refleurirait chaque année, si les eaux de ruissellement la favorisent. Vivre sur un rocher demande des adaptations à un environnement hostile; la saxifrage de virginie y réussit bien mais, comme d'autres plantes pionnières, elle ne supporte pas la compétition des autres végétaux et disparaît à leur arrivée. Lors de sécheresses, ses feuilles s'enroulent et ne se dérouleront que si l'humidité revient à temps. Ni cueillir, ni transplanter, ni modifier son habitat.

Réf. sp. Castelli 70, Levin 60, Lincoln 81.

Saxifrage de virginie. *Petits tapis de rose tes de feuilles appliquées au sol. Souvent s des rochers. Lors de sécheresses, s feuilles s'enroule*

Photo: Claude Allard

Mitrelle deux-feuilles, *two-leaved miterwort*

Mitelle à deux feuilles; mitrelle à deux feuilles caulinaires. *Bishop's-cap; coolwort.* Famille de la saxifrage, *Saxifragaceæ.*

Mitella diphylla Linné. Incluant *M. oppositifolia* Rydberg. Diminutif de mitre (coiffure en bandeau, en turban; en particulier, couvre-chef des évêques), d'après la forme des fruits; *diphylla:* à deux feuilles.

Herbacée vivace à rhizome, sans stolons. De taille moyenne (0,3 m), la mitrelle deux-feuilles forme de petits tapis. Feuilles d'aspect froissé, rappelant celles des érables, mais garnies de poils raides et épars; toutes réunies en rosette à la base de la plante et chacune au bout d'une longue queue, sauf deux, opposées et sans queue, vers le haut de la tige. Fleurs petites, blanches, en forme de flocon de neige; en grappe au sommet de la tige poilue. Fruits secs, en forme de mitre.

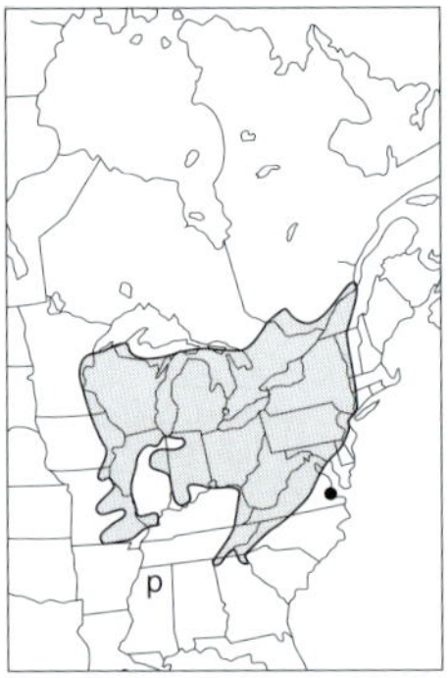

Ressemble à la tiarelle feuille-en-cœur*, surtout par son feuillage. Ses fleurs l'en distinguent facilement, de même que les deux feuilles sur la tige.

Forêts. Érablières les plus riches (à caryers, à tilleul), surtout si elles comprennent des microhabitats rocheux. Nord-américaine.

Les fleurs si belles des mitrelles passent inaperçues en raison de leur taille minuscule. Une troisième espèce de mitrelle, peut-être éteinte aujourd'hui, pousserait dans le nord-est de l'Amérique du Nord. Entre 1785 et 1795, le botaniste français André Michaux récolta au nord du Vermont, sur les rives du lac Champlain, une plante qu'il nomma *Mitella prostrata*. Le spécimen figure toujours dans l'herbier Michaux, à Paris, et montre des caractères le distinguant des deux autres mitrelles, en particulier la présence de 4 feuilles alternes sur la tige. Malgré l'attention attirée sur cette récolte par Fernald et Marie-Victorin, nul botaniste ne retraça cette plante depuis Michaux.

De croissance lente, la mitrelle deux-feuilles prendrait 4 ans avant de fleurir. Ni cueillir, ni transplanter, ni modifier son habitat. Propager par graines. Contrairement aux graines de plusieurs plantes des latitudes froides, celles-ci germent moins bien à la suite d'un traitement au froid; elles atteignent leur pic de germination à l'automne. Cette mitrelle s'étend moins que la tiarelle feuille-en-cœur* et convient à de petits jardins rocheux.

● pH 5-7

Réf. sp. Baskin 88, Chinard 56, Fernald 06, Nichols 34.

Roger Larose

Sa fine grappe de flocons de neige mérite un moment de contemplation.

Deux petite feuilles, face face vers le hau de la tige lui on donné son nom ***mitrelle deux feuille***

Photo: Gisèle Lamoureux

Mitrelle nue, *naked miterwort*

Mitelle nue. *Bishop's-cap; common or naked mitrewort.* Famille de la saxifrage, *Saxifragaceæ.*

Mitella nuda Linné. Diminutif de mitre (coiffure en bandeau, en turban; en particulier, couvre-chef des évêques), d'après la forme des fruits; *nuda:* nue, à cause de l'absence de feuilles sur la tige, par opposition à la mitrelle deux-feuilles*.

Herbacée vivace à rhizome et à fins stolons courant à la surface du sol. Très petite (0,1 m), la mitrelle nue forme de petits tapis. Feuilles toutes réunies en rosette à la base de la plante; chacune en forme de triangle presque circulaire; bordées de lobes réguliers, terminés par une pointe; hérissées de poils raides et épars; longue queue. Fleurs petites, d'un jaune verdâtre, en forme de flocon de neige; dispersées le long d'une tige poilue, en une fine grappe très lâche. Fruits secs, en forme de mitre.

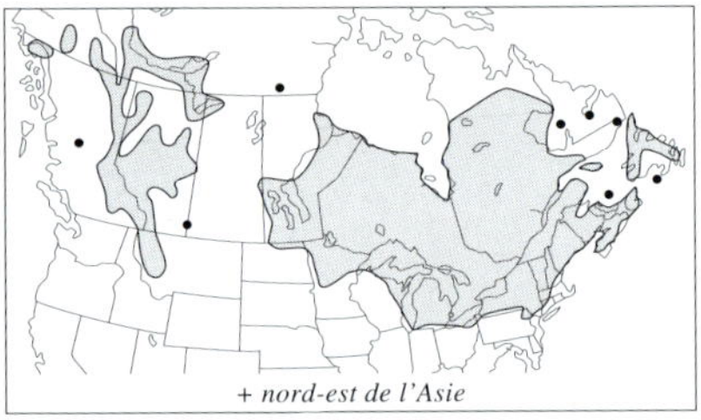

Beaucoup plus petite que la mitrelle deux-feuilles* et sans les 2 feuilles sur la tige. Par contre, le feuillage de la mitrelle nue rappelle celui de la dalibarde rampante *(Dalibarda repens)*, mais leurs fleurs diffèrent grandement. La feuille de la dalibarde, très poilue et bordée de cils, présente des nervures plus prononcées, d'où l'aspect plus froissé, moins lisse et moins luisant.

Forêts de conifères, parfois érablières. Souvent en bordure de cours d'eau: cédrières, aulnaies, ravins. Aussi en prairies subalpines. Une des plantes très abondantes de la grande forêt coniférienne. Amérique et nord-est de l'Asie. Rare: Yukon.

Malgré son abondance, elle passe facilement inaperçue. Ses fleurs toutes menues, aux pétales finement découpés, figurent pourtant parmi les merveilles de notre flore. Une troisième espèce de mitrelle, *Mitella prostrata*, pousserait dans le nord-est de l'Amérique du Nord (voir mitrelle deux-feuilles*).

Cycle biologique peu connu, plante soupçonnée de croître lentement. Ne cueillir que les graines, ne pas transplanter ni modifier son habitat. Propager par graines; la germination paraît indifférente à un traitement au froid. Bien petite pour figurer dans les grands jardins, elle ornerait plutôt les rocailles.

Réf. sp. Fernald 06, Nichols 34.

Roger Larose

Mitrelle nue. *Bien plu petite que la mitrell deux-feuilles* (aucu risque de les confondre et comme elle, avec de fleurs en flocons de ne ge mais verdâtre. Feuilles hérissées d poils raides et épar. Fruits en forme de mitr (vus de profil), rempl de deux masses d jolies graine*

Photo: Gisèle Lamoureux

Tiarelle feuille-en-cœur, *foamflower*

Tiarelle à feuilles cordées, à feuilles cordiformes, cordifoliée. *Coolwort; false miterwort, mitrewort; heartleaf foamflower.* Famille de la saxifrage, *Saxifragaceæ.*

Tiarella cordifolia Linné. Incluant *T. wherryi* Lakela. Diminutif de *tiara:* tiare (coiffure du pape), d'après la forme du pistil et du fruit; *cordifolia:* à feuille en forme de cœur.

Herbacée vivace à rhizome; produisant des stolons, après la floraison. Petite (0,25 m), elle forme des tapis peu étendus. Feuilles en rosette, à la base de la plante; rappelant celle d'un érable; garnies de longs poils, épars; persistant sous la neige. Longue tige florale poilue et sans feuilles (hampe), terminée par une grappe triangulaire de petites fleurs blanches. Fruits secs, en forme de tiare.

D'après Lakela 1937 (modifiée)

Par son allure générale et la forme des feuilles, la mitrelle deux-feuilles* lui ressemble. Ses fleurs, à pétales finement découpés, ressemblent à des flocons de neige et se rassemblent en grappes très étroites et lâches. Aux États-Unis, dans le sud des Appalaches, une variété de tiarelle feuille-en-cœur ne présente pas de stolons (var. *collina* = *T. wherryi).*

Forêts; érablières, cédrières, forêts mixtes. Préfère les sols riches en humus et les endroits frais. Nord-américaine. Rare: Nouvelle-Écosse.

En moyenne, la grappe compte 37 fleurs, dont 10 à 20 s'ouvrent simultanément; elles ne secrètent pas de nectar. Un œil attentif décèle des individus aux anthères jaunes et d'autres, moins fréquents, aux anthères brun-rouge, tout comme chez l'érythrone d'amérique*. Le genre tiarelle comprend 3 espèces, toutes à $2n$ = 14 chromosomes, montrant une répartition nettement disjointe: *T. polyphylla*, dans l'est de l'Asie, *T. trifoliata*, dans l'ouest de l'Amérique du Nord, et la tiarelle feuille-en-cœur, dans l'est. Ce type de répartition existe dans au moins 30 genres distincts. Au départ, pour chacun, une espèce unique aurait existé dans une forêt mixte continue qui couvrait les latitudes nordiques. La disjonction survint à la fin du Miocène (10 à 12 millions d'années). Le réarrangement des continents et des courants océaniques entraîna la diversification des zones climatiques et l'isolement des populations qui évoluèrent différemment. La tiarelle feuille-en-cœur s'hybriderait, mais rarement, avec la mitrelle nue* pour produire une plante d'allure intermédiaire, stérile, qui fleurit à la fin d'août. À rechercher! En nature, l'hybridation entre genres constitue un événement tout à fait exceptionnel.

Cycle biologique peu connu et délai de floraison à partir de la graine, inconnu. Par prudence, ne cueillir que les fruits, ou cultiver les variétés du commerce dont certaines montrent des fleurs colorées. Une partie de la production commerciale s'obtient à partir de culture in vitro. Ne pas transplanter ni modifier son habitat mais propager par graines semées dès leur maturité. En serre, environ 70 % germent en une vingtaine de jours et 20 % l'année suivante. Une plante bien établie projette 8 ou 10 stolons. Leur suppression stimule la production de hampes florales — jusqu'à 10 par plante! — et déclenche la croissance de nouveaux stolons. En culture, prélevés à l'automne ou tôt au printemps, les stolons portant quelques jeunes rosettes et des racines intactes, se repiquent aisément. ● pH 6-7

Réf. sp. Fernald 06, Kershaw 86, Kitto 92, Lakela 37, Maycock 56, Motten 86, Soltis 84.

*Élégante, la **tiarelle feuille-en-cœur**! E pleine floraison elle dessine parfois le méandres des ruisseaux, comme une lign d'écume* (foamflower

Photo: Gisèle Lamoureux

Actée blanche, *white baneberry*

Actée à gros pédicelles. *White cohosh; doll's-eyes; thick-pedicled baneberry.* Famille du bouton-d'or, *Ranunculaceæ.*

Actæa pachypoda Elliott. Incluant *A. alba auct. non* (Linné) P. Miller. Ancien nom du sureau, transféré par Linné; *pachypoda:* de *pachys*, épais, et *podion*, petit pied, d'après les pédicelles épaissis.

Difficile à distinguer de l'actée rouge au moment de la floraison, facile dès que les fruits commencent à se former. Alors, leur queue s'épaissit (actée blanche: queue rouge, fruits blancs), ou reste mince comme un fil (actée rouge: queue verte ou rougeâtre, fruits rouges — sauf chez une variété à fruits blancs). En floraison, observer ces caractères:

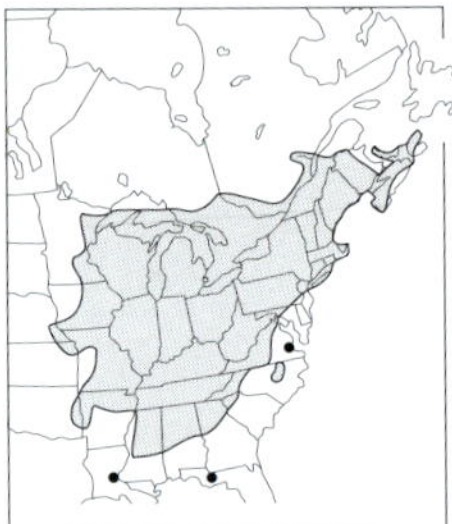

D'après Flora of North America, 1996 (modifiée)

- Grappe de fleurs au moins 1,5 à 2 fois plus longue que large chez l'actée blanche (moins longue chez l'actée rouge).
- Stigmate plus large que l'ovaire, chez l'actée blanche; plus étroit que l'ovaire, chez l'actée rouge. Pétales tronqués chez la première, aigus chez l'autre.
- Découpure des feuilles variable, ne permettant pas de distinguer les deux espèces; feuilles des juvéniles moins découpées. Poils du revers (sur les nervures, voir à la loupe) aidant parfois à l'identification: abondants ou du moins toujours présents chez l'actée rouge, absents ou peu abondants chez l'actée blanche.

Forêts. Érablières riches (à caryers, à tilleul); moins fréquente dans l'érablière à bouleau jaune. Nord-américaine. Rare: Île-du-Prince-Édouard.

Baies toxiques, au goût désagréable. Les symptômes incluent maux de tête, étourdissements, vomissements et crampes d'estomac; l'ingestion de quelques fruits (5-6), suffirait à provoquer ces symptômes, surtout chez les enfants. Une douzaine de baies d'actée rouge peuvent entraîner la mort d'un adulte. Le rhizome agirait comme vomitif et purgatif violent, mais deviendrait également toxique à forte dose.

De croissance lente, les actées prennent 2 ans pour germer, 3 années supplémentaires pour fleurir et ne se propagent pas végétativement. En serre, c'est plus rapide: semées à l'automne, elles germent au printemps, puis fleurissent parfois dès l'année suivante. Ni cueillir, ni transplanter, ni modifier leur habitat. Propager par graines, dès qu'elles sont mûres. ● pH 5-6

Réf. sp. Cullina 99, Favreau 69, Raymond 71, Sobey 77.

Gisèle Lamoureux

Roger Larose

*Revers de la feuille de l'**actée blanche** (à droite) moins poilu que celui de l'**actée rouge** (gauche).*

*Au moment de la floraison, l'**actée blanche** porte une grappe plus allongée que celle de l'actée rouge.*

Photo: Gisèle Lamoureux

Actée rouge, *red baneberry*

Pain- ou poison-de-couleuvre. *Poisonberry; red cohosh; snakeberry;* pour la variété à fruits blancs: *doll's-eyes; white baneberry.* Famille du bouton-d'or, *Ranunculaceæ.*

Actæa rubra (Aiton) Willdenow. Incluant *A. alba* (Linné) P. Miller, *A. arguta* Nuttall, *A. spicata* Linné var. *arguta* (Nuttall) Torrey et ssp. *rubra* (Aiton) Hultén. Un ancien nom du sureau, transféré par Linné; *rubra:* rouge, d'après la couleur des fruits.

Herbacée vivace à rhizome. De taille moyenne (0,6 m), l'actée rouge forme de petites colonies. Tige lisse supportant 1 ou 2 feuilles et une inflorescence. Feuille ramifiée en 3 parties, elles-mêmes redivisées (souvent en 5); poils courts au revers, sur les nervures (visibles à la loupe). Fleurs en une grappe courte (long. 3-6 cm), aussi large que longue ou un peu plus longue; sépales et pétales semblables. Fruits charnus; rouge luisant, rarement blancs (forme *neglecta);* queue fine, verte ou rougeâtre. Juvénile: une feuille à longue queue.

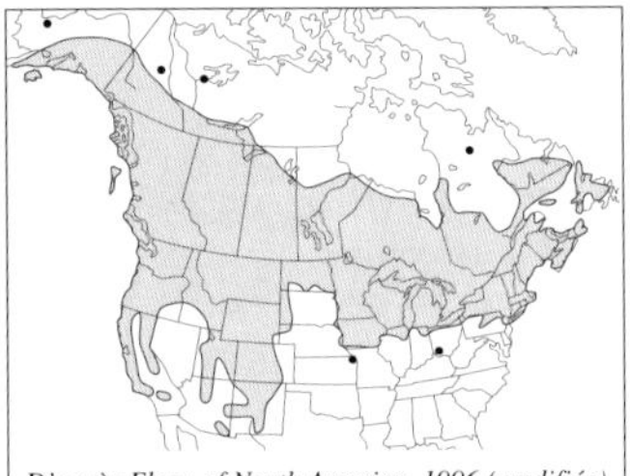

D'après Flora of North America, 1996 (modifiée)

En fleurs, l'actée rouge (plus fréquente) et l'actée blanche* se ressemblent; les deux comptent $2n = 16$ chromosomes. En fruits, ne pas confondre l'actée blanche et la forme à fruits blancs de l'actée rouge; la queue très épaissie des fruits de l'actée blanche se pare d'un rouge intense (photo p. 72). Rarement, l'actée blanche porte des fruits rouges ou roses (forme *rubrocarpa* ou *A. ludovici)* et il s'agit parfois d'hybrides à caractères intermédiaires entre les deux.

Forêts. Érablières (à caryers, à tilleul, à bouleau jaune), forêts mixtes et pinèdes; aussi forêts en bordure des cours d'eau (avec frênes et ormes). Au-delà de 50 °Nord, s'abrite dans les arbustaies près des cours d'eau (avec aulnes et saules). Nord-américaine.

Le nom pain-de-couleuvre traduit-il un lien entre la toxicité de l'actée rouge et l'animal, réputé venimeux (il n'existe aucune couleuvre venimeuse au Québec)? Malgré la toxicité de la plante pour l'humain, des animaux mangent fruits et graines impunément. Dans une étude menée au Minnesota, 94 % des baies dérobées le furent durant la nuit; de plus, la pulpe fut souvent délaissée au profit de la graine, et les tiges affectées s'arquaient vers le sol. Voilà qui révèle les consommateurs probables: des rongeurs nocturnes (souris et campagnols). Les formes à fruits rouges et à fruits blancs de l'actée rouge se distinguent quant à leur utilisation par les animaux: considérant leur fréquence respective, les fruits blancs sont prélevés en plus grand nombre que les fruits rouges durant le jour, tandis que cette tendance, quoique moins nette, s'inverse durant la nuit. Cela influe-t-il sur la répartition des deux formes? Peut-être, car les oiseaux, principaux consommateurs diurnes — donc préférant les fruits blancs —, transportent les graines dans leur tube digestif, sur de plus longues distances et sans les abîmer, contrairement aux rongeurs nocturnes qui les brisent.

Baies toxiques au goût désagréable et qui peuvent entraîner la mort (voir actée blanche*, page 72).

Voir actée blanche*, page 72.

Réf. sp. Boivin 53b, Favreau 69, Kawano 66, Louis-Marie 60, Raymond 71, Willson 83.

*Chez l'**actée rouge**, les fleurs sont aus*
blanches que chez l'actée blanch
Leurs noms viennent de la couleur de leu
fruits... mais chez chacune, une variété af
che la couleur des fruits de l'autre espèc
Lors de la floraison, la grappe de l'act
rouge est plus arrondie, moins allongée q
celle de l'actée blanch

Photo: Gisèle Lamoureux

Maïanthème à grappes, *false solomon's-seal*

Faux sceau-de-salomon; smilacine à grappes. *False, indian- or wild spikenard; fat-solomon; goldenseal; job's-tears; scurveyberries; small or zigzag solomon's-seal; solomon's-plume or -zigzag; treacleberry; wild lily-of-the-valley; zigzag smilacina.* Famille du lis, *Liliaceæ*.

Maianthemum racemosum (Linné) Link. Incluant *Convallaria racemosa* Linné, *Maianthemum amplexicaule* (Nuttall) W.A.Weber, *Smilacina amplexicaulis* Nuttall, *S. ciliata* Desfontaines, *S. flexicaulis* Wender, *S. racemosa* (Linné) Desfontaines, *Vagnera amplexicaulis* (Nuttall) Greene, *V. australis* Rydberg, *V. racemosa* (Linné) Morong. De *maius:* mai, et *anthemon:* fleur; *racemosum:* à grappes (au pluriel, car c'est une grappe de grappes).

Herbacée vivace à rhizome. De taille moyenne (0,5 m), il pousse en petites colonies. Tige arquée et zigzaguant d'une feuille à l'autre; aisselles des feuilles teintées de rouge (plus marqué si la plante pousse au soleil). Feuilles à bord ondulé mais lisse, sans poils ni dents. Fleurs terminant la tige, très petites, blanches; rassemblées en une «grappe composée de grappes», ayant l'aspect d'une plume. Fruits charnus; d'abord beiges, piqués de rouge, puis tout rouge et persistant jusqu'aux neiges.

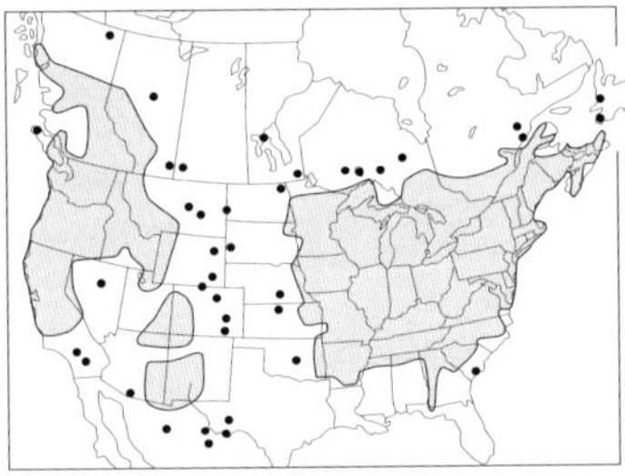

Plusieurs printanières de sa famille montrent la même allure: uvulaires*, streptopes*, sceau-de-salomon*, maïanthème étoilé*. Le maïanthème à grappes se distingue par sa grande taille, sa tige zigzaguante, le bord ondulé des feuilles et le rouge à leur aisselle.

Forêt, clairière et orée des bois. Érablières à sucre et forêts mixtes riches. Nord-américain. Rare: Terre-Neuve, Manitoba et Saskatchewan.

Les curieux voudront goûter les fruits... fades, réputés purgatifs lorsque consommés à l'excès, mais non toxiques!

La couleur rouge des fruits ne viendrait pas de chromoplastes (qui donnent généralement la couleur, tel le vert qui vient de chloroplastes), mais de la couleur du noyau des cellules de la pulpe et de l'épiderme du fruit. Le maïanthème à grappes a joué un rôle chez bien des tribus amérindiennes qui l'utilisèrent à toutes les sauces: raviver les comateux, contraceptif, réduire au silence les enfants braillards et même... pour jeter des sorts. Les Amérindiens Abénaquis prescrivaient, aux «personnes qui ont trop forcé et qui vomissent du sang», le maïanthème à grappes pour les hommes mais le sceau-de-salomon pubescent* pour les femmes; comme si l'un était la version mâle de l'autre, ils les nommaient tous deux «résinet». Une ancienne flore québécoise (Brunet 1870) spécifie que les deux sont «fort employés dans la médecine populaire» mais c'est le sceau-de-salomon pubescent qui y est nommé «Raisinet-rouge, Herbe-à-garçon».

De croissance lente, le maïanthème à grappes demande 2 ans pour germer et la floraison exige 5 années supplémentaires. Après 4 ans de culture en serre, il ne dépasse pas 15 cm. Ne cueillir que les fruits, ne pas transplanter ni modifier son habitat. Supporte mal la transplantation, mais se propage par graines, à condition d'éviter leur dessèchement.

● ◑ pH 5-6

Suite page 377.

***Maïanthème à grappes**. Tige arquée zig*
guant d'une feuille à l'autre, terminée p
une grappe de grapp

Photo: Gisèle Lamoureux

Maïanthème étoilé, *starry false solomon's-seal*

Smilacine étoilé(e). *False, star-flowered false or virginia solomon's-seal; starry false spikenard; starry smilacina or solomonplume; star-flowered or wild lily-of-the-valley.* Famille du lis, *Liliaceae.*

Maianthemum stellatum (Linné) Link. Incluant *Smilacina liliacea* (Greene) Wynd, *S. sessilifolia* Nuttall ex Baker, *S. stellata* (Linné) Desfontaines. De *maius:* mai, et *anthemon:* fleur; *stellatum:* en forme d'étoile, d'après la fleur.

Herbacée vivace à rhizome. De taille moyenne (0,3 m), le maïanthème étoilé pousse en petites colonies denses. Tige un peu arquée. Feuilles alternes, sur 2 rangs; épaisses; sans dents, bordées de quelques cils; base embrassante. Fleurs petites, odorantes, en étoile, rassemblées en grappe. Fruits charnus, d'abord verts rayés de noir, puis rouges.

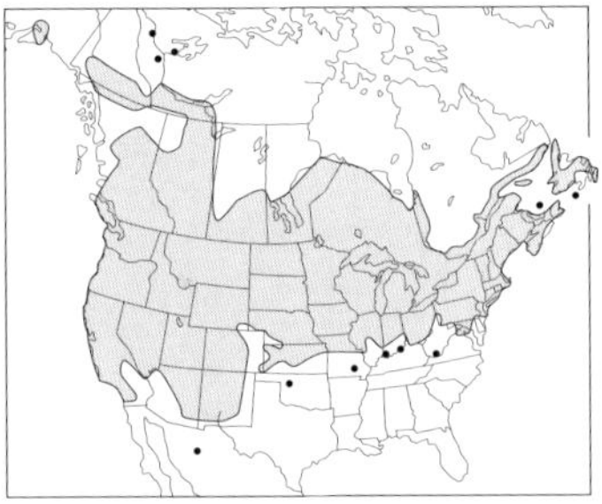

En milieu maritime, il présente des variations importantes: plus robuste, tige dressée plutôt qu'arquée; feuilles courtes, très épaisses, plus rapprochées et d'un vert jaune plutôt que bleu. C'est la variété *crassa* (voir Fleurbec 1985).

Fréquente deux types d'habitats très différents. 1) Lieux humides et plutôt ombragés: plaines de débordement des cours d'eau (alluvions), bordures de fossés, lieux marécageux. 2) Lieux très secs et ensoleillés: dunes actives, haut des grèves et plages maritimes. Nord-américain. Rare: Île-du-Prince-Édouard.

Le maïanthème étoilé figure déjà dans le premier livre sur les plantes du Canada (Cornuti 1635). Linné n'a pas indiqué quel spécimen lui a servi pour faire la première description scientifique du maïanthème étoilé. Cette description d'une plante nord-américaine fut probablement faite à partir de la littérature et la description par Cornuti sert de référence de base (type). Près d'Ottawa, d'après 19 années d'observation, ce maïanthème produit sa première fleur entre le 8 et le 31 mai; disons… le 20 mai? Sa graine germe et produit une plantule qui se développe comme celle du maïanthème à grappes* (voir page 378). Plus petite (de 17 à 28 g), la graine ne compte cependant qu'un embryon dont la première racine persiste plus longtemps. Une autre différence: le maïanthème étoilé produit parfois 1 à 3 feuilles vertes, dès l'été suivant la première phase de la germination; son développement est alors raccourci d'une année. Mais normalement, il demande 3 ans avant de produire un ramet, qui se développerait comme celui du maïanthème à grappes, sur 3 années supplémentaires.

Les fruits? On dirait des bonbons marbrés, mais purgatifs à forte dose!

Dès le début des années 1600, les maïanthèmes étoilé et à grappes* figuraient dans les jardins européens. De croissance lente, le maïanthème étoilé demande certainement plus de 4 ans pour fleurir une première fois à partir de la graine, probablement 6 ou 7 ans. Ne cueillir que les fruits; ni transplanter ni modifier son habitat. Une fois établi, se cultive facilement et risque de devenir envahissant. Semer à l'automne.

● ◑ ◊◊ pH 5-6; variété *crassa:* ○ ◊

Réf. sp. Bassett 61, Cornuti 1635, Cullina 99, Galway 45, Kawano 63b, 66, LaFrankie 85a, 85b, 86a, 86b, Linné 1753, Mickel 58, Nichols 34, Piper 86, 89.

Maïanthème étoilé. *Colonies denses,tige peu arquée, feuilles alternes, nettement s deux rangs. Et c'est vrai que ses peti fleurs ressemblent à des étoi*

Photo: Gisèle Lamoureux

Maïanthème du canada, *wild lily-of-the-valley*

Faux- ou petit-muguet; muguet. *Beadruby; canada maianthemum or mayflower; elf-feather; false lily-of-the-valley; lassieberries; may-lily; molassesberries; muguet; scentbottle; scurveyberries; two-leaved solomon's-seal.* Famille du lis, *Liliaceæ.*

Maianthemum canadense Desfontaines. Incluant *Unifolium canadense* (Desfontaines) Greene. Signifiant fleur-de-mai, du latin *maius:* mai, et du grec *anthemon:* fleur; *canadense:* du Canada.

Herbacée vivace à rhizome. Petit (0,12 m), le maïanthème du canada forme des tapis parfois étendus. Tige zigzaguant entre 2 ou 3 feuilles alternes. Feuilles lisses et luisantes, en forme de cœur allongé; celle du haut sans queue, celle du bas à queue bien formée. Fleurs très petites, blanches, en grappe terminant la tige, produisant un peu de nectar. Fruits charnus; d'abord beiges piqués de rouge, puis tout rouges et persistant jusqu'aux neiges. Plantes et ramets juvéniles sans tige ni fleurs; formés d'une seule feuille en cœur, au bout d'une longue queue.

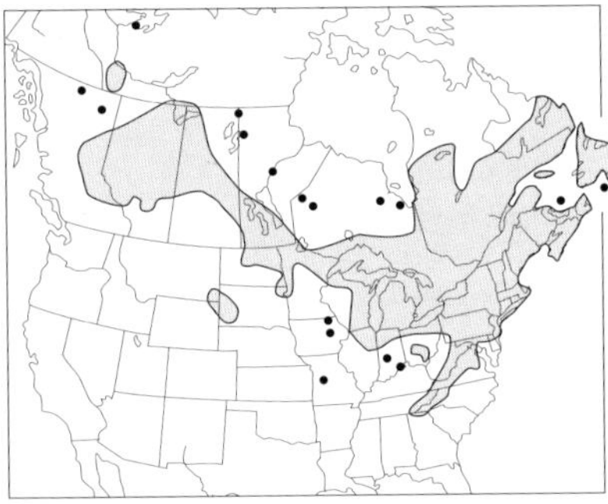

Forêts. Fréquent et abondant dans les bois frais ou tourbeux et associé surtout à la forêt coniférienne boréale, mais aussi dans les forêts mixtes et les érablières (à bouleau jaune et parfois érablière à tilleul). Il pousse communément au pied des arbres, sur les souches en décomposition ou envahit les blocs rocheux couverts d'humus. Nord-américain.

Le maïanthème trois-feuilles° (ou smilacine à trois feuilles) lui ressemble. Il croît surtout dans la sphaigne des tourbières ou forêts tourbeuses. Se distingue par ses feuilles: 3 ou 4 chez les individus adultes (2 chez les juvéniles), non en cœur (rétrécies aux deux extrémités) et d'un vert bleu. En fait, anciennement relié au genre smilacine à cause de ses fleurs trimères (pièces florales en multiples de trois), le maïanthème trois-feuilles, par sa taille et son allure générale, ressemble plus au maïanthème du canada (dimère: multiple de deux) qu'aux autres anciennes smilacines (à grappes, étoilée). Peut-être fait-il le lien entre ces deux groupes (voir *Maïanthème ou smilacine?* page 379).

Chez les Amérindiens Potawatomis, une amulette constituée de racines du maïanthème du canada portait chance au jeu.

Les fruits se mangent, comme friandise, sans plus. Comme pour bien des petits fruits, l'excès de consommation est réputé laxatif.

De croissance lente et produisant rarement des plantules, le maïanthème du canada met jusqu'à 7 ans pour fleurir une première fois à partir de la graine, dont la germination s'étend sur 2 ans. Même en serre, la croissance s'avère lente: les plantules dépassent rarement 3 ou 4 cm la 2e année de germination ou 6 cm l'année suivante. Ne pas transplanter ni modifier son habitat. Ne cueillir que les fruits, et encore, seulement si la plante pousse en abondance. Propager par graines, à la fin de l'été et les semer dès la récolte, car elles supportent mal l'entreposage. ◑ ● pH 4-5

Suite page 383.

Maïanthème du canada. *Elle forme de be tapis de cœurs verts! Les ramets juvéniles comptent qu'une feuille, ceux qui portent grappe de fleurs en comptent 2 o*

Photo: Gisèle Lamoureux

Streptope blanc, *claspleaf twistedstalk*

Coqs; streptope à feuilles embrassantes ou amplexicaule; streptopus embrassant. *Amplexifoliate streptopus; cariboobberry; clasping-leaved streptopus or twistedstalk; liverberry; scootberries; scurvyleaves; white mandarin; wild cucumber* (à Terre-Neuve). Famille du lis, *Liliaceæ*.

Streptopus amplexifolius (Linné) DeCandolle. Incluant *Tortipes amplexifolius* (Linné) Small, *Uvularia amplexifolia* Linné. De *streptos:* tordu et *pous:* tige, allusion à la torsion de la queue des fleurs; *amplexifolius:* du latin *amplexus*, enlacer, et *folius*, feuille: à feuilles embrassant la tige.

Herbacée vivace (0,5 m) à rhizome. Plante souvent plus grande que le streptope rose* et pratiquement sans poils (sauf quelques-uns vers le bas de la tige). Tige arquée, souvent ramifiée vers le milieu. Feuilles alternes, sans queue et très embrassantes; nervures parallèles prononcées; revers glauque (pâle, blanchâtre ou vert-bleu). Fleurs semblables à celles du streptope rose* mais blanches; à queue coudée; à tépales (pétales et sépales identiques) plus retroussés (à partir du milieu), ce qui donne une fleur plus ouverte. Fruits rouge clair, ovales, à queue coudée.

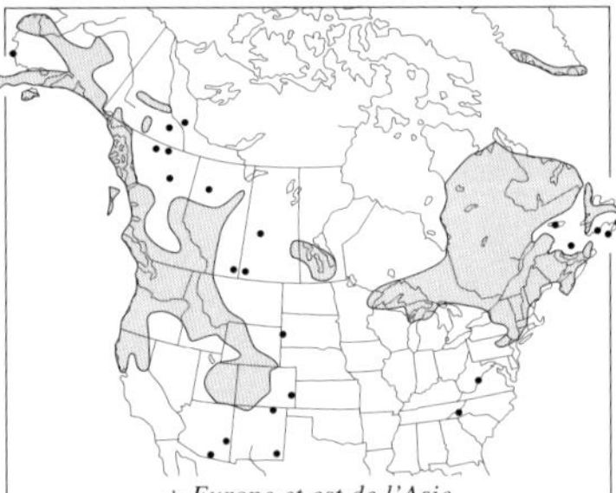
+ Europe et est de l'Asie

Un hybride existe entre nos deux streptopes — voir *Le streptope des montagnes*, page 418.

Forêts et arbustaies (avec les aulnes), prairies subalpines, ravins, talus humides, rivages de cours d'eau. Forêts mixtes et conifériennes, cédrières, et autres sites frais et humides. En montagne, il fréquente des milieux ouverts à fort enneigement (combe à neige) et les ruisseaux intermittents (le streptope rose ne montrerait pas de telles préférences pour ces ruisseaux). Plus nordique que le streptope rose. Circumboréal à aire disjointe. Rare: Saskatchewan.

Voir streptope rose*.

Selon la tribu, des Amérindiens rapportent que les fruits sont mangés par les loups, les serpents ou les grenouilles.

D'après une étude en serre sur plusieurs espèces à graines de grosseur différente, le poids de la graine n'est pas relié à celui de la plantule, ni aux pourcentages de germination ou de survie, ni au délai requis pour la première étape de la germination. Par contre, les plantes à grosses graines tolèrent davantage l'ombre, au stade plantule, que celles à petites graines. Les plantules du streptope blanc montrent une meilleure croissance au soleil qu'à l'ombre, mais survivent en plus grand nombre à l'ombre. Toujours d'après la même étude, chez certaines espèces les plantules consacrent plus d'énergie à la production des parties souterraines qu'à celle des parties aériennes. Ces plantes dépendent moins de la lumière et c'est le cas du streptope blanc et encore plus des maïanthèmes à grappes* et étoilé*. Par ailleurs, le streptope blanc alloue encore plus d'énergie à ses parties souterraines lorsqu'il pousse en plein soleil.

Le cycle de vie des streptopes semble mal connu; voir streptope rose*, page 208. Ni cueillir, ni transplanter, ni modifier l'habitat.

Suite page 418.

***Streptope blanc**. Bien moins fréquent que streptope rose et lui ressemblant, sauf po la couleur des fleurs. Presque sans poils, ne porte pas de cils en bordure des feuill contrairement au streptope ro.*

Photo: Gisèle Lamoureux

Aralie chassepareille, *wild sarsaparilla*

Aralie à tige nue, salsepareille; chassepareille; salsepareille d'amérique, du canada, grise, de terre, de virginie; sassepareille. *American or false sarsaparilla; rabbitroot; sasafafarilla; sasafril.* Famille de l'aralie, *Araliaceæ.*

Aralia nudicaulis Linné. De aralie, nom canadien-français, peut-être d'origine amérindienne, repris par Linné, mais d'abord transmis au botaniste français Joseph Pitton de Tournefort par Michel Sarrazin (1685-1734), premier médecin engagé par le roi, pour servir en Nouvelle-France; *nudicaulis:* à tige nue.

Herbacée vivace à rhizome. De taille moyenne (0,4 m), l'aralie chassepareille forme des colonies parfois étendues. Inflorescence et feuille à l'extrémité d'une tige courte, souvent enfouie. Une seule grande feuille divisée en 3 parties principales, elles-mêmes découpées en 5 segments finement dentés. Inflorescence mâle ou femelle, dissimulée sous la feuille; minuscules fleurs blanches regroupées en 3 sphères (parfois 2 ou 4). Fruits presque noirs, petits et charnus, à saveur prononcée.

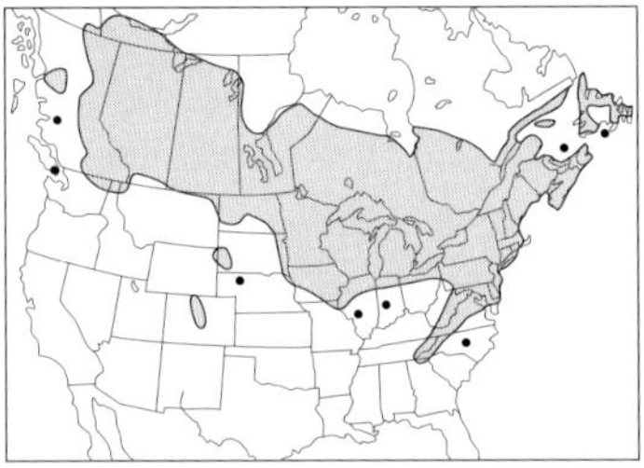

De même famille, aralie chassepareille et ginseng cinq-folioles *(Panax quinquefolius)* se ressemblent; d'ailleurs, dans une flore québécoise ancienne (Moyen 1885), le ginseng est rattaché au genre *Aralia.* Les segments de la feuille du ginseng partent d'un même point, puis s'écartent comme les doigts d'une main; ceux de l'aralie se situent de chaque côté d'un axe, comme les barbes d'une plume. Distinguer cette aralie de l'herbe-à-puce°? Les feuilles lustrées de celle-ci se divisent en 3 segments seulement, au contour sinueux au lieu de finement denté.

Forêts. Caractéristique de la forêt boréale, mais aussi dans d'autres forêts conifériennes ou mélangées et dans les érablières les moins riches (à bouleau jaune et, moins souvent, à tilleul). Sols frais et humides; absente des lieux ouverts et secs et des sols organiques mouillés. Fréquente et abondante. Nord-américaine. Rare: Yukon.

Récolté à l'automne, son rhizome aromatique entrait dans la composition d'une bière appelée *root beer* (est-ce à l'origine de la *root beer* du commerce?). Ses qualités nutritives permettaient aux Amérindiens de subsister en temps de famines, de guerres ou de chasses (il faut avoir vraiment faim!). D'une saveur fortement résineuse, les fruits comestibles des trois espèces d'aralies de nos contrées, entraient traditionnellement dans la fabrication de vins de ménage.

De croissance lente mais vivant quelques siècles, l'aralie chassepareille fleurit peu, en regard du grand nombre de tiges sans fleurs produites. Une tige (ramet) demande au moins 5 ans pour fleurir une première fois, mais on ignore combien de temps le clone met à produire un ramet à partir de la graine. La plante se propage surtout végétativement, car aucune plantule n'a jamais été observée en nature, et la germination s'obtient difficilement en culture. Ne cueillir que les fruits. Les horticulteurs la considèrent envahissante, mais si désirée à des fins horticoles, ne la transplanter parcimonieusement qu'en éclaircissant des populations très denses en bordure des chemins; en forêt, toutefois, ne pas la prélever ni modifier son habitat. ●

Suite page 279.

*L'inflorescence de l'**aralie chassepareille** cache sous son unique feuille. Celle-ci ramifie en 3, puis chaque ramification découpe en 5 segmen*

Photo: Gisèle Lamoureux

Anémone du canada, *canada anemone*

Pour le genre: herbe-au-vent ou -du-vent. *Canadian anemone;* pour le genre: *anemony; emony; pasqueflower; undergrounds; windflower.* Famille du bouton-d'or, *Ranunculaceæ.*

Anemone canadensis Linné. Personnage mythologique ou dérivé du nom sémite d'Adonis *(na-mam),* ou encore d'*anemos:* vent, plante de lieux venteux ou fleur effeuillée par le vent; *canadensis:* du Canada.

Herbacée vivace, de taille moyenne (0,35 m). Tige velue, entourée d'une feuille formant collerette; du centre de la collerette partent une ou quelques longues queues terminées par une fleur. Feuilles profondément découpées et dentées. Fleurs d'un blanc pur, à 5 sépales ayant l'aspect de pétales; étamines formant une couronne jaune autour du pistil vert. À Ottawa, 18 années d'observation révélèrent que la première fleur paraît entre le 26 mai et le 12 juin soit, en moyenne, le 3 juin.

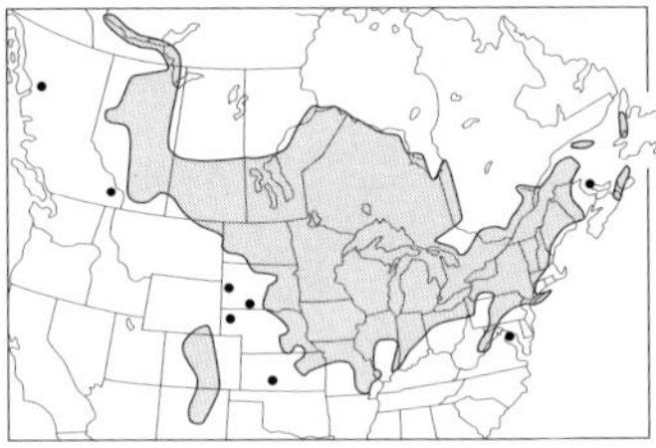

La plus fréquente des anémones de nos contrées. Se distingue par sa feuille en collerette, à segments plutôt larges, par ses fruits non laineux et par la densité et l'étendue des colonies qu'elle forme, grâce à une multiplication végétative intense, inconnue chez les autres anémones indigènes: des bourgeons naissent en grand nombre sur ses rhizomes, puis donnent naissance à de nouvelles tiges.

Lieux humides et ouverts. Talus des fossés et voies ferrées, champs humides et pâturages boisés, clairières et orées des bois, rivages et alluvions de cours d'eau, parfois même marécages. Nord-américaine. Rare: Colombie-Britannique, Île-du-Prince-Édouard, Nouvelle-Écosse, Terre-Neuve, Territoires du Nord-Ouest.

Les anémones tirent leur nom de deux récits mythologiques. Aimée de Zéphyr (vent de l'ouest), puis chassée par l'épouse jalouse, la nymphe Anémone meurt d'amour. Zéphyr presse alors Vénus de la changer en fleur… puis s'en lasse et l'abandonne aux rudes caresses de Borée (vent du nord), qu'Anémone repousse. Borée se venge: les fleurs des anémones s'ouvrent peu et se fanent rapidement. L'autre récit raconte les amours du bel Adonis et d'Aphrodite (Vénus). Tué par un rival changé en sanglier, Adonis perd son sang et Aphrodite en transforme chaque goutte en rouge anémone.

et À l'état frais, les anémones contiennent de la protoanémonine, potentiellement néfaste pour le bétail qui l'ingère. Chez les humains, cette substance agit comme un antibiotique à large spectre, mais irrite certaines peaux.

De croissance lente, l'anémone du canada mettrait 3 ans à fleurir. La culture par semis semble difficile, mais une fois installée, la plante s'étend végétativement de manière tellement prolifique qu'elle risque parfois de devenir envahissante. Elle se bouture alors facilement, par les bourgeons situés sur les rhizomes, et les boutures fleurissent l'année même de leur plantation. Ni cueillir, ni transplanter, ni modifier l'habitat, sauf en présence de grandes colonies très denses qui peuvent supporter d'être un peu éclaircies par de petits prélèvements des bourgeons sur les rhizomes.

○ ◑ pH 6-7

Réf. sp. Bassett 61.

*L'**anémone du canada** forme des coloni*
denses, grâce à une multiplication végéta
ve intense. En fait, il s'agit d'une nymph
aimée de Zéphyr; elle meurt d'amour
Vénus la change en fleur
une histoire classique, qu

Photo: Gisèle Lamoureux

Cornouiller quatre-temps, *bunchberry*

Cornouiller du canada; matagon; pain-d'oiseaux ou -de-perdrix; quatre-temps; rougets (Bas-Saint-Laurent). *Cracker; crackerberry; dwarf cornel; pigeonberry; puddingberry.* Famille du cornouiller, *Cornaceæ.*

Cornus canadensis Linné. Incluant *Chamæpericlymenum canadense* (Linné) Ascherson & Graebner, *Cornella canadensis* (Linné) Rydberg. Nom latin classique; ne viendrait pas, comme certains le pensent, de *cornu:* corne; *canadensis:* du Canada.

Herbacée à base ligneuse, à rhizome vivace. Très petit (0,15 m), le cornouiller quatre-temps pousse en tapis. Tige non ramifiée, terminée par une inflorescence blanche soutenue par un verticille de 6 feuilles (en réalité, un pseudo-verticille); présence, plus bas sur la tige, de nœuds portant chacun une paire de petites feuilles pâles, sans chlorophylle ou presque. Ramets juvéniles (sans fleurs): verticille de 4 feuilles au lieu de 6. Feuilles sans dents; nervures bien marquées, certaines partant de la nervure centrale (nervures secondaires); queue petite. «Fleur» apparemment solitaire et grande (3 cm), regroupant en réalité plusieurs très petites fleurs. Ovaire, style et stigmate violet foncé, contrastant avec la blancheur de la vraie corolle. Fruits charnus, rassemblés en caboches rouge clair. À rechercher: variations et hybrides avec le cornouiller de suède (page 334).

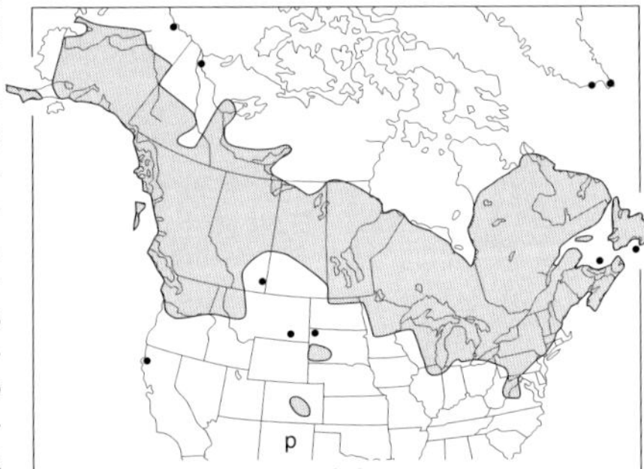

+ Est de l'Asie
D'après Porsild & Cody, 1980 (modifiée)

Autant sur sols rocheux que sablonneux ou tourbeux et même sur des souches pourries; dans des milieux secs ou humides, de préférence ombragés mais pas nécessairement. Forêts (conifériennes ou mixtes; plus rarement érablière à bouleau jaune), rochers et tourbières. Très fréquent et abondant. Amérique du Nord et est de l'Asie.

Comme chez les poinsettias, si populaires à Noël, les grands «pétales» sont en réalité des feuilles réduites et colorées, nommées bractées. Elles imitent une corolle et attirent les insectes vers les vraies fleurs, minuscules, au centre. Le bourgeon floral, formé dès la mi-août, se développe et fleurit parfois sous l'effet de la chaleur automnale, bien avant la date normale de floraison.

Friandise offerte aux randonneurs, les fruits à texture de pomme du cornouiller quatre-temps livrent une saveur fade, non désagréable. En 1708, Michel Sarrazin (médecin du roi en Nouvelle-France) en signale la consommation par des Amérindiens, qui nommaient la plante «matagon».

Malgré son abondance, ne cueillir que les fruits, à cause de sa croissance lente. Ne pas transplanter ni modifier son habitat. Propager par graines, dès leur maturité, en les dépouillant de la chair qui les enrobe; fleurit 2 ans après l'ensemencement, en conditions de culture (bien plus que 4 ans plus tard en milieu naturel). La plante forme un beau couvre-sol, sous des conifères, mais se cultive difficilement. ◑ ● 💧 💧💧 pH 4-5

Suite page 334 et 339.

Les quatre grands «pétales» blancs du ***co-***
nouiller quatre-temps *sont des feuilles r*
duites. Elles imitent une corolle et attire
les insectes vers les vraies fleurs, au cent
Les vrais pétales sont aussi blancs, ch
cette espèce, mais violet-noir chez le co
nouiller de suèc

Photo: Gisèle Lamoureux

Cornouiller de suède, *lapland cornel*

Cornouiller nain. *Dwarf cornel.* Famille du cornouiller, *Cornaceæ.*

Cornus suecica Linné. Incluant *Chamæpericlymenum suecicum* (Linné) Ascherson & Graebner, *Cornella suecica* (Linné) Rydberg, *Swida suecica* (Linné) Holub. Nom latin classique; ne viendrait pas, comme certains le pensent, de *cornu:* corne; *suecica:* de la Suède.

Le cornouiller de suède ressemble au cornouiller quatre-temps*. Ses petites fleurs entièrement violet foncé (au lieu de blanc verdâtre à centre violet) contrastent avec les 4 bractées blanches qui les entourent. Feuilles sans queue, sans nervures secondaires; non pas en verticille de 6 vers le sommet de la tige, mais deux à deux le long de la tige.

Lieux ouverts et exposés, mais pas toujours. Rochers, falaises, talus d'éboulis, zones de ruissellement, dunes et hauts de plage; aussi forêts ou tourbières. Circumboréal à aire disjointe. Rare: Colombie-Britannique, Nouvelle-Écosse, Territoires du Nord-Ouest.

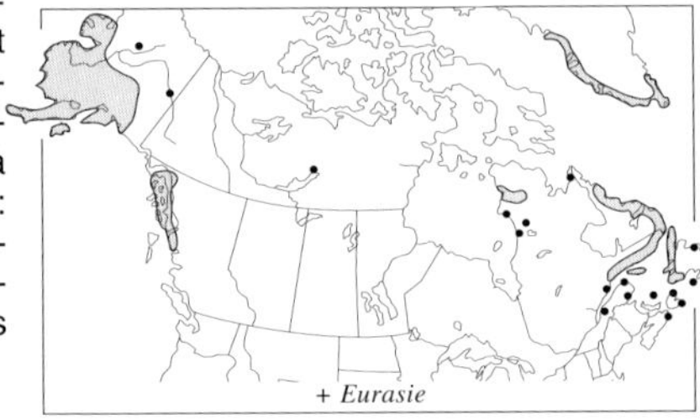

Quelle curieuse aire de répartition! Plus présent dans le nord de l'Europe, le cornouiller de suède pousse ici le plus souvent dans des régions maritimes. Plus à l'intérieur du continent, des individus légèrement différents correspondraient à des hybrides entre le cornouiller quatre-temps et le cornouiller de suède, hybrides qui se seraient recroisés avec le cornouiller de suède. Mais le cornouiller de suède brille par son absence dans l'aire couverte par l'ensemble des hybrides, soit pratiquement toute l'aire actuelle du cornouiller quatre-temps. Fut-il déjà en contact avec ce dernier? Peut-être:

1 Ses graines voyagent beaucoup. Les botanistes rapportent la présence de graines de cornouiller de suède flottant à 400 km du plus proche individu. Des oiseaux migrateurs, tel le goéland marin *(Larus marinus)*, se nourrissent de ses fruits très voyants.

2 Grâce à leurs rhizomes, ces cornouillers forment de grands tapis (clones). Si rien ne les perturbe, ces clones persistent indéfiniment et se multiplient, même en l'absence de fleurs.

3 À l'intérieur du continent, la fonte des calottes glaciaires forma des mers intérieures représentant des habitats de choix pour une espèce maritime comme le cornouiller de suède. Le jeu des changements de climats qui suivit la fonte des glaciers lui permit sans doute des contacts avec le cornouiller quatre-temps. Puis, le retrait des mers intérieures et l'adoucissement du climat auraient chassé le cornouiller de suède dans des régions maritimes nordiques, laissant des populations reliques, ici et là, à l'intérieur du continent, dans l'estuaire du Saint-Laurent et sur la côte est de la baie d'Hudson. Laissant aussi, derrière lui, des clones de petits hybrides qui persistent indéfiniment et se plient mieux que lui aux changements de climats.

Ses fruits rouges, plus acides que ceux du cornouiller quatre-temps, auraient des propriétés toniques. Chez les habitants des Highlands de l'Écosse, la plante reçut un nom signifiant «herbe-à-la-gloutonnerie», d'après sa réputation d'activer l'appétit.

Peu fréquent dans le Québec habité et probablement à croissance lente.

Suite page 334.

Cornouiller de suède. *Petites fleurs vi… foncé. Feuilles non en verticille de 6 ver… sommet de la tige, mais 2 …*

Photo: Gisèle Lamoureux

Oxalide des bois, *common wood-sorrel*

Oxalide de montagne, pain-de-lièvre, surette. *Wood-shamrock.* Famille de l'oxalide, *Oxalidaceæ.*

Oxalis montana Rafinesque-Schmaltz. Incluant *Oxalis acetosella* Linné sous-espèce *montana* (Rafinesque-Schmaltz) Hultén et variété *rhodantha* (Fernald) R.Knuth. Nom grec de l'oseille, de *oxys:* aigre, d'après la saveur des feuilles; *montana:* de montagne.

Herbacée vivace à rhizome. Très petite (0,15 m), l'oxalide des bois forme des touffes, elles-mêmes rassemblées en tapis souvent étendus, piqués çà et là de fleurs peu abondantes. Feuilles lisses et un peu juteuses si froissées entre les doigts; rappelant celles des trèfles, mais les 3 folioles dessinant chacune un beau cœur. Fleurs à 5 pétales blancs (parfois rosés), soulignés d'une ligne rouge à la base et rayés de nervures rouges; chacune au bout d'une longue queue qui l'amène audessus des feuilles. Se fane aussitôt cueilli.

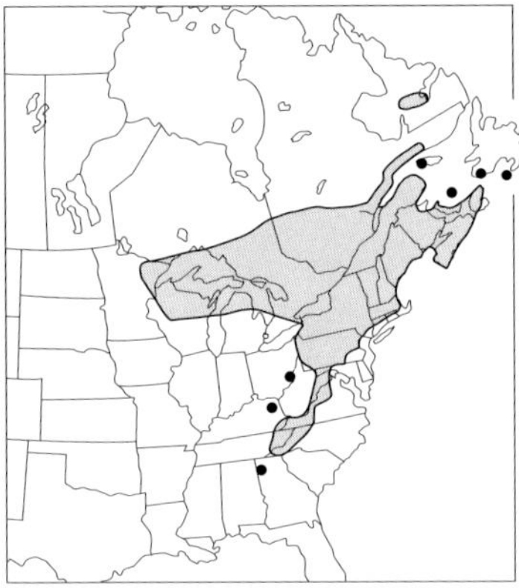

Forêts, particulièrement dans des microhabitats acides et humides. Érablières (les moins riches: à bouleau jaune), bétulaies jaunes et forêts conifériennes (surtout avec épinette blanche ou sapin, peu avec épinette noire). Dans le sud de son aire, souvent associée à la pruche. Nord-américaine. Rare: Terre-Neuve.

Comme chez d'autres oxalides, ses feuilles se replient, lui permettant de sommeiller la nuit et de faire la sieste au gros soleil (voir oxalide surette° dans Fleurbec 1977). Plusieurs oxalides se cultivent comme plante de maison (parfois transférées à l'extérieur, l'été), peut-être à cause de l'attrait exercé par ce mouvement des feuilles... ou est-ce pour la joliesse de leur feuillage? La plante entière donne une teinture jaune.

Goûter une feuille d'oxalide des bois, comme friandise, lors d'une promenade en forêt, mais sans arracher toute la plante. La même saveur surette se retrouve chez les oxalides surette et petite-oseille *(O. stricta°, O. acetosella)* et les rumex oseille et petite-oseille *(Rumex acetosa, R. acetosella);* ces plantes contiennent de l'acide oxalique, toxique à forte dose. L'oxalide petite-oseille (d'Eurasie) fut mangée en salade dès les années 1500, puis cultivée un siècle plus tard; des plantes cueillies en Allemagne contenaient entre 0,3 et 1,25 % d'acide oxalique.

Le rhizome de l'oxalide des bois croît lentement; au maximum il s'allonge de 10 cm par an. Le ramet doit atteindre une certaine taille avant de fleurir, ce qui demande environ 3 à 5 ans. Les botanistes ignorent combien de temps la plante demande pour fleurir, à partir de la graine. La germination semble longue ou difficile et l'espèce produit peu de plantules en milieu naturel. Ni cueillir, ni transplanter, ni modifier l'habitat. ● pH 4-6.

Suite page 405.

Oxalide des bois. *Comme un tapis de tr qui s'installerait en forêt avec, piqué ic là, de mini-antennes paraboliques blanc et roses à l'écoute des dryades, des sylv et des nymp*

Photo: Gisèle Lamoureux

Coptide savoyane, *goldthread*

Coptide à trois feuilles, du groenland; fil-d'or; sabouillane; savoyane; savoyarde; saweyanne; sibouillane; tisavoyanne jaune; tsisavoyanne. *Canker-root; goldenroot; goldenthread; mouthroot; three-leaved goldthread; tisavoyanne; yellowmores; yellowroot; yellow snakeroot.* Famille du bouton-d'or, *Ranunculaceæ*.

Coptis trifolia (Linné) Salisbury. Incluant *Anemone groenlandica* Oeder, *Coptis groenlandica* (Oeder) Fernald. De *coptein:* couper, allusion aux feuilles divisées; *trifolia:* de *tres:* trois et *folium:* feuille, employée dans le sens de foliole.

Herbacée vivace, à rhizome fin et orangé. Très petite (0,1 m), elle forme de minuscules tapis. Feuilles en rosette, rappelant celles du fraisier mais plus petites (3 cm) et coriaces, persistant sous la neige puis jusqu'à l'arrivée des nouvelles feuilles; vert très foncé et luisant. Fleurs solitaires; 5 à 7 sépales semblables à des pétales blancs, disposés en étoile; présence d'organes produisant du nectar (pétales minuscules ou étamines transformées). Fruits: ombelle de fuseaux terminés par un crochet.

Forêts (mixtes ou conifériennes ou tourbeuses) et toundra humide. Amérique du Nord et est de l'Asie. Rare: Territoires du Nord-Ouest.

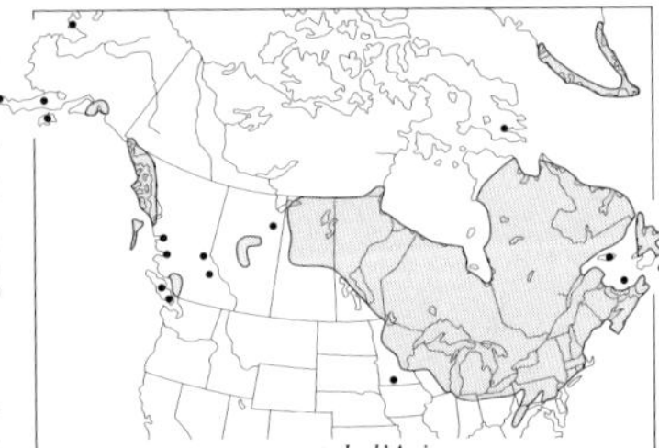

+ est de l'Asie
D'après Porsild & Cody, 1980 (modifiée)

Pendant un certain temps, la coptide de l'est de l'Amérique du Nord et du Groenland fit bande à part sous le nom de *Coptis grœnlandica.* Aujourd'hui, les botanistes la rattachent, comme anciennement, à une espèce de l'ouest de l'Amérique du Nord et de l'est de l'Asie, le *C. trifolia.* «Tisavoyane» vient du micmac et signifie «teinture pour les peaux», rhizome et feuille teignant en jaune la laine et, chez les Amérindiens, le cuir, les plumes et piquants de porc-épic. La couleur du rhizome explique les noms fil-d'or, *goldenroot* et *goldthread.* Saweyanne signifierait «racine bienfaisante» et le rhizome se vendait en pharmacie, anciennement; il s'utilisait comme tonique ou pour soigner les coupures, les problèmes respiratoires (asthme), le manque d'appétit, les maux d'estomac, de gorge, de gencives, les muqueuses des yeux (en compresses), les bouches irritées par la fumée du tabac et même le rhume. Très amer et astringent, il soigne efficacement les ulcères de la bouche (application directe sur l'ulcère).

Le rhizome renferme une forte proportion d'alcaloïdes (6 %), des substances très agissantes et utilisées en pharmacie. La principale, la berbérine, se retrouve aussi, entre autres, chez le berbéris épine-vinette *(Berberis vulgaris).* Elle ressemble, par sa structure chimique, à la morphine, et reproduit la phase initiale de l'effet de cet alcaloïde, soit une excitation du système neuro-musculaire; elle se révélerait ainsi utile dans les cures de démorphinisation.

Toxiques, certaines coptides seraient mortelles, à fortes doses, causant la paralysie des poumons.

Cycle biologique peu connu, plante soupçonnée de croître lentement, à germination s'étalant sur 2 ans. Son rhizome se ramifie, contribuant ainsi à la propagation végétative de la plante. Annuellement, il s'allonge d'environ 5 cm et ne produit probablement qu'une ramification. Ne cueillir que les graines, ne pas transplanter ni modifier son habitat. Propager par graines, de préférence sous des conifères. ● pH 4-5

Réf. sp. Cullina 99, Fernald 29, Mockle 55, Sobey 77.

Coptide savoyane*. Feuilles vert foncé ayant passé l'hiver sous la neige; nouvelles feuilles toutes petites et d'un jaune brun.*

Photo: Gisèle Lamoureux

Trientale boréale, *northern starflower*

Chickweed-wintergreen (genre); *maystar; star-anemone; star-of-bethlehem.* Famille de la primevère, *Primulaceæ*.

Trientalis borealis Rafinesque-Schmaltz. Incluant *T. americana* Pursh, *T. europæa* Linné var. *latifolia* (Hooker) Torrey, *T. latifolia* Hooker. Signifie probablement un tiers de pied, d'après la petite taille de la plante; *borealis:* du nord.

Herbacée vivace, à stolons. Petite (0,15 m) elle pousse isolément, au sein de petites colonies. À son sommet, la tige simple étale un verticille de 5 à 10 feuilles allongées (8 cm), longuement effilées. Fleur blanche (parfois 2, 3 ou 4), en forme d'étoile; 5 à 7 pétales, 8 étamines, 1 style. Fruit bleu pâle et mat, évoquant une minuscule perle.

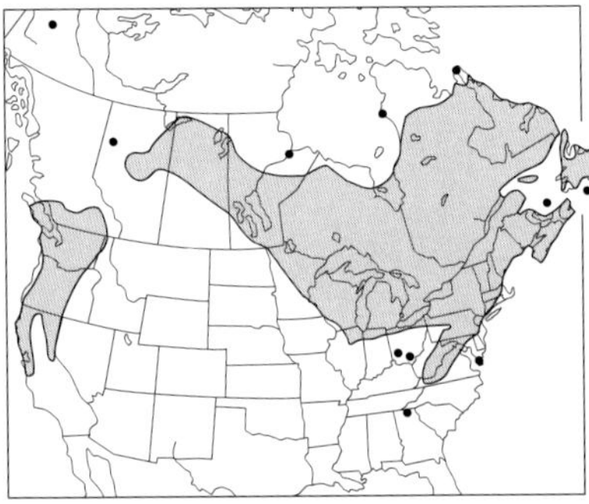

Bien que plus courtes, les trientales dépourvues de fleur ressemblent aux jeunes médéoles de virginie*, qui ne forment qu'un seul verticille de feuilles. Les distinguer par la feuille: effilée aux deux bouts (trientale) ou élargie à la base (médéole).

Forêts: feuillues, mixtes ou conifériennes; microhabitats frais et humides. Abondante et fréquente, se rend à la limite des arbres, qu'elle dépasse occasionnellement. Nord-américaine. Rare: Arctique canadien, Yukon.

La légende raconte que le peuple d'Athènes s'opposa au mariage d'Orithyie et de Borée, le vent du nord. Fortement épris de sa belle, Borée l'enleva dans une bourrasque, alors qu'elle jouait au bord d'une rivière. Appliqué à une plante, «boréal» spécifie qu'elle croît dans les lieux nordiques ou dans les habitats frais; le terme s'applique aussi à la forêt coniférienne ceinturant l'hémisphère nord: la forêt boréale. Les Amérindiens Ojibwés utilisaient les parties souterraines de la trientale boréale, mêlées à d'autres, pour préparer une fumée odorante, attirant les cerfs de virginie. La trientale d'europe *(T. europaea)* se trouve en Eurasie, mais aussi dans l'ouest de l'Amérique du Nord où la démarquer de la trientale boréale pose des problèmes. Dans cette partie du continent, la population de trientale boréale diffère notablement de la population de l'est et s'en trouve séparée (voir carte); certains botanistes lui accordent un statut d'espèce *(T. latifolia)*. Quoi qu'il en soit, les trientales de cette population ressemblent beaucoup (parfois plus) à une sous-espèce de la trientale d'europe (ssp. *arctica)* et leurs aires se recoupent. Jadis, trientales boréale et d'europe constituèrent sans doute une seule entité. Le temps et l'isolement géographique des populations auraient favorisé le développement de caractères qui, maintenant, les distinguent dans les parties éloignées de leurs aires.

Cycle peu connu, plante à croissance lente; plantule non observée en nature, germination retardée au 2e automne. Mieux connu, le cycle de la trientale d'europe demande plusieurs années pour fleurir à partir de la germination. Ses plantules fragiles séjournent plusieurs mois au froid avant de continuer leur très lent développement. En conditions expérimentales (optimales), un an après la germination, la trientale d'europe mesure à peine 2 cm. Ni cueillir, ni transplanter, ni modifier l'habitat.

Suite page 427.

***Trientale boréale**, princesse du nord. Fle blanche en forme d'étoile, jaillissant d'un ver cille de 5 à 10 feuilles élégamment effilé*

Photo: Gisèle Lamoureux

Violette tapissante, *sweet white violet*

Violette agréable, odorante, parfumée, blanche. *Heal-all; smooth violet.* Famille de la violette, *Violaceae.*

Viola blanda Willdenow. Incluant *Viola incognita* Brainerd. Nom latin classique (voir encadré page 463); *blanda:* du latin *blandus:* flatteur, aimable, ravissant, agréable, probablement à cause de l'odeur de la fleur.

Herbacée vivace à rhizome. Violette blanche acaule, très petite (0,1 m). La violette tapissante pousse en touffes et produit, même au moment de la floraison, de nombreux stolons qui donnent naissance à des tapis denses et souvent étendus. Fleurs au niveau des feuilles ou juste au-dessus; odeur agréable, discrète sauf par temps chaud. Feuilles montrant souvent un dégradé de verts; sinus ouvert (espace large entre les 2 lobes); nervures généralement prononcées, donnant un aspect plissé. Fruits à maturité: pourpres.

Il existe 3 autres violettes blanches acaules dans nos contrées et la violette tapissante s'hybride parfois avec elles (violettes élancée*, trousse-dents*, minuscule*). La violette élancée ne ressemble pas aux autres, à cause de la forme très allongée de ses feuilles. La violette trousse-dents* se distingue par ses feuilles généralement nettement en forme de rein, avec des dents retroussées, et du fait qu'elle ne forme ni stolons ni tapis. Bien plus petite, la violette minuscule* porte ses fleurs bien au-dessus de ses feuilles, qui sont entièrement dépourvues de poils (sauf sur la queue, mais pas toujours); elle forme des tapis très petits, comparés à ceux de la violette tapissante. Voir tableau comparatif des violettes p. 457.

Forêts: érablières, forêts mixtes ou conifériennes. Groupements arbustifs dominés par les aulnes. Moins souvent: lieux humides et ouverts, telles les tourbières. Fréquente et abondante. Nord-américaine.

Jusqu'à récemment, les botanistes reconnaissaient les deux espèces suivantes:
1 *Viola blanda*, peu commune dans nos contrées; pétales latéraux sans poils, feuilles à poils clairsemés et seulement sur le dessus, en particulier sur les lobes;
2 *Viola incognita* plus répandue ici; poils courts, abondants sur les pétales latéraux et sur le revers des feuilles (surtout sur les nervures) ou plus rarement sur les deux côtés de la feuille. Les deux portent le même nombre de chromosomes ($2n = 48$, parfois 44), différent de celui des autres violettes blanches acaules de nos contrées (minuscule, trousse-dents, élancée: $2n = 24$). Mais la frontière entre *V. blanda* et *V. incognita* semble trop ténue pour justifier le maintien de deux espèces et comme il existe bien des intermédiaires, on ne reconnaît pas actuellement ces deux entités comme des variétés. Les règles de la nomenclature botanique veulent que, dans une telle situation, le plus ancien nom prévale pour désigner l'espèce — dans ce cas-ci: *Viola blanda,* même s'il s'agit de l'entité la moins fréquente et la moins largement répartie. En français, Fleurbec propose le nouveau nom «violette tapissante».

De croissance lente, elle demande 4 ans avant de fleurir, à partir de la graine. Un ramet issu de graine ne fleurit pas et ne vit que 5 ans; les autres ramets, issus de stolons, ne vivent que 3 ans et ne fleurissent qu'une fois. Ni cueillir, ni transplanter. Propager par graines.

Suite page 489.

*Tapis de **violette tapissante**. Fleurs cachée sous ses feuilles ou juste à leur niveau. À no ter: le dégradé de verts sur la feuille, pa ailleurs à sinus ouvert et à l'aspect pliss*

Photo: Gisèle Lamoureux

Violette minuscule, *small white violet*

Violette blanche, pâle. *Mayflower; northern white, western sweet white or wild white violet; white snowdrops.* Famille de la violette, *Violaceae.*

Viola macloskeyi Lloyd. Incluant *Viola pallens* (Banks ex DeCandolle) Brainerd, *V. rotundifolia* Michaux variété *pallens* Banks ex DeCandolle. Nom latin classique (voir encadré page 463); *macloskeyi:* vraisemblablement en l'honneur de George Macloskie (1834-1919; botaniste originaire d'Irlande, ayant vécu en Amérique).

Herbacée vivace à rhizome. Violette blanche acaule, très petite (0,06 m). Pousse en touffes et forme de petits tapis. Fleurs bien au-dessus des feuilles. Fleur et feuille presque entièrement dépourvues de poils; présence de quelques poils, dans environ 80 % des cas, seulement sur la queue de la feuille (longs cils très caractéristiques) ou sur les pétales latéraux ou sur les deux. Fruits à maturité: verts.

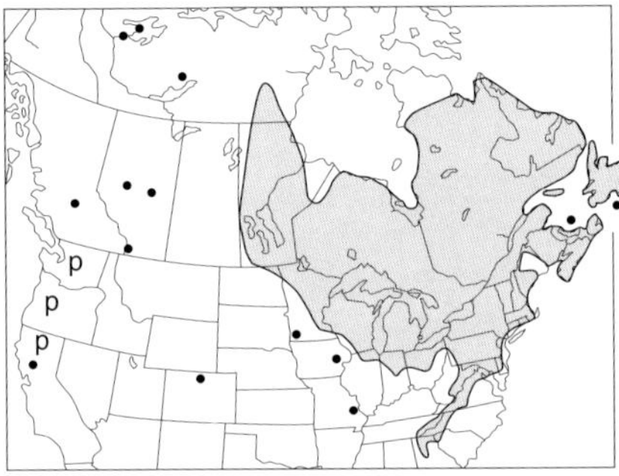

La violette tapissante* lui ressemble, mais elle est plus grande et forme de bien plus grands tapis. Elle porte ses fleurs au niveau des feuilles (et non bien au-dessus), ses feuilles sont poilues (dessus ou dessous) et ses pétales latéraux sont très velus (variété *incognita)* ou sans poils (variété *blanda,* beaucoup moins fréquente). La violette minuscule fréquente parfois le même habitat que la violette élancée*; leurs fleurs se ressemblent, mais pas leurs feuilles et, dans la tourbière, la violette minuscule est bien plus petite et moins spectaculaire que la violette élancée. En milieu nordique ou alpin, la violette minuscule côtoie aussi la violette rosée*, qui lui ressemble beaucoup, mis à part la couleur rosée des fleurs et l'absence absolument complète de poils. La violette minuscule s'hybride avec les violettes tapissante, élancée (voir texte sur cette espèce) et trousse-dents. Voir tableau comparatif des violettes page 457.

Lieux humides, ensoleillés ou partiellement ombragés. Forêts (érablières, forêts mixtes ou conifériennes), mais surtout tourbières, champs et chemins humides ou sourceux, rives et platières des cours d'eau. Nord-américaine.

La petite taille de la violette minuscule la rend tellement mignonne! Son nouveau nom français lui vient du fait que c'est certainement la plus petite des violettes de nos contrées... bien que la violette rosée*, beaucoup plus rare et absente du Québec habité, affecte à peu près la même taille et la même allure.

Les botanistes en connaissent peu sur le cycle vital et la longévité de la violette minuscule. Ni cueillir, ni transplanter, ni modifier son habitat. Propager par graines dans des lieux humides.

Suite page 483.

Tellement mignonne, la ***violette minuscu- le****! Vraiment très petite. L'éclatante blan- cheur de sa fleur attire le regard, malgré sa petitesse: la plante la porte bien au- dessus des feuilles, contrairement à la violette tapissante qui la cache au niveau de ses feuilles ou en dessous.*

Photo: Gisèle Lamoureux

Violette trousse-dents, *kidney-leaf violet*

Violette réniforme. *Kidney-leaved or northern white violet.* Famille de la violette, *Violaceae.*

Viola renifolia A. Gray. Incluant *Viola brainerdii* Greene, *V. mistassinica* Greene. Nom latin classique (voir encadré page 463); *renifolia:* feuilles en forme de rein.

Herbacée vivace à rhizome. Violette blanche acaule, très petite (0,08 m). Se distingue des autres violettes blanches par l'absence de stolons, par ses feuilles tronquées en forme de rein, à dents troussées et crénelées (larges et arrondies, comme chez le peuplier faux-tremble). Fleurs au niveau des feuilles ou juste au-dessus; pétales généralement tous sans poils.

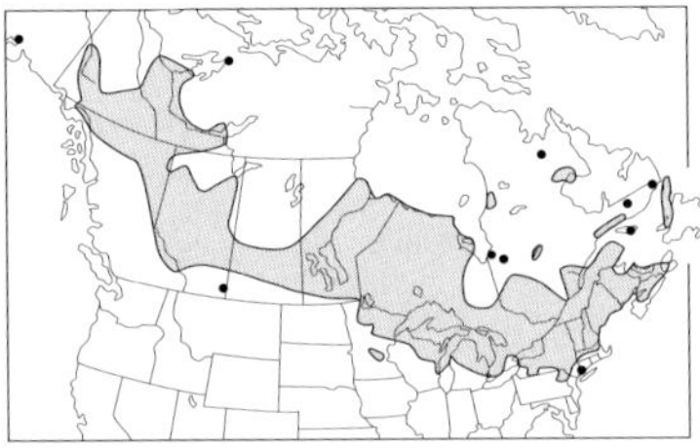

≠ Cette violette varie peu, sauf en ce qui concerne la pilosité des feuilles. Les botanistes la divisaient en 2 variétés, se côtoyant dans les populations: variété *renifolia,* à dessus bien garni de poils longs, et variété *brainerdii,* la plus fréquente au Québec, à dessus brillant et sans poils. Aucun autre caractère ne les séparait et les spécialistes actuels tendent à ne plus les reconnaître comme variétés distinctes. La violette trousse-dents s'hybride exceptionnellement avec la violette minuscule* ou avec la violette agréable*. Voir tableau comparatif des violettes p. 457.

Forêts: érablières, forêts mixtes ou conifériennes (dont cédrières). Préfère les sols calcaires, ou riches en humus et humides (bord des ruisseaux et rivières). Aussi sur pentes raides, rocheuses (falaises, éboulis). Souvent en milieux très ombragés (ravins). Nord-américaine.

Plusieurs violettes produisent des feuilles en forme de rein. Les noms latins de deux d'entre elles se réfèrent à ce caractère: une violette bleue, *V. nephrophylla,* et une blanche, *V. renifolia.* Les noms français privilégiés par Fleurbec sont sans rapport avec ce caractère qui, outre qu'il soit présent chez d'autres violettes, n'est pas constant chez ces deux espèces. Chez *V. renifolia,* un caractère très spécifique se remarque lorsqu'on regarde la feuille de profil: les dents sont retroussées, comme les spinules de la dryoptère spinuleuse°. Un peu bizarre, (mais... qui dit mieux pour exprimer ce caractère?) l'épithète trousse-dents signale cette particularité — une définition du verbe trousser étant: «relever, redresser» (Le Grand Robert). Dans nos contrées, aucune autre violette blanche ne trousse les dents; une violette bleue le fait, mais de façon moins marquée: la violette de selkirk*. Étant dépourvue de stolons, la violette trousse-dents ne forme pas de tapis, même petits: que des individus isolés. Son rhizome produit parfois une ramification courte, enfouie dans le sol, donnant une rosette supplémentaire. Selon certains, les rares individus à stolons, résulteraient d'une hybridation occasionnelle avec la violette agréable* (très stolonifère). Dans le Québec nordique, au nord du 50 °N, la répartition de la violette trousse-dents semble liée à la présence de calcaires. Les sols calcaires sont souvent considérés comme un «facteur chaud», qui permet l'installation de plantes croissant normalement à des latitudes plus méridionales.

Cycle peu connu, plante ni fréquente ni abondante, qui semble croître lentement. Délai de production d'une fleur à partir de la graine, inconnu. Ni cueillir, ni transplanter, ni modifier l'habitat.

Réf. sp. Ballard 94, Cinq-Mars 66, Russell 65.

Violette trousse-dents. *Très caractéristique ces dents qui troussent! Pas de stolons, don pas de tapis, mais des individus isolé*

Photo: Roger Larose

Violette du canada, *canada violet*

Violette de l'ouest. *Branching wood, canadian, tall white or western canada violet; hens; juneflower.* Famille de la violette, *Violaceae.*

Viola canadensis Linné. Incluant *V. rugulosa* Greene. Nom latin classique (voir encadré page 463); *canadensis:* du Canada.

Herbacée vivace à rhizome. Violette blanche caulescente, de taille moyenne (0,3 m). La violette du canada pousse en touffes et forme des colonies. Chaque touffe comprend quelques tiges, qui comptent chacune plusieurs feuilles en cœur, à pointe très effilée. Fleurs blanches (2 cm), avec un œil jaune; revers violacé. Boutons de fleurs: violet foncé.

Aucune autre violette indigène ne lui ressemble. Voir tableau comparatif des violettes page 457.

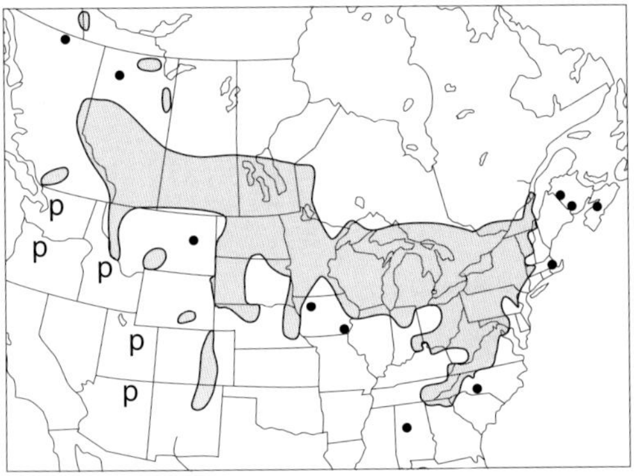

Forêts. Érablières riches (à caryers, à tilleul); à l'occasion dans l'érablière à bouleau jaune. Souvent sur calcaires. Nord-américaine. Rare: Yukon, Territoires du Nord-Ouest, Nouveau-Brunswick, Nouvelle-Écosse.

Dans la *Flore laurentienne* (Marie-Victorin 1995), Jacques Rousseau rapporte la culture de la violette du canada en Angleterre, dès 1783. La répartition de cette violette couvre une aire vaste, s'étendant de l'est à l'ouest de l'Amérique du Nord. Mais la violette du canada varie, d'un bout à l'autre de son aire. Aussi certains botanistes l'ont-ils déjà divisée en deux ou même en trois espèces: *V. rugulosa* dans l'ouest, *V. canadensis* dans l'est et *V. rydbergii,* entre les deux. Mais la tendance actuelle est de ne reconnaître qu'une espèce et des variétés.

La violette du canada possède un rhizome court, à croissance lente, et produit peu de graines. Ni cueillir, ni transplanter ni modifier son habitat et ne récolter qu'un faible pourcentage des graines (10 %) — la transplantation est réputée difficile à réussir et la germination semble présenter certains délais ou problèmes. Cette violette fleurit longtemps, soit de 2 à 3 semaines, parfois tout l'été dans les endroits plus ensoleillés (bord des chemins et autres ouvertures en forêt). Utilisée à des fins horticoles, elle se ressème spontanément, mais ses colonies s'étendent lentement, sans devenir envahissantes.

Réf. sp. Ballard 94, Cinq-Mars 66, Russell 65.

Violette du canada*. La plus grande et l*
plus spectaculaire des violettes de nos co
trées. Elle fleurit longtemps, et on trouve i
et là ses fleurs même en é

Photo: Gisèle Lamoureux

Violette élancée, *lance-leaved violet*

Violette lancéolée. *Lance-leaf, strap-leaf or water violet.* Famille de la violette; *Violaceae.*

Viola lanceolata Linné. Incluant *Viola occidentalis* (Gray) T.J. Howell, *V. vittata* Greene. Nom latin classique (voir encadré page 463); *lanceolata:* en forme de fer de lance, d'après les feuilles.

Herbacée vivace à rhizome vertical. Violette blanche acaule, très petite (0,1 m). Pousse en touffes et, après floraison, produit quelques stolons longs et fins, sans pour autant former des tapis. Se distingue des autres violettes de nos contrées par la forme élancée de ses feuilles: limbe de 3,5 à 5 fois aussi long que large, à base atténuée plutôt qu'en coeur et à queue très longue (souvent plus longue que le limbe). Profondément enfouie dans la sphaigne, elle ne laisse émerger que ses fleurs et les limbes dressés des feuilles. Fleurs au niveau des feuilles. Plante entièrement dépourvue de poils, sauf exception.

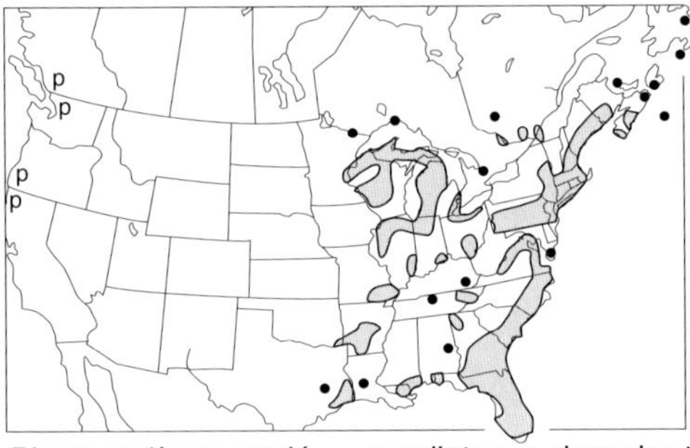

Aucune autre violette d'ici ne lui ressemble. La violette élancée s'hybride, quoique rarement, avec la violette agréable*. Mais elle est plus parente et s'hybride plus souvent avec la violette minuscule*, dont elle partage certains habitats. Cet hybride a porté le nom de *V. Xsublanceolata,* mais actuellement les botanistes le nomment plutôt *V. Xprimulifolia* — le «X» indiquant qu'il s'agit d'un hybride. C'est ce que Jacques Rousseau, dans la *Flore laurentienne* de Marie-Victorin, identifie comme une violette présente dans l'ouest du Québec: la violette à feuilles de primevère *(V. primulifolia).* L'hypothèse actuelle suppose que cette espèce de la plaine côtière des États-Unis est d'origine hybride, vu qu'elle est apparemment impossible à distinguer de l'hybride entre les violettes lancéolée et minuscule. Cet hybride jouirait d'une certaine fertilité (pollen en partie fertile, fruits issus de fleurs cléistogames et donc autopollinisées). Sa feuille, quoiqu'au limbe plus large et bien moins allongé, ressemble à celle de la violette élancée par son sommet, mais sa base est abruptement tronquée, parfois un peu en forme de cœur (ce qui la rapproche de la violette minuscule). Voir tableau comparatif des violettes p. 457.

Tourbières; rivages tourbeux, sablonneux ou graveleux mais humides et ensoleillés. Elle se serait introduite, à l'occasion de cultures d'atocas, dans des tourbières en Colombie-Britannique et dans l'État de Washington. Une variété différente, auparavant reconnue comme une espèce (*V. occidentalis),* se trouve en Oregon et en Californie. Nord-américaine. Rare: Île-du-Prince-Édouard, Terre-Neuve.

Cultivée en serre à partir de graines, elle complète son cycle et produit de nouvelles graines en 3 mois. En milieu naturel, elle demande normalement 2 ou 3 ans avant d'atteindre la taille nécessaire pour fleurir et fructifier. Plante sporadique, à la limite de son aire de répartition au Québec et dans les Maritimes, et donc plutôt rare. Ni cueillir, ni transplanter, ni modifier son habitat.

Suite page 477.

Violette élancée. *La seule violette de n*
contrées à feuille allong
Plutôt rare, ne pas dérang

Photo: Gisèle Lamoureux

Fraisier des champs, *wild strawberry*

Fraise des champs; fraisier de siam, de virginie, écarlate. *Common, little scarlet or virginia strawberry*. Famille de la rose, *Rosaceæ*.

Fragaria virginiana Duchesne. Incluant (entre autres) *F. australis* (Rydberg) Rydberg, *F. canadensis* Michaux, *F. glauca* (S. Watson) Rydberg, *F. grayana* Vilmorin ex J. Gay, *F. multicipita* Fernald, *F. platypetala* Rydberg. Du latin *fragare:* sentir bon, d'après le fruit; *virginiana:* de Virginie (est des États-Unis).

Herbacée vivace à rhizome, produisant des «courants» (stolons) sur le sol. Petit (0,1 m), il forme des tapis. Feuilles en 3 parties (folioles), comme celles des trèfles; longue queue velue. Fleurs à 5 pétales blancs. Fruits minuscules, secs (akènes), déposés à la surface de la fraise, chacun dans une petite dépression; fraise ronde ou ovale, à 5 sépales verts appliqués sur la fraise.

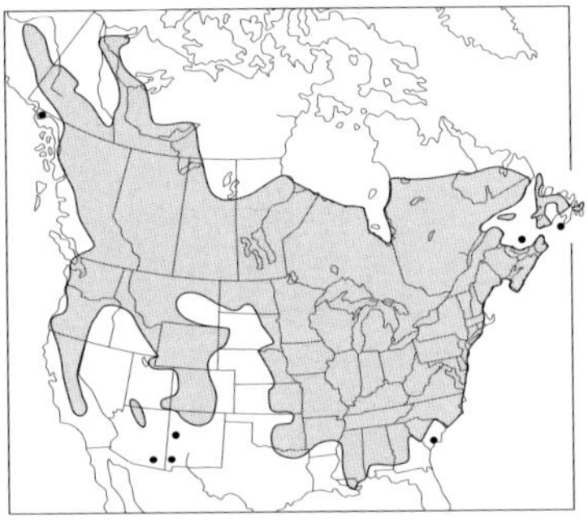

Voir description du fraisier des bois*. Facile d'identifier le genre fraisier, mais plus laborieux de distinguer entre ces deux espèces: les caractères diagnostiques varient beaucoup.

Lieux ouverts et secs. Surtout champs et pâturages; aussi prairies littorales, rivages, platières de rivières et bordure des forêts. C'est le fraisier le plus commun au Québec. Nord-américain. Rare: Arctique canadien.

Usage connu! «Délectable au palais, mais détestable pour le dos», la fraise se mange crue ou cuite et donne un goût agréable à tout ce qu'elle touche. Elle se marie bien au poivre fraîchement moulu, mais d'aucuns la préfèrent arrosée de sirop d'érable et de crème ou en rehaussent le champagne! L'infusion des feuilles des fraisiers, telle quelle ou aromatisée de cannelle ou de vanille, donne une boisson agréable, aux effets diurétiques et réputés éliminer les toxines. On disait que «si une jeune fille aime à manger des fraises, elle aura un mari qui la trompera»!

Consommer des fraises provoque des éruptions cutanées chez certains.

Riches en tanin, astringents et diurétiques, le rhizome et les feuilles des fraisiers, utilisés en décoction ou en infusion, sont fameux contre certaines diarrhées. Dans les cas graves, les feuilles furent utilisées bouillies avec de l'eau-de-vie. Le réceptacle juteux (la fraise!) contient de l'acide salicylique, efficace contre la goutte, puis du fer et de la chaux, lui conférant des effets toniques et reminéralisants. Les «graines» stimulent le péristaltisme intestinal, et se révèlent ainsi utiles contre la constipation. La fraise constitue un délicieux remède contre l'hypertension artérielle; par contre, mangée en trop grande quantité, elle devient laxative. Elle servit à fabriquer un lait de beauté, contre rides et taches de rousseur.

Transplanter ou propager par graines, qui germent facilement et plus rapidement après un séjour au froid. Les nœuds des stolons, avec feuilles et racines, se repiquent aisément. Forme rapidement de beaux gazons, à ne pas tondre avant la récolte des fruits! ◑ ○ ◊ ◊◊

Suite page 356.

*Qui ne connaît le **fraisier des champs**? Ses feuilles se divisent en trois folioles. La fol... le centrale termine une courte queue, co... trairement à celle du bien moins comm... fraisier des bo...*

Photo: Gisèle Lamoureux

Fraisier des bois, *woodland strawberry*

Fraisier à vaches, commun, sauvage. *Alpine, european, european wood, sow-teat, wild or wood strawberry.* Famille de la rose, *Rosaceæ.*

Fragaria vesca Linné. Incluant *F. americana* (Porter) Britton, *F. bracteata* Heller, *F. helleri* Holzmann, *F. californica* Chamisso & Schlechtendal. Du latin *fragare:* sentir bon, d'après le fruit; *vesca:* grêle, faible.

Ressemble au fraisier des champs*. S'identifie par son habitat et par une combinaison de caractères variables: forme de la fraise, orientation des sépales, sommet des folioles, queue de la foliole centrale et profondeur des nervures. Fraise (voir photo page 357) allongée et conique au lieu de ronde ou ovale et portant ses «graines» à la surface, non dans des dépressions. Sépales dressés vers l'arrière, non appliqués sur la fraise. Feuilles à folioles pointues — dent du sommet dépassant les deux voisines — et foliole centrale sans queue, ou presque (fraisier des champs: dent du sommet égale ou plus courte que ses voisines et foliole centrale avec queue). Nervures très marquées, donnant aux feuilles une allure plus plissée.

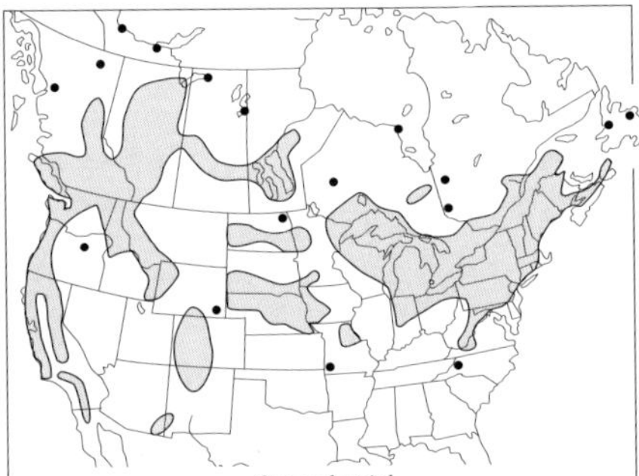

Circumboréal
+ Mexique, Amérique du Sud,
Afrique, Nouvelle-Zélande, Tasmanie, Java
D'après Hultén & Fries, 1986 (modifiée)

Pousse sur des sites ombragés ou semi-ombragés, souvent rocheux. En forêt, grâce à ses stolons, il forme des tapis sur les rochers des clairières. Nettement moins commun que le fraisier des champs*, quoique plus largement réparti sur le globe. Circumboréal; présent aussi (peut-être introduit) au Mexique, en Amérique du Sud, Afrique, Nouvelle-Zélande, Tasmanie, Java.

Certains phytogéographes croient qu'en Amérique du Nord, ce fraisier est introduit, mais qu'il serait aussi indigène en Gaspésie et à Terre-Neuve. L'origine du genre *Fragaria* (environ 18 espèces), remonte probablement aussi loin que 50 millions d'années. De par le monde, les fraisiers, dont plusieurs sont polyploïdes, partagent tous au moins 50 % de leur patrimoine génétique avec le fraisier des bois, qui est diploïde ($2n = 14$). Cet indice laisse supposer que toutes les espèces du genre tirent leur origine de ce fraisier. Des «graines» de fraisier des bois furent trouvées dans les sites archéologiques du néolithique, montrant que les fraises faisaient déjà l'objet de cueillette; mais les cultivait-on? Chose certaine, en Europe, elles furent sporadiquement cultivées même avant l'ère chrétienne. Les plus lointaines preuves proviennent du traité d'agriculture de Caton l'Ancien, (Rome, 234-149 avant Jésus-Christ). Mais la fraise commerciale, telle qu'actuellement connue, vient plutôt de la fraise des champs* (voir page 357).

Voir fraisier des champs, page 108.

Suite page 356.

Fraisier des bois. *Les caractères suivants distinguent du fraisier des champs: asp plissé de la feuille, folioles pointues (à c se de la dent du sommet plus longue que voisines) et foliole centrale sans queue. fraise elle-même diffère de la fraise champs (voir photo page 35*

Photo: Roger Larose

Céraiste des champs, *field chickweed*

Mouron à oreille-de-souris, d'alouette, des champs; oreille-de-souris. *Field mouse-ear; meadow chickweed; whiteweed.* Famille de l'œillet, *Caryophyllaceæ.*

Cerastium arvense Linné. Incluant *C. campestre* Greene, *C. strictum* Linné, *C. oreophilum* Greene, *C. velutinum* Rafinesque-Schmaltz, *C. villosum* Muhlenberg *ex* Darlington. De *kerastes:* cornu, d'après la forme courbée du fruit; *arvense:* des champs.

Herbacée vivace. Petite plante (0,2 m) croissant en colonie dense ou en coussins. Tige frêle, couverte de poils blancs et souvent teintée de rouge; abondamment ramifiée et fleurie. Fleurs en entonnoir (diam. 1,5 cm).

Ses pétales, beaucoup plus longs que les sépales, le distinguent des autres céraistes introduits, tel le céraiste vulgaire°. Il ressemble plus aux espèces arctiques-alpines qui, en général, ont des pétales plus larges, se touchant.

Complexe, le céraiste des champs! Dans l'est de l'Amérique du Nord, il existerait une sous-espèce indigène à 4 jeux de chromosomes (tétraploïde) et une autre, introduite, à 2 jeux (diploïde). Indigène en milieu naturel, sur les affleurements calcaires ou de serpentine, depuis le niveau de la mer jusqu'en altitude; prairies ou cailloutis alpins ou littoraux, falaises et escarpements (surtout dans les régions maritimes, arctiques ou de serpentine). Introduit dans les régions plus habitées où il se comporte comme une plante nuisible à l'agriculture (mauvaise herbe); dans les champs et pelouses. Cosmopolite.

Le céraiste des champs montre, au Québec, une importante coupure dans son aire de répartition, confirmant la présence de 2 populations distinctes.

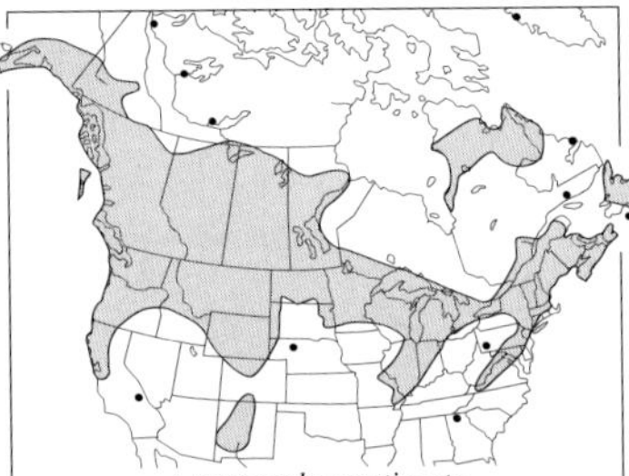

+ sur tous les continents
D'après Hultén & Fries, 1986 (modifiée)

Abondante et largement répandue sur le globe, la sous-espèce introduite, celle des champs et pelouses, ne requiert pas de protection en vue de sa survie. Il en va autrement de la sous-espèce indigène, des milieux naturels, dont le dynamisme des populations est peu connu. Côté horticulture, utiliser plutôt le céraiste tomenteux *(C. tomentosum)*, offert dans le commerce, beaucoup plus joli, tout argenté et qui s'échappe parfois de culture.

Réf. sp. Raymond 55, Ugborogho 77, Wagstaff 88.

Gisèle Lamoureux

Comme un nuage blanc qui flotte juste au-dessus du sol, il se remarque dans le paysage.

Céraiste champs. *Fl démesurém grande rapport finesse d tige et feuilles. Pét profondém incisés, bla veinés de v*

Photo: Francis Boudreau

Antennaire, *pussytoes*

Antennarie. *Everlasting; ladies-tobacco; pussy's-toes. Famille de la marguerite, Asteraceæ.*

Antennaria Gaertner. Du mot antenne, les soies des aigrettes des fleurs mâles ressemblant aux antennes de certains insectes.

Herbacées vivaces à rhizome produisant des «courants» (stolons) à la surface du sol. De petite taille à la floraison (0,1 m), les antennaires doublent presque de hauteur, à la fructification. Pratiquement toutes blanches et à feuilles et tiges laineuses, elles poussent en tapis circulaires, à peu près dénués d'autres plantes. Formées d'une rosette de feuilles étalées au sol et d'une tige presque nue (hampe), garnie de quelques feuilles rudimentaires et terminée par un bouquet dense de petits capitules (eux-mêmes composés de minuscules fleurs).

≠ La démarcation entre les espèces d'antennaire présente des difficultés. Pour l'Amérique du Nord, incluant le Mexique, les botanistes décrivirent près de 350 taxons (espèces, sous-espèces, variétés, formes), en se basant sur des caractères distinctifs mal définis et variant beaucoup. Une étude très récente, qui reste à valider par l'ensemble des botanistes, reconnaît 46 taxons, dont un bien plus grand nombre dans l'ouest et dans les régions arctiques-alpines que dans l'est.

Pour les espèces communes d'antennaire: lieux ouverts et secs. Bords des routes, champs, rochers, rivages, prairies littorales.

Si certaines espèces d'antennaire suivent le patron classique de la reproduction sexuée, par contre plusieurs en dévient. Hybridation, polyploïdie, fleurs mâles séparées des femelles et reproduction monoparentale figurent au menu d'autres espèces. Comme dans ce domaine «tous les moyens sont bons», certaines antennaires utilisent à la fois le patron classique jumelé aux autres modes! Chez les espèces qui se multiplient principalement par reproduction monoparentale, la majorité des individus sont uniquement femelles, peu sont mâles. Les femelles produisent alors d'innombrables graines, mais elles se développent en femelles en tous points semblables à la plante mère (des clones). Et surprise, ceci sans l'intervention des mâles, grâce à l'apomixie (parthénogénèse, apogamie), c'est-à-dire le développement des ovules en embryon, sans fécondation. Les moindres déviations de la plante mère se perpétuent donc dans le clone, d'où la grande variation entre les clones... et la confusion qui en résulte dans la détermination des espèces.

Les antennaires se propagent aussi beaucoup par voie végétative, à l'aide des stolons qui produisent de nouvelles plantes à la périphérie de chaque tapis qu'un seul individu forme.

Très récoltée parce que déjà populaire contre la toux, en combinaison avec d'autres plantes, une espèce d'antennaire européenne est disparue de plusieurs régions. Par ailleurs, son efficacité fut contestée!

Les antennaires constituent un excellent couvre-sol dans les lieux secs et ensoleillés. Elles peuvent même s'utiliser en guise de gazon, en milieux sablonneux ouverts. ○ ◊

Réf. sp. Bayer 82, 87, 93.

***Antennaire**, comme une antenne d'insec*
Les antennaires forment des rosettes
feuilles collées au sol. La forme circula
de leurs tapis, à peu près dénués d'aut
plantes, se remarque sur les talus des au
routes. La tige presque nue se termine
un bouquet dense de petits capitules (e
mêmes composés de minuscules fleu

Photo: Gisèle Lamoureux

Amélanchier, *serviceberry*

Petites-poires; poire; poirier. *Juneberry; sarviceberry; saskatoon; shadbush; sugar-plum.* Famille de la rose, *Rosaceæ.*

Amelanchier Medicus. Probablement du nom provençal et savoyard de l'unique espèce européenne *(A. ovalis).*

Arbustes de 2-3 m ou arbres (10 m). Feuilles alternes; pointues et bordées de dents fines, très aiguës; minces (épaisses chez certaines espèces); lorsque jeunes: pliées en 2, ± velues et, chez plusieurs espèces, d'une remarquable couleur bronzée. Fruits noirs, charnus.

Lieux ouverts et forêts de conifères ou mixtes. Habitats secs, pour la plupart des espèces (orée des forêts, champs, bord des chemins) ou humides, pour d'autres: tourbières, rivages.

En latin, *Amelanchier* se prononce «amélanquier» mais en français, c'est amélanchier (ch comme dans chat). Le nom vient d'Europe, mais le genre prend toute sa mesure en Amérique du Nord, surtout dans l'est: il y est très abondant, diversifié… et variable. S'il s'identifie facilement comme genre, il en va tout autrement de la démarcation entre les espèces, et les hybrides abondent! D'origine française très lointaine, le nom petites-poires s'appliquait déjà ici du temps de Jacques Cartier, Samuel de Champlain et Marc Lescarbot (1534, 1604, 1609). Ancré dans le parler du Nouveau Monde, il s'utilise encore au Québec et en Acadie… bien que la saveur des fruits tienne du bleuet plutôt que de la poire! En Europe, le fruit se nomme amélanche. La ville de Saskatoon emprunte son nom d'un terme amérindien désignant les amélanchiers. Une rouille (champignon microscopique, *Gymnosporangium clavipes)* affecte les fruits, mais seulement lorsqu'à proximité poussent des genévriers°. Le champignon, pour compléter son cycle, séjourne alternativement et obligatoirement sur les genévriers, puis sur les amélanchiers. Au Québec, les genévriers abondent surtout en climats maritimes ou alpins, d'où la fréquence élevée de la maladie dans ces contrées.

L'abondance des fruits en fait l'une des principales nourritures de survie en milieu boréal. Les Amérindiens les consommaient abondamment, crus ou séchés; ils fabriquaient le «pemmican» à partir d'une pâte sèche de ces baies (ou d'autres fruits), mêlée à de la viande.

Magnifiques au printemps, délicieux en été, attirant quantité d'oiseaux, exempts d'insectes ou de maladies importantes (sauf en présence de genévriers)… les amélanchiers méritent de figurer dans les parterres! ● ○ ◊ ◊◊◊

Réf. sp. Cinq-Mars 71, Ferron 70, Landry 75, Robert 87.

*Fleurs d'**amélanchier,** à 5 pétales d'un blanc éclatant, longs et étroits. Elles se groupent le plus souvent en grappes, rarement autrement, selon les espèces.*

Voici le plus extraordinaire tous les arbres, arbuste arbrisseaux de mon enfan «Dès le premier printem avant toute feuillaison, mé la sienne, il tendait une éch aux fleurs blanches du so bois, à elles seulement; qu elles y étaient montées, il de nait une grande girandole, merveilleux bouquet de voc ses, au milieu d'ailes muette furtives, qui annonçaien retour des oiseau

Jacques Ferron, 19

Photos: Gisèle Lamoureux

Sureau rouge, *red-berried elder*

Sirop rouge; sureau pubescent. *American or european red elderberry; catberry; elm-blossomberry; red or stinking elder.* Famille du chèvrefeuille, *Caprifoliaceæ.*

Sambucus racemosa Linné. Incluant *S. callicarpa* Greene, *S. melanocarpa* Gray, *S. microbotrys* Rydberg, *S. pubens* Michaux. Nom latin classique du sureau, venant peut-être du grec *sambukè*: instrument de musique, ou du latin *sampsuchus:* marjolaine; *racemosa:* à grappes.

Grand arbuste (3-4 m). Mœlle brune, occupant une partie importante de la tige. Feuilles opposées, composées de 5 à 7 folioles dentées, à revers poilus. Fleurs blanches, odorantes, groupées en cônes (10-15 cm). Fruits rouge clair (rarement jaunes ou blancs), charnus, formant des masses voyantes dès le début de l'été.

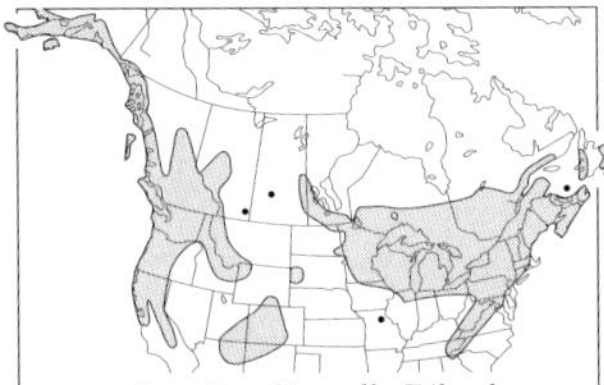

+ Eurasie et Nouvelle-Zélande.
D'après Hultén & Fries 1986 (modifiée)

Le sureau blanc° fleurit au début de l'été, au moment où le sureau rouge montre déjà ses fruits. Inflorescence aplatie, comme un parapluie, et fruits presque noirs. Il existe, dans l'ouest de l'Amérique du Nord, une variété de sureau rouge... à fruits noirs!

Forêts et arbustaies. Surtout: orée des bois, bords des chemins, fossés et clôtures. Circumboréal. Rare: Yukon, Saskatchewan.

Le sureau qui porte des fruits rouges en Amérique du Nord, se trouve reconnu par certains comme une espèce distincte, propre à l'Amérique *(S. pubens)*. La tendance actuelle rejoint plutôt Linné et le réunit à une plante semblable, mais au feuillage sans poils, largement répartie en Europe et en Asie. La mœlle des branches, de la cellulose pure, s'enlève aisément. Ainsi évidées, les branches forment des tubes qui servirent à la fabrication de pipes, tire-pois, sifflets, chalumeaux pour l'eau d'érable ou de flûtes, d'où le lien possible entre le nom latin et un ancien instrument de musique à cordes pincées, le *sambukè.*

Non toxiques mais un peu irritants pour l'intestin, les fruits mûrs du sureau rouge présentent, à l'état frais, une saveur plutôt repoussante et nauséeuse; inoffensifs lorsque cuits. L'odeur agréable des fleurs incite à les utiliser en farine, comme celles du sureau blanc.

Les sureaux tendent à accumuler les nitrates. Parties vertes, tiges et racines de plusieurs espèces de sureau contiennent des substances purgatives, peut-être des composés toxiques qui restent à identifier; ingestion non recommandée! L'utilisation de tire-pois ou de sifflets tirés des branches cause parfois nausées ou diarrhées.

Les plus beaux bourgeons du printemps! Ils portent toute l'exubérance et la vitalité de la saison.

Un vie ***sure rouge****, c vert d'inf rescen coniques odoriféra tes. L'hi casse s vent branc*

Photos: Gisèle Lamoureux

Viorne bois-d'orignal, *hobblebush*

Bois-d'orignal; viorne à feuilles d'aulne, faux-lantana. *American wayfaringtree; devil's-shœstring; dogberry; dog's-hobble; mooseberry; moosebush; moosewood; tanglelegs; tanglefoot; triptoe; witch('s)-hobble; white-mountains dogwood.* Famille du chèvrefeuille, *Caprifoliaceæ*.

Viburnum lantanoides Michaux . Incluant *V. alnifolium Marshall, V. grandifolium* Aiton. Nom latin classique des viornes; *lantanoides:* de *ides:* semblable, et de *lantana:* nom de la viorne mancienne, très voisine.

Arbuste de grande taille (1-3 m). Feuilles opposées, larges, en forme de cœur, plissées comme celles de l'aulne, bien étalées au-dessus des rameaux. Fleurs de deux sortes, les plus grandes (stériles) formant couronne autour des plus petites (fertiles). Fruits charnus, rouge noir à maturité.

Forêts. Surtout bois frais: érablière à bouleau jaune et bétulaie jaune, à l'occasion érablière à tilleul. Nord-américaine. Rare: Île-du-Prince-Édouard.

«Les extrémités des rameaux ne se lignifient pas et sont protégées contre le froid de l'hiver par un manchon de tomentum grisâtre. Les feuilles qui vont se développer au printemps sont déjà formées à l'automne au bout des ramuscules, et elles passent l'hiver à demi déployées, mais protégées elles aussi par le revêtement tomenteux qui remplace les écailles absentes.» (Marie-Victorin 1964). Les fruits ne mûrissent pas tous en même temps; des verts, des jaunes, des orangés, des rouge vif, des violets et des noirs se côtoient... du plus bel effet! Les graines des viornes ne germent pas facilement; la dormance de l'embryon dure 2 ans chez les espèces nordiques et les enveloppes de la graine sont très coriaces. L'érable de pennsylvanie se nomme également bois-d'orignal «[...] les jeunes pousses de ces deux arbustes servent en effet à la nourriture d'hiver des Orignaux. Notons que le nom anglais *Moose* vient de l'algonquin *Mousou*, qui signifie *mangeur de branches*. Un *Bois d'orignal* doit réunir les particularités suivantes: faible taille pour que les pousses soient à la portée des animaux; pousses non aoûtées (lignifiées) et cependant protégées contre les gelées intenses de l'hiver par un revêtement quelconque (tomentum, résine, etc.); tolérance de l'ombre permettant d'habiter les sous-bois. On comprend que peu d'espèces peuvent réunir toutes ces conditions.» (Marie-Victorin 1964) La viorne mancienne *(V. lantana)* une espèce européenne plantée comme ornement, ressemble à la viorne bois-d'orignal; elle s'échappe parfois de culture.

La texture des fruits comestibles, rappelle celle des dattes.

Gisèle Lamoureux

Les plus beaux bourgeons de l'hiver. D'un cannelle pâle, ils prennent la forme de mains jointes; entre les mains, le bourgeon floral.

Viorne bo
d'orignal.
remarque
loin, par
bouquets de n
riée: une courc
ne de granc
fleurs stéri
entoure les pe
tes fleurs ferti
(ici en bouton

Photo: Roger Larose

Viorne pimbina, *high bush-cranberry*

Pimbina; quatre-saisons des bois; viorne d'amérique, trilobée. *American bush-cranberry; crampbark; cranberrybush; cranberrytree; cranberry viburnum; furrier's-figs; grouseberry; iron, joint, thrasher or white woodberry; pembina; pimbina; squashberry; summerberry; thrashberry; whitewood.* Famille du chèvrefeuille, *Caprifoliaceæ.*

Viburnum trilobum Marshall. Incluant *V. americanum* Miller, *V. opulus* var. *americanum* (P. Miller) Aiton et ssp. *trilobum* (Marshall) Clausen. Nom latin classique des viornes; *trilobum:* à trois lobes, d'après la feuille.

Arbuste de grande taille (2-4 m). Feuilles opposées; à 3 lobes à pointes effilées; dents grossières ou inexistantes; queue portant de petites glandes. Fleurs blanches de 2 sortes, comme chez la viorne bois-d'orignal*: grandes fleurs stériles en couronne autour des petites fleurs fertiles. Fruits charnus, rouge vif.

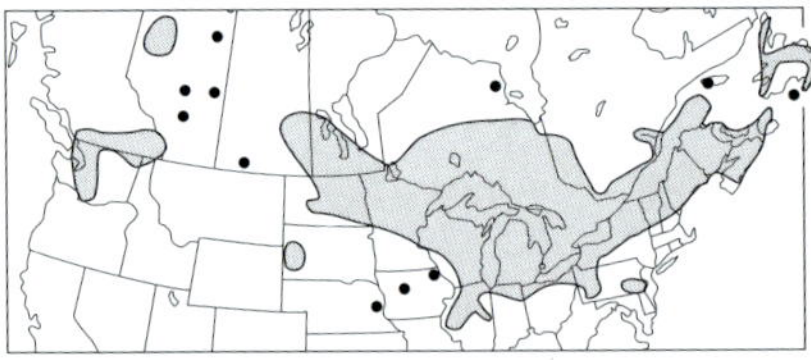

Forêts et arbustaies. Surtout érablières; orée des bois. Buissons le long des clôtures, fossés, voies ferrées, cours d'eau. Nord-américaine.

Les botanistes oscillent entre fusionner la viorne pimbina à sa cousine européenne (viorne obier, *V. opulus)* ou la considérer comme une espèce à part entière — qui pousse uniquement en Amérique — comme nous le faisons ici. Les «boules-de-neige» cultivées dans les parterres se rattachent à cette espèce européenne; l'arbuste cultivé ne produit aucun fruit, les inflorescences ne comptant que des fleurs stériles, les plus spectaculaires des deux types de fleurs que les viornes obier, pimbina ou bois-d'orignal* produisent. Ne pas confondre boules-de-neige et hydrangées; les feuilles lobées de la première ressemblent à des feuilles d'érable, mais celles des hydrangées rappellent plutôt la feuille de tilleul. Un insecte venu d'Europe (la galéruque de la viorne) attaque goulûment le feuillage de la viorne pimbina, du moins lorsqu'elle est cultivée.

La texture de pomme du fruit change comme par magie, lors des premiers gels-dégels de l'automne. Comme chez les atocas, le pimbina devient alors juteux, acidulé et la saveur de ces deux fruits s'équivaut; ils portent d'ailleurs tous les deux le nom anglais de *cranberry*. Le pimbina donne une gelée d'un rouge clair fort agréable et appétissant, en dépit de la mauvaise odeur qui se développe lors de la cuisson… se répand dans la maison et persiste dans le pot! L'ajout d'un zeste et de jus d'orange ou de citron, avant cuisson, masque un peu cette odeur «de petits pieds». Heureusement la saveur de la gelée de pimbina ne présente aucun rapport avec son odeur! Certains aiment follement, d'autres pas.

Fruits en avril. Gels et dégels leur ont conféré un aspect cabossé, mais surtout un jus acidulé, rappelant l'atoca.

Viorne pimbina. *Ses feuilles é quent celles des érables et ses fle celles de la viorne bois-d'orig*

Photos: Gisèle Lamoureux

Sorbier d'amérique, *american mountain-ash*

Cormier; maskamina; mascot; maska; maskebina; maskouabina; maskwamina; sorbier américain. *American whitebeam; catberry; dogberry; elder-leaved mountain-ash or sumack; indian mozamize; life-of-man; missey-moosey; mouse-missy; pigberry; roundwood; servicetree; winetree; witchwood.* Famille de la rose, *Rosaceæ.*

Sorbus americana Marshall. Incluant *Pyrus americana* (Marshall) DeCandolle, *Sorbus microcarpa* Pursh. Nom latin classique du poirier (maintenant *Pyrus*); *americana:* d'Amérique.

Arbuste ou petit arbre (10 m), à l'écorce bronzée. Feuilles alternes, grandes et composées de 11 à 17 folioles. Folioles finement dentées, un peu luisantes et d'un vert tirant sur le jaune plutôt que sur le bleu; élancées: de 3,5 à 5 fois plus longues que larges; plus larges vers la base et s'effilant doucement en une longue pointe (bords non parallèles); sans poils (à maturité). Fleurs petites, innombrables; rassemblées en grandes inflorescences très denses, plutôt aplaties, mais bosselées; queue des fleurs sans poils. Fruits (5 à 6 mm) charnus, orangés. Bourgeons d'hiver luisants et collants, pratiquement sans poils.

D'après Farrar 1996 (modifiée)

Facilement confondu avec le sorbier des oiseleurs *(S. aucuparia)* et le sorbier décoratif*; le texte sur cette espèce explique comment les distinguer.

Forêts. Mixtes et conifériennes surtout à l'orée; en bordure de cours d'eau; forêts tourbeuses. Aussi sur les affleurements rocheux, tels les sommets plutôt dénudés de hautes collines. Nord-américain.

Si maskamina vient du montagnais, il pourrait signifier «graines d'ours», et s'il vient de l'abénaquis, «bouleau à petits fruits». Ce petit arbre se trouve un peu partout, mais rarement en abondance. Le castor en apprécie l'écorce tendre et les sorbiers d'amérique et décoratif* figurent parmi les plantes très broutées par les orignaux de la Basse-et-Moyenne-Côte-Nord. En hiver, les oiseaux se nourrissent des fruits des sorbiers et en dispersent les graines. Les Romains cultivaient le sorbier domestique *(S. domestica)*, pour ses fruits extrêmement astringents, utiles contre diarrhées et nausées. Un dicton? «Quand on a perdu les clefs (sous entendu de son derrière), on va les chercher sous le sorbier»!

«Pour changer de sexe immédiatement, il faudrait d'abord manger neuf sorbes vertes, sans faire la grimace» et «celui qui en avalerait seulement une accomplirait un tour de force». Les fruits, appelés sorbes ou cormes, ont une saveur abominable avant les premiers gels et dégels de l'automne. Sans compter leur mauvaise réputation, du moins pour le sorbier des oiseleurs dont les sorbes contiendraient de l'acide cyanhydrique (toxique), responsable présumé d'empoisonnements chez des enfants. D'ailleurs, l'odeur de l'écorce des sorbiers se rapproche de celle des cerisiers (voir cerisier à grappes*) et ces plantes relèvent de la même famille. Le séchage ou la cuisson détruiraient cet acide et permettent d'utiliser les cormes. Les cueillir tard et les apprêter en confitures, gelées, etc... que certains apprécient (!). Le vin de corme a bonne réputation; déjà au Ve siècle, *curmus* désignait une boisson fermentée à partir de cormes.

Sorbier d'amérique*. Ce petit arbre se trou un peu partout, mais rarement en abond ce. Ses folioles, d'un vert tirant sur le jau plutôt que sur le bleu, sont plus larges v la base et s'effilent doucement en une long pointe; leurs bords ne sont point parallèl*

Photo: Gisèle Lamoureux

Sorbier décoratif, *showy mountain-ash*

Sorbier de ou des montagnes, plaisant. *Dogberry; roundwood; rowan* (désignant plus souvent le sorbier des oiseleurs). Famille de la rose, *Rosaceæ*.

Sorbus decora (Sargent) Schneider. Incluant *Pyrus americana* (Marshall) DeCandolle var. *decora* Sargent, *P. decora* (Sargent) Hylander. Nom latin classique du poirier (maintenant *Pyrus*); *decora:* élégant, de belle apparence.

Arbre, souvent de grande taille (25 m), à écorce bronzée. Ressemble au sorbier d'amérique*, sauf pour les caractères qui suivent. Folioles d'un vert teinté de bleu; bords parallèles, abruptement terminées par une pointe; moins élancées: seulement 2-3 fois plus longues que larges; à peu près sans poils (à maturité), sauf le revers des nervures. Queue des fleurs ± poilues. Fruits plus gros (8-10 mm), rouge clair (non orangés).

D'après Farrar 1996 (modifiée)

D'origine européenne, le sorbier des oiseleurs *(S. aucuparia)* ressemble surtout au sorbier décoratif. Fréquemment planté dans les parterres, il s'échappe de culture. Fruits nettement orangés, plus gros (10-12 mm). Folioles à bords parallèles, comme chez le sorbier décoratif, mais sans la dent allongée du sommet, et donc plus rectangulaire. Ramilles, queues des fleurs, bourgeons d'hiver et revers des folioles (au moins les nervures) abondamment poilus. Bourgeons d'hiver ni luisants ni collants.

Forêts, surtout à l'orée, en bordure des champs. Falaises et rivages. Plus nordique que le sorbier d'amérique, il atteint la limite nordique des arbres. Nord-américain.

Les espèces relevant de genres différents s'hybrident rarement. Le sorbier décoratif (à feuille composée) s'hybride avec l'aronie florifère *(Aronia floribunda)*, à feuille simple. Le résultat? Un arbuste à feuille en partie simple et en partie composée: la sorbaronie d'arsène *(Sorbaronia arsenii = Pyrus Xarsenii*, d'après son découvreur le frère Arsène). Au Québec, il n'est connu en milieu naturel que du parc national de la Mauricie (d'autres spécimens seraient d'origine horticole); il se trouve aussi dans les Maritimes (sauf Terre-Neuve). Mais certains botanistes rattachent les sorbiers au genre *Pyrus*, qui comprend poiriers, pommiers et aronies. Selon cette conception, la sorbaronie d'arsène n'est pas un hybride entre des genres différents! Ce qui n'enlève rien à son allure de chimère.

Voir sorbier d'amérique* p. 124.

Réf. sp. Lamoureux 72.

Il charme le voyageur en tournée dans le Bas-Saint-Laurent, la Gaspésie et les Maritimes, où il abonde dans les champs.

***Sorbier décoratif**. R*
semble au sorbier d'a
rique. Folioles à bo
parallèles, abruptem
terminées par une poi
seulement 2 à 3 fois p
longues que lar

Photos: Francis Boudreau

Cornouiller hart-rouge, *red-osier dogwood*

Cornouiller stolonifère; harts-rouges; osier-rouge; poison. *American dogwood; catberry; cornel; goldwhithy; goowiddy; kinnikinnick; redrod; red-willow; widdy.* Famille du cornouiller, *Cornaceæ*.

Cornus stolonifera Michaux. Incluant *C. alba* Linné (en partie), *C. baleyi* Coulter & Evans, *C. instolonea* A. Nelson, *C. interior* (Rydberg) N. Petersen, *C. occidentalis* (Torrey & Gray) Coville, *C. sericea* Linné *(nomen ambiguum), Swida instonolea* (A. Nelson) Rydberg, *S. stolonifera* (Michaux) Rydberg. Nom latin classique; ne viendrait pas, comme certains le pensent, de *cornu:* corne; *stolonifera:* formant des stolons.

Arbuste de 2 ou 3 mètres, très ramifié dès la base. Écorce caractéristique: lisse et rouge vif. Feuilles opposées, sans dents et à nervures très marquées; revers pâle. Fleurs petites, blanches, rassemblées en bouquets plutôt aplatis au bout des rameaux. Fruits charnus; blancs, parfois bleuâtres.

D'après Hultén & Fries, 1986 (modifiée)

C'est pratiquement le seul arbuste de nos contrées avec une écorce d'un rouge aussi vif, ce qui permet de le reconnaître de loin et en toutes saisons. Dans l'ouest du Québec (Outaouais), cependant, deux autres cornouillers présentent cette caractéristique et il faut un oeil averti pour bien distinguer ces trois espèces.

Lieux ouverts et humides. Bordure des fossés, des rivages, des marais et orée des forêts humides; champs et friches humides. Aussi dans certaines forêts plutôt tourbeuses: cédrière, sapinière à thuya, aulnaie. Nord-américain.

Certains botanistes réunissent cette espèce au cornouiller blanc *(C. alba)*, qui devient alors une espèce circumboréale. Au Québec, «la hart» — sans prononcer le «t» et souvent déformée en «la ouar» ou «la whouar» — désigne une fine branche effeuillée, employée comme fouet ou pour lier gerbes ou clôtures. L'ancien français désigne aussi par ce mot un lien, pour les fagots, la corde des pendus ou la pendaison elle-même (peine de la hart). Beaucoup d'animaux se nourrissent des fruits, feuilles, bourgeons du cornouiller hart-rouge, dont l'ours noir. C'est un des arbustes les plus broutés par l'orignal et il sert aux chasseurs pour repérer son passage. Système racinaire très développé et branches basses s'enracinant facilement le rendent efficace pour retenir le sol et stopper l'érosion, sur les rivages. Diverses parties s'utilisèrent, parfois en association avec d'autres éléments, pour teindre en noir, rouge, jaune ou brun.

En Europe, le fruit des cornouillers se nomme cornouille! Celui du cornouiller hart-rouge reste très amer, même cuit et sucré, mais les Amérindiens en mangeaient.

Soulagerait les cas mineurs d'herbe-à-puce: faire bouillir une tasse de jeune écorce dans un litre d'eau, laisser refroidir un peu, étendre sur la zone affectée et laisser sécher. Plusieurs applications peuvent être nécessaires, mais la démangeaison arrêterait en 24 heures. Cette utilisation rappelle celle de l'impatiente du cap°.

Suite page 337.

***Cornouiller hart-rouge**. Le seul arbuste de n contrées avec une écorce d'un rouge aussi v ce qui permet de reconnaître ses buissons c loin, en toutes saisons. À bien y regarder, s petites fleurs blanches ressemblent nettement celles du cornouiller quatre-temps*

Photo: Gisèle Lamoureux

Aubépine, *hawthorn*

Cenellier; poires- ou senelle-à-cochons; pommettes; senellier; snellier. *Redhaw; thorn; thorn-apple.* Famille de la rose, *Rosaceæ.*

Cratægus Linné. Du grec *krataigos:* nom grec classique (dans Théophraste), associé à *kratos:* force, allusion possible à la dureté du bois.

Arbre ou arbuste (1-10 m), à cime dense en forme de dôme, lui donnant une silhouette caractéristique; rameaux munis de longues épines (ramifiées chez certaines espèces). Feuilles alternes, de formes variées, à contour doublement denté (grosses dents redécoupées en dents plus fines) ou, chez quelques espèces, à dents simples. Fleurs à 5 pétales blancs arrondis; groupées à l'extrémité des rameaux. Fruits (senelles) charnus, à texture de pomme; couleur variant selon les espèces: écarlate, rouge, orangé ou jaune.

Heureusement, c'est facile de reconnaître le genre: pareilles épines! Quant à la détermination des espèces, même les spécialistes y perdent leur latin. Le genre aubépine apparaît comme une grosse épine plantée dans le pied des botanistes.

Lieux secs et ensoleillés; tolère l'ombre. Champs et pâturages, le long des clôtures et en bordure des routes, autour des habitations.

L'aubépine indique généralement le passage de l'homme. Ces arbustes se répandirent dans la vallée du Saint-Laurent au profit d'emplacements de culture délaissés par les Amérindiens, qui en consommaient abondamment les fruits. Le défrichement du continent par les Européens, avec son cortège de champs et autres lieux ouverts, provoqua l'apparition de nouveaux espaces propices à leur propagation. Ceci entraîna une extraordinaire prolifération des aubépines et, peut-être, l'explosion de la diversité du genre, si caractéristique des aubépines de nos contrées.

Les aubépines demandent de 7 à 10 ans pour produire des fruits, nommés senelles, cenelles ou snelles. Leur saveur varie d'un arbuste à l'autre. Elles se mangent crues ou cuites, en gelée ou marmelade. Attention aux senelles piquées: elles logent des larves.

L'aubépine commune, une espèce européenne, cultivée depuis longtemps en Amérique et échappée de culture, s'utilise comme tonique et régulateur du cœur, hypotenseur, sédatif et contre les spasmes; elle est recommandée contre l'artériosclérose, l'angine de poitrine, les menaces ou les suites d'infarctus. Des phytothérapeutes chevronnés prescrivent l'aubépine contre certains troubles de la ménopause: palpitations, bouffées de chaleur, insomnies, irritabilité; son utilité dans ces troubles s'expliquerait par une diminution de l'excitabilité du système nerveux qui se trouve augmentée par les troubles congestifs de la ménopause. L'aubépine est considérée comme un médicament non toxique, qui ne s'accumule pas dans l'organisme. Infuser 1 cuillerée à thé de fleurs par tasse d'eau.

Suite page 306.

*Avec de telles épines, l'**aubépine** porte bi son nom! Cultivée comme arbus ornemental, elle forme des hai redoutables, qui repoussent les voisi indésirables! Bien connue aussi sous le no de senellier ou snellie*

Photo: Roger Larose

Prunier noir, *canada plum*

Guignier; prunier sauvage. *Canadian, horse or red plum; pomegranate.* Famille de la rose, *Rosaceæ.*

Prunus nigra Aiton. Incluant: *P. americana* Marshall var. *lanata* Sudworth et var. *nigra* (Aiton) Waugh, *P. lanata* (Sudworth) Mackenzie & Bush. Nom latin classique du prunier; *nigra:* noir, allusion à la couleur de l'écorce.

Petit arbre (9 m), formant souvent des buissons qui, avant l'apparition de ses feuilles, se couvrent de fleurs. Écorce noire, ornée de lenticelles blanchâtres. Branches et tronc munis de fausses épines (rameaux courts avortés), aussi grosses que les épines des aubépines. Feuilles ovales, brusquement terminées par une longue pointe; plus larges vers le sommet; dents arrondies, souvent terminées par une petite glande. Fleurs grandes (3 cm); groupées par 2, 3 ou 4 en petites ombelles; pétales blancs, sépales et queue le plus souvent rouges, donnant une teinte rosée aux fleurs; odeur forte. Fruits: petites prunes (2 à 3 cm), à chair jaune et pelure rouge ou orangée, sans pellicule cireuse (pruine).

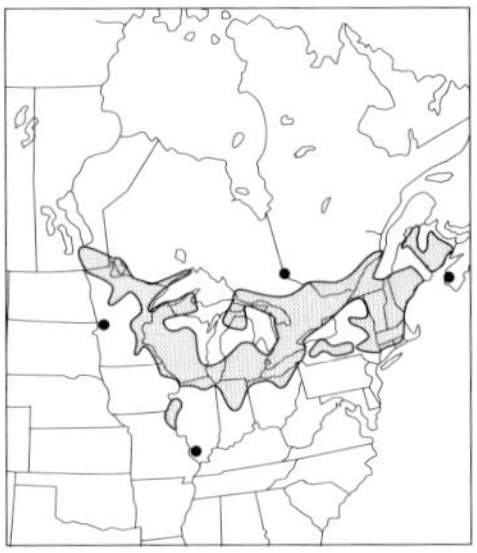

Le prunier d'amérique, indigène au États-Unis, dans le sud de l'Ontario, du Manitoba et de la Saskatchewan, est aussi planté près des habitations et s'échappe de culture. Au printemps, il semble dépourvu des teintes rouges qu'affichent les fleurs du prunier noir. Il se distingue du prunier noir aussi par les caractères suivants: écorce grisâtre ou brun foncé, dents des feuilles aiguës et sans glandes à l'extrémité; fruits de la même couleur que ceux du prunier noir, mais couverts d'une pruine lui donnant une couleur bleuâtre, disparaissant facilement au toucher.

Arbustaies; de préférence près des cours d'eau (alluvions). Le long des clôtures, fossés, chemins; orée des forêts et friches. Nord-américain.

Facile de remarquer, de loin, sa présence et son importance au moment de la floraison: c'est le premier arbuste en fleurs, avec les amélanchiers. Mais ces derniers, ayant déjà commencé à étaler leur feuillage, portent un mélange de fleurs et de jeunes feuilles. Et c'est ce qui fait la beauté du prunier noir: il se couvre de fleurs, bien avant l'arrivée de la moindre feuille sur ses rameaux. Par la suite, il devient plutôt anonyme, perdu parmi les autres arbustes. Connu des Amérindiens depuis fort longtemps, puisqu'il fut trouvé dans le site archéologique de Serpent Mound (Ontario), qui date de l'an 200 de notre ère. Jacques Cartier (1534), à Gaspé, signale que les Iroquois du Saint-Laurent se rendent à la mer pour la pêche, apportant des prunes, qu'ils sèchent pour l'hiver; à Québec, Cartier signale la présence de pruniers. Champlain (1619) mentionne que les Hurons, près d'Orillia (Ontario), cultivent les prunes. Le père Brébeuf (1636) rapporte l'existence d'un jeu de dés, chez les Hurons, dans lequel les dés sont six noyaux de prune, peints en noir d'un côté, en blanc ou jaune, de l'autre. Enfin, Pierre Boucher (1663) et l'ursuline Marie de l'Incarnation (1668) mentionnent l'utilisation des prunes sauvages en Nouvelle-France et, dans le cas du premier, l'absence de pruniers européens à Québec à cette époque.

Pour tout savoir sur l'utilisation des prunes sauvages (prunier noir et prunier d'amérique), voir Fleurbec 1981a, 1981b.

Réf. sp. Groh 40.

*Au moment de la floraison, le **prunier n** se couvre de fleurs teintées de rose. L épines (fausses) et une écorce très noire caractérisent aussi. Aucune trace de feuill*

Photo: Gisèle Lamoureux

Cerisier petit-merisier, *pin cherry*

Arbre à petites merises; cerisier d'été, de pennsylvanie; merise; petit-merisier. *Cherrytree; choke or fire cherry; wild red cherry.* Famille de la rose, *Rosaceæ.*

Prunus pensylvanica Linné fils. Nom latin classique du prunier; *pensylvanica:* de Pennsylvanie.

Petit arbre atteignant environ 12 m. Écorce brun rouge, recouverte d'une fine pellicule grisâtre; lenticelles bien visibles. Feuilles finement dentées, allongées et pointues au sommet; plus larges vers le bas. Ombelles réunissant de 5 à 7 fleurs blanches, chacune au bout d'une longue queue; floraison alors que les feuilles sont à moitié déployées. Fruits juteux (merises), rouge vif, très acides. Branches déformées par des nodules «crottes-de-chien» (voir page 136).

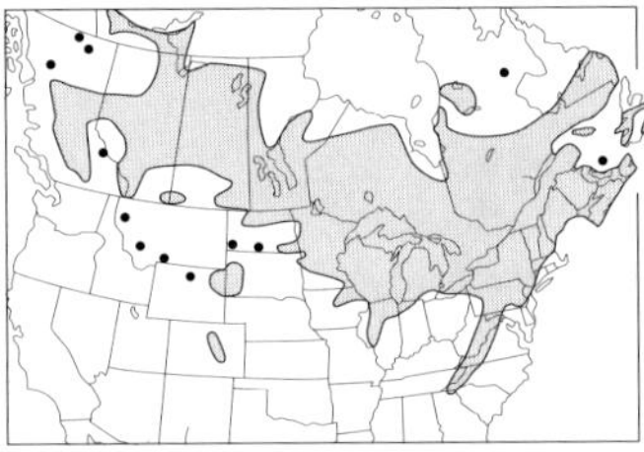

Le prunier noir* lui ressemble. Fleurs plus hâtives, avant ses feuilles, et branches portant des pointes épineuses.

Espèce pionnière: lieux ouverts et secs, surtout après incendie (d'où le nom *fire cherry)*, coupe forestière ou chablis. Également: cultures abandonnées, pâturages, bords des chemins et clôtures; rivages sableux ou graveleux, falaises. Nord-américain.

Au Québec, «merisier» désigne aussi le bouleau jaune, mais seuls les fruits du cerisier petit-merisier se nomment «merises». Il ne vit pas vieux: à peine 40 ans. Ses graines, viables pendant quelques décennies, germent plus facilement à la suite d'une coupe forestière ou de perturbations qui les exposent à la lumière ou à des variations de température. Sous notre climat, la forêt tend à envahir tout terrain ouvert, mais le reboisement naturel passe par différentes étapes. S'installent d'abord des plantes pionnières, adaptées au fort ensoleillement et tolérant de grandes variations de température et d'humidité. Elles enrichissent le sol en matière organique et leur présence adoucit les conditions de vie, les rendant moins extrêmes. De ce fait, les pionnières facilitent l'installation de plantes exigeant un milieu moins hostile, mais souvent plus compétitrices... qui les remplacent graduellement. Ainsi le cerisier petit-merisier, considéré comme un pionnier, germe et pousse au soleil. Mais ses graines ne peuvent germer à leur tour puisque les plantes mères produisent déjà trop d'ombre. D'autre part, dans un stade ultérieur, le bouleau jaune le remplace facilement, lui qui exige de l'ombre pour s'implanter. C'est l'ensemble de tels stades qui se nomme «succession végétale». Pour se nourrir en cas de famine en hiver, les orignaux écorcent sapins baumiers, épinettes blanches, érables à épis et divers saules. Au printemps, l'écorçage traduit une préférence de la bête, plutôt qu'un indice de famine. Les espèces alors recherchées? D'abord le sorbier d'amérique (ou décoratif?), quoique peu abondant, puis le cerisier petit-merisier et le peuplier faux-tremble. Chaque orignal écorcerait une quinzaine de troncs par jour. Fins palais: ils pèlent et laissent tomber la pellicule grisâtre qui couvre l'écorce du cerisier petit-merisier. Les fruits régalent, eux, plus d'une vingtaine d'espèces d'oiseaux.

Comestibles les merises, mais peu utilisées, à cause de leur forte acidité.

Moins toxique que le cerisier à grappes (page 136).

Réf. sp. DesMeules 68, Groh 40.

*Joli, joli et élégant, le **cerisier petit-merisi**
avec son mélange de jeunes feuilles fineme
dentées et ses ombelles de 5 à 7 fleurs bla
ches, chacune au bout d'une longue que

Photo: Gisèle Lamoureux

Cerisier à grappes, *choke cherry*

Cerises sauvages; cerisier à cochons, à vaches, de virginie, sauvage; étrangles. *Common choke cherry; red choke cherry.* À Terre-Neuve: *chuckley-plum; hazel; mazzard; sloetree.* Famille de la rose, *Rosaceæ.*

Prunus virginiana Linné. Incluant *P. demissa* (Nuttall) Walpers, *P. melanocarpa* (A. Nelson) Rydberg. Nom latin classique du prunier; *virginiana:* de Virginie.

Arbuste ou petit arbre (3-9 m). Branches grêles; tronc presque noir, à lenticelles bien visibles. Feuilles finement dentées, ovales mais plus larges vers le sommet. Feuilles et jeune écorce à odeur d'amande amère (froisser une feuille ou tortiller une brindille). Fleurs blanches, en grappes. Fruits juteux (cerises), rouge foncé, ou noirs. Branches souvent déformées par des nodules noirs, appelés «crottes-de-chien».

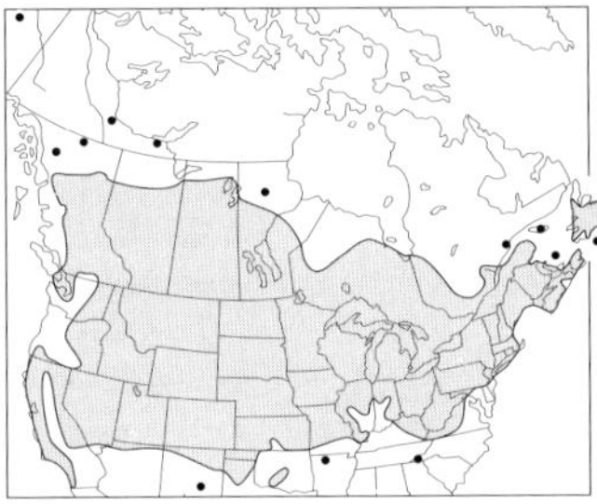

Se distingue facilement par son odeur et par ses fleurs et fruits en grappes allongées (voir cerisiers, pruniers, amélanchiers et aubépines dans ce livre).

Arbustaies et forêts. Orée des forêts et le long des chemins, fossés, clôtures et cours d'eau; pâturages, friches, voisinage des habitations et bâtiments de ferme. Nord-américain. Rare: Territoires du Nord-Ouest.

Différentes espèces de chenilles à tente se nourrissent de cerisiers, de pruniers et en dénudent les arbustes; la tordeuse du cerisier *(Archips cerasivoranus)* s'en nourrit exclusivement. Le responsable des crottes-de-chien? Un champignon ascomycète *(Apiosporina morbosa);* il s'attaque à tous les *Prunus* d'ici.

Voilà la cerise bien connue qui empâte la bouche, mais donne un bon jus et un excellent vin apéritif (recettes dans Fleurbec 1981a).

Plusieurs parties des *Prunus* et d'autres membres de la famille de la rose (pruniers, cerisiers, pommiers, abricotiers, pêchers, certains amandiers, etc.) contiennent des précurseurs de l'acide cyanhydrique (HCN, très toxique), en particulier l'écorce, les feuilles et les graines. La concentration varie au cours de la saison. Volatil, l'HCN s'échappe lors du séchage, de sorte que les feuilles séchées ne présentent généralement pas de danger. Mais plusieurs animaux consomment des feuilles fraîches ou des noyaux! La dose létale? Environ 0,25% du poids de l'animal (feuilles fraîches de cerisier à grappes). L'organisme élimine rapidement cette substance; la consommation de petites quantités, à intervalles d'une heure, reste sans problèmes, mais à intervalles d'une demi-heure, provoque des symptômes d'intoxication. Ainsi, manger quelques pépins de pomme est délicieux, mais tout un bol à la fois est mortel et on connaît des cas d'intoxication d'enfants par des noyaux de cerises à grappes. L'odeur d'amande amère se trouve souvent dans les romans policiers, comme indice d'empoisonnement au HCN... lui-même inodore! Cette odeur, trouvée dans le cerisier à grappes, viendrait de la production de benzaldéhyde, lors de la décomposition (hydrolyse) de l'amygdaline, précurseur de l'HCN. L'eau facilite la libération de l'HCN et on a cru, dans certains cas, à un empoisonnement par l'eau, alors qu'il s'agissait d'une consommation de feuilles de cerisier, suivie d'absorption d'eau.

Réf. sp. Groh 40, Lavallée 83.

Cerisier à grappes. *La petite cerise sauva qui rapetisse la bouche et noircit les den Attention, les noyaux sont toxiques et «étranglent», d'après un des noms de la plan*

Photo: Gisèle Lamoureux

Cerisier tardif, *black cherry*

Cerises d'automne; cerisier d'automne, noir; cérisier tardif. *American black, late, rum, timber or wild cherry.* Famille de la rose, *Rosaceæ*.

Prunus serotina Ehrhart. Incluant *P. virens* (Wooton & Standler) Shreve. Nom latin classique du prunier; *serotina:* qui fleurit tard, tardif.

Arbre assez grand (jusqu'à 22 m). Écorce caractéristique: plaques écailleuses noires, retroussées, ayant conservé des lenticelles (stries horizontales); écorce jeune: lisse et brun rougeâtre foncé (ressemblant alors au cerisier petit-merisier*). Feuilles luisantes; allongées, plus larges vers le milieu, les plus longues à côtés parallèles; rétrécies aux deux extrémités et terminées par une longue pointe; dents fines, pointues et courbées. Fleurs en longues grappes pendantes (10-15 cm), souvent retroussées. Fruits semblables aux cerises à grappes, avec calice persistant.

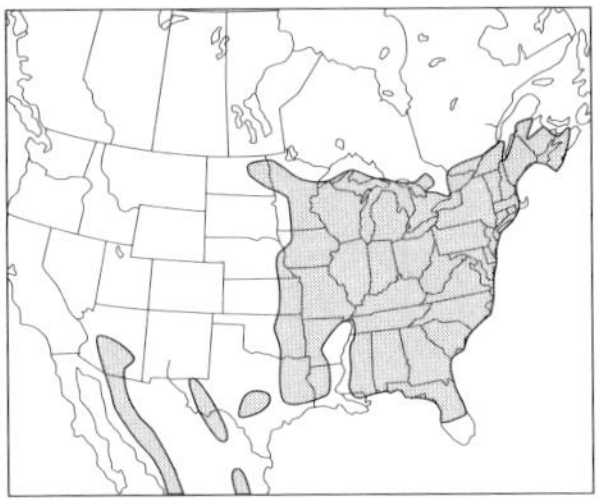

Fleurs et fruits du cerisier à grappes* ressemblent à ceux du cerisier tardif, mais forment des grappes plus courtes, à floraison plus hâtive. Le premier, très fréquent, reste un arbuste ou un petit arbre buissonnant des lieux ouverts. Beaucoup moins fréquent, le cerisier tardif devient véritablement un arbre et pousse isolément, en forêt.

Forêts. Érablières (tous les types). Nord-américain.

Son bois, à peine moins recherché que celui du noyer, s'utilise en ébénisterie de même que dans la fabrication des pipes, des instruments de musique et des cercueils. À remarquer, la différence dans la forme des feuilles des *Prunus:* largeur maximale vers le sommet chez le cerisier à grappes et le prunier noir; vers le bas, chez le cerisier merisier, et vers le milieu chez le cerisier tardif.

Fruits comestibles, mais non les noyaux (même restrictions que pour le cerisier à grappes*). Souvent trop hauts pour être cueillis... mais les oiseaux s'en occupent!

Les feuilles fraîches contiennent 10 fois plus d'acide cyanhydrique (HCN) que le minimum considéré dangereux. La plante présente les mêmes dangers que le cerisier à grappes*; voir page 136.

Réf. sp.Groh 40.

Roger Larose

Arbre véritable, en forêt. Écorce adulte caractéristique: plaques écailleuses noires, retroussées et ayant conservé des lenticelles.

***Ceris tardif.** Lo gues gr pes pend tes (10- cm), s vent trouss au somn*

Photo: Gisèle Lamoureux

Bleuet feuille-dentelée, *lowbush blueberry*

Airelle à feuilles étroites, de pennsylvanie; beluet; bleuet nain; bleuets de savanne; bluet. *Early-low, late-sweet, low or low-sweet blueberry; ground, lowbush or sweet hurts.* Famille du bleuet, *Ericaceæ.*

Vaccinium angustifolium Aiton. Incluant *V. brittonii* Porter ex Bicknell, *V. lamarckii* Camp, *V. nigrum* (Wood) Britton. Nom latin classique de l'airelle myrtille *(V. myrtillus)* ou peut-être dérivé du latin *vaccinus:* des vaches; *angustifolium:* à feuilles étroites.

Petit arbuste (≈ 0,3 m) buissonnant, formant des colonies parfois étendues. Jeunes rameaux verts, avec tout juste une ou deux lignes de poils. Feuillage abondant, très coloré à l'automne. Feuilles alternes, allongées (≈ 2 fois plus longues que larges), atténuées aux 2 extrémités et pointues au sommet; luisantes et souvent dorées (ou rougeâtres); pratiquement sans poils, sauf parfois sous la nervure principale et le cil terminant chaque dent fine. Petites fleurs (0,5 cm) en clochettes allongées, cireuses, blanches ou rosées, rassemblées en grappes au bout des rameaux. Fruits bleu noir, charnus; couverts d'une pruine qui les rend bleus.

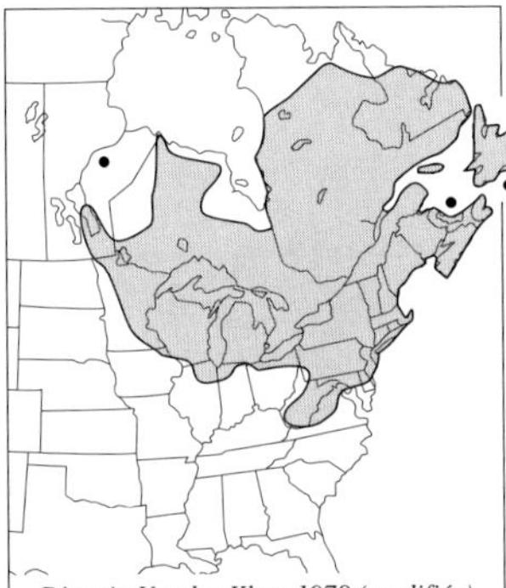

D'après Vander Kloet 1978 (modifiée)

Parmi les arbustes de leur taille, seuls les bleuets affichent des rameaux verdâtres, verruqueux, sinueux, facilement reconnaissables même en hiver! Voir aussi gaylussaquier, page 310.

Des bleuets blancs? Des variétés rares, mais ça existe! Et des bleuets noirs? Les fruits de la variété *nigrum* (signifiant noir), dépourvus de pruine, montrent la vraie couleur du bleuet feuille-dentelée; ils s'écrasent plus facilement, leur épiderme étant moins bien protégé. À partir de la germination, le bleuet feuille-dentelée demande 4 ans pour fleurir et produire des rhizomes. Ces débuts lents se trouvent compensés par l'abondance des fruits, par la croissance du rhizome stimulée par les incendies et par sa longévité: des botanistes rapportent des clones d'un diamètre de 10 m, âgés de plus de 150 ans. Sa racine principale atteint parfois 10 m. Un buisson représente un seul individu, même si à la surface du sol il paraît y avoir d'innombrables tiges. Par exemple, sur les dunes des îles de la Madeleine, le bleuet feuille-dentelée semble ne pousser qu'aux endroits déjà soumis au passage d'un feu. Toutes les tiges d'un buisson se rattachent à une seule grande racine — semblable à un tronc — qui, dans ces dunes, plonge dans le sable et se ramifie seulement au contact d'un ancien humus. Ces paléohumus, enfouis sous quelques décimètres de sable, parfois plus, contiennent des restes de bois incendiés et constituent une source importante de nutriments, par ailleurs absents du sable des dunes. Sur ces sites, ces buissons contribuent de manière importante à fixer le sable et à enrichir le sol en matière organique.

Voir bleuet rameau-velouté*.

Voir page 308.

Suite page 308.

Bleuet feuille-dentelée. *Petit arbuste dép sant rarement 30 cm. Fleurs cireuses, bl ches, plus rarement rosées. Dents feuilles, très fines, terminées par un absentes chez le bleuet rameau-velouté. contre, pas de rameau velouté chez le ble feuille-dentelée, à peine 2 fines lignes poils. Autre photo page 3*

Photo: Gisèle Lamoureux

Bleuet rameau-velouté, *velvet-leaved blueberry*

Airelle fausse-myrtille; airelle, bleuet ou bluet du canada; beluet. *Sourtop or velvet-leaf blueberry.* Famille du bleuet, *Ericaceæ.*

Vaccinium myrtilloides Michaux. Incluant *Cyanococcus canadensis* (Kalm *ex* A. Richard) Rydberg, *Vaccinium angustifolium* Aiton var. *myrtilloides* (Michaux) House, *V. canadense* Kalm *ex* A. Richard. Nom latin classique de l'airelle myrtille *(V. myrtillus)*, ou peut-être dérivé du latin *vaccinus:* des vaches; *myrtilloides:* ressemblant à la myrtille.

Ressemble comme deux gouttes d'eau au bleuet feuille-dentelée*, mais semble moins fréquent. S'en distingue surtout par l'abondance des poils — rameaux nettement velus (surtout les jeunes pousses), feuilles poilues sur les deux faces et mates — et par la marge entière (sans dents ni cils) et légèrement révolutée (enroulée par en dessous). Les deux diffèrent aussi par le nombre de chromosomes: $2n = 48$ pour le bleuet feuille-dentelée et $2n = 24$ pour le bleuet rameau-velouté.

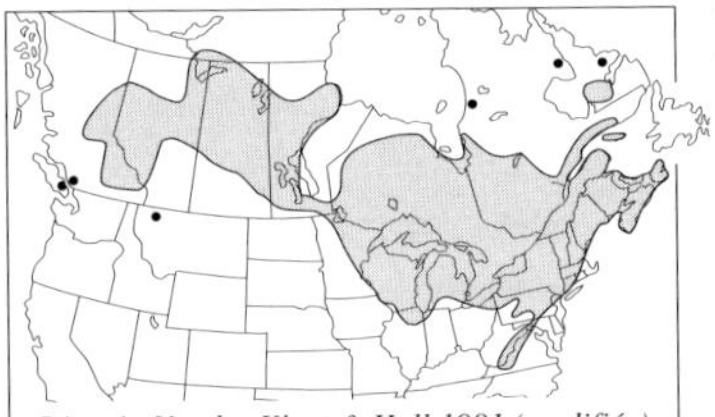

D'après Vander Kloet & Hall 1981 (modifiée)

Ces deux bleuets fréquentent les deux mêmes types d'habitats, considérés extrêmes. Lieux très secs, sur substrat grossier (sable, roche), ou lieux très humides et sur substrat organique (tourbières mais non marais: tolère l'inondation printanière mais non estivale). Étroitement associés au passage des feux, mais aussi après coupe forestière. Particulièrement abondants 1) dans les endroits ouverts — brûlés récents, champs abandonnés, dunes, affleurements rocheux, rebords dénudés des falaises, tourbières; 2) dans les forêts clairsemées — pinèdes et pessières issues de feux sur sols secs, jeunes forêts de peuplier faux-tremble ou de bouleau à papier. Le bleuet feuille-dentelée tolère peu l'ombre; avec un couvert forestier fermé à 99,5%, laissant passer seulement 0,5 % de l'ensoleillement, il survit à peine, 10 % permet aux rhizomes de croître mais il faut au moins 50 % d'ensoleillement pour permettre la formation de fleurs et de fruits. Le bleuet rameau-velouté tolère mieux l'ombre et pousse ainsi dans des forêts plus fermées. Espèces nord-américaines.

En France, l'appellation bluet ou bleuet désigne le plus souvent une fleur des champs, la centaurée à fleur bleue *(Centaurea cyanus)* qui, dans nos contrées, s'échappe occasionnellement de cultures. Mais dans certaines régions françaises, «bluet» et ses dérivés désignent aussi l'airelle myrtille — espèce eurasiatique et de l'ouest de l'Amérique du Nord — que d'aucuns considèrent moins parfumée que «nos» bleuets. Plus récent que bluet, bleuet résulterait d'un langage plus soigné! Les fruits donnent une teinture bleue ou grise. Pour d'autres renseignements, voir bleuet feuille-dentelée*.

Les bleuets? Crus ou cuits, délicieux de toutes les façons: confiture, tarte, pouding, enrobés de chocolat, en vin apéritif (le délicieux *Dubleuet* du commerce) ou liqueur alcoolisée. Les feuilles des deux espèces s'infusent comme le thé. Les fruits sèchent bien, au soleil, dans une pièce chaude ou au four à basse température. Les Amérindiens les conservaient pour des périodes allant jusqu'à 2 ans, sous forme d'une pâte solide obtenue après une dizaine d'heures d'ébullition. Ils les ajoutaient aussi au pemmican, fait de viande séchée, ou à la pâte à pain de maïs.

Voir page 308.

Suite page 308.

***Bleuet rameau-velouté**. Moins fréquen surtout plus poilu que le bleuet feuille-den lée*, auquel il ressemble comme deux gou d'eau. Le pourtour de la feuille, sans dent cils, est légèrement enroulé par en dess*

Photo: Gisèle Lamoureux

Gadellier malodorant, *skunk currant*

Castilles; gadelier ou gadellier glanduleux, noir, sauvage. *Fetid currant; wild cranberry.* Famille de la saxifrage, *Saxifragaceæ.*

Ribes glandulosum Grauer. Incluant *R. prostratum* L'Héritier, *R. resinosum* Pursh. Du nom danois des groseillers: *ribs (rips* en suédois) ou de l'arabe *ribas:* une rhubarbe *(Rheum ribes),* nom transféré à un groseillier (probablement *R. rubrum)* en raison de propriétés médicinales similaires; *glandulosum:* avec glandes.

Arbuste de taille moyenne (moins de 1 m). Rameaux ni épineux ni piquants. Feuilles alternes, divisées en 3 à 5 lobes principaux, rappelant la feuille des érables. Fleurs blanches ou rosées, en grappes dressées. Fruits rouges, charnus, garnis de poils. Les feuilles froissées, comme d'ailleurs toutes les parties de la plante, dégagent une odeur de mouffette... ce qui permet de distinguer le gadellier malodorant de tous les autres gadelliers et groseillers.

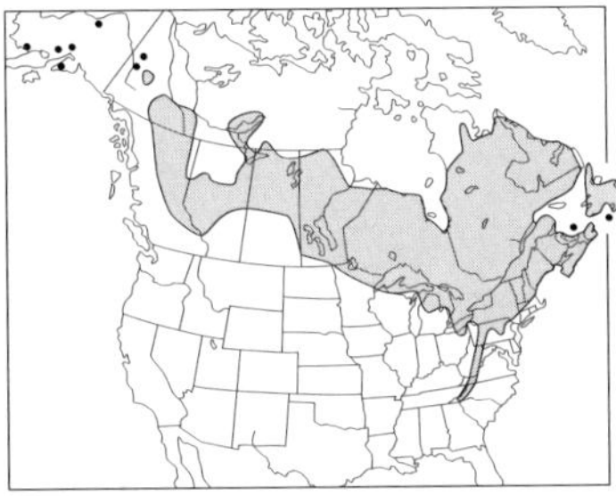

Habitats diversifiés, généralement frais et humides, tels le long des ruisseaux et autres rivages. Forêts, tourbières, falaises, bûchés récents. Nord-américain. Rare: Arctique canadien.

Les termes gadellier et gadelle, des canadianismes, brillent par leur absence dans les dictionnaires courants de France. Pourtant, très répandus ici, ils remontent au moins à l'époque de la première *Histoire véritable et naturelle de la Nouvelle-France* (Pierre Boucher, 1664, page 50), destinée à vanter les mérites du pays, pour attirer les colons: «Il s'y trouve des groseliers qui apportent des groseilles de deux sortes; les unes comme en France, les autres toutes plaines de picquerons. Il y a des gadeliers ou groseilles rouges.» L'expression «avoir les yeux à la gadelle» signifie plisser les yeux d'un air coquin, faire les yeux doux, avoir les yeux langoureux, faire les yeux en coulisse... de toute façon, l'un ou l'autre, c'est irrésistible! En fait, le genre *Ribes* se divise en 2 groupes. Les gadelliers *(currants)* présentent des rameaux sans épines ni piquants (sauf le gadellier lacustre); à la base de la queue des gadelles se remarque une articulation — ligne le long de laquelle le fruit se détache à maturité. Par contre, les rameaux des groseilliers *(gooseberry)* portent au moins des épines aux nœuds, et souvent d'autres poils piquants; la queue des groseilles est dépourvue d'articulation. D'origine européenne, le groseillier cultivé *(R. grossularia)* et le gadellier cultivé *(R. sativum)* persistent parfois après culture. Gadelliers et groseillers hébergent une phase du cycle de la rouille vésiculeuse du pin blanc, un champignon parasite. Pour cette raison, ils firent l'objet d'une campagne d'éradication dans les régions à pin blanc, aux États-Unis. Le cassis est un groseillier *(R. nigrum)* à fruits noirs, fort important en médecine populaire et surtout connu pour la liqueur de cassis, un ingrédient du kir.

Le botaniste Kalm, l'élève de Linné qui vint en Amérique, rapporte, en 1748, que les dames de la région de Philadelphie fabriquent du vin avec les fruits du pays, principalement avec les gadelles. Les gadelles malodorantes (!) ont bon goût, en dépit de l'odeur qui s'en dégage et qui s'élimine lors de la cuisson. Les utiliser comme tout autre petit fruit juteux et sucré: confitures, gelées, etc.

***Gadellier malodorant**. La feuille rapp celle des érables. La froisser laisse déga une odeur de mouffette... ce qui distingu gadellier malodorant des autres gadell et groseillers. Fleurs blanches ou ros*

Photo: Gisèle Lamoureux

Tussilage pas-d'âne, *colt's-foot*

Herbe-à-la-toux; oreilles-de-souris; pas-d'âne commun; taconnet; tacouet; tussilage farfara. *Clayweed; common coltsfoot; coughwort; dovedock; gingerroot; horsehoof.* Famille de la marguerite, *Asteraceæ.*

Tussilago farfara Linné. De *tussis:* toux et *agere:* chasser; *farfara:* de *farfarus,* nom latin classique du tussilage.

Herbacée vivace à rhizome. De petite taille (en fleurs: 0,1 m), le tussilage pas-d'âne forme des touffes serrées, en colonies souvent étendues. Capitules de fleurs jaune clair. Feuilles paraissant au moment de la formation des graines; grandes (10-15 cm), vertes sur le dessus, blanches et laineuses (feutrées) en dessous; forme rappelant celles de certains géraniums cultivés. Fruits semblables à ceux du pissenlit, à poils plus souples et plus blancs; hampe plus longue (≈ 0,4 m).

+ *Eurasie et nord de l'Afrique*

Pionnière de lieux ouverts, sur sols récemment ou continuellement perturbés de façon naturelle ou artificielle. Abonde sur les talus le long des routes et autour des habitations. En milieu naturel: fréquent sur pentes fortes, exposées aux glissements de terrain (argiles, limons très fins), de même que sur platières et rivages des rivières de Gaspésie sujettes à des crues. Introduit d'Eurasie.

Une seule belle journée ensoleillée réussit parfois à faire éclore les fleurs très tôt, tel le 30 mars 1987, près de Québec. Après la floraison, le sommet de la hampe s'incline, le temps de former les graines, puis une tête blanche, constituée des fruits mûrs, se redresse. Le décalage entre la floraison et la pleine feuillaison induisit les Anciens en erreur: Pline, au Ier siècle, croyait que le tussilage pas-d'âne ne portait ni tiges, ni fleurs, ni graines! Provancher (1862) signale le premier la présence de cette plante en Amérique, mais Marie-Victorin croit qu'elle fut cultivée en Nouvelle-France, comme plante médicinale, et s'échappa de culture autour des vieux établissements.

Il semble qu'à mesure que la densité augmente au sein d'un clone, la plante hausse sa production de graines, au détriment de la propagation végétative.

Froissées en boule, séchées au four puis brûlées en cendres, les feuilles remplacent le sel. Elles remplacent aussi le tabac: les empiler, laisser fermenter un peu, puis les tortiller pour les faire sécher. Les anciens recommandaient de les fumer pour soulager la toux des asthmatiques et cette tradition s'est longtemps perpétuée: Linné la rapporte comme courante en Suède à son époque (1750). Se fume aussi mélangées à d'autres plantes ou au tabac.

À Paris, les fleurs de tussilage peintes sur la porte servaient d'enseigne aux apothicaires. C'est dire sa réputation! Son nom révèle son principal usage: elle soulage la toux; rhizomes, feuilles et fleurs s'utilisent à cette fin et comme expectorant. Infusion de fleurs séchées: 20-30 g / L d'eau bouillante; filtrer puis masquer le goût (!), boire de 2-4 t. / jour. Décoction de rhizomes ou de feuilles séchées: 50-60 g / L; 2-3 t. / jour. La plante, sèche ou fraîche, contiendrait une substance antibiotique.

Réf. sp. Ogden 74, Waltz 62.

Les premiers pissenlits printaniers aper
par des non-initiés... sont souvent des
***silages pas-d'âne**. La «fleur», en réalit*
bouquet, comprend 2 types de fleurs: p
tubes au centre et, autour, languettes
fines que celles du pissenlit. Hampe ga
d'écailles, contrairement à la hampe
du pissenlit. Sans feuilles à la florai

Photo: Gisèle Lamoureux

Pissenlit officinal, *common dandelion*

Dandelion officinal; dent-de-lion commune; florion-d'or; pissenlit dent-de-lion, vulgaire. *Blowballs; dumbledor* (Terre-Neuve)*; facelock.* Famille de la marguerite, *Asteraceæ.*

Taraxacum officinale Weber. Peut-être de l'arabe *Tharakhchakon,* désignant une composée; *officinale:* des officines (entrepôts des pharmaciens), allusion à des propriétés médicinales fameuses.

Herbacée vivace. De petite taille (0,3 m), il forme des colonies étendues. Feuilles échancrées, en rosette à la base de la plante. La grande «fleur» jaune du pissenlit, appelée capitule, regroupe en réalité une foule de fleurs minuscules (fleurons); portée par une longue queue (hampe), contenant un latex blanc, collant. Minuscules fruits secs, couronnés d'une aigrette qui fait office de parachute; rassemblés en boule blanc grisâtre.

Partout dans les lieux ouverts ou habités. Introduit d'Eurasie. Cosmopolite.

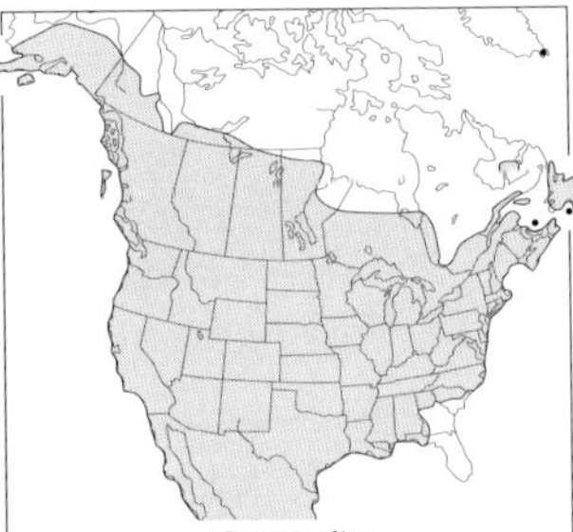

Cosmopolite
D'après Hultén 1970 (modifiée)

Une légende veut que cette fleur soit née de la poussière soulevée par le char du soleil, d'où la forme et la couleur des fleurs qui s'ouvrent le matin et se ferment au crépuscule. D'ailleurs, attacher une ficelle à un pissenlit — pour le reconnaître — et le visiter soir et matin, pendant 1-2 semaines, réserve de bien grandes surprises à qui croit le connaître. Le capitule réagit différemment au soleil et à la pluie, se replie sur lui-même pendant plusieurs jours pour former ses graines, etc. Facile à observer dans tout bon parterre… et si les pissenlits de votre parterre vous dérangent, mangez-les — surtout que les enfants adorent les ramasser — cela vaudra mieux que d'y répandre des herbicides! Originaire d'Europe, le pissenlit officinal reçut là-bas quantité de noms qui ne traversèrent pas l'Atlantique. Certains botanistes considèrent cette entité comme très variable, tandis que d'autres la subdivisent en plusieurs espèces; la liste des synonymes latins est très longue! En Amérique du Nord, il existe des pissenlits indigènes, certains très rares, en particulier dans des habitats naturels autour du golfe du Saint-Laurent et dans le Québec nordique.

L'expression «manger les pissenlits par la racine» signifie être mort et enterré, mais ce n'est pas une condition essentielle pour y goûter! La racine ressemble à une carotte et comme celle-ci, accumule des réserves pendant l'été; très nutritive lorsque récoltée tard à l'automne ou tôt au printemps — alors que les feuilles pointent tout juste et bien avant les fleurs. Les traiter comme des carottes: elles donnent une excellente purée. C'est une plante supermarché: la racine s'utilise aussi comme succédané du café, les jeunes feuilles en salade (moins amères avant l'apparition des fleurs et riches en vitamines A, C et en calcium), les boutons de fleurs (avant l'allongement de la hampe) marinés comme câpres, les fleurs épanouies pour le vin. Pour des recettes, consulter Fleurbec 1981a.

Le mot pissenlit vient de pisse-au-lit, allusion à ses propriétés diurétiques. La racine stimule les fonctions du foie et favorise le cours de la bile. Quant à enlever les taches de rousseur… le latex en a la réputation!

Pissenlit officinal*. En visiter un, soir et m*
durant 1 ou 2 semaines, réserve des surpr
Il réagit au soleil, à la pluie… Il se man
n'est pas dangereux, contrairement aux h
cides répandus pour l'éliminer des parte

Photo: Roger Larose

Barbarée vulgaire, *yellow rocket*

Barbarée commune; cresson-d'hiver, -de-terre; herbe-de-saint-sylvain, -de-sainte-barbe; moutarde (à tort); roquette des marais, jaune; vélar-d'orient. *Bitter-, common winter-, rockett-, st.-barbara's- or upland-cress; pot-herb; water-mustard; yellow-weed.* Famille de la moutarde, *Brassicaceæ.*

Barbarea vulgaris R. Brown. Incluant *B. arcuata* (Opiz *ex* J. & K. Presl) Reichenbach, *B. stricta auct. non* Andrzejowski, *Campe barbarea* (Linné) W. Wight *ex* Piper. En l'honneur de sainte Barbe; *vulgaris:* commune.

Herbacée annuelle ou vivace de courte durée, de taille moyenne (0,4 m). Plante sans poils, avec rosette de feuilles à la base. Feuilles de la base à segments étroits (4 paires ou moins), sauf le lobe terminal beaucoup plus grand et arrondi (feuilles lyrées); longue queue. Feuilles du sommet non divisées, dentées, sans queue. Fleurs jaune brillant, petites (0,7 à 1,1 cm), en grappes denses. Fruits longs, étroits (siliques).

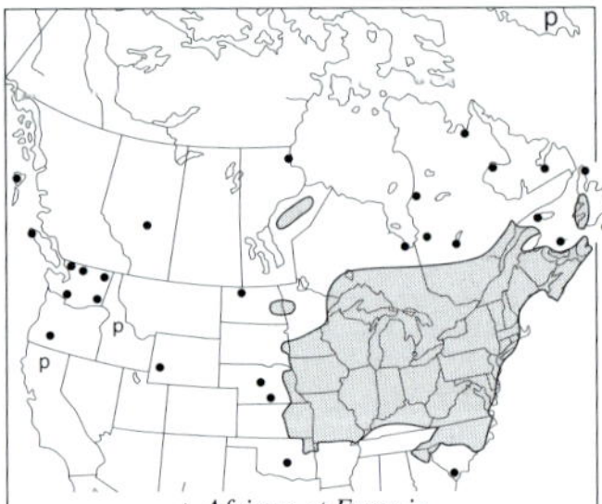
+ Afrique et Eurasie

Souvent confondue avec la moutarde des champs°, poilue et à fleurs plus grandes (1,5 cm), jaune pâle, aux pétales plus lâches; fleurit à la fin du printemps et durant une partie de l'été; feuilles rudes, tachées de rouge à l'aisselle. Plutôt rares, 2 autres barbarées à fleurs plus petites, poussent au Québec: barbarée fruit-dressé *(B. orthoceras),* à fleurs jaune pâle, et barbarée raide *(B. stricta),* aux boutons de fleurs ciliés.

Lieux ouverts, habités. Champs, jardins et parterres; bords des chemins, voies ferrées, fossés et ruisseaux; trottoirs et terrains vagues des villes. Introduite d'Eurasie. Circumboréale.

Les premiers champs de «moutarde», au printemps, sont plutôt des champs de barbarée vulgaire. Très hâtive, sa floraison précède nettement celle de la moutarde des champs°. La plus ancienne mention de la barbarée vulgaire en Amérique du Nord ne remonte qu'à 1821. Mais ce n'est que depuis les années 1950 qu'elle est répandue et se comporte comme la moutarde des champs, surgissant tout à coup et couvrant un champ. Début septembre, la graine germe et développe rapidement une rosette de feuilles, qui persiste sous la neige. C'est donc une annuelle, mais qui vit de septembre à juillet et forme une rosette, comme les bisannuelles; la rosette persiste parfois plus d'un an et porte alors plusieurs tiges. Pour l'éliminer d'un champ, sans recourir aux herbicides, faucher avant fructification et retirer ce foin du champ car, même coupée, elle continue de former ses graines... et un plant moyen en produit 200 000.

Appliquée, sous forme d'emplâtre, sur les meurtrissures, blessures et ulcères, elle les guérirait. Voilà pourquoi elle fut dédiée à sainte Barbe, patronne des militaires. Son nom vient-il plutôt de la coutume de la semer en décembre, à la fête de cette sainte?

En 1865, les feuilles de ce cresson-d'hiver, riches en vitamine C, se vendent au marché de Québec, pour être mangées en salade. Ses caboches de boutons floraux se dégustent comme des brocolis miniatures. Trop amères? Les faire bouillir dans deux eaux successives: la première dissout l'amertume.

Réf. sp. Al-Shehbaz 88, Baskin 88, Easterly 64, Lindsay 51, MacDonald 74, Reed 70, Sabourin 91.

Barbarée vulgaire. *Hâtive, sa floraison j doré précède celle de la moutarde des cha (jaune pâle), à laquelle elle resse Feuilles luisantes, celles de la base diffère*

Photo: Gisèle Lamoureux

Érythrone d'amérique, *trout-lily*

Ail-doux, -douce; langue-de-serpent. *Amberbell; dogtooth-violet; fawn-lily; yellow adder's-tongue.* Famille du lis, *Liliaceæ*.

Erythronium americanum Ker-Gawler. De *erythros:* rouge, allusion aux fleurs rouges de la seule espèce européenne, l'érythrone dent-de-chien *(E. dens-canis); americanum:* d'Amérique.

Herbacée vivace à bulbe profondément enfoui (à près de 15 cm) et formant des stolons. De petite taille (0,2 m), l'érythrone d'amérique forme des tapis, souvent très étendus et continus. Deux feuilles allongées et pointues; très luisantes et ornées de taches plus pâles ou brunes. Une seule fleur; jaune, en forme de cloche, pendant au bout d'une très longue queue (hampe); 3 pétales et 3 sépales; 3 étamines courtes et 3 plus longues; gros pistil terminé par 3 stigmates. Fruit (3 cm) en forme de petit oeuf vert; peu fréquent en comparaison du nombre de fleurs. Juvéniles: une seule feuille.

Forêts. Érablières (toutes les sortes). Très fréquent et sans doute la plante forestière printanière la plus abondante dans son habitat; densité moyenne au mètre carré (Michigan): près de 110. À l'intérieur de l'érablière, l'érythrone d'amérique fuit les sites inondés pendant plus de quelques jours au printemps, ceux très secs en été et les pentes fortes (plus de 15 °). Nord-américain.

La feuille ressemble à celle de l'ail des bois, taches en plus. Malgré un de ses noms, elle n'offre aucun goût d'ail.

Parfois des feuilles mortes de hêtre ou d'érable enserrent les érythrones: les jeunes pousses à pointe dure les ont transpercées, puis soulevées du sol. L'apparence de la plante lui valut plusieurs noms, dont «langue-de-serpent», pour ses étamines fourchues, et «trout-lily», pour ses feuilles mouchetées comme certaines truites. Les fleurs portent soit des étamines rouge-brun (normales), soit jaunes (à pollen déformé); elles s'ouvrent au soleil et se referment en son absence. La plante se classe parmi les plantes printanières éphémères (voir dicentre capuchon-jaune*) et, sous nos latitudes, ses parties hors du sol vivent pendant 45 ou 50 jours. Elle renferme une substance antibiotique. C'est la première plante, qu'à 20 ans, le jeune Marie-Victorin récolta à Saint-Jérôme et essaya en vain d'identifier, à l'aide des clés analytiques de la *Flore canadienne* de Provancher. Heureusement, France Bastien, un familier de la nature passant par là, le tira du pétrin en identifiant «l'ail-douce». Sans quoi le dégoût, selon ses propres paroles, aurait tué dans l'oeuf la carrière du grand botaniste!

Peu de plantules se rencontrent en milieu naturel. De croissance lente, la plante étale sa germination sur 2 ans et prend, au minimum, 10 ans pour fleurir une première fois. Durant cette période le jeune bulbe produit une seule feuille par année; noter l'abondance de ces individus, comparés à ceux qui fleurissent. Un bulbe peut vivre au moins jusqu'à 1[illegible] ans. Ni cueillir, ni transplanter, ni modifier son habitat. Propager par graines prélevées parcimonieusement.

● pH 5-7

Suite page 346.

Érythrone d'amérique. *Synony[...] printemps dans les érablières.* Trou[...] *lui vient de ses feuilles mouchetées c[...] certaines truites. Ne s'ouvre qu'au [...] et se ferme chaque nuit. Sous nos l[...] des, ses parties hors du sol viven[...] juste 45 à 50 [...]*

Photo: Gisèle Lamoureu[...]

Uvulaire petite-fleur, *little bellwort*

Uvulaire ou petite uvulaire à feuilles sessiles. *Little merrybells; sessile, sessile-leaved or small bellwort; straw-lily; wild oats.* Famille du lis, *Liliaceæ*.

Uvularia sessilifolia Linné. Incluant *Oakesiella sessilifolia* (Linné) S.Watson. De *uvula*, diminutif probable du latin *uva* et désignant la luette, allusion aux fleurs pendantes; *sessilifolia:* feuilles sans queue (sessiles).

Herbacée vivace à rhizome. De petite taille (0,2 m); à tiges poussant isolément, mais en colonies denses tapissant le sol. Sans poils. Feuilles alternes, sans découpures ni queue, pointues aux deux extrémités et non traversées par la tige; revers d'un vert bleuâtre. Une seule fleur (rarement 2), en cloche, petite (long. 2 cm) comparée à celle de l'uvulaire grande-fleur*, d'un jaune crème; pendant au bout d'une queue, à l'aisselle de la feuille qui suit la ramification. Fruit relativement gros, vu la petitesse de la plante.

Délicatesse et petite taille permettent de distinguer facilement l'uvulaire petite-fleur de l'uvulaire grande-fleur*.

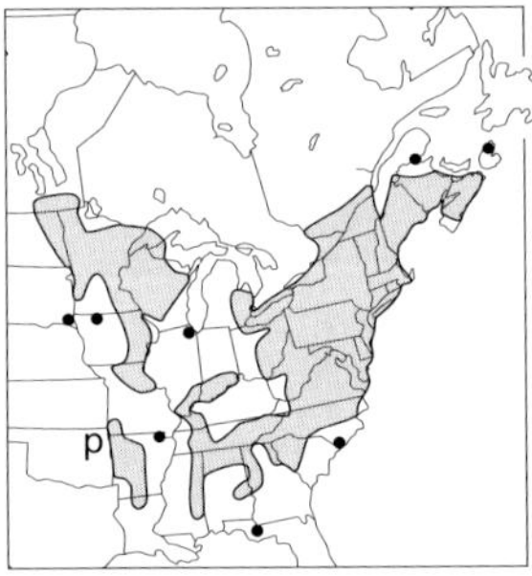

Forêts. Divers types d'érablières, forêts mélangées et certaines forêts humides (érablière rouge), mais de façon irrégulière. Nord-américaine.

La vue des petits tapis denses de l'uvulaire petite-fleur laisse croire à une propagation végétative. Les rhizomes, qui courent juste sous la surface du sol, confirment ce type de propagation. Dès l'apparition hors sol du bourgeon qui donnera une tige, une protubérance à sa base se développe et commence à s'allonger. En 2 semaines, un petit rhizome pousse de 1 ou 2,5 cm. Au bout d'un mois et demi, il atteint sa taille maximale et mesure de 5 à 10 cm. Le bourgeon qui le termine se révèle à peine plus large que le rhizome lui-même. Il grossira à la fin de l'été (fin août-septembre), mais d'octobre au début du printemps, il ne change pas de taille. Le minuscule bourgeon floral amorce le développement des étamines en septembre/octobre. Par contre le développement du pistil ne s'amorce qu'au printemps suivant. À cette époque, les bourgeons enflent. Mais même les plus gros, ceux des tiges qui portent des fleurs, mesurent à peine 0,7 cm lorsqu'ils sortent de terre, environ 3 ou 4 jours après la fonte des neiges. Les tiges atteignent leur maturité un peu plus d'un mois plus tard. Les tiges fleuries portent une ramification, mais une seule (ou pratiquement, voir encadré page 455), ramification par ailleurs absente chez les tiges sans fleurs. Ce changement important, synchronisé avec une première floraison, rappelle les habitudes de certaines plantes qui, par exemple, passent de une à deux feuilles au moment de la floraison (érythrone d'amérique*) ou lorsqu'elle devient femelle (arisème petit-prêcheur*).

L'uvulaire petite-fleur montre une croissance lente. Comme chez plusieurs liliacées, la germination s'échelonne sur 2 ans, la plantule n'émergeant qu'au second printemps. Ses tapis comprennent des tiges sans fleurs, indice d'un cycle comportant des stades juvéniles. Mais le nombre d'années requis pour produire une première fleur à partir de la graine, n'est pas connu. Ni cueillir, ni transplanter, ni modifier l'habitat. Nettoyer les graines et semer aussitôt mûres, puis attendre 2 ans pour voir pointer quelque chose! ● ◑ 💧 💧💧

Suite page 454.

***Uvulaire petite-fleur**. Comparée à l'uvulaire grande-fleur, non seulement la fleur est plus petite, mais toute la plante l'est! Elle forme des tapis uniformes, plutôt que des touffes denses.*

Photo: Gisèle Lamoureux

Uvulaire grande-fleur, *large-flowered bellwort*

Jonquille sauvage; uvulaire à grandes fleurs, grandiflore. *Big or great merrybells; strawflower; yellow bellwort.* Famille du lis, *Liliaceæ*.

Uvularia grandiflora J.E. Smith. De *uvula*, diminutif probable du latin *uva* et désignant la luette, allusion aux fleurs pendantes; *grandiflora*: à grandes fleurs.

Herbacée vivace à rhizome. De taille moyenne (0,5 m), à tiges rassemblées en touffes. Floraison hâtive, avant le déploiement complet des feuilles, qui semblent flétries au moment de la floraison. Tige arquée et ramifiée au sommet. Feuilles sans dents, poilues sur le revers dans le jeune âge et paraissant enfilées sur la tige. De une à 4 grandes fleurs (4 cm) pendantes et s'ouvrant peu; à 6 tépales (pétales et sépales identiques) jaune citron, et tordus. Produit du nectar, dans une protubérance à la base de chaque tépale.

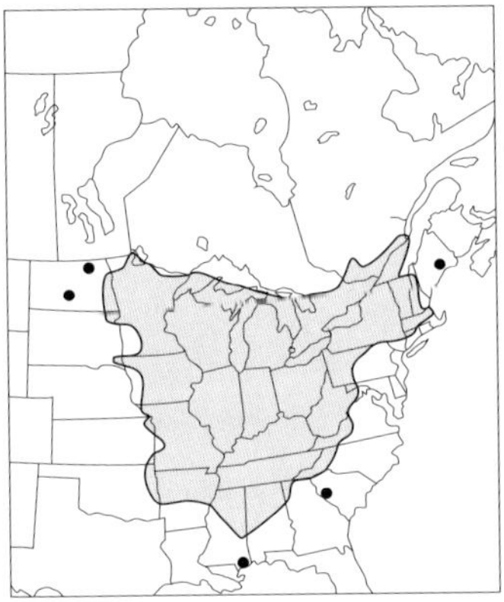

En l'absence de fleurs, la forte taille de l'uvulaire grande-fleur, sa tige ramifiée et ses feuilles à base nettement traversée par la tige permettent de la distinguer aisément des autres liliacées à tige arquée (sceau-de-salomon pubescent*, maïanthèmes étoilé* et à grappes*, streptopes rose* et blanc*). Une espèce très rare en Ontario et absente du Québec, *Uvularia perfoliata*, ressemble à l'uvulaire grande-fleur; un peu plus petite, elle s'en distingue par le revers sans poils de ses feuilles et par ses fleurs plus petites, à face intérieure des tépales garnie de glandes.

Forêts. Caractérise les érablières riches: érablière à caryers, à l'occasion érablière à tilleul. Nord-américaine.

L'uvulaire grande-fleur pousse à partir d'un court rhizome (moins de 1 cm). La plante a joui d'une certaine réputation contre les poisons, en particulier contre les morsures de serpents à sonnettes. En 1708, Michel Sarrazin — médecin du roi en Nouvelle-France, c'est-à-dire employé par l'État — rapporte son utilisation contre les hernies, spécifiant que cet usage vient des Amérindiens. Certains Amérindiens Ojibwés lui reconnaissaient la propriété d'attirer, vers les chasseurs, les cerfs de virginie mâles.

L'uvulaire grande-fleur montre une croissance lente. Comme chez beaucoup d'autres liliacées, la germination s'échelonne sur 2 ans, la plantule n'émergeant qu'au second printemps. De plus, les touffes de l'uvulaire grande-fleur comprennent des tiges sans fleurs, indice d'un cycle de vie comportant des stades juvéniles. Certain manuel d'horticulture mentionne qu'en culture, les plantules demandent 3 ou 4 ans supplémentaires pour fleurir. La production de fleurs à partir de la graine exige donc un minimum de 5 ou 6 ans, en culture, peut-être plus en milieu naturel où la plante ne reçoit ni soins, ni engrais. Ni cueillir, ni transplanter, ni modifier l'habitat. La propagation à partir de graines semble parfois présenter des problèmes; nettoyer les graines et les semer aussitôt mûres, puis attendre 2 ans pour voir pointer quelque chose!

Suite page 450.

*Les uvulaires fleurissent avant le déploiement complet des feuilles, qui semblent flétries au moment de la floraison. Chez l'**uvulaire grande-fleur,** la tige traverse la bas des feuille*

Photo: Gisèle Lamoureux

Sceau-de-salomon poilu, *hairy solomon's-seal*

Herbe-aux-panaris; résinet; sceau-de-salomon pubescent. *Downy solomon's-seal.* Famille du lis, *Liliaceæ.*

Polygonatum pubescens (Willdenow) Pursh. De *polys:* plusieurs, et *gonu:* genou, d'après le rhizome; *pubescens:* poilu (même si la plante a peu de poils, c'est le seul sceau-de-salomon à feuillage poilu indigène en Amérique du Nord).

Herbacée vivace à rhizome. De taille moyenne (0,4 m); tiges isolées, au sein de petites colonies. Tige très arquée. Feuilles glauques (bleuâtres ou gris pâle); poilues sur le revers (nervures); bords sans dents et presque sans poils. Fleurs verdâtres s'ouvrant peu; pendant deux à deux à l'aisselle des feuilles. Fruits charnus, bleus. Les plus grands et plus robustes présentent des groupes de plus de 2 fleurs; ils possèdent le même nombre de chromosomes que les autres ($2n = 20$).

Forêts. Érablières à sucre et forêts mixtes riches; dans les microhabitats rocheux et secs. Nord-américain.

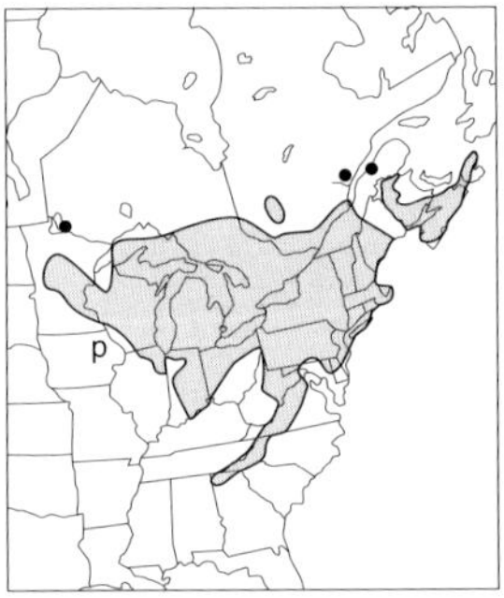

La combinaison feuillage bleuâtre, fleurs groupées par 2 et feuilles à bords non ciliés le distingue des maïanthèmes*, streptopes* et uvulaires*.

La plante présente peu de poils, mais plus que les autres espèces américaines. À la fin de l'été, la tige se coupe au niveau du rhizome et laisse une cicatrice renflée (refrénez votre curiosité: déterrer le rhizome risque de tuer une plante qui vit longtemps). Ces renflements ressemblent à des articulations, d'où le nom latin *Polygonatum* «plusieurs genoux». Les cicatrices évoquent un sceau, à l'origine du très ancien nom «sceau-de-salomon». La légende raconte que Salomon, reconnaissant ses vertus médicinales, marqua le rhizome de son sceau d'approbation. Une autre légende en fait un talisman, permettant à Salomon de forcer les blocs de rocher à lui obéir pour la construction de son temple. L'usage des sceaux-de-salomon européens remonte à Dioscoride (1er siècle), qui les recommandait pour cicatriser les plaies et effacer les taches du visage. Ils furent ensuite réputés pour guérir les ecchymoses (la littérature ancienne spécifie «après les drames conjugaux»), pour souder les os cassés et soulager de l'arthrite et des rhumatismes. Ces utilisations relèvent peut-être de la doctrine des signatures.

Fruits et feuilles des sceaux-de-salomon causeraient vomissements et diarrhées, bien que ces plantes s'utilisèrent en guise d'asperges (pousse) ou farine (rhizome). Faible abondance et croissance lente commandent de s'abstenir.

Cycle peu connu, croissance lente probable. Chose certaine, la germination s'étend sur 2 ans et la plante demande plusieurs années supplémentaires pour fleurir. Une espèce américaine voisine *(P. biflorum)* demande au moins 4 ans pour fleurir, après germination, et d'autres liliacées de la forêt nord-américaine en demandent 5, 6, 8 ou plus. Chaque année, le rhizome du sceau-de-salomon poilu s'allonge de seulement 1 à 3 cm et n'émet qu'une seule tige aérienne à son extrémité; il ne se ramifie pas. Par prudence, ni cueillir, ni transplanter, ni modifier l'habitat. Propager par graines à l'automne. Des cultivars d'une indigène de l'est des États-Unis *(P. multiflorum)*, plus robuste et luxuriante que le sceau-de-salomon poilu, se trouvent dans le commerce.

Réf. sp. Cruise 72, Cullina 99, Kawano 63a, Marie-Victorin 29, Ownbey 44, Sobey 77.

Sceau-de-salomon poilu. *Tige arquée, pres-que à l'horizontale chez les gros individu*

Photo: Gisèle Lamoureux

Pigamon hâtif, *early meadow-rue*

Pigamon dioïque. *Quicksilver-weed.* Famille du bouton-d'or, *Ranunculaceæ.*

Thalictrum dioicum Linné. Du grec *thaliktron,* utilisé par Dioscoride pour désigner une autre plante *(Ruta); dioicum:* dioïque — de *di,* deux, et *oikos,* maison —, les deux sexes étant portés par des individus différents.

Herbacée vivace à rhizome. De taille moyenne (0,6 m), le pigamon hâtif pousse isolément ou en petites colonies. Feuillage gracieux et aérien, vert tendre; grandes feuilles minces, découpées en segments à contours arrondis et bordés de quelques lobes ou grosses dents. Fleurs mâles pendantes et constamment agitées par le vent, anthères jaune clair et filets verts ou rouge-brun. Fleurs femelles avec de longs pistils mauves. Fruits petits, secs.

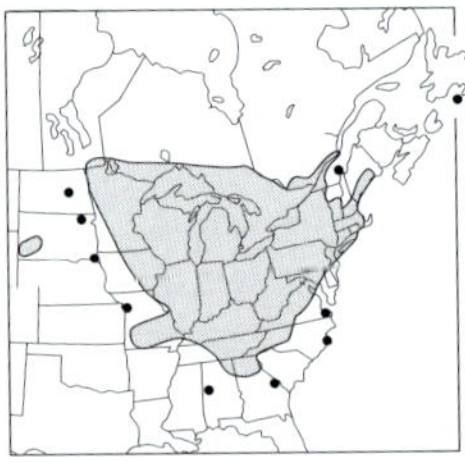

Se distingue des autres pigamons par sa taille moyenne, sa floraison au tout début du printemps, la couleur des fleurs mâles, le vert tendre de son feuillage et son habitat (uniquement forêts décidues). Les feuilles du cohosh bleu* et de l'ancolie du canada* imitent celles des pigamons. L'allure générale et les fleurs et fruits de ces plantes diffèrent cependant beaucoup.

Forêts. Érablières riches (à caryers, à tilleul), dans des microhabitats rocheux. Nord-américain.

Le nom pigamon hâtif lui convient mieux que pigamon dioïque. Il est vraiment dioïque, mais la plupart des pigamons de nos contrées le sont, sinon tous; par contre c'est certainement le plus hâtif des pigamons d'ici. Les plantes dioïques produisent des fleurs unisexuées, qui naissent sur des individus soit mâles, soit femelles; les saules présentent également cette caractéristique. Par opposition, les plantes monoïques engendrent aussi des fleurs unisexuées, mais portent les deux sexes sur un même individu: c'est le cas du maïs, dont les fleurs mâles terminent les tiges — les croix —, au-dessus des fleurs femelles — qui donneront les épis de blé-d'inde. Quant aux plantes dites polygames, dont certains pigamons, elles portent, sur le même individu, fleurs mâles, femelles et hermaphrodites (à la fois mâle et femelle, du nom de l'enfant d'Aphrodite et d'Hermès, qui possédait cette nature). Belle classification, mais il existe quantité d'exceptions, d'intermédiaires, etc. Le sexe des individus de pigamon hâtif change parfois, du moins dans des conditions expérimentales et, en serre, il fleurit apparemment jusqu'à 5 fois entre mai et novembre.

La présence d'alcaloïdes rendrait toxiques plusieurs espèces de pigamons. Certaines auraient des propriétés médicinales, dont celle de combattre des tumeurs.

De croissance lente, le pigamon hâtif demande 3 ans pour fleurir à partir de semis. Ni cueillir, ni transplanter, ni modifier l'habitat. Semer les graines dès leur maturité.

● ◑ ◊

Réf. sp. Schaffner 25.

Fleurs femelles à longs stigmates mauves.

Pigamon hât
Fleurs mâl
jaune cla
constamme
agitées p
le ve

Photos: Gisèle Lamoureux

Renoncule avortée, *small-flowered buttercup*

Renoncule abortive. *Kidneyleaf buttercup; small-flowered or smooth-leaved crowfoot.* Famille de la renoncule, *Ranunculaceae.*

Ranunculus abortivus Linné. Nom utilisé par Pline (23-79), diminutif de *rana:* grenouille, les espèces aquatiques de renoncule croissant en compagnie des grenouilles; *abortivus:* avortée, à cause de la petitesse des pétales et des styles.

Herbacée de petite taille (0,25 m), poussant isolément ou en touffes. Caractérisée par des fleurs très petites (0,6 cm), en regard de la plante, et par la présence de deux types de feuilles. Fleurs peu remarquables; 5 sépales verts égalant ou dépassant les 5 pétales jaunes. Feuilles de la base: arrondies ou en cœur ou en rein, crénelées (dents larges et arrondies), un peu charnues; au bout d'une longue queue. Feuilles de la tige: très variables, profondément divisées en plusieurs segments.

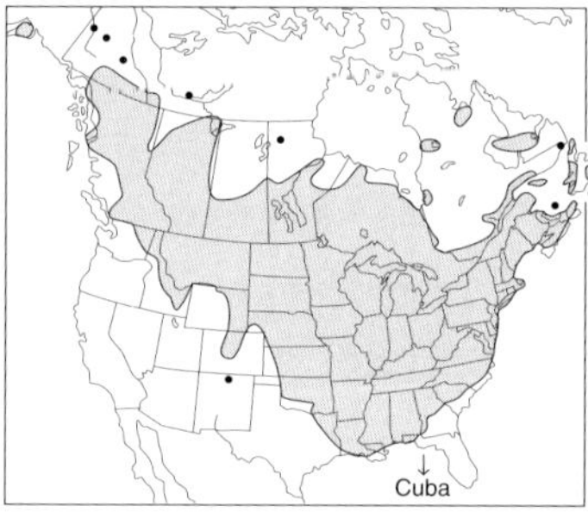

Forêts, plus rarement lieux plus ouverts (pâturages humides, fossés et ravins). Érablières (surtout à tilleul, dans les microhabitats frais et humides), forêts mixtes et cédrières. Nord-américaine.

L'épithète latine *abortivus* se traduit aussi par abortif, mais le sens le plus courant de ce terme signifie «qui provoque l'avortement». Cette renoncule ne possède pas cette propriété et le nom renoncule abortive, utilisé par Marie-Victorin, se réfère plutôt à une deuxième signification moins connue du mot abortif: «qui ne parvient pas au terme de son développement». Avorté traduit bien ce sens et sans équivoque; c'est pourquoi le nom renoncule avortée — adopté par Provancher en 1862 — paraît plus approprié. Les graines de la renoncule avortée germent bien après un séjour au froid et une période de dormance de 3 ou 4 mois. Le taux de germination en conditions de culture avoisine alors 100 %.

Depuis longtemps, le jus irritant des renoncules s'utilise comme révulsif (tel un cataplasme de moutarde provoquant un afflux de sang pour décongestionner un organe). Par distillation, il fut possible d'en retirer l'anémonine et d'obtenir ainsi un jus non irritant. Mais l'anémonine elle-même se révéla inoffensive. Mystère! D'autres distillations isolèrent une huile jaune, la protoanémonine, très irritante, instable et se transformant spontanément en anémonine, par exemple en cours de séchage ou de cuisson. La transformation de cette molécule instable explique que la renoncule bouton-d'or° qui se trouve dans le foin séché, devient inoffensive (anémonine), alors qu'à l'état frais, le bétail ne la broute qu'en dernier ressort, à cause de la substance irritante (protoanémonine). Ceci s'observe bien dans les pâturages ou la renoncule bouton-d'or reste debout après le passage des animaux. La protoanémonine résulte elle-même de la dégradation, par des enzymes, d'un précurseur plus stable mais inoffensif, la ranunculine. Le degré de toxicité varie selon l'espèce de renoncule, le stade de développement, les conditions de croissance, le taux d'activité des enzymes et la susceptibilité de l'animal. La plus forte concentration de protoanémonine se mesure à la floraison, et la plus faible, au stade juvénile — 6 fois moins, en moyenne. Pour sa part, on attribue à la renoncule avortée au moins un cas de mortalité de bétail.

Réf. sp. Lincoln 76a.

*La **renoncule avortée** et ses mini-fleu*
Remarquez ses 2 types de feuilles: celles
la base, en forme de rein, les autres, déc
pées en segments de plus en plus fi

Photo: Jacques Labrecque

Médéole de virginie, *indian cucumberroot*

Concombre sauvage; jarnotte. Famille du lis, *Liliaceae*.

Medeola virginiana Linné. De Médée, magicienne de la mythologie; *virginiana:* de Virginie.

Herbacée à rhizome. De taille moyenne (50 cm), la médéole de virginie pousse en petites colonies. Tige solitaire, portant deux étages de feuilles (2 verticilles) et terminée par quelques fleurs. Fleurs très élégantes, pendantes; 6 tépales (sépales et pétales identiques) jaune verdâtre, recourbés; 6 étamines et pistil à 3 longs styles rouge vin. Feuilles allongées, rétrécies au deux extrémités, à nervures parallèles; sans queue et teintées de rouge à la base. Fruits charnus, bleu foncé.

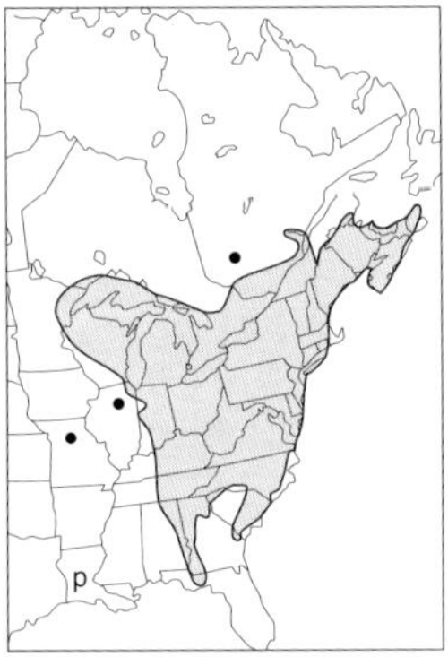

Les médéoles juvéniles ne comptent qu'un étage de feuilles et ressemblent aux individus sans fleurs de trientale boréale*. Plus délicates, plus étroites et effilées, les feuilles des trientales présentent des nervures non parallèles.

Forêts. Surtout érablière à bouleau jaune; aussi érablière à tilleul et forêts mixtes. Nord-américaine.

Au moment de la fructification, les feuilles de l'étage supérieur, juste sous les fruits, se colorent vivement — un peu à la manière des bractées (feuilles modifiées) du poinsettia et du cornouiller quatre-temps*, au moment de leur floraison. Le genre médéole ne compte qu'une espèce, propre à l'Amérique du Nord. Un de ses noms, jarnotte, la désignait déjà en Nouvelle-France, en 1708. C'est un mot normand, qui vient de l'ancien norvégien *jardhnotr*, signifiant noix de terre — en anglais *earth nut*, expression qui présenterait la même origine. Un mot norvégien qui désigne une plante exclusivement nord-américaine? C'est que jarnotte désigne aussi des plantes européennes qui, comme la médéole, possèdent des tubercules, telles la campanule fausse-raiponce *(Campanula rapunculoides)* et trois ombellifères (famille de la carotte): *Bunium bulbocastanum, Conopodium denudatum* et *Œnanthe pimpinelloides*. «Le cas de la jarnotte et d'autre faits linguistiques communs aux flores de la Norvège et de la Normandie (mais pas du Danemark) ont permis de soutenir que les ancêtres des Normands venaient de Norvège et non du Danemark.» (Rousseau 1955, page 155)

Comestible, de saveur agréable et rafraîchissant, le tubercule constitue toutefois un organe vital, essentiel à la plante pour qu'elle continue de vivre et de se multiplier. Comme les colonies comptent rarement des centaines d'individus, il faut s'abstenir de le déterrer et d'y goûter, même par curiosité.

De croissance lente, la médéole de virginie demande 2 ans pour germer et met ensuite plusieurs années pour fleurir une première fois. La production commerciale en pépinière est actuellement estimée impossible ou très difficile et demande plus de 5 ans. Le risque que les médéoles de virginie offertes sur le marché proviennent de prélèvements intégraux en milieu naturel sont extrêmes et ces pratiques nuisent au maintien des populations naturelles. Ni acheter, ni cueillir, ni transplanter, ni modifier son habitat. Récolter parcimonieusement les graines (moins de 10 % de la production annuelle) et semer dès qu'elles sont mûres, après enlèvement de la chair du fruit.

Suite page 401.

*La **médéole de virginie**, une plante à deux ges. Quel bel exemple de feuilles en vertic*

Photo: Gisèle Lamoureux

Chélidoine herbe-aux-verrues, *greater celandine*

Chélidoine éclaire, majeure; grande chélidoine; grande éclaire; herbe-à-la-vue, -à-l'éclaire, -aux-hirondelles, -aux-verrues, -de-sainte-claire. *Killwart; swallowwort; wartweed.* Famille du pavot, *Papaveraceæ.*

Chelidonium majus Linné. Du grec *khelidon:* hirondelle, soit parce que la plante fleurit à l'arrivée de cet oiseau et se fane à leur départ, ou parce que la légende veut que la mère hirondelle frotte les yeux de ses petits avec la sève de cette plante pour leur rendre la vue; *majus:* plus grand (majeur).

Herbacée vivace. De taille moyenne (0,5 m), la chélidoine herbe-aux-verrues (prononcer «kélidoine») se remarque par le jaune brillant des fleurs et le vert tendre de ses massifs denses, généralement peu étendus. Tige à ramifications divergentes, occupant beaucoup d'espace; couverte, tout comme le revers des feuilles, de pruine et de poils blancs, hérissés. Feuilles à grands segments découpés en lobes et dents arrondis. Fleurs à 4 pétales, sépales (2 ou plus) tombant à l'ouverture de la fleur, un long pistil; rassemblées (≈5 à 7) en ombelles où une seule fleurit à la fois. Fruits longs et étroits, bosselés, leurs ombelles à longue queue rappelant des candélabres; graines à caroncule, recherchées par les fourmis (voir p. 435). Il existe des plantes à fleurs doubles.

Lieux ouverts ou semi-ombragés, humides, non loin des lieux habités. Orée des bois, le long de routes, pentes sourceuses. Introduite d'Europe et mentionnée pour la première fois en Amérique du Nord en 1821 (Holmes, à Montréal). Au Québec, se répand peu et semble localisée autour des lieux habités depuis longtemps, le long du Saint-Laurent et en Estrie, comme si elle persistait simplement après culture (comme plante médicinale). Circumboréale à aire disjointe.

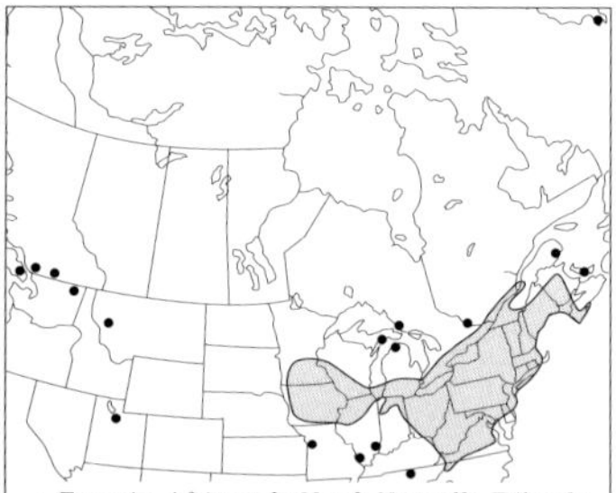

+ *Eurasie, Afrique du Nord, Nouvelle-Zélande.*

D'après Marie-Victorin: «Cette plante ne vit qu'un petit nombre d'années, parce que la racine se détruit par un processus particulier. [...] les bourgeons de remplacement ne produisent pas de nouvelles racines et la plante périt.» L'aspect du suc jaune de la chélidoine rappelant la bile, les tenants de la doctrine des signatures suggérèrent, dès le XVIe siècle, que la plante soignait les affections du foie... avec raison! la médecine moderne le confirmant. La chélidoine montre des propriétés narcotiques, conférées par la chélidonine, dont les effets se rapprochent de ceux de la morphine. Elle prévient les spasmes des muscles lisses, soulageant ainsi la douleur des malades atteints d'angine de poitrine, d'asthme, d'artériosclérose, de cancer à l'estomac (elle ne guérit pas le cancer!), etc. Dès l'antiquité, à doses très diluée, elle soignait les ophtalmies; de là certains de ses noms, dont grande éclaire.

Utilisée de tout temps contre les verrues, durillons, cors: badigeonner de sève fraîche 3 fois par jour, jusqu'à disparition.

Son usage impose la prudence: comme la plupart des plantes de la famille du pavot, la chélidoine est mortelle à doses excessives. Elle contient 1 % d'alcaloïdes, dont la chélidonine et la sanguinarine, cette dernière se trouvant aussi chez la sanguinaire du canada* (voir page 46).

Chélidoine herbe-aux-verrues. *Se remar par le jaune brillant des fleurs et le tendre de ses massifs denses. Fleurs en belles, où une seule fleurit à la fois. Fr longs et étroits, bosselés, leur arrangen rappelant des candélab*

Photo: Gisèle Lamoureux

Populage des marais, *marsh-marigold*

Calthe ou populage des marécages; souci-d'eau; souci-des-marais. *Buttercup; cowflock; cowslip; kingcup; king's-cup; mayblob(s); meadowbright.* Famille de la renoncule, *Ranunculaceae.*

Caltha palustris Linné. Incluant *C. arctica* R. Brown, *C. asarifolia* DeCandolle, *C. radicans* J.R. Foster. Ancien nom de genre, donné par Virgile (70-19 avant Jésus-Christ) et par Pline (23-79) à une fleur jaunâtre et odorante, probablement le souci *(Calendula* et non *Tagetes),* transféré aux populages par Linné et non, comme le veut une autre hypothèse, de *calathos:* corbeille; *palustris,* du latin *palus:* marais.

Herbacée vivace charnue, de taille moyenne (0,3 m). Forme des touffes bombées et croît en colonies. Fleurs (3-4 cm) jaune brillant; sans pétales mais à 5 sépales (parfois plus) à forme et coloration de pétales.

Lieux humides, ouverts ou semi-ombragés. Rivages, marécages, pâturages, fossés, ruisseaux (même en sous-bois), aulnaies. Circumboréale. Rare: Nouvelle-Écosse.

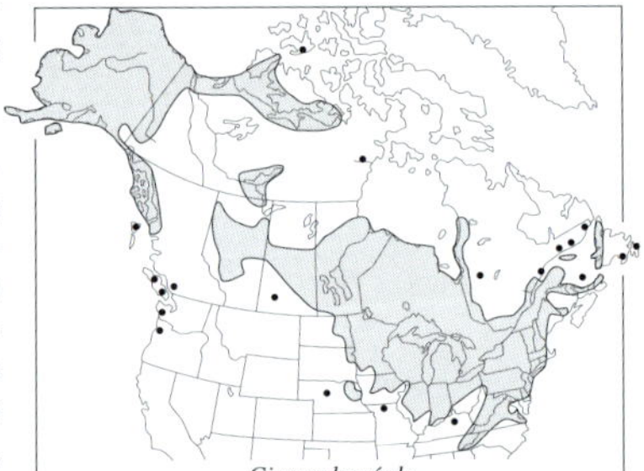
Circumboréale

Après un long hiver sans végétaux frais, les premiers colons en Amérique se régalaient de ses jeunes feuilles, cuites dans 2 eaux (3 ou plus pour feuilles adultes), ce qui en diminuerait l'acreté et le pouvoir irritant (utilisation semblable: symplocarpe chou-puant*). Succédanné de câpres: jeunes boutons floraux, trempés une nuit dans l'eau salée, puis cuits dans du vinaigre et des épices. Plusieurs groupes inuits ou amérindiens, dont les Abénaquis et les Iroquois, consommaient les jeunes plants, jeunes tiges ou feuilles, cuits, car ils connaissaient la toxicité de la plante non bouillie.

Le populage relève d'une famille comprenant des plantes dangereuses (hellébore, aconit, dauphinelle, etc.). Des empoisonnements mortels (personnes, bétail, chevaux) lui furent imputés en Europe. Il cause les mêmes problèmes que les renoncules: à l'état frais, toutes ses parties se montrent acres, irritantes et contiennent de l'anémonine (voir renoncule avortée* page 162); aussi le bétail l'évite-t-il. Volatil, le principe toxique ne se trouve pas dans la plante séchée. Les jeunes plantes seraient peu ou pas toxiques; la toxicité se développerait à partir de la floraison et durant le vieillissement — donc consommer prudemment les boutons floraux. Selon certains, le populage des marais contiendrait d'autres substances toxiques, dont de l'elléborine dans ses racines. Les Iroquois utilisaient l'infusion des racines broyées comme vomitif... en particulier contre les sortilèges amoureux!

Voir page 408.

Plante à croissance lente, qui vivrait au moins 50 ans. En culture, il s'écoule 3 ou 4 ans entre le semis et la floraison, mais probablement bien plus en milieu naturel. Ni cueillir, ni transplanter, ni modifier son habitat. Prélevé massivement à des fins horticoles ou de consommation, le populage des marais devint rare et disparut même de certaines régions de l'est de l'Amérique du Nord. Il est peu probable qu'il puisse soutenir une récolte commerciale. Récolter parcimonieusement les graines mûres, seulement dans les populations abondantes; semer aussitôt. pH 5-7

Suite page 408.

*Le **populage des marais** pousse les pieds dans l'eau. Facile à repérer: le jaune éclatant de ses bouquets se voit de*

Photo: Gisèle Lamoureux

Clintonie boréale, *bluebead-lily*

Clintonie jaune; lis-boréal. *Bearberry; bear-plum; bluebeads; bead-, corn-, northern- or straw-lily; calfcorn; cornflower; cowtongue; dogberry; dragonessplant; healall; hound's-tongue; yellow clintonia; poisonberry* (Terre-Neuve); *scurvyleaves; springflower; wild corn; wild lily-of-the-valley.* Famille du lis, *Liliaceæ.*

Clintonia borealis (Aiton) Rafinesque-Schmaltz. Incluant *Convallaria borealis* Poiret, *Dracæna borealis* Aiton. Dédié à DeWitt Clinton, naturaliste et longtemps gouverneur de l'État de New York (1769-1828); *borealis:* du nord.

Herbacée vivace à rhizome. De taille moyenne (0,3 m), elle forme des tapis. Feuilles réunies en rosette; grandes, luisantes et un peu charnues; nervures parallèles. Fleurs jaunes, en ombelle terminant une longue hampe; 3 sépales et 3 pétales identiques (tépales), 6 étamines, stigmate à 2 ou 3 lobes. Fruits attrayants, charnus, bleu acier avec un oeil noir.

Il existe une forme à fruits blancs *(forma albicarpa).* La clintonie boréale le fut déjà rattachée au genre *Convallaria,* avec les maïanthèmes et le muguet cultivé. Il est vrai que ses feuilles, et les tapis qu'elles forment, ressemblent à ceux du muguet lorsqu'il persiste après culture sous ombrage.

Forêts. Caractéristique de la forêt boréale; aussi dans d'autres forêts coniférienes ou mélangées et dans les lieux frais et humides des érablières. Supporte mal la chaleur et recherche l'ombre épaisse. Nord-américaine.

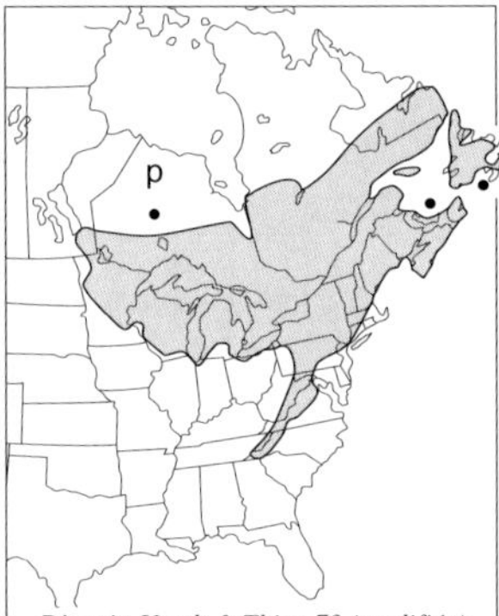

D'après Utech & Thien 73 (modifiée)

Fruits réputés toxiques. Certains contes amérindiens laissent croire à la toxicité de toute la plante (voir page 326). Sa croissance lente prescrit de ne pas en manger, pour éviter de nuire à la survie de l'espèce. Retenir que dans des situations exceptionnelles — non simplement pour expérimenter — elle représente une nourriture de survie. Au printemps, les feuilles encore enroulées se mangent comme légume, crues ou cuites; mais elles deviennent vite amères et coriaces.

Le rhizome de la clintonie boréale contient de la diosgénine, une saponine largement utilisée en médecine comme précurseur de corticostéroïdes, de stéroïdes anabolisants, de progestérone (respectivement: anti-inflammatoires; substances accroissant la masse musculaire; hormone femelle présente dans les anovulants).

De croissance très lente, la clintonie boréale demande au moins 2 ans pour germer. Au cours des 5 premières années, sa croissance se révèle très faible: elle ne forme pas de rhizome détectable et la plante ne produit d'abord qu'une seule petite feuille (1 à 5 cm^2). À partir de la graine, il lui faut au moins une douzaine d'années pour produire une rosette de 3 feuilles. Généralement, ce n'est que plus tard, lorsqu'elle aura produit 3 feuilles plus grandes ou 4 feuilles, qu'elle fleurira et, en même temps, amorcera sa propagation végétative. Ni cueillir, ni transplanter, ni modifier l'habitat. Par ailleurs, la culture à partir des graines (débarrassées de la pulpe) présente un défi: peu de plantules survécurent à des essais de culture.

● pH 4-5

Suite page 314.

*La **clintonie boréale** pousse lentement. À partir d'une graine, elle demande une quinzaine d'années pour fleurir. Un tapis d'un mètre carré est centenaire*

Photo: Gisèle Lamoureux

Violette feuille-ronde, *round-leaved violet*

Violette à feuilles rondes. *Early yellow or round-leaf yellow or stemless yellow violet.*
Viola rotundifolia Michaux. Nom latin classique (voir encadré p. 463); *rotundifolia:* à feuilles rondes.

Herbacée vivace à rhizome. Violette jaune acaule très petite. La violette feuille-ronde forme des touffes rassemblées en petits tapis. Au moment de la floraison, avec ses feuilles dressées, un peu charnues, encore enroulées et froissées, elle rappelle les violettes-africaines *(Saintpaulia)*. Par la suite, ses feuilles s'agrandissent (jusqu'à près de 10 cm), perdent leurs poils (au moins sur le dessus), deviennent cireuses et s'appliquent sur le sol, ce qui permet de reconnaître l'espèce, même en l'absence de fleurs. Feuilles à maturité: arrondies à la base, mais non vraiment rondes dans leur ensemble, et lobes très rapprochés, séparés par un sinus très étroit. Voir tableau comparatif p. 456.

D'après Bouchard & Maycock 1970 (modifiée)

Forêts. Érablières (à caryers, à tilleul, à bouleau jaune); en particulier: ravins et le long de ruisseaux qui inondent au printemps. Supporte des lieux très ombragés; souvent avec la pruche ou dans des zones érodées, le long de sentiers. Au Québec: une trentaine de localités, dont les parcs du mont Orford et du mont Mégantic. Nord-américaine. Rare, mais sans statut légal de protection: Canada, Québec (Bouchard 1983), Ontario.

Très hâtive, c'est une des premières fleurs printanières. Elle s'épanouit avant que la neige soit complètement disparue et alors que les feuilles de l'érythrone d'amérique* émergent à peine. C'est la seule violette acaule à fleurs jaunes du nord-est de l'Amérique; elle varie très peu et ne s'hybride avec aucune autre violette. Les botanistes la considèrent primitive et c'est la violette américaine qui compte le plus petit nombre de chromosomes ($n = 6$). À la fin de l'été, elle produit des tiges prostrées (en forme de stolon, mais ne s'enracinant pas), portant chacune quelques fleurs cléistogames — c'est-à-dire qui ne s'ouvrent pas. Au Québec, la première récolte remonte à mai 1881, à Knowlton. Mais c'est André Michaux qui, le premier, découvrit la violette feuille-ronde, dans les «hautes montagnes des Carolines» (Blue Ridge Mountains). Voici ce que dit son journal: «...Le 29 (mars 1796) parti de chez Davinport... Violettes à feuille dentelées réniformes pétiole velu et fl. jaune en pl. fleur sur les bords des ruisseaux et lieux très frais.»

La violette feuille-ronde se multiplie végétativement, par ramification du rhizome et production de nouvelles touffes, rassemblées en colonies circulaires de 1 à 2 m. Peu fréquente (on la rencontre rarement), mais souvent, lorsqu'elle se pointe quelque part, elle abonde, grâce à son mode de multiplication. En milieu naturel, personne n'a encore observé des plantules issues de graines. En conditions de culture, les graines germent, mais les plantules ne vivent pas plus de quelques mois. Des essais de transplantation échouèrent également. Aussi bien ne pas nuire à la propagation de cette plante rare: ni cueillir (pas même les graines), ni transplanter, ni modifier l'habitat.

Réf. sp. Ballard 94, Bouchard 70, 83, Cinq-Mars 66, Morin 86, Russell 65.

***Violette feuille-ronde**. Seule violette acau*
et à fleurs jaunes d'ici. Petite et très hâtiv
fleurit avant la disparition de la neige
alors que les feuilles de l'érythrone éme*
gent à peine. À ce moment, avec ses feuill
dressées, un peu charnues et froissées, r
rappelle-t-elle pas les violettes-africain
(Saintpaulia)*? Rare, ne pas dérange*

Photo: Normand Lalonde

Violette jaune, *downy yellow violet*

Violette pubescente, velue. *Smooth yellow violet.* Famille de la violette, *Violaceae.*
Viola pubescens Aiton. Incluant *V. eriocarpa* Schweinitz, *V. pensylvanica* Michaux. Nom latin classique (voir encadré page 463); *pubescens:* pubescente, la plante portant des poils.

Herbacée vivace à rhizome. De taille moyenne (0,15 m), la violette jaune pousse isolément ou forme des touffes, rassemblées en colonies denses. Dans nos contrées, c'est la seule violette caulescente à fleurs jaunes (la violette des champs* porte des fleurs crème).

Après bien des hésitations et l'étude de milliers de spécimens, les botanistes semblent s'entendre aujourd'hui sur l'existence d'une seule espèce de violette caulescente à fleurs jaunes, du moins dans notre contrée. À l'époque de Marie-Victorin, la tendance était à en reconnaître deux et sa *Flore laurentienne* (1964) mentionne *Viola pubescens* (rare) et *Viola pensylvanica* (très fréquente). Aujourd'hui, celle-ci se trouve réduite au rang de variété (variété *leiocarpon)* au sein de *Viola pubescens* et il existe quantité d'intermédiaires entre les deux. Grosso modo,

- la variété *pubescens* est très poilue (même les fruits), à tige isolée et peu feuillée, dépourvue de feuilles à la base (ou une feuille);
- la variété *leiocarpon* est moins poilue et à fruits sans poils, à tiges plus feuillées et rassemblées en touffes, avec plusieurs feuilles à la base; c'est son aspect touffu et très feuillé qui permet le mieux de la distinguer de l'autre variété.

Voir tableau des violettes page 456.

Forêts. Très fréquente dans les érablières ou forêts mixtes. Aussi à l'orée des bois, dans des forêts en bordure de cours d'eau ou autour des habitations. La variété typique (variété *pubescens),* rare au Québec, pousse dans les érablières riches (à caryers, à tilleul) souvent sur des calcaires, dans l'Outaouais et la Montérégie, rarement ailleurs. Nord-américaine. Rare: Saskatchewan, Île-du-Prince-Édouard.

En latin, pour désigner le rassemblement des deux anciennes espèces *(pubescens* et *pensylvanica),* pourquoi avoir choisi l'épithète *pubescens,* celle qui désignait l'espèce la plus rare? La nomenclature botanique a des règles très strictes et, dans un tel cas, c'est le nom le plus ancien qui prévaut, pas nécessairement celui de l'entité la plus fréquente. En français, nommer cette plante d'après son épithète latine «violette pubescente» ou «velue», paraît inapproprié, car la pilosité varie beaucoup chez cette espèce et sert, en partie, à délimiter deux variétés (les deux anciennes espèces). C'est la seule violette à fleurs jaunes commune ici et le nom «violette jaune» devrait lui être réservé. Il existe une autre violette à fleurs jaunes dans nos contrées, acaule et très rare (peu de localités): la violette feuille-ronde, de même qu'une violette à fleurs crème: la violette des champs*, caulescente et très rare aussi en dehors des cultures.

La violette jaune, du moins la variété la plus commune, se propage facilement par graines et se ressème. Elle forme un couvre-sol intéressant, utilisé comme arrière-fond entre des plantes plus hautes.

Suite page 478.

Violette jaune. *La violette caulescente fleurs jaunes commune, abondante le lon des sentiers, des cabanes à sucre, où el profite d'éclaircies dans le couvert forestie*

Photo: Roger Larose

Violette des champs, *field violet*

Pensée des champs; petite pensée. *European field pansy; wild pansy.* Famille de la violette, *Violaceae*.

Viola arvensis Murray. Nom latin classique (voir page 463); *arvensis:* des champs.

Herbacée annuelle. Violette caulescente petite (0,25 m). Feuilles rappellant celles de la marguerite blanche°. Stipules (appendices à la base des feuilles) très développées, presque autant que les feuilles, et découpées en segments allongés. Petites fleurs (0,8 cm) crème (tache jaune foncé sur le pétale du bas). Longs sépales, dépassant les pétales ou de même longueur. Juvénile réduit à une rosette de feuilles.

Dans nos contrées seule la violette des champs affiche des fleurs crème. La violette pensée* lui ressemble, sauf sa fleur: 2 pétales du haut violet foncé et sépales 2 à 3 fois plus courts que les pétales. En Europe, les deux croissent dans les mêmes champs et s'hybrident. Voir tableau des violettes page 456.

Lieux ouverts, perturbés. Fraisières, cultures de céréales (blé, seigle, etc.) et maïs, prairies et pâturages. Parfois autour des habitations: à rechercher près d'anciens jardins. Introduite d'Eurasie, où elle est indigène.

En Europe, la violette des champs figure parmi les principales plantes nuisibles à l'agriculture; elle envahit diverses cultures. Déjà introduite en 1843 en Amérique (New York), elle n'est pas considérée actuellement assez nuisible à l'agriculture au Canada pour figurer sur les listes des plantes bannies par règlement. Elle se retrouve aussi loin qu'en Nouvelle-Zélande et sa large répartition indique une adaptation à des climats tant frais que chauds. Elle pousse sur toutes sortes de sol, de préférence légers, sableux, et supporte bien la sécheresse — d'où sa réussite dans les fraisières, souvent cultivées sur de tels sols. Par contre, elle tolère mal la compétition et s'étend après la répression des autres plantes nuisibles, par des herbicides. Car elle, elle résiste à plusieurs herbicides! La violette des champs réussit bien sur des sols perturbés, tels ceux labourés régulièrement. Elle semble en expansion tant en Amérique du Nord qu'en Europe, peut-être à cause de cultures liées à une plus large dépendance aux herbicides. La germination se déroule en automne ou au printemps, en dépit des gels nocturnes. Les plantules nées en automne passent l'hiver au stade de rosette de feuilles. Bien qu'annuelle, cette violette persiste parfois un peu plus d'un an.

La fleur s'autopollinise. Un fruit produit en moyenne 50 ou 75 graines et un plant, de 1400 à 2500 graines. Mais en conditions optimales, c'est plutôt de 20 000 à 46 000 graines qu'un plant produit en un été. La capsule projette ses graines en moyenne à 2,1 m. Dans un champ de céréales, au moment de la récolte, jusqu'à 55 % des graines de violette des champs adhèrent encore à la plante, qui contamine alors la paille récoltée. Ses graines vivent longtemps: des graines exhumées après 300 et 400 ans étaient encore viables. Un taux plus élevé de graines germe la seconde année plutôt que la première, puis ce taux décroît exponentiellement. Certains rapportent que 80 % des graines germent en dedans de 11 ans. D'autres estiment que, dans des sols cultivés, 55 % germent en dedans de 6 ans, mais que dans des sols non cultivés, ce taux passe à 20 %. Le labour et le froid stimulent la germination, mais la chaleur du sol, en été, la réduit ou l'empêche. Ainsi, un labour ne contrôle cette plante que lorsqu'elle est jeune, avant que ne se forme une banque de semences dans le sol.

Réf. sp. Ballard 94, Cinq-Mars 66, Doohan 92, Russell 65.

Violette des champs. *Ici, c'est la seule v lette qui affiche des fleurs crème (ta jaune foncé sur le pétale du bas). Sépa dépassant les péta*

Photo: Gisèle Lamoureux

Violette pensée, *wild pansy*

Herbe-de-la-trinité; pensée cultivée, sauvage; violette tricolore. *Bird's-eyes; field or miniature pansy; heart's-ease; johnny-jump-up; ladies'-delight; wild violet.*

Viola tricolor Linné. Nom latin classique (voir encadré page 463); *tricolor:* à trois couleurs, d'après les pétales.

Herbacée annuelle ou bisannuelle. Violette caulescente très petite (0,1 m), mais très colorée: 2 pétales du haut d'un violet intense, contrastant avec les 3 autres jaunes et crème. Fleurs (2-3 cm) plus grandes que celles de la violette des champs*, mais à sépales 2 à 3 fois plus courts que les pétales. Pour le reste, ressemble à la violette des champs*, mais de taille plus forte. Les deux croissent dans les mêmes champs, surtout en Europe, et s'hybrident. Certains considèrent la violette des champs comme une variété de la violette pensée. Voir tableau comparatif des violettes p. 459.

Échappée de culture; autour des habitations (plates-bandes, parterres). Dans certaines cultures, avec la violette des champs: céréales (blé, seigle, etc.) et maïs, fraisières, prairies et pâturages. Introduite d'Eurasie, où elle est indigène.

Contrairement aux autres violettes, la violette pensée (sauvage ou cultivée) et la très voisine violette des champs* ont les deux pétales latéraux dirigés vers le haut. Ce sont ces deux espèces que les Français, les premiers, nommèrent pensées et le nom existait dès 1541. Le nom anglais *pansy* ou *pansie* en dérive et une forme ancienne s'écrit *pawnce.* Quel lien existe-t-il entre la violette pensée et la pensée cultivée? D'après J. Rousseau (Marie-Victorin, 1995): «Cette espèce *(V. tricolor)*, introduite dans les jardins d'Angleterre, en 1813, a donné naissance à toutes les variétés de Pensées cultivées. Dans la majorité des cas, ces races sont bien fixées. Bien qu'extrêmement diversifiées au point de vue de la coloration, ces variétés retiennent un caractère inaltérable: le centre de la fleur est toujours jaune.». Depuis longtemps favorite des jardins anglais, la violette pensée cultivée *(Viola tricolor* variété *hortensis)* produit une floraison abondante et durable, de couleurs fort diverses. Laissée à elle-même, elle redevient plus humble: sa taille diminue, ses fleurs retrouvent les 3 couleurs d'origine et leur diamètre passe à 2 ou 3 cm; revenue à l'état sauvage, elle persiste peu de temps sous nos climats. La coloration varie et laisse croire que le passage de la violette pensée cultivée à la violette pensée sauvage s'effectue par étapes. Parfois, tous les pétales sont jaunes ou presque entièrement violet foncé. D'autres fois, les 3 pétales jaunes sont bordés d'un sommet violet... ou encore le violet des pétales du haut varie du pâle au foncé. Lorsque arrachée pendant sa floraison et mise à sécher, la violette pensée continue la maturation de ses fruits.

La violette pensée fut inscrite dans les pharmacopées officielles de France et des États-Unis. Quoiqu'à un degré moindre, fleurs et racines offrent les mêmes services que la violette odorante* (provoquer des vomissements et expulser les sécrétions des voies respiratoires). En outre, elle fut réputée contre les dermatoses (maladies de peau), en particulier les croûtes de lait du nourrisson, l'eczéma, l'impétigo et les dermatoses d'origine neuro-arthritique. On l'utilisait largement pour purifier l'organisme (dépuratif), car elle favoriserait l'élimination des toxines; elle serait aussi efficace contre l'acnée juvénile. Outre du mucilage, la plante contient du salicylate de méthyle (voir saule p'tit-minous*, page 415), ce qui lui donne une saveur de gaulthérie thé-des-bois°.

Suite page 488.

Violette pensée. *Celle qui a donné naissa ce à toutes les variétés de pensées cultivé Laissées à elles-mêmes, celles-ci se ress ment, leur taille diminue et elles retrouve les 3 couleurs d'origine, violet, jaune crème, diversement réparties dans la fle*

Photo: Gisèle Lamoureux

Dircé bois-de-plomb, *leatherwood*

Bois-de-cuir; dirca des marais; bois-de-plomb. *Moosewood; ropebark; wicopy.* Famille de la dircé, *Thymelaeaceæ.*

Dirca palustris Linné. De Dircé: personnage de la mythologie grecque; *palustris:* des marais (pourtant pas son habitat!).

Arbuste ou petit arbre, dépassant rarement 2 m. Se couvre de petites fleurs jaune or, avant que ses feuilles soient bien étalées. Écorce lisse, brun très pâle. Feuilles alternes, ovales et minces, sans dents aucune, poilues lorsque jeunes. Fleurs pendantes, en forme de cloche et groupées par 2, 3 ou 4. Fruits rouges, charnus. Bourgeons protégés par des écailles couvertes de longs poils bruns, semblables à de la fourrure; chacun caché dans la base élargie de la queue de la feuille et le bourrelet du rameau attenant. Absence de bourgeon terminal, expliquant le zigzag des rameaux et leurs bourrelets bien caractéristiques.

Forêts. Érablières les plus riches (à caryers, à tilleul). Moins souvent: lieux plus ouverts, sablonneux ou rocheux. Nord-américaine. Rare: Nouvelle-Écosse.

Dircé, femme de Lycos et reine de Thèbes, traita cruellement la princesse Antiope sa rivale. Par vengeance, les fils d'Antiope attachèrent Dircé aux cornes d'un taureau, qui la déchira sur des rochers. D'aucuns racontent que son corps fut jeté dans une fontaine qui prit son nom ou que Dionysos le changea en fontaine. Plusieurs hypothèses tentent d'expliquer l'origine du nom «bois-de-plomb», déjà en usage au temps de Tournefort (1700). La plus plausible rapporte une note du marquis de La Galissonnière, mentionnant le nom «pelon», parce que la dircé se pèle; puis de bois-de-pelon à bois-de-plomb... Et pourquoi la peler? L'écorce, molle et flexible mais solide et résistante comme du cuir *(leatherwood)*, servait à faire des liens: cordes, courroies, et pour rempailler les chaises. Couper la moindre branchette nécessite un couteau, sinon l'écorce suit et se pèle jusqu'au sol (dangereux pour la plante). Les Amérindiens utilisaient cette fibre pour coudre canots et paniers d'écorce de bouleau; rapportée comme fibre textile dans un site archéologique (Ohio), datant de 400 ans avant notre ère. Laissées à elles-mêmes, en milieu naturel, les graines montrent un taux de germination d'environ 50 %. Assez curieusement, tous les traitements qui, normalement, facilitent la germination chez les autres plantes, l'empêchent, dans le cas de la dircé. Leçon d'humilité pour les experts horticulteurs et leurs traitements aux phytohormones!

Chez certains, l'écorce irrite fortement la peau et cause des ampoules (vésicante). En infusion, c'est un drastique, rangé parmi les plus puissants purgatifs (l'ordre d'efficacité étant: laxatif, purgatif, drastique; seul sens accepté en français pour ce mot, à ne pas confondre avec draconien, qui se dit *drastic* en anglais). Au temps des sucres, l'ajout de cette écorce à un stade précédant le sirop (eau d'érable ou «réduit») constitue une farce souvent rapportée! Ces propriétés rapprochent la dircé des daphnés *(Daphne)*— de la même famille —, des plantes dont la toxicité fut le plus anciennement reconnue (Dioscoride, 1er siècle). L'ingestion de quelques fruits de daphné cause la mort et les fruits de la dircé sont réputés toxiques.

Réf. sp. Choquette 26, Clark 71, Del Tredici 83.

Dircé bois-de-plomb. *L'arbuste se couvre petites fleurs jaune or, avant que ses feuil ne s'étalent. Écorce lisse, brun très pâ Bourgeons protégés par des écailles couv tes de longs poils bruns, véritable fourru*

Photo: Gisèle Lamoureux

Chèvrefeuille du canada, *fly honeysuckle*

American-fly or canada honeysuckle. Famille du chèvrefeuille, *Caprifoliaceæ.*

Lonicera canadensis Bartram *ex* Marshall. Incluant *L. ciliata* Muhlenberg, *Xylosteon ciliatum* (Muhlenberg) Pursh. *Lonicera:* genre dédié au botaniste allemand Adam Lonitzer (1528-1586); *canadensis:* du Canada.

Petit arbuste (≈ 1,5 m). Feuilles minces et d'un vert clair, plutôt mates; opposées, ovales, au contour sans aucune dent, mais bordées de cils; nervures peu marquées. Fleurs jaune pâle, parfois rosées, en forme de cloche; soudées par 2, à l'extrémité d'une longue queue. Fruits rouge clair, charnus.

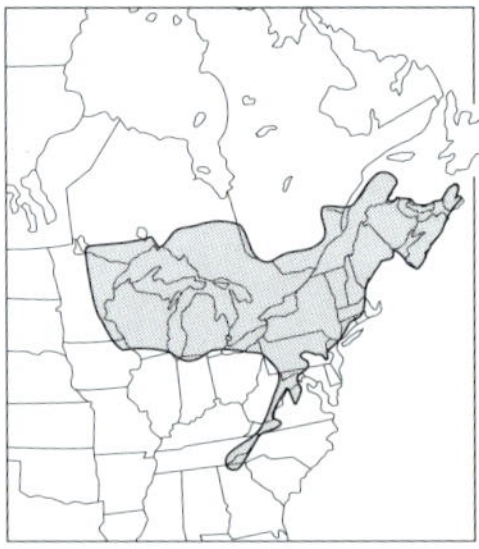

Forêts. Érablières à tilleul, à bouleau jaune et forêts mixtes; aussi cédrières et bord des ruisseaux en compagnie des frênes et ormes. Nord-américain.

Dans nos contrées, peu d'arbustes montrent des feuilles opposées et non dentées, à part les chèvrefeuilles et les membres de sa famille (viornes, sureaux, etc.). Le chèvrefeuille du canada se distingue des autres chèvrefeuilles par ses feuilles minces, d'un vert jaune, sans poils sauf des cils sur le pourtour. Un voisin, le dièreville chèvrefeuille *(Diervilla lonicera),* montre des fleurs semblables et des feuilles opposées, mais épaisses et luisantes, dentées et terminées par une pointe fine; il fleurit en été.

Plutôt discret, le chèvrefeuille du canada se remarque quand même parce c'est un des premiers arbustes à fleurir dans les érablières. Le genre s'est aussi nommé *Caprifolium*, de *capra:* chèvre, celle-ci aimant beaucoup le feuillage des chèvrefeuilles, paraît-il. De cet ancien nom latin vint le nom français et le nom de la famille de même que les noms allemand *Geisblatt* et italien *Capri-foglio.* Particulièrement développé en Asie, le genre compte environ 175 espèces, dont plus de 90 sont employées comme haies ou arbustes décoratifs. L'Amérique compte une vingtaine d'espèces. Riches en nectar, les fleurs des chèvrefeuilles! Mais difficiles d'accès, à cause du long tube à la base de la corolle. Que d'humour autour des chèvrefeuilles dans *Dites-le avec des fleurs* (Willemin & Langlois, 1988): «... allumez une bougie verte au milieu d'un amas de chèvrefeuille et longuement, les yeux fixés sur la flamme, pensez au chiffre de la somme dont vous avez besoin; c'est une affaire de concentration; donc, patience. En Bourgogne, une branche fleurie de chèvrefeuille à la fenêtre d'une jeune fille signifie qu'elle a besoin d'amour... et les vieilles dames doivent éviter d'y toucher: elles s'amouracheraient du premier venu! Enfin, si d'aventure vous en venez à douter de vos capacités intellectuelles, massez-vous donc le front et le cou avec des fleurs écrasées de chèvrefeuille: alors viendront les idées lumineuses et les bons génies.»

Roger Larose

Fruits rouge clair, charnus.

Chèvrefeui du canad
Feuilles mi ces et ve tendre; sa aucune de mais bordé de cils. Fle jaune pâ parfois rosé soudées par

Photo: Gisèle Lamoureux

Noisetier long-bec, *beaked hazelnut*

Coudre; coudrier à long bec; noisetier à bec, à long bec. *Beaked hazel or filbert.* Famille du bouleau, *Betulaceæ.*

Corylus cornuta Marshall. Incluant *C. californica* (DeCandolle) Rose, *C. rostrata* Aiton. Nom latin classique (Virgile, Pline); *cornuta:* cornu.

Arbuste. De grande taille (≈ 3 m), le noisetier long-bec forme des buissons à branches très fines. Chatons de fleurs débourrant hâtivement, bien avant ses feuilles. Les mâles: pendants, 3-4 cm, brun jaune; les femelles: tout petits (0,7 cm), rouge violacé. Feuilles alternes, ovales; base en cœur, sommet prolongé par une pointe; doublement dentées. Fruits secs (noisette, coudre) souvent jumelés; enveloppe épineuse à long bec.

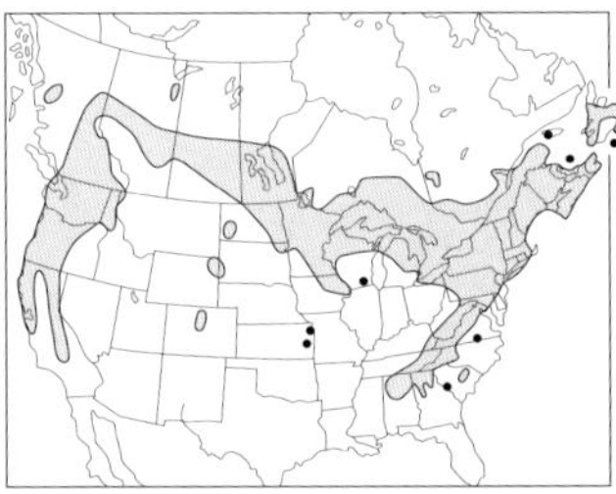

En l'absence de fleurs et de fruits, le noisetier long-bec ressemble à un petit bouleau jaune. L'écorce fraîche des jeunes rameaux de ce dernier goûte et sent la gaulthérie thé-des-bois°, mais celle du noisetier est sans saveur. Ses feuilles ressemblent à celles des aulnes*, quoique plus lisses; leur allure générale les distinguent: gros tronc ramifié dès la base chez l'aulne, plusieurs petites tiges non ramifiées à la base chez le noisetier. Rare au Québec, le noisetier d'amérique *(C. americana)* figure sur la liste québécoise des plantes susceptibles d'être désignées menacées; enveloppe du fruit bien plus courte, ressemblant à un éventail, rameaux et queue des feuilles couverts de poils glanduleux.

Forêts. Érablière à bouleau jaune, bétulaie jaune; forêts bordant les cours d'eau (sur alluvions) ou de transition (tremblaies). Aussi arbustaies humides ou marécageuses. Fréquent et abondant. Nord-américain.

Facile à reconnaître en hiver, le noisetier long-bec, à cause de ses bourgeons de chatons mâles, d'un beau beige pâle. C'est Jacques Cartier qui baptisa l'île aux Coudres: «... y a plusieurs couldres franches, que trouvâsmes fort chargez de noisilles... et pour ce, la nommasmes l'isles es Couldres». La baguette de coudrier des sourciers est en fait un rameau de noisetier, en forme de «Y». La noisette commerciale ou aveline provient de culture, soit du noisetier commun *(C. avellana),* soit du noisetier de byzance *(C. colurna).* Castors, lièvres, cerfs de virginie, orignaux et bien d'autres broutent le noisetier long-bec; la gélinotte huppée mange les chatons... et les écureuils, eux? Cet arbuste, abondamment utilisé par différents groupes amérindiens, apparaît dans plusieurs sites archéologiques. On en faisait des balais, paniers, bâtons à tambour, médicaments de toutes sortes et même un ancêtre de la brillantine: les Iroquois mêlaient une huile extraite des noisettes à de la graisse d'ours, et s'en enduisaient les cheveux, apparemment pour éloigner les moustiques. Les Iroquois enfilaient en collier des fragments de tige, pour soulager la douleur de la dentition chez les bébés.

Bien connue, la délicieuse noisette long-bec, de même que son enveloppe piquante! Une bonne façon de la décortiquer? Placer les noisettes mûres dans une poche et battre la poche contre une surface dure. Se mange fraîche ou dans des biscuits et gâteaux (concassée ou réduite en poudre et mêlée à la farine). Voir Fleurbec 1981.

Réf. sp. Boivin 43a, Brayshaw 76.

Noisetier long-bec. *Chatons mâles (brun j ne) distincts des femelles (tout petits, ro violacé), mais sur le même arbuste; débc rant avant la fonte complète des nei*

Photo: Roger Larose

Aulne hâtif, *white alder*

Aulne ou aune blanc ou blanchâtre, commun, de montagne, gris, rugueux; vergne; verne. *Grey, hoary, mountain, red, rough, speckled, tag or white alder.* Famille du bouleau, *Betulaceæ*.

Alnus incana (Linné) Moench. Incluant *A. rugosa* (DuRoi) Sprengel, *A. tenuifolia* Nuttall. Nom latin classique; *incana:* gris.

Arbuste (2-10 m), ramifié dès la base, formant d'impénétrables fourrées. Écorce lisse, noire, marquée de lenticelles beiges. Chatons paraissant avant les feuilles. Infrutescences persistantes (cocottes), sans queue; permettent l'identification à l'espèce en tout temps. Feuilles épaisses, plissées, vert foncé, rugueuses sur le dessous et plus ou moins poilues sur les deux faces; doublement dentées (grosses dents redécoupées en dents fines).

Voir aulne tardif*, page 188.

Arbustaies. Surtout en bordure des cours d'eau, fossés, tourbières, marécages ou lacs. Circumboréal. Rare: Arctique canadien.

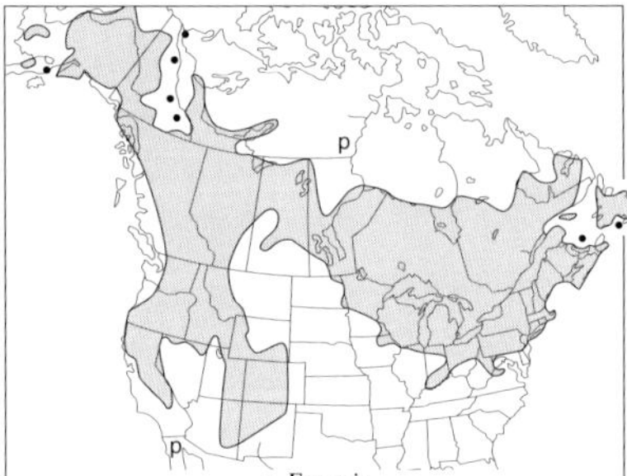

+ *Eurasie*
D'après Furlow 1979c (modifiée)

Difficile de choisir un nom français: l'espèce est très variable et le nom latin peu apte à différencier les 2 aulnes d'ici. Celui adopté vient de ce que toutes les variétés de cet aulne formant leurs bourgeons en été, les fleurs sortent très vite avant les feuilles. Chez l'aulne tardif*, les fleurs s'épanouissent en même temps que les feuilles débourrent. En Europe, l'aulne hâtif est un arbre et en Amérique, un arbuste (tronc divisé dès la base); certains reconnaissent la plante américaine comme espèce distincte, sous le nom d'aulne rugueux°. Le plus grand aulne hâtif connu en Amérique? Hauteur de 17 m, circonférence de 80 cm et envergure de 8 m! La parade nuptiale de la bécasse d'amérique se fait souvent dans de petites clairières bordées d'aulnes hâtifs, au pied desquels le sol humide et meuble grouille de vers dont raffole cet oiseau.

Voir aussi p. 188 et plus d'information dans Fleurbec 1987.

En hiver, l'aulne hâtif sert de nourriture d'urgence. Fibreuse et amère, l'écorce interne bouillie donne une soupe orangée, mangeable. Mais l'écorçage demande du travail. Cueillis plus rapidement, les bourgeons se révèlent amers, si mâchés crus; légèrement bouillis dans deux eaux, ils deviennent tendres, presque appétissants. Les jeunes feuilles (< 5 cm), bouillies dans deux eaux, se servent en soupe ou comme épinards.

À forte dose, il agit comme vomitif.

Précieux pour stabiliser les berges, l'aulne s'accommode, grâce à sa faculté de fixer l'azote de l'air (voir aulne tardif), de sols très pauvres, sans matière organique, mais il exige beaucoup d'eau. À l'automne, récolter les fruits mûrs; recouvrir de silice ou de perlite pour entreposer dans un endroit humide et ombragé; semer au printemps en sol sablonneux et très humide; en pépinière, transplanter à tous les 2 ans. Marcottage et bouturage de rameaux, prélevés à la fin de l'été et enracinés dans un sol humide, donnent également de bons résultats; planter à l'automne ou au printemps.

Réf. sp. Brayshaw 76, Fleurbec 87a, Furlow 77, 79, Gouvernement 86.

Aulne hâtif. *Fleurs paraissant avant l*
feuilles, dès la fonte des neiges. Chato
mâles, longs et pendants. Chatons femell
rouges, petits et dressés. Infrutescenc
persistantes (cocottes), sans queu

Photo: Roger Larose

Aulne tardif, *green alder*

Aulne crispé, vert; bois-à-rames. *American green, brown or european green alder; greenwood.* Famille du bouleau, *Betulaceæ.*

Alnus viridis (Chaix) DeCandolle. Incluant *A. crispa* (Aiton) Pursh, *A. mollis* (Fernald) Fernald. Nom latin classique, apparenté à *Ulmus* (orme) ou d'une racine indogermanique *(el-, ol-)* signifiant brillant, le bois blessé étant rouge orangé; *viridis:* vert.

L'aulne tardif ressemble beaucoup à l'aulne hâtif*. Noter ses «cocottes» persistantes: chacune avec une longue queue (sans queue chez l'aulne hâtif). Sa floraison s'effectue en même temps que se déploient ses feuilles (et non avant, comme chez l'aulne hâtif). Ses feuilles ne portent que des dents fines (non doublement dentées comme chez l'aulne hâtif), leurs nervures tertiaires ne se rejoignent pas entre les nervures secondaires et forment des échelles aux barreaux cassés (barreaux complets chez l'aulne hâtif).

Rare au Québec et susceptible d'être désigné menacé ou vulnérable, l'aulne dents-fines (*A. serrulata)* a des feuilles à sommet arrondi et... à dents très fines.

Arbustaies. Aulnes tardif et hâtif* se trouvent en milieu humide, mais seul l'aulne tardif colonise les habitats secs, telles les falaises. Le bord des cours d'eau, lacs et tourbières reçoit presque toujours l'aulne hâtif, du moins dans la partie la plus habitée du Québec. Circumboréal.

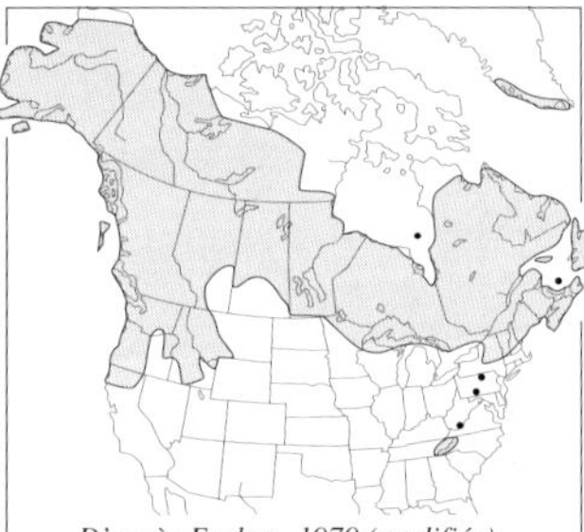

D'après Furlow, 1979 (modifiée)

Gratter la terre, à quelques décimètres des troncs, découvre facilement les nodules orangés des racines d'aulne; ils ressemblent à des coraux et atteignent parfois la taille d'une balle de ping-pong. Constitués de bactéries intimement associées aux racines, ces nodules effectuent le même travail que ceux des légumineuses: fixer l'azote de l'air et l'introduire dans la matière organique. Des mesures effectuées sur l'aulne tardif, dans l'Ouest canadien, révèlent que le feuillage d'automne contient jusqu'à 3 % d'azote (en poids sec); ainsi, un buisson de 5 ans, haut d'environ 2 m, ajoute, par son feuillage, l'équivalent de 130 kg d'azote par hectare, chaque année. Depuis bien longtemps, les teinturiers tirent tout un éventail de couleurs des aulnes qui, par ailleurs, contribuent à donner une couleur sombre à l'eau qui baigne leurs racines. Les Inuits teignaient en orange les peaux de caribou, à partir de l'écorce et des «cocottes» de l'aulne tardif. Quant à l'aulne hâtif*, en variant le mordant, son écorce teint la laine en noir, en différents bruns ou jaunes, ou en beige gris; les chatons donnent un vert mousse ou un brun pâle. Les Iroquois coloraient en rouge les cuillères et autres articles de bois, avec une décoction de l'écorce. Une espèce européenne, *A. glutinosa*, a fourni les pilotis de Venise et d'Amsterdam, car le bois des aulnes ne pourrit pas dans l'eau. Le contenu élevé en tanin de leur écorce, rendit les aulnes populaires dans le tannage du cuir et pour stopper le saignement des blessures, qu'ils aident aussi à cicatriser. Voir aussi p. 186. Pour plus de détails: Fleurbec 1987.

Pour la culture, voir aulne hâtif*, p. 186. Tolère mieux l'ombre et les endroits secs que l'aulne hâtif. Une fois implanté, l'aulne tardif peut se maintenir par la propagation végétative (drageonnage).

Réf. sp. Furlow 77, 79, Gilbert 82, Gouvernement 86.

Aulne tardif. *Fleurit en même temps que déploient ses feuilles. Gros chatons mâl[e] jaunes et bruns, petits chatons femell[e] verts et rouges. Chaque «cocotte» avec u[ne] longue queu[e]*

Photo: Roger Larose

Saule p'tits-minous, *pussy willow*

Chatons; petits-chats, -minous; saule discolore. *Diamond or large pussy willow; widdy.* Famille du saule, *Salicaceæ.*

Salix discolor Muhlenberg. Nom latin classique du saule; *discolor:* plus d'une couleur, allusion à la feuille.

Arbuste. De grande taille (jusqu'à 6 m), formant des buissons. Fleurs paraissant bien avant les feuilles; groupées en chatons, les mâles et les femelles portés sur des arbustes différents. Feuilles allongées; vert foncé sur le dessus et teintées de rouge à la base; revers argenté. Fruits (arbustes femelles seulement) soyeux; déjà formés lorsque les feuilles commencent à paraître. Écaille des bourgeons noire (une seule chez les saules).

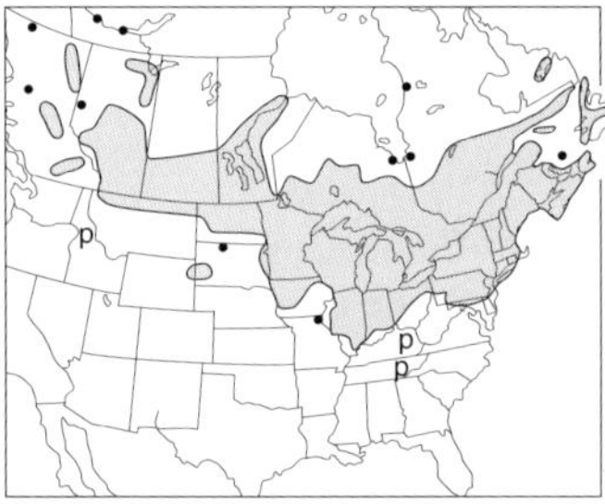

Un des plus fréquents saules de nos contrées. L'épanouissement hâtif des fleurs et la formation des fruits avant l'arrivée des feuilles le distinguent des autres saules. Le saule de bebb *(Salix bebbiana)* lui ressemble, sauf pour les caractères suivants: écaille du bourgeon jaune ou brune; chatons débourrant juste avant les feuilles ou en même temps; pointe et queue de chaque capsule du fruit plus longues; feuilles non teintées de rouge (voir photo page 417).

Hautes arbustaies des lieux humides. Bords des routes, fossés, lacs et cours d'eau, tourbières (fens, cédrières tourbeuses); friches et prairies humides. Souvent en compagnie des aulnes. Nord-américain. Rare: Labrador.

Les bourgeons des inflorescences, gris chat et très soyeux au début du débourrement, sont très connus sous le nom de p'tits-minous ou chatons. Comme chaton désigne aussi le mode d'inflorescence de tous les saules, aulnes, bouleaux et autres amentifères, le nom «saule p'tit-minous» semble préférable à «saule chatons». À Pâques, ou un peu avant, couper quelques branches et les placer dans un vase avec de l'eau, dans la maison, et les p'tit-minous fleuriront en avance. Une quarantaine d'espèces de saules poussent au Québec, dont, oui, plusieurs présentent de sérieux problèmes d'identification! Anciennement, saule était féminin et dans certains coins du Québec, cet usage persiste. Le pollen odorant des chatons mâles attire les insectes, qui fréquentent aussi les chatons femelles, pour la goutte de nectar secrétée par une petite glande à la base de l'ovaire. En régions nordiques, le lagopède des saules se nourrit des bourgeons et des jeunes rameaux des saules dont le nom, en montagnais, signifie d'ailleurs «bois du lagopède». Les feuilles des saules teignent en jaune et l'osier, utilisé dans la fabrication des paniers, est une espèce de saule; les Amérindiens en tressaient aussi à partir des saules indigènes.

Les saules sont à l'origine du médicament le plus consommé: l'aspirine. Voir page 415.

Plusieurs saules contribuent à stabiliser les rives, à cause de leurs qualités: système racinaire important, marcottage facile, branches flexibles qui supportent l'assaut des glaces, résistance à l'inondation. Planter quelques bouts de branches en sol humide; elles se propageront avec aisance.

Suite page 415.

Saule p'tits-minous. *Se distingue des autr saules par la floraison et la formation d fruits avant l'arrivée des feuilles. Chato mâles et femelles portés sur des arbustes d férents. Ici, les chatons mâles, jaune*

Photo: Gisèle Lamoureux

Hépatique noble, *noble liverleaf*

Anémone bleue, hépatique; hépatique à lobes aigus, acutilobée, d'amérique, trilobée; herbe-de-la-trinité; trinitaire. *American or sharp-lobed liverleaf; american, round-lobed or sharp-lobed hepatica; noble liverwort; mouse-ears.* Famille de la renoncule, *Ranunculaceæ*.

Hepatica nobilis P. Miller. Incluant *Anemone hepatica* Linné, *Hepatica acuta* (Pursh) Britton, *H. acutiloba* DeCandolle, *H. americana* (DeCandolle) Ker-Gawler, *H. hepatica* (Linné) Karsten, *H. triloba* Chaix. De *hepaticus:* ayant rapport au foie, d'après la forme des feuilles; *nobilis:* noble, important, probablement à cause de son usage médicinal.

Herbacée vivace à rhizome. Très petite (0,12 m), l'hépatique noble pousse en rosettes, dispersées dans de petites colonies. Fleurs (2,5 cm) variables: de 5 à 10 sépales semblables à des pétales, de blanc à violet; épanouies pendant quelques jours à peine. Grandes feuilles (5 cm) d'un vert souvent cuivré; à 3 lobes triangulaires (rarement plus); revers et longue queue très poilus. Ayant persisté sous la neige, les feuilles de l'année précédente accompagnent les fleurs, les nouvelles feuilles sortant seulement à la fin de la floraison.

+ *Europe et est de l'Asie. D'après Hultén & Fries 1986 (modifiée).*

Les botanistes reconnaissent deux variétés d'hépatique noble: une à lobes des feuilles aigus (var. *acuta),* l'autre à lobes arrondis (var. *obtusa);* certains en font des espèces distinctes (hépatiques à lobes aigus et d'amérique). Des individus montrent des lobes ni nettement arrondis, ni nettement aigus. Proche du genre anémone, elle lui fut souvent rattachée et certains préconisent actuellement ce rattachement.

Forêts. Caractéristique des érablières riches (à caryers, à tilleul), d'où son nom iroquois signifiant «qui surveille l'érable». Circumboréale à aire disjointe. Rare: Manitoba, Nouvelle-Écosse.

Marie-Victorin (1995) décrit la manière dont l'hépatique se ressème d'elle-même: «Après la fécondation, le pédoncule floral, dressé jusqu'alors, commence à s'incliner, et finit par se coucher à la surface de la terre. Il se recourbe ensuite au-dessous de l'involucre, et presse contre la terre les achaines, dès lors protégées comme par un toit, par les trois folioles de l'involucre.» Au moyen âge naquit la «doctrine des signatures», voulant que formes et couleurs suggèrent l'usage médicinal des plantes. Suivant cette pratique, les plantes à fleurs rouges purifient le sang, l'ortie stimule la circulation, l'hépatique soulage les malaises du foie. Cette théorie tomba en désuétude et la croyance actuelle veut que seule une coïncidence explique que les propriétés ainsi attribuées se vérifient parfois... mais allez donc savoir! L'hépatique noble occupa une place importante dans la médecine populaire et s'utilise en homéopathie; par exemple, en 1879 on rapporte une commande de 15 tonnes, pour usage médicinal.

Toxique à l'état frais. Chez certains, son contact entraîne une rougeur de la peau. Sèche, elle perd cette propriété.

Croissance et germination lentes, multiplication limitée: ni cueillir, ni transplanter, ni modifier l'habitat. Utiliser les cultivars du commerce, à fleurs doubles et couleurs variées. Ou propager par graines, récoltées parcimonieusement dès qu'elles sont mûres. ● pH 4,5-7

Suite page 359.

Hépatique noble*. Les feuilles de l'anné[e] précédente accompagnent les fleurs, q[ui] varient du blanc au violet. Croît lenteme[nt] et vit plusieurs décennies, probablement d[es] siècles. Ne pas dérange[r]*

Photo: Gisèle Lamoureux

Claytonie feuille-large, *broadleaf springbeauty*

Claytone ou claytonie de caroline. *Carolina springbeauty; purslantree* (genre). Famille du pourpier, *Portulacaceæ*.

Claytonia caroliniana Michaux. Incluant *C. spathulifolia* Salisbury. Genre dédié à John Clayton (né en Angleterre, vers 1693, et décédé en Virginie, en 1773); *caroliniana:* de Caroline.

Herbacée vivace à tige souterraine fine et verticale, terminée par un renflement (1 à 2 cm), appelé corme, enfoui à 5 ou 10 cm de profondeur. Très petite (0,1 m), elle forme de petits tapis. Plante charnue formée de 2 feuilles et d'une grappe lâche de 5 à 10 fleurs. Celles-ci, petites (1,5 cm), étoilées; à 5 pétales blancs ou rosés, délicatement veinés de rose foncé; 2 sépales verts; 5 étamines roses; longue queue (1 à 2 cm). Feuilles en ellipse (env. 5 cm), de largeur très variable (1 à 3 cm). Fruits contenant de 2 à 6 graines. Parfois, sous l'effet d'un champignon microscopique *(Puccinia claytoniata)*, les feuilles se couvrent de rouille.

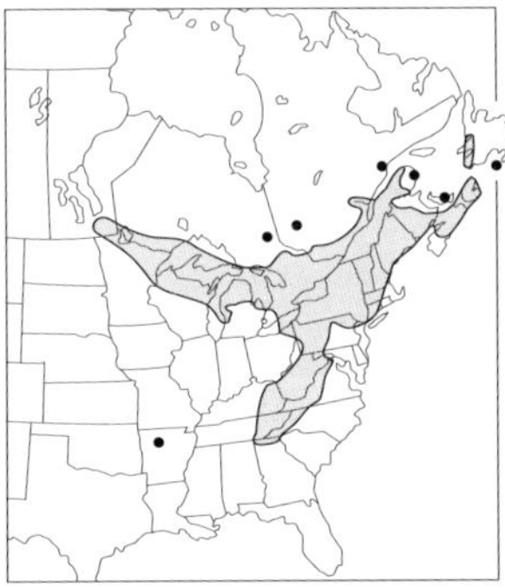

Forêts: surtout érablières (tous les types: à caryers, à tilleul, à bouleau jaune), plus rarement forêts d'orme et d'aulne, de sapin, d'érable à épis. Aussi en prairies subalpines (juste sous la limite des arbres, en montagne). Nord-américaine. Rare: Terre-Neuve et Île-du-Prince-Édouard.

Messagères du printemps, les colonies de claytonie feuille-large rappellent inévitablement les érablières. Pourtant, cette plante pousse vers le nord au-delà du domaine des érablières, jusque dans les environs de Sept-Îles; elle se rencontre même sur les flancs des hauts sommets gaspésiens, tout juste sous 1000 m d'altitude. Étonnante répartition qui, à première vue, évoque l'existence de deux espèces ou sous-espèces distinctes; pourtant, les études ne détectèrent pas de différences significatives. Une autre curiosité des claytonies? Elles appartiennent au grand groupe des dicotylédones, bien que leurs graines ne contiennent qu'un cotylédon.

La longévité de la claytonie feuille-large reste inconnue. Chose certaine, de croissance lente, elle met plus de 4 ans à former des fleurs, peut-être même beaucoup plus: les essais de culture échouèrent toujours avant la floraison, à cause de la mortalité des plants. Dispersées fin juin, la moitié des graines germent de la fin octobre à décembre, puis les autres, au printemps suivant. Ces dernières se trouvent désavantagées, car la plantule doit produire un corme et une première feuille avant le deuxième hiver. Les colonies présentent de nombreux individus sans fleurs et à une seule feuille; seulement 10 % des graines réussissent à atteindre ce stade, qui demande au moins 2 ans à partir de la dispersion des graines. Chose certaine, malgré un taux de germination élevé, le taux de survie reste faible. Ni cueillir, ni transplanter, ni modifier l'habitat. Éviter de prélever les graines, car elles représentent l'unique moyen de propagation de l'espèce en milieu naturel et son cycle particulier nécessite une riche banque de semences.

Suite page 312.

*La **claytonie feuille-large**, une plan croissance lente. Minuscule et charn formée de 2 feuilles et d'une grappe de lies fleurs blanches ou rosées, délicatem veinées de rose for*

Photo: Gisèle Lamoureux

Claytonie feuille-étroite, *narrow-leaved springbeauty*

Claytonie de virginie. *Narrow-leaf or virginia springbeauty.* Famille du pourpier, *Portulacaceæ.*

Claytonia virginica Linné. Incluant *C. media* (DeCandolle) Link, *C. robusta* (Somes) Rydberg, *C. simsii* Sweet. Genre dédié à John Clayton (né en Angleterre, vers 1693, et décédé en Virginie, en 1773); *virginica:* de Virginie.

Ressemble à la claytonie feuille-large. Feuilles plus étroites (linéaires) formant un ruban (au moins 8 fois plus long que large), contrairement à celles de la claytonie feuille-large qui forment une ellipse. Grappes de fleurs plus grandes et plus nombreuses (jusqu'à une vingtaine). Plus grégaire (densité: 28 à 123 par m^2, en Illinois); formant, au moment de la floraison, des colonies pures et denses, en tapis continus, visibles de loin. L'est de l'Amérique du Nord ne compte que ces deux espèces de claytonie, qui ne poussent qu'exceptionnellement ensemble.

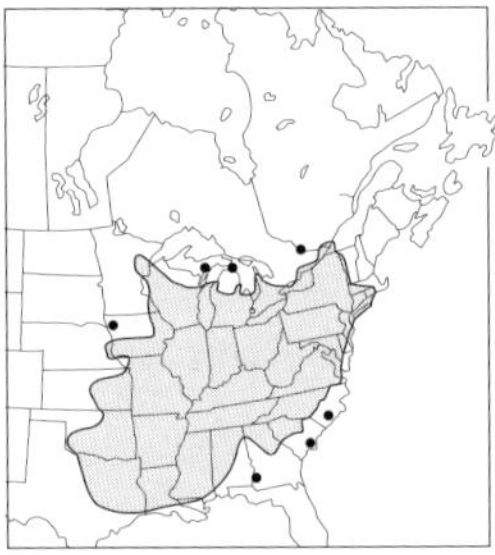

Forêts humides (à érables rouge et argenté, orme, caryer cordiforme et chêne à gros fruits). Rare au Québec et susceptible d'être protégée par la loi; les botanistes n'y connaissent que 21 localités toutes limitées au triangle formé par le Saint-Laurent et le Richelieu sauf une, dans l'Outaouais (Luskville). Onze de ces localités sont dites «historiques», c'est-à-dire que la dernière observation remonte à plus de 25 ans. Aux États-Unis, cette claytonie se trouve aussi dans des sites non forestiers, souvent perturbés (pelouses, cimetières). Nord-américaine. Rare: Québec.

Le nombre de chromosomes de la claytonie feuille-étroite varie beaucoup: $2n = 12$ à 191! Ce nombre varie à l'intérieur d'une même population, parfois dans un même individu. Certaines populations de claytonie à feuilles étroites montrent des anomalies des chromosomes induites par le vieillissement. Chez les humains, ce genre de phénomène se relie à certains cancers; la plante pourrait-elle servir de matériel d'étude? Avec la sanguinaire du canada*, la claytonie feuille-étroite est une des plantes de nos contrées qui commence à fleurir le plus tôt au printemps. Comparativement aux espèces qui fleurissent au même moment, la claytonie feuille-étroite étale sa floraison sur une longue période — pendant près de 6 semaines en Illinois. La fleur produit du nectar et les fourmis recherchent la caroncule des graines. Toujours en Illinois, en moyenne les inflorescences de cette claytonie comptent 13 fleurs; chacune s'épanouit durant 3 jours (1 à 8), contient 6 ovules, mais produit seulement 3 graines (de 29 à 47 graines par inflorescence). On y observa 22 espèces d'insectes différentes visitant ses fleurs, soit bien plus que chez la plupart des autres plantes printanières — par exemple, au même endroit, une seule espèce d'insecte visita la sanguinaire* et les dicentres*; 5, l'érythrone blanche *(E. albidum)* et 10, la cardamine découpée*.

La rareté de la claytonie feuille-étroite au Québec demande une protection particulière. Ni cueillir, ni transplanter, ni modifier l'habitat, sous aucune considération. Son développement diffère de celui de la claytonie feuille-large, entre autres en ce que la première feuille paraît dès la première année.

Réf. sp. Abrahamson 79, Bierzychudek 82a, Centre de données, Gagnon 80, Handel 78, Lewis 67, 70, Motten 86, Raymond 49a, Reznicek 71, Risser 67, Schemske 77, Schemske et al. 78, Stebbins 71, Voss 68.

Claytonie feuille-étroite. *À fleurs roses blanches, veinées de rose plus foncé. Resse ble à la claytonie feuille-large, mais ses feui étroites (linéaires) forment un ruban pl qu'une ellipse. Très rare, ne pas dérang*

Photo: Gisèle Lamoureux

Symplocarpe chou-puant, *skunk-cabbage*

Belluaine; chou-puant; symplocarpe fétide; tabac-du-diable. *Foetid hellebore; meadow cabbage; polecatweed.* Famille de l'arum, *Araceæ.*

Symplocarpus fœtidus (Linné) Nuttall (ou: *S. fœtidus* (Linné) Salisbury ex. W. Barton). Incluant *Spathyema fœtida* (Linné) Rafinesque-Schmaltz. Du grec *symplokè:* entrelacement et *karpos:* fruit, allusion aux fruits tassés les uns contre les autres; *fœtidus:* odeur désagréable.

Herbacée vivace à rhizome vertical. De taille moyenne, il forme des touffes rassemblées en colonies. Inflorescence paraissant en premier, avant les feuilles, entourée d'une enveloppe épaisse et spongieuse (spathe). Celle-ci en forme de corne ou coquillage (15 cm); rouge-brun luisant, souvent tachetée ou rayée de jaune. Fleurs cachées au creux de la spathe; petites, resserrées et couvrant leur support spongieux (spadice); chaque petite fleur présente l'aspect d'un écusson, avec 4 étamines et un stigmate minuscule. Feuilles enroulées au moment de la floraison et formant une pointe très aiguë; immenses (30-60 cm) lorsque déroulées; disposées en couronne. Graines lourdes, de la grosseur d'une noisette, réunies en une sphère compacte.

\+ Est de l'Asie

Forêts ou hautes arbustaies marécageuses, tourbeuses ou très humides. Particulièrement dans les zones de débordement des cours d'eau (érablière argentée, ormaie-frênaie, aulnaie). Amérique du Nord et est de l'Asie. Rare: Nouvelle-Écosse.

Les plantes de la famille de l'arum, à laquelle appartient le symplocarpe chou-puant, renferment pour la plupart des substances très toxiques (voir page 424). Les Amérindiens et les premiers colons qui mangeaient les jeunes feuilles ou le rhizome du symplocarpe chou-puant, ou qui réduisaient le rhizome en farine, devaient faire bouillir la plante successivement dans 2 ou 3 eaux, ou encore la sécher et rôtir, afin d'éliminer ces substances toxiques.

La plante vit longtemps. Impossible de connaître son âge réel, car la partie la plus ancienne du rhizome se détruit. Mais la partie vivante compte parfois plus de 75 ans. La graine germe dès l'automne de l'année de sa formation, mais ne développe pas un rhizome tout de suite. Peu de plantules survivent. Elles croissent pendant un nombre inconnu d'années avant de fleurir, et tous les observateurs s'entendent pour dire qu'il s'agit d'une très longue période. En serre, un an après la germination, les feuilles des plants les plus vigoureux mesurent tout au plus 10 cm; les pertes post-hivernage atteignent jusqu'à 50 % de la production et semblent causées par le soulèvement des plants, à l'automne, mettant à nu leurs parties souterraines et les rendant vulnérables aux rigueurs du climat. Le temps requis pour fleurir en culture n'est pas connu. Plante à croissance très lente: ni cueillir, ni transplanter, ni modifier l'habitat. Propager par graines, qui présentent, du moins en milieu de culture, un taux de germination élevé (90 %). pH 5-8

Suite page 421.

Extraordinaire, intrigant et coloré: le sy ***plocarpe chou-puant****. Fleurs cachées fond d'une corne rouge, appelée spathe formant une sphère compacte autour d support spongieux, le spadice. Celui-ci nère beaucoup de chaleur, réchauffe l'a l'intérieur de la spathe et fait fondre la r ge qui couvre la plante à la fin de l'hiv*

Photo: Roger Larose

Arisème petit-prêcheur, *jack-in-the-pulpit*

Arisèma rouge foncé ou triphylle; oignon sauvage; petit-prêcheur; pied-de-veau. *Bog-onion; dragonroot; dragon-, indian- or wild turnip; memoryroot; small or swamp jack-in-the-pulpit; wakerobin.* Famille de l'arum; *Araceæ.*

Arisæma triphyllum (Linné) Schott. Incluant *A. acuminatum* Small, *A. atrorubens* (Aiton) Blume, *A. pusillum* (Peck) Nash, *A. quinatum* (Buckley) Schott, *A. stewardsonii* Britton, *Arum triphyllum* Linné. Du grec *aris:* sorte d'arum, et *haima:* sang, d'après les feuilles tachetées de certaines espèces; *triphyllum:* trois feuilles, sans doute d'après les feuilles divisées en 3 folioles.

Herbacée vivace à corme (bulbe solide, comme chez le crocus). De taille moyenne (0,5 m), l'arisème petit-prêcheur pousse isolément ou par petits groupes. Inflorescence cachée dans une enveloppe spectaculaire (spathe) beige, rayée de brun, rabattue comme un abat-voix au-dessus d'une chaire de prêcheur. Sous l'abat-voix, émerge le «petit-prêcheur», sorte de colonne nommée spadice, à la base duquel s'entassent plusieurs fleurs. Un spadice ne porte que des fleurs femelles ou que des fleurs mâles ou, plus rarement, des fleurs mâles au-dessus des fleurs femelles. Deux feuilles (une seule chez les juvéniles et chez les mâles), chacune divisée en 3 folioles, pointant d'abord vers le haut, puis s'étalant au-dessus de la spathe et la cachant. Fruits rouge écarlate, charnus.

≠ Aucune autre plante ne ressemble à l'arisème petit-prêcheur. Il existe une forme albinos *(f. viride),* à spathe verte rayée de blanc. Elle ressemble à la sous-espèce *stewardsonii,* de même coloration mais à partie tubulaire de la spathe fortement ondulée (cannelée). Au Québec, la *Loi sur les espèces menacées ou vulnérables* protège une espèce voisine très rare, l'arisème dragon *(A. dracontium;* une seule feuille avec, en moyenne, de 7 à 11 folioles). L'arisème petit-prêcheur et l'arisème dragon s'hybrident en nature. L'hybride se multiplie végétativement, sans toutefois produire de graines; il n'a pas encore été signalé au Québec.

Forêts. Surtout dans des endroits frais et humides des forêts mixtes et des érablières (à tilleul ou à bouleau jaune ou encore érablières rouges); en particulier lieux sourceux et bords des ruisseaux. Nord-américain. Rare: Manitoba.

De croissance lente. À partir de la dispersion de la graine, l'arisème petit-prêcheur prend au moins de 4 à 6 ans pour fleurir et produire d'autres graines. Ne cueillir que les graines (pas plus de 10 % de la production annuelle), ne pas transplanter, ni modifier l'habitat. De culture facile, il requiert peu de soins, vit longtemps et se ressème de lui-même. Il se propage par graines fraîches, dénuées de pulpe et semées tard à l'automne. Le taux de germination serait soit de 85, de 65 ou même de seulement 20 %, et la production d'une première feuille à partir de la graine demande souvent 2 ans (voir *Par graines et par cormilles* p. 292). La culture en serre accélère la croissance et 10 % des individus peuvent fleurir 2,5 ans après le semis.

● pH 4,5-6

Suite page 289.

On dirait un zèbre sous un palmier! C'
*l'**arisème petit-prêcheur**, qui cache s*
inflorescence sous ses feuilles. Deux feui
par plant? C'est généralement une femell

Photo: Gisèle Lamoureux

Trille rouge, *purple trillium*

Trille ou trillie dressée. *Ill-scented wakerobin; ill-scented or red trillium; stinking benjamin; squawroot.* Famille du lis, *Liliaceæ.*

Trillium erectum Linné. De tres: trois, à cause de la disposition par trois des parties de la plante; *erectum:* dressé.

Herbacée vivace à rhizome. De taille moyenne (0,3 m), le trille rouge pousse en très grandes colonies formées de tiges solitaires ou de touffes de 2 ou plus rarement 3 à 5 tiges. Trois grandes feuilles, très évasées à la base, terminées en pointe. Fleur (diam. 7 cm) à 3 pétales, 6 étamines et un pistil rouge foncé; les 3 stigmates et la face intérieure des étamines: jaunes.

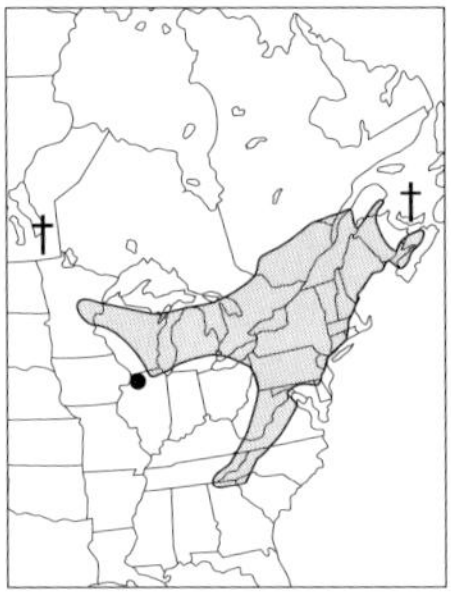

Pour distinguer les trilles par les fruits, voir trille ondulé.

Forêts. Érablières; plus abondant dans les érablières moins riches: à tilleul, à bouleau jaune. Nord-américain. Rare: Nouvelle-Écosse.

Le trille rouge porte localement des noms associés à ses utilisations en médecine populaire: *birthroot* et *birthwort*, *nosebleed, squawroot* et *squawflower*, *bumblebee-root, dzidziz* (bébé), chez les Abénaquis. La fleur dégage une odeur peu agréable, d'où les noms *ill-scented trillium, ill-scented wakerobin* et *stinking benjamin.* Même si elle ne sécrète pas de nectar, sa couleur de viande crue et son odeur attirent certaines mouches, du groupe des mouches de la viande (diptères, *Calliphoridæ).* Ses 6 étamines se répartissent en 2 rangs et celles du rang extérieur libèrent leur pollen quelques heures plus tôt. Ceci allonge d'autant la période durant laquelle la plante peut recevoir des insectes pollinisateurs! Mais les mouches qui pollinisent ce trille ne semblent pas faire défaut, contrairement aux bourdons qui pollinisent d'autres trilles. Peut-être le trille rouge dérive-t-il d'une plante à fleur blanche, pollinisée par des bourdons; il aurait conservé cet étalement de la libération du pollen, caractère alors utile. Pourquoi le pétale et le sépale du bas de la fleur du trille rouge sont-ils, en moyenne, légèrement plus longs et plus larges que les 2 autres? Mystère. Mais cette différence, tellement légère, n'interviendrait pas dans la biologie de sa pollinisation. Il présente parfois des feuilles ou des parties de la fleur en supplément, ou des anomalies de couleurs, souvent associées à des fleurs plus petites: pétales verdâtres, jaune pâle, blanc crème ou avec ces couleurs combinées, mais conservant le rouge du pistil, ce qui permet de reconnaître qu'il ne s'agit pas d'une espèce à fleur blanche. Plusieurs gènes sont impliqués dans la couleur de la fleur et ces diverses colorations résultent de la suppression spontanée d'un plus ou moins grand nombre d'entre eux. Des fleurs issues du croisement de ces formes donneront des patrons de couleurs encore plus surprenants… et il s'agit toujours du trille rouge! Ne pas confondre ces formes, provenant de mutations génétiques, avec les bizarreries observées chez le trille blanc*, dont plusieurs naissent plutôt d'infections dues à des mycoplasmes (voir page 48).

Voir trille blanc, page 48.

De croissance très lente et se propageant uniquement par graines à germination lente, il demande plus de 10 ans pour fleurir une première fois. Son rhizome croît d'environ 0,5 cm par année, sans se ramifier. Indications pour semer page 439. ● pH 4,5-6

Suite sur les trilles page 429.

Trille rouge*. Sa beauté ne laisse perso*
indifférent, mais ses fleurs se fanent auss
cueillies et pu

Photo: Roger Larose

Asaret gingembre, *wild ginger*

Asaret du canada; asarette; gingembre sauvage; snicroute. *Asarabacca* (genre); *canada wild ginger; gingerroot; indian-ginger;* snakeroot. Famille de l'aristoloche, *Aristolochiaceæ.*

Asarum canadense Linné. Incluant *A. acuminatum* (Ashe) Bicknell, *A. reflexum* Bicknell, *A. rubrocinctum* Peattie. De *a:* ne pas, et *sairo:* je décore, ou de *asaron:* déplaisant, les fleurs n'étant pas ornementales au goût de certains; *canadense:* du Canada.

Herbacée vivace, à rhizome peu profondément enfoui. Petit (0,15 m), l'asaret gingembre forme des tapis très denses, souvent dépourvus d'autres plantes. Deux grandes feuilles (10-15 cm, à maturité), en forme de cœur ou de rein; velues, satinées et d'un vert sombre; naissant directement au bout de la tige souterraine. Fleur d'un rouge brunâtre cachée au niveau du sol; calice à 3 lobes, corolle absente.

Forêts. Érablières les plus riches (à caryers, à tilleul); souvent sur des substrats calcaires ou en bordure de cours d'eau. Nord-américain.

Le nom vernaculaire «gingembre» vient de l'odeur et de la saveur du rhizome, jadis utilisé en confiserie, mais la plante ne possède aucune affinité botanique avec le gingembre cultivé *(Zingiber officinale, Zingiberaceæ).* Un peu amer, l'asaret gingembre aromatisait des bières et les Amérindiens l'utilisaient comme condiment. La parfumerie en extrayait une huile aromatique. La médecine populaire l'utilisait abondamment pour traiter divers organes: estomac, oreilles, poumons, gorge, et divers maux: fièvre infantile, rhume, asthme, flatulence (particulirement réputé), blessures et fractures. Les Amérindiens en faisaient aussi grand usage pour soigner nombre de maux. Un petit côté «sorcier» l'entourait. Découlait-il de son emploi comme abortif, comme déclencheur de menstruations, comme antidote aux morsures de serpent (voir ses noms anglais) et pour prévenir la contagion des aliments par les sorcières, les bébés, les femmes menstruées? Il contient de l'acide aristolochique, antibiotique et antitumoral.

Les feuilles de l'asaret gingembre causerait des dermatites à certaines personnes qui les manipulent. Avis: l'asaret d'europe *(A. europæum),* proche parent, rend les filles follement amoureuses... attention: à forte dose il serait toxique.

En serre, l'asaret gingembre produit des boutons floraux 1 an après les semis. En milieu naturel, la plante se développe bien plus lentement: la graine demande 2 ans, parfois 3, pour produire sa première vraie feuille et la première fleur vient quelques années plus tard (généralement plus de 5 ans après la germination des graines). Qui plus est, bien peu de plantules vivent assez vieilles pour fleurir. Pour le propager, ne cueillir qu'une faible partie (10 %) des graines produites en milieu naturel. Une fois établie, la plante se propage par graines et par ramification du rhizome. Ne pas le transplanter ni modifier son habitat. Le cueillir risque de contribuer à la raréfaction d'une plante à croissance lente. ● pH 4,5-6

Suite page 302.

*L'**asaret gingembre**. Une fleur bizarre, p*
lue et coriace, apparemment non préoc
pée d'attirer les insectes, cachée du ver
des regards, parfois même sous les feui
mortes. Étrangement fascinan
Ne l'arrachez p

Photo: Gisèle Lamoureux

Cohosh bleu, *blue cohosh*

Caulophylle faux-pigamon; cohoche bleu; graines-à-chapelet; léontice faux-pigamon ou pigamoïde. *Blueberry; blueberryroot; blue- or yellow-ginseng; papooseroot; squawroot.* Famille de l'épine-vinette, *Berberidaceæ.*

Caulophyllum thalictroides (Linné) Michaux. Incluant *C. giganteum* (Farwell) Loconte & Blackwell. De *caulos:* tige et *phyllon:* feuille, la tige semblant former la queue du feuillage; *thalictroides:* ressemblant aux pigamons *(Thalictrum*).*

Herbacée vivace à rhizome. De taille moyenne (0,75 m), il forme de petites colonies. D'une teinte violacée remarquable, au début de la floraison, la plante devient verte avec le déploiement de ses feuilles. Plante sans poils, à pruine (couche cireuse) abondante. Feuilles semblables à celles des pigamons*. Fleurs petites (moins de 2 cm); 6 sépales ayant la forme et la coloration de pétales; 6 pétales très petits, nectarifères et formant une mini-collerette entre les sépales et les 6 étamines jaunes. «Fruit» (1 cm): d'un bleu mat.

Fréquent dans les érablières riches: à caryers, à tilleul; exceptionnellement dans l'érablière à bouleau jaune. Est de l'Amérique du Nord (et possiblement est de l'Asie). Rare: Manitoba et Nouvelle-Écosse.

Son nom latin l'indique, la plante ressemble au pigamon*, à cause de la forme et de la découpure des feuilles. Mais la teinte bleue ou violacée et l'aspect fané des jeunes plants permettent une distinction facile. Pour distinguer les deux variétés (ou espèces) de cohosh bleu, voir page 331.

Les racines, fortement mycorhizées, vivent plus de 10 ans, sans pour autant devenir ligneuses.

Le cohosh bleu jouissait d'une grande réputation comme plante médicinale, utile entre autres contre la névralgie et les rhumatismes. Les noms *papooseroot* et *squawroot* lui viennent de l'utilisation des rhizomes et des racines, fort répandue chez plusieurs tribus amérindiennes, pour faciliter l'accouchement et pour régulariser les menstruations ou soulager les malaises qui les entourent. À certaine dose, la plante devient abortive ou provoque un accouchement prématuré, ce qui en rend l'utilisation dangereuse et nécessite une supervision médicale. Les racines causeraient une irritation de la peau chez certaines personnes, les feuilles seraient toxiques et les fruits, quoique repoussants parce que très amers, ont empoisonné des enfants.

Ses graines torréfiées eurent une certaine vogue comme succédané du café. Peut-être la torréfaction détruit-elle ses substances toxiques? C'est tout de même une plante qui commande la prudence.

Plante à croissance lente et à faible recrutement par semis. Les graines demandent de 2 à 4 ans pour germer et au moins 3 années supplémentaires pour fleurir. Il s'écoule donc au moins de 5 à 7 ans entre la dispersion des graines et la première floraison. La plante produit peu de graines; ne pas récolter plus de 10 % de la production annuelle, en s'assurant que personne d'autre ne les récolte dans la même population. Ni cueillir, ni transplanter, ni modifier l'habitat. ●

Suite page 331.

Au début de sa floraison, le ***cohosh b***
revêt une teinte violacée remarquable. P
ses massifs denses deviennent verts, l
qu'il déploie ses feui

Photo: Gisèle Lamoureux

Streptope rose, *rose twistedstalk*

Rognons-de-coq; coqs; streptopus rose. *Caribooberry; jacob's-ladder; liverberry; pink streptopus; rose bellwort or mandarin; rosy or sessile-leaved twistedstalk; rosybells; scootberries; scurvyleaves; wild cucumber* (à Terre-Neuve). Famille du lis, *Liliaceæ*.

Streptopus lanceolatus (Aiton) Reveal. Incluant *S. curvipes* Vail *in* Rydberg, *S. longipes* Fernald, *S. roseus* Michaux. De *streptos:* tordu, et *pous:* tige, allusion à la torsion de la queue des fleurs; *lanceolatus:* petite lance, d'après la forme des feuilles, terminées en pointe.

Herbacée vivace à rhizome. De taille moyenne (0,4 m), le streptope rose forme de petites colonies. Tige arquée et zigzagante, souvent ramifiée, très poilue. Feuilles bordées de cils visibles à l'œil nu; alternes, sans queue et un peu embrassantes (surtout celles à la base des ramifications); nervures parallèles prononcées. Fleurs: clochettes roses, à pétales et sépales identiques (tépales) et à bouts retroussés; pendant à l'aisselle des feuilles, généralement une à une, au bout d'une queue poilue. Fruits rouge clair, ronds. À la loupe, le rose des fleurs apparaît comme des lignes et des points.

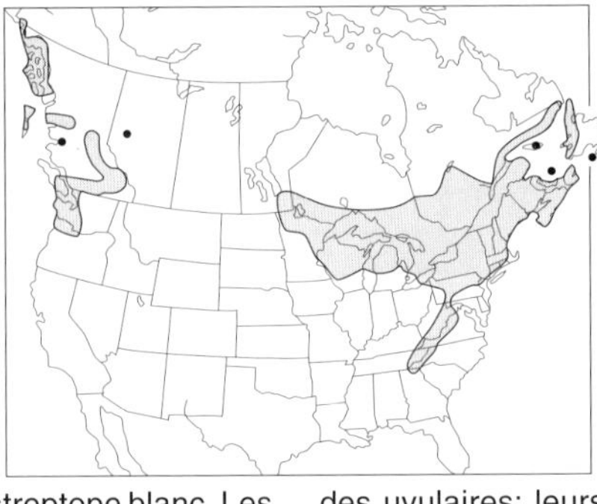

Le streptope rose tend à être un peu plus petit que le streptope blanc. Les cils bien visibles sur le pourtour de ses feuilles le distinguent des autres liliacées à tige arquée: sceau-de-salomon pubescent*, maïanthèmes à grappes* et étoilé*, streptope blanc*. À noter cependant: certaines variétés du streptope blanc (absentes du Québec) et le streptope hybride des montagnes (voir page 418) possèdent des feuilles bordées de cils.

Forêts, arbustaies, prairies alpines. En forêt: fréquent dans l'érablière à bouleau jaune et les forêts mixtes, occasionnel dans l'érablière à tilleul et les frênaies à orme. Nord-américain.

Les fruits des streptopes, quoique fades, sont comestibles mais purgatifs, d'où le nom *scootberries*, littéralement «les baies qui font détaler»!

Le cycle de vie des streptopes semble mal connu. Chose certaine, la germination est lente et ils demandent plusieurs années avant de fleurir une première fois à partir de la graine. Le cycle de vie de plusieurs autres liliacées des forêts de l'est de l'Amérique du Nord est mieux connu. Des données existent sur la germination de l'ail des bois, des clintonies, de l'érythrone, des maïanthèmes, de la médéole, des sceaux-de-salomon, des trilles, et des uvulaires: leurs germinations s'étalent toutes sur deux saisons de végétation. Plusieurs demandent bien des années supplémentaires pour fleurir (de l'ordre de 5, 6, 8 ans ou plus). Les streptopes n'échappent probablement pas à ces règles. Ni cueillir, ni transplanter, ni modifier l'habitat. Propager par graines, dès qu'elles sont mûres. ● pH 5-6

Suite page 418.

Quelles jolies clochettes! Mais sans fleurs, le ***streptope rose*** *ressemble maïanthèmes, uvulaires, sceau-de-salomo streptope blanc. Les cils du pourtour de feuilles le distinguent de toutes ces plan*

Photo: Roger Larose

Ancolie du canada, *wild columbine*

Aquilégie (genre); colombine; gants-de-notre-dame; glands. *Canada or canadian columbine; honeysuckle; meetinghouses.* Famille du bouton-d'or, *Ranunculaceæ.*

Aquilegia canadensis Linné. Incluant *A. australis* Small, *A. coccinea* Small, *A. phœnicantha* Cory. De *aquila:* aigle, les éperons de la fleur ressemblant à des serres d'aigle, ou de *aqua:* eau et *legere:* recueillir, allusion au nectar des éperons; *canadensis:* du Canada.

Herbacée vivace. De taille moyenne (0,3-0,6 m), elle forme des touffes généralement isolées. Feuilles minces, divisées en trois, deux fois; le feuillage rappelle les pigamons. Fleurs pendantes: 5 pétales, rouge vif à l'extérieur et jaune clair à l'intérieur, prolongés en éperons droits, renflés à l'extrémité, rappelant des doigts.

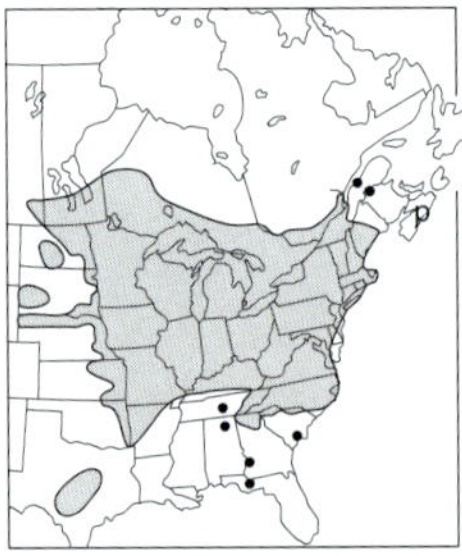

L'ancolie vulgaire *(A. vulgaris),* aussi appelée gants de notre-dame, s'échappe de culture.

Lieux secs et rocheux; en forêt ou non. Falaises, talus d'éboulis; bord de chemins ou rivages graveleux; érablières ou forêts mélangées. Nord-américaine. Rare: Nouveau-Brunswick (dernière observation: 1945).

Le genre ancolie symbolise la tristesse, la mél<u>ancolie</u> (est-ce un jeu de mots?). Qui dit fleurs rouges et longs éperons remplis de nectar dit colibri! Le nectar attire aussi bourdons et autres insectes, dont certains percent, de l'extérieur, la pointe des éperons. Les Amérindiens Meskwaki, surtout les «jeunes beaux», mêlaient les fruits séchés au tabac, comme raffinement olfactif, en guise de «parfum-d'amour», nom qu'ils donnaient aux graines. Les pouvoirs vivifiants et aphrodisiaques des ancolies sont réputés depuis l'antiquité: les Vestales (prêtresses vouées à la chasteté) ne devaient ni les toucher, ni les regarder; par contre les courtisanes romaines en mastiquaient les graines (malgré leur toxicité), pour devenir meilleures amantes.

Déjà utilisées médicinalement, les ancolies se révélèrent toxiques. S'y trouve un glucoside précurseur d'acide cyanhydrique; des enfants en ayant consommé des graines sont morts. La racine de l'ancolie du canada contiendrait des alcaloïdes, dont la berbérine (voir coptide savoyane*).

Les vieux plants ne supportent pas la transplantation. Peu fréquente; ni cueillir, ni transplanter, ni modifier son habitat. De culture facile par semis; fleurit la 2e année (en serre: après 8 semaines). ○ ● ◊ pH 5-7,5

Réf. sp. Finnerty 92, Mitchell 63.

Ancolie vulgaire*, échappée de culture. Fleurs doubles, blanches, bleues, roses ou pourpres, mais dépourvues de jaune; éperons fortement recourbés.*

Ancolie canad *Spectacul res fle rouge vi jaune cla éperc droits, r semblan des doig Peu fréque te, ne p cueil*

Photos: Gisèle Lamoureux

Corydale toujours-verte, *pale corydalis*

Corydalis glauque, pâle, rose, toujours-verte. *Pink corydalis; rock-harlequin; roman wormwood.* Famille de la dicentre, *Fumariaceæ.*

Corydalis sempervirens (Linné) Persoon. Incluant *Cappoides sempervirens* (Linné) Borkhausen, *Corydalis glauca* Pursh. Du grec *korydallis:* nom classique de l'alouette huppée, l'éperon de la fleur rappelant soit la huppe de l'alouette ou son ergot; *sempervirens:* toujours verte.

Herbacée annuelle ou bisannuelle. De taille moyenne (0,5 m), elle pousse en petites colonies. La première année, elle peut ne former qu'une rosette de feuilles. Plante sans poils. Tige bleu grisâtre (glauque), souvent mauve à la base; ramifiée ou non. Feuilles divisées et segmentées. Fleurs délicates, réunies en grappes. Fruits longs et fins comme des doigts; dressés.

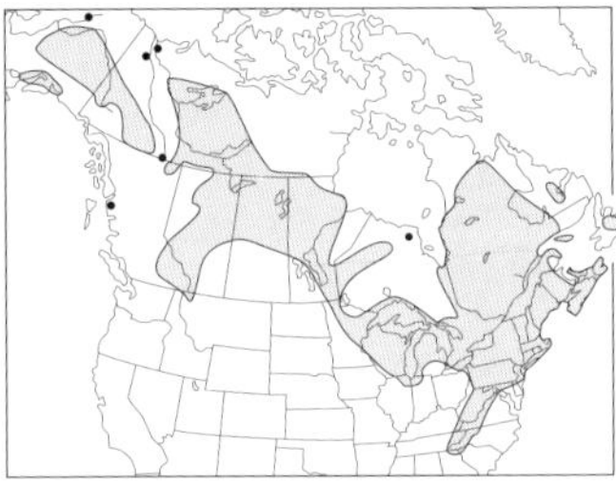

Une autre corydale fréquente nos contrées. Rare et plus petite, la corydale dorée *(C. aurea)* présente des fleurs entièrement jaunes et des fruits étalés ou pendants; au Québec: Témiscamingue, Outaouais, Bas-Saint-Laurent et Gaspésie.

Rochers secs. Crevasses et anfractuosités des falaises et affleurements rocheux; rivages rocheux. Surtout sur granit ou gneiss (acide, non calcaire). Rapportée aussi de forêts ou tourbières perturbées récemment (1 ou 2 ans) par des éclaircies, incendies, pâturages, routes et sentiers, bancs d'emprunts (sable ou graviers); disparaît ensuite après 1 an ou 2. Nord-américaine.

Les populations de corydale toujours-verte fluctuent probablement beaucoup: sur un même site, la plante, plutôt rare une année, se révèle très abondante l'année suivante. Les genres voisins corydale et dicentre* montrent des liens naturels très étroits en regard des flavonoïdes, des composés chimiques qu'ils contiennent. Tellement étroits ces liens, que certains botanistes considèrent artificielle la distinction entre les deux genres. Une différence fondamentale réside dans le nombre d'éperons des fleurs: deux chez les dicentres, un chez les corydales (un second avorte au début de la formation de la fleur).

Les corydales et les dicentres contiennent des alcaloïdes apparentés à ceux d'une famille voisine, celle du pavot (voir sanguinaire*, page 46). Ces alcaloïdes les rendent toxiques pour les chèvres et le bétail. Par exemple, des symptômes d'empoisonnement apparaissent chez la chèvre après consommation d'une espèce voisine de corydale (*C. caseana)* atteignant 2 % du poids de l'animal; la mort surviendrait à moins de 5 %.

Ici, la corydale toujours-verte reste peu fréquente et peu abondante. Ni transplanter ni perturber son habitat et ne cueillir que les graines. D'autant plus que cette annuelle ou bisannuelle se propage facilement par semis et que la transplantation brise les fragiles racines coïncées dans les crevasses. Laisser des graines pour les fourmis: elles en adorent la caroncule (voir page 435). En serre, des fleurs jaillissent quelques mois seulement après la germination. Aucune période au froid préalable requise pour la germination ni pour la floraison et les graines se ressèment d'elles-mêmes. En conditions optimales de culture, les corydales toujours-vertes deviennent luxuriantes. ○ ◊ pH 5-6

Réf. sp. Fahselt 72.

Corydale toujours-verte. *Très colorée: vert-bl grisâtre, mauve, rose, jaune clair. Généraleme sur rochers dénudés et peu fréquen*

Photo: Roger Larose

Cypripède rose, *stemless lady's-slipper*

Cypripède acaule. Pour le genre: sabot-de-vénus; sabot-de-la-vierge, soulier-de-notre-dame. *Common, pink or two-leaved lady's-slipper; nerveroot; pink mocassinflower; shepherd's-purse; squirrel's-shoe; whip-poor-will's-shoe.* Famille de l'orchidée, *Orchidaceæ.*

Cypripedium acaule Aiton. Incluant *C. humile* Pursh. De *Cypris:* un des surnoms d'Aphrodite, l'équivalent grec de Vénus, et de *pedilon:* soulier, à cause de la forme et de la beauté du pétale gonflé; *acaule:* sans tige, la vraie tige étant souterraine.

Herbacée vivace à rhizome. De taille moyenne (0,3 m), le cypripède rose pousse en petites colonies clairsemées, formées de rosettes solitaires ou en touffes. Chaque fleur et ses deux feuilles naissent directement sur la tige souterraine. Grandes feuilles (long. 15 cm) larges, sans queue; ressemblant à celles de la clintonie boréale*, mais plissées et poilues sur les deux faces; nervures parallèles et prononcées. Grande fleur spectaculaire (7 cm); rose (parfois albinos). Fruit sec, en forme de fuseau.

D'après Luer, 1975 (modifiée)

Les fleurs des autres cypripèdes de nos contrées affichent des couleurs différentes. En l'absence de fleur et de fruit, ne pas confondre les feuilles du cypripède rose avec celles, appliquées sur le sol, de la platanthère feuille-ronde (*Platanthera orbiculata = Habenaria orbiculata*).

Forêts (surtout de conifères) et, moins souvent, lieux plus ouverts (clairières, tourbières, rochers). Grande variété d'habitats, généralement acides (pH 5,3 à 6,1): secs ou humides, éclairés ou ombragés, sablonneux ou tourbeux; éviterait les milieux calcaires. Nord-américain.

Comment se forment les grosses touffes du cypripède rose? Le rhizome s'allonge seulement de quelques millimètres par an; en vieillissant, il forme de nouvelles rosettes (deux feuilles et une fleur) agglutinées à la rosette originale et lui restant toujours attachées. Les individus bien établis subsistent durant plusieurs décennies et dépassent fréquemment l'âge «vénérable» de 50 ans — pour peu que leur habitat ne subisse pas de perturbations néfastes... ou que les cueilleurs s'abstiennent. Les cypripèdes s'utilisèrent comme calmants du système nerveux (insomnie, tremblements, stress, etc.). Le cypripède rose, chez certains Amérindiens, soignait les «désordres mâles», le cypripède jaune servant plutôt dans les «désordres féminins». Lien avec l'aspect suggestif du labelle? La manipulation de la plante cause parfois des dermatites.

Plante à croissance très lente: à partir de la dispersion de la graine, demande 15 à 20 ans pour fleurir. Ne cueillir que les graines (à germination lente), et seulement dans les endroits où les individus fructifient en grand nombre. Ne pas transplanter ni modifier l'habitat. Les cypripèdes survivent rarement hors de leur milieu naturel et comme ils nécessitent la présence d'un champignon mycorhizien, leur culture très difficile exige les soins vigilants et continus d'experts. Culture non conseillée.

Suite page 342.

*Orchidacée d'une rare beauté, le **cypripè** **rose** développe peu souvent d'aussi gros touffes. Inutile de transplanter des cypri des: une réussite repose sur 3 ou 4 éche c'est-à-dire la mort de 3 ou 4 cypripèd peut-être âgés de plus de 50 ans. Sur rarement hors de son milieu natur Ne pas dérang*

Photo: Gisèle Lamoureux

Benoîte des ruisseaux, *purple avens*

Benoîte pourpre; herbe-à-la-tache. *Chocolateroot; water avens; indian chocolate.* Famille de la rose, *Rosaceæ.*

Geum rivale Linné. D'origine inconnue ou d'un ancien nom utilisé par Pline pour une autre plante; *rivale:* des ruisseaux.

Herbacée vivace. De taille moyenne (0,5 m), elle pousse en touffes et forme de petites colonies. Tige poilue, dépassant longuement la touffe de feuilles. Feuilles découpées en segments irréguliers, celui du sommet plus grand et arrondi; texture plissée. Fleurs spectaculaires, pendantes comme des cloches au sommet de la tige, mais se redressant après la fécondation; 5 sépales pourpres; 5 pétales variant de crème à pourpre. Fruits secs, rassemblés en sphères hérissées; chaque fruit terminé par un long style.

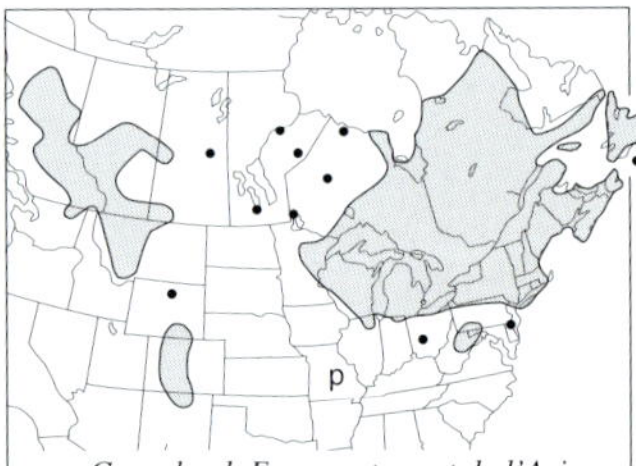

+ *Groenland, Europe et ouest de l'Asie*

Moins spectaculaires, les autres benoîtes du Québec arborent de petites fleurs jaunes ou blanches, dressées plutôt que pendantes et rappellant plus des soucoupes que des cloches! En Ontario, et plus au sud, se trouve la benoîte trois-fleurs *(G. triflorum),* aussi jolie que la benoîte des ruisseaux; plus petite (0,2 m), elle s'en distingue aussi par une tige presque nue et un calice décoré d'appendices très longs et fins (aussi longs que les pétales).

Lieux humides ou sourceux; en forêts ou non. Bord des ruisseaux, parfois marécages et tourbières; prairies alpines. Circumboréale à aire disjointe.

Bénite et magique depuis l'antiquité, d'où le nom benoîte, une espèce européenne du même genre avait de grands pouvoirs — la benoîte commune *(G. urbanum),* échappée de culture ici et là en Amérique du Nord, dont la région de Québec. Par exemple, un bouquet accroché au-dessus des portes empêchait le diable d'entrer et un petit morceau de racine au fond de la poche permettait d'échapper aux bêtes venimeuses. En plus, la plante guérissait bien des maux et il semble qu'en cas de pénurie, elle remplaçait la quinine — apparemment, la benoîte des ruisseaux aussi. Pour sa part, celle-ci fit partie de la pharmacopée du Canada, de celle des États-Unis et de la liste des plantes les plus utilisées médicinalement par les Iroquois, entre autres contre les fièvres et les diarrhées. Les Amérindiens tiraient de la racine une boisson médicinale ayant l'apparence — non le goût — du chocolat, d'où les noms anglais. Superstition populaire au début du XXe siècle: pour converser entre amis que les kilomètres éloignent, s'approvisionner en feuilles de benoîte... même les chuchotements s'entendront.

Non commune, la benoîte des ruisseaux! Éviter de la déranger. Facile à reproduire par semis et ne nécessitant pas de période au froid pour germer.

Réf. sp. Bernard 86, Taylor 73.

Style du fruit coudé, en 2 sections et plumeux.

***Benoîte d** **ruisseaux**. S fleurs roses distinguent d autres benoît D'abord pe dantes, p redress après la féc dati*

Photos: Roger Larose

Épigée fleur-de-mai, *trailing arbutus*

Épigée rampante; fleur-de-mai. *Ground-laurel; gravelweed; mayflower; moss-beauty*. Famille du bleuet, *Ericaceæ*.

Epigæa repens Linné. De *epi:* sur, et *gæa:* terre, la plante courant sur le sol; *repens:* rampant.

Arbuste rampant. Très petite (haut. 0,1 m), l'épigée fleur-de-mai étale de petits tapis très bas; feuillage foncé, égayé de petits bouquets de fleurs blanches ou rosées, posés à l'aisselle des feuilles. Feuilles raides et coriaces; persistant sous la neige; alternes; remarquables par l'absence de dents ou autres découpures, mais garnies de cils sur le pourtour. Fleurs très parfumées; corolle d'aspect cireux, à 5 lobes, au centre garni de gros poils.

Lieux secs et boisés, de préférence sur dépôts de sable; aussi sur rochers. Principalement dans les forêts conifériennes, surtout avec le pin gris. Nord-américaine.

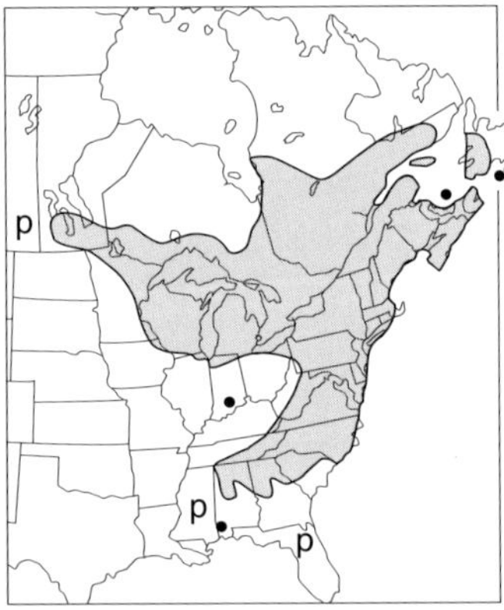

C'est l'emblème floral à la fois de la Nouvelle-Écosse, des Amérindiens Potawatomis qui lui reconnaissaient une origine divine, et de l'État du Massachusetts. Son nom anglais *mayflower* dériverait d'ailleurs du nom du bateau qui, le 21 décembre 1620, accosta à Plymouth (près de Cape Cod, Massachusetts), avec à son bord les *Pilgrims Fathers*, premiers colons européens à s'installer en permanence en Nouvelle-Angleterre. Après un long hiver, ceux-ci cristallisèrent leur épopée dans le nom des premières fleurs d'une saison plus clémente. Le nom québécois fleur-de-mai représente peut-être une traduction de *mayflower*. Sa grande sensibilité aux modifications subites de l'environnement (coupes forestières, paissance) jumelée à des exigences écologiques strictes, expliqueraient la fréquence réduite de cette plante, malgré une aire de répartition vaste. Attirées par le tissu qui rattache la graine au fruit, les fourmis trimbalent cette masse vers leur nid pour s'en nourrir; du même coup, elles transportent les graines qui y adhèrent, et les dispersent le long du trajet. Chaque fruit compte en moyenne près de 250 minuscules graines (0,5 mm; environ 22 000 / g), dont une bonne partie est projetée à distance lors de son éclatement.

De croissance lente, l'épigée fleur-de-mai s'étendrait de seulement quelques centimètres par année. En culture, elle produit, au bout d'un an, une petite rosette (diam. 10 cm) et demande au moins 3 ans pour fleurir une première fois à partir des graines. Celles-ci ne se conservent pas longtemps (ne pas les stocker plus d'un an). De plus, la plante s'associe obligatoirement à des champignons mycorhiziens pour croître. Sa répartition sporadique et sa faible fréquence commandent de ni la cueillir, ni la transplanter, ni modifier son habitat. D'ailleurs, les horticulteurs la considèrent difficile à cultiver et elle résisterait mal à la transplantation. Pour la propager, ne prélever que quelques graines, dès leur maturité, avant que les fourmis les dérobent. ● ◑ ◊ pH 4-5

Réf. sp. Blum 74, Clark 71, Sherk 67, Young 92.

Épigée fleur-de-mai*. En petits tapis, d des habitats secs. Bouquets de fleurs b ches ou roses, très parfumées, généralen unisexuées, à l'aisselle des feuilles. Cel ci raides et coriaces; sans dents ni décou res, mais bordées de*

Photo: Roger Larose

Linnée boréale, *twinflower*

Linnée du nord. *Canterburybells; ground-ivy* (Terre-Neuve); *northern twinflower; pinkbells; pinkies*. Famille du chèvrefeuille, *Caprifoliaceæ*.

Linnæa borealis Linné. Incluant *Linnæa americana* Forbes. Genre dédié, par Jan Fredrik Gronovius, à Carl Linné (23 mai 1707 - 10 janvier 1778), qui affectionnait particulièrement cette espèce; *borealis:* boréale (du nord).

Arbuste rampant, ayant l'apparence d'une herbacée. Forme des tapis (hauteur: 0,1 m). Tige mince, abondamment ramifiée; finement poilue; brun-rouge, verte lorsque jeune. Feuilles opposées; épaisses, presque circulaires (1 à 1,5 cm) mais atténuées à la base; dessus garni de longs poils raides; bordées de quelques dents vers le sommet; persistant 2 ans. Fleurs petites (1 cm), rose pâle; corolle en forme de trompette à 5 lobes, veinée, remplie de longs poils blancs; réunies par deux; discrètement mais adorablement parfumées. Fleurit au début de l'été, parfois jusqu'à l'automne.

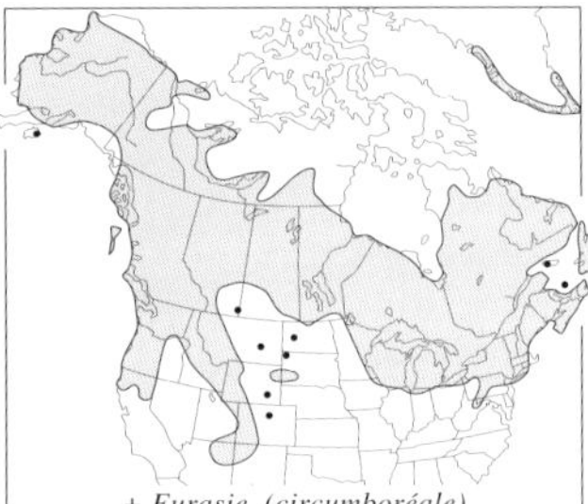
+ Eurasie (circumboréale)
D'après Hultén & Fries, 1986 (modifiée)

En l'absence de fleurs, ses tapis ressemblent à ceux de la gaulthérie petit-thé° ou de la mitchelle rampante, qui fréquentent les mêmes habitats. Aucune dent ne découpe les feuilles de ces deux espèces. La gaulthérie a des feuilles alternes et luisantes, poilues seulement au revers. Les feuilles opposées de la mitchelle sont d'un vert très foncé mais à nervures pâles; luisantes et sans poils (sauf sur la queue).

Forêts: conifériennes ou mélangées. Aussi lieux plus ouverts, mais humides et dominés par des mousses; tourbières, souches ou troncs pourris, rochers moussus, talus et bas des falaises. Circumboréale.

On connaît peu d'utilisations de cette plante par les Amérindiens. Par certains aspects elle inspire sans doute la longévité: pour assurer une longue vie à un enfant, les Tanana d'Alaska lui appliquaient un cataplasme de linnée sur la tête. La linnée boréale varie d'un continent à l'autre. En Amérique du Nord (incluant le Groenland), elle se caractérise par sa fleur plus allongée — variété ou sous-espèce *longiflora* ou *americana*. Dans les Aléoutiennes, pousserait plutôt la même plante qu'en Eurasie — variété ou sous-espèce *borealis*, à fleurs plus courtes, en clochette plutôt qu'en trompette. Mais en Alaska et dans le centre du Yukon, les deux se rencontrent et il existerait des individus présentant des caractères intermédiaires.

Protégée par la loi en France, en Allemagne et en Pologne, la linnée boréale a perdu beaucoup de terrain dans les pays européens; elle y est par ailleurs très «appréciée» comme plante de rocaille... Faut-il y voir un lien? À partir de la dispersion de la graine, la plante demande entre 5 et 10 ans pour fleurir. En général, les populations abondantes de linnée boréale supportent une certaine cueillette (non commerciale). Éclaircir les tapis en prélevant ici et là, comme boutures, des segments de tige principale âgés d'au moins 2 ans (voir *Vivre avec peu de racines* page 372). Les boutures s'enracinent en moins de 3 semaines et la plante se cultive facilement. En milieu naturel, le manque de graines limite le recrutement, aussi ne pas les récolter, pour ne pas entraver ce recrutement déjà difficile. Préfère l'ombre épaisse. ● pH 4-5

Suite page 372.

*La **linnée boréale** étend de fragiles tapis. E*
fut nommée en l'honneur de Carl Linné, le pri
des botanistes, dont c'était la plante préfér

Photo: Gisèle Lamoureux

Violette rosée, *alpine-marsh violet*

Violette des marais. *Marsh violet.* Famille de la violette, *Violaceae.*

Viola palustris Linné. Nom latin classique (voir encadré page 463); *palustris:* du latin *palus,* marais, étang.

Herbacée vivace à rhizome. Très petite (0,06 m) et acaule, la violette rosée pousse en touffes et, grâce à de nombreux stolons, forme de petits tapis. Fleurs (1 cm) rose pâle veinées de mauve foncé, bleuissant souvent en séchant; portées au-dessus des feuilles; éperon court: 0,15 cm. Fleurs et feuilles absolument sans poils, même les pétales latéraux et la queue de la feuille. Rosette de 3 ou 4 feuilles, à sommet arrondi ou tronqué (en rein plutôt qu'en cœur).

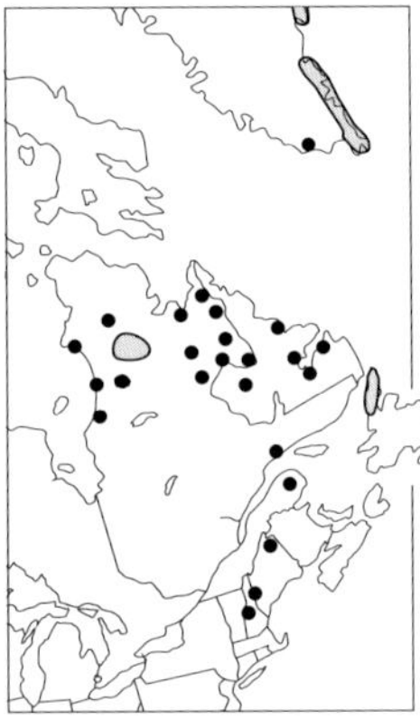

La violette rosée ressemble à la violette minuscule* par son allure générale; elles se trouvent côte à côte, dans des lieux humides, en milieu arctique ou alpin et subarctique ou subalpin. Pour les distinguer, noter, chez la violette minuscule, la fleur très blanche et, pour 80 % des individus, des poils sur la queue de la feuille et sur les pétales latéraux (distinction difficile en l'absence de fleur). La violette de selkirk*, également de petite taille et formant des stolons, présente des fleurs bleu très foncé avec un long éperon (0,5 à 0,7 cm), des feuilles avec quelques poils raides sur le dessus et à échancrure particulière entre les lobes. Voir tableau comparatif des violettes page 457.

Lieux humides des régions subarctiques ou subalpines et plus rarement des régions arctiques ou alpines. En particulier en bordure des combes à neige, des ruisseaux, ravins alpins et des mares, dans les lieux sourceux; rivages sableux, graveleux, rocheux ou tapissés de mousses. Absente des habitats calcaires. Amphi-atlantique. Rare: Terre-Neuve.

Le nom «violette des marais» traduit le nom latin, mais ne correspond pas à l'habitat de la plante dans nos contrées. Ici, cette violette fréquente des lieux humides mais pas les marais (ou tourbières) où se trouvent plutôt d'autres violettes (élancée*, dressée*, minuscule*). Comme c'est la seule des violettes d'ici qui porte des fleurs rose pâle, le nom violette rosée lui sied parfaitement et la distingue spécifiquement. Certains englobent dans la violette rosée, le *Viola epipsila,* présent en Eurasie et en Amérique du Nord, de l'ouest des Grands Lacs jusqu'au Pacifique. L'addition de leurs aires donne une répartition circumpolaire. La tendance actuelle reconnaît plutôt deux espèces. La violette rosée compte $2n = 48$ chromosomes (tétraploïde), est absolument sans poils et porte ses bractées au milieu de la queue de la fleur (ou plus bas). Le *V. epipsila* compte $2n = 24$ chromosomes (diploïde), est un peu poilu, de plus forte taille (exemple: fleurs de 1,5 à 2 cm) et porte ses bractées dans le tiers supérieur de la queue de la fleur. Ainsi séparée, la violette rosée devient amphi-atlantique; elle est plus répandue en Europe et dans l'ouest de l'Asie qu'en Amérique du Nord.

Peu commune dans nos régions, et dans des habitats peu fréquents et fragiles; ni cueillir la violette rosée ni perturber son habitat.

Réf. sp. Ballard 94, Cinq-Mars 66, Russell 65.

Violette rosée. *Ressemble à la violette min cule**, *mais toujours complètement dépo vue de poils et à fleurs rosées. Seulement milieu nordique ou sur les hautes montagn*

Photo: Francis Boudreau

Violette odorante, *sweet violet*

Fleur de carême; jacée du printemps; viole de carême; violeta; violette bleue, de carême, des haies, de mars; violier commun; violôte. *Apple- or fine-leaf; black, blue, common, english, florist's, garden, march, marsh, purple sweet, sweet-scented or wild violet; vilip.* Famille de la violette, *Violaceae.*

Viola odorata Linné. Nom latin classique (voir encadré page 463); *odorata:* odorante, à cause de son odeur agréable et intense.

Herbacée vivace à rhizome et stolons. Très petite (0,05 m), acaule et à fleurs bleu-violet foncé, la violette odorante pousse en touffes et forme des tapis, grâce à d'abondants et robustes stolons. Même taille, allure générale et floraison hâtive que la violette de selkirk*. Sa très forte odeur se détecte au passage et la distingue des autres violettes bleues acaules de nos régions — 6 ou 7 fleurs suffisent pour embaumer une pièce — mais l'odeur ne persiste pas au séchage. Se distingue aussi par l'abondance de robustes stolons verts (et non blancs), le bec crochu du style (visible à la loupe) et l'ovaire très poilu. Feuilles à poils fins et serrés au moins sur le dessus, rendant la surface un peu rugueuse. Fleurs au niveau ou un peu au-dessus des feuilles. Fruits très poilus, tachetés ou striés de pourpre.

La violette odorante produit aussi une forme à fleurs blanches (f. *albiflora)* et il existe plusieurs cultivars (blancs, roses, violets), dont certains à fleurs doubles. Pratiquement inodore, la violette de selkirk produit moins de stolons; le dessus des feuilles porte un bataillon clairsemé de poils dressés, raides et blancs, visibles à l'œil nu; elle ne pousse normalement pas autour des habitations. Voir aussi le tableau comparatif des violettes page 458.

Échappée de culture dans les pelouses ombragées, où elle résiste à la tonte (surtout au pied des arbres). Originaire d'Europe de l'Ouest et du domaine méditerranéen, la violette odorante ne se trouve ici, à l'état sauvage, qu'à proximité de jardins cultivés, ombragés, où elle fut préalablement introduite comme plante horticole. Ainsi, tous les noms communs listés ci-haut, ne s'utilisent qu'en Europe. En Amérique du Nord, elle se trouve ici et là, de la Nouvelle-Écosse à la Colombie-Britannique et de la Californie à la Géorgie. Plutôt rare à l'état sauvage au Québec, la violette odorante n'est connue que de quelques endroits: régions d'Ottawa, de Québec (anciens domaines et cimetières longeant la falaise), mont Saint-Hilaire, île d'Orléans. Eurasie, Afrique du Nord.

La confiserie s'est emparée des fleurs de la violette odorante: enrobées de sucre, elles constituent une friandise recherchée, déjà populaire en Angleterre au temps de Charles II (vers 1675). Les Romains utilisèrent abondamment un vin à base de ses fleurs. Elles confèrent leur odeur aux liquides et le vinaigre dans lequel elles ont macéré, capte aussi leur teinte. Bien que légèrement laxatives, les fleurs décorent les salades.

À forte dose, les rhizomes et les graines de la violette odorante entraînent de sévères gastroentérites, de l'agitation et une dépression des systèmes respiratoire et circulatoire, atteignant des proportions alarmantes, selon la dose.

Le printemps suivant leur dissémination, les graines de la violette odorante germent. Mais il faut attendre deux ans après le semis pour obtenir des fleurs.

Suite page 485.

*La **violette odorante** rappelle la violette selkirk, sauf pour les lobes des feuilles. M elle dégage un fort parfum, détectable passage, et quelques fleurs suffisent p embaumer une pièce. Échappée de cult dans les pelouses ombragé*

Photo: Gisèle Lamoureux

Violette de selkirk, *great-spurred violet*

Violette du nord. *Northern or selkirk's violet.* Famille de la violette, *Violaceae.*

Viola selkirkii Pursh. Nom latin classique (voir encadré page 463); *selkirkii:* en l'honneur de Thomas Douglas, comte de Selkirk (1771-1820).

Herbacée vivace à rhizome. Très petite (0,05 m), acaule et à fleurs bleues, la violette de selkirk pousse en touffes et forme de petites colonies. Se distingue des autres violettes bleues acaules de nos régions par la forme très particulière des lobes de ses feuilles et de l'échancrure qui les sépare: feuilles en forme de coeur, mais presque rondes, à lobes très développés et se recouvrant (au moins se touchant) mais laissant au fond de l'échancrure, un espace arrondi, près de la queue (forme de violon). Feuilles minces, crénelées (dents larges et arrondies, un peu retroussées); bords sans cils, dessus couvert d'un bataillon clairsemé de poils dressés, raides et blancs, visibles à l'œil nu surtout en regardant la feuille de profil. Chez les violettes, ce type de poils (photo p. 474) ne se retrouve pratiquement que sur les lobes de la violette affine (description p. 472). Floraison précédant celle des autres violettes bleues acaules, sauf parfois la violette odorante*. Fleurs foncées; au niveau ou au-dessous des feuilles; pétales tous sans poils; à long éperon (de là son nom anglais). Voir tableau comparatif des violettes page 458.

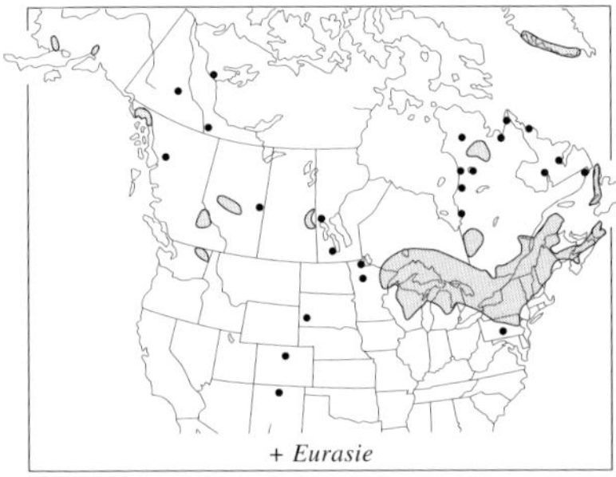

Au sud du Labrador et de la baie de James: rochers ombragés, éboulis et forêts (érablières: à tilleul, à bouleau jaune; forêt mixte); plus au nord: arbustaies le long des ruisseaux, aulnaies. Fréquemment sur des souches pourries; rarement en plein soleil. Bien moins fréquente que les violettes commune* et dressée*. Circumboréale. Rare: Yukon, Territoires du Nord-Ouest, Arctique canadien, Alberta, Saskatchewan, Manitoba, Terre-Neuve.

Hâtive et éphémère, la floraison de la violette de selkirk! Ne pas la rater demande une certaine vigilance, surtout que sa petitesse n'attire pas le regard. Cette violette ressemble peu aux autres violettes bleues acaules de nos régions et ne s'hybride pas avec elles. Elle présente $2n = 24$ chromosomes et non 54, comme les violettes commune*, dressée* et des calcaires*. Elle s'apparente plus à des violettes de l'est de l'Asie, qu'à celles d'ici. Aussi, certains botanistes croient que ses ancêtres pénétrèrent notre continent par l'ouest, puis migrèrent vers l'est. Il existe d'ailleurs un variation mineure qui confirmerait cette hypothèse. La forme de la feuille change très légèrement, de l'ouest à l'est: elle s'élargit un peu, le rapport longueur / largeur passant de 0,95 à 0,85, depuis le Minnesota jusque dans l'est du Québec. En Europe, la plante se trouve en Scandinavie et en Russie, répartition sans doute à l'origine des noms européens violette du nord et *northern violet.* Dans nos contrées, il ne s'agit pas à proprement parler d'une plante arctique et elle semble plus présente au sud — jusqu'en Nouvelle-Angleterre — qu'au nord, où elle se confine pratiquement aux bosquets le long des cours d'eau. Et puis, question de noms, lord Selkirk, à qui la plante est dédiée, est sans doute peu connu en Europe. Commémorer son nom y présente probablement peu d'intérêt.

Suite page 473.

Toute petite et la toute première viole indigène à fleurir: la ***violette de selkir*** *Lobes des feuilles très développés et se r couvrant ou se toucha*

Photo: Gisèle Lamoureux

Violette commune, *woolly blue violet*

Violette parente. *Hairy wood violet; john's-wood; sister violet.* Famille de la violette, *Violaceae.*

Viola sororia Willdenow. Incluant *V. papilionacea* Pursh (en partie), *V. septentrionalis* Greene, *V. affinis* LeConte. Nom latin classique (voir encadré p. 463); *sororia:* du latin *soror,* sœur, à cause de sa ressemblance avec la violette dressée* *(V. cucullata).*

Herbacée vivace à rhizome. Petite (0,2 m), acaule et à fleurs bleues, la violette commune forme des touffes souvent groupées en colonies denses. C'est la seule violette bleue acaule à présenter la combinaison suivante de caractères: fleurs au niveau ou au-dessous des feuilles, sur des queues faibles, inclinées ou prostrées; pétales de l'éperon coudé (à regarder de profil); gorge de la fleur pâle, non bordée de taches sombres; pétale de l'éperon avec ou sans poils; poils des pétales: fins et aigus (non élargis au sommet); sépales et feuilles bordés de cils (au moins partiellement, dans le cas des sépales); fruits vert foncé, tachetés de rouge.

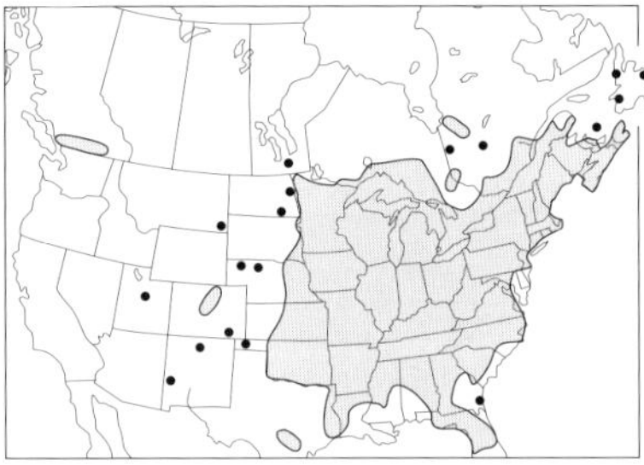

Deux violettes bleues acaules sont très fréquentes dans nos contrées et se ressemblent: la violette commune et la violette dressée*. La violette commune présente ses fleurs au niveau des feuilles, qui sont poilues, et les pétales latéraux portent des poils réguliers; elle fréquente surtout les forêts, dans des habitats mésiques (ni humides, ni secs). La violette dressée présente des feuilles sans poils et des fleurs sur des queues fortes, dressées bien au-dessus des feuilles, et dont les pétales latéraux portent des poils très particuliers: papilleux, élargis au sommet et très différents de ceux de la violette commune; elle fréquente des lieux plus humides. Voir aussi *Comparaison entre les violettes dressée et commune* p.469, *Des violettes parentes* p. 471 de même que la description de la violette dressée p. 230 et le tableau comparatif des violettes p. 458.

Surtout en forêts (feuillues, mixtes ou conifériennes). Aussi en milieux plus ouverts: grèves le long des cours d'eau, rochers, pâturages, bords de routes. Demande moins d'humidité et tolère plus d'ensoleillement que la violette dressée*. Nord-américaine. Rare: Colombie-Britannique, Île-du-Prince-Édouard et Terre-Neuve.

La violette commune est certainement la plus fréquente des violettes bleues acaules de nos contrées, d'où le nouveau nom français proposé (plus pertinent et plus spécifique que violette parente). La violette dressée* se classe bonne deuxième, mais les autres espèces, les violettes de selkirk*, des calcaires*, rosée*, odorante*, arrivent loin derrière. Tout comme *sororia,* l'épithète latine octroyée à cette violette, le nom «sororité» tire son origine du latin *soror* (sœur). C'est un mot récent (1970), équivalent de fraternité, mais appliqué à la solidarité féminine. Par contre l'adjectif «sororal», relatif aux sœurs, date de 1752; comme homologue de fraternel, il connaît un certain regain depuis le développement du féminisme!

Très attrayante dans les gazons et facile à cultiver à partir de graines, la violette commune se ressème d'elle-même. ◑

Suite page 462.

La violettes bleue acaule de nos contré rencontrée le plus souvent, la ***violette co mune****. À noter: fleurs au niveau des feuill ou juste au-dessus, sur des queues faibl inclinée*

Photo: Gisèle Lamoureux

Violette dressée, *marsh blue violet*

Violette cucullée. *Blue marsh violet, bog violet.* Famille de la violette, *Violaceae.*

Viola cucullata Aiton. Incluant *V. obliqua* Hill, *V. papilionacea* Pursh (en partie). Nom latin classique (voir encadré page 463); *cucullata:* cornet, capuchon, d'après la forme des feuilles.

Herbacée vivace à rhizome. Petite (0,2 m), acaule et à fleurs bleues, la violette dressée forme des touffes. Ressemble à la violette commune*, mais d'un port nettement différent: fleurs bien visibles, portées très au-dessus des feuilles, par des queues bien droites, dressées dans la touffe de feuilles. Autres caractères distinctifs: habitats humides; feuilles sans poils (ou presque); pétale de l'éperon droit (vu de profil); pétales latéraux garnis d'abondants poils papilleux, à sommet élargi et arrondi (comme les papilles de la langue) — la seule violette à porter abondamment de tels poils, rarement présents et toujours dispersés chez les autres violettes.

Contrairement à ce qui se passe chez bien d'autres violettes bleues acaules, les botanistes s'entendent, à travers les âges, sur la délimitation et sur le nom latin de cette espèce. Elle varie moins que la violette commune*. Se trouvent dans nos contrées, une forme à fleurs toutes blanches (f. *albiflora)* et une autre à fleurs blanches marbrées de bleu (f. *thurstonii).* La violette dressée s'hybride avec la violette commune (p. 471). Tableau comparatif des violettes p. 458.

Lieux humides, ombragés ou ensoleillés: prairies humides, talus des fossés, rivages des cours d'eau, tourbières (fens), falaises, lieux sourceux, sous-bois humides. En milieux humides, c'est la violette la plus fréquente de nos contrées, comme ses noms anglais l'indiquent. Ailleurs, elle est moins fréquente que la violette commune, mais bien plus fréquente que les autres violettes bleues acaules (de selkirk*, des calcaires*, rosée*, odorante*). Nord-américaine.

Cucullata vient du latin *cucullus:* cornet, cuculle (capuchon des moines). Le nom latin fut traduit par violette cucullée, dénué aujourd'hui de sens et risible, par sa ressemblance avec cucu. Cette épithète lui vient de l'aspect de la jeune feuille encore enroulée, comme un cornet ou un capuchon de moine. Plusieurs violettes partagent ce caractère, qui ne sert donc pas à la distinguer. Fleurbec propose plutôt «violette dressée», d'après son allure typique (fleurs dressées bien au-dessus des feuilles), la distinguant des autres violettes bleues acaules. Dès 1936, le Nouveau-Brunswick adoptait cette violette comme emblème floral. Contrairement aux graines de plusieurs violettes, les siennes attirent peu les fourmis: petite caroncule et habitat humide, peu propice aux fourmis granivores (les fourmis de cet habitat, du moins en Virginie Occidentale, préfèrent les insectes). Lorsqu'elle explose, la capsule projette les graines en moyenne à 1,5 m, parfois jusqu'à 2 m.

Cultivée sur terrains secs, la violette dressée développe un feuillage plus luxuriant, mais les queues de ses fleurs raccourcissent! Se ressème d'elle-même et forme un beau couvre-sol.

Réf. sp. Ballard 94, Beattie 75, Cinq-Mars 66, Culver 78, Gil-Ad 98, McKinney 92, Russell 65.

Violette dressée. *La violette bleue caulescen la plus fréquente en milieu humide. Fleu bien visibles, très au-dessus des feuilles, bout de queues droites, dressées dans la to fe. Emblème du Nouveau-Brunswic*

Photo: Gisèle Lamoureux

Violette des calcaires, *northern-bog violet*

Violette néphrophylle. Famille de la violette, *Violaceae*.

Viola nephrophylla Greene. Nom latin classique (voir encadré page 463); *nephrophylla:* du grec *nephros,* rein et *phullon,* feuille, à cause de la forme en rein qu'affectent parfois ses feuilles.

Herbacée vivace à rhizome. Très petite (0,10 m), acaule et à fleurs bleues, la violette des calcaires forme des touffes isolées. Se distingue des autres violettes bleues acaules de nos régions par la combinaison suivante de caractères. Fleurs au-dessus des feuilles; violet intense, sans taches foncées (ou presque); pétale de l'éperon légèrement coudé, vu de profil; poils fins et à sommet non élargi, présents sur les pétales latéraux, généralement sur le pétale de l'éperon et parfois sur les pétales supérieurs; sépales sans cils. Feuilles charnues et sans poils (sauf parfois des poils très fins, peu visibles, sur les lobes); revers d'un vert bleu ou, surtout au printemps, rougeâtre; dents terminées par une pointe dure, en petit crochet (visible à la loupe). Malgré son nom latin, ses feuilles n'affectent pas toujours la forme d'un rein.

≠ Les autres violettes bleues acaules lui ressemblent, mais peu ont des feuilles sans poils et charnues. En comparaison:

- violette commune: feuilles ciliées et poilues, surtout au revers; fleurs au niveau des feuilles ou en dessous;
- violette dressée: fleurs bien plus hautes au-dessus des feuilles; pétales latéraux avec poils à sommet élargi; pétale de l'éperon droit (vu de profil), sans poils;
- violette de selkirk: plus petite; feuilles à dessus couvert de poils dressés, raides et blancs;
- violette rosée: fleurs roses; nordique; feuilles sans poils, un peu charnues;
- violette odorante: persiste après culture près des habitations; fleurs extrêmement odorantes.

La violette des calcaires s'hybride parfois avec la violette commune* (elle hérite alors de ses feuilles poilues) ou produit une forme à fleurs blanches (f. *albinea)* ou à fleurs blanches tachées et veinées de bleu (f. *bicolor).* Voir tableau comparatif des violettes page 458.

Lieux ouverts et calcaires; plus rarement en forêt. Surtout rivages calcaires (graveleux, rocheux ou parfois même tourbeux) des ruisseaux, rivières (platières) ou lacs; prairies humides; cédrières tourbeuses sur calcaires. Dans nos contrées, les habitats calcaires couvrent peu d'espace. Cela fait de cette violette, une espèce peu fréquente. Bien moins fréquente, en tout cas, que les violettes commune* et dressée*, bien que son aire de répartition soit plus vaste. Nord-américaine. Rare: Île-du-Prince-Édouard, Nouvelle-Écosse et Yukon.

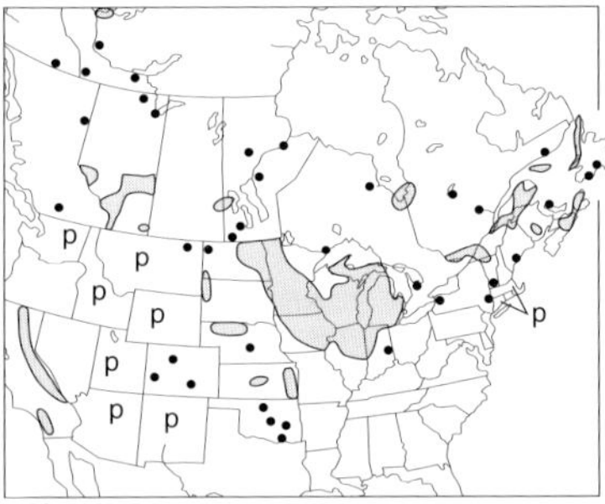

La violette des calcaires compte $2n = 54$ chromosomes. Ce nouveau nom français reflète sa fidélité aux habitats calcaires: certains affirment que c'est son meilleur caractère d'identification! *Nephrophylla* et *renifolia* veulent dire la même chose et désignent deux violettes différentes (plus de détails page 102). Les Amérindiens Navajo l'utilisèrent pour provoquer des vomissements, au cours de cérémonies (voir violette odorante*, pour des propriétés semblables).

Réf. sp. Ballard 94, Cinq-Mars 66, Gil-Ad 98, McKinney 92, Russell 65.

Violette des calcaires*. Son nom rappelle fidélité aux habitats calcaires. Fleurs peu au-dessus des feuilles, qui sont sa poils et charnu*

Photo: Gisèle Lamoureux

Violette bleu-pâle, *american dog violet*

Violette conspersée, décombante, du labrador. *Alpine or dog violet.* Famille de la violette, *Violaceae.*

Viola labradorica Schrank. Incluant *Viola adunca* var. *minor* (Hooker) Fernald, *V. conspersa* Reichenbach, *V. leucopetala* Greene, *V. muhlenbergii* Torrey, *V. punctata* Schweinitz. Nom latin classique (voir encadré page 463); *labradorica:* du Labrador.

Herbacée vivace à rhizome. Très petite (0,12 m), la violette bleu-pâle forme des touffes isolées. Fleurs bleues et feuilles portées sur une tige (violette caulescente). Sa pâleur — feuillage vert clair, fleurs bleu très pâle — et ses feuilles à base en coeur, minces, presque sans poils (quelques-uns sur le dessus), la distinguent de la violette des sables* *(V. adunca).* Sa fleur sans taches foncées autour de la gorge la distingue de la violette long-éperon*. Relativement long, mais droit, l'éperon n'atteint pas la longueur des éperons des violettes des sables et long-éperon*

En général, les trois violettes bleues caulescentes de nos contrées fréquentent des habitats différents. Mais il arrive qu'elles se rencontrent et la violette bleu-pâle s'hybride avec les deux autres, donnant des individus qui portent des caractères des deux parents *(V. Xmalteana = V. labradorica X V. rostrata; V. Xmckinneyi = V. labradorica X V. adunca).* Pour plus de détails sur *V. Xmalteana,* voir violette long-éperon* p. 236 et photo p. 461. Voir tableau comparatif des violettes p. 459.

Habitats variés, souvent humides. Forêts mésiques (ni sèches, ni humides) de toutes sortes, champs humides, tourbières. En milieu nordique: combes à neige, prairies riveraines, bords des ruisseaux, platières de rivières et rivages graveleux, éboulis de falaises, arbustaies. Certainement la plus fréquente des violettes bleues caulescentes. Nord-américaine. Rare: Île-du-Prince-Édouard.

Les Amérindiens Ojibwés utilisaient une infusion de la plante entière contre les problèmes cardiaques. En botanique, le terme décombant désigne une tige molle (ou un autre organe), qui tombe facilement; la plante paraît alors ramper à la base et se redresser à l'extrémité. La violette bleu-pâle porta déjà le nom de violette décombante, à cause d'un tel port, qu'elle adopte surtout en été et en automne.

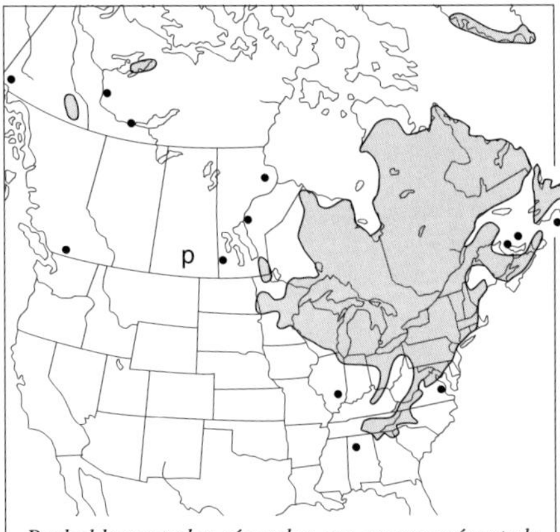

Probablement plus répandue que ce que présente la carte. N'y sont reportées que les aires comprenant ce taxon de façon certaine.

Plusieurs cartes des Maritimes et de l'ouest de l'Amérique incluaient le V. adunca *variété* minor, *maintenant transféré à la violette bleu-pâle. Ces cartes ne permettaient pas d'extraire les données pour cette variété et ne furent pas prises en compte.*

La violette bleu-pâle se transplante difficilement après le début de sa croissance printanière. Se ressème, sans devenir envahissante.

Suite page 460.

La ***violette bleu-pâle****, la plus fréquente*
violettes bleues caulescen
Fleurs d'un bleu très pâle et uniforme,
faible retombant souvent au

Photo: Gisèle Lamoureux

Violette long-éperon, *long-spurred violet*

Violette à long éperon, rostrée. *Long-spur violet.* Famille de la violette, *Violaceae.*
Viola rostrata Pursh. Nom latin classique (voir encadré page 463); *rostrata:* du latin *rostrum:* bec, éperon, rostre, d'après son long éperon, rappelant le rostre des anciens voiliers.

Herbacée vivace à rhizome. Très petite (0,12 m), la violette long-éperon forme des touffes isolées. Se distingue des autres violettes bleues caulescentes par la coloration de sa fleur et son très long éperon (1 à 2 cm) qui dépasse les pétales de beaucoup; grands stipules très découpés (lacérés; caractère partagé avec les autres violettes bleues caulescentes). Fleurs pâles, d'un bleu lavande, veinées de violet et ornées de taches formant un anneau violet foncé autour de la gorge; pétales latéraux sans poils.

La violette des sables* ne lui ressemble que par la longueur de son éperon, par ailleurs crochu; celui de la violette long-éperon se courbe aussi un peu, à l'occasion. La violette long-éperon s'hybride avec la violette bleu-pâle*, lorsque les deux croissent à proximité l'une de l'autre. L'hybride *(V. Xmalteana)* présente des fleurs intermédiaires quant à la longueur de l'éperon et quant à la coloration (très pâles, mais d'une coloration irrégulière, avec des taches pâles), de même que des pétales latéraux velus (photo page 461). Voir tableau comparatif des violettes page 459.

Forêts; généralement sur substrats rocheux (souvent calcaires) ou sablonneux; favorisée par des ouvertures: elle forme des colonies importantes dans les éclaircies et sentiers. Érablières à caryers, prucheraies, cédrières, érablières à érable rouge. Généralement sur des sites plus secs que ceux où croît la violette bleu-pâle. Amérique du Nord et Japon.

À cause de sa rareté au Québec, la violette long-éperon figure sur la *Liste des plantes susceptibles d'être désignées menacées ou vulnérables,* en vertu de la loi québécoise. Elle ne compte qu'une quinzaine de localités au Québec, dans l'Outaouais, la Montérégie, et le Haut-Saint-Laurent, près de la frontière américaine. Ces localités ne comptent que des petites populations et 5 d'entre elles sont dites historiques, la plante n'y ayant pas été observée depuis plus de 25 ans. La violette long-éperon est une espèce périphérique, le Québec se situant à la périphérie de son aire de répartition. Souvent fréquentes au centre de leur aire, les espèces périphériques se raréfient aux limites de cette aire. Environ les deux tiers des 375 plantes susceptibles d'être désignées menacées ou vulnérables au Québec relèvent de cette catégorie.

La répartition mondiale de la violette long-éperon intéresse aussi les phytogéographes. Elle fait partie d'un groupe d'espèces que l'est de l'Amérique du Nord partage avec l'est de l'Asie, des régions pourtant fort éloignées l'une de l'autre. Parenté étonnante, difficile à expliquer.

Suite page 482.

Une violette bleue caulescente très rare la ***violette long-éperon****. Fleurs pâles, nées de violet et ornées de taches formant anneau violet foncé autour de la gor*

Photo: Gisèle Lamoureux

Violette des sables, *hooked-spur violet*

Violette à éperon crochu, des chiens. *Early blue, hook-spur, sand or western dog violet.* Famille de la violette, *Violaceae.*

Viola adunca J.E. Smith. Incluant *Viola aduncoides* Löve & Löve, *V. bellidifolia* Greene, *V. cascadensis* Baker, *V. minima* Baker, *V. montanensis* Rydberg, *V. oxyceras* (Watson) Greene, *V. subvestita* Greene. Nom latin classique (voir encadré page 463); *adunca:* courbé ou crochu, d'après la forme de l'éperon.

Herbacée vivace à rhizome. Très petite (0,1 m), la violette des sables forme des coussins isolés, très feuillés et abondamment garnis de fleurs. C'est la plus petite des violettes bleues caulescentes et elle se démarque par la combinaison suivante de caractères. Fleurs d'un bleu violet foncé uniforme (sans taches), à éperon long (plus de 1 cm) et crochu; pétales latéraux poilus, celui de l'éperon sans poils; style courbé. Feuilles petites (2 cm sans la queue); d'un vert bleu foncé, épaisses et rugueuses au toucher; très poilues des deux côtés; typiquement triangulaires avec la base tronquée ou à peine en forme de coeur; queue ailée. Il existe une forme dépourvue de poils (forme *glabra,* rare dans l'est de l'Amérique mais commune dans l'ouest) et une autre à fleurs blanches (forme *albiflora,* connue entre autres de l'île aux Basques).

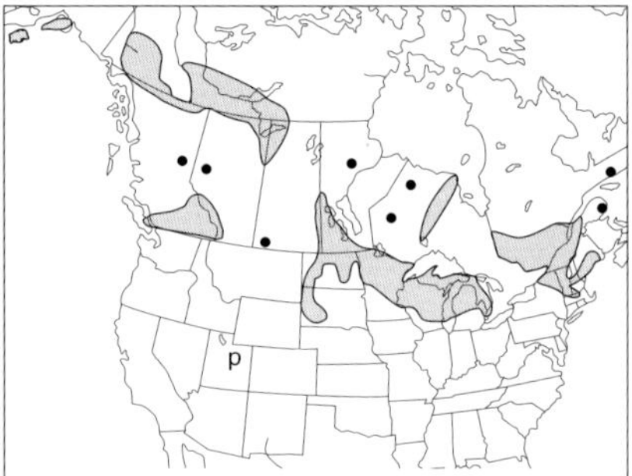

Répartition probablement plus étendue que ce que présente la carte. N'y sont reportées que les aires comprenant de façon certaine ce taxon, à l'exclusion de V. adunca *var.* minor *(voir v. bleu-pâle*).*

Les cartes déjà publiées pour les Maritimes et l'ouest de l'Amérique ne tenaient pas compte de cette distinction et ne furent pas prises en compte.

Se distingue facilement des autres violettes bleues caulescentes. Toutefois, pendant longtemps, une grande confusion taxinomique l'a rapprochée de la violette bleu-pâle* (voir page 460) et les deux s'hybrident *(V. Xmckinneyi).* Voir tableau comparatif des violettes p. 459.

Lieux très secs, ensoleillés ou ombragés; sur sable ou parfois (peut-être surtout la forme *glabra)* sur rocher. Forêts, surtout de pins; clairières, rivages ou dunes; bleuetières commerciales. Nord-américaine.

Oui, cette violette s'offre la fantaisie d'un éperon crochu (en général, mais pas toujours), ce qui lui valut son nom latin et un de ses noms français. Pourtant, le nom violette des sables nous parut préférable, à la suite de l'anecdote suivante. Chercher parmi toutes les violettes, une à fleur bleue qui ait un éperon crochu s'est d'abord avéré un échec. Jusqu'au jour où j'appris que cette espèce ne pousse pratiquement que sur des graviers et sables très secs. Il suffit alors de filer vers les bleuetières sur dépôts de sables du lac Saint-Jean. Au sortir de l'auto, sous mon pied, l'affriolante violette recherchée se trouvait au rendez-vous et, chose certaine, contempler sa joliesse récompensait de la longueur du voyage. Connaître son habitat, qui est très spécifique, permet plus facilement de la trouver que de connaître un caractère morphologique, son éperon crochu, pourtant lui aussi très spécifique!

Suite page 475.

La très jolie ***violette des sables****, une viol*
bleue caulescente, à fleurs très fonc
Pousse le plus souvent sur des sables s
Feuilles très poilues, triangulai

Photo: Gisèle Lamoureux

Houstonie bleue, *bluets*

Houstone (pour le genre); houstonie-bleuet. *Angeleyes; blue-eyed babies or grass; brighteye(s); dwarfpink; eyebright; fairy-flax; houstonia; innocence; little washerwoman; nuns; quakerbeauty; quakerbonnets; quakerladies; skyflower; star-of-bethlehem; star-violet; starflower; starlights; venus'-pride; wild forget-me-not.* Famille du gaillet, *Rubiaceæ*.

Houstonia cærulea Linné. Incluant *Hedyotis cærulea* (Linné) Hooker. Genre dédié au botaniste écossais William Houstoun (1695-1733), qui herborisa en Amérique tropicale et décéda en Jamaïque; *cærulea:* bleue.

Herbacée vivace ou annuelle. Très petite (0,1 m), la houstonie bleue forme de petits coussins lâches; les colonies comptent une centaine ou plusieurs milliers d'individus. Feuilles toutes à la base et appliquées sur le sol, sauf 2 minuscules sur la tige. Fleur solitaire au sommet d'une tige grêle; corolle en tube terminé par 4 lobes bleus; œil jaune. La houstonie bleue... est parfois blanche ou rosée! Refleurit parfois en automne.

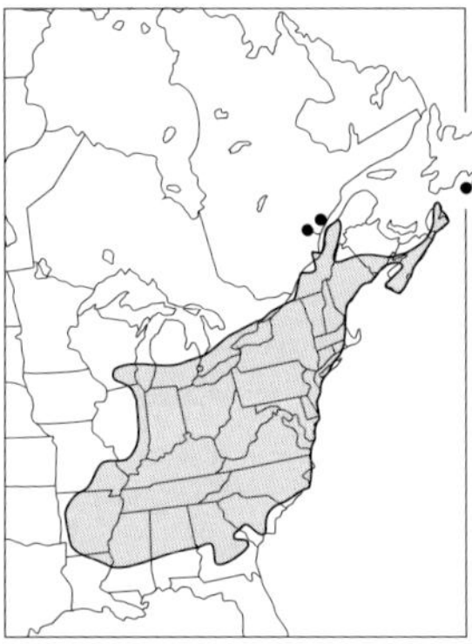

Les milieux alpins des Montagnes Blanches (New Hampshire) et les rivages des cours d'eau de Saint-Pierre-et-Miquelon abritent une variété à fleur blanche et à tige charnue portant 2 feuilles moins réduites (var. *faxonorum)*. La houstonie à longues feuilles *(H. longifolia)* est rare au Québec (Bromptonville) et susceptible d'être protégée par la loi; elle se distingue facilement de la houstonie bleue: la tige porte plusieurs fleurs et non une seule.

Lieux ouverts ou semi-ombragés, plutôt humides; sur substrats minces ou rocheux et souvent compactés. Champs, rives sablonneuses ou rocheuses, tourbières. La houstonie bleue fréquente encore les talus des autoroutes québécoises (n° 20 et 40); fut-elle apportée dans les rouleaux de gazons installés lors de la construction de ces autoroutes? Nord-américaine.

D'après Marie-Victorin: «La beauté des fleurs individuelles ne le cède pas à la beauté de l'ensemble.» Le *bluets* des Anglais, c'est cette houstonie, et un botaniste mentionne, en 1906, que cette plante se cultive en France sous le nom de bleuet du canada. Mais le nom bleuet désigne généralement une centaurée, en France, et une airelle, au Canada français... airelle que les Français nomment myrtille! La famille du gaillet, à laquelle appartient la houstonie bleue, regroupe surtout des plantes tropicales, dont le café et le quinquina qui produit la quinine.Peu présente au nord du Saint-Laurent, la houstonie bleue fréquente plutôt le sud du Saint-Laurent, le sud-ouest du Nouveau-Brunswick et la Nouvelle-Écosse. Apparemment, ce serait une vivace qui ne vit pas très longtemps; heureusement elle se ressème d'elle-même.

Très facile à reproduire par semis; les graines ne requièrent pas de séjour au froid. La houstonie bleue fleurit moins de 8 semaines après la germination, même avec très peu de substrat. Cultivée en pots et fertilisée, elle peut fleurir pendant 16 semaines consécutives, ce qui est assez exceptionnel. S'utilise comme couvre-sol ou comme plante de rocaille. ○ ◑ ◊ ◊◊◊

Suite page 361.

Quatre lobes bleu ciel et un œil jaune
***houstonie bleue** porte sa fleur solitair*
sommet d'une tige grêle. Elle form
petits cous

Photo: Gisèle Lamoureux

Gléchome lierre-terrestre, *ground-ivy*

Cataire; chataire lierre-terrestre; gléchome faux-lierre; lierre-terrestre panaché; népète faux-lierre, lierre-terrestre; rondelotte; rondette. *Alehoof; creeping-charlie; fieldbalm; gill-ale, -over-the-ground; runaway-robin; scarletrunner.* Famille de la menthe, *Lamiacæ.*

Glechoma hederacea Linné. Incluant *Nepeta glechoma* Bentham, *N. hederacea* (Linné) Trevisan. Du grec *glechon:* nom classique d'une menthe, transféré par Linné; *hederacea:* semblable au lierre *(Hedera).*

Herbacée vivace. Petit (0,15 m), il forme des tapis denses (clones, issus d'un seul individu), odoriférants et pratiquement dépourvus d'autres plantes. Tige carrée, rampante, s'enracinant aux nœuds; dressée et fleurie à l'extrémité. Feuilles opposées, souvent violacées; dents larges et arrondies; texture plissée. Fleurs petites; violettes ou mauves et joliment tachetées; groupées par 2 à 4 à la base des feuilles.

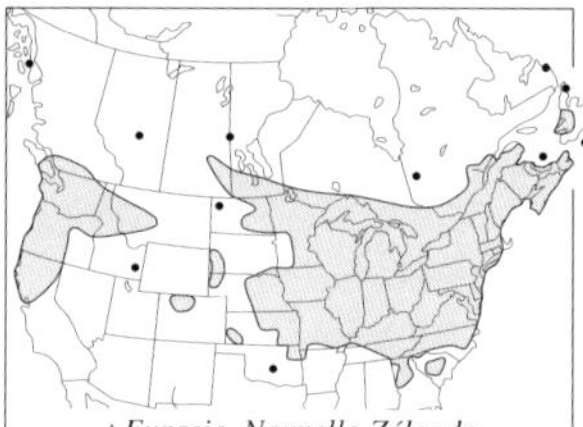
+Eurasie, Nouvelle-Zélande

Lieux ouverts, ensoleillés ou semi-ombragés. Autour des habitations, des granges, dans les pelouses et jardins, en bordure des routes. S'introduit parfois en sous-bois. Originaire d'Eurasie et mentionné pour la première fois en Amérique du Nord en Pennsylvanie, par Pursh (1814). Circumboréal.

Les sols riches entraînent une abondante ramification et des entrenœuds courts; le contraire se produit sur sols pauvres, les entrenœuds longs augmentant la probabilité de rencontrer de meilleures conditions. La famille compte plusieurs autres plantes aromatiques: menthe, thym, sarriette, basilic, marjolaine, romarin, sauge, mélisse, lavande; leurs feuilles sécrètent des huiles à odeur forte dites essentielles — non pas qu'elles soient nécessaires, mais volatiles, comme les essences. Autrefois, le gléchome lierre-terrestre (prononcer glékome) remplaçait le houblon pour aromatiser, clarifier et conserver la bière, d'où l'origine de certains noms anglais. Le gléchome lierre-terrestre fut utilisé contre bien des maux, plaies externes ou internes, et même contre la folie: imbiber du papier buvard de sa décoction et appliquer sur le crâne rasé des malheureux déments!

Infusion agréable, mais huileuse.

Ingéré en grande quantité, le gléchome lierre-terrestre a intoxiqué mortellement des chevaux, probablement à cause de l'huile irritante qu'il contient. Bovins et moutons qui en consomment, semblent épargnés.

Réputé pour dégager les voies respiratoires, même contre la «consomption» (tuberculose). Soulage la toux accompagnée d'expectorations, dans des bronchites par exemple, mais n'est pas recommandé pour les toux sèches et irritantes; infuser les sommités: 15 à 30 g / L d'eau ou de lait, 2-3 t. / jour.

Commune, de croissance rapide, envahissante, devenant parfois nuisible. Forme un couvre-sol coloré, qui remplace le gazon, surtout dans les endroits ombragés et humides. S'utilise pour fixer le sol sur pentes fortes et tolère une grande variété de conditions. Se propage facilement par boutures de tiges portant quelques racines. Il fleurit longtemps, même durant une bonne partie de l'été, et les abeilles y butinent constamment, bien que certaines fleurs, plus petites, ne portent pas d'étamines.

Réf. sp. Hutchings 86, Slade 87.

Gléchome lierre-terrestre. *Tapis dens odoriférants. Tige carrée, rampante p dressée et fleurie à l'extrémité. Fleurs pe tes mais joliment tacheté*

Photo: Gisèle Lamoureux

Myosotis des parterres, *garden forget-me-not*

Myosotis des bois, des forêts. *Cat's-eyes; tufted or wood forget-me-not.* Famille du myosotis, *Boraginaceæ.*

Myosotis sylvatica (Ehrhart) Hoffman. De *myos:* d'une souris et *ous:* oreille, allusion à la forme et à la texture des feuilles de certaines espèces; *sylvatica:* de la forêt.

Herbacée annuelle ou bisannuelle, de taille moyenne (0,3 m). Colonies remarquables par le bleu azur des fleurs. Fleurs (0,5-1 cm) à corolle en tube terminé par 5 lobes, œil jaune; extrémités des tiges enroulées en queue de scorpion, à fleurs d'un seul côté (d'où les noms scorpione et *scorpiongrass,* parfois donnés aux myosotis). Plante velue; longs poils étalés, plusieurs courbés en crochet (au moins ceux à la base du calice). Parfois à fleurs roses ou blanches.

Au Québec, sur 6 espèces de myosotis, 5 furent introduites d'Eurasie. Seulement 2 présentent des fleurs de 0,5 cm ou plus; tous les autres ont des fleurs bien plus petites. Comment distinguer ces deux myosotis? Le myosotis des parterres fréquente les parterres secs alors que le myosotis scorpione *(M. scorpioides,* une vivace) dessine le contour des fossés ou cours d'eau. Le premier paraît très velu, l'autre pas (ses poils non courbés sont appliqués sur la tige, donc peu apparents). Le seul myosotis indigène au Québec et poussant en milieu sauvage, le myosotis petite-fleur *(M. laxa),* s'apparente plus au m. scorpione: lieux humides (fossés, rivages, etc.) et même type de poils peu apparents. Se reconnaît à ses fleurs minuscules, à sa tige cylindrique (non anguleuse, contrairement à celle du m. scorpione).

Pelouses, sentiers, chemins ombragés. Absent en milieu naturel, s'échappe de culture et s'installe dans les gazons plutôt secs, ombragés ou semi-ombragés, peu importe le substrat. Malgré son nom latin, ne pousse pas ici en forêt. Introduite d'Eurasie.

Le Créateur, se promenant dans le Jardin d'Eden, donnait un nom à chaque fleur, les enjoignant de s'en souvenir. Il se fit demander par un myosotis quel nom il lui avait donné. Se rendant compte qu'il l'avait lui-même oublié, afin de s'en souvenir pour l'éternité il la nomma «ne-m'oubliez-pas» (forget-me-not). Et comment les myosotis devinrent-ils le symbole du souvenir éternel et de l'amour fidèle? Près du Danube, un chevalier (ou un fiancé) se penche pour récolter un myosotis et tombe à l'eau. Avant que la rivière ne l'emporte, il prend le temps de lancer la fleur à sa dame en lui criant «ne-m'oubliez-pas». La famille du myosotis se caractérise par une abondance de poils, souvent piquants. L'emblème floral de l'Alaska, le *M. alpestris,* est voisin du myosotis des parterres, auquel certains botanistes l'ont déjà rattaché.

Se ressème de lui-même, pourvu que la tondeuse l'épargne avant la maturité des graines! Sa grâce aérienne se prête mal aux «rangs d'oignons», mais donne un agréable ton sauvage aux parterres, s'il conserve la liberté de se répandre à sa fantaisie. ● ◑ ◊

Photo: Roger Larose

Myoso... des parte... res. ... charme ... bleu céle... te. S... fleurs pose... d'un se... côté d'u... tige enro... lée ... queue ... scorpio...

Les poils du calice, courbés en crochet, le distinguent du myosotis scorpione.

Photo: Gisèle Lamoureux

Bermudienne commune, *common blue-eyed grass*

Bermudienne des montagnes, montagnarde; sisyrinchion; sisyrinque. *American blue-, little blue-, mountain blue- or star-eyed grass; blue-eyed mary; grassflower; pigroot.* Famille de l'iris; *Iridaceæ.*

Sisyrinchium montanum Greene. Ancien nom grec utilisé par Pline et Théophraste pour d'autres plantes; *montanum:* de montagne.

Herbacée vivace. De petite taille (0,25 m) et délicate, elle croît en touffes. Tige et feuilles semblables à des brins d'herbe (largeur 2-3 mm). Tige prolongée par une longue bractée (3,6 à 7,6 cm) qui dépasse les fleurs; celles-ci paraissent ainsi croître sur le côté de la tige. Fruits secs, ronds comme des pois.

Le Québec compterait une autre bermudienne, la bermudienne pseudo-ramifiée *(S. angustifolium)*, rare ici et à rechercher (Richelieu, Deux-Montagnes et Outaouais). Principal caractère distinctif: fleurs chacune au bout d'une longue queue, donnant l'illusion d'une tige ramifiée; aussi: bractée externe plus courte (1,8-3,8 cm) mais tiges et feuilles plus larges (2,3-5 mm), lui conférant un aspect plus robuste. Difficile de distinguer ces deux espèces car, dans une population, il arrive que quelques individus de bermudienne commune portent des fleurs au bout d'une longue queue. Certains botanistes ne reconnaissent qu'une espèce, sous le nom *S. bermudiana.*

Lieux ouverts. Champs, gazons, bordure des routes, voies ferrées, lieux perturbés, terrains abandonnés, rivages sableux ou graveleux. Nord-américaine, introduite en Europe. Rare: Yukon, Arctique canadien.

Les bermudiennes croissent surtout dans les Andes, en Amérique du Sud. On en connaît près de 150 espèces, toutes d'origine américaine. Pour désigner les bermudiennes, Tournefort (1656-1708) créa le genre *Bermudiana.* Ce nom leur resta en français même si, en 1753, Linné leur octroya plutôt un très vieux nom, *Sisyrinchium,* utilisé par les anciens Grecs pour désigner d'autres plantes dont on ignore aujourd'hui la véritable identité. Au cours des siècles, il se produisit un terrible chassé-croisé dans les épithètes attribuées aux bermudiennes. La bermudienne commune fut nommée tour à tour *S. bermudiana, angustifolium,* puis *montanum.* Le hic, c'est qu'actuellement, la bermudienne pseudo-ramifiée porte l'épithète *angustifolium* alors que cette épithète a déjà désigné la bermudienne commune. Par exemple, dans la *Flore laurentienne,* ce que Marie-Victorin nomme bermudienne à feuilles étroites *(S. angustifolium)* est devenu *montanum,* ce qu'il nomme *graminoides* est devenu *angustifolium,* et il applique l'épithète montagnarde à autre chose qu'à la bermudienne la plus fréquente. Pour éviter la confusion, Fleurbec a adopté des noms français différents des noms latins.

Facile à reproduire par semis (taux de germination ≈ 60 %) et se ressemant d'elle-même.

Réf. sp. Bicknell 1896, Fernald 46, Marchand 75, Marie-Victorin 29, Mosquin 70, Shinners 57, Ward 68.

Roger Larose

Du même bleu changea que l'iris versicolore, ***bermudienne commu*** *appartient à la même f mille. Sa fleur s'ouvre p temps ensoleillé, rapid ment — en 15 ou 30 min tes — et ne dure qu'u journée, comme l'ir*

Photo: Gisèle Lamoureux

Iris versicolore, *larger blue flag*

Claies (Acadie); clajeux; fleur-de-lis, -de-lys; iris sauvage; lis (à tort). *Fleur-de-lys; blue or wild iris; boats; chirpen; northern blue or poison flag.* Famille de l'iris, *Iridaceæ.*

Iris versicolor Linné. De *Iris*: mot égyptien qui signifierait «l'œil du ciel» et qui désigne la déesse de l'arc-en-ciel, la messagère des dieux; nom donné à cause des fleurs multicolores; *versicolor:* diversement coloré.

Herbacée vivace à rhizome. De taille moyenne (0,7 m), il pousse en touffes et forme d'impressionnantes colonies. Feuilles longues comme des rubans; fendues à la base et s'imbriquant les unes dans les autres pour former un éventail. Fleurs en nombre variable; en général, une seule par tige fleurit à la fois. Description détaillé et photo page 365.

Sur les rivages maritimes du Saint-Laurent, se rencontre l'iris petit-pétale (= iris à pétales aigus°). L'allure de sa fleur diffère de celle de l'iris versicolore (photo page 366). Ces deux espèces se côtoient rarement, mais un hybride existerait sur l'île d'Anticosti: *Iris Xsancti-cyrii* (pétales de longueur intermédiaire). Il existe 2 autres iris sauvages au Québec (voir p. 367). Avant l'apparition des fleurs, l'iris versicolore ressemble aux quenouilles° ou à la belle-angélique *(Acorus).* Il ne dégage pas l'odeur agréable de la belle-angélique et la base de la plante, aplatie, se colore de mauve contrairement à la base cylindrique et bien blanche des quenouilles (photo: Fleurbec 1981b).

Lieux humides, ouverts ou mi-ombragés. Fossés, champs humides, marécages et bordure des tourbières; rivages de lacs et rivières. Également dans quelques forêts humides, plutôt ouvertes: aulnaie, sapinière à cèdre, frênaie à orme et peupleraie à peuplier baumier. Nord-américain.

Les feuilles et surtout les rhizomes de plusieurs iris provoquent des gastroentérites. Même séchés, ces iris demeurent toxiques.

Il est coutumier de protéger la fleur emblématique d'un État. Ni cueillir, ni transplanter, ni modifier l'habitat, sauf dans le cas de fossés artificiels où il est possible d'éclaircir les touffes très denses en prélevant des bouts de rhizome. La superficie couverte par l'habitat de l'iris versicolore ne cesse de régresser, en raison du drainage des terres humides pour l'agriculture et de la construction de routes ou d'habitations. Résultat: la répartition de la plante devient de plus en plus morcelée, et une cueillette trop intense risque de la rendre localement rare. Propager par graines; les cueillir, avec parcimonie, lorsqu'elles atteignent la maturité, puis semer aussitôt. Le taux de germination des graines serait faible (5 %), mais un séjour adéquat au froid le porte à 26 %. En milieu naturel, les graines demandent 3 ans pour fleurir. Mais en serre, les premières fleurs apparaissent 2 ans après les semis; subséquemment, les plants obtenus par division du rhizome fleurissent dès la première année. Des cultivars de l'iris versicolore — bleus, mais aussi blancs, jaunes, roses, violets et bicolores — ainsi que d'autres iris cultivés se trouvent facilement dans le commerce. ○ ◑ pH 5-7

Suite page 363.

***Iris versicolore.** Quelle belle fleur! I puis longtemps aimée des Québécois légalement adoptée comme leur emblè floral depuis novembre 1999. Lorsque iris pousse dans des champs humides, compagnie de la renoncule bouton-d le mariage des couleurs qui en résu n'est-il pas exhalta*

Photo: Gisèle Lamoureux

Prêle des champs, *field horsetail*

Herbe-à-écurer; prêle commune; queue-de-renard, -de-cheval, -de-rat. *Bottlebrush; cat's-, colt's- or mare's-tail; common or cornfield horsetail; devil's-gut; frogpipe; horsepipe; foxtail- or jointed-rush; meadow-pine; pine-, scrub- or snake-grass; pinetop; snakepipe; toadpipe.* Famille de la prêle, *Equisetaceæ*.

Equisetum arvense Linné. Incluant *E. boreale* Bongard, *E. calderi* Boivin. Nom utilisé par Pline pour désigner les prêles, du latin *equus:* cheval, et *seta:* soie, poil, crin, la plante rappelant une queue de cheval; *arvense:* des champs cultivés.

Herbacée vivace à rhizome, produisant des tubercules. Forme des colonies parfois étendues, présentant deux aspects différents selon la saison: 1) les tiges fertiles, de petite taille (0,15 m), d'un beige rosé, poussent tôt au printemps, en colonies pures évoquant un champ de doigts; 2) plus tard s'y mêlent les tiges stériles, vert clair, de taille moyenne (0,4 m), aux fins rameaux un peu dressés, rendant la colonie plus dense. Les tiges fertiles disparaissent près de 3 semaines après leur sortie, et les tiges stériles persistent tard l'automne, mais non en hiver.

+ Eurasie, Mexique, Nouvelle-Zélande

La seule prêle à présenter des tiges fertiles beiges complètement distinctes des tiges stériles. Chez la prêle des prés°, la tige fertile se garnit assez tôt de feuilles et devient verte. Pour bien reconnaître toutes les prêles, voir Fleurbec 1993.

Lieux ouverts, de préférence secs, mais pousse partout! Surtout bords de routes et voies ferrées, cultures de maïs ou plantes potagères. Circumboréale.

Tiges et tubercules, remplis d'amidon, nourrissent nombre d'animaux: rat musqué, bison, mouflon, lièvre, ours, caribou, oies sauvages... Pour beaucoup plus d'informations: Fleurbec 1993.

La prêle des champs contient une enzyme qui détruit la thiamine (vitamine B_1) et cause des intoxications mortelles, surtout chez les chevaux ingérant un fourrage qui en est riche. Elle renferme aussi plusieurs alcaloïdes toxiques.

La médecine lui reconnaît principalement 3 effets: reminéralisant, diurétique et hémostatique (arrête les hémorragies). Riche en vitamine C et en minéraux, elle servit comme reminéralisant dans les cas de tuberculose. L'acide silicique ou l'équisétonoside qu'elle contient serait diurétique et utile contre les cancers. Renfermant pectine et silice — des coagulants — la plante soigne saignements de nez, hémorroïdes et hémorragies. Les homéopathes en tirent une teinture, contre cystites, anurésie et tuberculose. En rince-bouche, elle soignerait les infections buccales et, en application externe, les plaies difficiles à guérir. Agirait sur l'élasticité cutanée en augmentant la résistance du tissu conjonctif, et traite ainsi rhumatismes et inflammations de la peau. Seules les tiges aériennes stériles s'utilisent: en extraire le jus frais, plus efficace, ou en infuser 1-2 poignées dans 1 L d'eau. Attention, elle peut être toxique.

Utile pour contrer l'érosion, mais considérée comme nuisible à l'agriculture lorsque trop abondante (400 tiges/m^2). Son éradication demande des interventions répétées, sinon une véritable excavation pour retirer les rhizomes.

Texte plus complet: Fleurbec 1993, Fougères, prêles et lycopodes, p. 326 à 337. Réf. sp. Cayouette 87, Cody 80, 89, Feilberg 84, Flora 93, Hauke 66, 78.

Prêle des champs*. Les tiges fertiles, beig dépourvues de chlorophylle, paraiss d'abord, très tôt. Elles disparaissent au b d'environ 3 semaines, pendant que les ti vertes, stériles, se développ*

Photo: Gisèle Lamoureux

Matteuccie tête-de-violon, *ostrich-fern*

Fougère-à-l'autruche, -plume-d'autruche; matteuccie fougère-à-l'autruche; ptérétide noduleuse; struthioptéride germanique; tête-de-violon (nom des crosses de cette espèce). *Fiddleheads.* Famille de la dryoptère, *Dryopteridaceæ.*

Matteuccia struthiopteris (Linné) Todaro. Incluant *M. pensylvanica* (Willdenow) Raymond, *Onoclea struthiopteris* (Linné) Hoffmann (en partie), *Pteretis nodulosa* (Michaux) Nieuwland. En l'honneur de Carlo Matteucci (1800 ou 1811-1868), physiologiste et électrophysicien italien; *struthiopteris:* du grec *strouthion:* autruche, et *pteris:* fougère, ses deux types de frondes ressemblant à des plumes d'autruche.

Herbacée vivace à rhizome. De grande taille (1,5 m), elle pousse en couronnes, réunies en colonies. Début du printemps: crosses (jeunes feuilles) de forte taille (2-3 cm), fermes, vert foncé; protégées par des écailles brun cannelle. Deux sortes de frondes (feuilles), les stériles (vertes) encerclant les fertiles (brunes, 0,5 m) qui persistent tout l'hiver et permettent de localiser les colonies au printemps.

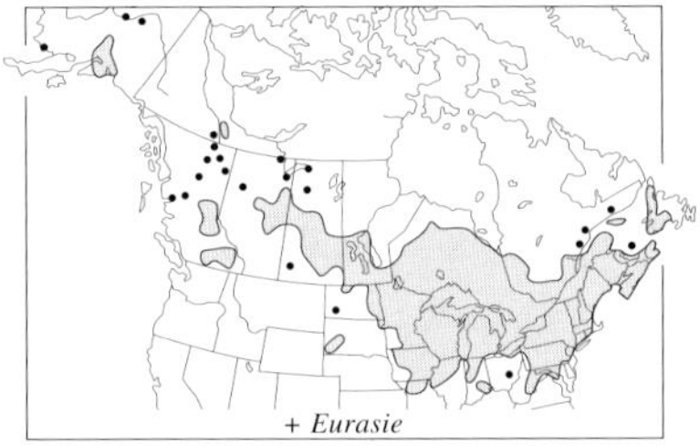

Deux caractères la distinguent des autres fougères: profond sillon creusant queue et axe central de la fronde; sans poils (sauf écailles). Fronde fertile semblable chez l'onoclée sensible°, sans silhouette de plume d'autruche.

Forêts et hautes arbustaies. Préfère l'ombre, mais aussi l'humidité et les sols riches qu'assure la proximité d'un cours d'eau qui déborde au printemps. Circumboréale. Rare: Yukon.

Pour plus d'informations: Fleurbec (1993) *Fougères, prêles et lycopodes.*

Voilà un régal printanier... qui dure grâce à la congélation (blanchir au préalable) ou à la réfrigération (3 semaines). Récolter les crosses de moins de 0,15 m et seulement une crosse par couronne (voir ▽). Enlever aussitôt les écailles brunes, en vannant dans une passoire. Attendries dans l'eau bouillante pendant 5 à 7 minutes, elles s'utilisent comme des asperges: en salade, soupe, sauce, omelette, légume d'accompagnement. Cuire dans une eau différente de celle de la soupe: l'eau de cuisson devient peu appétissante. Recettes: voir Fleurbec (1981) *Plantes sauvages au menu.*

D'exceptionnels cas de troubles gastrointestinaux lui furent imputés, à la suite d'une consommation de crosses crues, peu cuites ou sautées. Aucune toxine ne fut détectée. Santé Canada soupçonne que la substance responsable soit détruite par la chaleur et recommande une cuisson de 15 minutes à l'eau bouillante (10-12 minutes à la vapeur).

▽ Une couronne compte une réserve de crosses pour les 4 années à venir; une récolte intensive provoque le développement prématuré des crosses de la réserve et nuit à la plante, en l'empêchant de reconstituer ses réserves (voir page 393). Ne récolter qu'une crosse par couronne, à condition que personne avant vous n'ait cueilli sur cette couronne. Facile à cultiver, mais demande beaucoup d'espace et devient envahissante (voir page 398). ○ ● pH 4 à 7,5

Suite page 392.

Information additionnelle dans Fleurbec 1993, Fougères, prêles et lycopodes, pages 96 à 109.

Toute fougère forme des crosses; seules cel de la ***matteuccie tête-de-violon*** *se mang sans danger. Remarquer le sillon qui creuse queue de la crosse et les écailles brunes, chaque côté de la «tête-de-violo*

Photo: Gisèle Lamoureux

Ail des bois, *wild leek*

Ail sauvage, trilobé; poireau sauvage. *Ramp; small white or three-seed leek.* Famille du lis, *Liliaceæ.*

Allium tricoccum Aiton. Incluant *Allium burdickii* (Hanes) A. G. Jones. Nom latin classique de l'ail; *tricoccum* à trois loges, d'après les compartiments de l'ovaire.

Herbacée vivace à bulbe. Petit (0,25 m), l'ail des bois forme des colonies denses. Toute la plante sent et goûte l'ail, à n'en pas douter! Un individu d'ail des bois (ramet) se compose de 1 ou 2 ou 3 feuilles, ressemblant à celles du muguet et rattachées à un bulbe.

≠ Il existe 2 variétés, qui se côtoient dans les populations. Elles se distinguent par la couleur de la queue des feuilles: rougeâtre chez la variété *tricoccum*, blanche ou verdâtre chez la variété *burdickii*. Attention, certaines personnes confondent l'ail des bois et les pousses du vératre vert°, une plante extrêmement toxique. Le vératre vert porte plus de 3 feuilles, fortement plissées et sans odeur d'ail, alors que les 2 ou 3 feuilles de l'ail des bois sont planes. Nord-américain.

▽ Des études récentes mettent en évidence la croissance extrêmement lente de cette plante. En moyenne, il s'écoule entre 7 et 10 ans depuis la germination lente d'une graine jusqu'à la première fleur et jusqu'à la première division du bulbe. Ces études aboutissent à deux autres conclusions. D'abord qu'une cueillette même modérée, soit de 3 gros plants sur 10 chaque année, peut conduire une colonie de taille moyenne au seuil de l'extinction en 25 ans. Et enfin, qu'au Québec, même en l'absence de cueillette, les populations d'ail des bois ne s'agrandissent pas, sauf au cours des bonnes années, par exemple lorsque le climat lui est favorable. Ceci signifie que toute cueillette, si minime soit-elle, si elle est faite en dehors des «bonnes années», contribue au déclin de l'ail des bois au Québec cette année-là. Il existe un règlement concernant le prélèvement et le commerce de cette plante (voir *Protection légale* p. 275).

Suite page 268.

Au cours de sa vie, l'ail des bois passe p divers stades. En pratique, les stades croissance d'une plante s'évaluent selon ou plusieurs éléments de la taille des indiv dus. On parle donc de «classes de taille plutôt que de stades de croissance. Da une étude de l'ail des bois, l'addition de plus grande largeur de chacune des feuill d'un ramet (individu) fut utilisée comm mesure de la taille. Ainsi, l ramets furent répartis entre classes de largeur totale d feuille

1 moins de 0,8 cm;
2 de 0,8 à moins de 2,0 cm
3 de 2,0 à moins de 3,8;
4 de 3,8 à moins de 6,5;
5 de 6,5 à moins de 10,0;
6 de 10,0 à moins de 15,0;
7 plus de 15,0 cm.

D'après cette étude, ce ne so pas tous les ramets qui produ sent des fleurs. Les stériles répartissent dans les 6 premières classes taille, et les fertiles, dans les 3 dernière C'est dire que seuls les gros individus fle rissent et que tous les très gros individ (classe 7) le font tous les ans. Aux rame stériles, on attribua les symboles S1 à S6, aux fertiles, les symboles F5 à F7, sel leur classe de tail

La population comptait 2 autres catégori D'abord des ramets filles, qui provienne de la division végétative d'un bulbe; ils trouvent dans les classes 3 à 6 (symboles à V6). Enfin, les ramets mères, ceux q divisent leurs bulbes, auxquels fut attrib le symbole VF, quelle que soit leur clas. Ces symboles se trouvent dans le schéma contre, sur le cycle vital de l'ail des bo

Les pourcentages indiquent la probabil qu'un ramet d'une classe donnée reste da

Ail des bois

Cycle vital et probabilités de changement de classe de taille

Tiré de Nault & Gagnon, 1993.
Dessin de D. Gagnon,
modifié et retracé à l'ordinateur par M.-J. Poulin.

la même classe ou change de classe d'une année à l'autre (seules les probabilités élevées paraissent). L'ensemble des 12 transitions affectées d'une probabilité sur le schéma est responsable de la moitié de la contribution des individus au maintien d'une population. C'est dire que ce schéma résume ce qui se passe souvent dans une population, mais qu'il existe bien d'autres scénarios!
Suite page 268.

Par précaution, Fleurbec ne souhaite pas faciliter l'identification de l'ail des bois et n'en publie pas de photo.

Bouleau jaune, yellow birch
Betula alleghaniensis Britton

Les bouleaux portent les deux sexes sur le même arbre: chatons mâles pendants, chatons femelles dressées. À droite de la photo, un peu au-dessus du centre, quatre chatons mâles non développés (foncés), tels qu'en hiver.

Photo: Gisèle Lamoureux

Deuxième partie

Les arbres en fleurs

Peu de gens remarquent que les arbres fleurissent. Sous nos latitudes, pratiquement tous les arbres profitent de l'exubérance du printemps pour le faire. Le tilleul d'amérique fait exception et fleurit à la mi-juillet.

Ce reportage photographique se veut une ode aux fleurs des arbres. C'est aussi une incitation à lever la tête, au printemps, alors qu'il n'est plus nécessaire de marcher tête basse pour se cacher le menton dans un foulard de laine!

Pour identifier les arbres, consulter de préférence des volumes préparés spécialement sur les arbres du Canada, du Québec ou d'autres provinces de l'est. Les livres portant sur les arbres de l'Amérique sont utiles pour les grands voyageurs, mais plus mêlant pour les débutants car ils comptent nombre d'espèces absentes de nos contrées. Quant aux volumes européens ils sont de peu d'utilité pour identifier les arbres d'ici.

Les trois guides dont la référence suit se révèlent particulièrement utiles pour l'est du Canada. Le site Internet cité constitue une référence facile d'accès et fort riche, particulièrement en ce qui concerne la nomenclature en diverses langues, l'écologie, la répartition et l'utilisation.

Farrar, J.L. 1996. Les arbres du Canada. Fides & Service canadien des forêts, Ressources naturelles Canada.

Ministère de l'Énergie et des Ressources. 1990. Petite flore forestière du Québec, 2e édition. Les Publications du Québec.

Soper, J.H. & M.L. Heimburger. 1982. Shrubs of Ontario. Royal Ontario Museum, Life sciences miscellaneous publication, Toronto, Ontario.

Dictionnaire mondial des arbres: <www.wdt.qc.ca>

Érable argenté
silver maple
Acer saccharinum Linné

Érable argenté et érable rouge fleurissent complètement avant le débourrement des bourgeons des feuilles. Premières arrivées chez les érables, les fleurs de l'érable argenté s'épanouissent près d'une semaine avant celles de l'érable rouge. Les deux floraisons se chevauchent et le rouge de ces érables en fleurs marque le paysage. L'érable à sucre commence sa jaune floraison un peu après.

*Fleurs mâles de l'**érable argenté**. Sans pétales et à sépales soudés en une collerette translucide. Queue de chaque feur plus courte que chez l'érable rouge, donnant des glomérules plus denses.*

*Fleurs femelles de l'**érable argenté**. L'absence de pétale laisse voir l'abondance des poils. Ici, les fleurs femelles portent aussi quelques étamines.*

Photos: Gisèle Lamoureux

Érable rouge
red maple
Acer rubrum Linné

Chez l'érable rouge, les jeunes arbres sont soit mâles, soit femelles. Avec l'âge, l'arbre développe les deux types de fleurs sur des rameaux différents.

*Fleurs mâles de l'**érable rouge,** réunies en petits glomérules. Chacune sur une queue plus longue que chez l'érable argenté, avec cinq pétales et cinq sépales libres et rouge éclatant.*

En hiver, érables argenté et rouge se ressemblent. Bourgeons, écorces et ports sont identiques, sauf la saveur prononcée de la jeune écorce fraîchement pelée chez l'érable argenté (neutre chez l'érable rouge).

*Fleurs femelles de l'**érable rouge**. Avec cinq pétales et cinq sépales libres, entièrement rouges. Sans poils, contrairement à celles de l'érable argenté.*

Photos: Gisèle Lamoureux.

Érable à sucre, sugar maple
Acer saccharum Marshall

Floraison avant feuillaison (léger chevauchement), parant le paysage d'une auréole jaune lumineux.

Mâle ou femelle? La plupart de ses fleurs arborent étamines et pistil, mais souvent un seul sexe est fonctionnel. L'arbre porte à la fois fleurs femelles et fleurs mâles, souvent dans une même inflorescence, mais se développant à des rythmes différents. Ici, les étamines sont bien développées et, au niveau des feuilles, de plus jeunes fleurs portent des stigmates en forme de crochet (femelle). Sans pétales.

Gisèle Lamoureux

*Fleurs femelles de l'**érable à giguère**, en grappes pendantes. Noter deux stigmates jaunes, entre les rouges ailes naissantes des samarres.*

Gisèle Lamoureux

Roger Larose

Érable à giguère, ash-leaved maple, *Acer negundo* Linné

Fleurs mâles, chacune au bout d'une longue queue grêle et poilue. Pétales absents et sépales très courts, à peine visibles.

Érable bois-barré, striped maple ▶
Acer pensylvanicum Linné

Pétales et sépales bien visibles. Grappes mâles (ci-contre) ou femelles, sur des arbres différents ou sur le même arbre. L'arbre peut être femelle une année et mâle, l'année suivante. Il doit son nom aux rayures de l'écorce. Bien connu aussi sous le nom bois-d'orignal, il survit bien au broutement.

Gisèle Lamoureux

Gisèle Lamoureux

Érable de norvège, norway maple, *Acer platanoides* Linné

Non sauvage en Amérique, mais souvent planté en ville.

Francis Boudreau

Érable à épis, mountain maple, *Acer spicatum* Lamarck

Comme l'érable bois-barré, il fleurit après le déploiement de ses feuilles. Épis dressés, contrastant avec les fleurs tombantes des autres érables d'ici. Arbuste formant des buissons denses et de bonne taille, n'atteignant jamais la taille des grands érables.

Bouleaux, peupliers et noyers produisent des fleurs groupées en chatons, tout comme les noisetiers, aulnes, saules (pages 184-191) et d'autres (absents de ce livre: myriques, charmes, ostryers, hêtres, chênes, caryers). Chatons soit femelles, soit mâles.

Bouleau gris, gray birch
Betula populifolia Marshall

Fleurs mâles groupées en chatons pendants, d'un jaune brun. Fleurs et feuilles des bouleaux sortent en même temps, ce qui facilite l'identification de l'espèce.

Bouleau à papier, white birch
Betula papyrifera Marshall

Chatons femelles dressés et courbés en «S». Les mâles, pendants.

Photos: Gisèle Lamoureux

Peuplier faux-tremble
trembling aspen
Populus tremuloides Michaux

Avant le déploiement de ses feuilles, le peuplier faux-tremble se couvre de fleurs. Cet arbre prolifère par ses parties souterraines et constitue le plus gros être vivant connu. En Utah, un clone mesure 43 hectares et compte 47 000 troncs, vieux, en moyenne, de 100 ans.

La boule grise s'allonge en un long chaton qui se colore du rouge des étamines ou du vert des ovaires, selon son sexe. Le chaton regroupe plusieurs petites fleurs, chacune protégée par une bractée plumeuse grise. Les peupliers portent généralement chatons mâles et chatons femelles sur des arbres différents.

Chatons de fleurs mâles

Chaton de fleurs femelles.

Photos: Gisèle Lamoureux

Gisèle Lamoureux

Peuplier liard
eastern cottonwood

Populus deltoides Bartram *ex* Marshall

Chaton de fleurs mâles à peine débourré et d'une couleur fracassante! Cet arbre géant cache ses fleurs dans les hauteurs. Il pousse surtout sur les rives des cours d'eau importants et fut parfois planté dans les villes, quoique ses grosses racines endommagent les solages des maisons trop proches. Connu aussi sous le nom peuplier deltoïde.

Roger Larose

Noyer cendré
white walnut

Juglans cinerea Linné

Un autre arbre à chatons. Le bas de la photo montre de gros chatons mâles, encore verts, rassemblés en une masse importante. Un même arbre porte aussi des chatons femelles, qui comptent généralement de 4 à 7 fleurs... bien belles avec leurs stigmates à robe rose foncé couverte de papilles. Très poilu, le noyer cendré!

Orme d'amérique, american elm

Ulmus americana Linné

Fleurit tôt, bien avant la sortie de ses feuilles. Fleurs sans pétales, au bout d'une longue queue. Étamines rouges en périphérie de chaque petite fleur; au centre s'étalent des stigmates blancs, couverts de papilles efficaces pour capter le pollen.

Stade plus avancé. Samarre amorcée, avec son aile (pour cette espèce: profondément échancrée et poilue seulement en bordure). Le fruit mûrit et tombe avant le plein déploiement des feuilles.

Roger Larose

Gisèle Lamoureux

*Fleurs femelles du **frêne rouge**, fines comme des fils. Noter les stigmates rouges. Queue de la fleur poilue chez cette espèce.*

Frêne rouge, red ash

Fraxinus pennsylvanica Marshall

Arbre soit mâle, soit femelle. Fleurs sans pétales et pratiquement sans sépales.

Fleurs mâles, en groupes très denses. Régime de babanes miniature?

Photos: Roger Larose

Gisèle Lamoureux

Mélèze laricin, tamarack

Larix laricina (Du Roi) K. Koch

De mignonnes roses servent de fleurs femelles au ***mélèze laricin.*** *Rouge pourpre lorsque jeunes, brun pâle à la fin de la saison et demeurant sur l'arbre plusieurs années.*

Roger Larose

Pin gris, jack pine

Pinus banksiana Lambert

Les pins portent cônes femelles et cônes mâles sur le même arbre, rarement sur la même branche. À l'avant-plan: groupe de cônes mâles jaune-brun. En haut à gauche, 2 jeunes cônes femelles (vert et rouge). À maturité, chez le pin gris, les écailles des cônes contenant les graines sont soudées par de la résine. Il faut la température d'un feu de forêt pour les desceller; parfois du soleil direct, par temps très chaud, suffit.

Gisèle Lamoureux

Épinette blanche, white spruce,

Picea glauca (Moench) Voss

Cônes mâles.

Troisième partie

Suite des textes

par ordre alphabétique des noms français

Ail des bois

suite de la page 255

Forêts. Érablières riches (à caryers, à tilleul) et, plus rarement, érablières à bouleau jaune. Le Québec se situe à la périphérie nord de l'aire de répartition de l'ail des bois: il ne dépasse pas beaucoup la région de Québec. Vers l'est, il se rend jusqu'à la hauteur de Montmagny, et vers l'ouest, jusqu'à Campbell's Bay, le long de la rivière des Outaouais. Saint-Joachim, au nord de l'île d'Orléans, constitue sa limite nord. Strictement nord-américain. Au Canada, il pousse aussi en Nouvelle-Écosse, au Nouveau-Brunswick, en Ontario et au Manitoba. Il est rare, menacé ou fortement menacé au Manitoba, en Nouvelle-Écosse et dans 7 des 31 États et district fédéral américains où l'espèce est connue (Alabama, Delaware, Illinois, Maine, Nebraska, Rhode Island, Tennessee).

Le nom de genre dérive peut-être du mot celtique *all*: brûlant. L'ail des bois appartient au même genre que l'ail cultivé, l'oignon, le poireau, la ciboulette et l'échalote. Il possède probablement les mêmes valeurs alimentaires et médicinales que l'ail cultivé.

Toute la plante offre une saveur semblable à celle de l'ail cultivé, d'où son attrait alimentaire (voir *Victime de sa popularité* p. 269).

Vivre sur ses réserves

Printanière éphémère, l'ail des bois se dépêche d'accomplir la première moitié de son cycle annuel avant que ne se déploie le couvert forestier. La hampe florale commence ensuite à s'étirer, mais ce n'est qu'en juillet que se joue véritablement la seconde partie du cycle, aux dépens des réserves accumulées durant la première partie.

Photosynthèse à pleine vitesse

Son bourgeon s'allonge déjà sous la neige et ses feuilles constituent la première verdure de la forêt. La plante profite de l'ensoleillement, alors à son maximum dans les érablières, pour effectuer une photosynthèse très active. Les bulbes refont alors leurs réserves nutritives et, peu après le développement du feuillage des érables, les feuilles de l'ail des bois se flétrissent et se décomposent rapidement.

L'ail des bois joue un rôle primordial dans l'écosystème forestier. En émergeant dès la fonte des neiges, la plante, par ses racines, capte les éléments minéraux alors abondants dans le sol et les transfère au feuillage. Autrement, ces éléments seraient perdus, par le lessivage du sol effectué par les eaux de pluie et de ruissellement. Quelques semaines plus tard, lors de la décomposition rapide du feuillage de la plante, une partie des éléments minéraux emmagasinés redevient disponible pour les racines des plantes estivales, alors en plein développement.

Produire quelques graines

Il s'est écoulé à peine 10 à 15 jours entre le moment où les feuilles atteignent leur grandeur maximale et celui où elles commencent à se flétrir. Juste avant leur flétrissement, se met à pointer, entre les feuilles, l'inflorescence en bouton au sommet d'une hampe. Mais ce n'est qu'en juillet que l'ombelle de fleurs blanches s'épanouit, bien après la disparition des feuilles de la plante. Ainsi, la photosynthèse et l'emmagasinage des réserves qu'elle permet, s'effectuent en avril et mai, et la reproduction sexuée, de la mi-juillet au début septembre, moment de la dispersion des graines. Celles-ci passent parfois l'hiver sur la hampe, lorsqu'elle reste dressée, et ne tombent au sol que l'année suivante.

La production de graines ne nécessite pas une pollinisation croisée et ne semble pas limitée par l'activité des pollinisateurs. De façon générale, l'ail des bois produit peu de graines, qui ne germent qu'un an plus tard, c'est-à-dire à l'automne de l'année suivant leur production. Cet automne-là, elles développent un petit bulbe et 2 ou 3 racines, mais n'émergent pas du sol. Au printemps suivant, soit un an et demi après la maturation des graines, une première feuille pointe, de la taille d'un brin d'herbe.

Parfois ce n'est que 2 ou même 3 ans plus tard (par manque d'eau, par exemple) que la germination commence. Lorsque cultivées, en moyenne 83 % des graines commencent à germer après un an de dormance, et un 5 % s'ajoute l'année suivante. En conditions naturelles, la germination retarde et le taux est plus faible: seulement 33 % commencent à germer après un an et 15 % après 2 ans.

Les souris transportent les graines dans des caches et parfois les y abandonnent. Une cache contenant plus de 400 graines fut observée. Il n'est pas rare de voir émerger de ces caches un groupe de 30 à 40 plantules, toutes tassées les unes contre les autres. Mais au bout de 3 ans, seulement 4 % d'entre elles survivront: d'aussi fortes densités engendrent une féroce compétition entre les plantules.

Victime de sa popularité

Ce n'est pas d'aujourd'hui que l'ail des bois régale les palais. En 1623-24, le frère Gabriel Sagard séjourne chez les Hurons et mentionne que ceux-ci mangent de l'ail des bois, cuit sous la cendre. Par contre, concernant l'ail des bois cru: «lorsque nous avions mangé de ces Oignons et Ails crus, ... ils ne voulaient nullement nous approcher, ny sentir nostre haleine, disans que cela sentoit trop mauvais, et crachoient contre terre par horreur.» (Marie-Victorin 1929).

D'aucuns rapportent aussi qu'en 1674, le père Marquette et son groupe, en route vers le site de l'actuelle Chicago, comptèrent largement sur cette plante pour subsister. D'ailleurs, très abondant sur l'emplacement de Chicago, l'ail des bois a donné à la ville ce nom amérindien, signifiant «plante à odeur de bête puante».

Dans la deuxième moitié du xxe siècle, l'ail des bois se trouve abondamment aux étals des marchés publics de produits de la ferme, à l'état frais et attaché en bottes, ou mariné comme des petits oignons. Durant les années 1970, les botanistes commencent à percevoir que la popularité de la plante se solde par la disparition ou le déclin de populations (voir *Petite histoire de la protection de l'ail des bois* page 276). Le commerce de la plante se chiffre alors en millions de plants prélevés chaque année et aucun outil législatif n'existe pour le refréner.

Il faut attendre jusqu'au 16 mars 1995 pour que l'ail des bois bénéficie d'un statut juridique de protection au Québec (voir *Protection légale* p. 275). Depuis, son commerce est interdit et sa récolte pour usage personnel est strictement réglementée.

Réussir à s'établir

Chez une espèce européenne qui se développe à peu près de la même manière, *Allium victorialis,* des études révèlent qu'un clone peut vivre plus de 50 ans. Tout porte à croire que la longévité de l'ail des bois soit similaire, mais l'établissement d'une plantule n'est pas chose aisée et la majorité d'entre elles meurent la première année. Par exemple, dans une population étudiée en 1987, lors d'un pic de germination exceptionnel, la classe de taille 1 — voir cycle de vie p. 255 — comptait un peu plus de 1500 ramets et la classe 2 (ramets juste un peu plus gros) en comptait un peu plus de 100.

Les racines d'une plantule d'ail des bois se situent juste sous la litière, là où les conditions d'humidité et de température fluctuent le plus et où existe un grand risque de perturbations. Et la surface de la feuille de cette plantule est tellement petite qu'il lui est difficile de faire suffisamment de photosynthèse pour accumuler des réserves dans le minuscule bulbe. Le temps de photosynthèse des plantules est aussi plus court, car elles vivent à l'ombre des gros plants. Ces conditions expliquent, au moins en partie, l'importante mortalité des plantules.

Les juvéniles sont mieux armés. Leurs racines contractiles enfoncent le bulbe de plus en plus profondément dans le sol, où ils sont mieux protégés. Il ne leur reste qu'à grossir! De leur habileté à grossir dépend leur capacité de diviser leur bulbe et de produire des graines. Ils doivent atteindre la classe de taille 4 avant de le faire, mais peu réussiront ces exploits avant d'atteindre la classe 6.

Grossir et diviser son bulbe

Cet ail, à l'image de l'échalote, se propage aussi végétativement, par division du bulbe à l'automne. Tel que mentionné, un bulbe se divise rarement avant d'avoir atteint la classe de taille 6. Ceci arrive entre l'âge de 7 à 10 ans, et les ramets qui fleurissent présentent une probabilité plus élevée de se diviser. Somme toute, les gros bulbes fleurissent en juillet et, à l'automne, les mêmes gros bulbes se divisent en 2 plus petits bulbes, parfois en 3 (5 % des cas). Il y a toujours un des deux nouveaux bulbes qui est plus gros — le bulbe mère — et l'autre est plus petit: le bulbe fille.

Le bulbe ressemble à un oignon et comprend des écailles et les bases des feuilles. Il repose sur une tige souterraine (rhizome) courte et trapue, formée d'anneaux où s'emmagasinent aussi des réserves nutritives. Ces anneaux correspondent chacun à une année de croissance et les plus enfouis se décomposent lentement. Les bulbes obtenus par division restent attachés au rhizome pendant 5 à 8 ans, puis se séparent et deviennent indépendants.

Hypersensible à la cueillette

Seulement de 2 à 5 % des individus issus de graines atteignent une taille suffisante pour se reproduire à leur tour. Des modèles mathématiques, basés sur l'étude d'une population réelle pendant 5 ans, permettent de prédire que l'élimination totale de la production de graines d'une population ne compromet pas sa croissance.

C'est la division des gros bulbes qui contribue le plus au maintien et à la croissance des populations. Les bulbes issus de telles divisions bénéficient pendant quelques années du lien qui les rattache au plant mère, ce qui leur assure un excellent taux de survie.

Cette stratégie de reproduction axée sur la multiplication végétative rend l'ail des bois extrêmement sensible à la cueillette. Des modèles mathématiques démontrent que des taux de récolte de plus de 7 à 13 % des gros plants suffisent pour entraîner la décroissance d'une population. Dans ces conditions, le déclin sera lent, mais un taux de cueillette plus élevé peut amener une extinction rapide. Ainsi, un prélèvement annuel de seulement 3 plants matures sur 10 risque de conduire une population de quelque 2000 individus au seuil de l'extinction, en 25 ans!

La cueillette de seulement une des 2 ou 3 feuilles de la plante nuit sans doute peu, surtout si la récolte survient en fin de saison, juste avant le flétrissement. La feuille enlevée a alors déjà contribué à la fabrication et à l'emmagasinage de réserves dans le bulbe et les feuilles restantes continuent de le faire. L'impact de ce type de prélèvement n'a pas été quantifié, mais on sait qu'il entraîne tout de même une perte pour le bulbe. Car la feuille d'ail des bois commence son flétrissement par le sommet et les nutri-

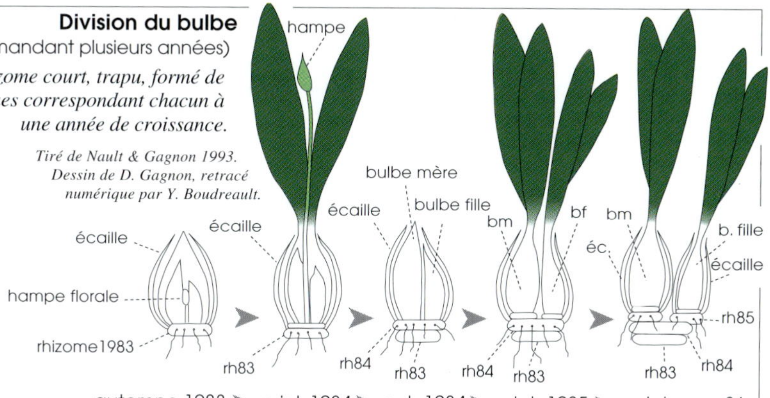

Division du bulbe
(demandant plusieurs années)
Rhizome court, trapu, formé de disques correspondant chacun à une année de croissance.

Tiré de Nault & Gagnon 1993. Dessin de D. Gagnon, retracé numérique par Y. Boudreault.

ments qu'elle contient migrent dans le bulbe, au fur et à mesure du flétrissement. La feuille cueillie ne contribue pas à cette récupération des nutriments, mais la perte est certainement moins importante que dans le cas de récolte de la plante entière avec son bulbe.

Quand la saison est favorable

Même en l'absence de cueillette, le taux de croissance des populations d'ail des bois au Québec s'avère pratiquement nul et les effectifs augmentent seulement au cours des années où les conditions climatiques sont favorables.

Mais qu'est-ce qu'une saison favorable pour l'ail des bois? Un début de printemps chaud, permettant une expansion précoce et rapide des feuilles, suivi d'une période fraîche et humide, retardant leur flétrissement et retardant le déploiement des feuilles des arbres. Voilà qui allonge la saison active de photosynthèse et permet le stockage de réserves dans le bulbe.

Au cours d'une étude échelonnée sur 5 ans, une telle saison ne se présenta qu'une fois, en 1984. Cette année-là, 36 % des gros ramets se divisèrent (classes de taille 4 et +), contre 4,5 % l'année suivante, et les bulbes se révélèrent environ 30 % plus lourds qu'en 1985. Avec de telles réserves à leur disposition, les ramets juvéniles augmentent leur taux de croissance et les ramets les plus gros se divisent et fructifient abondamment.

Une saison exceptionnelle permet aussi une floraison plus abondante: 48 % des gros ramets produisirent une hampe en 1984, contre seulement 4 % en 1985. Mais la plupart des hampes meurent après la floraison, avant de produire des graines. Grâce au long printemps, en 1984 seulement 14 % moururent, contre 65 %, durant le chaud et sec printemps de 1988.

L'effet de la saison exceptionnelle de 1984, ne se fit sentir que 3 ans plus tard, par l'émergence d'une grande quantité de plantules (4 à 9 fois plus que lors d'une année régulière). Une année aussi exceptionnelle permet à la population un meilleur recrutement par graines. Même si les plantules ne jouent qu'un petit rôle dans la croissance d'une population, une telle année favorise l'établissement de nouveaux génotypes. Ceci signifie probablement un renouvellement génétique périodique, nécessaire et important tant pour la survie à long terme de la population que pour l'exploitation de micro-habitats diversifiés.

Par contre, peu de ramets fleurissent (2 %) l'année suivant une forte production de graines, contre jusqu'à 30 ou 35 % après une faible production. Au niveau d'une population, on a aussi observé un cycle de 2 ans dans la floraison. Ce cycle se superpose aux fluctuations dues aux bonnes et aux mauvaises années et au cycle vital relié à la taille des ramets. Toutes ces fluctuations ne sont certes pas faciles à détecter sur le terrain! Et puis, la division des bulbes suit les mêmes fluctuations que la floraison et on croit que cette dernière déclenche physiologiquement la multiplication végétative. Même en 1984, le taux de croissance de la population étudiée ne s'éleva qu'à 1,13 (un taux de 1,00 indique qu'une population est stable: elle n'augmente ni ne décline). L'année suivante, le taux baissait à 1,02. Les botanistes ignorent la fréquence des saisons exceptionnelles. Reviennent-elles aux 5 ans? Ou aux 10, 15, 25 ans ou plus?

Déclin du nombre de populations

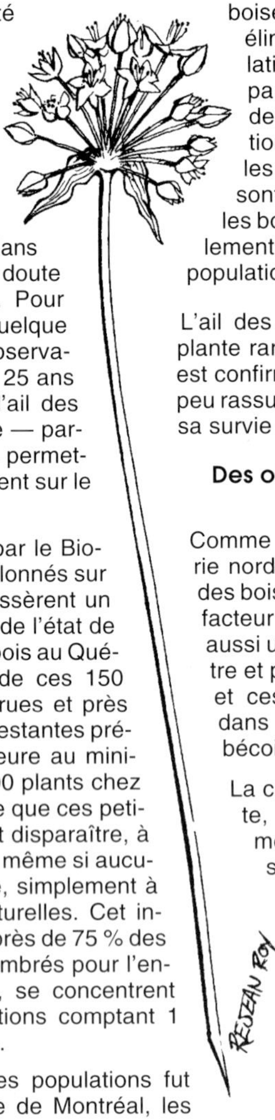

L'ail des bois a été rapporté par les botanistes à près de 220 endroits au Québec et ces sites sont authentifiés par un spécimen conservé en herbier. Mais toutes les populations existantes ne sont pas officiellement reconnues par un spécimen dans un herbier et il existe sans doute plus de 220 populations. Pour une soixantaine de ces quelque 220 sites, les dernières observations remontent à plus de 25 ans et la présence actuelle d'ail des bois n'a pu être confirmée — parfois par manque d'indices permettant de retourner exactement sur le site.

Des inventaires réalisés par le Biodôme de Montréal et échelonnés sur 3 ans (1994 à 1996), dressèrent un portrait jugé représentatif de l'état de 150 populations d'ail des bois au Québec. Fait inquiétant, 14 de ces 150 populations étaient disparues et près de 30 % des populations restantes présentaient une taille inférieure au minimum viable, estimé à 1000 plants chez cette espèce. Cela signifie que ces petites populations pourraient disparaître, à plus ou moins long terme, même si aucune récolte ne s'y pratique, simplement à cause de fluctuations naturelles. Cet inventaire révéla enfin que près de 75 % des plants d'ail des bois dénombrés pour l'ensemble des sites visités, se concentrent dans 13 grosses populations comptant 1 million ou plus d'individus.

La disparition de 2 autres populations fut aussi enregistrée sur l'île de Montréal, les boisés qui les abritaient ayant été éliminés. Au moins 5 autres populations ont aussi été portées disparues par des botanistes dignes de foi et les localités qu'ils mentionnent ne figurent pas parmi celles où des populations actuelles sont enregistrées. Somme toute, les botanistes québécois ont officiellement constaté la disparition de 21 populations.

L'ail des bois n'est peut-être pas une plante rare au Québec, mais son déclin est confirmé. Sa situation globale se fait peu rassurante et les botanistes estiment sa survie précaire.

Des obstacles à son expansion et à son maintien

Comme le Québec se situe à la périphérie nord de l'aire de répartition de l'ail des bois, le climat constitue le principal facteur limitant. L'ail des bois requiert aussi un sol riche et humide pour croître et pour maintenir ses populations, et ces sols se trouvent seulement dans le sud-ouest du territoire québécois.

La croissance très lente de la plante, le taux de croissance pratiquement nul de ses populations et sa sensibilité à la cueillette lui défendent de perdre régulièrement un trop grand nombre d'individus. Or, l'ail des bois a été une espèce extrêmement recherchée pour ses qualités alimentaires et, chaque printemps, des quantités importantes furent prélevées pour le commerce.

De plus, au Québec l'aire de répartition de l'ail des bois se situe dans la région la plus densément peuplée. Depuis le développement de la Nouvelle-France, l'occupation humaine de ce territoire a détruit un nombre considérable d'habitats appropriés à cause, entre autres, du défrichement des terres et de l'élimination des boisés de même que de la construction de routes et de bâtiments. Les grandes forêts sont peu fréquentes dans ce secteur et, par exemple, dans une muni-

Qu'est-ce qu'une étude démographique?

Au Québec, l'ail des bois fit l'objet d'études très détaillées, par des chercheurs de l'Université du Québec à Montréal. Pour comprendre le cycle de vie de la plante, Andrée Nault et Daniel Gagnon réalisèrent, entre autres, une étude démographique. Voici comment l'un d'eux raconte l'expérience:

> «Une étude démographique est relativement simple. Il s'agit de mesurer la contribution d'un certain nombre d'individus à la croissance (ou à la décroissance) de la population qui les contient. La contribution démographique d'un plant se mesure d'abord en vérifiant s'il a survécu d'une année à l'autre (survie), puis en vérifiant s'il a changé de taille, s'il a fleuri et produit des graines (reproduction sexuée), ou s'il s'est divisé végétativement (reproduction asexuée).
>
> Tout cela peut paraître facile mais la réalité est tout autre. (...) Il a fallu cartographier minutieusement la position de tous les individus étudiés (plus de 2000) afin de pouvoir les repérer à chaque année, pendant 5 ans. Identifier soigneusement chaque individu et le mesurer représentent une tâche ardue. Il faut en plus que le travail soit exécuté en moins d'une semaine [ou 10 jours]: l'ail des bois est une plante printanière éphémère, dont les feuilles [se] flétrissent et disparaissent dès l'apparition du feuillage des arbres. Les mesures de la croissance des plants d'ail, axées sur le nombre et la taille des feuilles sont prises la semaine précédant la fermeture du couvert arborescent [lorsque la feuille atteint sa plus grande largeur]. Les fleurs portées par les plants qui fleurissent sont comptées en juillet. Puis en septembre, sont dénombrées les graines qui ont été produites.» Gagnon, 1993

Somme toute il s'est agi, ni plus ni moins, d'adopter 2000 plants et, sans aller jusqu'à les baptiser tous d'un doux prénom, mais presque, d'observer et de mesurer leur survie, leur croissance, leur floraison et leur progéniture, pendant 5 ans. Sans les déranger! Il aura fallu, ensuite, compiler, traiter statistiquement et analyser cette incroyable quantité de données, pour en dégager l'essentiel.

Puis, Patrick Nantel (un des conseillers scientifiques de Fleurbec) s'ajoute à l'équipe, avec un certain attrait pour les mathématiques appliquées. À partir de l'étude démographique, ces chercheurs élaborent des modèles mathématiques qui permettent de prédire les conséquences, sur l'avenir des populations d'ail des bois, de la cueillette de gros bulbes à des fins alimentaires. Ces modèles permettent aussi de définir le nombre minimal d'individus nécessaires pour reconstruire une population, de même que la taille minimale qu'une population doit avoir pour survivre (par exemple, pour faire face aux mauvaises saisons, à la maladie, etc.).

Ces travaux figurent parmi les premières études démograhiques menées au Québec. Ils éveillent notre fierté, car ils se comparent avantageusement à d'autres du même genre et de calibre international. Chapeau aux Gagnon, Nault et Nantel!

cipalité régionale de comté telle celle du Haut-Richelieu, les milieux boisés n'occupent plus que 10 % du territoire. Les quelques lambeaux de forêts qui restent font l'objet d'effrayantes convoitises, tel le Grand-Bois de Saint-Grégoire que d'aucuns se proposent de gruger en faveur d'un site à déchets, malgré la présence d'espèces protégées par la loi.

Répéter l'histoire du ginseng?

L'exploitation commerciale des plantes indigènes prélevées en milieu naturel exige de grandes quantités de plantes.

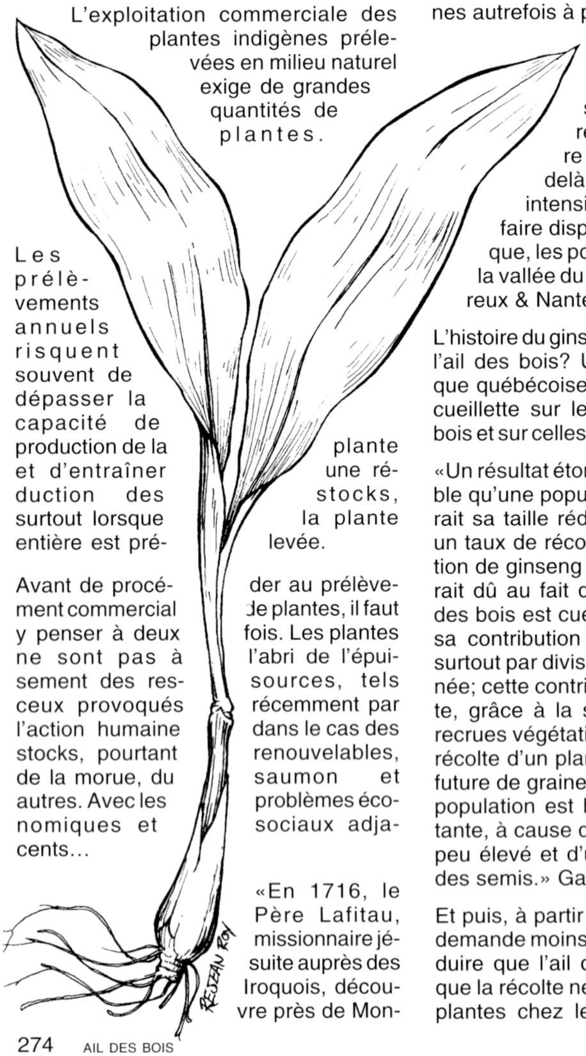

Les prélèvements annuels risquent souvent de dépasser la capacité de production de la plante et d'entraîner une réduction des stocks, surtout lorsque la plante entière est prélevée.

Avant de procéder au prélèvement commercial de plantes, il faut y penser à deux fois. Les plantes ne sont pas à l'abri de l'épuisement des ressources, tels ceux provoqués récemment par l'action humaine dans le cas des stocks, pourtant renouvelables, de la morue, du saumon et autres. Avec les problèmes économiques et sociaux adjacents...

«En 1716, le Père Lafitau, missionnaire jésuite auprès des Iroquois, découvre près de Montréal, le ginseng cinq-folioles *(Panax quinquefolius).* L'exportation des racines de cette plante, de la Nouvelle-France vers la Chine, débute 2 ans plus tard. Ce commerce devient, en quelques années, la seconde source de revenus, après celui des fourrures. Une trentaine d'années plus tard, en 1749, le naturaliste finlandais Pehr Kalm, en voyage en Nouvelle-France, écrit dans son journal: «On a tellement recherché et cueilli ces racines autrefois à proximité de Montréal, à l'époque où, dit-on, il en poussait dans cette région, que les Sauvages sont contraints d'aller les récolter jusqu'à la frontière anglaise et même audelà». Trente ans de récolte intensive auront donc suffi à faire disparaître, à toute fin pratique, les populations de ginseng de la vallée du Saint-Laurent.» Lamoureux & Nantel 1999, p. 8.

L'histoire du ginseng se répète-t-elle avec l'ail des bois? Une étude démographique québécoise compare l'impact de la cueillette sur les populations d'ail des bois et sur celles du ginseng cinq-folioles.

«Un résultat étonnant est apparu. Il semble qu'une population d'ail des bois verrait sa taille réduite plus rapidement, à un taux de récolte égal, qu'une population de ginseng de taille égale. Ceci serait dû au fait que lorsqu'un plant d'ail des bois est cueilli (son bulbe arraché), sa contribution future à la population, surtout par division végétative, est éliminée; cette contribution est fort importante, grâce à la survie très élevée des recrues végétatives. Chez le ginseng, la récolte d'un plant élimine sa production future de graines; cette contribution à la population est beaucoup moins importante, à cause d'un taux de germination peu élevé et d'un faible taux de survie des semis.» Gagnon 1993.

Et puis, à partir de la graine, le ginseng demande moins d'années pour se reproduire que l'ail des bois. Sans compter que la récolte ne touche que les grosses plantes chez le ginseng, alors qu'elle touche aussi des plantes de taille intermédiaire chez l'ail. Le moment de la récolte diffère aussi: la racine de ginseng se cueille à l'automne, après sa production de graines, tandis que le bulbe d'ail des bois se récolte au printemps, avant la division des bulbes et avant la production des graines, ce qui ne lui permet pas de contribuer à la croissance de la population cette année-là.

«Le problème du ginseng se situe à un autre niveau, celui de la très faible taille de ses populations. (...) Il est possible que la menace à sa survie à long terme soit plutôt associée à la fragmentation de son habitat en unités de plus en plus petites et dispersées, ou simplement à la disparition de son habitat. Mentionnons, à titre d'exemple, que pendant les 3 années d'études démographiques, 2 des 4 populations à l'étude furent détruites par la construction domiciliaire. (...)

L'histoire du ginseng pourrait bien se répéter pour l'ail des bois. Le phénomène de diminution des populations et de leurs effectifs pourrait même se produire plus rapidement que pour le ginseng, l'habitat propice à l'ail des bois étant déjà réduit et morcelé. En outre, l'ail des bois est très sensible à la récolte de ses bulbes et plusieurs populations bien connues ont été entièrement détruites par la cueillette.» Gagnon 1993.

Protection légale

Au Québec, la situation de l'ail des bois est jugée précaire, surtout à cause des prélèvements à des fins commerciales des années passées. Depuis 1995, il bénéficie, à titre d'espèce vulnérable, d'une protection juridique.

Le *Règlement sur les espèces floristiques menacées ou vulnérables et leurs habitats* interdit désormais tout commerce de l'ail des bois, ou de l'une de ses parties (même les graines). L'interdiction légale s'étend aussi à toute cueillette dans les aires protégées — sur le territoire québécois, l'espèce est rapportée dans huit milieux naturels protégés.

L'ail des bois se rencontre surtout dans des érablières du domaine privé. Ainsi son habitat bénéficie d'une protection relative, en vertu de la *Loi sur la protection du territoire agricole.* Dans les érablières situées dans une région agricole, cette loi autorise seulement certaines activités, comme l'exploitation acéricole, et les utilisations à d'autres fins doivent être autorisées par la *Commission de protection du territoire agricole du Québec.*

Règlement trop permissif

Le règlement autorise, en dehors des aires protégées, la récolte d'au plus 50 bulbes par personne par année, à des fins de consommation personnelle.

Mais étant donné l'état actuel des populations d'ail des bois au Québec et la dynamique de ces populations, Fleurbec et plusieurs botanistes croient que tout prélèvement de bulbe devrait être interdit. Pourrait être tolérée, à des fins personnelles, la cueillette exceptionnelle d'une des 2 ou 3 feuilles des plus gros plants, en fin de saison seulement (juste avant son flétrissement), simplement pour y goûter.

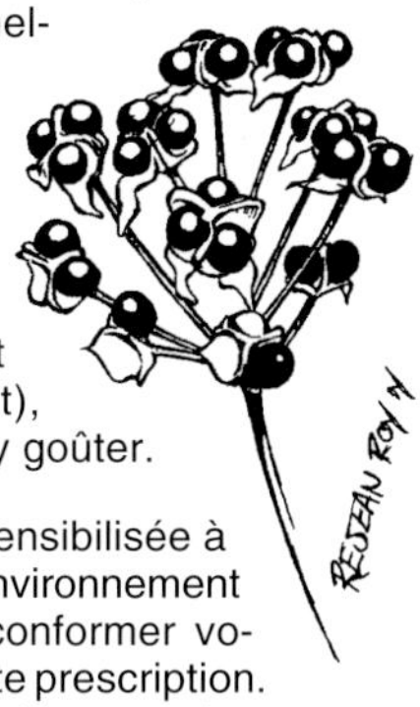

Toute personne sensibilisée à la protection de l'environnement est invitée à se conformer volontairement à cette prescription. En outre, pourquoi ne pas la promouvoir? Et exercer des pressions politiques, afin que le règlement sur l'ail des bois se conforme à cette pratique? Auprès du ministre de l'Environnement du Québec, auprès de votre député?

Des amendes sévères

La *Loi sur les espèces menacées ou vulnérables* prévoit des amendes parmi les plus élevées de la législation québécoise.

Renverser le déclin

Pour favoriser la conservation et la restauration de l'ail des bois, trois objectifs s'imposent:

1. Assurer prioritairement la conservation des grandes colonies (les 13 sites qui contiennent à peu près 75 % des effectifs connus au Québec).
2. Augmenter les effectifs au sein des populations appauvries.
3. Restaurer l'espèce en milieu naturel, dans les régions les plus détériorées.

Dans le cadre de ce 3e objectif, Andrée Nault et le Biodôme de Montréal ont mis sur pied le programme Sem'ail, pour une période de 5 ans à partir de l'an 2000. Ce programme s'adresse à des propriétaires d'érablières dans les régions de la Montérégie, de Lanaudière, des Laurentides et de l'Outaouais. Le Biodôme leur remet des graines provenant de leur région et les semeurs s'engagent à assurer le suivi de leurs semailles durant 5 ans.

Le programme Sem'ail s'occupe aussi du sauvetage et de la transplantation en milieu propice des bulbes d'ail des bois saisis par les agents de conservation, lorsque des contrevenants en cueillent plus de 50.

Ce que chacun peut faire pour protéger l'ail des bois

Pour qui a à cœur la protection de l'ail des bois, il est impératif de collaborer à l'application du règlement. D'abord en s'y conformant et, mieux, en ne récoltant pas du tout les bulbes d'ail des bois.

Raconter à «ma tante» qu'il se vend de l'ail des bois à tel endroit ou qu'Untel en a mariné 10 pots, n'aide généralement pas à protéger l'ail des bois. Pour une action rapide et efficace, il importe de communiquer rapidement les détails concernant toute cueillette abusive (plus de 50 bulbes) et tout commerce dont on est témoin à un agent de conservation (garde-chasse), par exemple par le biais de

S.O.S. Braconnage
téléphone: 1-800-463-5023

Pour un individu, une première infraction est passible d'une amende d'au moins 500 $ et d'au plus 20 000 $. Toute récidive, en dedans de 3 ans, vaut au contrevenant une amende d'au moins 1000 $ et d'au plus 40 000 $ à laquelle s'ajoute la possibilité d'un emprisonnement d'au plus 1 an.

Pour une personne morale (une compagnie, par exemple) les amendes sont doublées. Mais il n'est pas question d'emprisonnement pour le président, le conseil d'administration ou un employé!

Les propriétaires ou voisins d'un boisé où pousse de l'ail des bois, trouveront intérêt à signaler ce boisé à l'agent de conservation de leur région. Le temps venu, il pourra exercer une surveillance mieux ciblée.

Mais en général, ne révélez pas où se trouvent les talles d'ail des bois... pas plus que vous ne révélez vos talles de petites fraises des champs. Le secret des bois constitue souvent un excellent protecteur.

Petite histoire de la protection de l'ail des bois

Protéger l'ail des bois au Québec ne fut ni simple, ni facile, ni rapide. La voie est maintenant ouverte à la protection des plantes menacées ou vulnérables, mais en 1978, elle ne l'était pas. L'histoire de la protection de l'ail des bois s'étend sur plus de 15 ans.

Alerte

Dans un mémoire de fin d'études, en 1978, l'ingénieur forestier Robert Lavallée fait état de premières données sur la lenteur de la croissance de l'ail des bois. Plusieurs s'inquiètent alors de l'impact du prélèvement des bulbes à des fins commerciales. Le taux de croissance des populations permet-il une récolte aussi massive? Y a-t-il surexploitation?

Dès l'année suivante, Gisèle Lamoureux, coordonnatrice de Fleurbec, entreprend une campagne de sensibilisation pour que soit retirées du commerce cette plante, et d'autres présumées dans une situation semblable. Avec deux étudiants biologistes de l'Université du Québec à Trois-Rivières, Yves Maihot et Normand Lamarche, elle forme un comité au sein de l'Association des biologistes du Québec, dont elle obtient l'appui.

Le comité lance une pétition, qui récolte plus de 11 500 signatures (c'est beaucoup pour l'époque), et la remet, le 20 avril 1982, au ministre péquiste de l'Environnement du Québec, Marcel Léger. La campagne de sensibilisation fait boule de neige. Quantité de personnes deviennent des défenseurs de cette cause et presque tous les Québécois en entendent parler... ou en parlent! Ce qui n'empêche pas d'autres d'en manger, d'en acheter ou d'en vendre.

Recherches scientifiques

Vers la même époque, le professeur Daniel Gagnon, de l'Université du Québec à Montréal, entreprend des travaux pour mieux connaître la biologie de la plante (voir *Qu'est-ce qu'une étude démographique).* Andrée Nault,

Semer de l'ail des bois

Si votre érablière contient de l'ail des bois, il est possible de contribuer à augmenter les effectifs de la population, mais il faut de la patience, du doigté et plusieurs années. Utiliser des graines provenant directement de votre érablière est un élément de réussite: le génotype est déjà adapté au microclimat local. Cela évite aussi la contamination possible de votre population par des individus venus d'ailleurs et mal adaptés ou porteurs de maladies.

Prélever une partie des graines produites par votre population — pas plus de 5 à10 %, afin de ne pas nuire aux processus naturels — et choisir un endroit propice à l'intérieur de l'érablière pour les semer. Rechercher un site sans hêtre ni conifère, avec un sol humide mais non inondé, où les arbustes et autres plantes de sous-bois ne sont pas trop denses, car l'ail des bois supporte mal la compétition.

Préparer le sol à la main; une intervention motorisée détruit l'habitat, ce qui diminue les chances de réussite et perturbe les plantes environnantes. Repousser la litière et ameublir le sol, à l'aide d'une truelle, en creusant un sillon étroit: 2 ou 3 cm de largeur X 1 cm de profondeur X 1 m de longueur, pour environ 50 graines. Puis procéder comme dans un jardin: semer les graines très espacées (pour éviter la compétition entre les plantules), les recouvrir d'une mince couche de sol (1 cm), presser légèrement le sol puis replacer la litière. Si cela convient mieux au site choisi, une parcelle carrée de 10 cm X 10 cm, préparée de la même façon, peut recevoir une dizaine de graines.

L'ail des bois se cultive aussi en champ, car il tolère le plein ensoleillement. Cependant, il faut alors assurer au sol suffisamment d'humidité et éliminer toute compétition venant de plantes environnantes.

Marquer discrètement l'emplacement avec un ruban permet de retrouver ses semis, de veiller sur eux et de jouir du plaisir de les voir se développer. Pour la science et pour raconter à vos petits-enfants, tout noter de cette expérience dans une boîte à souvenirs... (nombre de graines, de semis, largeur totale des feuilles de chaque plante à chaque année, etc.).

Patrick Nantel et Liette Vasseur se joignent à lui, dans cette patiente recherche scientifique qui dura près d'une douzaine d'années.

Leurs travaux confirment, hors de tout doute et à l'aide d'études statistiques, les premières données et les intuitions de ceux qui déclenchèrent l'alerte.

Pressions politiques et législation

Mais il ne suffit pas d'une pétition! En 1982, aucun outil législatif ne permet d'encadrer le commerce de l'ail des bois. Il faut en créer un, sinon le gouvernement ne peut intervenir.

À l'Association des biologistes du Québec, le *Comité pour la protection de l'ail des bois* fusionne avec le *Comité pour la sauvegarde des espèces menacées au Québec* et la problématique de l'ail des bois est intégrée à celle des autres espèces menacées. L'Association demande expressément l'adoption d'une nouvelle loi pour protéger ces espèces et fait préparer un rapport sur la situation de l'ail des bois (Dagenais, 1985).

Au sein du ministère de l'Environnement, c'est Léopold Gaudreau et son équipe de la Direction du patrimoine écologique qui mènent le dossier en vue de l'adoption, en 1989, de la *Loi sur les espèces menacées ou vulnérables.* Mais appliquer cette loi représente une tâche immense, les ressources manquent, sans compter que susciter et alimenter la volonté politique d'un gouvernement n'est pas une sinécure et ... est à recommencer à chaque changement de ministre.

La loi reste pratiquement lettre morte durant 6 ans, pendant que se prépare l'adoption, en 1995, du premier règlement de désignation, proposé par le ministre libéral Pierre Paradis. Ce règlement comprend l'ail des bois, figure de proue de tous les débats qui menèrent à l'adoption de ces outils législatifs. C'est la première espèce dont la désignation fut recommandée en 1993, par le *Comité aviseur sur la flore menacée ou vulnérable,* d'après un nouveau rapport sur la situation de l'ail des bois, enrichi et mis à jour (Couillard, 1995).

Adopter un règlement, ce n'est pas tout. Il faut l'appliquer! Depuis 1995, c'est surtout Line Couillard, de la Direction du patrimoine écologique et du développement durable qui, avec ardeur, coordonne les efforts dans ce sens. Et puis, il y a les agents de conservation, dont le dévouement sur le terrain permet de réduire la cueillette abusive. Il faut compter aussi la collaboration des inspecteurs du ministère de l'Agriculture et de l'Alimentation, qui s'assurent qu'aucun commerce de l'ail des bois ne se pratique ici.

Il aura fallu 17 ans, depuis la première alerte jusqu'à la désignation de l'ail des bois. Et l'énergie de combien de personnes? Bravo à ceux qui se sont passé le flambeau, à ceux qui continuent de faire en sorte que tous ces efforts ne fussent pas vain.

Réf. sp. Centre de données, Couillard 95, 98, Couillard & Fleurbec 98, Dagenais 85, de Guise 96, Désaultels 91, Gagnon 93, 2001, Lamoureux 82, 84, 98b, Lavallée 78a, 78b, Lavoie 93, Marie-Victorin 29, Nantel 96, Nault 87, 88, 93, 96, 2000a, 2000b, 2001, Sabourin 2001, Vasseur 90, 94.

Le ministère de l'Environnement du Québec a autorisé Fleurbec à reproduire le contenu du dépliant Couillard & Fleurbec 98, accessible à

<http://www.menv.gouv.qc.ca>

S.O.S. Braconnage
téléphone: 1-800-463-5023

Aralie chassepareille

suite de la page 84

L'aralie chassepareille varie peu et, selon les connaissances actuelles, ne s'hybride avec aucune autre plante. En Alaska, il n'existe actuellement aucune aralie. Mais des ancêtres fossiles des aralies actuelles s'y trouvaient, à l'époque du Tertiaire (il y a 70 millions d'années). Elles fréquentaient probablement la forêt circumboréale de l'époque. D'autres abondaient ailleurs en Amérique, au Crétacé (environ 100 millions d'années, vers la fin des dinosaures).

Propagation végétative

L'aralie chassepareille forme de grands tapis plutôt circulaires, allant jusqu'à 10 m ou plus de diamètre. Le rhizome croît relativement rapidement, des observateurs estimant qu'il s'allonge de 25 à 80 cm par année. Le bourgeon terminal du rhizome se retrousse et produit une courte tige qui portera, d'année en année, une feuille et peut-être une inflorescence. Cette tige, susceptible de devenir autonome, s'appelle ramet (voir *Qu'est-ce qu'un ramet* page 384).

Grâce à un bourgeon situé un peu à l'arrière du ramet, le rhizome bifurque à environ 45°, s'allonge et produit un nouveau ramet. Les nouveaux ramets ainsi générés alternent d'un côté puis de l'autre du rhizome, à intervalles d'environ 0,75 à 1,5 m. En cas de traumatisme (perte du bourgeon terminal ou d'un ramet), un bourgeon latéral dormant, sur la tige ou le rhizome, prend la relève et produit une nouvelle ramification.

Les ramets d'un clone, tous identiques sur le plan génétique, restent interreliés des années durant, par un réseau de rhizomes enfoui à environ 6 cm de la surface. La plupart des ramets sont végétatifs (sans fleurs). Par exemple, un grand clone déterré ne comptait que 3 ramets fleuris sur 27. L'âge de ses ramets s'échelonnait entre 1 et 26 ans et les vieux ramets, même âgés de plus de 12 ans, se connectaient encore au rhizome. Le rhizome se décompose parfois, mais c'est rare, et la chose ne s'observa qu'à un endroit dans ce clone. Par ailleurs, pour chacun des trois ramets morts du clone, le rhizome présentait une ramification, juste derrière le ramet mort.

Un clone ne produit pas ses ramets à la suite, le long du rhizome, car l'âge des ramets ne décroît pas à partir du point d'origine. Par exemple, des ramets voisins dans ce grand clone déterré étaient âgés de 6, 15 et 2 ans ou de 3, 19 et 5 ans. C'est dire que les bourgeons dormants peuvent développer des ramets n'importe quand.

Aralie chassepareille*. En cas de traumatisme, un bourgeon latéral dormant, sur la tige ou le rhizome, prend la relève et produit une nouvelle ramification.*

Photo: Gisèle Lamoureux

Sur le rhizome, des racines naissent aux noeuds, à la base des ramets. La plante comprend aussi des canaux sécréteurs de substances très aromatiques, responsables de sa forte odeur.

Le bourgeon du ramet s'éveille en mai, ou au début de juin, après que la température journalière minimale s'est maintenue au-dessus de 0 °C. La feuille sort rapidement et revêt d'abord une belle couleur brun rouge, qui la rend semblable à celle de l'herbe-à-puce° à cette époque de l'année.

Plus tard, la feuille verdit. Le ramet atteint sa taille maximale en 2 semaines et maintient cette taille pendant environ 115 jours (presque 4 mois). La feuille et l'inflorescence se développent en même temps et les fleurs n'attendent pas le plein épanouissement des feuilles pour s'ouvrir. Dès la mi-juillet, le bourgeon de remplacement pour l'année suivante est complètement formé.

Un ramet vit longtemps et les ramets adultes (fleuris) atteignent une plus grande taille, en moyenne, que les ramets juvéniles (sans fleurs). Mais la taille de ceux-ci varie énormément, et certains juvéniles se montrent plus grands que des adultes. Contrairement à ce qui se passe par exemple chez les trilles* ou chez l'arisème petit-prêcheur*, la taille de l'aralie chassepareille ne constitue pas un indicateur fiable du passage du stade juvénile au stade adulte.

Rhizome résistant au feu et à la coupe forestière

L'aralie chassepareille pousse souvent en compagnie du cornouiller quatre-temps*, du maïanthème du canada* et de la clintonie boréale*, toutes des espèces typiques de la forêt boréale qui croissent communément à l'ombre des arbres. Mais ces plantes ne montrent pas de préférences bien particulières, quant au groupement forestier où elles poussent.

L'aralie chassepareille survit aux changements successifs dans la composition du couvert forestier, même à ceux qui découlent de la coupe à blanc ou du passage du feu. Elle s'accommode aussi de lieux un peu plus ouverts, tels les chemins qui traversent les forêts.

Protégé par 6 cm de sol minéral, le rhizome survit au passage de plusieurs feux. Ainsi, l'année suivant un feu, émergent des feuilles issues de bourgeons du rhizome. Le feu présente-t-il aussi des conditions environnementales ou un traitement propice à la germination? C'est possible.

Des coupes forestières sélectives, en ouvrant le couvert forestier, favorisent l'émergence de nouveaux ramets... mais deux ans après la coupe. Tout se passe comme si le clone accumulait des réserves, l'année qui suit la coupe, permettant sa croissance et la production de nouveaux ramets un an plus tard. Une infestation de spongieuse *(Lymantria dispar)* crée pareillement une ouverture de la canopée et un recrutement de ramets, cette fois dès l'année suivante. L'apparition de nouveaux ramets serait-elle fonction d'une lumière accrue?

L'aralie chassepareille tolère cependant mal la compétition des plantes qui, comme les aulnes*, les viornes* ou la fougère-aigle°, réduisent radicalement l'intensité lumineuse et lui portent trop ombrage... Car en milieu trop ombragé, l'aralie chassepareille se fait toute petite.

Sites humides: production accrue de nouveaux ramets

Dans les forêts humides et relativement ouvertes, les clones d'aralie chassepareille croissent plus rapidement, en ce qu'ils émettent un plus grand nombre de nouveaux ramets. Leurs populations montrent une grande proportion de jeunes ramets, en comparaison des clones situés sur des sites secs ou très ombragés. Chez ceux-ci, jeunes et vieux ramets se côtoient, mais à cause de leur croissance lente, ces clones comptent surtout de vieux ramets. On peut dire que la production de nouveaux ramets augmente, à mesure qu'on passe d'une forêt sèche et très ombragée à une forêt humide et plus ouverte.

Mais une forêt compte souvent à la fois des sites secs très sombres et des sites humides plus ouverts. Une étude de la population de ramets d'aralie chassepareille d'une forêt du Maine, révèle que le taux de mortalité des ramets est constant, quel que soit leur âge, et que cette mortalité équivaut à peu près au recrutement de nouveaux ramets. Toutefois, ce taux de mortalité général (23 %) dépasse largement le taux de mortalité des plus grands individus (4 %); comme c'est le cas en général chez les plantes, la mortalité diminue non pas selon l'âge, mais selon la taille... et les ramets les plus vieux ne sont pas nécessairement les plus gros.

Amas: plusieurs clones

À intervalles de 3 à 5 cm, des bourgeons jalonnent le rhizome de l'aralie, chacun protégé par une petite feuille écailleuse. Tous ces bourgeons recèlent le potentiel de produire un nouveau ramet.

Par ailleurs, les ramets de cette plante poussent nettement en amas. Il existe bien des ramets solitaires, dispersés çà et là, mais la plupart sont regroupés, avec des densités variables. Ainsi, à première vue, chaque rassemblement de quelques ramets pourrait correspondre à un clone. Et pourtant! Un repérage minutieux des rhizomes, effectué au Michigan, indique, contre toute attente, que la plupart des ramets de ces amas appartiennent chacun à un clone différent. Comment expliquer ce trompe-l'oeil?

Salsepareille, chassepareille et Schtroumpfs

Les enfants seront ravis de faire la connaissance de la salsepareille, la nourriture des Schtroumpfs. Hélas, notre aralie chassepareille (ou salsepareille) n'est pas la salsepareille des Schtroumpfs. En Europe, contrée d'origine de ces célèbres lutins bleus, le nom salsepareille revient au genre *Smilax*, dont plusieurs espèces s'utilisent médicinalement et dont les pousses de certaines se mangent.

Le nom salsepareille (autrefois sarzepareille) viendrait de l'espagnol *zarza:* plante épineuse et de *parilla:* petite vigne (le *Smilax aspera,* la salsepareille des Schtroumpfs, est épineux et forme des lianes). Au Québec, le nom chassepareille (vraisemblablement une déformation de salsepareille) est bien plus répandu que salsepareille et mérite d'être repris. En 1935, Marie-Victorin inscrit le nom salsepareille pour les trois espèces d'aralie présentes au Québec. Il diffère en cela de ses prédécesseurs, Provancher (1862) et Moyen (1885), qui ne confèrent ce nom qu'à l'*Aralia nudicaulis.*

La véritable salsepareille utilisée en pharmacie, provenait de racines séchées de plusieurs espèces sud-américaines du genre *Smilax,* dont le *S. sarsaparilla.* La salsepareille fut très populaire, entre autres pour ralentir l'action du cœur et contre les maladies vénériennes; l'aralie chassepareille eut la réputation d'avoir des propriétés médicinales aussi puissantes. Son rhizome occupa une place importante dans la pharmacopée québécoise et dans la tradition amérindienne, surtout comme tonique, comme cataplasme sur les blessures ou (les fruits également) contre la toux. Dans les années 1800, son infusion fut très à la mode comme tonique du printemps et la plante figura dans les pharmacopées officielles du Canada et des États-Unis, surtout comme stimulant et sudorifique; la récolte du rhizome rapportait alors 0,05 $ la livre (environ 500 g) sur le marché.

L'orignal s'en délecte

L'orignal *(Alces alces)* tout particulièrement, mais aussi le lièvre d'amérique *(Lepus americanus)* et un insecte coléoptère, le méloé cendré *(Epicauta murina)*, se nourrissent des feuilles de l'aralie chassepareille.

Cette plante constitue même la nourriture printanière préférée des orignaux. Ils recherchent les talles bien denses et les ramets fleuris (63 %), de préférence aux autres (33 %). La proportion de ramets broutés passe de 11 %, dans une zone comportant moins de 9 feuilles par m², à 77 %, s'il pousse plus de 20 feuilles par m².

Le broutement n'empêche pas la plante de survivre. Lorsqu'il perd seulement sa feuille, le ramet produit moins de fruits et il lui arrive de se refaire une feuille, généralement plus petite, surtout dans le cas des rameaux végétatifs. La saison suivante cependant, aucun des ramets broutés, ou ayant perdu une feuille, ne produit de fleurs. En comparaison, 29 % des ramets intacts refleuriront, et 11 % des ramets végétatifs fleuriront une première fois.

L'orignal, par son broutement, influence ainsi significativement la répartition et le patron de regroupement des ramets, surtout des ramets fleuris, qui croissent plus en amas que les ramets sans fleurs.

D'abord, une inhibition physiologique préviendrait le développement des bourgeons proches des ramets existants. De nombreux bourgeons restent donc dormants. Ainsi, la distance entre deux ramets consécutifs, le long d'un même rhizome, dépasse généralement 1 m, parfois même 3 m.

Puis, les ramets se développeraient dans des microhabitats spécifiques, réunissant des conditions particulières de topographie, de luminosité, de fertilité et d'humidité du sol. Par exemple, les ramets femelles semblent préférer une luminosité plus élevée que les mâles (voir p.288: *Plus de lumière pour les femelles)*.

Bref, avant qu'un nouveau ramet se forme, le rhizome parcourt une distance moyenne de 90 cm, mais souvent bien plus, jusqu'à ce qu'il rencontre un microhabitat favorable. Dans ces conditions, un seul clone ne pourra être à l'origine d'un amas de ramets, puisque la superficie moyenne de ces amas égale environ 0,25 m². À noter: les ramets fleuris croissent beaucoup plus par amas que les ramets sans fleurs.

Les amas résulteraient, au bout de bien des années, de l'entrecroisement de rhizomes de plusieurs clones, dans un même microhabitat propice. Il semble, dans ce cas, que la compétition entre les clones soit moins importante que la compétition au sein d'un même clone. Des mécanismes interdisent en effet que les ramets les plus voisins viennent d'un même clone, mais rien n'empêche qu'ils appartiennent à des clones différents, sauf... (voir *Compétition entre les ramets,* page suivante).

Il faut croire que les feux, qui affectent régulièrement la forêt boréale, livrent des habitats à la colonisation par des graines ou par des fragments de rhizomes, qui auraient survécu aux feux. Ajoutez les changements dans les conditions environnementales au fil des ans et le broutage des orignaux, des éléments qui entraînent la mort de ramets et déclenchent le développement d'autres ramets. Sont-ce là des éléments d'explication aux réseaux de rhizomes provenant de clones différents, qui s'entrecroisent et forment des amas de ramets?

Le fait que les ramets d'un clone, très dispersés, soient présents dans plusieurs amas différents, diminuerait la probabilité qu'un clone meure. Car les amas auxquels il participe, peuvent difficilement être affectés tous en même temps, par des changements de l'habitat ou par le broutement des herbivores. Mais les orignaux jouent peut-être aussi un rôle, dans la formation des amas (voir p.282: *L'orignal s'en délecte*).

Ramets quinquagénaires, clones centenaires

Dans une étude de populations d'aralie chassepareille, l'âge des ramets se répartissait entre 5 et 40 ans, avec une moyenne de 20 ans. Dans d'autres populations, se rencontrent des ramets âgés de 45 à 50 ans. Ailleurs encore, l'âge moyen des ramets fleuris dépasse celui des juvéniles (13 ans contre 7 ans) et tous les adultes ont au moins 5 ans.

Comment se calcule l'âge d'un ramet? Exceptionnellement, un ramet produit deux feuilles la même année mais, en général, il n'en produit qu'une. La seule feuille produite laisse annuellement une cicatrice particulière sur la courte tige. Le décompte du nombre de cicatrices donne l'âge du ramet. L'inflorescence laisse aussi une cicatrice, mais de nature différente et reconnaissable, enregistrant aussi l'histoire de la floraison et de la non-floraison du ramet.

Mais le nombre de cicatrices foliaires indique un âge minimal, car la première feuille surgirait seulement 3 ou 4 ans après la naissance d'un nouveau ramet. Ce qui complique les calculs, c'est que chaque ramet n'est pas nécessairement actif chaque année. À cause de cela, l'âge d'un ramet risque d'être sous-évalué.

Un clone d'aralie chassepareille vit pendant plusieurs décennies, c'est certain, peut-être faut-il dire plutôt pendant des siècles? En forêt boréale, les incendies sont monnaie courante et une forêt y échappe rarement sur une période de 150 ans. Le feu détruit les ramets, mais pas les rhizomes, de sorte que les ramets étudiés étaient âgés de 50 ans, mais peut-être les clones eux-mêmes dépassaient-ils largement cet âge, pourtant respectable pour une plante herbacée! Qui le sait? Jusqu'à maintenant, le rhizome n'a pas livré le secret de son âge.

Rien de surprenant à ce qu'une étude au Nouveau-Brunswick suggère qu'un clone d'aralie chassepareille occupe probablement une grande superficie, sûrement plus de 100 m² et possiblement bien plus.

Compétition entre les ramets

Lorsque cultivée en serre, dans des conditions optimales et avec un apport excédentaire de nutriments, l'aralie chassepareille développe ses bourgeons dormants en abondance, ce qu'elle ne fait

***Aralie chassepareille**. En général, un ramet produit une seule feuille par année. Elle laisse une cicatrice sur la courte tige et le décompte du nombre de cicatrices donne l'âge du ramet. L'inflorescence laisse une cicatrice plus marquée, ce qui enregistre aussi l'histoire de la floraison et de la non-floraison du ramet.*

Photo: Gisèle Lamoureux

pas en nature. Ceci suggère qu'en milieu naturel, la dominance du bourgeon terminal du rhizome — qui empêche la croissance des bourgeons dormants — se maintient grâce à la compétition entre les bourgeons dormants pour des ressources limitées, en eau et en nutriments.

Mais comment un clone peut-il s'approprier les ressources du milieu le plus efficacement possible? La répartition des ramets, de manière à minimiser le recouvrement des feuilles entre elles, augmente sans doute cette efficacité.

De ce point de vue, la disposition du feuillage de l'aralie chassepareille se révèle caractéristique d'une plante qui tend à maximiser sa capacité de faire de la photosynthèse, dans un environnement très ombragé. Mais la possibilité pour le ramet d'intercepter la lumière dépend de la proximité, de la densité des ramets (nombre de ramets par mètre carré).

Une étude statistique rapporte une interaction négative entre des ramets voisins, lorsque les tiges se situent à moins de 18 cm. Tout se passe comme si la survie d'un ramet dépendait du nombre de ramets présents dans un rayon de 18 cm de sa tige et la probabilité de production d'un ramet décroît à mesure qu'augmente la densité des ramets.

Or pour les populations observées dans cette étude, une feuille d'aralie normalement étalée couvre, en moyenne, un cercle de 18 cm de rayon. Ceci suggère que les ramets interagissent directement entre eux, sans intervention des autres ramets de leurs clones respectifs.

Dans les secteurs de forte densité des ramets, la quantité de lumière disponible ne permettrait pas l'établissement de nouveaux ramets. Il est possible que dans ces secteurs, l'inhibition de l'activité du bourgeon empêche la production des ramets. Cette inhibition résulterait d'une faible luminosité ou d'un faible apport relatif de certaines parties du spectre lumineux.

Intégration et autonomie

Même si les ramets d'un clone d'aralie chassepareille restent interreliés par le rhizome pendant de nombreuses années, du point de vue du partage des réserves nutritives, ils conservent passablement leur indépendance. Il est vrai que les ramets exposés au soleil exportent des glucides (hydrates de carbone produits par la photosynthèse) vers des ramets privés de soleil. Ceci assure la survie de ramets en situation de stress. Par exemple chez une autre plante, la verge-d'or du canada, des ramets privés de soleil survécurent pendant 7 semaines lorsque les connections au rhizome demeuraient intactes et seulement quelques jours, si les connections étaient rompues.

Mais la plus grande partie du carbone assimilé par une tige d'aralie chassepareille est encore dans cette tige au bout de 24 heures. La majeure partie du carbone exporté durant cette période se retrouve dans la portion de rhizome adjacente à cette tige. Le ramet utiliserait lui-même ces produits stockés, durant les saisons subséquentes. Cela confère au ramet, et à la portion adjacente du rhizome, une certaine autonomie, par exemple pour entrer en compétition avec les ramets voisins qui, généralement, n'appartiennent pas au même clone. Ce stockage permettrait une réaction rapide à la perte de feuillage ou de tige, ou encore à des percées dans le couvert forestier, augmentant la luminosité d'un site.

Clone mâle ou femelle

Dans un clone d'aralie chassepareille, tous les ramets qui fleurissent, produisent soit des fleurs mâles, soit des fleurs femelles (plante dioïque). Sauf exception: moins de 1 % des ramets portent des fleurs hermaphrodites (mâles et femelles) ou encore un ramet porte des fleurs femelles et des fleurs mâles distinctes les unes des autres.

À première vue, cependant, c'est trompeur, puisque chaque type de fleur comporte aussi les éléments de l'autre sexe... sans qu'ils soient fonctionnels! Mais il

***Aralie chassepareille, mâle**. Dans un clone, tous les ramets qui fleurissent, produisent soit des fleurs mâles, soit des fleurs femelles. Chaque fleur mâle porte 5 étamines blanches bien développées et... 5 styles verdâtres, non fonctionnels qui restent collés les uns sur les autres au centre de la fleur.*

Photo: Gisèle Lamoureux

arrive que l'ovaire non fonctionnel de la fleur mâle fonctionne à moitié et devienne un fruit... sans graines.

Chaque fleur porte donc 5 étamines (organes mâles) et un pistil à 5 styles (organe femelle). Chez les femelles, les étamines courtes ne contiennent pas de pollen; pétales et étamines tombent durant les deux premiers des six jours de réceptivité du pistil et les styles s'allongent et s'écartent les uns des autres (divergent). Chez les mâles, les pétales et les longues étamines bourrées de pollen persistent durant au moins une semaine, mais les styles restent courts et collés les uns sur les autres (apprimés).

Comme c'est invariablement le cas chez les plantes dioïques, les inflorescences mâles portent plus de fleurs que les femelles. Chez l'aralie chassepareille, les inflorescences mâles portent souvent environ deux fois plus de fleurs que les femelles (100, 120 ou 125 contre 50, 75 ou 85, en moyenne). Mais celles-ci fleurissent plus tôt et, comme elles sont moins nombreuses, elles atteignent leur pic de floraison en 5 jours (en moyenne) tandis que les mâles demandent 7,5 jours. Ce modèle de floraison semble inhabituel dans le monde végétal. Dans la plupart des cas connus de plantes dioïques, lorsqu'il existe une différence dans l'ordre d'apparition des fleurs, les mâles paraissent avant les femelles.

Plus de ramets mâles que de femelles

En milieu forestier, certains tapis ou portions de tapis ne contiennent que des ramets mâles ou que des ramets femelles. Parfois les deux sont entremêlés. Dans les deux cas, la densité des ramets

Des fruits, mais pas de plantules

Chaque fleur mâle compte près de 28 000 grains de pollen et chaque fleur femelle, 5 ovules. Une fleur vit en moyenne une douzaine de jours et, dans une population du Nouveau-Brunswick observée pendant 2 ans, la floraison s'est étalée sur 28 jours la première année, et sur 20 jours l'année suivante, car la floraison avait débuté plus tard. En fait, 95 % des fleurs s'ouvrirent en moins de 15 jours. De la première fleur au premier fruit mûr, il s'écoula 42 jours et il fallut 32 jours pour que 95 % des fruits arrivent à maturité.

Les fruits? Ils font les délices de l'ours noir *(Ursus americanus)*, du renard roux *(Vulpes vulpes)*, du loup *(Canis lupus)* et de plusieurs oiseaux forestiers, incluant les grives solitaire et à dos olive *(Catharus guttatus, C. ustulatus)*. Fin août, il n'en reste plus sur les hampes. Pesant autour de 100 mg, ils figurent parmi les plus gros fruits produits par les herbacées communes de la forêt boréale, et cette plante dioïque enregistre le meilleur succès, concernant la production de fruits parmi ces espèces. Avec ceux encore plus gros du trille ondulé* (160 mg), ces fruits sont les plus rapidement dérobés par les animaux. Qui plus est, contrairement aux autres fruits des herbacées de la forêt boréale, les animaux n'attendent même pas leur maturité: ils les chipent alors que seulement 25 % sont mûrs.

Ces prédateurs contribuent à disperser les graines de l'aralie chassepareille, oui, mais sans grand effet sur la propagation de la plante. Les graines germent rarement, malgré les pires (!) traitements en laboratoire, et personne, malgré de nombreuses études sur cette plante, n'a signalé l'observation de plantules en nature.

mâles qui fleurissent (nombre par m^2) excède celle des femelles.

En général, en forêt, il y a 2 ou 3 fois plus de ramets mâles qui fleurissent que de femelles, mais cela peut atteindre 13 fois plus, comme dans un cas étudié. Par contre, en bordure de chemins, se trouvent autant de ramets femelles que mâles. Est-ce dû à une lumière plus abondante? Les abords routiers étant souvent plus perturbés, est-ce plutôt dû au plus jeune âge des clones?

Les ramets mâles montreraient une plus grande propension à fleurir. Lorsqu'ils sont jeunes (jusqu'à 11 ans), ils fleurissent plus souvent que les femelles. Et, quel que soit leur âge, il leur arrive aussi plus souvent de fleurir durant 2 ou plusieurs années consécutives — bien que cette différence s'amenuise un peu avec l'âge. Cette floraison soutenue, de même que la taille plus élevée des ramets femelles, laisse croire à un coût de la reproduction plus élevé pour les ramets femelles.

La vie plus difficile des femelles

Lors du pic de floraison, l'effort reproducteur des fleurs mâles d'aralie chassepareille dépasse celui des femelles: il faut plus d'énergie pour produire 125 fleurs mâles (en moyenne: 17 % du poids total) que 75 fleurs femelles (10 %). Par contre, les fleurs mâles se flétrissent rapidement, tandis que, durant les 6 semaines qui suivent, les femelles fournissent un effort reproducteur de plus en plus grand (jusqu'à 23 %), pour la production des fruits. Les ramets femelles sont plus gros que les mâles (poids total et poids des parties végétatives seules) et, au moment de la floraison, la croissance des femelles s'effectue plus rapidement.

Le coût de la production de fruits par les ramets femelles les défavorise. Les mâles disposent en effet, dans les années subséquentes, de plus de ressources pour leurs besoins quotidiens, leur croissance végétative ou leur floraison. Ce coût plus élevé serait pris en charge par le clone, qui l'exprime par une production moindre de ramets, comparé aux clones mâles. Chez ces derniers, le coût plus faible se traduit par une floraison plus prolifique, plutôt que par une croissance plus élevée ou par une survie allongée.

Et puis, un ramet adulte ne fleurit pas nécessairement tous les ans, surtout s'il est femelle! D'après une étude en Alberta, seulement 5 % des ramets femelles produisirent à nouveau des fleurs l'année suivante, contre 35 % chez les mâles. Mais il existe probablement de bonnes et de mauvaises années, car la population étudiée l'année suivante se révéla plus productive: 27 % des femelles et 53 % des mâles refleurirent. Comme si les femelles prenaient un repos, après une production de fruits et de graines coûteuse en énergie.

Mais au cours de chacune de ces années, qu'ils soient mâles ou femelles, autour de 10 % des ramets fleuris n'ont même pas produit de feuille l'année suivante. D'autres botanistes rapportent que jusqu'à 20 %, ou plus, de ramets ayant déjà fleuri s'abstiennent de fleurir au cours d'une année. Ainsi, des phases végétatives et reproductrices alternent, suivant différentes séquences.

Mais à l'automne, la sénescence des ramets mâles et femelles se produit au même moment et dure le même temps. Fin août, aucun fruit ne persiste sur les hampes: prédateurs et autres agents de dispersion ont agi efficacement! Les hampes séchées persistent souvent, après que toutes les autres parties se sont désintégrées. Mais à part cela, rien de bien visible au-dessus du sol pendant l'hiver: il ne reste que le bourgeon, au

*Pesant autour de 100 mg, les fruits de l'**aralie chassepareille** figurent parmi les plus gros produits par les herbacées communes de la forêt boréale. Ils sont le plus rapidement dérobés par les animaux, qui n'attendent même pas leur maturité et les chipent alors que seulement 25 % sont mûrs. Malgré de nombreuses études sur cette plante, personne n'a signalé l'observation de plantules en nature, en dépit d'une production normale de fruits.*

Photo: Gisèle Lamoureux

sommet de la courte tige, et... tout le système de rhizomes, enfoui dans le sol.

Plus de lumière pour les femelles

Dans une parcelle représentative de la forêt boréale du Nouveau-Brunswick, un échantillon carré de 1 hectare (100 m X 100 m) fut inventorié. Tous les ramets d'aralie chassepareille portant des fleurs furent dénombrés: 499 femelles et 1244 mâles. La suprématie numérique des mâles s'explique par leur tendance à croître plus densément et une cartographie fine des ramets laisse voir que les mâles occupent des secteurs différents de ceux occupés par les femelles.

La croissance en clone explique en partie cette répartition. Mais un facteur écologique entre aussi en jeu: les femelles poussent plus abondamment sous un couvert forestier moins dense, laissant pénétrer plus de lumière. Et puis, sous une ombre épaisse, la floraison se restreint et seuls poussent des ramets végétatifs (sans fleurs).

Pollinisation par les bourdons

L'apomixie (production de graines sans fécondation) n'existe pas chez l'aralie chassepareille. Quant à l'autopollinisation, elle est évidemment impossible puisque les sexes sont portés par des clones différents.

La plante fleurit à peu près en même temps que la clintonie boréale et les deux espèces se trouvent en compétition pour obtenir les services de pollinisation de différentes espèces de bourdons *(Bombus).* La production de fruits atteint de 90 à 100 % par inflorescence, ou 0 %, selon que les pollinisateurs visitent les fleurs ou non ou encore que les fleurs sont stériles. L'exclusion expérimentale des insectes réduit à néant la formation de graines.

Assez curieusement, la position et l'espacement des ramets femelles par rapport aux mâles ne semble nullement influencer le succès de la pollinisation. Peut-être est-ce parce que les bourdons couvrent des distances considérables dans un seul voyage, déposant ainsi suffisamment de pollen sur la plupart des stigmates, quelle que soit la distance qui les sépare d'un ramet mâle. Dans une étude portant sur une autre espèce, il fut démontré qu'après avoir visité consécutivement 54 fleurs, un insecte dépose encore quelques-uns des grains de pollen reçus initialement.

Les ramets femelles produisent moins de fleurs que les mâles et sont moins nombreux. Cela les rend-il moins attrayants aux yeux des bourdons? C'est le cas, apparemment, chez une aralie voisine *(A. hispida):* les bourdons y préfèrent les larges ombelles mâles aux plus petites ombelles femelles. Par contre, une étude au Nouveau-Brunswick indique que l'aralie chassepareille, tout comme le cornouiller quatre-temps* et le maïanthème du canada*, reçoit plus de visites d'insectes pollinisateurs qu'une dizaine d'autres herbacées fréquentes de la forêt boréale.

D'après une étude en Alberta, seules 2 graines sur 5, en moyenne, mûrissent par fruit. À la suite de l'ajout d'un excès de pollen, ce taux n'augmente que faiblement (3 graines sur 5), laissant croire que le nombre restreint de pollinisateurs limite peu la production de graines. La responsabilité incomberait plutôt au manque de ressources (éléments nutritifs, lumière, eau, etc.).

La fécondité se trouve largement réduite, en cas d'arrosage aérien des forêts par des insecticides (fenitrothion), comme ce fut mesuré au Nouveau-Brunswick à la fin des années 1970. Ces arrosages survenant avant la floraison de l'aralie chassepareille, de la clintonie boréale*, du cornouiller quatre-temps* et du maïanthème du canada*, ils déciment les populations d'insectes pollinisateurs de ces espèces.

Réf. sp. Barrett 81, 82, 87, Bawa 82, Edwards 84, Flanagan 85a, 85b, 88, Helenurm 87, Kenkel 93, Marie-Victorin 40, Sobey 77, Whitman 98.

Arisème petit-prêcheur

suite de la page 200

La chaleur détruit les substances nocives contenues dans l'arisème petit-prêcheur — cristaux d'oxalate de calcium et probablement des enzymes déclenchant la production de kinases ou d'histamines. Mais, avant cuisson, toutes les parties de l'arisème petit-prêcheur se révèlent toxiques, comme les autres plantes de la même famille (voir symplocarpe chou-puant*). Selon certains, le simple séchage, pendant plusieurs semaines, du corme coupé en tranches minces, suffisait pour le rendre comestible; on le réduisait ensuite en poudre, pour l'utiliser comme farine. Le contact des feuilles et des racines irrite la peau de certaines personnes sensibles (traiter par antihistaminiques ou onguent). Une décoction du corme aurait servi pour tuer les insectes. La pharmacopée canadienne (1868) reconnaissait divers usages médicinaux au corme. Sa croissance lente et sa faible abondance commandent de ne plus cueillir cette plante, voir ▽.

Une plante qui vit 200 ans

La vie d'un arisème petit-prêcheur s'éloigne grandement du cycle vital simple, connu depuis longtemps et qui s'applique, par exemple, aux annuelles (telles l'herbe-à-poux° ou la moutarde des champs°). Il fallut de patientes observations, couvrant plusieurs années, pour connaître le fascinant cycle de vie des plantes à croissance lente des forêts de l'est de l'Amérique du Nord. C'est grâce au développement des études en démographie végétale, dans les années 1980, qu'on en connaît un peu plus sur l'arisème petit-prêcheur.

Aucune portion du corme (tige souterraine) n'est âgée de plus de 4 ans: il se détruit assez rapidement par une extrémité et croît par l'autre. Il est donc difficile de connaître l'âge d'un arisème petit-prêcheur, mais sa longévité est estimée à au moins 15 ou 25 ans. Des projections mathématiques, basées sur des populations dont la composition et la dynamique sont connues, prévoient au lieu de cela une longévité bien plus grande, d'environ 65 ans et même, dans des sites favorables, de près de 100 ans, peut-être même de 200 ans.

Pourquoi changer de nom latin?

Du temps de Marie-Victorin, les botanistes reconnaissaient trois espèces d'arisème petit-prêcheur — dont la plus nordique était *Arisæma atrorubens.* Aujourd'hui, toutes se trouvent regroupées, avec une quatrième, sous le nom *A. triphyllum.*

Le botaniste Donald G. Huttleston, à l'origine de ce remaniement, affirme qu'il faut plus qu'un nombre différent de chromosomes pour séparer des espèces: elles doivent nécessairement différer par des caractères morphologiques reconnaissables. Ainsi, la sous-espèce typique de l'arisème petit-prêcheur est tétraploïde et compte $2n = 56$ chromosomes, mais les deux autres sous-espèces, diploïdes, comptent $2n = 28$ chromosomes. La sous-espèce *stewardsonii*, peu fréquente au Québec, pousse dans des habitats mouillés, et la sous-espèce *pusillum* est absente du Québec.

Question de noms, celui de *wakerobin* viendrait d'Angleterre, en référence à l'arum, de la même famille. L'arrivée du merle *(robin)*, parmi les premiers oiseaux printaniers, coïncide à peu près avec l'émergence de la plante. Les noms oignon sauvage, *bog-onion, dragonroot, dragon-turnip,* reconnaissent sans doute son goût brûlant!

*Vaut mieux apprendre à reconnaître les grandes feuilles de l'**arisème petit-prêcheur**, c'est ce qui se voit en premier et elles cachent les fleurs. La nervation des feuilles présente un phénomène rare chez les monocotylédones: elle forme un réseau au lieu de présenter des nervures parallèles.*

Photo: Gisèle Lamoureux

À chaque printemps, le corme émet de 10 à 30 grosses racines, peu ou non ramifiées, sans poils et mesurant de 5 à 15 cm (refrénez votre curiosité, car les déterrer nuit à la plante). Les racines meurent toutes à l'automne. Elles ne vivent donc que quelques mois et leur période d'activité coïncide parfaitement avec celle de la partie aérienne de la plante. En comparaison, l'érythrone d'amérique renouvelle ses racines aussi à chaque année, mais à l'automne, tandis que chez d'autres plantes forestières, tels l'asaret gingembre*, le trille blanc* et le maïanthème à grappes*, les racines vivent plusieurs années (respectivement plus de 3 - 3 - 5 ans). Habituellement, le type de racines que ces cinq plantes émettent — grosses, non ramifiées, sans poils, coriaces — contient des champignons microscopiques qui ne nuisent pas à la plante mais, au contraire, contribuent à son alimentation. Dans ce cas, les racines et les champignons forment une association appelée mycorhize.

Vers la fin du printemps, lorsque le feuillage des arbres commence à débourrer, le bourgeon qui surmonte le corme débourre aussi. Formé l'automne précédent, il étale maintenant sa tige aérienne, ses feuilles et son inflorescence en deux semaines, environ. La feuille atteint rapidement sa pleine grandeur et, par la suite, toute réserve accumulée durant l'été dans le corme, sert à produire le bourgeon pour l'année suivante et, probablement, les fruits de l'année courante. La plante ne répare pas les tissus brisés et n'augmente pas la taille des feuilles, même si d'exceptionnelles conditions de croissance se présentent en cours de saison.

Repos hivernal

Le feuillage des adultes se fane assez tôt, en août, et les racines disparaissent en même temps. C'est à ce moment que les fruits commencent à rougir. Le bourgeon qui termine le corme est déjà prêt pour l'année suivante. Puis rien ne se passe de tout l'hiver.

Mâle ou femelle

Lorsque le corme arrive à une certaine taille, l'arisème petit-prêcheur atteint la maturité sexuelle et fleurit. C'est alors une plante adulte, soit mâle soit femelle, et un individu ne porte les deux sexes qu'occasionnellement.

Par exemple, dans une étude sur 4 populations du sud de l'Ontario, environ 10 % des individus portaient les deux sexes. Dans 80 % de ces cas, les inflorescences ne comprenaient que quelques fleurs mâles (en moyenne 4), dans 10 % des cas les fleurs mâles prédominaient et dans les 10 % restants, les deux sexes étaient à peu près également représentés.

Une autre population, au Delaware, comptait plusieurs centaines d'individus dont environ 26 % portaient des fleurs, avec, en proportion, environ 3 individus mâles pour 4 femelles. Les mâles fleurissaient pendant 15 à 25 jours, et les femelles, pendant 20 à 35 jours. Cent femelles furent étudiées et, en cours de repérage de ces plantes, seulement 3 bisexuées furent trouvées.

Fait exceptionnel, le sexe n'est pas fixé génétiquement — il n'existe pas de chromosome sexué. La plante peut changer de sexe d'une année à l'autre, ce qui n'est le rare apanage que de quelques genres de plantes. À noter que, génétiquement, un arisème petit-prêcheur n'est pas vraiment dioïque (sexe porté par des individus différents), puisqu'un même individu revêt tantôt un sexe, tantôt l'autre et parfois les deux en même temps.

*Les fleurs de l'**arisème petit-prêcheur** se cachent au fond de la spathe, au pied d'une colonne spongieuse. La plante est soit mâle ou, comme ici, femelle.*

Photo: Gisèle Lamoureux

Par graines et par cormilles

La maturation des graines demande tout l'été et, à l'automne, les fruits mûrs forment un gros épi charnu, d'un attrayant rouge écarlate. Les graines ne demandent pas un séjour au froid pour germer. Elles germent l'année suivante, à n'importe quel moment durant la saison de végétation. Certaines graines se contentent de pousser une petite racine et attendent une autre année avant de produire une tige aérienne.

Selon certains, le taux de germination serait d'environ 85 % et la production d'une première feuille à partir de la graine demande 2 ans pour environ 16 % des germinations. D'autres effectuèrent un test de germination, portant sur 200 graines semées sur un site étudié au Delaware, et environ 64 % des graines donnèrent des plantules le printemps suivant. De ce nombre, un peu moins de la moitié survécurent un an. C'est dire que, dans un site particulièrement bien adapté, deux ans après leur maturation, 200 graines donnèrent 61 jeunes plants. Dans l'État de New York, un test semblable mené sur le site le moins humide (voir *Se propager différemment...* page 297) a donné un taux de 20 % de survie à l'hiver et de germination.

Lorsque les graines n'ont pas été déplacées par des oiseaux ou des rongeurs, toute une infrutescence germe à un endroit. S'observe alors un amas très dense de jeunes plantes, une soixantaine, par exemple.

Mais l'arisème petit-prêcheur dispose d'une autre façon de s'entourer de rejetons. Il produit aussi des cormilles (petits cormes), à la périphérie du corme. Ces cormilles restent attachées au corme pendant un certain temps, probablement pendant plusieurs années. Ce n'est qu'après s'être détachées qu'elles forment une feuille qui émerge du sol. Des cormes de toute taille produisent des cormilles, même ceux trop petits pour fleurir. Les cormilles restent parfois en dormance pendant toute une saison de végétation: elles n'émettent aucune feuille au-dessus du sol, mais attendent la saison suivante. Il s'agirait de moins de 1 % des cormilles.

Typique des forêts de l'est de l'Amérique du Nord

Selon certains botanistes, l'arisème petit-prêcheur constitue un exemple typique d'une plante des forêts de l'est de l'Amérique du Nord.

D'abord, il passe par plusieurs stades juvéniles. Puis il vit longtemps. Par ailleurs, le maintien ou la croissance de la population repose beaucoup sur la multiplication végétative. Enfin, les adultes montrent un très faible taux de mortalité et cela se comprend: tous les tissus au-dessus du sol se renouvellent chaque année et les tiges souterraines poussent par une extrémité alors qu'elles se décomposent par l'autre. De la sorte, il n'existe pas de très vieilles parties — chez l'arisème petit-prêcheur, la partie vivante du corme ne dépasse pas 4 ans — et aucune raison pour «attraper les maladies du vieil âge», dégénérer ou connaître un taux de mortalité plus élevé avec l'âge.

Par contre, l'arisème petit-prêcheur se distingue de ses colocataires par certains aspects: fleurs mâles et femelles sur des plants différents, production de graines de grandes tailles mais peu nombreuses, adaptées au transport sur de longues distances (graines charnues transportées par les oiseaux).

Un autre trait le classe à part: sa production de graines est largement limitée par le comportement des pollinisateurs... ce qui le rend dépendant, moins bien adapté! Dans son cas, c'est comme si la pollinisation croisée obligatoire importe plus, dans son cheminement évolutif, que la production d'un grand nombre de graines provenant d'une autopollinisation.

Sous le signe du changement de sexe

Une étude de populations, menée dans l'État de New York, a identifié 7 classes de taille. La taille constitue un meilleur facteur que l'âge pour de telles études, d'autant plus que l'âge de l'arisème petit-prêcheur est impossible à déterminer.

Idéalement, c'est la taille du corme, son poids sec, qui constitue la mesure la plus intéressante pour étudier une population d'arisème petit-prêcheur. Mais cette mesure détruit la plante, ce qui rebute bien des botanistes et ne permet pas d'observer la plante pendant plusieurs années de suite. Aussi vaut-il mieux établir une relation entre la taille d'une des parties aériennes et celle du corme.

La mesure retenue dans cette étude est celle de la surface de toutes les feuilles d'un plant. Elle s'obtient par calcul, pour chaque feuille, à partir de la distance entre les pointes des deux folioles les plus éloignées. La hauteur de la plante constitue une moins bonne mesure car, pour une taille de corme identique, l'arisème sera plus haut s'il croît au soleil plutôt qu'à l'ombre.

Grossir pour fleurir et devenir femelle

Chaque classe de taille présente des plants de plus en plus grands. Les graines constituent la première des sept classes de taille. Dans les deux populations étudiées, les plantes portant des fleurs ne se trouvent, sauf exception, qu'à partir de la 4e classe.

Arisème petit-prêcheur*. Lorsque les graines n'ont pas été déplacées par des oiseaux ou des rongeurs, toute une infrutescence germe à un endroit. S'observe alors un amas très dense de jeunes plantes, une soixantaine, par exemple.*

Photo: Gisèle Lamoureux

Répartition des sexes dans deux sites différents

Classe	Surface des feuilles	Diamètre des feuilles[1]	Site inondé par intermittence Fall Creek			Site plus sec Brooktondale		
	cm^2	cm	Juvénile %	Mâle %	Femelle %	Juvénile %	Mâle %	Femelle %
1	graines							
2	0 à 50	0 à 13,0	**100**	0	0	**100**	0	0
3	51 à 130	13,1 à 22,0	**94**	6	0	**93**	7	0
4	131 à 180	22,1 à 26,0	27	**62**	12	48	**48**	4
5	181 à 240	26,1 à 30,2	13	**60**	27	37	**50**	13
6	241 à 340	30,3 à 36,2	0	20	**80**	14	**40**	**46**
7	341 et plus[2]	36,3 et plus	1	4	**95**	0	22	**78**

1 Déterminer le diamètre de chacune des feuilles (mesurer la distance entre les pointes des deux folioles les plus éloignées) puis additionner les diamètres des deux feuilles s'il y a en a deux.

2 La limite supérieure se situait autour de 1160 cm^2 (67,5 de diamètre), mais certains individus atteignaient 1400.

Mais seulement environ 50 à 70 % des individus de la 4e classe fleurissent et ce sont surtout des mâles. Le nombre d'adultes augmente dans les classes subséquentes et atteint 100 % dans les classes 6 ou 7, selon le site. Les femelles représentent un faible pourcentage des plants de la classe 5 et ce n'est que dans la classe 7 qu'environ 80 % ou plus des plants sont assez gros pour devenir femelles. Somme toute, les petits adultes sont mâles, les intermédiaires sont mâles ou femelles et les gros sont femelles.

Par exemple, dans un site du sud de l'Ontario, le poids sec des femelles égalait, en moyenne, environ 3,5 fois celui des mâles et 2 fois celui des rares bisexués.

Le passage d'une classe à l'autre demanderait généralement au moins une année, dans les classes de petites tailles, et probablement plus de temps dans les autres. Ainsi, pour passer de la graine à la fleur mâle, l'arisème petit-prêcheur demande au moins 3 à 5 ans. Mais pour produire des femelles et d'autres graines, il faut probablement compter au moins 4 à 6 ans.

Mortalité infantile élevée

Il existe donc plusieurs stades juvéniles, ce qui place l'arisème petit-prêcheur parmi les plantes à croissance lente. Durant ces stades juvéniles, d'année en année la plante ne fait que grossir son corme et la taille de son unique feuille. Dans les populations étudiées, les petites plantes (juvéniles) représentaient environ 90 % de l'effectif total, parfois plus.

Pour les plantes les plus petites, le taux de mortalité ne dépassait pas 40 %, sauf qu'il était bien plus élevé pour les plantules (1ère année). Pour les arisèmes petits-prêcheurs adultes, ce taux était presque nul (moins de 10 %). Ceci signifie que, comme chez les trilles, une fois dépassés les stades juvéniles, la plante peut vivre très longtemps... sans que sa morphologie ne révèle exactement son âge!

Avantage évolutif à devenir femelle

Dans une population d'arisème petit-prêcheur, la proportion de mâles et de femelles est souvent près de l'égalité. Mais il existe souvent un peu plus de mâles que de femelles. Facile à expliquer: une population compte beaucoup de petites plantes et les mâles constituent la classe

Changer de sexe

L'arisème petit-prêcheur est sensible aux variations de son environnement. Par exemple, il réagit aux changements des conditions climatiques annuelles, telles l'humidité du sol, la lumière ou la chaleur dues à une saison particulièrement pluvieuse ou ensoleillée ou chaude. Cette réaction aux conditions de la saison se manifeste par une augmentation ou par une diminution des réserves stockées dans le corme. L'année suivante, la taille de la partie de la plante au-dessus du sol augmentera ou diminuera, selon ses réserves.

Mais puisqu'il est fonction de sa taille, le sexe de la plante change d'une année à l'autre, selon les conditions du milieu. Une mauvaise année peut amener une réduction de la taille du corme et un retour à un stade antérieur: un petit mâle peut retourner à un stade de non-floraison (juvénile), une petite femelle peut régresser (!) à un stade mâle ou même juvénile. Une bonne année, au contraire, facilite le saut vers un stade supérieur: un gros juvénile deviendra mâle et un gros mâle deviendra femelle. Une telle année permet même de sauter des étapes, par exemple, passer directement du stade juvénile à femelle.

Les femelles réagissent aussi à un coût trop élevé pour la production de graines ou à une trop grande perte de feuillage. Comme ces événements épuisent leurs réserves ou les empêchent d'en accumuler, elles compensent en diminuant leur taille et en redevenant mâles ou végétatives (juvéniles). Certaines observations laissent croire que, peu importe le sexe, une année de production végétative ou de dormance suit l'année d'une production de fleurs, sauf peut-être dans des sites très favorables. C'est une question de survie.

Ainsi, à la fin de chaque saison de végétation, la plante décide si, l'année suivante, elle change de sexe ou non et prépare son bourgeon en conséquence! Dans les deux populations étudiées dans l'État de New York, environ 50 % des plantes adultes changent de sexe chaque année, dans un sens ou dans l'autre. En comparaison, la plupart des animaux qui changent de sexe (les crevettes, par exemple) ne le font qu'une fois dans leur vie.

S'épuiser à produire des graines, puis se reposer

La production des infrutescences de l'arisème petit-prêcheur — considérées comme bien plus grosses que celles des autres plantes forestières — représente pour les femelles un important investissement. D'ailleurs, les mâles ne disposent généralement que d'une feuille, alors que les femelles en comptent deux, pour s'alimenter par photosynthèse. Mais les femelles doivent consacrer à la reproduction une grande partie de leurs ressources: l'infrutescence représente 44 % du poids sec de la plante (sud de l'Ontario) — le corme compte pour 25 % et le feuillage, 31 %. Par contre, lors de la floraison, l'inflorescence mâle représente un pourcentage du poids sec légèrement plus élevé (17 %) que celui de l'inflorescence femelle (12 %).

L'étude des deux populations de l'État de New York estime pour sa part l'effort de reproduction, sommairement et de façon conservatrice, à 20 %; comparativement, ce pourcentage diminuerait de moitié chez les mâles (11 %). Dans ces deux populations, aucune plante de moins de 147 cm^2 de surface foliaire (diamètre des feuilles inférieur à 23,5 cm, classe de taille 4) ne posséderait les ressources suffisantes pour produire des graines et la majorité des individus ne deviendront femelles qu'après avoir atteint une surface foliaire de 220 ou 280 cm^2 selon la population (diamètre foliaire de 29 et 33 cm; respectivement classe de taille 5 et 6).

De belles grosses graines

Éphémères, les graines de l'arisème petit-prêcheur ne se conservent pas, ne s'accumulent pas dans le sol et n'y constituent donc pas de banque de semences. Mais elles sont grosses! Peut-être parmi les plus grosses des plantes indigènes herbacées du nord-est de l'Amérique du Nord.

Généralement, les plantes des champs consacrent beaucoup de leurs ressources à la production de semences, beaucoup plus que les plantes des bois. En Pennsylvanie, dans une étude portant sur une cinquantaine de plantes — 15 des bois (indigènes) et 35 des champs (19 introduites et 16 indigènes) — l'arisème petit-prêcheur se classe bon premier, et de loin, pour la grosseur d'une graine: 24 mg. Ses plus proches concurrents parmi ces plantes étaient un sceau-de-salomon *(Polygonatum canaliculatum,* 12,6 mg) puis l'asclépiade incarnate° (6,8 mg).

Premier aussi, parmi les plantes forestières étudiées, pour le pourcentage de ses ressources consacrées à la production de l'infrutescence: 39 ou 44 %, ce qui se compare à plusieurs plantes des champs. Ces dernières, cependant, produisent plutôt de grandes quantités de petites graines, telle la houstonie bleue* qui produit 3975 graines par gramme de sa biomasse totale (14 chez l'arisème petit-prêcheur).

tout juste au-dessus. Les très gros plants femelles vivent plus vieux mais cela ne contrebalance pas la grande quantité de petits plants mâles.

Dans les faits, la grande majorité des populations étudiées aux États-Unis et en Ontario comptent un peu plus de mâles que de femelles (rapport d'environ 1,3 établi d'après l'examen de plusieurs milliers de plants). Dans de telles populations, un mâle tire-t-il avantage à devenir femelle?

Peut-être... et le raisonnement spéculatif est le suivant. Dans une population avec plus de mâles que de femelles, chaque mâle féconde en moyenne peu d'ovules. Le succès reproducteur de chacun (ou leur contribution à la génération suivante) est, en moyenne, plus faible que celui des femelles. Les mâles retirent donc un «avantage», du point de vue évolutif, à devenir femelles: ils augmentent leur succès reproducteur. C'est le contraire dans une population où dominent les femelles. Chaque mâle y féconde plus d'ovules et son succès reproducteur est plus élevé que celui des femelles. Ainsi, il n'a pas avantage à devenir femelle.

Microrépartition des sexes

Une étude dans le sud de l'Ontario révèle une microrépartition particulière dans chaque site: des agglomérations de femelles et des agglomérations de mâles. Se décèle aussi une plus grande concentration de femelles dans les microhabitats plus éclairés (ouvertures dans le couvert forestier) et moins acides. Au contraire, les mâles se trouvent plutôt dans les microhabitats plus ombragés et plus acides. L'effet bénéfique d'un éclairement accru ne surprend pas. Les écologistes considèrent l'intensité lumineuse, et la durée d'une haute intensité lumineuse avant que les feuilles des arbres ne se déploient, comme des facteurs critiques pour la survie de plusieurs plantes de l'érablière.

Pour expliquer la microrépartition des sexes, l'importance de l'humidité dans le sol ne semble pas prépondérante. Mais peut-être interfère-t-elle dans certains cas avec la respiration des racines et leur capacité de puiser des nutriments. Une autre étude (État de New York), résumée à la page 297, laisse plutôt croire à l'importance de l'humidité du sol pour la croissance d'une population.

Des expériences de transplantation entre deux sites, l'un à prédominance de mâles et l'autre, de femelles, ont démontré l'influence prépondérante de l'environnement du site receveur sur la détermination du sexe des individus transplantés.

Se propager différemment selon l'habitat

Deux populations (État de New York; Fall Creek et Brooktondale, voir tableau page 294) furent comparées quant à leurs modes de propagation. La première présentait une densité moyenne d'arisème petit-prêcheur de 5,6 plants / m^2. Elle occupait les bords d'un ruisseau intermittent, inondés au printemps et lors des pluies. L'arisème petit-prêcheur y croissait donc sur un substrat soit carrément inondé, à certaines périodes, ou humide, même boueux, en d'autre temps. La deuxième population, beaucoup moins dense (2 plants / m^2), croissait sur un site nettement moins humide, mais sans être sec — en compagnie, par exemple, de la dicentre du canada et de l'ail des bois.

La population du ruisseau s'est révélée en croissance démographique, le nombre d'individus augmentant d'année en année. Le maintien et la croissance de cette population étaient dus à une grande production de cormilles (en moyenne 0,47 par plant par année), la reproduction par graines contribuant peu à la croissance démographique. La situation de l'autre population différait beaucoup: elle était en déclin. Cette population produisait peu de cormilles — en moyenne 0,06 par plant par année. Elle se multipliait surtout par graines. Les individus diminuaient de taille d'une année à l'autre ou croissaient très lentement. Ces observations donnent à penser que l'arisè-

*Le rouge vermillon des fruits de l'**arisème petit-prêcheur** ne passe pas inaperçu! La tige plie sous le poids des fruits mûrs et choit par terre. Un mariage de couleurs réussi, n'est-ce pas? Remarquez l'infrutescence d'un plant voisin, ratatinée avant son plein développement.*

Photo: Gisèle Lamoureux

me petit-prêcheur change de stratégie de propagation selon l'habitat et qu'il réussit mieux dans un habitat très humide (voir en comparaison la stratégie globale du genre trille: *Génétique, structure des populations et évolution* page 443).

Peu de graines...

Assez curieusement, de 60 à 80 % des femelles de ces deux populations ne produisaient pas de graines. La quantité produite atteignait en moyenne 5,2 graines par femelle. En excluant les femelles qui ne donnaient aucune graine, la moyenne montait à 9,5. C'est bien inférieur au nombre d'ovules disponibles, car une femelle compte des dizaines de fleurs et de 4 à 6 ovules par fleur.

Contrairement à ce qui se passe couramment, le nombre de graines produites s'est révélé sans relation avec la taille de la plante ou le nombre de fleurs portées par les femelles. La viabilité du pollen n'a pu être mise en cause: elle dépassait toujours 85 %, souvent même 95 %. La pollinisation artificielle a donné d'excellents résultats: les fruits contenaient 4, 5 ou 6 graines et le nombre de graines par femelle dépendait de sa taille, comme on s'y attend normalement.

Alors? Un problème avec la pollinisation elle-même?

Peu de graines, faute de pollinisateurs

Au Delaware, un chercheur scientifique étudia la pollinisation et la production de graines d'arisèmes petits-prêcheurs unisexués. Des cent femelles étudiées, 43 % produisirent entre 1 et 109 graines — en moyenne 34. Quel est le premier facteur régissant la production de graines? Apparemment la proximité d'un plant mâle. Toutes les femelles situées à 2 m ou plus d'un mâle ne produisirent aucune graine. La distance moyenne des plants mâles était de 0,47 m et au-delà de cette distance,

Arisème et Amérindiens

Le nom iroquois de l'arisème petit-prêcheur signifie «berceau», la spathe repliée rappelant leur porte-bébé.

L'ingestion de la plante est mortelle et certaines tribus amérindiennes mêlaient le corme cru à de la viande, pour empoisonner leurs ennemis. Les Amérindiens savaient aussi préparer la plante pour la manger. Les fruits et le spadice bouillis représentaient une friandise recherchée. Les cormes, déposés dans un trou dans la terre — au-dessus duquel brûlait un feu vif pour les cuire — se mangeaient comme des pommes-de-terre ou, réduits en farine, comme source d'amidon.

Une plante aussi fascinante figure dans le répertoire pharmaceutique de maintes tribus amérindiennes, tant pour traiter les yeux et la gorge que comme expectorant ou liniment, contre les rhumatismes, les crampes, la toux sèche, le rhume, la tuberculose, les maux de tête et de peau, les vers, la douleur en général, les scrofules, la diarrhée, les frissons de la fièvre (pas trop forte), la boiterie, les contusions, les abcès et furoncles, etc. Certains l'utilisaient dans les cas de non-conception due au «cold blood» (est-ce la frigidité?), comme aide pour induire la grossesse d'une jument, pour réduire l'apathie générale et comme stimulant.

Les racines servaient pour contrecarrer certains ensorcellements. Une vieille recette permettait de manipuler les serpents à sonnettes sans problèmes: il suffit de s'enduire les mains du jus du corme.

Les graines figuraient dans l'arsenal divinatoire de certaines tribus: si une graine (dénuée de pulpe) jetée dans une tasse d'eau fait quatre fois le tour du récipient dans le sens des aiguilles d'une montre avant de sombrer au fond, le patient recouvrera la santé, sinon, il mourra.

Arisème petit-prêcheur*. Il existe une forme albinos* (forma viride), *à spathe verte rayée de blanc. Elle ressemble à la sous-espèce* stewardsonii, *de même coloration, mais à partie tubulaire de la spathe fortement ondulée (cannelée). La photo montre la* **sous-espèce stewardsonii**.

Photo: Gisèle Lamoureux

le pourcentage de femelles qui fructifiaient, déclinait. La moyenne de graines produites passa de 34, pour une distance du plant mâle de 0 à 0,5 m, à 8 graines, pour une distance de 1,5 à 2 m.

Forcément, la présence de la spathe empêche la pollinisation par le vent et commande un transport du pollen par des insectes. Ceci explique que l'augmentation du nombre de mâles par mètre carré n'augmente pas la production de graines. Au contraire, il semble qu'une densité élevée de mâles interfère avec le transport du pollen vers les femelles. Évidemment, augmenter le nombre de femelles par mètre carré ne réduit pas l'efficacité de la pollinisation et l'optimum se situerait autour de 4 plants femelles situés à 1 m d'un plant mâle.

Le transport du pollen fut imputé surtout à deux groupes d'insectes: des mouches (sciarides et mycétophages) et le thrips de l'arisème *(Heterothrips arisæmæ,* présent au Québec). Ce dernier semble important et l'étude de sa répartition à l'intérieur des fleurs femelles prédit une probabilité de 45 % que chaque plant soit visité par un ou plusieurs de ces insectes. Cette probabilité avoisine le chiffre de 43 % de femelles qui fructifièrent. Seulement 84 % des femelles se situaient à 1 m ou moins d'un plant mâle et la moitié, soit 42 %, produisirent des graines. Cela suggère que la pollinisation est directement reliée à la densité des pollinisateurs à l'intérieur de la distance optimale entre le plant femelle et la source de pollen.

Somme toute, un plant femelle d'arisème petit-prêcheur tire avantage à croître à 1 m ou moins d'un mâle, mais ensuite... c'est la chance qui fera qu'un insecte lui apportera du pollen.

... ou peu de graines faute de pollen compatible

D'autres botanistes, observant des populations différentes, trouvèrent un plus grand nombre de graines chez les plantes laissées à la fécondation naturelle. En excluant les femelles qui ne fructifiaient pas, ils comptèrent un nombre moyen de graines proche du nombre obtenu par pollinisation artificielle (environ 75 graines par plant). Et les variations de ce nombre étaient en relation avec le diamètre du corme, comme cela se passe chez bien des espèces: la fécondité dépend de la quantité de ressources présentes.

Par ailleurs, l'autofécondation ne fonctionne pas chez l'arisème petit-prêcheur. Mais qu'est-ce que cela veut dire dans le cas d'une plante unisexuée? Elle ne peut forcément pas se féconder elle-même, puisqu'elle ne possède qu'un sexe!

Cela signifie qu'il faut nécessairement qu'une femelle soit fécondée par un pollen génétiquement différent d'elle-même, ne provenant pas du même clone. Par exemple, un plant provenant d'une cormille ne peut féconder une femelle venant du même corme. Ou peut-être même venant du même corme que les parents de la femelle, des «consanguins», qui sont souvent en même temps ses voisins les plus proches! Une partie de la réponse au mystère se trouve peut-être là.

Parfois anormal, parfois malade

L'arisème petit-prêcheur présente occasionnellement des anomalies, par exemple deux spathes ou deux spadices au lieu d'un.

Infestation

Plus fréquemment, un champignon parasite le déforme, la rouille *Uromyces ari-triphylli (=caladii),* présente au Québec et qui s'attaque aussi à l'arisème dragon. La rouille infecte toute la plante, incluant le corme, mais pas les racines. Est-ce parce que les racines poussent à une vitesse telle que la rouille ne les rejoint pas? Est-ce la mycorhization qui met les racines à l'abri d'une invasion par un champignon autre que le champignon mycorhizateur?

Parfois, seulement une partie du feuillage est décoloré, ce qui correspond à la zone infectée. Dans ce genre de maladie due à une infestation par une rouille, il arrive que certaines parties de la plante ne soient pas atteintes. La croissance de la rouille se déroule en deux phases: d'abord elle développe son mycélium (filament végétatif d'un champignon) dans les tissus hôtes, en même temps que ceux-ci se développent. Puis la fructification commence et, en même temps, l'envahissement par le mycelium s'arrête. Si l'hôte croît plus rapidement que le mycelium, les dernières parties développées restent saines, parce que non encore envahies lorsque débute la deuxième phase.

Mais il n'est pas rare de trouver un arisème petit-prêcheur au feuillage distordu, réduit, et toute la plante déformée et couverte de points rouille, qui sont les fructifications d'*Uromyces.* Le champignon persiste d'année en année dans tout le corme, mais surtout dans sa moitié inférieure, qui contient moins d'amidon de réserve. Le degré d'infestation d'un plant semble relié à la quantité de mycelium persistant dans le corme en hiver. Dans le cas d'une infection sévère, le corme contiendrait une grande quantité de mycelium, même dans le bourgeon qui le surmonte. La nature spongieuse de la tige, de la spathe et du spadice facilite ensuite l'invasion rapide par le champignon, à partir du corme.

Arisème petit-prêcheur. *Fréquemment, un champignon parasite déforme l'arisème petit-prêcheur, la rouille* **Uromyces aritriphylli**. *Parfois, seulement une partie du feuillage est décoloré, ce qui correspond à la zone infectée. Mais il n'est pas rare de trouver un individu au feuillage distordu, réduit, et toute la plante déformée et couverte de points rouille, qui sont les fructifications d'* Uromyces.

Photo: Roger Larose

Propagation de la maladie

Dans une population d'arisème petit-prêcheur, il arrive qu'un individu soit infesté, mais pas ses voisins. Cela amène à penser que la période pendant laquelle un arisème est susceptible de contracter cette maladie est plutôt courte. Les spores d'*Uromyces* doivent atteindre le corme, enfoui assez profondément grâce à ses racines contractiles, qui contribuent à l'enfoncer dans le sol.

Par contre, les cormilles rattachées à un corme infesté le sont aussi. Dans ce cas, tôt ou tard, les plants issus du corme par cormilles, et donc ses voisins immédiats, seront aussi infectés.

En conditions expérimentales, dans des serres, il fut possible d'obtenir des graines à partir de plants infectés et les graines étaient infectées, mais non l'embryon. Mais il semble qu'en milieu naturel, les plants malades produisent peu ou pas de graines.

Dans des populations étudiées du sud de l'Ontario, cette rouille affecte plus souvent les femelles — par exemple, 17 % contre 1 % dans un site étudié. Question d'âge et de grosseur de corme? Question de persistance de la maladie dans le corme pendant plusieurs années et d'une infestation s'amplifiant avec l'âge?

Réf. sp. Abrahamson 79, Adams 27, Bierzychudek 81, 82a, 82b, 84, Brundrett 90, Gauvin 84, Huttleston 49, Lovett Doust 82, 86, Marie-Victorin 31, 44, Nantel 99, Nichols 34, Pady 39, Pickett 15, Raymond 49b, Rimbach 1900, Rust 80, Schaffner 25.

Asaret gingembre

suite de la page 204

L'accomplissement du cycle vital de l'asaret gingembre comprend quelques stades et se déroule sur plusieurs années. La plante se classe donc parmi les espèces à croissance lente.

Comparativement à d'autres plantes clonales, l'asaret gingembre vit peu longtemps. La diversité génétique réduite de ses populations le caractérise aussi.

De l'autofécondation à la germination

Cachée du vent et des insectes pollinisateurs, la fleur de l'asaret gingembre s'autoféconde; seuls de rares insectes rampants la visitent. D'après des observations en Virginie Occidentale et en Ontario, le fruit contient en moyenne une douzaine de graines, parfois jusqu'à une trentaine. Mais peu de ramets (individus) fructifient, soit de 2 % à exceptionnellement 23 % (voir *Qu'est-ce-qu'un ramet,* page 384).

Pour cette espèce, la fructification demande beaucoup d'énergie, au détriment de la croissance et du stockage de réserves dans le rhizome, ce qui n'est pas le cas de sa multiplication végétative. Une bonne partie de cette énergie passe dans la production d'une caroncule presque aussi grosse que la graine. Cette caroncule coiffe la graine et joue un rôle dans sa dispersion par les fourmis (voir *Des fourmis, des trilles et de l'asaret,* page 435). Le transport par les fourmis, cependant, s'effectue sur de bien courtes distances, typiquement 1 m; mais il arrive que la distance parcourue soit bien supérieure, soit 35 m, l'une des plus longues distances rapportées jusqu'à maintenant pour ce type de transport.

Les graines de l'asaret gingembre présentent un taux de germination de 60 à 80 %. Comme chez l'érythrone d'amérique*, la dormance est levée en deux temps. D'abord, après la dispersion des graines en juin, une période de chaleur d'environ 3 mois suffit pour lever la dormance sur la partie de l'embryon située sous les cotylédons (hypocotyle). Ceci permet à la radicule d'émerger dès l'automne qui suit la dispersion de la graine. Puis la graine qui a commencé à germer, passe par une saison froide qui lève la dormance qui pesait sur l'autre partie de l'embryon (épicotyle), et permet aux cotylédons de se déployer au printemps.

Il arrive que la graine faillisse à faire émerger sa radicule dès le premier automne. Cette émergence retardera alors à l'automne suivant ou à l'autre après, c'est-à-dire 1 ou 2 ans plus tard. La radicule n'émerge obligatoirement qu'en automne et les cotylédons, que le printemps suivant l'émergence de la radicule. De cette façon, la plante comprend déjà un système de racines lorsque les cotylédons se déploient et ceux-ci entrent en fonction au début de la période la plus favorable à la photosynthèse, au niveau du parterre de la forêt décidue.

Croissance lente

Les cotylédons restent verts durant toute la saison de végétation, mais ne produisent pas d'autres feuilles durant cette première année. Il faut attendre le deuxième été pour que les juvéniles produisent leur première vraie feuille (une seule, petite, et jamais de fleur). Au cours des années subséquentes, la plante ne produit qu'un ramet portant une seule feuille. D'année en année, la plante grossit, jus-

*Bien qu'elles soient extraordinaires, ce ne sont pas les fleurs qui se remarquent en premier chez l'***asaret gingembre.** *L'œil voit d'abord un tapis dense de jolies feuilles en cœur, généralement dépourvu d'autres espèces. La plante s'installe souvent sur des substrats calcaires, même sur des pentes très raides comme cette photo en fait foi.*

Photo: Gisèle Lamoureux

qu'à posséder suffisamment de réserves pour l'ajout d'une seconde feuille au ramet. Ce n'est qu'extrêmement rarement qu'un ramet produira plus de 2 feuilles.

Un ramet fleurit très rarement avant que sa feuille la plus grande n'atteigne un diamètre de 7 cm; plus souvent, chez les ramets qui fleurissent cette feuille mesurera 10 cm ou plus. En général, ce n'est que lorsque le ramet atteint le stade à deux feuilles qu'il produira aussi une fleur, et il n'en produira jamais plus d'une à la fois.

Multiplication végétative

Souvent en même temps que la floraison commence la multiplication végétative et, en moyenne, un clone s'étend annuellement d'environ 14 cm^2. Le rhizome produit une courte ramification latérale (moins de 2 cm) qui engendre un ramet supplémentaire.Tout comme chez l'ail des bois, il semble exister une relation entre la floraison et le déclenchement de cette multiplication végétative et les ramets qui produisent des ramifications sont aussi ceux qui fleurissent. Un ramet peut produire jusqu'à 4 ramets filles (incluant le ramet terminal), mais en moyenne il produit 1,2 ramets filles.

Le rhizome qui connecte les ramets se détruit au bout d'une période comprise entre 1 et 10 ans, ce qui rend les ramets indépendants. Une fois établie, la plante se propage donc à la fois par graines et par ramification du rhizome. Les ramets connectés ne présentent pas une plus grande chance de survie. Par contre, ils présentent une plus grande probabilité de fleurir durant l'année en cours et même durant les années subséquentes, bien que cette probabilité aille en diminuant. La connection n'a cependant pas d'effet sur la probabilité de produire des ramifications latérales.

Structure des populations

D'après une étude menée dans l'est de l'Ontario, les stades de croissance de l'asaret gingembre correspondent à autant de classes de taille basées sur la largeur de la plus grande feuille:

1 plantule (cotylédons);
2 moins de 4 cm: juvénile;
3 4 à 7 cm: courte ramification;
4 7 à 10 cm: 1 feuille;
5 plus de 10 cm: 2 feuilles.

La vaste majorité des plants issus de graines vivent peu de temps (3 à 5 ans), pas assez longtemps pour fleurir et produire des graines.

Les juvéniles et les ramets plus gros, dont ceux issus de ramifications latérales, présentent à peu près le même taux de survie. C'est surprenant et semble inhabituel ches les espèces clonales, d'autant plus que chez l'asaret gingembre, les ramifications latérales présentent des feuilles deux fois plus larges que chez les juvéniles. Ceci laisse penser que la survie des plantules résulterait possiblement d'une forte sélection préalable.

Contrairement à ce qui se passe chez d'autres espèces, tels l'ail des bois ou l'arisème petit-prêcheur, l'asaret gingembre ne jouit pas d'une année de repos après avoir produit des graines. Au contraire, la probabilité de fleurir est plus grande pour une plante qui a fleuri l'année précédente que pour celle qui n'a pas fleuri. La probabilité de survivre est aussi plus grande chez un ramet qui fleurit. Il ne semble donc pas y avoir de coût important associé à la fructification. La performance de la plante n'est pas non plus affectée par la production de ramifications latérales, mais produire une telle ramification une année n'affecte en rien la probabilité d'en produire l'année suivante.

Des modèles mathématiques basés sur des populations réelles révèlent que même dans de grandes colonies, seuls quelques clones contribuent aux générations futures par la production de graines. Par exemple, les plus productifs et dans les meilleurs sites, donneraient moins de 80 plantules durant toute leur vie!

Longévité et fécondité

Théoriquement, un clone qui se propage végétativement à la manière de l'asaret gingembre peut vivre éternellement. En réalité, chez l'asaret gingembre peu atteindraient 100 ans et les plus vieux se rendraient tout juste à 104 ans — d'après des simulations mathématiques, car l'âge réel d'un clone reste inconnu puisque le rhizome se détruit relativement rapidement.

Une colonie comprend plusieurs clones dont le nombre varie peu d'une

Gisèle Lamoureux

***Asaret gingembre**. Une fleur sans corolle. Les trois lobes rouge-brun, élégamment terminés par une pointe, sont des sépales, soudés à la base en une sorte de globe.*

année à l'autre. Cette stabilité n'est qu'apparente, car il existe un renouvellement important: des clones meurent et des plantules naissent et les remplacent. L'étude dans l'est de l'Ontario rapporte qu'au bout de 6 ans, seulement 35 % des clones persistaient et qu'ils représentaient un peu moins de la moitié des clones alors présents dans les populations étudiées.

Dans ce type de croissance clonale, la contribution des plantules à la croissance d'une population (augmentation du nombre de ramets) reste marginale. Par contre, il existe de bonnes années durant lesquelles l'asaret gingembre contribue substantiellement au recrutement de nouveaux clones (sans nécessairement augmenter le nombre de ramets de la colonie).

Populations peu diversifiées

Trois facteurs portent à croire que la diversité génétique d'une population d'asaret gingembre reste faible:

1 l'autofécondation des fleurs,

2 la contribution de seulement quelques individus à la production de graines,

3 le transport des graines par les fourmis typiquement sur de très courtes distances.

Ainsi, les quelques clones qui se reproduisent sexuellement finissent par s'entourer d'une cour d'individus identiques à eux-mêmes!

Pour une population d'asaret gingembre, entre 25 et 400 ramets constituerait le minimum viable, c'est-à-dire le nombre d'individus nécessaires pour assurer la survie d'une population pendant 100 ans. Mais des populations vivant dans des forêts de transition n'auraient pratiquement aucune chance de survivre pendant 100 ans, même si elles comptent 30 000 ramets. Ceci confirmerait que cette plante fait partie du cortège des espèces des forêts matures et que les forêts de transition constituent pour elle un habitat marginal.

Réf. sp. Baskin 86, Brundrett 90, Cain 97, Cullina 99, Damman 98, Heithaus 81, Muir 95, Provancher 1871, Smith 89.

Aubépine

suite de la pge 130

Une pléthore d'espèces

Jusqu'à 1100 «espèces» d'aubépines furent nommées sur notre continent par les botanistes du début du siècle... dont près de 700 par un seul homme, le prolifique Charles S. Sargent, un spécialiste des arbres et des arbustes. De retour d'un séjour en Amérique du Sud, en 1906, Sargent s'exclama, sans doute obsédé par ses travaux sur l'aubépine: «personne ne peut soupçonner comme il peut être agréable de voyager dans un pays dépourvu d'aubépines»! La majorité des espèces nommées à l'époque se révélèrent être des variations mineures ou des hybrides supposés, et furent abandonnées ou fusionnées les unes aux autres.

Les botanistes reconnaissent maintenant plus ou moins 100 espèces dans toute l'Amérique du Nord, mais surtout concentrées dans l'est. Quant au nombre d'espèces, les opinions exprimées dans les diverses flores varient au moins autant que les aubépines elles-mêmes; à preuve: pour l'est du continent, Palmer, dans Fernald (1950), compte 103 espèces (plus 70 autres très localisées ou hybrides probables), tandis que Gleason et Cronquist (1963) en retiennent... 21; pour le Canada, Scoggan (1978) relève 15 espèces, pendant que Phipps et Muniyamma (1980) en décrivent 39... pour l'Ontario seulement, soit 31 de plus que ne le font Soper et Heimburger (1982) pour la même province. Pas étonnant qu'un botaniste propose que le genre aubépine, comme d'ailleurs les pissenlits *(Taraxacum)*, pourrait bien n'inclure, en fin de compte, aucune espèce au sens communément admis; seul

L'aubépine et la couronne du Christ

Cultivées couramment pour leurs qualités ornementales, les aubépines forment des haies tout à fait appropriées... pour repousser les voisins indésirables! Les épines coriaces servent d'aiguilles improvisées. Les souches réussissent bien comme porte-greffe pour les arbres fruitiers apparentés à l'aubépine, comme le poirier ou le pommier. Le bois dégage une grande chaleur en brûlant; dur, lourd et solide, il sert en sculpture et au tournage.

Les civilisations chrétiennes considéraient l'aubépine comme sacrée: ses branches armées d'épines servirent-elles réellement à la fabrication de la couronne du Christ? Plusieurs autres arbustes épineux possèdent la même aura, dont le *Ziziphus spina-christi*. Quoi qu'il en soit, ce lien avec le front sacré donne à l'aubépine le pouvoir de guérir la fièvre. Et l'arbuste protégea-t-il vraiment la Sainte Famille contre la foudre lors de la fuite en Égypte? D'où la croyance populaire que ses branches préservent de la foudre les maisons qui en abritent.

Le mot aubépine dériverait du latin moyenâgeux *alba spina* (épine blanche). Les anciens Grecs associaient l'aubépine commune *(C. oxyacantha)* au mariage; les compagnes de l'épousée portaient des rameaux, en signe d'espoir, et l'épousée en déposait une corbeille à l'autel. Torches et flambeaux de son bois illuminaient la chambre nuptiale et l'autel d'Hymen, déesse du mariage. Dans l'ancienne Rome, l'aubépine protégeait des maléfices et de la sorcellerie; des feuilles étaient déposées dans les berceaux des nouveaux-nés. Une aubépine figure comme emblème floral de l'État du Missouri.

*Les fruits de l'**aubépine,** à texture de pomme, sont bien connus sous le nom de senelles ou snelles. Leur couleur varie selon l'espèce: écarlate, rouge, orangé ou jaune. Leur saveur, elle, varie non seulement selon l'espèce, mais aussi d'un arbuste à l'autre, au sein de la même espèce! Elles se mangent crues et sont meilleures après les premières gelées, mais attention aux senelles piquées: elles logent des larves.*

Photo: Roger Larose

l'acharnement des taxinomistes à vouloir diviser, nommer, classifier coûte que coûte les conduirait à déceler des espèces là où il n'y a que recoupement, fusion et confusion. Question d'opinion!

La détermination des espèces d'aubépine et leur identification représentent des tâches difficiles en raison de phénomènes particuliers liés à la reproduction de ces arbustes (aneuploïdie, polyploïdie, apomixie, hybridation, etc.), incluant la production de fruits sans fécondation préalable (reproduction monoparentale). Ces processus donnent naissance à d'innombrables variations qui, à la limite, pourraient ne s'appliquer qu'à un petit groupe d'individus, sinon à un seul. La reproduction monoparentale donne des individus tous identiques au seul parent dont ils sont issus et ce, de génération en génération, d'où l'illusion d'une espèce différente, très localisée. Les espèces se distinguent, le plus souvent, non pas grâce à un critère unique, mais via un ensemble de caractères qui, comble de malheur, n'apparaissent pas simultanément sur la plante. Par exemple, à la fois les fleurs printanières et les fruits automnaux servent pour l'identification d'un grand nombre d'espèces. Pour s'initier à l'identification des aubépines, ne s'attarder qu'aux espèces d'une région donnée et noter les changements saisonniers sur des individus marqués par des étiquettes permanentes.

Réf. sp. Phipps 80, Brown 10.

Bleuets

suite des pages 140-142

Les anthocyanes, des pigments contenus dans les bleuets, renferment des antioxydants empêchant les dépôts de cholestérol dans les vaisseaux sanguins. La littérature rapporte peu d'utilisations médicinales pour les bleuets feuille-dentelée et rameau-velouté, mais au Québec, racines et feuilles font l'objet d'une cueillette commerciale à des fins d'herboristerie. L'équivalent européen et proche parent, la myrtille *(Vaccinium myrtillus)*, est par contre très réputée et déjà au XIIe siècle, sainte Hildegarde en recommandait l'usage médicinal. Ses fruits, astringents et désinfectants, s'utilisent en décoction, particulièrement contre les problèmes intestinaux (diarrhée, entérite, dysenterie); ils stérilisent en 24 heures des cultures de colibacille et de bacille de la typhoïde. Ses feuilles, en décoction, abaisseraient le niveau de sucre dans le sang et sont préconisées contre le diabète; elles s'utilisent aussi contre l'inflammation des voies génito-urinaires et l'incontinence urinaire. L'enveloppe des myrtilles contient une substance qui renforce la vision nocturne.

L'estomac comme véhicule de dipersion

Étamines et pistil fonctionnent dès l'ouverture de la fleur et comptent sur la visite des insectes, car l'autopollinisation donne rarement des fruits. Après fécondation, la corolle tourne au rose foncé puis tombe tout d'une pièce.

La stérilité masculine semble répandue et environ 5 % des bleuets feuille-dentelée en souffriraient. Ils se reconnaissent non seulement à l'absence de pollen, mais aussi à des étamines plus courtes et à des sacs polliniques contractés. Une simple loupe permet de vérifier ces caractères.

Pas de problème de dispersion des graines cependant: oiseaux et mammifères — en particulier ours noir, renard roux et raton laveur — raffolent (eux aussi) des fruits. Le passage des graines dans le système digestif réduirait leur viabilité d'environ 10 %, du moins chez le bleuet rameau-velouté. Les animaux qui consomment les bleuets contribuent à disperser les graines, par leurs excréments. La façon de voyager de ces graines entraîne une dispersion par amas, cela va de soi! Le taux de mortalité très élevé des plantules, de l'ordre de 99 %, défait ces amas.

Par contre, un entreposage de 6 mois — fruits séchés ou congelés — n'affecte pas la viabilité des graines. Très élevé chez le bleuet feuille-dentelée (plus de 90 %), le taux de germination n'atteint qu'environ 30 % chez le bleuet rameau-velouté.

Ours noir, lapin à queue blanche et cerf de virginie mangent aussi le feuillage.

Cultiver à l'aide du feu

Espèce nordique, le bleuet feuille-dentelée? Oui, mais ne résistant pas à la gelée. À partir de –1 °C, les gelées printanières affectent les fleurs et donc, les fruits; à –10 °C, elles meurent toutes. Les arbustes non recouverts de neige durant l'hiver donnent une meilleure récolte la saison suivante ou les saisons subséquentes, car le gel des bourgeons non abrités produit l'effet d'une bonne taille. Et le bleuet réagit à une bonne taille en produisant plus de fruits.

Le feu exerce une action analogue et c'est pourquoi des feux contrôlés rasent périodiquement les bleuetières commerciales. Brûler au printemps ou à l'automne n'entraîne pas de différence pour le bleuet feuille-dentelée, en autant bien sûr que ce soit après la chute des feuilles

Bleuet feuille-dentelée. *En bordure de la feuille, sont-ce des mini-dents ou des maxi-cils? Ou des mini-dents terminées par des maxi-cils?*

Photo:Gisèle Lamoureux

ou bien avant le débourrement des bourgeons. Pour ce bleuet, brûler tous les deux ans s'avère plus efficace qu'à tous les trois ans. Moins connu de ce point de vue, le bleuet rameau-velouté réagit mieux aux feux d'automne et mal au cycle d'incendie aux deux ans, qui diminue son abondance dans les bleuetières. Les deux espèces s'hybrident parfois et il ne semble pas souhaitable qu'elles coexistent dans les bleuetières. Un mélange de pollen des deux espèces féconde le bleuet feuille-dentelée, mais les fruits restent plus petits, avec moins de graines et mûrissent plus tardivement.

À la suite de ces feux, le bleuet produit des tiges non ramifiées, chargées de plus de fleurs et de fruits que les vieux plants. La stimulation de la croissance viendrait aussi des nutriments contenus dans les cendres qui se déposent à la surface du sol. Le feu, du même coup, contrôle la prolifération de certaines plantes nuisibles, mais l'emploi d'herbicides fait maintenant aussi partie de l'arsenal du producteur de bleuets. Car le feu ne favorise pas que les bleuets! D'autres arbustes s'en accommodent très bien, tels la comptonie voyageuse *(Comptonia peregrina)*, le kalmia feuille-étroite°, l'aronia gueules-noires *(Pyrus melanocarpa)*.

Les bleuetières réussissent bien sur des substrats secs, du sable par exemple. Au Québec durant les années 1960, plusieurs furent aménagées sur des sites peuplés ou anciennement peuplés par le pin gris, lui-même une espèce qui pousse et se maintient après feu. En milieu naturel, les forêts ayant fait l'objet de coupes ou ayant subi des incendies sont riches en bleuets... et fréquentées par les ours qui les recherchent autant que nous! À partir des fleurs des bleuetières, les abeilles domestiques fabriquent un miel réputé.

Bleuets ou gaylussaquiers?

Au Québec, il existe un genre voisin, peu fréquent, dont les espèces ressemblent comme deux gouttes d'eau aux bleuets feuille-dentelée ou rameau-velouté. L'espèce la moins rare est le gaylussaquier noir *(Gaylussacia baccata)*. Il présente une taille plus élevée que les bleuets, des fleurs plus allongées, roses ou rouges, et plus étranglées au sommet. Une queue plus longue que chez les bleuets supporte chaque fleur et fruit, ce qui leur confère une allure assez différente. À maturité les fruits sont noirs, mais sans pruine ni glandes, contrairement aux autres espèces de gaylussaquier qui prennent ainsi une coloration un peu différente. Le genre fut nommé en l'honneur du chimiste français Louis Joseph Gay-Lussac (1778-1850).

***Gaylussaquier noir**, avec ses fleurs plus allongées et plus étranglées que celles des bleuets*

***Gaylussaquier noir**, avec ses fruits encore verts, en développement: des bleuets à longue queue!*

Photos: Gisèle Lamoureux

Nains sauvages ou géants cultivés?

Qu'est-ce qui justifie la popularité du bleuet sur le marché? D'abord sa saveur, bien sûr! Mais aussi ses qualités de conservation. Il résiste bien mieux au transport, par exemple, que les fraises ou les framboises et se conserve plus facilement et plus longtemps que ces dernières.

Le marché qualifie les bleuets feuille-dentelée et rameau-velouté de «bleuets sauvages» ou «bleuets nains sauvages». L'approvisionnement vient tant du Québec que des provinces maritimes et de l'État du Maine. Depuis les années 1980, il existe aussi dans le sud du Québec, une production de «bleuet géant culti-

vé», le bleuet en corymbe *(Vaccinium corymbosum)*. En hauteur, cet arbuste dépasse parfois 2 mètres et produit de bien plus gros fruits (jusqu'à 2 cm). Ces fruits géants résultent d'améliorations génétiques et non d'engraissement aux hormones ou aux fertilisants. Les cultivars utilisés répondent à des méthodes de culture bien différentes de celles utilisées pour les bleuets sauvages. Plantés en rangées, ils se cultivent plutôt comme des framboisiers et des filets les protègent de la prédation par les oiseaux. Mais le sud du Québec se situe à la limite nord de l'aire de rusticité de cette espèce et, en l'absence de protection, des températures de –32 °C, parfois même de –29 °C, détruisent les bourgeons floraux. Le bleuet en corymbe se trouve aussi en milieu naturel au Québec mais, vers le nord, il ne dépasse pas la ville de Québec. Sa grande taille empêche qu'une couche suffisante de neige protège ses bourgeons contre le gel (il faut 50 cm de neige au-dessus d'une plante pour la protéger du gel).

Chez les ***bleuets****, contrairement aux gaylussaquiers, la queue du fruit très courte donne des grappes particulièrement denses. À remarquer aussi la pruine, cette couche cireuse qui rend le fruit bleu. Chez le bleuet feuille-dentelée, les fruits de la variété* nigrum *(signifiant noir), dépourvus de pruine, montrent la vraie couleur noire du fruit.*

Photo: Gilles Ouellette

Des chiffres? En 1979, la récolte au Nouveau-Brunswick s'élevait à 2 millions de kilogrammes, dont peut-être 30 % de bleuets rameau-velouté. Au Québec, les principales régions productrices de bleuets sauvages se trouvent au Lac-Saint-Jean, en Abitibi et sur la Côte-Nord; en 1997, la récolte de bleuets (sauvages et cultivés) totalisait de 7 à 10 millions de kilogrammes, pour une valeur à la ferme de 8 à 10 millions de dollars.

Réf. sp. Aalders 61, Camp 45, Craig 81, Hall 61, 79, Lareau 97, Lavoie 68, Palaiseul 72, Vander Kloet 78, 81.

Claytonie feuille-large

suite de la page 194

La carrière de botaniste de Marie-Victorin débuta avec l'érythrone d'amérique*, mais c'est la claytonie feuille-large qui, en 1828, lança celle d'Asa Gray — l'un des plus grands botanistes américains — alors âgé de 17 ans et étudiant en médecine.

Indicatrice de la santé des forêts?

Tout comme les zoologistes se servent de l'état de santé des bélugas pour évaluer celui du fleuve Saint-Laurent, la claytonie feuille-large pourrait-elle servir d'indicatrice et permettre de dresser le bulletin de santé de nos forêts? Cette plante témoignerait de l'intensité des stress environnementaux subis par son habitat en produisant un nombre variable de chromosomes particuliers.

Des détails? Plantes et animaux possèdent des chromosomes réguliers, de type A: les humains en comptent 46 dans le noyau de chaque cellule non sexuelle, et la claytonie feuille-large, 16. Chez plusieurs plantes et chez certains animaux s'ajoutent des chromosomes surnuméraires, dits de type B, au rôle inconnu. Contrairement aux chromosomes réguliers, les B, non indispensables, n'influencent pas l'apparence physique de l'organisme et leur nombre fluctue beaucoup, entre les individus d'une même espèce. Pourquoi se préoccuper des chromosomes B de cette claytonie, s'ils ne possèdent aucune fonction connue? Chez plusieurs organismes, la répartition des invidus avec ou sans B est corrélée à des facteurs du milieux ou à des stress environnementaux. Par exemple, les chromosomes B, ou les individus qui les possèdent, seraient sensibles au froid.

Aux monts Logan (Gaspésie) et Washington, des populations de claytonie feuille-large situées au bas et vers le sommet de la montagne furent étudiées. La fréquence des B diminue avec l'altitude et la rigueur du climat. De ce point de vue, les populations du bas de ces montagnes ressemblent à celles des érablières saines, et les populations du haut, à celles des érablières atteintes de dépérissement. D'où l'hypothèse (à vérifier) que les érablières en dépérissement coïncident avec les sites où des gels importants réduisirent les effectifs de claytonie feuille-large avec des B. Une autre étude compare les populations d'une érablière traversée par des emprises électriques soumises à des herbicides. À 50 m de distance, celles sous les lignes électriques comptent 50 et 70 % moins d'individus avec des B.

Le suivi de l'évolution de populations de claytonies avec B, permettrait-il la prédiction du sens de l'évolution des érablières? Permettrait-il l'application de remèdes avant qu'il ne soit trop tard? Fascinant! Surtout qu'au Québec, on ne connaît actuellement aucune autre plante comptant une telle abondance de chromosomes B dans ses populations naturelles.

Résistante au froid

La forte densité des colonies de claytonie feuille-large porte à croire qu'elle se propage de façon végétative, comme les quenouilles° par exemple, dont les rhizomes permettent d'envahir les fossés. Eh bien non! Cette claytonie doit son succès à la seule dissémination de ses graines. Un mécanisme ingénieux permet au fruit mûr de cette plante minuscule de projeter ses graines jusqu'à 60 cm.

Claytonies, dicentres et érythrones forment un groupe d'espèces printanières dont la partie aérienne, des plus éphémères, disparaît avant l'étalement complet des feuilles des érables. Mais, au

Quel spectacle, sous la première feuille morte dégagée de neige! Formées en octobre, déjà vertes en novembre, les feuilles de la ***claytonie feuille-large*** *passent l'hiver sous la neige. Replacer la feuille morte, pour protéger cette «beauté-du-printemps».*

Photos: Roger Larose

cours de l'été, la claytonie feuille-large ne demeure pas inactive, loin de là! Dans le sol, à partir du corme vivace, l'allongement de ses tiges se perçoit dès le début de juillet; un mois plus tard — neuf longs mois avant la floraison! — les structures qui donneront naissance aux feuilles et aux fleurs de l'année suivante se forment déjà. Ainsi en octobre, des individus sans chlorophylle mais bien développés, se cachent sous la litière. Ils atteignent la surface et verdissent en novembre ou en décembre, puis passent l'hiver sous la neige, subissant des températures tout juste sous le point de congélation.

Elle se cachait aussi sous une feuille morte, cette inflorescence en bouton, plus petite que la graine d'érable (à gauche).

Le printemps venu, à la seule vue du feuillage souple et des fleurs délicates de cette claytonie, bien malin qui déduira la témérité du parcours d'un être vivant si fragile... en apparence.

Réf. sp. Braun 37, Cazes 95, Doyle 84, Gervais 81, 83, 88, 89, 90, 92, Gervais & al. 89a, 89b, Grandtner 85, 90, Mercier 90, Reznicek 71, Schemske & al. 78, Stebbins 71, Vézina 65, Voss 68.

Nouveau nom français

Claytonie de virginie ou de caroline? Comment se souvenir de «laquelle est laquelle», puisque de toute façon le lieu est sans rapport avec la répartition de chacune. Nous avons préféré claytonie feuille-large et claytonie feuille-étroite, d'après l'allure de la feuille.

Clintonie boréale

suite de la page 170

Un tapis de clintonie boréale provient-il d'une ou de plusieurs graines? À l'occasion, ce serait deux graines mais généralement, chaque tapis proviendrait d'une seule graine, et constitue ainsi un seul clone.

Impossible cependant d'en avoir la certitude. Car une fois formé, le rhizome persiste pendant tout au plus 15 ans. Puis la partie la plus ancienne pourrit, alors que des segments nouveaux s'ajoutent à l'autre extrémité. Après un certain temps, même s'il provient d'une seule graine et constitue un seul clone, un tapis ne comprend plus que des fragments de clone, pour lesquels seul un âge minimal peut être évalué.

Tapis immortels?

Au cours des 5 premières années de croissance de la plantule, aucun rhizome n'est détectable. Au début de sa formation, le rhizome s'allonge très peu chaque année. Ceci se détecte par des entrenoeuds progressivement très courts, à mesure qu'on se rapproche du point d'origine. Par la suite, le rhizome allonge sa pousse annuelle et cela, pendant au moins une dizaine d'année, pour atteindre environ 6 cm par année.

De très petits clones, encore jeunes et comprenant 2 à 12 rosettes de feuilles, ont déjà plus de 20 ans. Mais il n'est pas rare de trouver des tapis de 150 ou 200 rosettes; certains en comptent 450 ou plus. Parfois même, c'est tout le parterre forestier (plusieurs centaines de mètres carrés) que tapisse la clintonie boréale.

Un individu (clone) de clintonie boréale se propage ou se maintient durant de nombreuses décennies, des siècles même, voire indéfiniment. Seuls des événements inhabituels ou catastrophiques — feu, coupe forestière, surpopulation d'herbivores, inondation, etc. — en causeraient le déclin. Que votre curiosité ne devienne pas une catastrophe pour un tapis de clintonie boréale: ne déterrez pas les rhizomes ni n'arrachez les rosettes de feuilles. (Sur l'âge d'un tapis, voir aussi page 320: *Un mètre carré = 100 ans)*

Propagation végétative

Alors, comment s'agrandissent les tapis de la clintonie boréale? Par multiplication végétative, c'est-à-dire grâce à la production, par le rhizome, d'un nombre de plus en plus grand de ramets (rosette de feuilles). Cela sans passer par des graines. Les ramets sont connectés sur le rhizome, qui court dans le sol et qui réunit, ou a déjà réuni, tous les ramets du clone.

Définir un ramet? C'est ce qui, à la surface du sol, paraît être un individu indépendant, l'unité de base qui se répète pour former un tapis. Plus scientifiquement, c'est un rejet (ou rameau) d'un rhizome, qui porte des feuilles, et parfois des fleurs, et qui est susceptible de devenir indépendant (voir l'encadré *Qu'est-ce qu'un ramet,* page 384).

Croissance lente du ramet

Dans le cas de la clintonie boréale, la partie aérienne du ramet ne vit qu'un an. Elle naît d'un bourgeon, à l'extrémité du rhizome, et comprend de 1 à 4 feuilles, réunies sur une très, très courte tige, une sorte de collet dissimulé au niveau du sol. De cette tige naît aussi une hampe, qui porte 3 ou 4 fleurs, parfois plus.

Après la floraison, le ramet forme un nouveau segment de rhizome, en prolongement de l'ancien. Ces nouveaux segments s'allongent et grossissent jusqu'en août — au moment où les ramets parentaux amorcent leur déclin. Le nouveau segment produit alors un seul bourgeon, à son extrémité. Au printemps suivant, ce bourgeon donnera un ramet, en remplacement du ramet parental.

D'année en année le ramet de remplacement revêt la même taille ou grossit un peu, par rapport au ramet de l'année précédente. Mais cette croissance reste très lente et graduelle: soit que les feuilles deviennent plus grandes, soit qu'une feuille s'ajoute à la rosette.

La partie aérienne du ramet vit donc un an et une seule autre la remplace, année après année. Mais pour qu'un tapis s'agrandisse, il faut nécessairement qu'il naisse plus de ramets qu'il n'en meure. Comment cela se produit-il?

Augmenter le nombre de ramets

C'est généralement lorsqu'il atteint une taille lui permettant de fleurir, que le ramet renferme aussi le potentiel d'engendrer une courte ramification, c'est-à-dire un deuxième segment de rhizome. Mais souvent, ce second segment ne pousse pas, ou encore son bourgeon reste dormant et ne débourre qu'au cours des années subséquentes. Ce développement reporté débute parfois sans raison apparente, parfois à la suite d'une perturbation du bourgeon alors à la tête du rhizome — par exemple lorsqu'un gel tardif exceptionnel entraîne sa mort.

Si ce bourgeon dormant débourre, alors oui, le nombre de ramets augmente dans le tapis, et vraiment la plante se multiplie végétativement.

Fleurir au bout d'une quinzaine d'années

D'après une étude menée dans le Maine, les ramets se répartissent entre trois classes de taille. On a sommairement évalué

De très petits clones de ***clintonie boréale*** *comme celui-ci, comprenant 2 à 12 rosettes de feuilles, ont déjà plus de 20 ans. Mais il n'est pas rare de trouver des tapis de 200 rosettes ou plus. Parfois même, c'est tout le parterre forestier (plusieurs centaines de m²) que tapisse la clintonie boréale.*

Photo. Gisèle Lamoureux

la taille de chaque ramet en mesurant la surface (longueur x largeur) de la plus grande feuille à maturité, puis en multipliant cette surface par le nombre de feuilles de la rosette. Même s'il ne s'agit pas d'une mesure exacte, elle permet des comparaisons. Sous nos latitudes, ces trois classes existent, mais probablement en format un peu réduit dans les régions les plus boréales.

La taille des ramets dicte leur «performance». Les gros ramets enregistrent un plus haut taux de survie. Ils présentent aussi une plus grande probabilité de fleurir et de produire un second ramet.

Atteindre la taille d'un gros ramet demande généralement plus d'une douzaine d'années. C'est le temps que la graine met le plus souvent pour fleurir une première fois. Mais comme les petits ramets se trouvent en bien plus grand nombre, seulement 10 % des ramets d'un tapis fleurissent, et une proportion voisine (15 %) produit un second ramet.

Le développement reporté d'un second ramet se présente plutôt rarement. Seulement 1 à 8 % des anciens noeuds du rhizome en produisent.

Croissance lente des tapis

La croissance des tapis est-elle lente, elle aussi? Pour 13 tapis étudiés, chaque année l'augmentation du nombre de ramets reste lente à modérée, et se situe entre 2 et 20 % (12 % en moyenne). Très peu de ramets meurent (non remplacés l'année suivante) et la mortalité se concentre en hiver. En regard d'autres espèces des érablières, le taux de mortalité se révèle exceptionnellement bas (4 à 6 %).

Bref, peu de ramets meurent, 12 % produisent un second ramet et ceux-ci viennent surtout de gros ramets qui ne meurent pas... Les tapis ne peuvent que s'agrandir, lentement peut-être, mais inexorablement. Aucun des clones étudiés n'a vu son nombre de ramets décliner, sur une période de trois ans.

Classes de taille, floraison, multiplication et mortalité

Ramet	Petit	Moyen	Gros
Taille évaluée (cm^2)	moins de 200	200 à 400	400 et plus
Nombre de feuilles	1 - 2	3 - 4 petites	3 - 4 grandes
Probabilité de fleurir	2 %	16 %	40 %
Probabilité de second ramet	6 %	18 %	25 %
Taux de mortalité	6 %	2 %	0 %

Un clone intégré

En général chez les végétaux, un ramet est-il indépendant? Il a le potentiel de le devenir, sur le plan physiologique. Mais il doit développer son propre système de racines, avant de se séparer du rhizome. C'est ainsi que souvent, les racines poussent à la base d'un ramet, de préférence à n'importe où ailleurs sur le rhizome. La coupure physiologique s'accompagne ou non d'une coupure anatomique: le ramet se détache physiquement du rhizome ou, dans d'autres cas, les deux restent attachés, mais sans qu'il n'existe de véritables échanges (coupure physiologique sans coupure anatomique).

La coupure physiologique s'effectue parfois très tôt dans la vie du ramet. C'est le cas chez les espèces dont les liens entre les ramets sont inactifs (maïanthème du canada*) ou se désintègrent rapidement (érythrone d'amérique*). Plus que chez les quelques autres espèces étudiées, la connection entre les ramets de clintonie boréale reste active et une forte intégration physiologique existe durant toute la vie du rhizome. Tout le clone, ou tout le

Un ramet de ***clintonie boréale*** *comprend de une à quatre feuilles. Il vit un an et un seul autre ramet le remplace, année après année. Le ramet de remplacement revêt la même taille ou grossit un peu. Cette croissance reste très lente et graduelle: soit que les feuilles deviennent plus grandes, soit qu'une feuille s'ajoute à la rosette. Dans ce petit clone, se remarquent des ramets de différentes tailles.*

Photo: Gisèle Lamoureux

fragment de clone, vit comme un seul individu.

La forte intégration clonale de la clintonie boréale représente-t-elle un avantage? Sur certains plans, oui. Elle permet la mise en commun des réserves alimentaires, stockées dans le rhizome, de même que l'accès à ces réserves, pour tous les ramets, soit pour satisfaire aux besoins quotidiens, croître, fructifier ou répondre à des stress importants.

Fleurir ou non, l'affaire du clone

À la suite d'une floraison ou de la production d'un second segment de rhizome, un ramet ne s'épuise pas. S'il existe un prix à payer pour la production de fruits, il ne se détecte pas au niveau du ramet en cause. Puisque les liens physiologiques persistent entre les ramets, le coût énergétique de la reproduction sexuée ou de la multiplication végétative se répercute sur l'ensemble du clone, non sur un seul ramet.

De la sorte, les ramets les plus productifs, le restent dans les années subséquentes. Ceux qui fleurissent ou produisent un second rhizome, ou les deux à la fois, le plus souvent répètent l'expérience l'année suivante. Peut-être est-ce aussi parce que le ramet occupe un microsite plus favorable? Chose certaine, pour un fragment de clone, la production de fleurs ne réduit en rien la multiplication végétative.

Un ramet meurt, pas le clone

Et puis, la mort d'un ramet ne représente pas une perte totale pour le clone. À l'automne, par exemple, lors de la sénescence des ramets, une partie des matières utiles à la croissance revient dans le rhizome et se répartit ailleurs dans le clone. La sénescence des feuilles débutant par le sommet, cela permet aux substances utiles de migrer vers le bas, vers le rhizome.

Le taux très bas de mortalité des ramets entraîne sans doute peu d'impacts sur le fragment de clone. La mort (ou l'abandon) d'un ramet relève peut-être d'un contrôle hormonal, qui se situe au-delà du ramet individuel. La plante se livrerait ainsi à une «rationalisation» dans l'utilisation de ses ressources, se traduisant par l'abandon d'une cause perdue, au profit de valeurs sûres.

D'ailleurs, la persistance du rhizome pendant 15 ans, avant de se décomposer, s'avère exceptionnelle selon certains. Cette longévité constituerait aussi un indice d'une intégration physiologique particulièrement élevée.

Contrôler la densité des ramets

D'aucuns estiment que les espèces à croissance clonale possèdent des mécanismes hormonaux de régulation de la densité des ramets dans un tapis. Une telle régulation préviendrait une mortalité liée à une trop forte densité des ramets. Il est inutile, par exemple, que les ramets d'un même individu entrent en compétition pour la lumière et les éléments nutritifs du sol. L'intégration des ramets permet possiblement d'éviter une telle compétition intraclonale.

Cela agirait plus fortement dans un tapis constitué d'un seul clone, comparé à un tapis comprenant plusieurs clones. Pour expliquer le taux exceptionnellement bas de mortalité annuelle des ramets de clintonie boréale, certains font appel à l'hypothèse d'une telle régulation.

Architecture des clones

La croissance végétative d'un clone de clintonie boréale lui permet d'occuper systématiquement un espace de plus en plus étendu, au lieu de s'en remettre au hasard, comme dans le cas de l'établissement de semis. Ce type de croissance permet aussi à l'organisme (le clone) de se mouvoir sur le parterre forestier. Comment la clintonie boréale occupe-t-elle, explore-t-elle un parterre forestier? Suit-elle des règles précises?

Une étude dans une forêt du New Hampshire contribue à répondre à ces questions. Au total, furent examinés 194 fragments de clone (bouts de rhizomes intacts), comprenant 1659 segments de rhizome (un segment représentant une pousse annuelle). L'étude porta sur les

Un tapis constitué d'une seule espèce

Les tapis de clintonie boréale sont souvent constitués d'une seule espèce: que des ramets de clintonie boréale. Très peu d'autres plantes réussissent à se tailler une place dans ces tapis.

Plusieurs végétaux forment aussi de tels tapis monospécifiques. Dans certains cas, il s'agit de plantes émettant des substances toxiques dans le sol. Ceci leur assure une certaine suprématie, qui leur permet d'agrandir leur tapis, même dans des endroits déjà colonisés par d'autres plantes bien établies. Le cas de l'épervière piloselle° est connu: ses racines sécrètent des substances qui réduisent ou empêchent la germination et la croissance de bien des plantes et inhibent même ses propres germinations... ce qui ne l'empêche pas d'occuper l'espace, grâce à ses stolons.

Parmi les plantes cultivées, plusieurs forment des tapis monospécifiques, dont la pervenche et le muguet. Celles-ci contiennent des substances toxiques reconnues. Les utilisent-elles pour éliminer les compétiteurs? Et puis, ayant déjà appartenu au même genre, le muguet et la clintonie boréale sont proches parents!

10 dernières années de croissance de ces fragments.

Doubler en 10 ans

En 10 ans, le nombre moyen de ramets par fragment passe de 1 à 2, et c'est bien inférieur à ce que laisse présager le pourcentage connu de ramification (15 %). Chose surprenante et contribuant à garder cette moyenne basse, durant ces 10 ans, 52 % des fragments ne se ramifient pas et ne comptent toujours qu'un seul ramet. Peu (9 %) en comptent 4 ou plus et, dans ces cas, mortalité et naissance (nouvelles ramifications) s'équivalent à peu près, empêchant l'augmentation rapide de ramets.

Mais les seconds segments de rhizome (ramifications) raccourcissent, par rapport aux segments qui les ont produits (environ 5,5 cm au lieu de 6,2). Et puis, un ramet qui provient d'une ramification produit moins souvent une ramification lui-même. Ces deux diminutions laissent croire que la ramification pige dans la réserve d'énergie que le rhizome met à la disposition du ramet.

Explorer efficacement le substrat

Quelle orientation prennent les pousses annuelles et les ramifications du rhizome? Dans le cas d'une seule pousse, l'angle de croissance diverge en moyenne de 23°, vers la gauche ou vers la droite, par rapport au rhizome de l'année précédente. Sauf dans 25 % des cas où le rhizome continue en ligne droite. Lorsque le ramet produit deux pousses (ramifications), elles divergent en moyenne de 48° de la ligne de l'ancien rhizome… mais 20 % continuent en ligne droite et les paires de pousses ne sont pas symétriquement orientées. Il y a

L'intégration d'un clone

Le rhizome d'un clone de clintonie boréale constitue un site d'entreposage pour les produits de la photosynthèse élaborés au début du printemps. En cas de besoin, ces produits sont remis en circulation. Par exemple, en cas de gel tuant son bourgeon de tête, le rhizome puisera dans ses réserves, pour débourrer rapidement un bourgeon de ramet dormant, situé sur un vieux segment. Dans le cas de plantes printanières, cette vitesse de regénération constitue une adaptation qui peut revêtir une certaine importance, dans un contexte où la croissance se fait entièrement, ou en grande partie, avant la fermeture du couvert forestier.

Dans un fragment de rhizome, la translocation des produits de la photosynthèse, entre des ramets soeurs de clintonie boréale, s'effectue sur une base constante. En effet, des mesures de produits de photosynthèse marqués au carbone 14 révélèrent que ces produits circulent dans toutes les parties d'un fragment de clone. Cette translocation s'intensifie en situation de stress, par exemple lorsqu'un des ramets est blessé (perte de feuilles) ou anormalement privé de l'ensoleillement nécessaire à la photosynthèse. Cette augmentation de la translocation assure, entre les ramets connectés, un approvisionnement suffisant pour continuer la croissance des nouveaux segments de rhizome ou des fleurs. Le clone continue ainsi d'occuper le terrain déjà colonisé.

Mais jusqu'où un rhizome peut-il assumer une translocation des ressources, pour compenser un stress chez un ramet, sans affecter la survie de ses autres ramets? S'il peut le faire efficacement, ou si nécessaire, s'il peut sacrifier un ramet et, dans les deux cas, sans affecter la survie de tout le fragment de clone, voilà qui pourrait distinguer un rhizome d'un arbuste. Car certains comparent la croissance végétative d'un clone à un arbuste souterrain, qui développerait de multiples branches (les ramets) qui émergeraient du sol. Pour s'en distinguer, il faudrait que les ramets jouissent d'une certaine indépendance: qu'ils puissent mourir ou subir de forts stress sans affecter la survie du clone en entier.

place pour beaucoup de variations et de méandres de la part du rhizome! Tout ceci fournit peut-être un moyen, pour la plante, d'explorer efficacement le substrat.

Ces règles de croissance changent la distance entre les ramets adjacents, d'une année à l'autre, et il n'existe pas une augmentation ou une diminution systématique de cette distance. Par exemple, pour des fragments de clones comptant 2 ramets, la distance moyenne était de 23 cm, avec 3 ramets: 19 cm, avec 4 ramets: 18 cm et avec 5 ramets: 22 cm.

Tout droit ou en zigzagant?

Plus les ramifications sont nombreuses, et moins la distance franchie par un clone, en ligne droite, sera grande. D'après des simulations mathématiques portant sur 10 ans de croissance, un clone produisant un seul segment de rhizome par année surpasse de 62 % la distance parcourue par celui se ramifiant tous les ans.

S'il existe des ressources importantes dans un microhabitat, la clintonie boréale peut-elle choisir d'augmenter son taux de ramification, de s'attarder et d'exploiter plus à fond ces ressources? Un taux faible de ramification lui permettrait de se mouvoir plus rapidement pour traverser un microsite moins intéressant. Un peu comme les insectes changent rapidement leur direction de vol pour visiter toutes les fleurs environnantes ou... se faufilent rapidement en ligne droite lorsqu'il n'y a plus rien à récolter.

En réalité, la croissance des tapis est soumise à des règles internes, oui, mais elle répond aussi aux caractères de l'habitat... qui changent certainement au cours de la vie centenaire ou pluricentenaire d'un tapis.

Un mètre carré = 100 ans

En général chez les végétaux, la façon de croître des rhizomes produit des tapis de formes diverses. Chez le muguet cultivé, par exemple, les tapis sont circulaires. Chez la clintonie boréale, la fréquence et l'angle de divergence des ramifications produisent souvent des tapis en forme d'éventail.

Au New Hampshire, la croissance du périmètre de l'éventail serait d'environ

Cinq ou six espèces de clintonie

Une petite curiosité se rattache à la clintonie boréale, concernant ses chromosomes. Il faut d'abord savoir que le genre clintonie compte 5 ou 6 espèces dans le monde: une en Asie, deux dans l'ouest de l'Amérique du Nord et 2 ou 3 dans l'est du même continent — la troisième constituant peut-être un hybride entre les deux autres.

Ce possible hybride est très rare et son nombre de chromosomes, encore inconnu, mais toutes les autres clintonies comptent $2n = 28$ chromosomes. Toutefois, chez la clintonie boréale, certains individus en possèdent $2n = 32$ (près de Québec: Saint-Nicolas, Stoneham-et-Tewkesbury; quelques rares individus aux États-Unis: Virginie Occidentale, mont Washington et montagnes Blanches).

Une étude menée dans les montagnes Vertes du Vermont révèle une certaine variation entre les populations de clintonie boréale situées à différentes altitudes d'une même montagne. Les plantes du haut de la montagne sont plus poilues et la hampe, les fleurs et leurs queues, plus courtes.

La seconde espèce de clintonie de l'est de l'Amérique du Nord *(C. umbellulata,* à petites fleurs blanches, tachetées) ne pousse pas au Québec. Elle se confine aux Appalaches, de la Pennsylvanie à la Géorgie, et occupe, dans cette région, une aire plus large que celle de la clintonie boréale.

La floraison d'une population de ***clintonie boréale*** *se déroule très rapidement, en une dizaine de jours. Le pistil arrive à maturité et devient réceptif avant que cette même fleur ne libère son propre pollen (fleur protérogyne). Ceci favorise la pollinisation croisée.*

Photo: Gisèle Lamoureux

8,3 cm par année (sans doute similaire sous nos latitudes). Mais beaucoup d'obstacles empêchent d'atteindre ce modèle idéal.

La zone d'occupation des ramets de la clintonie boréale se situe le long de l'arc de l'éventail, puisque les anciennes parties du rhizome disparaissent après 15 ans. Mais les ramifications dormantes peuvent rejaillir derrière ce front et l'ensemble former un tapis dense, non en forme d'éventail.

Grosso modo, la surface qu'occupe l'ensemble des ramets d'un clone de clintonie, grâce à la croissance et à la ramification du rhizome, augmente en moyenne à un rythme variant entre 90 et 100 cm^2 par année (au moins au cours des 7 années suivant leur première ramification). Ainsi, un clone qui occupe une surface d'un mètre par un mètre (100 cm X 100 cm = 10 000 cm^2), pourrait en principe avoir atteint l'âge respectable de 100 ans.

Fleurir 10 jours par année

La floraison d'une population de clintonie boréale se déroule très rapidement, tel que le révèle l'observation de 15 tapis (clones), dans l'est de l'Ontario. En 1983, les premières fleurs s'ouvrirent le 10 juin et moins de 20 % d'entre elles libéraient du pollen. Trois jours plus tard, moins de 5 % de nouvelles fleurs arrivèrent à éclosion. Enfin, le 19 juin il ne restait aucune fleur dans le secteur étudié. Au total, tout se joua en une dizaine de jours!

Le pistil d'une fleur de clintonie boréale arrive à maturité et devient réceptif avant que cette même fleur ne libère son propre pollen (fleur protérogyne). Ceci favorise la pollinisation croisée. Oui mais encore faut-il qu'au même moment, d'autres fleurs libèrent du pollen dans les environs! Les comptages de grains de pollen déposés sur les stigmates, laissent plutôt entrevoir un déficit, au début de la floraison. Le 10 juin, les fleurs aux premiers stades de l'éclosion ne comptaient pratiquement pas de pollen sur leurs stigmates, alors que le 13 juin, toutes les fleurs en comptaient, même celles aux stades précoces.

Pollinisation croisée: oui et non

En moyenne, une fleur de clintonie boréale contient 103 500 grains de pollen (ce qui est beaucoup, comparé aux 2500 du cornouiller quatre-temps*). Elle con-

Du nectar

Le développement de la fleur de la clintonie boréale peut se diviser en 5 étapes:

1 fleur fendue,
2 fleur entrouverte — entre 2,5 et 5 mm,
3 fleur en entonnoir,
4 fleur en cloche — ouverture d'environ 45°, anthères exposées,
5 tépales recourbés.

D'après une étude au Nouveau-Brunswick, la production de nectar s'échelonne durant toutes ces étapes. L'ouverture des anthères, pour libérer le pollen, commence au stade 4. Mais le stigmate est réceptif bien avant: sa réceptivité passe de faible, au stade 1, à élevée, au stade 3. Et c'est dès avant le stade 3 que la fleur secrète 50 % du sucre de toute sa production de nectar. Cette production de sucre ralentit au stade 5 et s'arrête complètement, environ 30 heures après le début de ce stade.

La quantité totale de sucre produit dans la vie d'une fleur dépend bien sûr de la taille de la fleur: les grosses fleurs produisent plus de sucre que les petites. La taille de la fleur fut évaluée à partir de la longueur du pistil et, par exemple, les fleurs les plus grandes (pistil de 22,5 mm) produisirent environ 5,5 mg de sucre alors que les plus petites (18 mm) en produisirent de 1 à 2 mg.

La concentration de sucre dans le nectar varie énormément, de 4 à 72 %, et elle atteint son maximum au stade 5. L'humidité relative de l'air ambiant influence cette concentration: par exemple, pour une humidité de 53 %, le nectar d'une fleur recourbée contient 72 % de sucre, mais si cette humidité atteint 100 %, la concentration baisse à 13 %.

Toutefois, la relation se révèle complexe. En réponse à la baisse de l'humidité relative de l'air, la diminution de la quantité d'eau du nectar (présumément par évaporation) s'effectue plus promptement que sa restauration, lorsque l'humidité augmente. Et la concentration, à un moment donné, dépend autant des variations passées de l'humidité relative de l'air que de celle qui prévaut à ce moment. Est-ce seulement à cause de l'échange de molécules d'eau, entre le nectar et l'atmosphère? Ou est-ce aussi à cause de ce que, sous haute humidité relative ambiante, les tissus qui produisent le nectar, fortement hydratés, sécrètent plus d'eau?

Chez la clintonie boréale, le prélèvement répété de nectar n'affecte pas la production totale de nectar de la fleur. Mais cette étude porte sur des fleurs non fécondées. Il est bien possible que les fleurs pollinisées agissent autrement. Ainsi, chez d'autres espèces, il est connu que la fécondation met fin à la production de nectar.

Jeunes fleurs de ***clintonie boréale****. Sur la photo se reconnaissent les quatre premières étapes du développement: fleur fendue, fleur entrouverte (entre 2,5 et 5 mm), fleur en entonnoir, fleur en cloche (ouverture d'environ 45°, anthères exposées). La 5e étape, celle des tépales recourbés est mieux illustrée sur la photo précédente.*

Photo: Gisèle Lamoureux

tient aussi une quinzaine d'ovules, qui produisent une dizaine de graines, et la plupart des fleurs fructifient. Par contre, la fécondité se trouve largement réduite, en cas d'arrosage aérien des forêts par des insecticides, comme ce fut mesuré au Nouveau-Brunswick à la fin des années 1970. Ces arrosages survenant avant la floraison de la clintonie boréale, de l'aralie chassepareille*, du cornouiller quatre-temps* et du maïanthème du canada*, ils déciment les populations d'insectes pollinisateurs de ces espèces. Dans le cas de la clintonie boréale, le fénitrothion s'est révélé plus néfaste que le Matacil (aminocarbone), qui affecte moins les bourdons.

Car la pollinisation croisée de la clintonie boréale est assurée exclusivement par les insectes, surtout des bourdons *(Bombus)*, qui récoltent le nectar. En fait, le succès de la fécondation paraît étroitement lié à la disponibilité de ces pollinisateurs. Et ils doivent faire vite: dans une population, la libération du pollen (anthèse) ne dure qu'environ 4,5 jours. Cette libération ne s'effectue qu'à partir du moment où les tépales sont suffisamment écartés (stade en cloche, voir encadré *Du nectar* page 322) et permettent au pollen de s'échapper de la fleur.

Dans une région donnée, tous les tapis de clintonie boréale fleurissent en même temps. Aussi, les bourdons ne parcourent qu'environ 1 m ou 1,5 m entre chaque hampe qu'ils visitent. Ils butinent à peu près la moitié des fleurs de la hampe, soit en général 2 fleurs sur 4. Comme un tapis de clintonie boréale provient généralement d'une seule graine (clone), tout le pollen de toutes les fleurs du tapis ne représente pas un pollen étranger pouvant assurer une fécondation croisée.

Deux courses pour la lumière

À quel moment émergent les feuilles de la clintonie, en combien de temps se développent-elles, à quelle date commencent-elles à se faner et quand disparaissent elles? La phénologie — nom tiré de phénomène — étudie ces questions. Plus précisément, elle étudie la date d'apparition et la durée des phénomènes périodiques de la vie d'une plante. Elle tente aussi d'établir une relation entre ces dates, ces périodes, et les facteurs environnementaux.

Deux espèces qui se côtoient en forêt, la clintonie boréale et l'aster acuminé, présentent des phénologies différentes. En forêt feuillue, la clintonie boréale émerge plusieurs semaines avant le déploiement des feuilles des arbres et profite de l'abondance de l'éclairement printanier. L'aster acuminé émerge juste avant ou au moment de la fermeture du couvert forestier, mais survit après la chute des feuilles des arbres et profite plutôt du grand éclairement automnal.

L'étude se déroula près de Lewiston (Maine), en 1980. Les ramets des deux espèces montraient la même durée de vie (5,2 mois), mais un décalage notoire dans leur émergence et dans leur mort. Le ramet de l'aster acuminé pointe 2,5 semaines plus tard que la clintonie boréale, mais meurt aussi 2,5 semaines plus tard.

1980	**Clintonie boréale**	**Aster acuminé**
26 avril	émergence	
14 mai		émergence (2,5 sem. plus tard que clintonie)
20 mai	pleine taille (maturation: 3 sem.)	
11 juin		pleine taille (maturation: 4 sem.)
1er août	sénescence (durée: 2 mois)	
1er octobre	mort	
4 octobre		sénescence (durée: 2 sem.)
19 octobre		mort (2,5 sem. plus tard que clintonie)
Durée de vie	5,2 mois	5,2 mois

Chez les deux espèces, les plus gros ramets avaient tendance à émerger hâtivement, à prendre plus de temps pour amener leurs feuilles à maturité, à durer plus longtemps et à mourir tardivement —tout ceci, de façon plus marquée chez l'aster acuminé. Or chez cette espèce, les rhizomes qui relient les ramets d'un même clone disparaissent rapidement, en 1 an ou 2. À l'opposé, l'intégration des ramets de clintonie boréale, pendant de nombreuses années, entraînerait une certaine coordination, qui diminuerait l'importance de la taille des ramets dans ces phénomènes. Par ailleurs, les tapis de clintonie boréale diffèrent plus entre eux que ceux d'aster acuminé.

Finalement, chez la printanière clintonie boréale, la plupart des ramets atteignirent la maturité des feuilles avant la fermeture du couvert forestier. Entre les 12 tapis des 2 localités considérées, la date d'émergence, de même que la période de maturation, montrèrent un synchronisme remarquable. C'est signe qu'à une latitude donnée, les variations des conditions environnementales entre les sites revêtent peu d'importance pour cette espèce. Chez l'automnale aster acuminé, un synchronisme semblable s'est manifesté, mais plutôt pour la date de la mort des feuilles et la période de sénescence.

Une sorte de course pour arriver à temps au printemps et une autre course, chez une autre espèce, pour durer le plus longtemps en automne. Du point de vue de sa phénologie, la clintonie boréale ressemble plutôt à l'uvulaire à petite fleur*. Voir page 454: *Présente et verte durant tout l'été.*

L'autopollinisation contrôlée donne des graines plus petites (10 %) et moins nombreuses (30 % des ovules) que lors de la pollinisation croisée expérimentale (90 % des ovules) et de la pollinisation naturelle (75 %). L'ajout de pollen étranger aux fleurs ayant subi la pollinisation naturelle influence peu le nombre de graines. Par contre, en l'absence marquée de mouvements de pollen entre les clones (manque de pollinisateurs), ceux jouissant d'un fort taux d'autopollinisation produiront plus de graines.

Des graines petites et nombreuses ou le contraire?

Les premières fleurs d'une hampe de clintonie boréale (celles du haut) produisent des graines plus grosses que les dernières. En revanche, supprimer délibérément d'une hampe ces premières fleurs (ou jeunes fruits), diminue la compétition pour les ressources disponibles. Ceci augmente le nombre de graines et engendre un important gain du poids moyen des graines restantes. Ce traitement équivaut à augmenter les ressources fournies par la plante mère (ressources maternelles), pour les fruits restants.

L'ajout de pollen étranger contribue aussi à augmenter le nombre et le poids des graines, mais d'une façon significative seulement si les ressources maternelles ont été aussi augmentées.

La disponibilité des ressources maternelles limite le poids total de l'ensemble des graines d'un fruit. Mais la répartition de cet investissement — entre un grand nombre de petites graines ou entre un petit nombre de grosses graines — est largement reliée au degré d'autocompatibilité de la plante mère et à la nature du pollen apporté aux fleurs.

Différents degrés d'autocompatibilité

Côté pollinisation, l'autocompatibilité concerne la compatibilité entre le pollen et les ovules des fleurs d'un même individu. Cette compatibilité est de nature génétique. De ce fait, elle concerne l'«individu génétique» (ou genet), c'est-à-dire toutes les plantes qui proviennent d'un même embryon et qui possèdent le même bagage génétique — qu'il s'agisse d'un individu à tige unique, tel un érable à sucre, ou d'un clone, tel un tapis de clintonie boréale. Dans le cas d'un clone, le pollen d'une fleur sera compatible ou incompatible avec les ovules de toutes les fleurs du même clone. En absence d'autocompatibilité, l'autopollinisation est impossible.

Parfois, mais plutôt rarement, la hampe porte plus d'une ombelle de fleurs et donc de fruits.

Photo: Roger Larose

Chasse, moustiques et Amérindiens

L'odeur du rhizome de la clintonie boréale attirerait les ours à de grandes distances et les chasseurs du Témiscamingue en frottaient leurs pièges.

Il faut espérer que l'odeur des feuilles ne présente pas le même attrait, car le jus des feuilles fraîches, broyées entre les mains puis frottées sur la peau, éloigne les moustiques. L'effet dure environ 30 minutes (ne casser qu'une feuille d'une rosette qui en comprend 3 ou 4, pour moins nuire à sa croissance).

Un récit montagnais? Lorsqu'une couleuvre mange un crapaud, celui-ci lui transmet son poison. Alors, la couleuvre tourne rapidement autour de la clintonie boréale pour se débarrasser du poison et le lui transmettre. Il vaut mieux ne pas trop manger de clintonie boréale, l'organisme ne réussissant pas toujours à combattre ce poison.

Une autre curieuse croyance a cours chez les Amérindiens Ojibwés et Ménominis. Les chiens mangeraient le rhizome de la clintonie boréale pour enduire leurs dents de poison en vue de tuer leurs proies... Et si un chien mord quelqu'un avec des dents ainsi empoisonnées, la clintonie boréale appliquée sur la plaie sert d'antidote.

Algonquins et Chippewas s'aidaient de la clintonie boréale, en cataplasme, pour soigner les plaies, les ulcères et les brûlures. Les Algonquins utilisaient aussi ce cataplasme sur les infections.

Dans cette étude en Ontario, les chercheurs évaluèrent le degré d'autopollinisation des 15 tapis de clintonie boréale observés. À cette fin, ils établirent le rapport entre le nombre de fruits produits par autopollinisation et celui par pollinisation croisée. Le degré d'autocompatibilité variait considérablement, soit de 4 à 100 %.

En condition de pollinisation naturelle, les clones fortement autocompatibles produisaient plus de graines, mais elles étaient plus petites. Statistiquement, la relation avec le degré d'autocompatibilité explique, en bonne partie (21 %), l'augmentation du nombre de graines. Par contre, ce facteur n'explique que 12 % de la diminution du poids.

Établissement difficile

Mais quelle importance revêtent le nombre et la taille des graines? Il faut d'abord savoir que les premiers stades de l'établissement d'un individu de clintonie boréale se caractérisent par un fort taux de mortalité. Ces stades représentent probablement la plus intense période de sélection dans la vie d'un individu. Or, dans les écosystèmes où la compétition est forte, une taille plus importante des graines se montre souvent favorable à la germination et à la survie des plantules.

En autant que les animaux ne mangent pas toutes les graines!

Qui mange ces graines?

Assez curieusement, une étude rapporte qu'environ 25 % des fruits de la clintonie boréale furent trouvés, vidés de leurs graines, à moins de 1 m de plantes étudiées. Par ailleurs, environ un autre 50 % des fruits furent volés, avant d'arriver à maturité. Nos botanistes-détectives ne purent élucider ces vols ni identifier les prédateurs (probablement des herbivores)! Cette étude portait sur la douzaine d'herbacées les plus fréquentes en forêt boréale, parmi lesquelles seule l'aralie salsepareille* se révéla plus populaire, auprès des prédateurs, que la clintonie boréale.

Fruits: coûteux, mais essentiels

Un ramet sur 10 qui fleurit… est-ce peu ou beaucoup? En nombre de ramets, c'est peu. Mais en réalité, chaque véritable individu (clone) fleurit, par la voie d'environ 10 % de ses ramets.

Produire des fleurs demande beaucoup d'énergie. Un ramet qui fleurit et produit un second segment de rhizome consacre respectivement 20 % de son énergie (24, selon certains) à la production de la hampe et des fruits et 3 % au second segment. La reproduction sexuée demande donc 7 ou 8 fois plus d'énergie qu'une multiplication végétative.

Et pourtant, malgré toute l'énergie requise pour produire des graines, dans une étude échelonnée sur 4 ans, à peine quelques plantules furent observées. Et aucune n'a survécu plus de 4 ans. De plus, aucun tapis âgé de moins de 5 ans ne fut identifié. C'est certain, une plantule qui réussit à survivre et à s'installer pour de bon, demeure un événement rare chez la clintonie boréale. Il serait nécessaire d'observer minutieusement un site pendant au moins 10 ou 20 ans, pour noter un seul recrutement réussi.

Mais les graines permettent de coloniser de nouveaux sites, grâce à leur dispersion sur de longues distances. Étant le résultat d'une recombinaison de chromosomes, elles assurent le maintien d'une certaine diversité génétique, à l'intérieur de l'espèce, et donc, une réponse plus diversifiée aux conditions environnementales.

Tapis insensibles aux variations de l'environnement

Selon l'étude menée dans le Maine, les tapis varient beaucoup quant au nombre total de ramets, quant à leur densité (nombre par mètre^2), quant à leur taille moyenne et quant à divers taux — taux de mortalité, de ramets qui fleurissent, de multiplication végétative. En général, ces variations ne sont pas reliées aux conditions environnementales, sinon que jusqu'à un certain seuil, une plus grande humidité du sol favorise la floraison et la multiplication végétative. Mais ce facteur à lui seul n'explique pas des différences importantes entre les tapis concernant, par exemple, la densité des ramets et

Le cerf de virginie la ravage

Pour le cerf de virginie (chevreuil), clintonie boréale et maïanthème du canada représentent une nourriture de choix, bien que moins recherchée que les trilles (voir p. 441). Le cerf mange en premier ces plantes, même lorsqu'elles sont peu abondantes, au point de mettre en danger la survie de leurs populations, avant de s'attaquer à d'autres espèces. D'après une étude au Wisconsin, il broute ensuite d'autres printanières, au point d'en extirper aussi les populations: aralie chassepareille*, sanguinaire du canada*, smilacine à grappes*, streptope rose*, uvulaire petite-fleur*; il broute aussi des estivales: aster grande-feuille et platanthère feuille-ronde.

Une surpopulation de cerfs de virginie endommage pour longtemps le sous-bois. Les arbustes, qu'ils broutent surtout en hiver, tels l'érable à épis ou les jeunes érables à sucre, récupèrent assez facilement lorsque la densité des cerfs revient à la normale. Pour les herbacées, les dommages se répercutent sur une bien plus longue période et se détectent même après 25 ans.

Lorsque la densité du cerf est moyenne ou forte, le broutement affecte la clintonie boréale diversement. Fréquence (nombre de populations) et abondance (nombre de ramets et pourcentage de recouvrement du sol) diminuent, tout comme le nombre moyen de feuilles par ramet, le nombre de fleurs par ombelle et la hauteur de la hampe. L'observation attentive de ces caractères permet de détecter une trop forte densité de cerf et d'intervenir avant l'extinction des populations d'herbacées, inévitable lorsque la surpopulation persiste. Voir aussi p. 395.

leur taille moyenne. Ces différences sembleraient d'ordre génétique. Mais, si elles existent, elles semblent peu nombreuses et difficilement détectables.

Chez d'autres végétaux, le taux de croissance annuel varie beaucoup, d'une population à l'autre et d'une année à l'autre, en fonction des variations climatiques, des changements du couvert forestier, etc. Or, chez la clintonie boréale, pratiquement tous les tapis étudiés montrent un taux de croissance faible ou modéré, semblable d'année en année et sans grande variation. L'examen de petits tapis révèle une croissance régulière constante, pendant une ou deux décennies. Tout cela dénote une faible sensibilité des ramets de clintonie boréale aux variations des conditions locales. Aucun des tapis étudiés n'a vu ses effectifs se réduire, signe évident que la clintonie boréale croît et persiste sous un large éventail de conditions climatiques.

Un tapis de clintonie traverse souvent des microhabitats variés, quant à l'éclairement et quant à l'humidité du sol par exemple. Une fois le tapis établi, la sélection ne s'effectue plus: le tapis reste là, même si les conditions de l'habitat changent. Sur une période de 100 ou 200 ans, par exemple, l'ombre devient plus épaisse ou une éclaircie du couvert

Clintonia: de Clinton, d'après Rafinesque

par Jacques Cayouette

C'est un botaniste très original, Rafinesque, qui nomma le genre *Clintonia* en l'honneur de DeWitt Clinton, un personnage non moins spécial!

DeWitt Clinton (1769-1828)

L'étrange prénom de ce politicien américain lui vient de sa mère, Mary DeWitt. Sa carrière politique impressionne: lieutenant-gouverneur et deux fois gouverneur de l'État de New York, trois fois maire de la ville de New York, le plus jeune sénateur américain et même candidat à la présidence des États-Unis. Il vécut presque toujours dans l'État de New York. Parmi ses réalisations figure le canal Érié, qui réunit le lac du même nom au fleuve Hudson, rendant possible la navigation entre l'Atlantique et les Grands Lacs. Ses ennemis politiques appellent ce canal «Clinton's big ditch». Mais que vient faire au juste cet homme d'État dans le monde des botanistes?

Beaucoup plus qu'un politicien, très instruit et formé en droit, c'est aussi un grand humaniste, philanthrope et défenseur des arts, des lettres et des sciences, en particulier des sciences naturelles. Il établit des relations étroites avec trois botanistes américains: Amos Eaton, David Hosack et Samuel Mitchill. En plus de collectionner des spécimens de toutes sortes, il écrit des articles de vulgarisation, sur les oiseaux et les plantes, et un mémoire important sur les ressources naturelles de l'État de New York. Il découvre même une nouvelle graminée et un nouveau poisson. C'est à titre de protecteur des sciences naturelles, que Rafinesque lui dédie le genre *Clintonia*.

Un de ses fils, le juge George W. Clinton (1807-1885), se distingue également par ses activités botaniques, toujours dans l'État de New York. Explorant à fond l'ouest de l'État, il constitue un important herbier pour la *Buffalo Society of Natural Sciences,* dont il assure la présidence pendant un certain temps. Ironie du sort, le fils Clinton décède subitement, en herborisant aux abords d'un cimetière. Lui furent dédiés, deux végétaux qui figurent maintenant sur la liste des plantes susceptibles d'être désignées menacées ou vulnérables au Québec: *Dryopteris clintoniana* (fougère) et *Trichophorum clintonii* (famille du carex).

Constantin Samuel Rafinesque (1783-1840)

Constantin naquit à Constantinople, d'un père français et d'une mère grecque (d'origine allemande, née Schmaltz), il signe certains de ses écrits Rafinesque-Schmaltz. Dès sa jeunesse, en France, il développe un intérêt marqué pour les sciences naturelles. Après un premier séjour aux États-Unis, il passe dix ans en Sicile, avant de s'installer pour de bon chez nos voisins du Sud, en 1815. Après quelque temps dans la région de New York, il déménage au Kentucky. Il y enseigne les sciences naturelles, à l'Université Transylvania, de Lexington, puis finit ses jours à Philadelphie.

Très prolifique, il publie sur quantités de sujets, en sciences humaines et naturelles, mais c'est la botanique qu'il affectionne le plus. Difficile de trouver, parmi les botanistes, un personnage aussi controversé: ses contemporains le considèrent tour à tour enthousiaste, versatile, excentrique, égocentrique, imposteur ou même malade et fou. Pour d'autres, c'est un génie et un visionnaire. Explorateur de premier ordre, il cherche des nouveautés, dans les États américains du Centre et de l'Est, et considère les événements de sa vie comme les étapes d'un grand voyage. Son autobiographie s'intitule justement *A Life of Travels.*

Ses idées sur la variation constante des espèces précèdent de 36 ans celles de Darwin, sur l'origine des espèces. Excellent observateur, sensible à la variabilité de tous les vivants, il cherche à qualifier chaque variation. Cela l'amène à décrire plus de 2700 nouveaux genres et 6700 nouvelles espèces, dans près de 1000 publications. Un tel volume irrite ses collègues botanistes! Écarté des milieux du savoir, refoulé des périodiques scientifiques, il publie ses découvertes dans des journaux locaux, des revues obscures ou crée, à ses frais, des périodiques et édite ses propres livres. Meilleur explorateur que descripteur, il décrit ses nouveautés au plus vite, et en grand nombre, ce qui donne souvent un air brouillon à ses publications. Mais la nomenclature moderne exigeant la consultation des descriptions originales — difficiles à retracer dans ce cas-ci — plusieurs écrits de Rafinesque furent réimprimés.

Son travail de pionnier comme explorateur, tombe facilement dans l'oubli, telle son exploration de la vallée de l'Ohio. Premier à publier une monographie des poissons de cet immense cours d'eau, il dresse aussi un portrait de la végétation de cette région.

Ayant beaucoup récolté, il possède un herbier considérable. Mais cette collection étant mal ordonnée et en mauvais état, celui qui l'acquit après sa mort, la détruisit quasi en entier. Dommage... elle servirait encore, entre autres pour y sélectionner des spécimens de référence, correspondant à ses descriptions de nouveautés.

Rafinesque devance son temps sur plusieurs aspects. Toutefois, peu doué sur le plan social, il reste en marge de la société d'alors. Mais c'est le botaniste américain ayant suscité le plus d'écrits. Innovateur, il reste sans appui, comme pour ce jardin botanique, à Lexington, créé pour soutenir la recherche, l'enseignement et l'agriculture régionale.

Certains de ses nouveaux genres demeurent toujours en usage dans notre flore, comme *Adlumia, Blephilia, Erechtites, Orthilia, Osmorhiza, Peltandra, Steironema* et... *Clintonia.*

Un ramet de ***clintonie boréale*** *sur 10 fleurit et consacre à la fructification environ 20 % de son énergie. Malgré cet effort, une plantule qui réussit à survivre et à s'installer, demeure un événement rare. Il serait nécessaire d'observer un site pendant au moins 10 ou 20 ans, pour noter un seul recrutement réussi. Les fruits rappellent les bleuets, mais attention, ils sont réputés toxiques... le récit montagnais de la couleuvre, du crapaud et de la clintonie (page 326) est un moyen imagé de se le rappeler.*

Photo: Gisèle Lamoureux

végétal se produit, mais la clintonie reste présente. Autre signe qu'elle tolère une grande variété de conditions environnementales.

Sélection chez les plantules

La sélection naturelle s'effectuerait peut-être au stade de l'établissement des plantules. Les graines et les plantules montrent un très fort taux de mortalité. Mais ce taux, de même que le taux de croissance des plantules, varie significativement entre des sites écologiquement différents. Dans un site sec et ombragé, les plantules croissent moins rapidement mais survivent en plus grand nombre; c'est le contraire dans un site humide et ombragé.

L'établissement des plantules en un site particulier résulte peut-être d'une sélection poussée. Cette sélection serait-elle en rapport avec certaines propriétés des ramets matures? Difficile à observer!

Réf. sp. Angevine 86, Anonyme 1893, Ashmun 82, 85, Balgooyen 95, Barrett 87, Bournérias 92, Brown 85, Carter 68, Cook 83, Cullina 99, Day 1885, Evans 93, Fox 30, Galen 85, 86, Harshberger 1899, Helenurm 87, Humphrey 61, Mahall 78, Nantel 2000, Pitelka 85, Plowright 81, Sobey 77, Stuckey 98, Thaler 79, Utech 73, Wilson 1895.

Cohosh bleu

suite de la page 206

La famille à laquelle appartient le cohosh bleu intéresse les phytogéographes: plusieurs de ses genres présentent une contrepartie dans l'est de l'Asie. Pourtant au moins un continent sépare les aires disjointes de ces plantes. C'est le cas des genres *Jeffersonia, Podophyllum* et ... *Caulophyllum.*

Une, deux ou trois espèces?

Selon le point de vue, le genre *Caulophyllum* comprend 1 ou 2 ou 3 espèces, ayant toutes le même nombre de chromosomes ($2n = 16$). En Amérique du Nord, la plupart des botanistes reconnaissent une seule espèce, comprenant deux variétés. La même plante se trouve aussi dans l'est de la Sibérie et au Japon (var. *robustum)*, mais d'aucuns croient qu'il s'agit plutôt d'une espèce distincte *(C. robustum).*

En Amérique: deux espèces ou deux variétés?

Quant aux deux variétés nord-américaines, elles seraient, selon certains, deux espèces *(C. thalictroides* et *C. giganteum).* À maturité, ces deux variétés présentent la même taille mais le cohosh bleu géant, un peu plus précoce, paraît plus grand durant les premiers stades de développement, quand les deux variétés se côtoient. Les deux fleurissent à peu près en même temps, parfois à une dizaine de jours d'intervalle, et présentent les mêmes exigences écologiques. Une forêt recèle une seule des deux variétés ou les deux.

Le cohosh bleu géant présente une coloration plus violacée (fleurs, feuilles et tiges), des feuilles à segments plus grands, des fleurs plus grandes — moins nombreuses par inflorescence — et avec un style bien visible, plus long (1 à 2 mm) et crochu. Chez l'autre variété, la variété typique, les fleurs sont d'un jaune vert, un peu plus petites et leur style mesure moins de 1 mm. La variété typique présente une aire de répartition plus étendue et englobe, dans sa partie nord, l'aire du cohosh bleu géant.

Étudiées en détail, des populations du Michigan révélèrent certains secrets quant à la reproduction comparée des deux variétés nord-américaines.

Le ***cohosh bleu variété géant*** *présente une coloration plus violacée (fleurs, feuilles et tiges). À mesure que le feuillage s'étale, cette coloration disparaît et les deux variétés deviennent plus difficiles à distinguer.*

Photo: Gisèle Lamoureux

En cours: différenciation d'espèces

Le premier secret c'est que, curieusement, la variété typique montre un taux de fécondation plus élevé. Il égale de 1,5 à 4 fois celui du cohosh bleu géant. Mais, tout compte fait, au moins deux caractères favorisent la pollinisation de la variété typique.

D'abord, son pollen peut féconder la fleur dont il est issu. Ce n'est pas le cas chez le cohosh bleu géant, qui demande une fécondation croisée. Ceci exige la mise en présence de deux individus génétiquement différents, ne provenant pas du même clone.

Ensuite, le pollen du cohosh bleu géant peut féconder les fleurs de la variété typique, mais ce n'est pas réciproque. Le pollen de la variété typique ne féconde pas la variété géant. Peut-être le style plus long du cohosh bleu géant constitue-t-il une barrière infranchissable pour le pollen de la variété typique? Ce pollen ne disposerait peut-être pas des ressources nécessaires pour franchir cette plus longue distance le séparant de l'ovule. Cette incompatibilité unilatérale amène un certain isolement des variétés et peut-être sommes-nous en présence de la formation de deux espèces distinctes.

La viabilité des graines issues du croisement des deux variétés reste inconnue pour le moment, tout comme la fertilité des individus qui en résulteraient. Ces renseignements aideraient à préciser le statut de ces entités.

Cohosh: un beau nom amérindien

Les Amérindiens Algonquins lui donnèrent le nom de cohosh bleu. Déjà, en 1892, un traité classique sur les plantes médicinales de l'Amérique du Nord (Millspaugh) le cite comme nom français (orthographié cohoche). Nous proposons de revenir à ce nom plus ancien et, à première vue, plus savoureux et moins technique que le nom français «caulophylle faux-pigamon», que Marie-Victorin inventa pour traduire le nom latin.

Chez les Algonquins, cohosh désigne aussi d'autres plantes: l'actée à gros pédicelles (cohosh blanc) et une plante d'un genre voisin, rare au Canada et présente seulement dans le sud de l'Ontario *(Cimicifuga racemosa*, cohosh noir).

Les flores canadiennes précédant celle de Marie-Victorin nommaient le cohosh bleu «léontice», Linné ayant, à l'origine, désigné cette plante sous le nom de *Leontice thalictroides.*

Des mouches et de la longueur des styles

L'autofécondité des fleurs de la variété typique ne favorise pas le «brassage génétique» qui rend une espèce plus plastique, tolérant un plus grand éventail de conditions du milieu. Mais cette autofécondité présente ici un certain avantage, du fait que peu de pollinisateurs fréquentent le cohosh bleu. Qui plus est, il s'agit surtout de diptères (mouches), des mauvais pollinisateurs comparés aux bourdons et aux abeilles. Tout simplement parce que, dans un voyage, les mouches se promènent peu d'une fleur à l'autre. Elles mangent plutôt jusqu'à satiété et attendent d'avoir faim à nouveau pour visiter une autre fleur.

Chez la variété typique, le style court favorise peut-être la fécondation par des pollinisateurs. Simplement parce que les anthères (porteuses de pollen) et les stigmates (partie réceptrice du pistil) se trouvent au même niveau.

Par contre, un pollinisateur peut fourrager dans les anthères du cohosh bleu géant sans toucher au stigmate, qui est porté plus haut. Chez cette variété, les stigmates des fleurs produisant des «fruits» reçoivent 3 fois plus de grains de pollen que ceux des fleurs qui avortent. Cet indice d'un défaut de transport de pollen, se confirme par une grande variation, d'une fleur à l'autre, du nombre de grains de pollen sur les stigmates.

Mais quelle importance revêt la moins grande fécondité du cohosh bleu géant? Le recrutement par semis semble plutôt rare et les deux variétés, vivaces, s'étendent par leur rhizome. Sans doute la production de graines prend-elle son importance pour une dispersion sur une longue distance (voir érythrone*).

À noter: dans les populations étudiées au Michigan, les systèmes de rhizomes sans coupure forment des clones de dimension modeste, soit environ 0,3 m. La dimension véritable des clones dépasse sans doute cette mesure, car généralement les rhizomes des plantes à croissance lente se détruisent par une extrémité, tandis qu'ils croissent par l'autre.

Fruit ou graine?

Souvent au printemps, parmi les feuilles mortes, se trouvent encore les beaux «fruits» bleus du cohosh, au bout d'une queue épaissie, rappelant en miniature une ampoule électrique décorative. Au sens strict, il s'agit non pas d'un fruit, mais d'une graine charnue. Le fruit résulte normalement du développement de l'ovaire, et la graine, du développement de l'ovule.

Dans ce cas-ci, les parois de l'ovaire se brisent et sèchent, sous la poussée de croissance des ovules, qui se retrouvrent nus, sans paroi pour les protéger... sinon la paroi même de chacune des graines qui se développe et se colore de bleu.

L'ovaire contient 2 ovules, mais souvent une seule graine se développe.

Réf. sp. Brundrett 88, 90, Cullina 99, Dore 64, Flora 97, Hannan 96, Moore 63.

Gisèle Lamoureux

*Fleurs plus grandes du **cohosh bleu géant**, avec un style bien visible, plus long (1 à 2 mm) et crochu.*

Roger Larose

Graines charnues. L'ovaire contient 2 ovules, mais souvent une seule graine se développe.

Cornouillers de suède et quatre-temps

suite des pages 88 et 90 (voir aussi pages 339 à 341)

Le cornouiller quatre-temps varie beaucoup, surtout les tiges fertiles et surtout dans les régions nordiques: bractées teintées de vert, de rose ou supplémentaires, inflorescences supplémentaires, tiges ramifiées, feuilles principales dissemblables ou absentes. Un même rhizome porte parfois des tiges normales et des tiges ayant subi une de ces mutations.

Deux races et des hybrides

De plus, le cornouiller quatre-temps comprend deux races chromosomiques: l'une à deux jeux de chromosomes, dite race diploïde ($2n = 22$), et l'autre à quatre jeux de chromosomes, dite race tétraploïde ($2n = 44$).

Chacune des deux races se croiserait avec le cornouiller de suède* (diploïde: $2n = 22$) et les hybrides qui en résultaient, s'ils sont au moins partiellement fertiles, se croiseraient à nouveau avec les espèces parentales (introgression). De la sorte, certains hybrides ressemblent plus au cornouiller quatre-temps et d'autres au cornouiller de suède.

À l'ouest, le cornouiller d'unalaska, issu d'hybride

Dans l'ouest de l'Amérique se trouve seulement la *race diploïde* du cornouiller quatre-temps et le croisement avec le cornouiller de suède produit un hybride diploïde.

*En milieu nordique et en milieu maritime, il arrive de trouver des individus **intermédiaires entre le cornouiller de suède et le cornouiller quatre-temps**. Ici, les fleurs sont violet pâle et les bractées blanches sont maculées de la même couleur. (Lac Guillaume-Delisle, baie d'Hudson)*

Photo: Gisèle Lamoureux

Cornouiller de suède et cornouiller quatre-temps*. Faciles à distinguer lorsqu'ils se côtoient! Cornouiller de suède: plus petite taille; fleurs violet foncé, presque noires; feuilles sans queue, toutes par deux, non en verticille. Cornouiller quatre-temps: plus grand; fleurs blanches; feuilles avec une courte queue, celles juste sous l'inflorescence en verticille de six. (Mingan)*

Photo Francis Boudreau

Les botanistes croient qu'il y a bien longtemps, les chromosomes de cet hybride se dédoublèrent, processus qui produisit une nouvelle lignée tétraploïde aux caractères stabilisés, maintenant élevée au rang d'espèce, le cornouiller d'unalaska *(C. unalaschkensis).*

Ce statut d'espèce se trouve confirmé par le fait que cet ancien hybride montre une aire de répartition débordant l'aire actuelle du cornouiller de suède, qui aurait régressé (voir , page 90). Il se trouve essentiellement dans la forêt humide sur la côte de la Colombie-Britannique. Pour apprendre à distinguer sur le terrain ces trois espèces de cornouillers et les hybrides, consulter le tableau page 336.

À l'est, d'autres hybrides (milieux maritimes ou nordiques)

Dans l'est de l'Amérique, les botanistes ignorent les limites de la répartition du cornouiller quatre-temps *diploïde*, mais il pourrait s'étendre à tout le Québec nordique. Toujours dans l'est, mais plus au sud, c'est le cornouiller quatre-temps *tétraploïde* qui prévaut; lorsque son aire recoupe celle du cornouiller de suède (par exemple dans le Bas-Saint-Laurent), les botanistes observent des hybrides tétraploïdes ($2n = 44$) qui proviendraient de la fécondation d'un ovule du cornouiller quatre-temps tétraploïde ($n = 22$) par un grain de pollen anormal du cornouiller de suède à $n = 22$ au lieu de $n = 11$.

Ainsi, dans l'est de l'Amérique, les petits cornouillers (non arbustifs) montrant des pétales blancs et violets — intermédiaires entre le blanc typique du cornouiller quatre-temps et le violet typique du cornouiller de suède — pourraient provenir d'au moins quatre sources:

1 de mutations à l'intérieur de l'espèce cornouiller quatre-temps,

2 de l'hybridation du cornouiller de suède avec le cornouiller quatre-temps diploïde (Québec nordique),

3 de l'hybridation du cornouiller de suède avec le cornouiller quatre-temps tétraploïde,

4 ou encore d'individus authentiques du cornouiller d'unalaska, de même origine que ceux de l'ouest et qui auraient persisté dans nos contrées après la glaciation, tout comme d'autres espèces d'origine cordillérienne.

Réf. sp. Bain 79, Calder 65, Cayouette 86, Gervais 85, Lepage 46, 50, 51, 55, Murrell 94.

Fruits du ***cornouiller de suède****.*

Photo: Roger Larose

Caractères des cornouillers quatre-temps, de suède et de leurs hybrides

	cornouiller quatre-temps	hybride, introgression avec c. quatre-temps, dans certains cas	hybride, introgression avec c. quatre-temps, dans d'autres cas	cornouiller d'unalaska (issu d'hybride)	hybride, introgression avec c. de suède	cornouiller de suède
noeud 1 en verticille	√	√	√	√	—	—
feuilles avec queue	√	√	√	√	√ ou —	—
nervures secondaires	√	√	√	√	√	—
pétales blancs	√	√	2/3	1/2	1/3	—
pétales violets	—	—	1/3	1/2	2/3	√
noeud 2	p	v	p ou v	p ou v	v	v
noeud 3	p	p	p	p	v	v
taille forte	—	—	—	√ *	—	—
répartition	c	c	c	m **	c	m ***
fiabilité des caractères	98 %	67 %	67 %	91 %	93 %	98 %

√ oui — — non
p feuilles pâles et réduites — v feuilles vertes et normales
c répartition continentale — m répartition maritime
* reliée à polyploïdie — ** ouest de l'Amérique — *** ou paléo-maritime

Cornouiller hart-rouge

suite de la page 128

Très largement répandu en Amérique du Nord, abondant, omniprésent même, le cornouiller hart-rouge acquit certaines lettres de noblesse dans la tradition amérindienne, non seulement comme plante médicinale.

Important dans la tradition amérindienne

Les Amérindiens utilisaient ses branches, suffisamment souples, pour tresser des paniers. Cet usage revint à la mode, du moins au Québec dans les années 1990, et de magnifiques paniers rouges se trouvent maintenant dans les boutiques. Le rouge de l'écorce varie au cours des saisons et les vanniers savent mettre en évidence les différentes teintes que prend l'arbuste. La couleur naturelle de cette écorce résiste au temps et les paniers restent beaux longtemps.

Préalablement séchée et grillée, l'écorce interne semblait l'élément le plus populaire chez plusieurs groupes amérindiens, pour fumer en mélange avec le tabac ou pour le remplacer. Certains lui prêtent alors des effets narcotiques (stupéfiants), d'autres y voient une façon d'adoucir le tabac ou encore, une origine mystique, d'où son utilisation dans certaines cérémonies ou comme offrande de paix.

Par exemple, dans certaines traditions, ce serait la seule plante fumée dans le calumet de paix ou dans la tente à suer. *Kinnikinnick*, de l'algonquin «celles qui se mélangent», désignait une mixture de plantes à fumer, faite typiquement de busserole raisin-d'ours° et de cornouiller hart-rouge, ou encore d'autres plantes.

En automne et en hiver, la teinte de l'écorce du ***cornouiller hart-rouge*** *s'avive. Ses buissons se reconnaissent de loin.*

Photo: Gisèle Lamoureux

Le nom s'appliquait aussi à chacune de ces deux plantes ou à leur mélange avec le tabac. La coutume et la manière de les fumer seraient passées rapidement dans les mœurs des premiers colons.

Fleurir avant ou après l'apparition des feuilles?

Aux environs de Boston (Massachusetts), le cornouiller hart-rouge fleurit pendant environ 4 semaines. Chaque fleur dure 4 ou 5 jours et la libération du pollen suit immédiatement l'épanouissement de la corolle. Étamine et corolle tombent, une fois leurs fonctions accomplies. Moins de 3 semaines après la fécondation, les ovaires fécondés se reconnaissent à l'ampleur de leur taille. Les ovaires non fécondés ou avortés, eux, ne grossissent pas. Ils se teintent de rouge et restent attachés à l'inflorescence, jusqu'à la maturité des fruits.

Les bourdons se chargent en bonne partie de la fécondation croisée obligatoire, mais l'effet du vent reste inconnu. Des expériences révèlent que le pollen d'une fleur déposé sur le stigmate de la même fleur, entre en compétition pour l'espace avec le pollen venu d'ailleurs, ce qui diminue possiblement le nombre de fruits produits. Les graines se forment obligatoirement par fécondation, non par apomixie ou phénomènes analogues.

Contrairement à d'autres cornouillers *(C. mas, florida)* le cornouiller hart-rouge fleurit après sa feuillaison. Premières à paraître, les feuilles se développent à partir des réserves accumulées les années précédentes. Une fois étalées et grâce à la photosynthèse, elles alimentent à leur tour fleurs et jeunes fruits. De la sorte, les fruits mûrissent plus rapidement que chez les deux autres espèces, qui procèdent à l'inverse: fleurs et jeunes fruits paraissent avant les feuilles, et tous trois se développent à partir des réserves accumulées antérieurement.

Réf. sp. Anonyme 19??, Fosberg 42, Gouvernement 86, Gunatilleke 84.

***Cornouiller hart-rouge**. Très amères les cornouilles! Les Amérindiens les consommaient.*

Gisèle Lamoureux

Cornouiller quatre-temps

suite de la page 88 (voir aussi pages 334 à 336)

Son aptitude à croître dans des milieux variés étonne et son aire de répartition couvre plusieurs degrés de latitude, depuis le domaine de l'érablière jusqu'à la limite nordique des arbres. En montagne, les plantes des forêts cèdent graduellement la place à la flore subalpine; le cornouiller quatre-temps, lui, accompagne le randonneur pratiquement de la base au sommet.

Cet élément dominant du parterre des forêts de conifères égaye le paysage de ses fleurs au printemps, de ses fruits rouge vif en été, puis de son feuillage pourpre foncé à l'approche des premières neiges. Tire-t-il son nom québécois «quatre-temps» de cette aptitude à traverser les saisons avec éclat?

En abénaquis, le nom du cornouiller quatre-temps signifie «quand on a des points» parce qu'employé contre ce malaise. Les Amérindiens Attikameks de Manouane (près de Saint-Michel-des-Saints) en fabriquaient un remède contre le rhume, en faisant bouillir la plante avec la gaulthérie thé-des-bois°; ils l'employaient bouillie avec des rameaux d'if du canada°, pour soulager les menstruations douloureuses... deux plantes potentiellement toxiques lorsque ingérées à fortes doses.

Des fleurs qui explosent

Attention! À la maturité des étamines, ces minuscules fleurs éclatent au moindre toucher. À remarquer: chacune est soit fermée, soit totalement ouverte; rien entre les deux. Une antenne surmonte un des pétales des fleurs fermées. L'effleurer déclenche une explosion: les pétales s'ouvrent et les étamines mûres projettent leur pollen jaune.

Seuls les cornouillers de petite taille et non arbustifs, tels les cornouillers quatre-temps et de suède, présentent cette petite antenne... et des botanistes les classent dans un genre à part, au nom rébarbatif: *Chamæpericlymenum*.

Entourées de quatre grandes bractées blanches, les mini-fleurs du ***cornouiller quatre-temps*** *sont soit ouvertes, soit fermées, rien entre les deux! Une petite antenne surmonte la fleur fermée et déclenche une explosion si on l'effleure.*

Photo: Gisèle Lamoureux

Un tapis = un seul arbuste souterrain

Une étude détaillée, en Alaska, révèle que dans la forêt boréale, le cornouiller quatre-temps s'installe dans de jeunes forêts (40 ans) grâce à l'apport de graines provenant de boisés voisins plus âgés. Ces graines arrivent par le biais des animaux, considérés importants pour leur dispersion. Pour germer, elles doivent nécessairement subir une période de temps froid (vernalisation). Moins de 30 % germent et ce faible taux de germination dépendrait, au moins en partie, d'un manque de lumière, surtout dans les jeunes forêts (couvert plus dense).

Installation et croissance lentes

L'établissement des plantules présente une phase critique: moins de 10 % dépassent le seuil des 4 ans, curieusement un peu plus (15 %), lorsqu'elles s'installent sur de vieilles souches. À cet âge, la plantule ne fleurit ni ne produit de rhizome et les botanistes ignorent quand ces organes commencent à se développer. La croissance du rhizome s'avère très lente, surtout au début. Annuellement, le rhizome s'allongerait d'environ 3 cm, dans de jeunes forêts, et d'environ 12 cm dans de vieilles forêts (80 ans et plus), au maximum, de 18 cm.

Le développement du rhizome d'un plant issu d'une seule graine forme une talle dense, appelée clone. Un clone de cornouiller quatre-temps se compose donc de plusieurs tiges potentiellement indépendantes (ramets), mais appartenant toutes au même individu et reliées par un seul rhizome. Le plus grand clone trouvé dans cette étude en Alaska, mesurait 4,4 m et les botanistes estimèrent son âge à 36 ans. Toutefois, son âge réel dépasse ce nombre: tandis que le rhizome s'allonge par une extrémité, il se détruit par l'autre, rendant impossible la détermination de l'âge réel.

Les parties souterraines d'un tapis de quatre-temps sont ligneuses et toutes rattachées entre elles. Ses ramets forment des tapis denses, par exemple de 16 ramets par 20 cm^2. C'est donc un arbuste à tronc et branches souterraines, qui n'émet à l'air libre que ses rameaux de l'année! Selon certains, cette façon de croître s'accommode bien de feux de faibles intensités.

C'est sous un couvert forestier de 50 % qu'il fleurit et fructifie le mieux. Par ailleurs, parfaitement adapté à l'avènement de stress importants, le cornouiller quatre-temps voit sa croissance stimulée par des perturbations majeures dans la forêt, tels certains types de coupes.

Peu de fruits

Tous les petits fruits sauvages comestibles servent généralement à confectionner des confitures, gelées, etc. Pourquoi ceux du cornouiller quatre-temps échappent-ils à cette règle? Est-ce par manque de fruits? Une autre étude, menée au Nouveau-Brunswick, montre l'existence de barrières importantes à la production de fruits. Comme d'autres plantes printanières (maïanthème du canada*,

Fruits (cornouilles) du ***cornouiller quatre-temps***.

Photo: Francis Boudreau

D'aussi grands tapis de ***cornouiller quatre-temps*** *sont très rares. Surtout qu'ici, ils portent assez de fruits pour colorer le paysage en rouge! L'élément stressant qui a pu stimuler une telle croissance? Peut-être le broutement des vaches. C'est un pâturage gaspésien.*

Photo: Gisèle Lamoureux

médéole de virginie*, trientale boréale*), le cornouiller quatre-temps présente des fleurs hautement auto-incompatibles. Le pollen d'un individu ne peut féconder les ovules de la même plante et la production de fruits nécessite une pollinisation croisée (pollen d'un individu fécondant un ovule d'un individu différent).

La pollinisation de ces fleurs de la forêt boréale demande l'intervention des insectes. Ce n'est peut-être pas un hasard si leur épanouissement coïncide avec une température suffisamment élevée pour permettre le vol des pollinisateurs. Les bourdons affectionnent particulièrement le cornouiller quatre-temps et le visitent fréquemment. Considérant que toutes les fleurs d'un clone appartiennent à un même individu, le bourdon doit absolument apporter le pollen d'un clone voisin et non celui d'une fleur voisine relevant du même clone... ce qu'il ignore, lui qui butine sans doute toutes les fleurs d'un clone, puis toutes celles du clone voisin!

Seulement 11 % des bourgeons mènent leurs fruits à maturité. Par ailleurs, dans une expérience contrôlée, la pollinisation croisée forçée n'en produisit que dans 22 % des cas. Un taux élevé de fruits avorte (18 %), ce que d'aucuns croient en relation avec un manque de lumière ou de ressources dans le sol. Par ailleurs, l'arrosage des forêts par des pesticides juste avant la floraison de la plante (contre la tordeuse des bourgeons de l'épinette, par exemple) réduit significativement le nombre de pollinisateurs et donc la fécondité du cornouiller quatre-temps. Les herbivores aussi convoitent les fruits: ils en volent environ 40 %.

Réf. sp. Adams 27, Bain 79, Barrett 87, Calder 65, Cayouette 86, Foerste 1891, Gervais 85, Hall 76, Helenurm 87, Lepage 46, 50, 51, 55, Mosquin 85, Murrell 94, Nichols 34, Porsild 58, Sobey 77, Stevens 68, Tappeiner 89.

Cypripède rose

suite de la page 214

Qu'est-ce qui rend le cypripède rose intéressant? La beauté de sa fleur, sans doute. Mais elle est d'une telle complexité! Et la première que livre un plant résulte d'une quinzaine d'années de préparatifs, d'associations avec des champignons, de séduction de bourdons...

Des bourdons, des cypripèdes et de la séduction

Ce qui attire les insectes chez le cypripède rose? Sa couleur voyante et un doux parfum sucré, concentré dans les sépales et les pétales latéraux. En quête de nectar, comme combustible de vol, et de pollen, pour fabriquer le miel, seuls de gros insectes comme les bourdons *(Bombus* et *Psithyrus)* réussissent à franchir la fente du labelle des cypripèdes... Pour constater que ce labelle ne sécrète pas de nectar ni ne contient de pollen.

La poche se referme solidement derrière eux, à cause de l'enroulement des bords de la fente qui leur confère de la rigidité. Les insectes trappés se dirigent alors vers la seule source lumineuse en vue: une ouverture à la base du labelle. Une route à sens unique forcé, quoi!

En se débattant dans la sortie, tout juste assez ample pour eux, les bourdons se frottent à leur insu au pollen, à proximité. Sorti de la fleur, le dos chargé d'une masse collante de pollen hors de portée de ses pattes, l'insecte ne retire strictement rien de cette aventure.

Le cypripède, un profiteur

Pour qu'un cypripède reçoive du pollen étranger, le même insecte se fera leurrer au moins deux fois! Et il semble que les bourdons apprennent assez vite, ne restent pas «naïfs» bien longtemps. Le cas est connu chez d'autres «belles orchidacées sans récompense», tels le calypso bulbeux et le calopogon tubéreux°.

Le pollen d'une fleur donnée se déposera rarement sur le pistil d'une voisine: il faut un peu de temps, donc de distance, pour que l'insecte oublie «l'affront» subi à sa première visite, et pénètre dans un autre cypripède. La densité des fleurs de cypripède rose, dans ce cas, ne présente pas un gage d'augmentation de la pollinisation croisée. Peut-on conclure à une stratégie favorisant le croisement d'individus géographiquement éloignés — donc probablement génétiquement distinct — au prix d'un très faible taux de fécondation?

La biodiversité: alliée du cypripède

De l'importance de maintenir la biodiversité! Si le subterfuge des cypripèdes fonctionne, c'est bien parce que les insectes trouvent leur récompense chez les autres fleurs du même habitat; par exemple, les arbustes de la famille du bleuet attirent aussi les bourdons. Sporadiquement réparties, seules quelques belles font office de tricheuses, et les avantages que la curiosité procure généralement aux bourdons l'emportent sur les déceptions occasionnelles. Et la pollinisation continue.

Selon certaines botanistes et d'après une étude au Québec, il en est des cypripèdes comme des séducteurs: les plus beaux sont les plus trompeurs; ils prennent tout, n'offrent rien en retour, seulement le plaisir de les contempler... Mouais!

Trois pétales, comme chez les trilles, mais...

Compliquée la fleur des cypripèdes? Plutôt irrégulière, c'est-à-dire asymétrique! Un beau défi: observer toutes ses parties, sans l'arracher ni l'abîmer. Suffit de s'asseoir par terre et de l'examiner du bout des doigts.

Les enveloppes

La fleur compte 3 pétales: un de chaque côté, souvent torsadés, et celui du milieu, plus gros, gonflé comme un sabot et appelé labelle. Sans qu'il n'y paraisse trop, le labelle aussi est «torsadé»: avant l'épanouissement de la fleur, il se situe en haut, chez les cypripèdes comme chez bien d'autres genres de la même famille.

Combien de sépales? Trois... dont 2 soudés, sous la fleur (sauf chez le cypripède tête-de-bélier, *C. arietinum)*. Pour mêler les cartes, souvent pétales latéraux et sépales affichent la même couleur, mais non le labelle!

Enfin, derrière les sépales colorés, une grande bractée verte, courbée à l'horizontale, abrite la fleur comme un parasol courbé au-dessus ou entre les sépales.

Organes reproducteurs

Le plus difficile à interpréter? Les organes de reproduction. Repérer d'abord l'ovaire (vert et courbé), entre la bractée et les sépales. Il se prolonge, à la base du labelle, par une colonne (gynostème) formée de plusieurs éléments soudés: 3 styles et 3 étamines (2 fertiles et une stérile).

Au sommet et de chaque côté de la colonne, l'anthère de chacune des 2 étamines fertiles prend la forme d'une sphère blanchâtre et produit du pollen. L'anthère de l'étamine stérile (staminode), fortement dilatée, forme une large plate-forme étalée comme un bouclier entre les deux anthères fertiles. Ce bouclier cache le stigmate à 3 lobes. Attention de bien reconnaître le staminode: il ressemble à un très gros stigmate... mais n'en est pas un.

Forme à fleur blanche (albinos) du **cypripède rose** (**forma albiflorum**). *Les cypripèdes développent démesurément un de leurs pétales, le labelle, en forme de sabot, d'où leurs noms sabot-de-la-vierge, sabot-de-vénus, lady's-slipper, mocassinflower. La photo permet de reconnaître la plupart des pièces florales dont la description paraît ci-contre.*

Photo: Gisèle Lamoureux

En réalité, le nombre de base des pièces est trois, comme chez les trilles, mais avec soudures et boursouflures ici et là!

Au moins 15 ans avant de fleurir

Comme chez les trilles, le cypripède rose doit atteindre une certaine taille pour fleurir. Au Michigan, soit vers le centre de son aire de répartition, il produit ses premières fleurs au mieux 10 ans après le début de la germination de la graine — 15 ou 16 ans chez les cypripèdes jaune et royal *(C. calceolus, reginae)*.

Mais la germination des cypripèdes ne débute elle-même que plusieurs années après la dispersion des graines, lorsque suffisamment de substrat s'est accumulé pour qu'elles se trouvent à une profondeur de 2 à 5 cm. C'est dire que, de la dispersion de la graine à la production de la première fleur, 15 ou 20 ans s'écoulent! À la limite nordique de son aire, cette période risque de s'allonger, vu les conditions climatiques moins favorables.

À noter qu'à partir du début de la germination, la plantule demande 3 ans, parfois 4, avant de faire surface et de produire une première feuille verte. Cette longue période de croissance souterraine, donc sans photosynthèse, se trouve entravée par l'absence presque totale de réserves nutritives dans les minuscules graines. Ceci oblige les plantules des cypripèdes à s'associer à des champignons microscopiques (mycorhizes) et à dépendre entièrement des réseaux d'hyphes de ces champignons, pour combler leurs besoins en éléments nutritifs. Un mécanisme précaire!

Et si une grande quantité de graines germent au même

*Fruit du **cypripède rose**. Seulement 2 % des fleurs de cypripède rose donnent des graines. Fructifier pendant 3 ou 4 ans d'affilée coûte cher: la plante rapetisse d'année en année, puis périclite. À l'automne, la feuille se fane à partir du sommet et les éléments nutritifs résiduels migrent probablement vers le rhizome, qui les récupère.*

Photo: Roger Larose

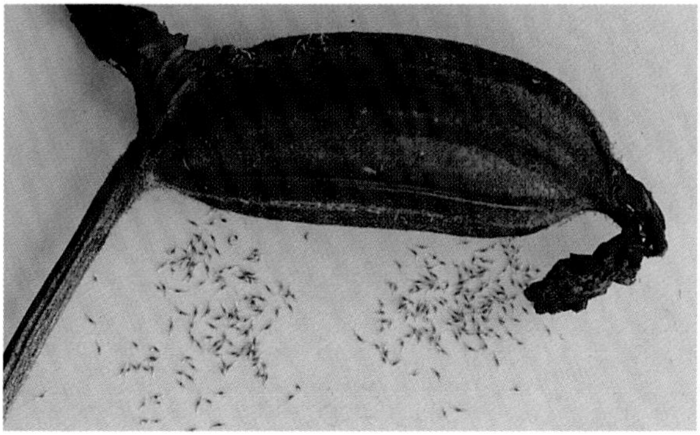

Combien de mini-graines dans une capsule de ***cypripède rose****? De 14 000 à 54 000! Elles ne contiennent pas de réserves nutritives et la plantule s'associe à des champignons mycorhiziens pour croître.*

Photo: Roger Larose

endroit, en même temps, les plantules risquent de se trouver en compétition et à court de vivres. Dans un site favorable, des botanistes en notèrent 42 dans 100 cm^3 de sol — un bloc de 4 à 5 cm de côté. Cette compétition entre les plantules, de même que le peu de compétitivité des cypripèdes à l'égard des autres espèces, expliqueraient un taux de mortalité des plantules très élevé. Par exemple, chez le cypripède royal, au Michigan, 84 % des plantules et juvéniles retrouvés en nature ont l'âge de 1 an; 13 %: 2 ans; 2,5 %: 3 ans — et moins d'un sur 100 (0,5 %) a 4 ans ou plus.

Peu de fruits, beaucoup de graines

La structure de la fleur des cypripèdes rend difficile l'autofécondation. Mais pollen et pistil d'une même fleur sont néanmoins compatibles, puisque l'autofécondation provoquée mène à la production de graines. Le manque de pollinisateurs, causé notamment par l'épandage massif d'insecticides et d'herbicides, limite la fructification.

Une étude au Massachusetts démontre que, laissé à lui-même, le cypripède rose fructifie rarement: seulement 2 % des fleurs donnent des graines tandis que, pollinisées artificiellement, 90 % en produisent. Cependant, fructifier pendant 3 ou 4 ans d'affilée coûte cher. Au début, la plante utilise ses réserves, mais à la longue, le coût de la reproduction se fait sentir. L'année suivant la fructification, les feuilles rapetissent d'environ 10 à 13 % et la probabilité de fleurir diminue de 5 à 16 %. Si elle continue à fructifier d'année en année, la plante périclite au bout de 3 ou 4 ans.

Ce cypripède consacre environ 18 % de son énergie à la production et à l'entretien du pédoncule et de la fleur. Celle-ci reste épanouie pendant 20 jours (au Massachusetts), attendant la pollinisation, mais se fane en dedans de 5 à 9 jours après la fécondation, forcée ou non. La floraison n'hypothèque pas la plante, du moins pas de manière sensible. Mais au moment de la fructification, ce n'est plus 18 % mais 27 % de son énergie qu'elle consacre à l'effort de reproduction; ce 9 % additionnel serait critique.

Merveilleuse adaptation: la fleur compense le faible taux de pollinisation par la production de dizaines de milliers de minuscules graines (14 000 à 54 000), dans un seul fruit, haut perché et persistant facilement pendant 2 ans. D'après l'opinion de certains botanistes, le vent transporte les graines minuscules et légères des orchidacées à des dizaines, peut-être à des centaines de kilomètres.

Réf. sp. Barrett 87, Case 87a, Curtis 43, Davis 86, Forsyth 91, Gauvreau 04, Helenurm 87, Luer 75, Primack 90, 96, Sobey 77.

Érythrone d'amérique

suite de la page 152

Dans cette famille, les érythrones s'apparentent aux tulipes, quoique leurs bulbes diffèrent. L'Amérique est plus riche que l'Europe en érythrones et le centre de dispersion se situerait à l'ouest des Rocheuses, peut-être en Orégon. Une seule espèce se trouve au Québec, l'érythrone d'amérique.

Un bulbe qui s'enfonce

Lorsqu'il forme sa première vraie feuille, le minuscule bulbe de l'érythrone mesure à peine quelques millimètres. Il croît près de la surface du sol, dans les 2 ou 3 premiers centimètres. D'année en année, le bulbe grossit et s'enfonce dans le sol, sans généralement dépasser la profondeur de 11 cm, bien qu'il se rende parfois à 15 cm. Les gros bulbes mesurent environ 2 cm de longueur.

La base de la feuille forme une tunique autour du bulbe. Lors du renouvellement du bulbe, une nouvelle tunique se forme à l'intérieur de l'ancienne. D'année en année, les débris des anciennes tuniques et racines restent attachés au bulbe. Ceci permet de connaître assez précisément son âge et le plus âgé rapporté avait 16 ans. La grandeur de la feuille croît aussi avec la taille du bulbe, mais la relation exacte entre les deux n'a pas été calculée.

Le nouveau bulbe croît par la base et vers les profondeurs. Chemin faisant, il repousse sur le côté le plateau auquel se rattachent les racines. Celles-ci paraissent alors pousser sur le côté du bulbe et rayonnent tant vers le haut que vers le bas. Le bulbe réussit-il à s'enfoncer aussi profondément par sa seule croissance vers le bas? Chose certaine, ses racines ne sont pas contractiles et ne le tirent pas en profondeur. Il est aussi possible, comme chez une espèce voisine *(E. albidum),* qu'il enfonce un stolon en profondeur, porteur d'un nouveau bulbe principal, mais cela reste à observer.

Grandir pendant 10 ans

Dans une étude menée en Nouvelle-Écosse, 450 bulbes furent examinés; ils provenaient de 3 habitats très différents, typiques des milieux fréquentés par la plante (alluvions très favorables, terrain

Un an dans la vie de l'érythrone d'amérique

Le schéma ci-contre montre la variation du poids des diverses parties de l'érythrone d'amérique au cours d'une année. Un transport fascinant de matière s'exerce entre les parties, dévoilant comment et quand la plante accumule et redistribue son énergie.

Dépendant des années, le bilan s'établit positivement ou négativement. Les mauvaises années, la multiplication végétative sera réduite; parfois même, s'il a peu accumulé de réserves, le bulbe mourra durant l'hiver. Une étude menée au New Hampshire met en évidence l'existence d'un rapide renouvellement des populations, avec un taux de mortalité annuel de 59 % (longévité moyenne de 1,7 an).

Le schéma montre aussi l'importance de la croissance en hiver, à partir des seules réserves du bulbe. Ceci se déduit facilement, car de ses feuilles encore enroulées, l'érythrone d'amérique «perce» réellement la neige.

À noter, les racines meurent toutes au début de l'été et le bulbe les renouvelle au début de l'automne, un fait plutôt inusité chez les printanières forestières.

Érythrone d'amérique juvénile

Cycle annuel, variations du poids et sources de ces variations

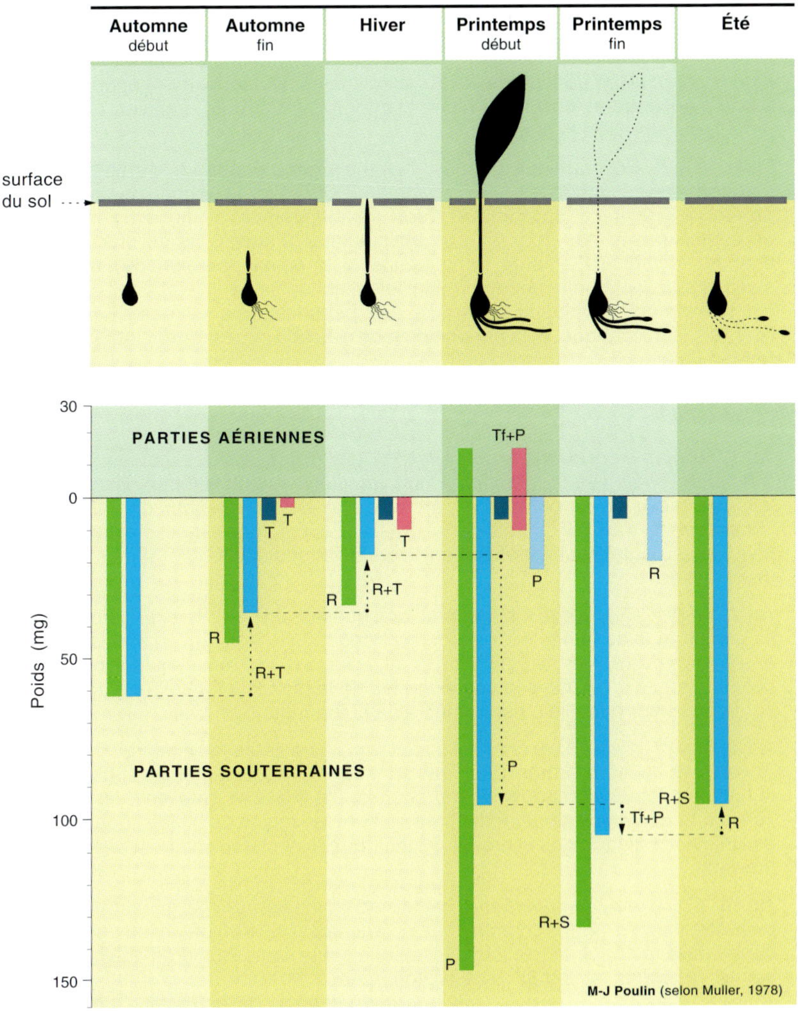

Sources de variations du poids de chacun des organes:

P: photosynthèse (feuille)
R: respiration des tissus
S: sénescence des tissus
T : translocation à partir du bulbe
Tf: translocation à partir de la feuille

Plante entière
Rhizome
Bulbe
Racine
Feuille

bosselé favorable, pente forte moins favorable). Seulement 35 de ces bulbes avaient fleuri (8 %, la plupart en milieu très favorable); ils avaient tous 8 ans ou plus et étaient les plus profondément enfouis. À l'âge du bulbe, s'ajoute une période de 2 ans pour le former à partir de la graine. De la graine à la fleur, il s'écoule donc au moins 10 ans.

De la graine à la fleur: 10 ans!

La dormance. Une période de vie au ralenti, sans développement apparent. Le terme s'applique à l'ensemble d'une plante, tels les arbres en hiver, ou à une partie seulement de la plante.

Dans le cas de certaines graines, comme chez l'érythrone d'amérique (et d'autres espèces américaines: *E. albidum, parviflorum),* la période de dormance permet à l'embryon de compléter son développement et la levée de cette dormance passe par deux étapes obligatoires. D'abord, après une période chaude, la radicule émerge de la graine et le développement de l'embryon s'active puis, après une période froide, le cotylédon se déploie quand l'embryon est pleinement développé. Chacune des périodes dure 12 semaines, chez l'érythrone d'amérique, et la période chaude précède nécessairement la période froide.

D'après une étude au New Jersey, voici comment se déroule le cycle de l'érythrone d'amérique.

An 1. *Dispersion et début de germination.* Juin: dispersion des graines, arrivées à maturité, mais avec un embryon non complètement développé. Septembre: levée partielle de la dormance permettant le développement de l'embryon. Novembre: la radicule surgit de la graine. Février: dormance complètement levée; pour compléter la germination, la graine attend une température suffisamment élevée.

An 2. *Levée du cotylédon.* Mars-avril: dès que la neige se retire, la germination se complète avec le déploiement du cotylédon. Juin: lors de l'épanouissement des feuilles des arbres, le cotylédon flétrit, après avoir formé un bulbe souterrain qui survivra à l'hiver. Seul le cotylédon fait de la photosynthèse cette année-là, car aucune autre feuille n'est formée et le bulbe reste bien petit.

An 3. *Une première vraie feuille.* Au printemps, une seule feuille surgit du bulbe, et il en sera de même durant quelques années. À chaque printemps subséquent, le bulbe principal se renouvelle et produit de 0 à 3 bulbes satellites, au bout de stolons. Les rejetons se détachent rapidement, en moins de 2 mois, pour former des individus autonomes et produire à leur tour de nouveaux bulbes, dès l'année suivante.

An 10. *Enfin, une première fleur!* Huit ans au moins après la germination — mais peut-être jusqu'à 10 ans comme chez *E. japonicum* — le bulbe, ayant atteint une bonne taille, porte cette fois 2 feuilles et une seule fleur. Plus gros que celui des plants végétatifs et enfoui plus profondément, le bulbe ne projette plus de stolons, mais donne parfois, par bourgeonnement, de nouveaux bulbes qui fleuriront dès le printemps suivant.

Il existe donc 3 types d'individus bien reconnaissables dans une population:

1 plantules de 1ère année, constituées d'un cotylédon (moins de 1 %);
2 individus à une feuille, se multipliant végétativement ou non (99 %);
3 individus à 2 feuilles, produisant une fleur (moins de 1 %).

*N'est-elle pas jolie, la fleur de l'**érythrone d'amérique**? Les deux rangs de trois tépales se distinguent l'un de l'autre par la coloration de la surface externe. Quant aux deux rangs de trois étamines, leurs longueurs diffèrent et ils n'arrivent pas à maturité en même temps... ce qui favorise les visites multiples des pollinisateurs.*

Photo: Gisèle Lamoureux

De 1 an à 7 ans, la mortalité n'est pas fonction de l'âge. Mais il semble que franchir la barrière du 8 ans n'est pas habituel, surtout dans les habitats autres que très favorables. Passé cet âge, le bulbe vit assez facilement jusqu'à 14 ans, du moins dans les habitats très favorables.

Assez curieusement, lorsqu'il atteint la taille nécessaire pour fleurir, le bulbe semble changer de position. Il se courbe plutôt à l'horizontale et continue de s'allonger dans ce sens plutôt qu'en profondeur. Comment et pourquoi s'effectue ce changement de position? Mystère.

Produire d'autres bulbes végétativement

Mais la plupart des bulbes d'érythrone d'amérique ne proviennent pas directement de graines. La plante a plus d'un tour dans son sac.

Bulbes satellites

À chaque année, en plus de renouveler le bulbe principal, la plante produit de 0 à 3 petits bulbes. Elle forme chacun au bout d'un stolon souterrain (dépourvu de racines) de 15 à 25 cm de longueur, dirigé vers le haut ou vers le bas. Dans les habitats très favorables, 58 % forment de ces bulbes satellites, contre seulement 23 % dans les habitats peu favorables.

À leur tour, ces bulbes satellites donnent naissance à d'autres bulbes. La production de bulbes satellites cesse cependant lorsque la plante commence à fleurir. Mais avant de produire une seule graine, le bulbe se trouve souvent parent ou ancêtre de quelques centaines de bulbes! Qui dit mieux?

Bulbes filles

Le bulbe a aussi la possibilité de se diviser, produisant ainsi un bulbe fille, un peu comme le fait l'ail des bois (illustration page 271). Le bulbe fille reste près du bulbe mère, mais sans lien physiologique. C'est probablement ces divisions qui donnent des touffes denses.

Généralement, le bulbe ne produit qu'un seul bulbe fille par année. Cela reste un phénomène peu fréquent (1 %) chez les bulbes stériles, mais presque généralisé chez les bulbes qui fleurissent. Comme chez l'ail des bois, n'est-ce pas? Les deux plantes relèvent d'ailleurs de la même famille.

Dans l'ensemble (étude en Nouvelle-Écosse), 35 % des bulbes examinés ne produisirent ni bulbe fille, ni bulbe satellite.

Champignon mycorhizien efficace

Après que l'érythrone d'amérique vient de disparaître de la surface du sol, au début de l'été, sa vie se continue sous terre. À ce moment, ses racines meurent toutes. La plante en fabriquera de nouvelles chaque automne.

Ce qu'il y a de particulier chez l'érythrone d'amérique, c'est qu'il renouvelle ses racines au début de l'automne (mi-septembre, près de Québec). L'arisème petit-prêcheur perd aussi toutes ses racines, au début de l'automne, mais il les renouvelle au printemps. D'autres printanières (asaret gingembre, maïanthème à grappes et trille blanc) ne renouvellent qu'environ le tiers de leurs racines chaque année. D'autres enfin ne les renouvellent que tard en automne ou tôt au printemps.

Et ce n'est pas un détail anodin. À la mi-septembre, la température suffisamment clémente permet l'envahissement des racines par des champignons mycorhiziens à arbuscules (du grec *mukês:* champignon et *rhiza:* racine). Ces champignons microscopiques s'associent intimement aux racines de leur hôte dans une relation symbiotique, sorte de mariage qui profite aux deux organismes. Dans le cas des plantes qui produisent leurs nouvelles racines plus tardivement, les températures froides trouvent des champignons peu actifs. Ces espèces présentent une mycorhization moins intense, mais peut-être est-ce dû à d'autres causes; certaines familles, par exemple, montrent très peu de mycorhizations (celles de la dicentre, de la claytonie, de la cardamine, de la sanguinaire).

Le mariage entre l'érythrone d'amérique et le champignon à arbuscules se déroule suivant un modèle précis. Dès le début de son développement, la racine libérerait des substances constituant un signal pour le champignon. Entre la mi-septembre et le début d'octobre, le champignon répond au signal, qui stimule sa croissance, et entreprend la colonisation de la racine. Il se fixe à la paroi à divers points, par lesquels il s'introduit. Début novembre, il colonise déjà massivement 75 % de la longueur des racines de l'érythrone d'amérique.

En général, un champignon mycorhizien augmente de beaucoup la surface d'absorption d'une racine. Il est constitué d'abondants et longs filaments appelés hyphes (comme les moisissures). Ces hyphes prolongent en quelque sorte la racine de plusieurs centimètres sur tout son pourtour. Un merveilleux équipement pour aller chercher l'eau et les éléments nutritifs du sol! Le champignon fournit

*Parfois, un **stolon blanc** provenant du bulbe de l'**érythrone d'amérique** s'allonge de 20 à 30 cm sur le tapis de feuilles mortes, en pleine lumière. Son extrémité forme un renflement, puis le stolon se flétrit. À son tour, le renflement (sorte de relais) forme un nouveau stolon qui lui, courbé vers le sol, produira un bulbe. Les feuilles se liquéfient en commençant par le sommet, permettant la migration d'éléments nutritifs encore utiles vers le bulbe.*

Photo: Gisèle Lamoureux

ainsi les composantes dont la plante verte a besoin pour la photosynthèse et pour sa croissance. Pour sa part, la plante verte, grâce à la photosynthèse, produira de la matière organique qui nourrira le champignon. Sans son mariage avec la racine, le champignon mycorhizien à arbuscules ne pousse même pas (d'autres types de champignons mycorhiziens poussent sans racine).

Toutefois, sans feuilles à l'automne, l'érythrone n'effectue pas de photosynthèse! Où le champignon mycorhizien trouvera-t-il sa nourriture? Il reste le bulbe de l'érythrone, bourré de réserves. Mais n'est-ce pas dangereux pour l'érythrone? N'a-t-il pas besoin de ses réserves pour produire sa feuille, qu'il développe sous la neige?

Mariage réussi?

Une expérience en laboratoire, portant sur des bulbes d'érythrone de la région de Québec, a permis de commencer à élucider le bilan de cette relation. Les bulbes furent d'abord soumis à un traitement au froid, équivalent à des conditions hivernales.

*Quel éclat dans cette simple touffe d'**érythrone d'amérique**. Les fleurs portent le plus souvent des étamines rouge-brun, à pollen normal. Parfois, ce sont plutôt des étamines entièrement jaunes, à pollen déformé (photo page 153). Les tépales ne se retroussent autant que par grand soleil.*

Photo: Roger Larose

Un fongicide, administré à certains bulbes, ne tua pas les champignons mycorhiziens déjà installés. Mais il empêcha leur invasion dans les parties de racines développées par la suite. Et, quelle surprise! Dans ces cas, les racines se mirent à croître énormément. De 14 cm, elles triplèrent presque de longueur et passèrent à 40 cm, une élongation de 26 cm. Durant la même période, les racines des bulbes non traités s'allongèrent à peine de 1,3 cm.

Durant cette période au froid, les réserves en amidon diminuèrent moins chez les bulbes traités au fongicide. La présence de champignons mycorhiziens dans les racines des bulbes non traités, fut plus coûteuse en réserves d'amidon que l'important allongement des racines des bulbes traités. De quoi paniquer pour un bulbe qui compte sur ses réserves pour produire des feuilles!

C'est au printemps suivant que l'érythrone récupère sa mise de fond. D'abord, la présence de champignons mycorhiziens n'affecte pas les réserves du bulbe au point de nuire au développement de la feuille. Dans un cas comme dans l'autre, la taille de la feuille produite sera la même. Mais ce qui surpend le plus, c'est que les bulbes des érythrones normalement mycorhizés croîtront environ du double en regard des plantes traitées au fongicide. C'est dire que l'érythrone d'amérique compte sur les mycorhizes pour croître, même si l'eau et les matières nutritives abondent durant la saison de croissance et ne constituent pas des facteurs limitants.

Rudimentaire, le système de racines de l'érythrone ne représente qu'environ 2,4 % (en poids sec) de la biomasse totale, durant la saison active. Ses racines épaisses ne se ramifient pas et ne produisent pas de poils absorbants. Leur surface d'absorption limitée commande une association avec des champignons mycorhiziens!

Il est possible aussi que la présence d'un champignon à nourrir, crée une demande qui stimule la photosynthèse chez l'érythrone. Cette stimulation profiterait aux deux organismes.

Ainsi existerait-il deux phases dans ce mariage. Durant la première phase, à l'automne, le champignon mycorhizien devient un peu parasite: il se nourrit des réserves en amidon du bulbe, mais ne fournit pas sa part puisque les besoins en eau et en nutriments du bulbe sont très limités durant cette période.

Rôle important: récupérer des éléments nutritifs

Même si l'érythrone d'amérique compte pour une très petite portion de la masse végétale des forêts décidues, elle y influence significativement la circulation des éléments nutritifs. Parmi les premières et les plus abondantes à croître dans ces forêts, ses feuilles se nourrissent de quantités importantes de potassium et d'azote, à un moment de l'année où la fonte des neiges entraîne un intense lessivage du sol.

Une étude au New Hampshire évalue les quantités retenues dans l'érythrone d'amérique à respectivement 86 % (potassium) et 91 % (azote) des quantités perdues dans les eaux de ruissellement, au même moment. Vers la fin du printemps, au plus fort de la saison de croissance des autres plantes, ces éléments nutritifs retournent en circulation dans l'écosystème, grâce à la décomposition rapide des parties hors terre de l'érythrone. Ainsi, son intervention réduit les pertes de l'écosystème en potassium et en azote.

Comparé à des plantes estivales croissant sur un même site au New Hampshire, l'érythrone d'amérique montre dans ses tissus (autres que le bulbe) une plus grande concentration d'azote: 3,7 % comparé à 2,4 %, soit environ 50 % en plus. Dans la forêt décidue, la disponibilité de l'azote est à son maximum en hiver et au début du printemps, tel que reflété par la concentration en nitrates dans les eaux de surface.

Ceci porte à croire que l'adaptation de l'érythrone d'amérique à la forêt décidue n'est peut-être pas seulement fonction du grand éclairement qu'elle y trouve au printemps, mais aussi de sols favorables, disposant d'une bonne quantité d'azote... au bon moment.

La manière dont la feuille se fane, en se liquéfiant à partir du sommet, suggère un mécanisme de migration des nutriments vers le bulbe. Le potassium et le sodium, en particulier, y augmentent considérablement à ce moment — augmentation résultant probablement à la fois de cette résorption et d'un apport venant du sol.

Durant la deuxième phase, au printemps, le champignon approvisonne l'érythrone, lui permettant une photosynthèse très active accumulant de meilleures réserves en amidon qui serviront aux deux organismes.

Ce mariage, la mycorhize, paraît inusité et spécifique à l'érythrone d'amérique? Eh bien pas du tout, la majorité des plantes le pratiquent, soit apparemment 90 % des espèces.

Cie de transport Fourmi

Protégées des animaux, environ 40 % des graines d'érythrone d'amérique semées expérimentalement germèrent. Si non protégées: aucune germination ne s'observe, et pour cause!

Divers animaux les mangent et les fourmis les transportent au loin, où elles conservent la possibilité de germer. Leur appendice charnu, la «caroncule», attire tout particulièrement les fourmis. La dispersion par ces insectes jouerait un rôle important dans la répartition de plusieurs plantes forestières (voir trilles, p. 435). Les fourmis semblent particulièrement friandes des graines de l'érythrone d'amérique et, selon certaines expériences, les récoltent aussitôt dispersées, avant la tombée de la nuit et l'arrivée des prédateurs nocturnes.

La plupart des graines d'érythrone d'amérique mettent 1 an à faire émerger leur cotylédon. Certaines demandent cependant jusqu'à 2,5 ans. Cette dormance prolongée constitue-t-elle une adaptation à leur dispersion par les fourmis? Installée à proximité d'une fourmilière en pleine activité, une plantule subirait les perturbations conséquentes au forage de nouveaux tunnels ou à l'attaque de ses jeunes racines par les occupantes. Un délai dans la germination augmente les chances que la plantule ne se développe qu'après l'abandon de la fourmilière, puisque les fourmis des forêts n'occupent un nid donné que durant quelques semaines.

*Les fruits de l'**érythrone d'amérique** sont rares et les plantules encore plus! Les fourmis transportent les graines et sont friandes de leur caroncule. Quant aux limaces...*

Photo: Gisèle Lamoureux

S'entêter à produire des graines

Dans une colonie, à moins de conditions très favorables, la proportion d'individus qui fleurissent au cours d'une année donnée égale moins de 1 %. Par exemple, une observation à Saint-Henri-de-Lévis (près de Québec) révèle que sur les 506 érythrones d'amérique que contenaient 5 placettes de 2 m^2, deux bulbes seulement fleurirent.

En milieu très favorable (alluvions), cette proportion atteindrait 20 à 35 %. Mais en général, l'expansion et le maintien d'une colonie repose, en majeure partie, sur la multiplication végétative. La reproduction sexuée et la dispersion à longue distance des graines demeurent cependant essentielles pour propager la plante au loin.

Bourdons pollinisateurs

D'après une étude effectuée au New Jersey, chaque fleur compte de 29 à 80 ovules, ou 45 en moyenne. Pour une fleur donnée, seulement 10 % des ovules fécondés artificiellement par le pollen de cette même fleur (autofécondation) deviennent des graines. C'est bien moins que les résultats obtenus par la pollinisation croisée expérimentale (41 %), par la pollinisation mixte expérimentale (40 %) ou par la pollinisation naturelle (30 %, 35 % en Ontario), qui est mixte.

Dans l'ensemble, ces piètres résultats refléteraient une limitation des ressources destinées à la production de graines. La différence en faveur de la pollinisation artificielle s'expliquerait, en milieu naturel, par un manque de pollinisateurs, principalement des bourdons.

Heureusement, les deux rangs d'étamines n'arrivent pas à maturité en même temps (environ 1 jour d'intervalle), favorisant les visites multiples des insectes. En une seule visite, un pollinisateur s'accapare entre 50 et 80 % du pollen disponible, mais environ seulement 0,6 % du pollen qui quitte une fleur d'érythrone d'amérique arrive sur le pistil d'autres fleurs de la même espèce.

La production de graines augmente d'autant plus que la distance entre le donneur et le receveur de pollen grandit, c'est-à-dire, d'autant plus qu'augmente la probabilité que le pollen provienne d'un individu ayant un bagage génétique différent. Cela signifierait que le morcellement et l'isolement en petites populations, une conséquence courante des activités humaines, compromettent l'efficacité de la reproduction sexuée et en atténuent les bénéfices, tel le maintien de la diversité génétique.

Peu de graines

Si peu d'animaux utilisent les bulbes — une étude rapporte un taux de 4% — les graines, par contre, semblent régaler non seulement les fourmis mais aussi les limaces. Au point qu'une scientifique de Québec rapporte son désarroi: impossible de trouver des graines mûres pour mener des études expérimentales.

Un autre obstacle de taille: l'embryon avorte dans bon nombre des ovules fécondés (jusqu'au tiers).

Des graines intactes, seules celles qui aboutissent en milieu propice germent. Puis, parmi les plantules produites, moins de 40 % atteindraient le stade feuillé.

Coloniser un nouveau site, c'est rare

Une autre embûche existe, de taille celle-là: le prélèvement massif des plantes sauvages à des fins commerciales. Anéantir une colonie... c'est peut-être pour longtemps, vu la rareté des graines. Tout suggère que la colonisation d'un nouveau site se produit très rarement.

Au mont Saint-Hilaire (près de Montréal), des observations échelonnées sur 5 années consécutives révèlent que le nombre d'individus et leur répartition varient très peu, comme si la plante occupait tout l'espace qui lui convient. Seuls des événements exceptionnels et imprévisibles autoriseraient l'expansion des colonies.

Par contre, en Nouvelle-Écosse, la plante n'occuperait pas, loin de là, tout l'habitat potentiel qui s'offre à elle. Probablement parce que cet habitat ne devint disponible que récemment, soit il y a environ 4 500 ans, lorsque les forêts de chênes cédèrent leur place à des érablières. Cette hypothèse repose sur 2 observations:

1 l'érythrone d'amérique survit peu dans des forêts de chênes, ses pousses ne réussissant pas à percer les feuilles mortes des chênes;
2 la plante se propage beaucoup plus par ses parties souterraines que par ses graines.

En 4 500 ans, l'érythrone d'amérique n'a pas réussi à coloniser tout l'espace disponible en Nouvelle-Écosse. Quel âge ont les colonies du Québec? Combien de temps faut-il pour redonner à l'érablière perturbée le sourire des érythrones?

Réf. sp. Abrahamson 79, Baskin 85b, 88, Bernhardt 77, Bierzychudek 82a, Blodgett 1900, Brundrett 88, 90, Cullina 99, Dafni 81, Fortin 61, Harder 85, 89, Holland 74, 80, 81a, 81b, Holm 25, Lamoureux et al. 2000, Lapointe 97, 2001, Marie-Victorin 29, 41, Muller 76, 78, Parks 63, Rimbach 1900, Risser 67, Ruhren 96, Vézina 65, Wein 88, Wolfe 83.

Difficile d'établir des plantules, facile côté bulbe

Dure vie... Résumons. Des milliers de bulbes, mais environ 1 % qui fleurissent. Seulement 30 % des ovules fécondés, puis un embryon sur trois qui avorte, ce qui entraîne qu'environ 24 % seulement des ovules donnent des graines (soit moins de 10 graines par fruit). Seulement 40 % de ces graines germent, à moins que les limaces les mangent ou que les fourmis les enfouissent trop profondément. Inutile de mentionner l'extrême rareté des plantules: dans une étude échelonnée sur 11 ans, aucune plantule ne fut observée pendant 8 de ces années. Et au bout du compte, moins de 40 % des plantules qui produisent une première feuille!!!

Mais alors, à travers tous ces obstacles, comment expliquer l'existence de telles densités dans les colonies? Les embûches, fort nombreuses, se concentrent presque exclusivement autour du stade critique de l'établissement: production, dispersion et germination des graines. Au-delà de la germination, durant les trois premières années de sa vie, l'érythrone d'amérique issu de graine montre un taux de mortalité peu élevé: de 3 à 12 %. Comme il produit une bonne quantité de bulbes à partir de son propre bulbe et dès sa deuxième année, les colonies vivront durant des décennies et se multiplieront lentement mais efficacement, sans même avoir recours à la reproduction sexuée...

Gisèle Lamoureux

*Les pousses de l'**érythrone d'amérique** réussissent à percer les feuilles mortes des érables, mais pas celles des chênes. Ceci contribuerait-il à expliquer pourquoi la plante n'occupe pas tout l'espace disponible dans les forêts de la Nouvelle-Écosse?*

Fraisier des bois et fraisier des champs

suite des pages 108 et 110

Selon certains, le nom *strawberry* viendrait de la coutume de couvrir les fraisières de paille *(straw),* en automne — coutume instaurée en Angleterre, semble-t-il depuis 1629, facilitant la cueillette et gardant les fruits propres (et les genoux aussi). D'autres affirment que ce nom est bien plus ancien et dériverait d'une forme démodée du passé simple *(straw)* du verbe *to strew* (recouvrir de manière éparpillée) se référant à l'enchevêtrement de stolons du fraisier qui couvre souvent le sol. D'ailleurs, la plus ancienne mention de la présence de la fraise en Angleterre remonte au Xe siècle.

Son parfum et sa saveur exquise firent de la fraise, le symbole de l'excellence. Quant au fraisier lui-même, il représenta la droiture, l'homme juste dont le travail produit de bons fruits ou le fruit du travail des justes, le fruit de leur esprit.

Les fraises constituaient un élément important dans l'alimentation des Amérindiens. Écrasées et transformées en galettes, puis séchées au soleil ou près du feu, elles se conservent, constituant ainsi un aliment de réserve, qu'ils apportaient à la chasse. Dans certaines tribus, les feuilles façonnées en coussinet se portaient sous les aisselles, pour les parfumer; d'autres utilisaient les fraises comme désodorisant ou, en les gardant dans la bouche, pour enlever le tartre des dents. Chez les Iroquois, dans une cérémonie d'action de grâce dédiée à la fraise, ces fruits symbolisaient la générosité du Créateur. Ailleurs, dans un autre festival de la fraise, de jeunes Amérindiennes se servaient de fraises comme élément d'une danse cérémoniale. D'autres tribus gardaient des fraises à la maison, gage d'un foyer heureux.

Tous s'accordent pour préférer la saveur des fraises sauvages à celle des fraises cultivées. Qui, de la génération des Québécois de 50 ans et plus, n'a pas participé à une expédition familiale de récolte de petites fraises des champs? Les confitures que cela donnait! Et tous les subterfuges utilisés par les parents pour convaincre les petits de ne récolter que la fraise, sans la queue et les sépales. Car personne ne voulait écoper de la tâche fastidieuse d'équeuter les fraises des champs. Alors «si tu veux que le plant donne

Délicieux réceptacle pulpeux

Devinette: «Tout rouge en haut, tout vert en bas et plus de cent petits yeux qui vous regardent»? La fraise... Le petit fruit le plus populaire est le simple développement délicieux de la plate-forme (réceptacle) qui porte les nombreux carpelles et autres parties de la fleur.

Que sont les carpelles? Minces comme des fils et rassemblés en boule, au centre de la fleur, chacun comprend un ovaire, un style et un stigmate. L'ensemble des carpelles d'une fleur forme l'appareil femelle: le pistil. Après fécondation, chaque carpelle devient un fruit.

Chez le fraisier, une multitude de minuscules fruits se trouvent ainsi posés sur le réceptacle, devenu rouge et pulpeux. C'est dire que le «fruit» rouge que l'on mange, regroupe en réalité plusieurs fruits. Ce sont eux qui se fichent entre les dents et que l'on baptise, à tort, «graines». Chacun de ces minuscules fruits ne comprend cependant qu'une seule graine véritable, d'où la confusion des termes!

Croirez-vous qu'à une certaine époque, la consommation de fruits rouges fut interdite aux dames, durant leurs menstruations? D'où la popularité des fraisiers à fruits blancs, dans les années 1700.

Fraise des champs. *Plutôt sphérique. «Graines» dans des dépressions. Sépales appliqués sur la fraise.*

Fraise des bois. *Plus conique. «Graines» à la surface et en saillie. Sépales retroussés.*

Yves Boudreault

Roger Larose

des fraises l'année prochaine, ne récolte pas les queues»... Pas très scienifique!

Dans les fraisières commerciales, les fleurs du fraisier représentent, pour les abeilles, une source abondante à la fois de pollen et de nectar. Et les abeilles représentent, pour les cultivateurs de fraises, une aide importante pour la pollinisation du fraisier, plusieurs variétés ayant des fleurs aux étamines déficientes ou exigeant une fécondation croisée.

Un nombre impressionnant d'insectes, d'oiseaux et de petits mammifères se nourrissent des feuilles, des fleurs et des fruits des fraisiers. Pour un seul plant de fraisier des bois déposé sur le bord de sa fenêtre pendant trois semaines, un observateur note au moins 37 espèces différentes d'insectes. Ils venaient parfois si nombreux et si variés... que l'observateur s'en lassait!

En 1906, Merritt Lyndon Fernald (célèbre botaniste américain) récolta de curieux fraisiers le long de la rivière Sainte-Anne, en Gaspésie. Il en décrivit une nouvelle espèce: *F. multicipita*. Des recherches récentes montrent que ces curieux individus — de petite taille, sans stolons et à couronnes multiples (ou «multicipités») — se rattachent au fraisier des champs. Leurs anomalies traduiraient les symptômes d'une infection par des mycoplasmes (voir trille blanc, page 48).

Une histoire aussi savoureuse que la fraise!

La majorité des cultivars commerciaux modernes tire son origine de croisements entre le fraisier des champs et un fraisier de la côte ouest des Amériques *(F. chiloensis)*, toutes deux des espèces octoploïdes à $2n = 8x = 56$ chromosomes.

L'histoire de ce croisement, presque aussi savoureuse que la fraise, remonte à 1714. Un lieutenant, répondant au nom prédestiné d'Amédée François Frézier, rapporta de Concepcion (au Chili), 5 pieds de fraisier — n'importe qui répondant au nom de Frézier se doit de s'intéresser à cette plante! La traversée dura 6 mois et le capitaine du bateau dut rationner l'eau de tous, au profit des fraisiers! Les 5 plants de ce fraisier dioïque — fleurs mâles et fleurs femelles sur des pieds différents — étaient femelles. Heureusement, car des pieds mâles n'auraient pas donné de fraises!

L'histoire rapporte qu'un seul plant survécut à l'hiver, à Brest. Cultivé parmi d'autres fraisiers déjà là, il fut fécondé, par hasard, par du pollen d'un fraisier des champs, espèce introduite en Europe au moins depuis 1597. Ce croisement produisit un hybride à grosses fraises *(F. ananassa).* Mais il fallut une centaine d'années pour réaliser l'importance de cet hybride et en populariser la culture.

Quel voyage... romantique: deux espèces portant le même nombre de chromosomes mais géographiquement séparées par des milliers de kilomètres, se retrouvent à d'autres milliers de kilomètres de leur lieu d'origine, et se marient pour produire le roi des petits fruits! Plus prosaïquement: un seul pied donne naissance à une activité commerciale d'environ un milliard de dollars (dans les années 1990).

Merci à Frézier et surtout au botaniste Antoine Nicolas Duchesne: à 19 ans (en 1766), il publie une *Histoire naturelle des fraises,* qui explique le mécanisme en jeu et qui décrit et nomme scientifiquement 6 espèces de fraisiers — dont *F. virginiana, chiloensis* et *ananassa*. D'autres lui dédièrent un genre très voisin de plantes de l'Inde, *Duchesnea* (introduit en Amérique), parfois considéré comme une section du genre *Fragaria.*

Surtout qu'à l'époque de Duchesne, le fait que les plantes soient dotées de sexualité était loin de faire l'unanimité!

Linné... guéri de la goutte par des fraises

Linné, le plus fameux des botanistes, était affecté de la goutte. Bien que lui-même médecin, il ne connaissait pas de remède contre cette affection, jusqu'à ce que...

«En 1750, j'endurais de telles souffrances à cause de la goutte que je pouvais à peine marcher. La douleur devint si intolérable qu'après sept nuits sans sommeil je voulus prendre de l'opium; un ami qui vint me voir ce soir-là m'en empêcha. Ma femme demanda si j'aimerais manger quelques fraises des bois. «Assurément», répondis-je; c'était le début de la saison et elles étaient délicieuses. Une heure plus tard, je m'endormis, et je me réveillai à deux heures du matin, étonné de constater que je m'étais endormi en dépit de la douleur... Je demandai s'il y avait encore quelques fraises, et on me donna celles qui restaient; je les mangeai et dormis jusqu'au matin. La douleur s'était localisée dans la région des chevilles; le lendemain, je mangeai autant de fraises que je pus, et le jour suivant, la douleur avait complètement disparu. Je craignis d'abord que ce ne fût la gangrène; mais la chair était parfaitement saine. En dépit de ma faiblesse, je pus me lever.

La maladie apparut à nouveau les deux années suivantes, mais alla toujours en s'atténuant, et chaque fois les fraises sauvages me guérirent. Malheureusement, je ne peux pas cultiver de fraises en hiver, et je n'ai jamais réussi à les conserver.» (Lettre de Linné à Giseke, dans Blunt 1986, p. 272)

Le biographe de Linné ajoute: «Toutefois la Reine vint à sa rescousse et donna l'ordre de cultiver des fraises sauvages dans les serres chaudes du palais, spécialement à l'intention de Linné.»... Il semble que Linné ait été la coqueluche de certaines têtes couronnées de l'époque!

Réf. sp. Blunt 86, Brisson 95, Catling 94, 95, Staudt 62, 99, Taylor 73.

Hépatique noble

suite de la page 192

Des botanistes suédois observèrent des colonies d'hépatique noble pendant 39 ans. Ils conclurent que la première floraison survient à un âge très variable, souvent situé entre 4 et 13 ans (ils enregistrèrent des âges aussi avancés que 19 et 35 ans!).

Une vie pluricentenaire

En revanche, la plante montre une longévité remarquable, de l'ordre de plusieurs décennies, probablement même des siècles, sans pour autant que les rosettes prennent de l'ampleur. Mais, à moins d'observer sa croissance à partir de la germination, impossible de dire l'âge d'une rosette: la partie la plus vieille du rhizome pourrit au bout de 5 à 20 ans.

Sa longévité surpasserait celle des arbres qui l'entourent; car elle survit bien dans les clairières naturelles ou issues de coupes forestières, ce qui lui permet de voir plus d'une génération d'arbres! Après une première floraison, l'hépatique noble fleurit pratiquement tous les ans, mais pas nécessairement. Il est fréquent d'observer des individus adultes qui cessent de fleurir. Certains d'entre eux régressent même en taille et demeurent végétatifs durant quelques années, mimant ainsi les plants juvéniles. Ce comportement se compare à celui des plantules de certains arbres, qui attendent des ouvertures dans le couvert forestier pour se développer. Tout comme ces «banques de plantules», les plants juvéniles de l'hépatique noble, ainsi que les plants adultes en phase végétative, constitueraient des cohortes de réserve, en attente d'une période favorable à leur développement. Cette phase régressive dure parfois longtemps, plus de 35 ans même, et se termine soit par un regain de floraison ou par la mort de la plante dont la taille décroît auparavant pendant plusieurs décennies. Ainsi, la partie adulte d'une population d'hépatique noble se compose d'individus vivant très longtemps, dont la taille individuelle alternativement augmente et

Roger Larose

***Hépatique noble**. La variété* obtusa *(ou hépatique d'amérique, selon certaines opinions) s'identifie par ses feuilles à lobes arrondis.*

La dormance

Parmi les plus anciennes familles de plantes à fleurs, plusieurs présentent, dans la graine, une curiosité: un embryon rudimentaire. Dans les pays tropicaux, ces embryons continuent leur développement durant une période de 2 à 4 mois après la dispersion des graines. Mais sous nos climats, avec l'alternance des saisons, cette période tombe en plein hiver!

L'hépatique noble, tout comme l'érythrone d'amérique* et bien d'autres, s'est adaptée, grâce à une particularité de sa dormance (de dormir: vie ralentie et développement suspendu). La dormance de l'hépatique lève partiellement, dès l'automne, avec l'émergence des radicules (racine de l'embryon). Mais la suite est retardée au printemps: le développement des cotylédons présuppose une période froide de plusieurs semaines. La dormance lève entièrement à la fin de l'hiver, les cotylédons n'attendant plus qu'une période de chaleur suffisamment prolongée pour émerger. Ils profiteront alors d'un système racinaire en place depuis l'automne. Ce type de dormance évite que la germination se produise au milieu de l'hiver, lors du moindre redoux car, exposées au retour du gel, les plantules paieraient cher leur précocité.

La dormance de l'hépatique comprend une composante physiologique et une composante climatique: le développement des cotylédons suit nécessairement celui des radicules; il s'effectue seulement au printemps et celui des radicules, seulement en automne. Lorsque plantées trop tard à l'automne, alors que le froid ne permet plus l'émergence de radicules, les graines retardent le processus en entier d'une année...

diminue plusieurs fois au cours de leur vie. Nous voilà bien loin d'un vieillissement linéaire, purement chronologique, tel que le vivent les humains.

En forêt, la propagation de l'hépatique noble s'effectue plutôt par reproduction sexuée (graines) que par mode végétatif (rhizome), mais son patron particulier de floraison rend la production de graines bien aléatoire. Elle ne forme pas de grands clones à partir de rhizomes, comme tant de plantes printanières le font. Au contraire, les rosettes d'une colonie restent clairsemées et un observateur rapporte une densité d'environ une rosette par 4 m². Toutefois, la tige d'un individu — typiquement non ramifiée — bifurque parfois pour former une seconde tige dominante, comme le font les bourgeons axillaires des arbres, lorsque meurt le bourgeon de tête. Considérant la longévité de la plante, les bifurcations, même rares, participeraient de façon non négligeable, à long terme, à la multiplication des individus d'une colonie. Mais la croissance du rhizome se révèle extrêmement lente: dans un cas extrême, la distance entre deux rosettes provenant d'un même rhizome s'élève à 16,5 cm après 30 ans, ce qui exclut la possibilité de contourner un obstacle ou une source de perturbation. Tellement lente, la croissance du rhizome, que la «piste» qu'il trace en 100 ans se compare à celle du trèfle blanc°... en un an.

Mais qu'est-ce qui fait dépérir puis éventuellement mourir les hépatiques nobles? Probablement des conditions défavorables amenées par la compétition toujours changeante dans le tapis forestier et sûrement des petites perturbations auxquelles la plante se révèle très sensible: endommagement des bourgeons prêts à hiverner ou encore traction ou soulèvement des rosettes. Chose certaine, les dommages aux feuilles, tôt en saison, affectent négativement la floraison.

La plante consacre un peu moins de 5 % de son énergie (biomasse, poids sec) à la production des organes de reproduction; c'est bien moins que le cypripède rose*! La fleur ne produit pas de nectar et s'autoféconde.

Réf. sp. Baskin 85a, Bierzychudek 82a, Inghe 85, 88, Motten 82, 86.

Houstonie bleue

suite de la page 240

Les fleurs de la houstonie bleue se partagent en deux groupes, selon la longueur de leur style (hétérostylie); les fleurs à style long montrent un tube de la corolle plus large. À noter: environ la moitié des genres de plantes arborant de l'hétérostylie appartiennent à la même famille que la houstonie.

L'interprétation classique de l'hétérostylie par le grand naturaliste Darwin, suggère qu'il s'agit d'un mécanisme morphologique favorisant la circulation du pollen entre les fleurs, en vue d'une fécondation croisée.

Styles longs, styles courts

Chose certaine, chez la houstonie bleue, le pollen d'une fleur à long style ne féconde que les fleurs à style court... et le pollen d'une fleur à style court, que les fleurs à style long. Ainsi, chaque population comprend deux groupes et la formation de graines résulte d'une fécondation entre les fleurs de ces groupes. Une étude détaillée montre que dans les populations, le nombre de fleurs à style long égale ou dépasse celui des fleurs à style court — la proportion se situant souvent autour de 60 %. Dans une population, la proportion des deux reste stable ou varie au cours des ans. Il semble aussi exister une différence entre le moment de la floraison des deux groupes (quoique non constante d'une population à l'autre), ce qui complique l'observation de la variation de leur pro-

Photos: Roger Larose

***Houstonie bleue**. Le style court est caché par les étamines, qui sont ainsi plus accessibles aux bourdons.*

***Houstonie bleue**. Ici, le style long dépasse les étamines et sort de la corolle.*

portion!

Plus que les abeilles ou les papillons, les bourdons, à cause de leur très longue trompe, semblent importants dans la fécondation de ces corolles à tube très fin. Combien de grains de pollen une si petite fleur produit-elle? Environ 14 000! Un pourcentage considéré comme élevé est transporté sur les stigmates (5 ou 8,5 %, selon le groupe); 2 ou 3 % participent à la fécondation. Comme les étamines se situent au-dessus des styles courts mais au-dessous des styles longs, leur accessibilité favorise le prélèvement du pollen des fleurs à style court. Mais beaucoup de pollen demeure dans les anthères après le passage des pollinisateurs — qui se nourrissent de nectar plutôt que de pollen.

Environ 60 % du pollen produit par une population vient de fleurs à style long. Sur les stigmates des deux sortes de fleur, pour chaque graine produite, en moyenne 1200 grains de pollen viennent des fleurs à style long et 704 des fleurs à style court. Mais il existe une forte circulation du pollen à l'intérieur du même groupe de fleurs. De la sorte, sur les stigmates des fleurs à style long se trouvent proportionnellement plus de grains de pollen venant du même groupe de fleurs... adieu la belle hypothèse de Darwin?

Houstonia ou Hedyotis?

Durant les trente dernières années, la houstonie bleue (et d'autres houstonies) fut alternativement incluse dans le genre *Hedyotis* — hédyote (!) en français — puis exclue de ce genre pour redevenir une houstonie!

La plante produit beaucoup de graines et le nombre de graines par capsule semble égal dans les deux groupes (en moyenne 30 à 34 graines). Curieusement, la houstonie bleue produit plus de graines en milieu naturel qu'en culture expérimentale, où elle ne fut pollinisée que par des pollens compatibles! De toute façon, la stratégie de reproduction de la houstonie bleue fonctionne très bien.

Réf. sp. Lewis 61, 62, Lewis et al. 62, Ornduff 80.

Houstonie bleue. *Variété à fleur blanche (***var. faxonorum***), présente à Saint-Pierre-et-Miquelon et dans les Montagnes Blanches.*

Francis Boudreau

Iris versicolore

suite de la 248

Les pharmacopées officielles des États-Unis et du Canada approuvèrent un médicament appelé iridin ou irisin, élaboré à partir du rhizome et jadis utilisé, surtout à petites doses, comme purgatif. Le rhizome contient une résine puissante, à un point tel que les herboristes modernes en déconseillent l'usage interne. Des recherches révèlent, pour certains iris, la propriété d'accélérer l'élimination des gras, si bien qu'il servit en Inde pour le traitement de l'obésité. L'infusion des fleurs donne un liquide bleu, qui virerait au rouge en milieu acide, comme la teinture de tournesol utilisée pour mesurer l'acidité des liquides.

Les botanistes reconnaissent des formes entièrement blanches ou presque, de l'iris versicolore: *forma murrayana* (avec un peu de jaune), *albocærulea* (blanche et bleue). Le nom clajeux semble dériver de glaïeul, plante de la même famille, et désigne également un iris européen à fleurs jaunes, l'iris jaune *(I. pseudacorus)*. Introduit sur notre continent, cet iris s'échappe de culture et pousse spontanément à divers endroits dans l'est des États-Unis de même que de Terre-Neuve au Minnesota, en passant par le sud du Québec.

La déesse grecque Iris, messagère des dieux, incarne le chemin entre le ciel et la Terre ou le lien entre les dieux et les humains. Dans tous ses déplacements, brille sur sa trace un arc-en-ciel. Les Grecs voyaient d'ailleurs dans ce phénomène naturel le signe que la déesse s'affairait à livrer des messages. Ainsi, «iris» devint synonyme d'arc-en-ciel. Une autre tâche d'Iris consiste à guider dans l'au-delà l'âme des femmes décédées, d'où la coutume, chez les Grecs, de planter des iris près des tombes. Y décelant un symbole de pouvoir et de majesté, les Égyptiens ornaient leurs sceptres d'une représentation d'iris (une fleur-de-lys?); ils en plaçaient aussi sur le front du Sphinx, les trois grands sépales traduisant foi, sagesse et bravoure.

Une aussi belle plante ne peut que figurer abondamment dans le folklore amérindien. Les feuilles servirent pour la fabrication de tapis, de paniers et pour teindre dans diverses nuances de vert. L'iris versicolore constituait un des plus

*Fruits de l'**iris versicolore**. Le taux de germination serait faible (5 %), mais un séjour adéquat au froid le porte à 26 %. En milieu naturel, les graines demandent trois ans pour fleurir. En serre, les plants venus de semis se multiplient ensuite facilement par division du rhizome; les iris ainsi obtenus fleurissent dès la première année.*

Photo: Roger Larose

populaires médicaments chez certaines tribus, qui le cultivaient. Ils utilisaient principalement le rhizome en cataplasme — pour traiter blessures, brûlures, contusions, etc.— ou comme purgatif. Les Ojibwés utilisaient ce rhizome en amulette contre les serpents; durant la cueillette des bleuets, par exemple, ils en gardaient un morceau qu'ils pressaient régulièrement pour en extirper l'odeur; en mâcher parfume la bouche... et permet de garder, entre les dents, un serpent à sonnettes qui ne mordra pas tant que persistera ce parfum!

Une autre histoire d'iris? Selon la légende, les racines moulues d'un iris, portant l'obscur nom de *machaironion*, en grec, servirent à la confection de pâtes alimentaires, connues plus tard sous le nom de... macaroni!

Peu de données existent quant à la propagation de l'iris versicolore en milieu naturel. Les grandes colonies comptant plusieurs centaines d'individus ne viennent pas du rhizome d'un seul iris, mais du rassemblement de plusieurs clones. Souvent bien délimité, chaque clone s'établit à une certaine distance du voisin, couvre quelques mètres carrés, et se distingue par la taille, la forme et la coloration de ses fleurs.

Fleur-de-lys: emblème héraldique

Comme emblème des rois de France, la fleur-de-lys héraldique apparaîtrait pour la première fois sur le sceptre de Charles le Chauve, vers l'an 840. Mais il faut attendre 1147 pour que Louis VII, dit le Jeune, adopte par décret la fleur-de-lys comme emblème de la monarchie française. De retour d'une croisade, il remplaça les trois croissants, ornant jadis les étendards et les écussons des rois de France, par trois fleurs-de-lys. Selon certains héraldistes, «fleur-de-lys» dériverait d'ailleurs de «fleur-de-Louis», ou «fleur-de-Loys» selon le français de l'époque. Une autre raison de l'attachement de Louis VII aux fleurs-de-lys tiendrait au nom populaire du roi: *Ludovicus Florus* — une allusion possible à sa beauté, évoquant une fleur.

Nullement une exclusivité française

Même si la fleur-de-lys, telle qu'on la connaît aujourd'hui, figure depuis longtemps, et de façon soutenue, dans les armes des rois de France, il n'en reste pas moins que cet emblème proviendrait d'une époque encore plus lointaine et ne constituerait nullement une exclusivité française. Il figura, sous une forme ou une autre, dans les étendards et les armoiries des monarques allemands, anglais, bosniaques, espagnols, grecs, lombards et romains; c'est l'emblème de Florence et il apparut même en Orient, notamment chez les Égyptiens (qui s'inspirèrent peut-être d'un lotus).

Son origine: un mystère

À vrai dire, personne n'exprime de certitude quant à l'origine de la fleur-de-lys. S'il existe un consensus en la matière, c'est bien que botanistes, héraldistes et encyclopédistes rejettent presque unanimement l'hypothèse voulant que le lis blanc *(Lilium candidum)* en inspira la création...

En Europe, les noms fleur-de-lys, fleur-de-luce et flower-de-luce désignent les iris, mais en langue anglaise! Ces noms s'appliquent aussi, en français, à certaines espèces d'iris et une interprétation veut que la fleur-de-lys représente plutôt un iris. Abondante sur les bords de la Lys, une rivière de Belgique, l'iris jaune (à fleur d'un jaune doré) inspira présumément leur symbole aux Francs, quittant les Flandres en 486 pour envahir la Gaule et fonder le royaume de France. Une version de l'histoire veut que les Francs, de retour de Tolbiac où ils vainquirent les Alamans en 496 (ou en 506), offrirent à leur roi, Clovis Ier, un bouclier rempli d'iris; ou encore, en signe de victoire, les Francs se coiffèrent «d'iris d'or», cueillis sur le champ de bataille. Une autre légende raconte que, trappées par le roi Alaric et les Wisigoths, plus nom-

Iris versicolore. *Un arrangement de pièces florales un peu inusité! Trois sépales bleu-violet teintés de jaune, de vert et de blanc; beaucoup plus développés que les pétales (2 fois plus longs), très élargis à leur extrémité et retombants. Trois pétales étroits et dressés. Trois styles et stigmates très développés, chacun courbé sur un sépale et terminé par une crête formée de deux lobes retroussés et étalés en éventail. Trois étamines très longues (3 cm), chacune cachée entre un style et un sépale.*

Photo: Gisèle Lamoureux

breux que les Francs, les troupes de Clovis Ier fuirent à travers le Rhin, ayant repéré à distance un passage sûr et peu profond, marqué par une providentielle colonie d'iris. À moins que les iris guidèrent les Francs à travers le Rhin, pour qu'ils puissent prendre par surprise les Wisigoths? — d'où l'utilité de connaître l'écologie des plantes! Quoi qu'il en fut, Clovis Ier triompha d'Alaric, et incorpora une représentation de l'iris au blason familial.

N'importe quoi sauf... un lis

Donc fleur-d'iris, plutôt que fleur-de-lys? Holà! pas si vite. Pierre Larousse, dans son *Grand Dictionnaire universel du XIXe siècle*, rejetant toute ressemblance entre le lis blanc et la fleur-de-lys héraldique, énumère les possibles origines de cet emblème: d'autres fleurs de jardins, des fers de lance, des couronnes, des abeilles... des crapauds! Reprise maintes et maintes fois, l'idée du fer de lance s'impose chez plusieurs auteurs; ici chez Richelet (1728), qui parle du «bout d'une arme offensive appelée francisque»; là chez Littré (1878), qui cite Voltaire: «les armoiries des rois de France ne ressemblent jamais à des lis; c'est évidemment le bout d'une hallebarde»; là encore chez Van Malderghem (1894), Gheusi (1933) et les héraldistes de l'Institut généalogique Drouin, qui parlent tour à tour de «bouts de l'angon des Francs», d'«ancien javelot des Gaulois» et de «javelot à trois pointes ou fer d'angon».

Reste une interprétation fabuleuse, à laquelle des recherches archéologiques récentes donneraient une certaine substance: la fleur-de-lys héraldique dériverait en fait de la «fleur-de-liesse» des Celtes, dont la civilisation s'étendit en Europe occidentale du XIIIe au Xe siècle avant notre ère. Récupérée par les catholiques, selon certains, et appelée à tort fleur-de-lys par ceux-ci, la fleur-de-liesse — du latin *lætitia:* joie et réjouissance — glorifiait la procréation et la génération. «La partie du haut avec ses deux gonades, mentionne une publication sur les rites du Collège druidique de Bibracte (1983), représente l'organe phallique de reproduction engagé dans la matrice, flanqué des deux ovaires.» Eh bien! Tout un emblème!

Trois autres iris sauvages au Québec

Outre l'iris versicolore, trois autres espèces d'iris fréquentent les milieux naturels du Québec. L'iris petit-pétale (aussi appelé iris à pétales aigus°) se trouve uniquement en bordure de la mer, surtout sur les gazons des rochers et des falaises, mais aussi sur les sables et les graviers, plus rarement sur les vases (voir Fleurbec 1985, p.62). L'iris jaune (iris faux-acore), bien plus rare, est une espèce introduite; carrément les pieds dans l'eau, il fréquente, entre autres, des étangs en communication intermitente avec le fleuve Saint-Laurent. L'iris de virginie, encore plus rare, n'est connu que de la région du lac Saint-Pierre jusqu'à Lotbinière.

***Iris petit-pétale**, espèce maritime. Avec des pétales plus petits et pointus, insignifiants, mais des sépales plus larges et plus retombants, l'allure de sa fleur diffère de celle de l'iris versicolore. Chez celui-ci, remarquer aussi les sépales plus fortement teintés de jaune et proportionnellement moins élargis au sommet. En l'absence de fleurs? Observer, chez l'iris versicolore, une taille plus forte et des feuilles aussi longues ou plus longues que la tige, aux extrémités retombant comme des rubans souples; les feuilles de l'iris petit-pétale, plus étroites et toujours plus courtes que la tige, restent très droites et très rigides.*

Photo: Gisèle Lamoureux

*Abondante sur les bords de la Lys, une rivière de Belgique, l'***iris jaune** *serait à l'origine de la «fleur-de-lys». Au Québec, c'est une introduite peu fréquente en milieu naturel (eau douce). Reconnu pour son efficacité à dégrader herbicides (atrazine) et pesticides (organophosphates), grâce à des microorganismes contenus dans son système racinaire.*

Photos: Gisèle Lamoureux

Iris de virginie (2n = *70-72). Rare au Québec et susceptible d'être désigné menacé. Se distingue de l'iris versicolore (*2n = *108) par 3 caractères principaux. Son port: feuilles et tiges plus faibles, courbées ou tombant au sol lors de la fructification. Puis, à la base des sépales, une tache d'un jaune brillant, couverte de poils visibles à l'oeil nu, triangulaire et bien démarquée. Enfin, des pétales souvent échancrés au sommet. L'iris versicolore serait une espèce issue de l'hybridation, suivie du dédoublement des chromosomes, entre l'iris de virginie et l'iris petit-pétale.*

Petite histoire de l'emblème floral du Québec

Combien de botanistes, combien d'horticulteurs, de forestiers s'acharnèrent, en vagues successives, pour obtenir que le gouvernement québécois reconnaisse la fleur que le peuple a adoptée comme emblème? L'histoire se déroule sur plus de 35 ans et compte quatre vagues.

Première vague: les botanistes contemporains de Marie-Victorin

La première vague se situe dans les années 1960. Marie-Victorin n'y participe pas, car il est décédé depuis 1944. Mais les botanistes qui l'entouraient se prononcent contre la *Loi concernant l'emblème floral de la Province*, adoptant le lis blanc de jardin, le 23 janvier 1963.

En 1962, le ministre canadien des Postes désire émettre une série de timbres portant sur les emblèmes floraux provinciaux. Le 13 mars, il demande au gouvernement québécois lequel, «du lis blanc ou de l'iris bleu», doit figurer, car aucun emblème floral n'est légalement désigné au Québec. L'iris versicolore jouit de la faveur populaire, tel que des écrits de l'époque en témoignent, et plusieurs le reconnaissent comme emblème floral. Quant au lis blanc, la parenté de nom avec la fleur-de-lys laisse croire qu'un lis soit à l'origine de l'emblème héraldique qui figure sur le drapeau québécois. Mais Marie-Victorin, dès 1935 dans la *Flore laurentienne,* affirme que si c'est une fleur qui est à l'origine de la fleur-de-lys, c'est un iris.

Malgré les avis contraires des botanistes consultés, dont Ernest Rouleau et Richard Cayouette, le gouvernement libéral de Jean Lesage opte pour le lis blanc de jardin, soi-disant en rapport avec le drapeau fleurdelysé. Le lis blanc de jardin, ainsi nommé dans la loi de 1963, est une plante indigène... du versant nord-ouest de la Méditerranée! Donc ni indigène au Québec, ni indigène en France mais en Grèce, en Yougoslavie, dans le sud-ouest de l'Asie et échappée de culture ailleurs en Europe. Même cultivé, ce lis réussit mal dans nos contrées et exige beaucoup de soins pour survivre à l'hiver. Le Québec se «distingue» alors malheureusement comme étant le seul territoire du Canada — sinon d'Amérique et, qui sait, du monde! — affublé d'une fleur emblème qui ne pousse pas spontanément sur son territoire. Le lion héraldique anglais figurant sur les armoiries du Québec, faudrait-il l'adopter comme animal emblème québécois?

Et le bruit court, parmi les botanistes de l'époque, que les moeurs politiques d'alors ne permettent pas à un gouvernement libéral, dont la couleur médiatique est le rouge, d'adopter comme emblème, une fleur bleue, couleur du parti adverse. Tous les moyens sont bons et le texte de présentation du projet de loi, destiné à documenter les députés, affirme des faussetés botaniques aussi grotesques que:

> «Même si on produit l'objection qu'il [le lis blanc de jardin] n'est pas parfaitement [!] indigène c'est-à-dire d'origine canadienne ou américaine, le lis blanc est depuis très longtemps acclimaté chez nous [!]. Il est devenu fort populaire [!]. Il pousse partout [!] et on peut affirmer qu'il est devenu bien canadien [!].»

Les botanistes protestent publiquement. Parmi eux, Ernest Rouleau, dans sa révision pour la 2e édition de la *Flore laurentienne,* et Jacques Rousseau, qui publie un document pamphlétaire d'une cinquantaine de pages.

Dans ces années, les botanistes communiquent leur déception et leurs revendications aux divers mouvements de jeunes, proches de la nature — Cercles des Jeunes Naturalistes, mouvement 4H, scouts et guides. La fibre nationaliste des jeunes s'enflamme en faveur de l'iris. Cela aura son importance, 35 ans plus tard, en 1999.

***Iris versicolore.** «… tout être vivant, à quelque règne qu'il appartienne, porte en lui une extraordinaire jubilation à laquelle nous sommes invités à puiser.» Pierre Morency.*

Photo: Roger Larose

Deuxième vague: la Société linnéenne du Québec

La deuxième vague s'étale de 1979 à 1988. En 1980, sous l'impulsion de Pierre Bourque la ville de Montréal adopte l'iris versicolore comme emblème des Floralies internationales de Montréal. En même temps, la Société linnéenne du Québec prend les commandes de la campagne pour l'adoption d'un nouvel emblème floral. Les principales personnes qui s'impliquent sont Benoît Gauthier, Léopold Gaudreau et Guy Richard. Pendant huit ans, avec acharnement, ils posent des gestes, dont les principaux sont:

- la préparation d'un mémoire de 115 pages;
- la remise d'un dossier explicatif à tous les députés;
- la diffusion d'un macaron, d'un feuillet, d'une carte postale et l'organisation d'une pétition;
- l'obtention de l'appui de plusieurs institutions et organismes.

Les actions de la Société linnéenne incitent le ministre péquiste Jean-François Bertrand à présenter un avant-projet de loi, le 30 juin 1981. Le projet reçoit l'assentiment du Conseil des ministres le 26 août suivant mais… ne fait pas partie des priorités législatives. Puis, la Société reprend ses pressions auprès du gouvernement libéral de Robert Bourassa, sans grand succès. La Société linnéenne réalisa un travail colossal, qui n'aboutit pas tout de suite, mais prépara drôlement bien le terrain!

Troisième vague: les horticulteurs

La troisième vague déferle cinq ans plus tard, en 1993, avec le *Comité de l'iris versicolore,* sous la présidence de madame Yvette Petitbois-Paillé. Le conseil

Un emblème floral magnifique et… approprié

La popularité de l'iris versicolore au Québec ne laisse aucun doute. Avant même son adoption officielle, la majorité des Québécois croyaient qu'il était leur emblème floral et le cultivaient comme tel (d'après une enquête de la revue horticole *Fleurs, plantes, jardins,*1992).

L'iris versicolore réunit certainement plusieurs des qualités recherchées pour un emblème floral québécois.

• Beau et spectaculaire, au point de susciter l'admiration, il est suffisamment commun et facile à identifier pour être reconnu de tous.

• Réfractaire aux insectes, aux maladies et excluant de ses touffes denses les plantes nuisibles à l'agriculture, il se cultive facilement, au soleil ou à la mi-ombre, dans des sols secs ou humides, sablonneux ou glaiseux. Même après la floraison, son feuillage reste décoratif.

• Son centre de répartition se situe au Québec et son aire ne couvre que le nord-est de l'Amérique du Nord, dont tout le Québec habité.

• Son nom, qui se réfère à la déesse de l'arc-en-ciel, messagère des dieux, ne comprend aucune épithète qui l'associerait à un autre territoire (tels: du labrador, du canada, de virginie, etc.).

• C'est la plante la plus universellement reconnue comme étant à l'origine de la fleur-de-lys héraldique, qui figure sur le drapeau québécois.

• Finalement… le pic de sa floraison se situe ici autour du 24 juin, fête nationale des Québécois. Prédestination?

d'administration regroupe des personnalités du monde de l'horticulture: Maurice et Denise Beauchamp, Suzanne Saint-Marseille, Guy Boulet, Claude Lemieux et François-Gycelain Rocque. Le Comité organise une deuxième pétition, diffuse un magnifique insigne et remet un deuxième dossier explicatif à tous les membres de l'Assemblée nationale. Les pressions exercées convainquent le ministre libéral, Lawrence Cannon, qui s'engage à présenter un projet de loi.

À cette époque, bien des botanistes et horticulteurs mettent la main à la pâte, dont

• Tony Huber, qui développe des cultivars d'iris versicolore;

• Larry Hodgson, journaliste horticulteur, qui écrit dans les journaux:

> «Nul besoin d'un coup d'État pour faire de l'iris versicolore un symbole national. Déclarons notre emblème officiel nous-mêmes.»;

• Fleurbec,qui publie une grande affiche sur cet iris;

• Radio-Canada qui réalise un reportage, pour l'émission scientifique Découverte, avec Luc Brouillet, botaniste de l'Université de Montréal.

C'est sur le point d'aboutir, mais les élections changent le parti au pouvoir. Et tout le monde est bien découragé, d'avoir à recommencer encore une fois!

Quatrième et dernière vague: les forestiers, Fleurbec et FloraQuebeca

De nouveaux intervenants reprendront le flambeau, pour une quatrième et dernière vague. Mais ils ne partent pas de zéro: les deux principaux partis politiques québécois ont déjà, tour à tour, préparé des projets de loi visant l'adoption de l'iris versicolore comme emblème floral. Toutefois, comme le dossier passe d'un ministre à l'autre pendant plusieurs années, les fonctionnaires qui en ont la charge deviennent convaincus que cela n'aboutira jamais.

En 1997, les forestiers s'en mêlent. Wladimir Smirnoff, réputé peintre de la nature, et éminent chercheur en foresterie, s'associe à l'ingénieur forestier Jacques Girard et à son employeur, Abitibi-Consolidated. En marge du congrès international NIKAN, ils font la promotion de l'iris et diffusent un dépliant, réalisé avec la participation de plusieurs organismes du domaine forestier.

C'est en mai 1996, que Gisèle Lamoureux, coordonnatrice de Fleurbec et présidente de FloraQuebeca, prend aussi la relève. Elle est sensibilisée à la question depuis son adolescence dans le mouvement scout et les Cercles des Jeunes Naturalistes. À l'occasion de la réception des insignes de l'Ordre national du Québec, elle choisit de responsabiliser personnellement le premier ministre péquiste Lucien Bouchard. L'accueil est favorable. En parallèle, Fleurbec entreprend des démarches auprès du ministre responsable du dossier, Jacques Léonard, qui promet des mesures législatives pour 1997. Mais, cette année-là, le dossier change de ministère.

«Je suis très fière de devenir chevalier de l'Ordre national du Québec, mais songez que depuis que je suis toute petite, j'entends parler de ce problématique emblème et je rêve d'une autre fierté, celle de pouvoir admirer l'emblème floral de mon peuple, fleurissant les champs humides, les fossés et les marais de mon pays.»

Gisèle Lamoureux
extrait d'une lettre au Premier ministre du Québec
27 mai 1996

Encore recommencer! Gisèle Lamoureux s'y attelle, en avril 1998 auprès du même premier ministre, et Fleurbec recommence aussi, avec le nouveau ministre responsable du dossier, André Boisclair. Nouvelles demi-promesses, pour le 24 juin 1998. À cette date, toujours rien... même si tout le monde semble d'accord. Le sujet n'est pas prioritaire.

Le 18 mars 1999, Célyne Lafrance, membre du conseil d'administration de FloraQuebeca, organise un rendez-vous entre Gisèle Lamoureux et le nouveau ministre chargé du dossier, Robert Perreault. Cette fois, c'est un ministre déterminé. Sensibilisé au dossier depuis la première vague des années 1960, alors qu'il faisait partie des Cercles des Jeunes Naturalistes, il connaît bien la distinction entre un emblème héraldique (la fleur-de-lys) et un emblème floral (l'iris versicolore) et se sent responsable du changement. De nouveau, pour la 5e ou 6e fois, tous les documents ministériels sont prêts.

Un mois plus tard, le 28 avril 1999, pour appuyer le ministre Perreault de façon bien visible, Fleurbec, FloraQuebeca et PopMédia impriment une carte postale demandant de régler, tout de suite, notre bogue floral. Ils invitent les citoyens à expédier cette carte, au ministre.

Le ministre Perreault choisit de passer à l'histoire et dépose un projet de loi, le 11 mai 1999. L'Assemblée nationale l'adopte, le 28 octobre, et la lieutenant-gouverneur le sanctionne, le 5 novembre de la même année. Un triomphe, après plus de 35 ans de protestations et de demandes: la *Loi sur le drapeau et les emblèmes du Québec*.

De la fierté

Aux Québécois de parer corsages et boutonnières d'iris, d'en orner leurs parterres, de contempler et de faire connaître cette magnifique fleur d'ici.

Mais surtout, aux Québécois d'en prendre soin, de protéger leur fleur emblème, dans son habitat... Ce qui exclut le prélèvement intégral de la plante, à des fins commerciales. Surtout que sa production en pépinière, à partir de graines, est facile et rapide à réaliser. Du travail en vue, pour les horticulteurs.

Réf. sp. Anderson 36, Benoît 94, Boivin 97, Brisson 96, Centre de données, Coghlan 97, Fleurbec 94, Gagné 83, Gaudreau 79, Gauthier 2001, Hodgson 93, 94, Holm 19, Laforge 96, Lamoureux 98a, 99a, 99b, 2000, Leclerc 54, Marie-Victorin 29, Nichols 34, Prieur 88, Romer 95, Rousseau 66, Salvet 99, Sanders 96, Voisard 99, Wheeler 93.

Linnée boréale

suite de la page 220

Une plante hiérarchisée, la linnée boréale! Il y a les tiges principales, couchées sur le sol, et il y a les rameaux latéraux, dressés et de deux sortes: rameaux de floraison et rameaux de nutrition.

Chaque année, la tige principale s'allonge et produit une dizaine de paires de feuilles qui persistent à peu près 2 ans. C'est dire que pendant l'hiver, le feuillage de la linnée reste vert. Irrégulièrement, la tige principale émet une tige principale supplémentaire; mais environ seulement un nœud sur 50 (2 %) développe de telles tiges.

C'est sur la tige principale de l'année précédente, à l'aisselle de seulement une des deux feuilles d'un nœud, que naissent les rameaux de nutrition (environ un nœud sur trois) et les rameaux de floraison (environ un nœud sur 14).

Les courts rameaux de nutrition portent plusieurs feuilles tassées les unes sur les autres. Ils ne produisent pas de fleurs et vivent peu de temps: environ un rameau sur trois ne vit qu'un an, et les autres vivent 2 - 3 ans ou plus. Une petite partie (8 %) se développerait en tiges principales supplémentaires et vivrait ainsi bien plus longtemps.

Les rameaux de floraison se terminent par une longue hampe portant deux fleurs (dites «géminées», signifiant jumelles). Ils ne fleurissent qu'une fois, exceptionnellement deux fois (1 % des cas). Seulement le tiers de ces rameaux vivent plus d'un an.

Des fleurs, des graines, mais peu de plantules

Chaque fleur produit environ 3500 grains de pollen et une dizaine d'ovules. Cependant une étude expérimentale menée au Nouveau-Brunswick révèle la présence constante d'une seule graine par fruit, et ce sous divers modes de pollinisation. Cette observation s'expliquerait de deux façons: la majorité des ovules s'avèrent incapables de se développer, quelles que soient les conditions, ou ils avortent en cours de développement, laissant la place à un seul d'entre eux.

De manière générale, les plantes qui produisent beaucoup de grains de pollen par rapport au nombre d'ovules sont réputées utiliser la pollinisation croisée plutôt que l'autopollinisation (pollen d'une fleur fécondant les ovules de la même fleur). Avec ses 3500 grains de pollen pour un seul ovule qui se développe, la linnée boréale tombe dans cette catégorie. Mais une étude expérimentale montre qu'elle peut utiliser ces deux modes de fécondation avec pratiquement autant de succès. Chez la linnée, la pollinisation croisée s'effectue grâce au transport du pollen par des insectes — surtout des abeilles solitaires et des syrphides.

L'étude au Nouveau-Brunswick montre que la plante consacre un faible pourcentage de son énergie (17 %) à la reproduction sexuée, un indice de l'impor-

Vivre avec peu de racines

Les racines de la linnée boréale prennent naissance sur la tige principale, aux nœuds de la tige généralement produite l'année précédente. Ainsi, la nouvelle pousse de l'année n'est pas enracinée et dépend, pour son alimentation, des parties plus anciennes de la tige principale.

Une étude minutieuse a révélé la présence d'au moins une racine sur la tige développée durant les 3 années précédentes. En réalité, seulement 23 % des segments de tige âgés d'un an possédaient des racines. Une expérience a déterminé que pour survivre à un bris, un fragment de tige doit avoir un segment âgé d'au moins 2 ans.

*Chez la **linnée boréale**, les tiges principales se couchent sur le sol,. Elles donnent naissance à des rameaux latéraux, dressés et de deux sortes: rameaux de floraison et rameaux de nutrition.*

Photo: Gisèle Lamoureux

tance que prend la propagation végétative pour la survie des colonies. Selon cette même étude, la moitié des fleurs de la linnée donne des fruits par la pollinisation naturelle. Le pourcentage augmente à 67 par l'autopollinisation ou par la pollinisation croisée forcées (expérimentales).

Chaque inflorescence dure en moyenne 7 jours et la période de floraison d'une colonie s'étend sur un peu plus d'un mois (34 jours). Les premières fleurs précèdent le pic de floraison de 2 semaines et la presque totalité des fleurs s'épanouissent en dedans d'une période d'environ 3 semaines. Comme il s'écoule aussi 5 semaines entre l'ouverture de la première fleur et l'apparition d'un premier fruit mûr, une colonie produit à peu près le même jour, ses dernières fleurs et ses premiers fruits mûrs. Puis, en 16 jours, presque tous les fruits arrivent à maturité. Les fleurs s'épanouissant pendant le pic de floraison montrent un plus fort taux de fructification (73 %) que les premières ou les dernières à s'ouvrir (52-56 %). La moitié des bourgeons de fleurs développent des fruits et ils atteignent tous la maturité. C'est une bonne performance, en comparaison avec les 11 autres espèces observées dans cette étude. Les minuscules fruits de la linnée boréale ne pèsent que 0,5 mg et les graines, moins de 0,1 mg.

Plusieurs espèces clonales de la forêt affichent, en milieu naturel, une rareté de plantules. Une étude en Suède mentionne cette rareté pour la linnée boréale: moins de 5 plantules notées en 5 ans d'observation dans des populations visitées régulièrement. Cette étude expérimentale signale aussi que le manque de graines limite le recrutement (nombre de plantules). D'après les connaissances actuelles, la linnée n'accumulerait pas de banque de semences permanente dans le sol.

Non seulement le recrutement par semis est-il rare, mais la croissance des plantules, très lente. Il leur faudrait entre 5 et 10 ans avant de produire une tige principale et ses rameaux de nutrition et de floraison.

L'âge d'un fragment

La linnée boréale termine chaque saison de végétation en produisant des entrenœuds rapprochés. L'examen minutieux des tiges permet de voir des cicatrices rapprochées et l'espace entre chacune des séries de cicatrices rapprochées correspond à un an de croissance. Ceci permet de connaître l'âge de la plus vieille partie d'une tige. Mais en réalité, ce qui paraît être une tige, n'est qu'un fragment d'une tige bien plus ancienne.

Des mousses recouvrent généralement les vieilles parties de la tige principale. Ces vieilles tiges cèdent aux dommages causés par la faune, en particulier les rongeurs, ou bien elles pourrissent et disparaissent à partir de l'âge de 10 ans (du moins c'est le cas en Suède), laissant dans leur sillage des fragments de plante indépendants. Cette étude suédoise révèle que la majorité (77 %) de ces fragments comptent moins de 4 tiges principales. Les plus longues atteignent 10 m, mais la moyenne est plutôt de l'ordre de 2 m, avec un âge moyen de 5,6 ans pour un segment. Il n'existe pas de fragment d'un an et la plupart ont plus de 2 ans, ce qui indique que le recrutement de fragments de tige se fait vraiment par désintégration de vieilles tiges et non à partir de graines.

Un segment doit comprendre au moins 2 tiges principales pour se désintégrer en 2 fragments viables. Or, dans cette population étudiée en Suède, l'âge moyen des fragments comptant deux tiges ou plus est de 6,3 ans. Les fragments doivent donc persister environ 6 ans avant de contribuer à augmenter le nombre de segments d'une population.

Fragmentation et immortalité

Pour la linnée boréale, les botanistes estiment à plusieurs décennies l'âge réel d'un «genet», c'est-à-dire de la plante complète, soit l'ensemble des fragments de tige provenant tous d'une même tige issue d'une graine.

Le taux de croissance ou de déclin d'une population de linnée boréale repose fondamentalement sur la survie et la croissance des tiges principales. Par contre, celles-ci dépendent en bonne partie des rameaux de nutrition, pour la photosynthèse et pour l'acquisition de nutriments, par le biais de leurs racines. Indirectement, le taux de croissance de la population dépend donc aussi de l'état des rameaux nutritifs. Par contre, les rameaux de floraison ne semblent pas affecter le taux de croissance de la population, même si le taux de floraison fluctue abondamment.

Typiquement, le taux de croissance d'une population de linnée boréale (évalué d'après le nombre de tiges et de rameaux) varie, au sein même d'une population d'un site donné. Par exemple, une population peut montrer une décroissance dans son ensemble, contrecarrée par une croissance locale dans certaines parties de la population.

Dans une forêt coniférienne suédoise âgée d'environ 100 ans, où les colonies de linnée boréale particulièrement bien installées couvraient presque tout le parterre forestier, on dénombrait en moyenne, 200 tiges par mètre carré. Or, une étude démographique démontre qu'une population de linnée comptant au moins 250 tiges, ce qui est peu pour cette plante, ne risque pas de s'éteindre à court terme (50 ans). Ainsi, une population adulte bien établie, couvrant quelques mètres carrés, est pratiquement immortelle, à moins de catastrophe importante détruisant l'ensemble de la colonie. Son immortalité s'alimente de la fragmentation des tiges, qui assure une indépendance par rapport à la tige mère et qui assure aussi un perpétuel renouvellement, à l'abri des problèmes de la vieillesse. Une sorte d'immortalité prolongée... s'il se peut!

Se déplacer et chercher l'ombre

La linnée boréale est très nettement une espèce d'ombre, qui pousse dans les forêts très sombres. Elle effectue probablement sa photosynthèse seulement à de faibles intensités lumineuses. L'augmentation de la quantité de lumière au sol peut lui nuire, contrairement, par exemple, au cornouiller quatre-temps que certains types de coupes forestières favorisent. Une plus forte intensité lumineuse diminue souvent l'humidité d'un microsite, ce qui risque d'affecter négativement la linnée. Son système racinaire peu développé est probablement très sensible aux variations d'humidité dans son environnement immédiat.

Cette influence de la lumière ne s'exerce pas sur les rameaux courts (de floraison ou de nutrition), mais sur la tige principale. Comme la lumière varie passablement sur le plancher d'une forêt, il importe pour la linnée de traverser rapidement certains microsites moins favorables. La croissance de sa tige principale lui permet de se déplacer assez rapidement, soit de 11 à 48 cm par année. De 33 espèces de sous-bois observées, seulement 3 montrent un déplacement plus rapide (trientale boréale*, aralie chassepareille* et lycopode à massue°). Par ailleurs, une tige de linnée se ramifie davantage et raccourcit ses entrenœuds lorsqu'elle traverse un site favorable. Une telle capacité de se mouvoir revêt sans doute de l'importance pour une espèce clonale, lorsqu'elle dépend de conditions précises, à l'échelle de courtes distances à l'intérieur de la communauté végétale.

Gisèle Lamoureux

La linnée boréale s'étend parfois en grands tapis, très denses, dénués d'autres espèces ou associés au bleuet rameau-velouté* ou au bleuet feuille-dentelée*. Une étude quantitative menée en Suède révèle qu'une forte densité des tiges de la linnée n'affecte pas la performance et la survie de la colonie. Par contre, la présence du bleuet lui nuit (en Suède, *Vaccinium myrtillus)*, mais la présence des mousses ne l'affecte pas.

Linné, prince des botanistes

S'il s'avère difficile d'élire un roi parmi les botanistes de tous les temps, par contre tous s'entendent pour reconnaître un grand prince en Carl Linné, ce Suédois à qui la linnée boréale est dédiée. Le système qu'il élabora pour nommer les plantes marque un temps fort. Tout comme on distingue, pour le calendrier, la période d'avant Jésus-Christ de celle d'après Jésus-Christ, il existe la nomenclature d'avant Linné (ou prélinnéenne) et celle d'après Linné.

Avant lui, aucune règle ne régissait la manière de nommer les êtres vivants. Le nom latin d'une plante pouvait se composer de deux, trois ou quatre mots, parfois plus. Par exemple, dans le premier livre sur les plantes du Canada (Cornuti, 1635), l'ancolie du canada se nomme

Aquilegia pumila preacox Canadensis, et la dicentre du canada, *Fumaria siliquosa sempervirens.*

«Dieu créa le monde, Linné y mit de l'ordre»

Linné adopta et rendit systématique la nomenclature binaire, actuellement en vigueur dans toutes les sciences biologiques. Grâce à sa méthode, tous les êtres vivants sont maintenant désignés en latin, par un nom en deux parties: le nom de genre (tel *Linnæa)* et l'épithète spécifique (tel *borealis).*

Son livre *Species Plantarum,* paru en 1753, marque le point de départ de toute la nomenclature botanique moderne. Ceci signifie que tous les noms publiés avant 1753 ne sont pas valides, à moins que Linné, ou des botanistes subséquents, ne les aient adoptés.

Mais la nomenclature binaire est, en quelque sorte, un «sous-produit» du livre *Species Plantarum.* Linné désirait surtout y établir un inventaire pratique et concis de toutes les plantes connues de l'époque. Il en profite tout simplement pour y adopter systématiquement la nomenclature binaire, qu'il avait déjà utilisée occasionnellement dans ses livres précédents.

Doué d'une extraordinaire capacité de travail, pour réaliser ce livre il traite, en 12 mois, les caractères et synonymes d'environ 5900 espèces de plantes. Il lui fallut aussi une imagination tout aussi extraordinaire pour baptiser autant de plantes et d'animaux qu'il le fit.

Dans sa jeunesse, Linné connut sans doute la linnée boréale sous le nom de *Campanula serpillifolia,* premier nom publié pour cette plante, par Caspar Bauhin, en 1620. C'est un ami de Linné, Gronovius, qui lui aurait donné le nom de genre *Linnæa*, peut-être à l'invitation de Linné? En 1737, Linné adopte ce nom de genre et y adjoint l'épithète *borealis*.

Le thermomètre de Linné

Comme tous les savants de son époque, Linné s'intéressait, en plus des sciences biologiques, à plusieurs sciences dont la minéralogie. Et si Celsius eut l'idée de graduer le thermomètre en degrés centigrades, c'est à Linné que revient l'adoption du zéro pour le point de congélation et du 100 pour le point d'ébullition (Celsius avait d'abord proposé le contraire).

Une influence mondiale qui dure

Ses cours, fort populaires, rassemblaient un auditoire universitaire si nombreux, qu'il débordait dans les corridors ou le hall d'entrée. Les plus doués de ses élèves étaient invités à l'accompagner dans ses herborisations et vingt-trois d'entre eux devinrent professeurs. Linné lui-même herborisa surtout en Suède et en Laponie, mais il forma un groupe «d'apôtres» qu'il délégua aux quatre coins du monde pour lui rapporter des plantes exotiques jusque là inconnues. C'est ainsi que Pehr Kalm, un Finlandais, vint herboriser aux États-Unis et au Canada, de 1748 à 1751. Linné attendait le retour de Kalm «avec autant d'impatience qu'une mariée sa nuit de noce» dit-il.

Linné inventa aussi un système de classification des plantes, basé sur les étamines, qui fit sensation à son époque. À ce moment, la sexualité des plantes était loin d'être reconnue universellement!

D'autres botanistes influencèrent peut-être plus profondément les idées en botanique. Mais Linné, par sa méthode pratique, technique même, traverse les siècles et influence la vie quotidienne de tous les botanistes. Son œuvre fut reconnue de son vivant, même par le pape Clément XIV, alors que Clément XIII, vers 1759, avait fait brûler tous les ouvrages de Linné qui pénétraient dans les États pontificaux! Linné lui-même était conscient de sa valeur… et parlait de ses œuvres au superlatif.

Réf. sp. Barrett 87, Blunt 86, Cerovsky 95, Cornuti 1635, Eriksson 88, 92, Eriksson et al. 92, Greene 1887, Helernum 87, Linné 1753, Sobey 77.

Maïanthème à grappes

suite de la page 76

L'aire de répartition du maïanthème à grappes se divise en deux parties distinctes, correspondant à autant de sous-espèces: l'une à l'Ouest (sous-espèce *amplexicaule),* l'autre à l'Est (sous-espèce typique ou *racemosum).* Il semble exister des individus intermédiaires, dans l'Ouest.

Troublante histoire de stérilité mâle et d'ovules vierges devenus graines

Le maïanthème à grappes produit du pollen, la pollinisation s'effectue, le grain de pollen germe sur le stigmate et allonge des tubes en direction des ovules. Sauf que… les tubes polliniques qui atteignent les loges où sont les ovules sont vides, comme si le contenu du grain de pollen n'y descendait pas, et aucun tube ne pénètre dans un ovule. Pas de fécondation, à cause d'une forme de stérilité mâle! Mais pourtant, la plante produit des graines.

Elle le fait grâce à un phénomène relativement répandu dans le monde végétal mais peu connu du grand public: l'apomixie. Par ce mode de multiplication, le maïanthème à grappes (du moins la sous-espèce typique) produit des graines exclusivement à partir de ses ovules qui se développent sans fécondation préalable.

Les individus qui résultent de l'apomixie, devraient être identiques en tous points

D'abord beiges piqués de rouge, les fruits du ***maïanthème à grappes*** *virent au rouge. Cette couleur ne viendrait pas de chromoplastes, mais de la couleur du noyau des cellules de la pulpe et de l'épiderme.*

Photo: Roger Larose

au plant mère, puisqu'il n'y eut pas d'apport de nouveau matériel génétique pour développer la graine. Comment expliquer alors qu'une variation du maïanthème à grappes fut remarquée et plusieurs formes ou variétés déjà décrites par les botanistes? Mais certains estiment que les caractères significatifs de la plante varient peu, compte tenu de la grande étendue de son aire de répartition — circonstance dans laquelle se remarque souvent une plus grande variabilité — et compte tenu de la grande variabilité des autres maïanthèmes (en particulier les espèces tropicales).

Des six ovules d'une fleur de maïanthème à grappes, seulement un ou deux deviennent des graines, les autres dégénèrent. Mais les graines contiennent plusieurs embryons, alors que celles de la plupart des plantes n'en contiennent qu'un.

Au moment de la fécondation d'une fleur, le grain de pollen décharge, dans le sac embryonnaire de l'ovule, deux noyaux. Les deux fusionnent avec deux noyaux du sac embryonnaire: l'un donnera l'embryon et l'autre, l'albumen (réserve alimentaire de la graine). C'est ce qui se nomme la double fécondation. Il n'y a pas de décharge de noyaux de la part du grain de pollen chez le maïanthème à grappes. L'albumen se développe donc de lui-même. C'est un phénomène rare: chez d'autres plantes dont le noyau qui donne l'embryon se développe sans fécondation, le noyau produisant de l'albument est habituellement fécondé.

Il arrive régulièrement, chez le maïanthème à grappes, que les fleurs du sommet de l'inflorescence cessent leur croissance, au moment de la pollinisation, et se cassent. Peut-être est-ce par manque d'un apport de nutriments au moment de la pollinisation. À ce moment, l'énergie de la plante se concentre-t-elle sur la production de pollen? Inutilement, il va sans dire!

Six ou sept ans pour fleurir

La graine du maïanthème à grappes, assez grosse, pèse de 40 à 95 mg et chaque plante produirait, en moyenne, 11 graines par année. La variété de l'Ouest (étude en Idaho et Washington) produirait des graines plus petites, pesant en moyenne 36 mg. Une étude menée sur les plantules de cette variété révèle qu'elles se développent indifféremment au soleil ou à l'ombre, mais survivent en plus grand nombre à l'ombre.

Même si elle en contient plusieurs, un seul des embryons émerge de la graine. La germination s'effectue sur deux années, entrecoupées par une saison froide (dormance double). La première année, la première racine de l'embryon se développe, rapidement remplacée par quelques autres racines qui prennent naissance à la base d'un bourgeon souterrain. Ce bourgeon enferme une minuscule feuille, prête pour l'année suivante. La plante forme aussi quelques feuilles réduites (minuscules écailles). Mais ni tige ni feuille n'émergent du sol, tout se passe sous terre.

Au printemps de la deuxième année, une seule feuille verte, miniature (3 cm ou moins), émerge au bout d'une longue queue, mais sans tige aérienne. Ce n'est qu'au printemps de la troisième année que la plante compte une tige et deux feuilles, bien développées.

Par la suite, des ramets se développent à partir du rhizome (ramet: voir l'encadré *Qu'est-ce qu'un ramet* page 384). La tige aérienne d'un ramet se préforme complètement dans le bourgeon durant un seul été. La naissance et le développement d'un ramet fleuri demandent 3 saisons de végétation. Elles s'ajoutent aux 3 autres requises pour former une plante à deux feuilles, qui précède la formation de ramets. Il faudrait donc 6 ans pour obtenir une première floraison à partir d'une graine. Mais des observations par des horticulteurs indiquent qu'il faut compter plutôt 7 ans.

Maïanthème ou smilacine?

© Gisèle Lamoureux

Fleurs trimères du ***maïanthème étoilé.***

La tendance actuelle unit, dans un même genre, smilacines (25 espèces) et maïanthèmes (3 espèces). C'est la 4e fois que ce mariage s'effectue... après autant de divorces! Comme si, d'une génération à l'autre, les botanistes attacheraient alternativement plus d'importance à ce qui distingue puis à ce qui rapproche ces plantes.

Ce qui sépare ces plantes? Des fleurs trimères chez les smilacines — pièces de la fleur en multiples de 3 — et dimères (par 2) chez les maïanthèmes.

Les maïanthèmes dimères sont de petites plantes de moins de 40 cm. Leurs ramets fleuris ne comptent que 2 feuilles, leurs racines se trouvent seulement aux nœuds des rhizomes. Leur ramet produit une seule feuille à longue queue pendant plusieurs années, avant d'émettre une tige fleurie.

Plus grands, les maïanthèmes trimères comptent jusqu'à 18 feuilles sur leurs ramets fleuris. Leurs racines sont distribuées sur tout le rhizome et le ramet fleurit en une seule saison. Une exception, évidemment! Le maïanthème trois-feuilles présente une condition intermédiaire. Pourtant trimère, il ne dépasse pas 30 cm. Ses ramets fleuris comptent de 2 à 4 feuilles et ses racines ne se trouvent qu'aux nœuds du rhizome. Le ramet produit une paire de feuilles la première année puis, l'année suivante, une tige fleurie.

Question d'opinion: contrairement aux botanistes qui séparent ces plantes, les botanistes qui les réunissent, considèrent ces différences peu importantes. Ils accordent alors plus de poids aux caractères qu'elles partagent et dont la combinaison les distinguent des autres espèces de la même famille: tige aérienne simple (non ramifiée), inflorescence bien distincte de cette tige et la terminant, jeunes fruits maculés de taches et chromosomes très semblables.

Les fleurs dimères sont très rares chez les plantes de la famille du lis. Les botanistes considèrent qu'elles représentent une réduction à partir de fleurs trimères. Ce serait le cas chez les maïanthèmes, car l'étude anatomique révèle la présence d'un rang de traces de vaisseaux dans la fleur mature, vestige des pièces perdues.

Question de chromosomes

Dans l'est de l'Amérique du Nord, le maïanthème à grappes compte le plus souvent $2n = 72$ chromosomes. Mais il existe des races chromosomiques à $2n = 36$ et plus rarement à $2n = 144$. Ces races ne montrent pas de différences morphologiques notables. La variété de l'ouest de l'Amérique du Nord compte plutôt $2n = 36$ chromosomes tout comme, par ailleurs, le maïanthème étoilé* et le maïanthème trois-feuilles°.

Vie souterraine étonnamment active

La naissance et le développement d'un ramet de maïanthème à grappes demandent de 15 à 20 mois. De la sorte, l'extrémité d'un rhizome comprend, au même moment, jusqu'à trois ramets en train de naître ou de se développer.

La naissance d'un ramet débute à la fin du printemps, dans un petit plateau à la base de la tige aérienne. Ce plateau compact est formé de 6 à 8 feuilles, réduites à des écailles. Entre certaines de ces écailles se trouvent 3 bourgeons, dont 2 resteront dormants. Le troisième, plus gros et placé ventralement sur le rhizome, donnera naissance à un ramet qui ne formera une tige aérienne que deux ans plus tard.

Naissance et développement d'un ramet de maïanthème à grappes
suivi d'un ramet sur 3 ans

An 1, mai	Ramet de l'an 1: développement de la tige aérienne Ramet de l'an 2: allongement du rhizome au-delà de la tige de l'an 1 **Ramet de l'an 3:** apparition des premières cellules du bourgeon
octobre	Ramets de l'an 2 et de l'an 3: dans un bourgeon d'hiver
An 2, mai	Ramet de l'an 2: développement de la tige aérienne **Ramet de l'an 3:** allongement du rhizome au-delà de la tige de l'an 2 Ramet de l'an 4: apparition des premières cellules du bourgeon
octobre	**Ramets de l'an 3** et de l'an 4: dans un bourgeon d'hiver
An 3, mai	**Ramet de l'an 3:** développement de la tige aérienne Ramet de l'an 4: allongement du rhizome au-delà de la tige de l'an 3 Ramet de l'an 5: apparition des premières cellules du bourgeon

Les cellules donnant naissance aux racines d'un ramet se forment près de la tête du rhizome. Mais le développement des racines retarde jusque après l'érection de la tige aérienne, soit au début et au milieu de l'été. Dès ce moment, des champignons microscopiques s'introduisent et s'associent à la racine pour former des mycorhizes. Précédemment, au printemps, de tels champignons s'installent aussi dans la pointe des racines formées l'année précédente. Les racines mycorhizées sont robustes, peu ou non ramifiées et sans poils. Plusieurs autres printanières forestières présentent aussi ce type de racine, dont l'arisème petit-prêcheur*, l'érythrone d'amérique*, l'asaret gingembre* et le trille blanc*.

Durant leur premier été, les 4 à 12 racines formées par le maïanthème à grappes atteignent 20 ou 40 cm, sans se ramifier, ce qu'elles font l'automne ou le printemps suivant. Très peu de nouvelles racines se développent sur les ramets anciens et c'est un caractère particulier au maïanthème à grappes. Il se développe plus de racines à la base d'une tige aérienne, mais il s'en trouve tout le long du rhizome.

Ces racines vivent plusieurs années, certainement plus de 5 ans. Et le champignon mycorhizien persiste durant toute la durée de vie de la racine.

Le mode de développement du rhizome ne produit pas un rhizome ramifié et proliférant. La position ventrale du bourgeon de remplacement entraîne plutôt une croissance linéaire et un seul bourgeon à la fois donne naissance à une tige aérienne. À l'occasion, dans des circonstances inhabituelles, un des deux bourgeons dormants se développera. Il provoquera une ramification du rhizome et produira une autre tige aérienne, plus

D'aussi grandes colonies de ***maïanthème à grappes*** *sont probablement très âgées et se rencontrent rarement.*

Photo: Gisèle Lamoureux

petite, en passant par les mêmes stades que le bourgeon principal.

Mais, généralement, les deux bourgeons dormants ne se développent pas. Viables pendant 20 ans, peut-être plus, ces bourgeons restent latents dans les cicatrices des anciennes tiges. Ils ne débourrent qu'à la suite d'un dommage important à la tête du rhizome. Ils passent alors par les mêmes stades que le bourgeon principal, avant de produire une tige aérienne.

Le rhizome accumule des réserves nutritives. Dans sa partie qui s'allonge avant la production d'une tige aérienne, ces réserves sont constituées de minuscules grains d'amidon. Les parties plus âgées contiennent un épais mucilage, qui représente probablement aussi des matières de réserve.

L'âge du rhizome encore fonctionnel se calcule par le nombre de cicatrices de ramets. Mais comme cet organe se détruit par une extrémité à mesure qu'il croît par l'autre, il est impossible de connaître l'âge réel de la plante. En milieu naturel, ne pas déterrer les rhizomes pour connaître leur âge, car cela perturbe fortement leur environnement et risque d'entraîner la détérioration ou la mort de la plante. Il s'avère plus intéressant d'observer, d'année en année, comment la croissance de cette tige souterraine permet à la plante «d'avancer» par rapport aux arbres environnants ou aux roches. Il suffit, à l'automne, de marquer discrètement et très précisément, mais sans piquer le rhizome, l'emplacement du pied des tiges fructifiées — par exemple par un petit drapeau ou ruban — et de retourner les observer d'année en année. Est-ce vrai que, chaque année, le rhizome s'allonge de 1 à 3 cm?

À chaque année, la tige aérienne se coupe du rhizome, ce qui laisse une large cicatrice. Comme le rhizome vit longtemps, il importe que cette cicatrice soit étanche et ne s'altère pas pendant plusieurs décennies. C'est dès le premier jaunissement d'une feuille que la plante entreprend le processus de cicatrisation. Bien avant le bris de la tige aérienne, sa réaction à une blessure anticipée instaure, étape par étape, une étanchéité à toute épreuve.

Mai - anthème

Le nom maïanthème paraît difficile à retenir? Il suffit de prononcer mai-anthème. Il s'agit d'ailleurs du sens réel de ce nom. Mai, pour le mois de mai, durant lequel ces plantes fleurissent. Anthème, comme dans chrysanthème, qui veut dire fleur (du grec *anthemon).*

Anthème ressemble au mot anthère, qui désigne cette partie de l'étamine contenant le pollen. Anthère vient du grec *antheros:* fleuri.

Maïanthème signifie donc fleur de mai. Il s'écrit avec deux «a»: un pour mai et l'autre pour anthème (qui ressemble à anthère).

Des ramets qui communiquent

Les ramets du maïanthème à grappes ne se comportent pas comme des individus indépendants, comme c'est le cas chez le maïanthème du canada.

Il existe un système vasculaire bien développé, permettant une circulation entre les pousses annuelles successives du rhizome. Ceci laisse entrevoir un haut potentiel d'intégration physiologique entre toutes les parties du rhizome, anciennes et nouvelles.

La croissance des bourgeons dormants est inhibée par un signal chimique (hormone) qui assure une croissance dominante de la tige aérienne à la tête du rhizome. Une fois cette tête endommagée, le signal disparaît, l'inhibition est levée et les bourgeons dormants se réveillent. Tout ceci suppose un contact hormonal entre la partie nouvelle du rhizome et les anciennes.

La persistance de ces bourgeons dormants pendant 20 ans ou plus, sans réserve d'amidon dans la portion du rhizome adjacent, laisse également supposer un transport de sucres solubles à partir de la partie la plus jeune du rhizome.

L'étude de l'organisation très particulière des vaisseaux du maïanthème à grappes laisse prévoir une association très intime entre les différentes portions du rhizome. Ceci est confirmé par l'absence de racines à la base de la nouvelle tige aérienne: son alimentation en eau relève des anciennes portions du rhizome, déjà pourvues de racines.

L'étude anatomique permet de déduire un fonctionnement intégré de tout le rhizome. Mais encore faut-il que toutes les parties qui permettent ce fonctionnement, entrent en activité dans les faits. Ce qui reste à démontrer.

Réf. sp. Brundrett 90, Brunet 1870, Cullina 99, Galway 45, Gorham 53, Kawano 63b, 66, LaFrankie 84, 85a, 85b, 86a, 86b, Marie-Victorin 29, Mickel 58, Piper 86, 89, Porter 60, Sobey 77, Taylor 66.

Maïanthème du canada

suite de la page 80

Au départ, Linné place dans le genre *Convallaria*, le muguet cultivé, les sceaux-de-salomon, les maïanthèmes deux-feuilles, trois-feuilles, à grappes et étoilé, mais il ne nomme pas le maïanthème du canada.

Le muguet cultivé appartient toujours à ce genre, sous le nom *Convallaria majalis*, et le mot *majalis*, tout comme le mot maïanthème, vient de mai *(maius)*. En Europe, le maïanthème deux-feuilles *(M. bifolium)* porte encore parfois le nom de muguet. Fernald (1950) mentionne l'utilisation de ce nom au Québec, pour le maïanthème du canada et il est probable que le muguet mentionné pour la Nouvelle-France par Pierre Boucher, en 1664, soit le maïanthème du canada.

Linné (en 1753) ne connaissait probablement pas ce maïanthème. Son disciple Kalm en observa pendant son voyage en Amérique en 1749, sur une colline rocheuse à l'ouest de L'Ancienne-Lorette (près de Québec), mais en remit-il un spécimen à Linné ou en conserva-t-il pour ses propres travaux ultérieurs? Chose certaine, la description de Linné du maïanthème deux-feuilles, qui aurait pu englober dans son jugement le maïanthème du canada, ne mentionne que l'Europe boréale comme répartition. Il faut attendre René Louiche Desfontaines, en 1807, pour que le maïanthème du canada soit décrit pour la première fois et rattaché au genre maïanthème, séparé des smilacines — genre que Desfontaines crée au même moment.

Trois maïanthèmes qui se ressemblent

Le maïanthème du canada appartient à la famille du lis, du groupe des monocotylédones. Celles-ci montrent des fleurs aux parties groupées par multiples de 3, sauf exception... telles les fleurs de ce maïanthème, à 4 tépales (sépales semblables aux pétales) et 4 étamines.

Le genre maïanthème ne comprenait, encore récemment, que trois espèces: le maïanthème du canada et deux autres plantes très semblables — maïanthème deux-feuilles, de l'Eurasie, et *M. dilatatum,* du Pacifique Nord. L'addition des aires de répartition presque contiguës de ces trois espèces, ceinture l'hémisphère nord, à la hauteur de la forêt coniférienne boréale. Tout autour du globe, ces maïanthèmes figurent parmi les herbacées les plus abondantes dans cette forêt.

L'examen d'individus provenant de plusieurs clones différents pour chaque espèce permet de conclure que ces trois maïanthèmes comptent le même nombre de chromosomes, $2n = 36$ — sauf pour quelques individus exceptionnels ($2n = 54, 72$). Contrairement à ce qui se passe chez d'autres plantes, la différenciation des espèces n'inclurait pas une modification de l'apparence des chromosomes: les chromosomes se ressemblent grandement d'une espèce à l'autre. À noter que, pour sa part, l'espèce eurasiatique varie beaucoup: sur une île japonnaise, ses feuilles mesurent de 1,2 à 2,5 cm, alors que sur une île coréenne elles sont quinze fois plus grandes (20 à 38 cm)!

Les trois espèces se distinguent surtout par la forme de la feuille. Comme elles occupent des aires géographiquement séparées, elles peuvent difficilement se croiser. Les aires des deux autres maïanthèmes se recouvrent dans l'est de l'Asie, mais les deux espèces se trouvent isolées par un décalage dans la période de floraison... en général. Il existe tout de même des individus intermédiaires entre ces deux maïanthèmes, laissant croire à de l'hybridation.

Expérimentalement, des hybrides viables furent produits entre un maïanthème du canada (ayant $2n = 54$) et un maïanthème deux-feuilles ($2n = 36$), mais sans que ces hybrides ne produisent de fleurs.

Qu'est-ce qu'un ramet?

Les rhizomes d'un clone de maïanthème du canada persistent pendant un certain temps et comptent plusieurs ramets. Mais qu'est-ce qu'un ramet?

Un tapis végétal se compose apparemment de plusieurs «individus». Dans le cas d'une plante annuelle, par exemple un petit tapis de chou gras dans un potager, il s'agit réellement d'individus parfaitement distincts les uns des autres, chacun avec ses racines, sa tige et ses fleurs. Mais dans le cas d'une vivace, il en va souvent autrement: un tapis peut être un seul et même individu. Ce qui, à première vue paraît être une multitude d'individus, n'en constitue qu'un, car l'examen des parties souterraines montre que ces «individus» sont reliés entre eux par une tige souterraine (rhizome) commune.

Le terme ramet désigne ce qui paraissait être un individu, avant l'examen des parties souterrraines. L'unité de base, en quelque sorte, qui se répète pour former le tapis ou, plus scientifiquement, un rejet (ou rameau) feuillé du rhizome.

Un ramet de maïanthème du canada comprend deux parties: une partie souterraine et une partie aérienne. Dans le sol, se trouve une courte ramification du rhizome, avec des racines à sa base, à la jonction avec le rhizome seulement. La partie aérienne de cette ramification comprend soit une seule feuille isolée au bout d'une longue queue (ramet juvénile), soit une tige aérienne portant 2 ou 3 feuilles et une inflorescence (ramet adulte).

Une meilleure connaissance de l'interfertilité de ces trois plantes contribuerait à évaluer la pertinence de les maintenir toutes trois au rang d'espèce.

Assez curieusement et contrairement à bien des plantes, tous les maïanthèmes ne portent aucun bourgeon à l'aisselle de leurs feuilles.

Habitats variés

Le maïanthème du canada tolère une grande variété de conditions du milieu. Il fréquente plusieurs types de forêts, mais il reste absent des forêts très sombres et préfère les sites à la fois un peu éclairés mais humides.

Un couvert forestier qui laisse passer environ 55 % de la lumière lui semble particulièrement favorable. Par contre, dans des sites plus ensoleillés, il devient plus luxuriant — sa biomasse aérienne augmente. C'est au printemps, lorsque la température se situe autour de 15 °C, que ses feuilles émergent. Dans les sites les plus ombragés et les plus humides (parmi ceux qui lui conviennent) son feuillage vit quelques semaines de plus que dans les sites plus ouverts et plus secs.

De quelque nature, texture ou pH soit-il, il lui faut une certaine quantité de sol (substrat minéral contenant de la matière organique): il ne pousse pas directement sur la roche ou le sable. La détermination des sites où il s'implante est sans rapport particulier avec la concentration en magnésium, calcium, phosphore ou potassium du sol.

Le maïanthème du canada persiste dans des sites perturbés, même après arrosage d'herbicide sous des lignes électriques, par exemple.

Un tapis, un clone?

Des tapis continus de maïanthème du canada couvrent parfois des centaines de mètres carrés. Comment se forment ces tapis?

À l'origine, un tapis se développe à partir d'une seule graine qui germe. La germination donne une plantule de maïanthème du canada qui se reconnaît aisément par son unique petite feuille (moins de 2 cm) et l'absence de rhizome. Mais, en milieu naturel, la production de plantule (recrutement) se produit très rarement.

La deuxième année de la germination, la plante ne compte donc qu'une feuille, portée par une longue queue. D'année en année, elle remplace répétitivement cette feuille, par une autre feuille unique; ce sont des stades juvéniles de la plante. Le rhizome se développe durant ce temps et finit par produire une tige avec une paire de feuilles et une grappe de fleurs. À partir de la graine, la plante demande jusqu'à 7 ans pour développer sa première inflorescence.

Grâce à son rhizome, le maïanthème du canada se propage végétativement de manière efficace et rapide. Le rhizome croît au rythme annuel de 15 à 30 cm. Il se ramifie probablement au moins une fois par trois ans, peut-être plus, et la perturbation de son habitat stimulerait la ramification. À la longue, la plante forme un petit tapis, bien délimité. Par exemple, un tapis qui mesure environ 6 m de diamètre (ce qui n'est pas rare) vient probablement d'une seule graine et serait âgé d'au moins 30 à 60 ans, probablement plus car le rhizome ne pousse pas forcément en ligne droite.

Chaque petit tapis isolé est considéré comme un seul et même individu génétique (genet). Il constitue un clone, c'est-à-dire une population parfaitement homogène obtenue sans recombinaisons génétiques, à partir d'un individu unique. (Dans le monde végétal, les clones s'obtiennent généralement par multiplication végétative — bouturage, marcottage, culture de tissus *in vitro,* etc. — ou, plus rarement, par parthénogénèse c'est-à-dire par reproduction à partir d'un ovule, mais sans fécondation, telle l'apomixie chez le maïanthème à grappes*).

Les vastes tapis résultent parfois d'une seule graine et représentent un seul clone très âgé. Dans d'autres cas, ils résultent de la juxtaposition de plusieurs petits tapis, poussant à proximité les uns des autres, et l'ensemble provient de plus d'une graine (tapis multiclonal).

Les fleurs du ***maïanthème du canada*** *sont dimères, leurs pièces étant en mutiples de deux: 2 rangs de 2 tépales (sépales et pétales semblables), 4 étamines. En comparaison les anciennes smilacines sont trimères (voir page 379).*

Photo: Roger Larose

Immortalité

En Finlande, des observations portant sur 258 clones de maïanthème deux-feuilles (une espèce eurasiatique très voisine), n'ont détecté aucun indice d'arrêt de la croissance due à la décrépitude, à la vieillesse des clones. Le botaniste responsable de ces observations affirme que, de toute évidence, les clones de cette espèce sont immortels. Seuls des facteurs extérieurs peuvent causer leur mort, seuls des obstacles arrêtent leur propagation végétative.

Tout comme c'est le cas pour la forêt boréale d'ici, le feu ravage cycliquement la forêt finlandaise et peu d'échantillons de cette forêt vivent 150 ou 200 ans sans être incendiés. Le rhizome du maïanthème deux-feuilles, peu profondément enfoui (1-2 cm), ne survit qu'à des incendies mineurs. Mais il arrive que certains clones dépassent les 200 ans.

Un clone de maïanthème deux-feuilles forme généralement un tapis circulaire. La croissance annuelle observée ajoutait, au clone, un diamètre de 12 cm en moyenne (14 cm au maximum), soit un rayon de 6 cm. Par comparaison avec l'âge connu d'un clone de fougère-aigle commune°, l'observateur évalue à 283 ans l'âge d'un clone de 34,4 m de diamètre. Sur 121 clones dont il connaît les dimensions, 4 dépassent ce diamètre, et l'un d'eux atteint 155,5 m (mais sa croissance fut arrêtée par le passage d'une route).

Des observations minutieuses amenèrent ce botaniste à trouver des caractères morphologiques lui permettant de reconnaître la présence d'un ou de plusieurs clones dans un tapis. Quels caractères? En particulier la forme de la feuille, de l'incision à sa base et des lobes, mais aussi les arcs formés par l'ensemble des ramets en bordure des tapis. Parfois, la destruction d'une partie du tapis permet l'installation d'un deuxième individu, qui se contentera de remplir l'espace libéré. D'autres fois, plusieurs graines, déposées par un animal, ont germé au même endroit en même temps et leurs ramets se sont entremêlés, créant un seul tapis.

L'étude démontre que chez cette espèce aussi, la germination de graines n'est pas un phénomène fréquent. L'abondance de la plante dépend effectivement de sa propagation végétative.

Vie et mort d'un ramet

C'est au printemps (avant juillet) que 90 % des ramets de maïanthème du canada émergent du sol.

Le développement d'un bourgeon de ramet adulte se termine avec l'épanouissement de l'inflorescence et la production de fruits — c'est ce qui se nomme une croissance définie (le bourgeon ne continue pas de croître indéfiniment). Mais au pied de la tige aérienne, sur la courte ramification du rhizome qui supporte cette tige, un bourgeon se développe à la fin de l'été et prend la relève. Par la suite, en hiver, la partie aérienne du ramet se coupe du rhizome. Mais le ramet continue d'exister, par sa partie souterraine et son bourgeon.

La partie souterraine du ramet vit quelques années et s'allonge de quelques millimètres par année. Elle porte les cicatrices des écailles de chacun des bourgeons qui se sont succédés, de sorte qu'il est possible de déterminer son âge.

Entre chaque ramet, le rhizome lisse est dénué de racines. Celles-ci ne se trouvent qu'à la base de chaque ramet et, probablement, n'assurent l'alimentation que de ce ramet, du moins principalement. La circulation entre les ramets se révèle très faible et bien qu'il reste physiquement connecté au rhizome du clone, un ramet de maïanthème du canada devient vite indépendant... ou presque. Cependant, lorsqu'un fort stress affecte un ramet (blessure, perte de feuilles, absence anormale de lumière), le rhizome réintègre les ramets jusque-là indépendants et assure une certaine circulation des ressources entre eux, de manière à répondre au stress localisé. Chez d'autres espèces, au contraire, les ramets restent intégrés au rhizome pendant plusieurs années, parfois toujours (clintonie boréale*).

La densité des ramets varie d'un site à l'autre. Selon certains, elle augmenterait avec l'abondance de la lumière qui arrive au sol et avec le degré de sécheresse du sol. Pareillement, la grandeur des feuilles varie d'un site à l'autre, les feuilles des sites humides pouvant atteindre trois fois la taille des feuilles des sites secs.

Dans chaque tapis naît et meurt un certain pourcentage de ramets et ce pourcentage varie beaucoup, d'une année à l'autre. Mais, chez le maïanthème du canada, le taux de natalité varie indépendamment du taux de mortalité.

Il arrive qu'un ramet apparemment mort, ressuscite au bout d'un an à partir d'un bourgeon latéral. Cette prolongation ne dure qu'un an.

Différences entre les clones ou entre les sites?

Des observations au New Jersey portant sur 9 tapis distincts (clones) — 3 tapis dans 3 sites différents — ont permis d'étudier des différences entre les tapis d'un même site et ceux de sites différents. L'étude tentait de distinguer les différences dues au génome (ensemble des gènes) et celles dues aux conditions environnementales.

Certains caractères variaient à la fois selon le tapis et selon le site. C'était le cas de la valeur nutritive des fruits (pourcentage des protéines et des glucides) et les différences significatives entre les sites, mettaient probablement en cause la richesse du sol. Le nombre de fleurs par ramet diffère aussi selon les tapis et selon les sites.

Pour d'autres caractères, des différences significatives se présentaient entre les différents tapis, indépendamment des sites. D'abord, le nombre de ramets par mètre carré variait significativement entre 229 et 738, ensuite le pourcentage de ramets qui fleurissent par mètre carré oscillait entre 9 et 13 (exceptionnellement 19) et finalement, le pourcentage de ramets fleuris qui fructifient par mètre carré se situait entre 16 et 66. Ces différences ne semblaient pas reliées aux conditions environnementales du site mais plutôt rattachées aux différences entre le génome de chaque tapis.

En ce qui concerne la densité des ramets (nombre / m^2), l'auteur de cette recherche conclut à des différences significatives entre les tapis plutôt qu'entre les sites. Il note, par ailleurs, que le pourcentage de ramets fleuris et celui des ramets fleuris qui fructifient ne sont pas affectés par cette densité. Dans un tapis, le nombre de fleurs par ramet est constant et typique du tapis. Tout ceci suggère que chaque tapis constitue un clone, développé entièrement par croissance végétative à partir d'une seule graine.

L'âge d'un ramet en fleurs

En moyenne, la partie souterraine d'un ramet vit la plupart du temps pendant 1 à 3 ans, mais le plus vieux ramet observé jusqu'à maintenant avait 12 ans. La partie aérienne, elle, ne vit que durant une seule saison de végétation.

Dans les populations étudiées (Massachusetts), la partie souterraine des ramets en fleurs a le plus souvent 3 ou même 4 ans. En général, un ramet ne fleurit pas durant ses deux premières années (stade à une feuille) et ne fleurit qu'une fois. Seulement de 2 à 33 % refleurissent, et très rarement plus d'une fois (très exceptionnellement, un ramet observé avait fleuri durant 4 ans).

Par contre, tel que déjà mentionné, les très grands tapis, par exemple de quelques centaines de mètres carrés, résulteraient vraisemblablement de la rencontre de plusieurs clones autrefois distincts.

Phénologie de la floraison

Chaque espèce de plante se développe suivant une séquence qui lui est propre, à un moment précis de la saison de végétation. La phénologie étudie ces aspects de la vie d'une plante.

Dans une colonie de maïanthème du canada, à partir du petit bouton qui pointe à la surface du sol jusqu'au début de la floraison, il s'écoule à peine un mois. Il suffit d'un mois supplémentaire pour que toutes les fleurs soient ouvertes.

Les anthères (organes mâles) viennent les premières à maturité et libèrent leur pollen (anthèse) entre 3 et 5 jours après l'épanouissement de la fleur. Chaque fleur contient environ 6400 grains de pollen. Deux jours plus tard, c'est au tour du stigmate (sommet du pistil) d'atteindre la maturité et d'être réceptif. Cette réceptivité se manifeste par l'ouverture d'une fente le long du style. Chaque grappe compte de 10 à 30 fleurs, en moyenne 20, et chaque fleur possède 4 ovules.

Trois semaines après l'anthèse, en juin, les ovaires commencent à grossir remarquablement. À ce stade, environ 2 % des fleurs avortent, généralement celles du sommet de la grappe, présumément les dernières pollinisées — un modèle commun chez les plantes.

Déroulement de la floraison
maïanthème du canada, New Jersey

Fin avril (≈ 15 °C)	émergence des ramets
Première semaine de mai	émergence des grappes florales
Troisième semaine de mai	toutes les inflorescences ont des fleurs qui commencent à s'ouvrir, d'abord au bas de la grappe puis en remontant vers le sommet
Troisième semaine de juin	pratiquement toutes les fleurs sont ouvertes

Peu fleurissent... mais tous en même temps

Parmi les nombreux ramets d'un clone de maïanthème du canada, peu fleurissent au cours d'une année donnée (autour de 10 %). La plante fleurit plus abondamment sur des sites mésiques — sol moyen: ni sec ni humide — que sur des sites secs ou humides. Selon que les conditions climatiques ou biologiques (tel le nombre de pollinisateurs) s'avèrent plus ou moins favorables, la plante connaît de bonnes années et des mauvaises. Ceci se reflète dans la proportion de nouveaux ramets qui fleurissent et dans le nombre de fruits par ramet.

La floraison des ramets montre un remarquable synchronisme: toutes les fleurs d'une population s'épanouissent quasi en même temps. Par exemple, une année, sur un site du Nouveau-Brunswick, la presque totalité des fleurs (95 %) s'épanouirent en dedans d'une période d'environ 12 jours. Chaque inflorescence dura en moyenne 8 jours et les premières fleurs ne précédèrent le pic de floraison que de 4 jours... c'est dire le mouvement d'ensemble et la vitesse du déroulement de la floraison! À noter cependant que cette année-là, la floraison montrait un retard de 13 jours sur l'année précédente, qui avait connu une période de floraison étalée sur 22 jours.

Des événements relevant du climat local affectent souvent la floraison ou la fructification. Par exemple (toujours au Nouveau-Brunswick), trois espèces — l'aralie chassepareille*, la clintonie boréale* et le maïanthème du canada — atteignirent leur pic de floraison exactement le même jour, le 8 juin, le premier jour chaud et ensoleillé après une semaine de temps moins propice. Un feu d'artifice bien orchestré, qui n'attend que l'allumage en provenance du soleil!

Phénologie de la fructification

Dans cette même étude (Nouveau-Brunswick), il s'écoula 81 jours entre l'ouverture de la première fleur de maïanthème du canada et l'apparition d'un premier fruit mûr. Puis, en 30 jours, presque tous les fruits (95 %) arrivèrent à maturité.

L'étude portait sur 12 espèces représentant environ 95 % du couvert herbacé de cette forêt boréale. Parmi ces plantes, celles dont le pollen ne peut féconder les fleurs du clone dont il est issu (fécondation croisée obligatoire), montrèrent le plus faible taux de production de fruits mûrs. Pourtant le meilleur taux fut celui de l'aralie chassepareille (60 %), dont les plants sont soit mâles soit femelles (dioïques)!

Les premières fleurs de maïanthème du canada à s'épanouir, montrèrent un bien plus fort taux de fructification (14 %) que les dernières (4 %). La tendance dénotait un plus faible pourcentage de fructification lorsqu'il y a diminution du nombre d'inflorescences épanouies.

Dans cette forêt du centre du Nouveau-Brunswick, les animaux (cerfs de virginie, petits mammifères et oiseaux) recherchent d'abord les fruits de l'aralie chassepareille. Mais ils ne dédaignent pas les petits fruits charnus du maïanthème du canada, loin de là: alors qu'aucun fruit protégé contre les prédateurs ne fut dérobé, 46 % des fruits non protégés, le furent.

Les fruits du ***maïanthème du canada****, après leur virage au rouge. Cette couleur viendrait-elle, non pas de chromoplastes, mais de la couleur du noyau des cellules de la pulpe et de l'épiderme, comme chez le maïanthème à grappes?*

Photo: Roger Larose

Tant d'énergie, pour si peu de plantules

Dans une forêt boréale du centre du Nouveau-Brunswick, il fut évalué que le maïanthème du canada consacre une part importante de sa masse (et de son énergie) à la reproduction sexuée. Les structures reproductives (inflorescences et infrutescences) représentent, en moyenne, 46 % de la masse aérienne du ramet. Ce pourcentage dépasse de beaucoup celui de onze autres herbacées de cette forêt boréale étudiées en même temps, mis à part le cypripède rose (56 %).

Pour le maïanthème du canada, qui se propage si bien végétativement, vaut-il la peine d'investir tant d'énergie dans la production de fleurs? Surtout qu'à peine 6 % produiront des graines mûres... parmi lesquelles une exception germera en milieu naturel!

À bien y penser, la plante dispose d'une stratégie remarquable de répartition des ressources sur deux fronts. Une propagation végétative abondante lui permet d'envahir assez rapidement un habitat et d'y maintenir un nombre restreint mais dominant d'individus (clones). Il lui reste à concentrer son énergie pour se propager aussi par semis... c'est son seul moyen pour se propager au loin, sur de nouveaux sites.

Chez le maïanthème du canada, seulement 12 % des bourgeons de fleurs développèrent des fruits et à peu près la moitié de ces fruits atteignirent la maturité. C'est bien peu et, parmi les 12 espèces étudiées, seul le cypripède rose* montre un pourcentage inférieur (0 %, sur 64 plants observés et ayant tous fleuris). Et ce faible 6 % de bourgeons de fleurs donnant des fruits mûrs n'est pas au bout de ses peines! À la fin de septembre, moins de la moitié de ces fruits (41 %) persistaient sur la tige; les autres étaient pourris ou séchés, tombés précocement par terre ou disparus.

Les fruits pèsent environ 26 mg. Le poids des graines (autour de 4 à 5 mg selon certains, 9 selon d'autres) tend à diminuer en proportion du nombre de graines par fruit. Avec un apport de fertilisant azoté, les fruits contiennent plus de graines, laissant croire à une limitation de la fécondité par manque de ressources.

En conditions expérimentales, le taux de germination passe de 26 à 51 % après un séjour des graines au froid et les graines germent 3 ou 4 fois plus rapidement (42 à 84 jours au lieu de 181 à 252). En serre, le taux de germination atteint 95 %.

Comme chez bien des herbacées de l'érablière, la germination des graines du maïanthème du canada s'étend sur 2 ans. La première année, la plante utilise les réserves contenues dans la graine pour développer des racines. Celles-ci lui permettront une plus grande autonomie, la deuxième année, pour produire sa première feuille verte.

Pollinisation croisée

C'est très clair, le pollen des fleurs du maïanthème du canada ne féconde pas les fleurs issues du même clone. Des observations au New Jersey rapportent que la pollinisation croisée forcée (entre des tapis éloignés de 300 m) donne un taux de fructification de 75 % alors que l'autopollinisation donne un taux inférieur à 1 %. Par ailleurs, une telle pollisation croisée expérimentale donnait environ 4 fois plus de fruits que la pollinisation naturelle.

La réaction à l'ajout de pollen diffère cependant selon les tapis, ce qui pourrait indiquer que différents facteurs limiteraient la fructification. Ces facteurs pourraient être 1) la dimension du tapis 2) son architecture clonale, par exemple le nombre de clones dans un tapis 3) la proximité d'autres clones 4) les ressources disponibles pour assurer le développement des fruits et des graines. La limitation des ressources — par exemple un manque d'azote dans le sol — se traduirait par un taux variable d'avortement des ovules fécondés. Est-ce le cas dans un site du Nouveau-Brunswick, où un taux d'avortement aussi élevé que 50 % des fruits en développement fut observé?

Pollinisateurs et insecticides

Chez bien des herbacées de la forêt boréale, les insectes assurent la pollinisation croisée. Les couleurs intenses du bleu, du jaune, du rouge ou de l'orange, propres à attirer certains insectes spécialisés, ne parent pas les fleurs de la plupart de ces herbacées. Elles s'affichent plutôt petites, blanches ou blanchâtres, et convenant aux insectes peu spécialisés (insectes généralistes). C'est le cas chez le maïanthème du canada. L'abeille mellifère, les abeilles solitaires, les syrphides et les bourdons (au Nouveau-Brunswick: *Bombus vagans)* semblent les visiteurs le plus souvent rapportés chez cette plante. Le moment précis de la floraison importe peu, lorsque la pollinisation fait appel à des insectes généralistes, en autant qu'elle se situe durant la période d'activité des insectes.

Le manque de pollinisateurs expliquerait aussi le faible taux de fructification. Au Nouveau-Brunswick, les herbacées qui fleurissent immédiatement après l'épandage d'insecticides sur les forêts ont des taux de fructification significativement inférieurs dans les sites soumis à de tels épandages. C'est le cas du maïanthème du canada, mais aussi de l'aralie chassepareille, de la clintonie boréale et du cornouiller quatre-temps.

Les grappes de fleurs pollinisées naturellement portent de 1 à 8 fruits (en moyenne: 2,7) contenant chacun de 1 à 3 graines (en moyenne: 1,7).

Réf. sp. Ashmun 82, Barrett 87, Boucher 1664, Crowder 84, Cullina 99, Desfontaines 1807, Greene 1888, Helenurm 87, Kawano 67, 68, LaFrankie 86a, 86b, Linné 1753, McCall 87, Nichols 34, Oinonen 71, Porter 60, Rousseau 77, Silva 82, Sobey 77, Taylor 66, Thompson 39, Valentine 76, Worthen 86, 88.

Voilà la coloration des jeunes fruits du ***maïanthème du canada****. Des oiseaux ont déjà laissé des traces... Seraient-ils friands des fruits avant même leur maturité?*

Photo: Gisèle Lamoureux

Matteuccie tête-de-violon

suite de la page 252

Rien ne permet, dans l'apparence de la plante, de connaître l'âge d'une couronne de matteuccie tête-de-violon. Des calculs basés sur le taux de croissance annuel du rhizome permettent d'estimer qu'une couronne peut vivre 60 et même 120 ans.

Peu de couronnes produisent des frondes fertiles (brunes): moins de 1 %, d'après une étude en Nouvelle-Écosse, entre 3 et 8 % selon d'autres études. Seulement les plus grosses en produisent (diamètre du rhizome: plus de 4,6 cm) et une couronne en produit 3 au maximum par année, rarement plus. Ces frondes persistent pendant 2 ans, quelquefois plus, de sorte qu'une couronne arbore parfois plus de 6 frondes brunes.

Une couronne produit aussi des rhizomes horizontaux donnant chacun naissance à une autre petite couronne d'environ 1 cm de diamètre au départ. Les populations naturelles observées ne comptent pas d'individus plus petits que 1 cm de diamètre: des couronnes issues de spores n'ont pas été observées encore, même si les spores germent normalement et produisent des prothalles.

Nombre et longueur des frondes vertes

Dans la population étudiée en Nouvelle-Écosse, un rhizome de petit diamètre (1 à 2,9 cm) compte en moyenne 3 ou 4 frondes vertes. À mesure que le rhizome grossit, cette moyenne augmente et passe, lorsque le rhizome atteint 5 cm ou plus, à 6 ou 7 frondes plus longues. Par la suite, le nombre moyen de frondes vertes n'augmente plus, mais la production de frondes fertiles commence, jumelée à une élongation toujours plus grande des frondes vertes, qui atteignent parfois 2 m.

Le nombre et la longueur des frondes vertes et la production de frondes fertiles, ne sont pas directement fonction de l'âge de la plante. Comme chez bien d'autres printanières forestières, il semble que ce soit plus une question d'atteindre une certaine taille (le diamètre du rhizome étant la mesure utilisée ici). Et la taille dépend de l'âge, oui, mais aussi des conditions de l'environnement, en particulier de la richesse du sol, d'un ensoleillement adéquat qui permet une photosynthèse optimale, et de conditions climatiques saisonnières favorables à la plante (humidité, température, etc).

Une étude en serre, au Nouveau-Brunswick, mentionne des couronnes portant plutôt 10 frondes vertes. Près de Québec, dans des populations qui avaient subi des récoltes répétées mais irrégulières (environ tous les 5 ans, durant les 25 années précédentes), les couronnes ne comptaient plus, en moyenne, que 4 frondes vertes,

Qu'est-ce qu'une fronde? Et une crosse?

Toutes les feuilles des fougères débutent enroulées comme des ressorts de montre, sous forme d'un bourgeon bien particulier: la crosse. Au printemps, elles se déroulent, adoptant des allures et des postures remarquables qui permettent de distinguer les espèces les unes des autres.

Les feuilles des fougères diffèrent des autres feuilles par cette crosse en spirale, très rare dans le reste du règne végétal, et parce qu'elles produisent des semences, les spores. Les botanistes désignent ces feuilles par le mot fronde, qui s'applique aussi, théoriquement mais non en pratique, à toutes les autres plantes à spores. Les frondes adoptent des formes variées mais dans tous les cas, elles se composent d'un limbe, d'un rachis (sorte de nervure centrale) et d'un stipe (la queue) et se rattachent à un rhizome.

Crosses et frondes fertiles brunes de la ***matteuccie tête-de-violon****.*

Photo: Gisèle Lamoureux

chez une population en forêt, ou 8, dans un site voisin ensoleillé.

Les frondes qui poussent au soleil se déroulent quelques jours après celles qui poussent en forêt et atteignent une plus grande longueur. Les couronnes comptent plus de frondes, parfois le double, de sorte que le déroulement des crosses s'étale sur une plus longue période au soleil qu'en forêt. Par contre, le taux de couronnes portant des frondes fertiles est plus faible en milieu ensoleillé (3 %), qu'en milieu ombragé (8 %), d'après une étude menée près de Nicolet.

Réservoir de crosses

Chaque couronne compte un certain nombre de crosses qui se dérouleront au printemps d'une année, et un réservoir de primordiums (premier stade) de crosses pour les 4 années subséquentes. Ce réservoir permet à la plante de parer à un gel printanier qui détruirait les crosses en cours de déroulement. La couronne développe aussitôt des crosses destinées à remplacer celles gelées.

Mais les crosses de remplacement sont moins nombreuses et plus petites. Les primordiums du réservoir grossissent d'année en année, durant 3 ans, mais surtout durant la dernière année précédant leur déroulement (qui a lieu la 4e année). Or les crosses de remplacement n'ont pas atteint leur pleine taille lorsque la destruction de crosses par le gel stimule leur déroulement prématuré.

Ce genre de remplacement ne se produit qu'au printemps, durant les quelques semaines (six, tout au plus) qui suivent le déroulement des crosses. Après, le bourgeon qui produit les frondes semble en repos, du moins en ce qui concerne le déroulement de crosses.

Effets d'une récolte intensive

Tout comme le gel, une récolte intensive, par exemple de toutes les crosses ou de la moitié des crosses d'une couronne, provoque le développement immédiat et prématuré de primordiums et nuit à la plante. L'année même de cette récolte intensive, la plante déroule, au total, plus de frondes que normalement. Par contre, elle accumule moins de réserves pour les années suivantes.

Croissance lente

La matteuccie tête-de-violon est une plante à croissance lente. En 5 ans d'observations systématiques de populations naturelles près de Québec, aucune couronne n'a augmenté le nombre de ses frondes.

Autre signe de sa croissance lente, elle accumule des réserves d'amidon dans les bases persistantes de ses frondes, plutôt que d'utiliser immédiatement ces réserves. Cette capacité d'emmagasinage, les bases des frondes la maintiennent pendant quelques années. Les réserves accumulées servent au printemps pour déployer, en un temps record, une importante masse végétale. L'utilisation des réserves supplée alors à une activité photosynthétique insuffisante pour soutenir cette vitesse de production.

Entamer des réserves prévues à d'autres fins

Le déroulement complet des crosses s'effectue tout au plus en une quinzaine de jours, et le pic de photosynthèse est aussitôt atteint, le seizième jour! Par la suite, le couvert forestier offre un ombrage important, réduisant l'intensité de la photosynthèse et l'accumulation de réserves.

Dérouler un deuxième groupe de crosses, pige dans le réservoir de primordiums, pige aussi dans les réserves nutritives et entraîne un certain retard de la photosynthèse. Celle-ci risque alors d'atteindre son pic après que le couvert forestier est déployé. Et puis, moins de frondes et moins de photosynthèse risquent d'entraîner la formation de moins de primordiums. Ce qui se traduirait, 3 ans plus tard, par l'émergence d'un moins grand nombre de frondes.

Des mesures effectuées sur des populations en forêt de la région de Québec, montrent des réserves amoindries dans les couronnes dont les crosses ont été complètement ou partiellement (50 %) récoltées. Comparées à des couronnes non défoliées, celles complètement défoliées voyaient leurs réserves en amidon diminuer d'environ 60 % et celles partiellement défoliées, d'environ 30 %.

L'effet d'une seule récolte intensive se fait sentir pendant les années subséquentes et se voit encore 4 ans plus tard. Souvent, une colonie paraîtra bien supporter la récolte, jusqu'à ce qu'au bout de 4 ans, les couronnes deviennent chétives ou meurent. D'après certaines observations, lors de récoltes intensives une couronne épuise en 2 ans le réservoir de primordiums prévu pour 3 années. L'effet se trouve décuplé si le cueilleur récolte au même endroit chaque année

Et qu'est-ce qu'une couronne?

Chez certaines fougères, le rhizome est vertical et les frondes poussent au sommet de ce rhizome. Dans le cas de certains rhizomes horizontaux, l'extrémité se retrousse, et les frondes ne poussent que sur ces extrémités, tout à fait au bout. Dans un cas comme dans l'autre, les frondes adoptent alors une disposition en cercle. C'est le cas, entre autres, de la matteuccie tête-de-violon, mais aussi de la dryoptère spinuleuse° et des osmondes cannelle° et de clayton°.

Le terme couronne désigne cette disposition en cercle. Il nomme aussi l'ensemble des frondes de ce cercle, jointes au rhizome et racines qui les sous-tendent. Somme toute, il s'applique à un individu indépendant, ou potentiellement indépendant, de matteuccie tête-de-violon. En quelque sorte, une forme de ramet (définition p. 384), caractéristique de certaines fougères.

Les couronnes de matteuccie tête-de-violon se rattachent souvent à leurs voisines par leurs parties souterraines, comme les rosettes (ou ramets) de clintonie boréale se rattachent entre elles par leur rhizome.

Vous aimez les cerfs de virginie?

Bien des gens aiment les cerfs de virginie (chevreuils) et cherchent à les observer en milieu naturel. Mais ces animaux mangent! Des végétaux. Même des plantes printanières à croissance lente!

Et ce ne sont pas tous les végétaux qui survivent à leur broutement. Les cerfs ne se contentent pas de brouter quelques crosses de matteuccie tête-de-violon. Ils grugent tout le dessus de la couronne, incluant tous les primordiums du réservoir pour les 4 années suivant leur passage. Impossible pour la couronne de mettre en œuvre sa stratégie habituelle de déroulement des crosses du réservoir. La couronne peut-elle survivre? Il est permis d'en douter, lorsqu'on a vu de tels saccages.

Ce n'est pas tout. Les cerfs de virginie ravagent aussi les populations d'ail des bois. Ils broutent les trilles, l'érythrone, les claytonies! Et bien d'autres herbacées. Qu'adviendra-t-il des plantes à croissance lente dans les régions où les cerfs de virginie sont surabondants? Comme c'est le cas actuellement en Montérégie, dans la vallée du Richelieu et dans l'Estrie (Cantons de l'Est)!

À certains endroits, la végétation herbacée du sous-bois est complètement rasée. Après de tels dégâts, des exclos expérimentaux (périmètres clôturés d'où les cerfs sont exclus) révèlent qu'il faut bien des années pour que le parterre forestier retrouve ses tapis végétaux. Cela ne se refait pas en 2 ou 3 ans! Une population détruite mettra longtemps avant de recommencer à coloniser un site. Il faut un hasard favorable pour amener des graines... de bien loin parfois, d'au delà de la zone rasée par les cerfs! Et la germination d'une graine n'est souvent qu'un début modeste, en regard de la chance et du temps requis pour installer un tapis de bonne dimension.

Il faut avoir visité Anticosti pour réaliser à quel point une surpopulation de cerfs rase la végétation. Même les conifères voient leurs branches rasées à hauteur de museau. À se demander si Anticosti ne développera pas une race capable de brouter de plus en plus haut. Une race de chevreuil à cou de girafe!

Faudra-t-il encourager la chasse pour protéger les plantes à croissance lente? Ou attendre un manque de nourriture en forêt qui fasse diminuer les populations de cerfs? Mais ils broutent aussi les champs cultivés et passent de la forêt au champ, puis du champ à la forêt! Favoriser le loup qui, avant qu'on ne le bannisse, contrôlait les populations de cerfs? Voir aussi pages 327 et 441.

et pige chaque fois dans les réserves de la couronne.

Au moment où le cueilleur se rend compte que le nombre de frondes par couronne décline, il est déjà tard, le nombre de primordiums ayant diminué. D'où l'importance de ne récolter qu'une crosse par couronne (non pas 2 ou 3 comme ce fut déjà préconisé, à moins que les couronnes ne portent 10 ou 12 crosses) et à condition que personne auparavant n'ait cueilli sur cette couronne. Comme il s'agit d'une plante à croissance lente, il importe aussi de ne pas récolter sur les mêmes couronnes chaque année, question de laisser à la plante le temps de se rétablir.

Au cours d'un sauvetage de couronnes de matteuccie tête-de-violon, nous avons pu observer que des couronnes ayant subi 3 défoliations totales successives (par une tondeuse à gazon!), déroulaient un quatrième groupe de crosses. D'une défoliation à l'autre, les crosses, moins nombreuses, étaient de plus en plus petites et chétives. Les couronnes défoliées 3 fois au cours de la même saison puis transplantées, vivotèrent pendant 2 ou 3 ans, puis certaines moururent, mais pas toutes. Quatre ans plus tard, celles qui restent sont toujours maigres et chétives. Les premières sauvées, défoliées seulement une fois, maintiennent le niveau de vigueur qu'elles avaient lors de la transplantation. Quelques-unes, plus vigoureuses, ont produit au bout de 3 ans, des rhizomes horizontaux et une petite couronne additionnelle, à 15 ou 30 cm de la couronne mère.

Un marché inquiétant: l'alimentation

Des essais de cultures commerciales eurent lieu au Nouveau-Brunswick, mais furent abandonnés. Dans la culture en champ, le vent se révèle un obstacle de taille, car il casse les frondes. Une culture en serre semble possible et probablement rentable, malgré le coût élevé du chauffage, car elle donne lieu à deux récoltes par année. En fait, actuellement toutes les crosses du marché de l'alimentation viennent du milieu naturel. Au Québec, en 1999, ce marché se chiffrait à plus de 100 000 kg, sans compter les quantités cueillies au Québec et mises en marché ailleurs.

La récolte en milieu naturel ne fait l'objet d'aucune réglementation. Au cours d'une saison, une même couronne peut subir des récoltes répétées de la part de plusieurs cueilleurs, et cela, pendant plusieurs années d'affilée. Pour éviter ces cueillettes en chaîne, faut-il compter uniquement sur des conditions climatiques exécrables durant les fins de semaine propices à la cueillette des crosses?

Un suivi scientifique récent mit en relief que les habitudes des cueilleurs commerciaux d'ici, même les plus conservationnistes, nuisent à la plante. L'établissement de territoires de cueillettes réglementés, avec permis, comme cela existe pour le piégeage des animaux à fourrures, constituerait peut-être une alternative intéressante. Les détenteurs de permis auraient-ils plus à cœur l'exploitation durable de la ressource?

Certains protestent contre la venue, jusqu'à Cap-Saint-Ignace (Montmagny), d'autobus remplis de cueilleurs commerciaux venant du Nouveau-Brunswick et mettant en péril les colonies. Dans cette province, les têtes-de-violon sont particulièrement populaires et mises en marché par une grande compagnie de produits congelés (McCain Foods Canada).

Un autre marché inquiétant: l'horticulture

La plante se récolte aussi en milieu naturel pour le commerce horticole. Il ne s'agit pas, dans ce cas, de prélever seulement des crosses, mais bien la plante entière, avec ses racines et rhizomes, ce qui nuit bien plus à cette plante à croissance lente. Ici, il faut bien réaliser que pour remplacer une couronne qui a 120 ans, il faudra 120 autres années!

Malgré des enquêtes répétées au Québec, il fut impossible de connaître les quantités prélevées aux fins du commerce horticole. Il n'existe pas plus de statistiques de récoltes en milieu naturel qu'il n'existe de réglementation dans ce domaine! Des chiffres obtenus auprès de trois commerçants grossistes révélèrent qu'à eux trois, en 1998, ils prélevèrent près de 30 000 couronnes pour cette seule année. Facile à comprendre qu'on s'inquiète de la survie de cette plante, pourtant abondante. Il est donc recommandé de s'abstenir d'acheter des matteuccies tête-de-violon en pot dans un centre-jardin ou autre commerce du genre.

La recommandation vaut pour pratiquement toutes les fougères indigènes, tant que les pratiques n'auront pas changé et que les fougères vendues proviendront du milieu naturel. Il existe actuellement une tentative de percée du marché par des fougères cultivées in vitro, mais les prix ne sont pas compétitifs... ce qui ne signifie pas qu'une fougère vendue à un prix plus élevé vient automatiquement de ce type de culture!

Les populations naturelles de deux fougères envahissantes, l'onoclée sensible° et la fougère-aigle commune° pourraient peut-être supporter une récolte commerciale. Mais la fougère-aigle est une plante nuisible à l'agriculture (donc sujette à provoquer des arrosages de pesticides), et il vaut mieux s'abstenir de contribuer à la répandre (voir Lamoureux & Nantel 1999, p. 12).

Cultiver des fougères autrement

Rien de plus facile que de cultiver des fougères à partir des spores. Cela demande un peu plus de patience mais ne nuit pas à la plante!

Dans le cas de destructions d'habitats anticipées (développement domiciliaire, construction de routes, etc.), il est envisageable de transplanter des matteuccies tête-de-violon pour assurer leur survie. D'après l'affirmation même de certains commerçants, le sauvetage dans de telles conditions ne suffit pas à alimenter le marché des plantes horticoles. En créant une demande, un tel marché contribue plus à détruire des populations naturelles qu'à valoriser les plantes indigènes. Car de l'avis de plusieurs, la vaste majorité des plantes indigènes sur le marché proviendrait de milieux naturels non en danger d'être détruits.

*Crosses d'**osmonde**. Toutes les osmondes de nos contrées présentent des crosses très velues, alors que la matteuccie tête-de-violon est sans poils. Les crosses des osmondes ne sont pas comestibles; leur ingestion entraîne des diarrhées.*

*Crosses d'**onoclée sensible**. Écailles brun cannelle, comme chez la matteuccie tête-de-violon, mais qui restent attachées au stipe, lui-même non creusé d'un sillon, contrairement à celui de la matteuccie. Plus petites, elles attirent moins l'attention. Non comestibles, reconnues toxiques pour les chevaux et côtoyant souvent la matteuccie.*

Photos: Gisèle Lamoureux

Les populations naturelles de matteuccie tête-de-violon sont parfois denses et étendues et supportent d'être légèrement éclaircies. Il importe que ces éclaircies ne constituent pas des pillages sauvages et répétés et que les gestionnaires ou propriétaires de ces populations s'en assurent. Prélever une couronne parmi des centaines ne nuit généralement pas à une population naturelle dense et étendue. C'est la répétition du geste qui nuit.

Dans une perspective de rentabilité commerciale de récoltes en milieux naturels, on conçoit facilement l'absence de préoccupations quant au bien-être et à la survie de la plante de même que l'absence de précautions qui s'ensuit. Surtout lorsque le terrain n'appartient pas au cueilleur! Les preuves existent, au Québec même, dans les cas de l'ail des bois et du ginseng cinq-folioles.

Culture de matteuccie tête-de-violon à partir de spores

D'après une méthode élaborée par Lucien Bilodeau, horticulteur, membre de la Société des Amis du Jardin Van den Hende, de Québec.

Cultiver les fougères à partir des spores permet de suivre le cycle vital complet des fougères qu'on aime. Cela évite de les transplanter, donc de déranger les populations naturelles. Et puis, la fougère cultivée directement au bon endroit, n'a pas à s'adapter à un changement d'habitat.

Des spores germées donnant des prothalles de matteuccie tête-de-violon furent observées en milieu naturel, mais pas des couronnes issues de semis. La culture des spores dans la maison, en milieu abrité, produit des couronnes.

Récolte des spores

Matures en fin d'été ou au début de l'automne, les sporanges ne libèrent les spores que durant l'hiver ou au printemps.

1 Prélever des morceaux de fronde brune dès qu'elles sont matures.

2 Les placer, côté fendu contre une feuille de papier, au fond d'un petit sac en papier. Bien refermer le sac pour empêcher la contamination par d'autres spores indésirables.

3 Au bout de quelque temps, recueillir les spores déposées sur la feuille de papier et verser cette fine poussière dans un petit pot (du type pot à épice, avec un bon couvercle). Couvrir le fond du pot avec les spores donne une quantité suffisante. Remplir le pot de sable, agiter pour mêler le tout.

4 Déposer le pot au réfrigérateur, à l'abri de la lumière (dans un sac foncé ou une boîte). Les spores doivent passer tout un hiver au réfrigérateur et se conservent ainsi, même pendant 2 ans.

Semis

Semer à la fin de l'hiver ou le printemps venu (fin avril). Des contenants de plastique fin et transparent, avec un couvercle refermable, se transforment en micro-serres, qui permettent de conserver facilement l'importante humidité nécessaire à la culture des spores (voir photo p. 399). Les contenants actuellement utilisés pour les croissants et pâtisseries conviennent parfaitement; choisir les plus hauts (environ 10 cm) pour permettre le développement en hauteur des jeunes frondes.

1 Déposer environ 3 cm de terreau au fond du contenant. Utiliser un mélange de terre noire et de compost, du Pro-mix, ou l'équivalent.

2 Bien mouiller le terreau, niveler la surface et étendre les spores mêlées au sable.

3 Dans une bouteille munie d'un vaporisateur, ajouter 1 ou 2 gouttes de fongicide (par exemple, «No-damp» benzoxine 2,5 %) à environ 650 mL d'eau. Vaporiser le terreau d'un jet très délicat, sans pression, pour éviter que l'eau n'entraîne les spores. L'utilisation d'un fongicide est obligatoire, car un milieu aussi humide favorise le développement des moisissures. Bien refermer la micro-serre, pour conserver l'humidité, et l'identifier.

4 Si disponible, placer la micro-serre sous un éclairage au néon muni d'une minuterie, réglée à 12 heures de lumière et 12 heures d'obscurité. Sinon, la placer

***Matteuccie tête-de-violon**. Une telle micro-serre permet de cultiver facilement des fougères à partir de spores. Le couvercle reste fermé, pour conserver l'humidité. De minuscules crosses commencent ici à se former, après que les prothalles ont produit leurs deux premières feuilles, étalées en éventail.*

Gisèle Lamoureux

près d'une fenêtre ensoleillée, du côté ouest, et surveiller de près le dessèchement ... ou la cuisson par grand soleil!

5 Une fois par semaine, s'assurer que le terreau est suffisamment humide. Au besoin, ajouter de l'eau à l'aide du vaporisateur. Si l'eau du vaporisateur contient encore du fongicide, cela ne nuira pas.

6 Éviter d'ouvrir la micro-serre et ne rien déranger jusqu'à la formation de prothalles (lamelles vertes), qui demande 2 semaines (jusqu'à 6 semaines pour certaines espèces de fougère). C'est sur ces prothalles que se formeront les organes de reproduction et que s'effectuera la fécondation. Pour mieux comprendre, lire *Les ptéridophytes et leur cycle de vie*, dans *Fougères, prêles et lycopodes* (Fleurbec 1993, p. 52).

Repiquages

1 Environ 2 mois après le semis, chaque prothalle aura produit une première paire de feuilles. Lorsque tout le terreau se couvre de ces feuilles et que de minuscules crosses se forment, effectuer un premier repiquage, question de diminuer la compétition.

2 Pour ce 1er repiquage, préparer un contenant et un terreau identiques à ceux de la première micro-serre. Découper le contenu de la première micro-serre en blocs de 3 à 4 cm de côté. Insérer ces blocs dans le terreau de la deuxième micro-serre en les espaçant de 3 ou 4 cm, de manière à former un damier.

3 Si tout le terreau se couvre à nouveau d'une verdure trop tassée, repiquer une seconde fois, de la même manière et dans une micro-serre identique.

4 Si vos semis furent effectués en avril, les matteuccies tête-de-violon sont prêtes à affronter le monde extérieur vers le début d'août. Choisir des conditions météorologiques favorables pour repiquer à nouveau, mais cette fois en pleine terre. Découper, encore une fois, des blocs de 3 à 4 cm de côté et les planter directement dans le parterre. Choisir un site de la même manière que pour une transplantation (voir p. 400).

5 Marquer l'endroit, car tout disparaîtra en peu de temps. Ne pas s'inquiéter, la fougère renaîtra au printemps. Il suffit ensuite de l'entretenir comme toute matteuccie tête-de-violon transplantée.

Culture par transplantation

Dans le cas de sauvetage de matteuccies tête-de-violon, ou pour éclaircir des populations denses et étendues dont vous êtes propriétaires, la culture par transplantation est bien indiquée.

De manière générale, la transplantation risque de mieux réussir et demandera moins d'entretien si le jardinier prend soin de recréer l'habitat naturel de la plante. Surveiller surtout l'ensoleillement, l'humidité et le pH du sol de même que sa nature (roche, sable, argile, etc.). L'observation personnelle du jardinier, au moment de la récolte, devrait permettre d'adapter le site de transplantation au cas particulier du spécimen précis que le jardinier désire transplanter.

Recréer son habitat naturel facilite l'installation de la fougère, bien sûr. Mais des soins attentifs réussissent parfois à pallier la déficience de certains facteurs. Qu'on pense, par exemple, à la culture de certains légumes ou de certaines fleurs dans les jardins: on ne recrée pas forcément toutes les conditions du milieu d'origine mais on apporte beaucoup de soins (sarclage, arrosage, fertilisation, amendement, répression des insectes, etc.).

La matteuccie tête-de-violon pousse dans une vaste gamme de conditions du milieu, mais réussit particulièrement bien dans les conditions qui suivent.

• Site mi-ombragé; couvert forestier entre 60 et 90 %.
• Site protégé du vent, pour éviter le bris des longues frondes vertes.
• Sol constitué d'un mélange de sable et d'argile, riche en matières organiques; cela rappelle les alluvions qui bordent les cours d'eau qui débordent au printemps.
• Sol bien drainé; en milieu naturel, cette fougère pousse sur des sites inondés au printemps, mais pas en été. Éviter les sols gorgés d'eau à l'année. Si le sol est sec, l'irriguer régulièrement.
• Sol à pH de l'ordre de 5,5 à 6,5.
• Ajouter de la matière organique chaque année: tourbe, compost, feuilles mortes ou autre paillis organique fin. C'est surtout lorsque la croissance de la couronne l'amène à dépasser du sol, qu'il faut l'enterrer, la saison suivante, d'un peu de matière organique, en imitant l'ensevelissement par des alluvions printaniers.

Dans tous les cas de transplantation, il importe de bien respecter l'intégrité des parties souterraines. Comme cette fougère croît sur un substrat meuble, découper, alentour, une grande motte de terre en profondeur, afin de déranger le moins possible les parties souterraines et de faciliter l'acclimatation de la fougère à son nouveau site.

Et les véhicules hors route?

Depuis les années 1990, les écologistes ne cessent de rapporter des dégâts causés à l'environnement par les véhicules motorisés hors route (VTT, 4 roues, etc.). Circuler avec de tels véhicules, dans une colonie de matteuccie tête-de-violon, tue les couronnes.

David Cliche, ministre de l'Environnement, fit adopter un règlemement protégeant les milieux fragiles contre le passage de ces véhicules. Enfin... quelques milieux fragiles, pas tous: l'interdiction de circuler s'applique au littoral du Saint-Laurent, aux dunes des terres publiques (sauf aux îles de la Madeleine, suivant certaines prescriptions) et aux tourbières des terres publiques au sud du Saint-Laurent (comme si les tourbières au nord du fleuve n'étaient pas fragiles).

Un petit problème cependant. Le règlement adopté en 1997 n'a pu être appliqué à ce jour (2002) à cause d'une omission technique. Et les représentants du gouvernement disent ne pas remédier à cette erreur de procédure car ça ne fait pas partie des priorités.

La couronne doit être placée juste sous le niveau du sol. Ajouter par dessus un peu de matière organique.

Laisser la plante récupérer pendant quelques années avant de récolter des crosses. Au bout de 3 ou 4 ans, la matteuccie émettra des rhizomes horizontaux terminés par une nouvelle petite couronne. Cette stratégie lui permet de coloniser l'espace disponible autour d'elle.

Lorsque la plante occupera l'espace que vous désirez lui laisser, il vaut mieux espacer l'enrichissement en matière organique: tous les 2 ou 3 ans suffit.

Réf. sp. Bergeron 2001, Bruneau 2000, Dykeman 82a, 82b, 85, 91, Fleurbec 93, Lamoureux et al. 99, Lapointe 2001, Prange 84, 85, Vézina 74, von Aderkas 84, 86.

Médéole de virginie

suite de la page 164

À regarder une médéole de virginie, qui devinerait tout ce qui se passe sous terre?

À la fin de l'hiver, ses parties souterraines comprennent un rhizome fin (0,3 cm), horizontal, blanc et cassant, dépourvu de racines et ressemblant à un stolon. Mais le plus spectaculaire est le renflement qui termine ce rhizome, garni, lui, de précieuses racines. Celles-ci, fines et méandreuses, servent à alimenter la plante, mais n'accumulent pas de réserves. Elles paraissent peu utiles pour fixer la médéole au sol et n'exercent aucune tension pour maintenir le tubercule en profondeur, contrairement aux racines rétractiles de l'arisème petit-prêcheur*.

Le tubercule se termine par un gros bourgeon, qui produira une tige fertile, comptant deux étages de feuilles et des fleurs.

Un bataillon organisé de bourgeons hiérarchisés

Mais à partir du rhizome et de son tubercule, la médéole de virginie produit aussi des tubercules filles, qui se développent suivant une hiérarchie complexe.

Bourgeon du rhizome fin: tige stérile

Juste avant le tubercule, le fin rhizome ne compte qu'un bourgeon, mais d'un type particulier. Contrairement à la plupart des bourgeons, il n'est pas soutenu par une feuille. Ce bourgeon produira un tout petit tubercule, qui émettra une tige stérile, plus petite que la tige fertile émise par le gros tubercule et ne comptant qu'un seul étage de feuilles. Ce bourgeon ne se développe que dans 22 % des cas.

Quatre bourgeons du tubercule: 1-2-3 tubercules filles

Le gros tubercule compte plusieurs bourgeons susceptibles de produire des tubercules filles. En fait, il en compte quatre, dont trois près de son sommet et du bourgeon terminal. Ajouté au bourgeon du rhizome fin, ceci porte à 5 le nombre

Fleurs de la ***médéole de virginie.*** *Petites et cachées sous les feuilles, oui, mais pas moins jolies et élégantes pour autant! Leurs trois longs styles brun pâle s'agencent aux six étamines (deux rangs de trois), à filet brun foncé et anthère orangée. Noter aussi les six tépales jaune verdâtre recourbés vers l'arrière (deux rangs de trois) . Une fleur trimère.*

Photo: Roger Larose

potentiel de tubercules filles. Mais tous ne se développent pas.

Chaque plante produit au moins un tubercule fille, mais jamais plus de 3, incluant celui venant du rhizome fin. Seulement 14 % des individus en développent trois, chez 46 % il y en a deux et chez 40 %, un seul. Une étude au Massachusetts révèle qu'environ 35 % des plantes fructifièrent, et que ce sont ces plantes qui s'avèrent susceptibles d'engendrer le plus grand nombre de tubercules filles.

La gestion du développement des bourgeons produisant des tubercules filles s'avère assez complexe! Les bourgeons semblent soumis à une certaine hiérarchie, liée à leur position de naissance.

Lorsqu'un seul tubercule fille se développe, c'est toujours à partir de l'un des 3 bourgeons du sommet du tubercule (près de la tige fertile). Dans près de 90 % des cas, c'est le bourgeon le plus près et juste en dessous de la tige fertile qui se développe d'abord et il tend à prolonger le tubercule parental en ligne droite, sinon avec un angle faible (15°).

Si, par accident ou par prédation, le tubercule issu de ce bourgeon meurt ou subit des dommages, l'un des deux autres bourgeons du sommet (parfois les deux) prend la relève.

Médéole, de Médée

Les magiciens et sorciers sont absents de la mythologie grecque, sauf... deux sœurs, jeunes et ravissantes, Circé et Médée, à qui la médéole est dédiée.

Rien ne résistait au grand pouvoir magique de Médée, pas même la course des étoiles ou celle de la lune. Elle vivait paisible, dans l'affection des siens, avec le roi son père, gardien de la Toison d'or. Jusqu'à ce qu'Aphrodite (Vénus), la déesse de l'amour, la projette dans le désordre de la passion...

Héra, l'épouse de Zeus (Jupiter), avait demandé l'aide d'Aphrodite pour protéger Jason. Cet aventurier, chef des Argonautes, devait ravir la Toison d'or pour regagner son trône, ce qui comportait de grands périls. Aphrodite convient d'envoyer son fils Éros (Cupidon) transpercer le coeur de Médée, alors qu'elle voit le beau Jason pour la première fois.

Dès lors, Médée ne s'appartient plus. Elle renonce à sa patrie, trahit son père, tue son frère et, grâce à ses pouvoirs magiques, livre la Toison d'or à Jason, lui redonnant ainsi son trône perdu. Puis, elle le suit en Grèce, où Jason l'épouse et la rend mère de deux enfants. Pour satisfaire son ambition, l'aventurier au cœur vide décide d'épouser la fille bien dotée d'un roi. Il signifie son congé à Médée et l'abandonne.

Mais la passion déchaînée par Aphrodite cherche une revanche à cette humiliation. Elle sera terrible. Médée fait d'abord périr la fiancée, dans le supplice effrayant d'une tunique magique incendiaire. Mais ce n'est pas suffisant. Jason n'a jamais aimé que lui-même, sauf peut-être les deux fils que Médée lui a donnés. C'est là qu'elle peut le mieux l'atteindre. Non sans une immense douleur et sachant qu'autrement ils seraient maltraités, elle tue ses propres enfants... puis s'enfuit sur un char traîné par des dragons.

Médée demeure le type de l'amoureuse passionnée, capable de tout par amour. Euripide, poète grec du Ve siècle avant Jésus-Christ, célèbre pour son habileté à décrire les passions humaines, en fit le sujet d'une de ses meilleures pièces de théâtre tragique, la plus pathétique.

Le rapport avec la médéole? Certains croient que c'est à cause de la réputation de ses vertus curatives puissantes... mais oubliées.

***Médéole de virginie**, en automne. Quelle extraordinaire coloration! De cachées sous les feuilles, les fleurs se redressent et passent au-dessus, offrant finalement leurs fruits noirs et luisants à qui voudra en disperser les graines.*

Photo: Roger Larose

Le quatrième bourgeon se situe à une bonne distance des trois premiers, dans la portion postérieure du tubercule. Ce bourgeon se développe rarement (5 % des cas), presque toujours comme troisième tubercule fille et jamais lorsque le bourgeon du rhizome fin se développe.

À gauche, puis à droite

Ce n'est pas tout! Sur le tubercule, les bourgeons se situent à droite ou à gauche. Lorsqu'ils produisent un fin rhizome et son tubercule, ceux-ci se dirigent donc vers la droite ou vers la gauche du tubercule parental. Eh bien, des règles précises assurent l'alternance, de génération en génération, du développement à gauche puis à droite des tubercules filles.

D'autres règles quasi aussi précises régissent l'angle entre le tubercule parental et les fins rhizomes qui se développent à partir de ses bourgeons.

En moyenne, le fin rhizome qui relie le tubercule parental et le tubercule développé à partir de son sommet mesure 15 cm. Par contre, les liens avec les tubercules latéraux s'avèrent plus courts (environ de 4 à 6 cm).

Fleurir pendant deux mois

Ce n'est qu'à la fin du printemps et au début de l'été que fleurit la médéole de virginie. D'après une étude menée au Nouveau-Brunswick, elle figure parmi les herbacées printanières dont l'inflorescence dure le plus longtemps, soit environ 3 ou 4 semaines.

Dans une colonie, le pic de la floraison arrive environ 2 semaines après l'apparition de la première fleur. La floraison de toute la colonie s'étale sur environ deux mois, bien que 95 % des fleurs s'épanouissent dans une période de 30 jours.

En moyenne, chaque inflorescence compte 3 fleurs, produisant chacune 9 ovules et 51 500 grains de pollen, soit un rapport d'environ 6000 grains de pollen par ovule. Une graine pèse 5 mg et un fruit, 28. Au total, la médéole de virginie n'alloue à la reproduction sexuée que 12 % de son énergie (pourcentage de sa masse aérienne). C'est peu. Il est vrai qu'elle peut compter sur la multiplication végétative pour se propager.

Il s'écoule un bon moment entre l'apparition de la première fleur et l'obtention d'un premier fruit mûr, soit 81 jours (en comparaison, cette période est de 42 jours pour l'aralie salsepareille* et de 34 jours pour l'oxalide de montagne*). Les premières fleurs donnent rarement des fruits (8 %), comparées aux dernières (45 %).

Pollinisation limitée

Dans cette étude (au Nouveau-Brunswick), l'exclusion d'insectes sur les fleurs de la médéole entraîne l'absence quasi totale de formation de fruits. Ceci signifie que le pollen se révèle largement auto-incompatible, c'est-à-dire incapable de féconder les fleurs dont il est issu. Ce genre de barrière relève de dispositions génétiques et entraîne une incapacité, de la part d'un grain de pollen, à féconder toutes les fleurs ayant le même bagage génétique que lui. Ceci englobe toutes les fleurs du même clone, générées à partir de graines ou par multiplication végétative — c'est-à-dire, la plupart du temps, toutes les fleurs proches.

Pour être fécondées, ces fleurs au pollen auto-incompatible comptent sur la visite d'insectes portant du pollen «étranger». La pollinisation croisée forcée (expérimentale) induit d'ailleurs la fécondation de presque toutes les fleurs de médéole de virginie, mais la pollinisation naturelle, de seulement une fleur sur quatre. Le faible succès de la pollinisation naturelle s'explique apparemment par des facteurs locaux, tel, dans ce cas-ci, l'épandage d'insecticide contre la tordeuse des bourgeons de l'épinette, qui affecterait au passage les populations d'insectes pollinisateurs.

Pour compliquer la chose, la fleur de médéole de virginie n'exercerait aucun attrait auprès des insectes! Malgré de longues périodes d'observation réparties sur 3 ans, aucun insecte pollinisateur ne fréquenta cette colonie étudiée au Nouveau-Brunswick. Pas surprenant alors que seulement 22 % des bourgeons de fleurs donnèrent des fruits — qui tous mûrirent, heureusement. Les herbivores dérobèrent environ le tiers de ces fruits.

Recrutement efficace

La germination de la médéole de virginie s'étend sur deux ans. Contrairement à celles d'autres liliacées des forêts de l'est de l'Amérique du Nord, des plantules se trouvent régulièrement. Par exemple, dans un espace de 3 X 4 m, particulièrement riche et comprenant 123 tiges de médéole de virginie, des chercheurs trouvèrent une douzaine de plantules.

Réf. sp. Barrett 87, Bell 74, Cain 88, Cook 88, Cullina 99, Helenurm 87, Rimbach 1900, Rousseau 55, Sobey 77.

Concombre ou pomme-de-terre?

Le renflement du rhizome de la médéole de virginie lui a valu le nom de «concombre sauvage». Certains lui trouvent une saveur ou une odeur similaires à celles du concombre cultivé. Chose certaine, il en possède la texture croustillante. Loin d'être, comme lui, un fruit et de contenir des graines, il s'apparente à la pomme-de-terre et constitue un tubercule, c'est-à-dire un renflement des parties souterraines portant des bourgeons. Le tubercule, bourré de réserves alimentaires, nourrira ses bourgeons pour qu'ils développent des tiges et d'autres tubercules. Refrénez votre curiosité, car déterrer ces tubercules fait mourir la plante.

Mais le tubercule de la médéole de virginie ne nourrit pas que ses bourgeons. Il arrive de trouver des tiges de médéole flétries, en plein été. Des curieux en ont découvert la cause: à la base de ces tiges, le tubercule brille par son absence. À la place, se remarquent des tunnels, ayant permis à de petits rongeurs de se faufiler pour grignoter le tubercule. C'est ce qui fait mourir la plante, car sans les réserves et les racines du tubercule, c'est la mort assurée.

D'autant plus que chaque tubercule, qui ne produit qu'une seule tige aérienne, est indépendant du voisin, car le fin rhizome et le tubercule ne vivent qu'un an (parfois 2) et se désagrègent complètement à l'automne. Mais ils disposent tous les deux de bourgeons leur permettant de se multiplier végétativement. Durant l'été, ces bourgeons émettent un rhizome et un tubercule, qui entreront en activité le printemps suivant, après le repos hivernal.

Oxalide des bois

suite de la page 92

Aigrette, oseille sauvage, oseillette, surelle, vinaigrette... autant de noms qui témoignent de la popularité de la saveur de l'oxalide petite-oseille, une cousine d'Eurasie, à laquelle certains botanistes rattachent l'oxalide des bois. Les deux espèces possèdent $2n = 22$ chromosomes, mais les habitats qu'elles fréquentent, leurs périodes de floraison et plusieurs caractères morphologiques diffèrent substantiellement; leur croisement donne très peu de graines.

Propagation végétative

Dans le sud du Québec, l'observation durant 2 ans de 2000 individus d'oxalide des bois répartis dans 5 sites a réussi à percer quelques mystères.

Elle forme des tapis, grâce à de fins rhizomes qui donnent naissance à de nombreux ramets (individus; voir *Qu'est-ce qu'un ramet* page 384). Dans l'étude menée dans le sud du Québec, chaque tapis était constitué d'un ou de plusieurs clones (jusqu'à 41) et comptait de 1 à 54 ramets. Chaque site comprenait, au départ, entre environ 175 et 450 ramets.

Peu de plantules

Considéré très bas, le recrutement par plantules atteignit un maximum de 19 plantules en une année, pour un des cinq sites. Une contribution bien faible, comparée à la propagation végétative, qui produisit annuellement de l'ordre de 50 à 200 nouveaux ramets par site. C'est entre la mi-juillet et la mi-août que le recrutement végétatif atteint son maximum.

Par ailleurs, les différences de densité des plantules, entre les populations, ne s'expliquent pas par des différences dans les quantités de fleurs ou de graines qu'elles produisent. La germination des graines semble difficile ou longue: en laboratoire aucune graine n'a germé, qu'elles proviennent de fleurs chasmogames ou cléistogames.

Deux sortes de fleur

Mais oui, en plus de ses belles fleurs blanches veinées de rouge, l'oxalide des bois porte des fleurs plus discrètes, **cléistogames** (c'est-à-dire qui ne s'ouvrent pas). Plus tardives, ces fleurs demeurent près du sol et produisent des graines en se pollinisant elles-mêmes (autofécondation).

En fait, l'oxalide des bois possède deux périodes de floraison par été. Les fleurs normales (**chasmogames**) fleurissent au début de l'été — début juin à début juillet — et les fleurs cléistogames fleurissent plus tardivement et durant une plus longue période (mi-juillet à mi-septembre).

Chez la fleur normale, les 2 rangs de 5 anthères libèrent leur pollen un peu après que les 5 stigmates commencent à être réceptifs (fleur protérogyne). Les rayures rouges des 5 pétales guident les insectes vers une couronne rouge, encerclant des taches jaunes, qui marquent l'emplacement des glandes sécrétant le nectar.

Bien plus petite (presque 4 fois, en poids sec), la fleur cléistogame compte aussi 5 pétales, mais réduits à des écailles, sans rayures ni nectar, et les styles sont plus courts. Les étamines, très réduites (presque 9 fois plus petites, en poids sec), ne comptent que quelques grains de pollen que la plante ne disperse pas, mais qui germent sur place et entourent le stigmate d'une masse inextricable de tubes polliniques.

Dans un type de fleur comme dans l'autre, le pollen féconde les 5 ovules contenus dans l'unique ovaire, puis le développement des graines s'effectue normalement.

Mortalité des ramets

En été, la mortalité des ramets se concentre fin juillet et début août. Le taux reste en deça de 10 %. L'hiver particulièrement rigoureux entre les deux saisons d'observation, affecta grandement deux sites (21 et 49 % de mortalité, le second étant très exposé).

Durant la saison active, la période de mortalité des ramets se présente en même temps que le maximum du recrutement. Par ailleurs, bien qu'un bon nombre de ramets d'oxalide des montagnes naissent ou meurent chaque année, la taille des populations change peu. Tout ceci porte à croire qu'il existe une régulation de la densité des ramets dans les clones d'oxalide des bois. Cette régulation réduirait la compétition entre les ramets pour l'utilisation des ressources existantes.

Assez grande pour fleurir

Quoique peu abondants, des ramets âgés de 10 à 19 ans se trouvaient dans les 5 sites étudiés. Mais ce sont les ramets de 1 à 5 ans qui forment la masse de la population.

Un ramet d'oxalide des bois qui fleurit est-il plus âgé que celui qui ne fleurit pas? D'abord, comment est-il possible de connaître l'âge d'un ramet? La feuille et la partie fine de sa queue tombent, à l'automne, laissant une base renflée, circulaire, coupée net. Deux bractées, plus aiguës et bordées de longs cils, entourent cette base renflée. Compter les cicatrices circulaires permet de connaître l'âge du ramet. En moyenne, les 2000 individus examinés étaient âgés de 3 à 5 ans et ceux qui fleurissaient, avaient sensiblement le même âge que les autres.

Dans tous les sites étudiés, la capacité de fleurir semble plutôt reliée à la taille des ramets (évaluée d'après la surface totale des feuilles). Un ramet plus âgé est souvent plus gros, mais la taille dépend autant, sinon plus, des conditions de l'environnement. En moyenne, la taille des oxalides des bois qui fleurissent égale à peu près le double (ou plus) de la taille des autres.

Au cours d'une saison, une grande partie des ramets d'une population restent végétatifs mais, en moyenne, entre 11 et 55 % fleurissent. Cette proportion varie selon les conditions environnementales et c'est dans les habitats profondément ombragés qu'elle est la plus faible — telles certaines forêts de conifères.

Un ramet qui fleurit, produit soit uniquement des fleurs chasmogames, soit uniquement des fleurs cléistogames, soit une combinaison des deux. La plupart des ramets ne produisent que 1 ou 2 fleurs, mais certains se rendent à 5. La production de l'une ou l'autre sorte de fleur ne dépend pas de la taille de l'individu. Par contre, les plants produisant à la fois les deux types sont plus gros.

Contrairement aux observations portant sur d'autres espèces à fleurs cléistogames, chez l'oxalide des bois la proportion de ce type de fleur augmente dans des milieux plus productifs et plus favorables. Par contre, cette proportion a aussi augmenté à la suite d'un hiver particulièrement défavorable (1981: dégels suivis de froids intenses, bien au-dessous de la normale).

S'épanouir cinq jours

Une étude menée dans une forêt de sapins et d'épinettes, au Nouveau-Brunswick, révèle que les fleurs de l'oxalide des bois s'ouvrent chacune pendant environ 5 jours. La période de floraison s'étend sur près d'un mois et le pic est atteint à peu près 10 à 15 jours après l'éclosion de la première fleur. D'une année à l'autre, selon les conditions climatiques, un décalage de 5 à 10 jours peut se produire dans la floraison.

À cet endroit, il s'écoula 34 jours entre l'apparition de la première fleur et celle du premier fruit arrivant à maturité. C'est le cycle le plus court, parmi ceux de 11 plantes forestières observées dans cette étude — le plus long cycle étant celui du cypripède rose (111 jours).

*Blanche, striée de rose et avec des taches jaunes à la base des pétales, la fleur de l'***oxalide des bois** *ne rappelle-t-elle pas celle des claytonies (pages 194-196)? Les rayures roses guident les insectes vers une couronne rouge, encerclant les taches jaunes, qui marquent l'emplacement des glandes sécrétant le nectar.*

Photo: Michel Boulianne

Si 95 % des fleurs d'oxalide des bois s'épanouirent en 22 jours, il a par contre suffi de 12 jours pour que 95 % des fruits explosent, à la suite de journées chaudes et ensoleillées. Contrairement à d'autres, l'oxalide des bois donne autant de fruits, quel que soit le moment où la fleur s'ouvre durant la période de floraison de la population. Toutefois, les fruits initiés au début de la période de floraison demandent plus de temps pour arriver à maturité que ceux commencés plus tard.

Manque de pollinisateurs

L'épandage d'insecticide pendant de nombreuses années, contre la tordeuse des bourgeons de l'épinette, affecterait la quantité et l'efficacité des pollinisateurs.

Pour l'oxalide des bois, des taux de fructification de 2 à 3 fois plus élevés furent observées dans des forêts non traitées au Québec, comparativement à des forêts du Nouveau-Brunswick, longtemps soumises à des épandanges d'insecticides. Dans des forêts du Nouveau-Brunswick anciennement traitées, seulement 35 % des fleurs laissées à la pollinisation naturelle donnèrent des fruits, ce qui se comparait à l'autopollinisation naturelle. Au même endroit, par pollinisation manuelle ce taux monte à 100 %, qu'il s'agisse de pollinisation croisée ou d'autopollinisation, cette différence pouvant s'interpréter comme un manque de pollinisateurs... qui ont beaucoup à faire lors de l'explosion florale printanière!

Par curiosité, noter l'explosion des fruits: elle projette les graines jusqu'à 1 m.

Réf. sp. Barrett 87, Helenurm 87, Jasienuk 84, Packham 78, Sobey 77.

Populage des marais

suite de la page 168

Le populage des marais fut un peu utilisé médicinalement, mais son efficacité fut mise en doute. L'anémonine qu'il contient, détruirait ou inhiberait les tumeurs, mais au prix d'effets toxiques considérables.

Connue depuis longtemps en Europe, cette plante y reçut de nombreux noms, souvent imagés. Selon Guyot (1968) «Le populage croît dans les endroits humides en compagnie des peupliers; son nom, apparu en 1803, est emprunté du latin botanique *populago*, lui-même créé au XVIe siècle, à partir du latin classique *populus:* peuplier.». Dans certaines régions européennes, on l'associait au beurre et la fleur servait à le jaunir. Déposer cette fleur dans le premier pot au lait obtenu en plein champ au printemps, devenait une promesse de réussite du beurre pour l'année et constituait une protection contre les sorcières, qui ne pouvaient ainsi plus le voler. L'ancien nom *Verrucaria* lui viendrait de son efficacité présumée à combattre les verrues. Le nom anglais *marigold,* qui s'applique à plusieurs genres, se référerait à l'utilisation de ces plantes dans des dévotions à la Vierge Marie, à qui elles étaient dédiées. Ce nom pourrait aussi être en rapport avec la fête du premier mai, alors qu'on faisait des guirlandes de ces espèces et qu'on en jonchait le sol, devant les maisons. Le jus du populage, bouilli dans un peu d'alun, teint le papier en jaune. Mais cette teinture ne dure pas.

Deux modes de propagation

Le populage des marais se propage de deux façons: végétativement et par graines. Un étude expérimentale, en Pologne, a permis de mieux connaître la propagation de l'espèce en transplantant, en milieu de culture optimale, des individus provenant de quatre populations et habitats différents.

Se propager végétativement

Dans certains habitats longtemps inondés — marécages, bords de ruisseaux lavés au printemps — la tige du populage des marais pousse souvent à demi couchée; anciennement, on reconnaissait cette plante comme une variété, ou même comme une espèce, nommée *flabellifolia* ou *radicans* ou *arctica*. Entre la floraison et la maturation des graines, des racines se développent sur la tige, au contact de l'eau ou du sol mouillé. Les segments enracinés se détachent de la plante parentale (marcottage) donnant ainsi naissance à de nouveaux individus, pleinement autonomes, de même bagage génétique que la plante mère.

Le rejeton continue sa croissance jusqu'à l'hiver. Dès sa 2e année, il lui arrive de produire 1 ou 2 fruits. Mais ce n'est que la 3e année que son système racinaire atteint son plein développement et qu'il produit plusieurs tiges fleuries.

Par contre, dans cet habitat, le fort ruissellement et la présence de plantes plus compétitives entraînent la mortalité de 100 % des plantules issues de graines, avant qu'elles n'aient pu s'enraciner solidement. Les rejetons provenant de marcottage jouissent d'un avantage: leur enracinement précède la séparation d'avec la plante mère et leur port couché offre moins de résistance à l'action de l'eau.

Se propager par graines

Dans d'autres habitats, par exemple en sous-bois ou dans des aulnaies, on trouve à la fois des individus issus de propagation végétative et une grande production de graines. La tige pousse plus souvent dressée et dans ce cas, le marcottage s'effectue peu ou pas. Par contre, les plantes dressées produisent beaucoup plus de graines.

La graine tombe au début de l'été et, après seulement 15 ou 20 jours, les pre-

Des fleurs géantes de renoncule bouton-d'or? Celle-ci et le ***populage des marais*** *relèvent en effet de la même famille. Cette fleur constituait une protection contre les sorcières...*

Photo: Gisèle Lamoureux

mières plantules émergent. La première année, elles s'enracinent et produisent 2 ou 3 petites feuilles. La deuxième année, elles produisent de 3 à 5 feuilles vert pâle, différant notablement de celles des plantes adultes par leur apparence délicate, leur taille réduite et leur couleur. Cette distinction s'estompe à la 3e ou 4e saison de croissance, quand apparaissent les premières tiges fleuries. Dès lors, la plante fleurira année après année.

Cette séquence se passe en **conditions de culture**. Il est probable qu'en milieu naturel, le processus se révèle plus lent.

Le mode le plus bénéfique?

En milieu naturel, dans chacune des populations, les deux modes de propagation se côtoient. Les individus issus de propagation végétative se trouvent régulièrement dans toutes les populations, mais ce n'est que sporadiquement que pointent des individus issus de graines. Même dans des conditions optimales de culture, seulement 10 % des graines atteignent le stade de plantule et aussi peu que de 3 à 10 % des plantules continuent leur croissance et atteignent le stade juvénile.

Au départ, l'individu issu de marcottage hérite d'un bon système de racines et de quelques grandes feuilles, ce qui assure sa survie. La plantule n'atteindra la même taille que la seconde année... si elle survit! Ainsi, un individu issu de propagation végétative a plus de chances de survivre et de produire des graines. Par contre, un individu issu de graine a plus de chances d'occuper un nouveau site. Il se dissémine sur de plus longues distances et son bagage génétique, différent de celui de sa plante mère, permet à la population dont il est issu de s'adapter à des conditions variées ou changeantes.

Une réussite: adopter les deux modes

Pour toute espèce, abandonner la reproduction sexuée au profit de la propagation végétative représente un cul-de-sac, du point de vue de l'évolution. Oui, la propagation végétative augmente la possibilité de coloniser rapidement un habitat donné, là où l'espèce est déjà présente. Elle permet ainsi de remporter la compétition pour l'espace, en présence d'autres espèces. Mais, elle permet peu ou pas la conquête de nouveaux sites, de nouveaux habitats.

L'espèce doit conserver son pouvoir de se reproduire par graines. C'est généralement ce qui assure un brassage du bagage génétique, une plus grande amplitude de tolérance face aux multiples conditions de l'environnement. Et puis, la colonisation de nouveaux espaces libres se fait grâce surtout à la dispersion des graines.

La capacité de se multiplier à la fois végétativement et par graines ne représente-t-elle pas la situation idéale? L'espèce établit d'abord les premiers individus d'une population dans un espace libre, puis s'étend et envahit vite l'espace, grâce à la propagation végétative.

Changer de stratégie, selon l'habitat

En fait, les populations de populage des marais adoptent des stratégies globales différentes, qui paraissent dictées par l'environnement.

Par exemple, dans les 4 populations étudiées en Pologne, le nombre d'individus provenant de propagation végétative par rapport au nombre de graines était de 1 sur 91 dans un lieu ouvert et de 1 sur 509 dans une aulnaie. Dans le premier habitat, 70 à 80 % des tiges étaient retombantes et enracinées à plusieurs points, alors que la population du second habitat produisait 4 fois plus de graines.

Mais, fait surprenant, lorsque cultivées sous des conditions uniformes et optimales, les plantes provenant d'habitats divers conservaient le mode de propagation préférentiel observé en nature et même l'amplifiaient. Aux yeux des botanistes, cela signifie que le bagage génétique permet les deux modes de propagation, mais que l'environnement agit en sélectionnant les individus en fonction du mode de propagation le plus approprié à l'habitat.

Réf. sp. Falinska 79, Werpachowski 89.

*Fruits du **populage des marais**. Chaque petit fruit en forme de corne résulte du développement d'un carpelle libre (non soudé à ses voisins). Dans la fleur, l'ensemble des carpelles libres constitue le pistil.*

Photo: Francis Boudreau

Sanguinaire du canada

suite de la page 46

C'est l'hiver. Mais déjà bien des plantes forestières de l'est de l'Amérique du Nord sont prêtes à fleurir et n'attendent que le signal du départ. Qui fleurira la première en forêt? La sanguinaire du canada.

Mais il faut être vigilant pour observer la fleur particulièrement éphémère de la sanguinaire. Elle n'ouvre, somme toute, que quelques heures par année.

Fleurir aux frissons d'avril

Tellement hâtive même, que les insectes pollinisateurs restent encore très peu actifs durant sa période de floraison. Plus frileux qu'elle, ils ne bougent pas, en raison des températures trop basses.

Comme chez le pissenlit et bien d'autres plantes, chaque jour la fleur blanche de la sanguinaire s'ouvre le matin puis se referme, sa journée terminée. Mais chez la sanguinaire, la journée est souvent courte! L'éclairage diffus d'un ciel nuageux empêche complètement l'ouverture de la fleur ou en réduit sensiblement la durée, la limitant, en moyenne, entre 11 h et 14 h. Ses pétales s'étalent à une température minimale de 8 °C et se redressent au milieu de l'après-midi, ou dès que l'ombre les touche. Et puis, chaque fleur ne vit que de 2 à 5 jours.

Parmi les 20 à 30 jours que dure la période de floraison d'une région, seuls quelques jours suffisamment chauds — plus de 13 °C durant au moins 30 minutes — permettent le vol des insectes pollinisateurs. Ils disposent donc de bien peu de temps, mais de beaucoup de fleurs à polliniser, entre autres parce que

*Par curiosité, pour voir le latex rouge sang de la **sanguinaire du canada**, couper un petit bout de feuille. En quelques secondes, il se formera une perle rouge au bout de chaque vaisseau. La même observation se fait avec le rhizome, mais cela tue la plante. La couleur du latex, dans les vaisseaux, se voit par transparence, à contre-jour.*

Photo: Gisèle Lamoureux

la période de floraison de la sanguinaire chevauche celles des autres printanières hâtives. Qu'advient-il alors de la fécondation de la sanguinaire?

Eh bien la plante ne prend pas de chance. Elle favorise une pollinisation croisée — celle où interviennent les pollinisateurs — qui assure une plus grande diversité génétique. Mais elle se contente tout aussi bien d'autofécondation (quand le pollen d'une fleur féconde l'ovule de cette même fleur, ou d'une fleur du même clone).

Autofécondation ou fécondation croisée?

Au mieux, dans des conditions idéales, une fleur de sanguinaire du canada s'épanouit pendant 5 jours. Par une journée chaude et complètement ensoleillée, la fleur et la feuille s'étalent vers 9 ou 10 h et se referment autour de 15 ou 17 h . La fleur ne produit pas de nectar pour attirer les insectes, mais une quantité phénoménale de pollen... surtout à partir du 3e jour. Par ailleurs, dès l'ouverture de la fleur, le pistil est réceptif.

Les deux premiers jours, lors de l'épanouissement matinal de la fleur, les étamines s'étalent à l'horizontale, comme les pétales. Puis au moment de la fermeture de fin de journée, elles se redressent, sans aller toucher le pistil. Le troisième jour, les pétales s'ouvrent, mais les étamines, alors bien mûres et teintées de brun, restent dressées et se courbent vers l'intérieur pour toucher le pistil, favorisant l'autofécondation. Ainsi, durant les deux premiers jours et une partie du troisième jour, le pistil reçoit du pollen provenant d'autres fleurs. Si ce pollen vient de fleurs d'un clone différent, la pollinisation croisée est réalisée. Mais à partir du troisième jour, la fleur s'autoféconde. Et les fleurs sont toutes fécondées au bout de 5 jours!

Dans une étude menée en Iowa, le premier jour les pistils observés reçurent, par des insectes, entre 80 et 105 grains de pollen, le 2e jour, de 240 à 448, et le 3e, de 232 à 407. Les fleurs comptent en moyenne 25 ovules (entre 8 et 38) et 31 anthères (entre 18 et 49) et il suffit que d'une à 7 d'entre elles touchent le pistil pour assurer l'autofécondation. Mais, parfois, tout cela se passe plus rapidement. D'après d'autres observations, la fleur ne s'ouvre que pendant deux jours et la maturité des étamines n'accuse que quelques heures de retard sur le pistil.

De toute façon, pollinisation croisée ou autofécondation, 12 heures plus tard, la fleur se fane.

Ainsi, chez les plantes à floraison très hâtive, telles également l'asaret gingembre* et l'hépatique noble*, l'autofécondation constituerait une adaptation permettant de produire des graines, en dépit d'une température défavorable à l'activité des insectes pollinisateurs. Un pis aller, en quelque sorte.

Profiter des éclaircies

Dans une érablière, subsistent des coins plus ensoleillés que d'autres. Par exemple, à la suite de la chute d'un gros érable à sucre, il se produit un trou dans le couvert forestier, qui laisse passer le soleil.

Il semble que la sanguinaire du canada réagisse rapidement à de pareilles trouées. Elle en profite pour se propager végétativement très rapidement, qu'elle soit nouvellement arrivée sur ce site ou anciennement installée.

C'est ce qui expliquerait sa croissance «par paquet»: des colonies denses et bien circonscrites.

Aimée des fourmis

L'appendice charnu des graines — la caroncule — joue un rôle dans leur dispersion par les fourmis (voir p. 478 à 481). En milieu naturel, la prédation des graines par les rongeurs engendre des pertes de 13 à 43 % du total produit. Ces pertes montent à 84 % si l'on empêche les fourmis d'accéder aux graines.

Bourdon(e)s: alliés robustes mais malmenés

Parmi les premiers insectes pollinisateurs à fréquenter l'érablière, se trouvent les bourdons, ces insectes massifs, rayés de jaune clair et de noir, au vol bruyant, appartenant au genre *Bombus* (différents des abeilles mâles, du genre *Apis,* souvent appelés faux-bourdons). Plus particulièrement à cette époque, s'activent les reines bourdons, fondatrices de nids. La période de butinage de ces reines bourdons correspond à la floraison des plantes printanières les plus hâtives.

Contrairement aux reines abeilles, qui ne s'affairent jamais aux tâches domestiques, les reines bourdons butinent tôt au printemps. Elles le font avant de construire leur nid, alors que la maturation de leurs ovaires requiert du pollen. Puis elles continuent, afin de tapisser leur nid de pollen et le doter d'un «pot de miel» qui servira de réserve alimentaire pendant la couvaison. Certaines espèces continuent encore le butinage, afin de fournir des aliments pendant l'élevage de leur première couvée. Par la suite, les jeunes ouvrières aideront la reine dans ces tâches.

Et puis, au printemps, il ne fait pas toujours beau et chaud! «De tous les pollinisateurs, indigènes ou introduits, les bourdons sont les moins affectés par la pluie, le vent, les températures fraîches, la bruine, la brume, la rosée, etc. Même leur vitesse de butinage (70 fleurs à la minute) est supérieure à celle de l'abeille mellifère.» Brisson *et all,* 1994.

Mais le nombre de bourdons semble décroître, tout comme celui d'autres pollinisateurs, surtout depuis l'utilisation massive de pesticides en forêt. Par exemple, une étude au Nouveau-Brunswick révèle que dans les sites arrosés, plusieurs plantes printanières accusent une baisse si-

La fleur la plus hâtive en forêt, celle de la ***sanguinaire du canada****. Elle s'ouvre dès avril (Montréal) ou début mai (Québec), mais seulement quelques heures, par journées chaudes et ensoleillées. Les insectes pollinisateurs frissonnent encore et hésitent à voler... sauf la robuste reine bourdon.*

Photo: Gisèle Lamoureux

gnificative de leur fécondité par rapport à des sites non arrosés. C'est le cas en particulier de plantes qui fleurissent peu de temps après les arrosages, telles l'aralie chassepareille, la clintonie boréale, le cornouiller quatre-temps et le maïanthème du canada. Pour l'oxalide de montagne*, des taux de fructification de 2 à 3 fois plus élevés furent observés dans des forêts non traitées, comparativement à des forêts longtemps soumises à des épandages d'insecticides.

Finale synchronisée

Dans les érablières, la sanguinaire fleurit toujours la première, mais l'ordre de floraison des autres espèces hâtives varie d'une année à l'autre. Leur floraison se déroule lorsque l'éclairement atteint son maximum dans l'érablière. Car, et c'est à noter, au début du printemps, une érablière constitue un milieu très éclairé.

Le point culminant de la floraison de l'ensemble des plantes printanières de l'érablière reste imprévisible, puisqu'il dépend de l'arrivée d'une période de chaleur suffisante. Les floraisons des différentes espèces, par contre, se terminent pratiquement toutes en même temps, avec l'épanouissement des feuilles des arbres qui, lui, se présente à date relativement fixe pour une région donnée.

Si la date du début des floraisons de chacune des espèces hâtives change d'une année à l'autre, la finale, elle, est synchronisée et relativement fixe pour toutes ces espèces. D'où l'impression d'un rattrapage à mesure que le printemps avance! Les botanistes savent maintenant que, du moins chez l'érythrone d'amérique* et la dicentre capuchon-jaune*, un printemps froid retarde la croissance. Mais dès qu'elle est possible, celle-ci s'accélère et le cycle se complète plus rapidement.

Pour confirmer l'importance de terminer leur cycle avant l'épanouissement des feuilles des arbres, signalons que le feuillage des printanières éphémères, claytonies*, dicentres* et érythrone d'amérique*, ne tolère aucunement l'ombre et disparaît vite, sans que la plante ne laisse de traces à la surface du sol. La sanguinaire du canada se révèle plus tolérante, avec des feuilles qui persistent tout l'été. Est-ce ce qui lui permet d'accumuler plus de réserves dans son rhizome, de bien fignoler son bourgeon pour exploser la première au printemps?

Réf. sp. Baskin 88, Bierzychudek 82a, Brisson 94, Gates 42, Heithaus 81, Horner 8?, Lape 86, Lyon 92, Marino 97, Motten 86, Pudlo 80, Schemske 78, Schemske et al 78.

Gisèle Lamoureux

La feuille de la ***sanguinaire du canada*** *reste verte tout l'été. Sa forme inusitée et décorative permet de la reconnaître facilement. Le fruit, caché sous la feuille, prend la forme d'un fuseau.*

Saule p'tits-minous

suite de la page 190

Les saules, en particulier leur écorce, figurent abondamment dans la médecine populaire, et pour cause. Déjà, au temps d'Hippocrate, ils combattaient douleurs et fièvres. Ils sont à l'origine du médicament le plus consommé: l'aspirine. Le principe actif, la salicine, fut isolé en 1828, et le principal composé de l'aspirine actuelle, l'acide acétylsalicylique, dérive de l'acide salicylique, qui fut synthétisé chimiquement en 1860. Qui ne connaît les soulagements apportés par l'aspirine dans les cas de fièvres et douleurs? C'est aussi un anticoagulant, utile dans la prévention d'infarctus et thromboses, et un anti-inflammatoire contre les rhumatismes.

Réf. spéc. Argus 64, Bournérias 92, Brayshaw 76, Gouvernement 86, Lavallée 82, Marie-Victorin 22.

*Chez le **saule p'tits-minous**, l'écaille du bourgeon est noire ou d'un brun très foncé. Ses chatons débourrent très tôt, en même temps que ceux des aulnes, et il commence à former ses fruits avant que ses feuilles ne sortent.*

En général, chez les autres saules, l'écaille du bourgeon n'est pas noire, mais jaune ou brune ou rouge. Leurs chatons débourrent plus tard, juste avant leurs feuilles ou en même temps.

Photos: Gisèle Lamoureux

Chatons femelles verdâtres du ***saule p'tits-minous.*** *Chaque fleur se termine par deux stigmates jaunes. Les saules groupent leurs fleurs en chatons mâles et en chatons femelles et chaque arbuste porte l'un ou l'autre sexe.*

Chaton désigne une inflorescence de petites fleurs sans queue (bien que l'ovaire ait parfois une queue), chacune portée par une minuscule écaille. Leur ensemble forme un épi qui tombe tout d'une pièce. Plusieurs autres arbres et arbustes portent des fleurs en chatons (voir pages 262 à 264).

Photo: Gisèle Lamoureux

«Mais voici, à trois pas, un arbuste tout couvert de longs chatons blanc et or autour desquels bourdonnent déjà les abeilles par douzaines: c'est l'arbre mâle dont le pollen voltige déjà dans l'air attiédi, force aveugle comme tout ce qui est amour, et qui cherche où créer de la vie. Regardez bien, et sans vous déplacer beaucoup, vous trouverez sans peine l'individu femelle qui tend et dresse ses rigides chatons verdâtres, spirales de petits pistils pyriformes dont le stigmate béant cherche et appelle la caresse du pollen.

Et comme il n'y a pas encore d'obstacles, que la seconde moitié d'avril est tout entière réservée aux amours silencieux des Saules, que le vent est complaisant et que les abeilles s'étant bien ébattues dans les étamines vont s'épousseter sur les pistils en lampant le nectar qui y perle, il arrive que pour tous, le rythme hyménal s'accomplit harmonieusement et que l'on trouve bien rarement des avortons chez cette espèce.»
Marie-Victorin 1922, page 21.

Printemps, été, automne, les jeunes feuilles du **saule p'tits-minous** *sont teintées de rouge. L'épithète de son nom latin,* discolor, *signifie plusieurs couleurs, à cause du rouge et du vert des feuilles et de leur revers plus pâle.*

Photo: Francis Boudreau

Le **saule de bebb** (Salix bebbiana) *ressemble beaucoup au saule p'tits-minous. Feuilles non pas teintées de rouge, mais uniformément vertes; revers poilu à maturité (sans poils chez le saule p'tits-minous). Côté fruits, pointe et queue de chaque capsule plus longues que chez le saule p'tits-minous.*

Photo: Francis Boudreau

Streptope blanc et streptope rose

suite des pages 82 et 208

Où se situe Croque? C'est de là que sir Joseph Banks (1743-1820) rapporte le premier spécimen connu de streptope rose. C'était en 1766, lors de la première exploration botanique en pays lointain de ce célèbre naturaliste anglais. Croque, c'est un village isolé, un peu au sud de St. Anthony, à l'extrémité de la péninsule nord-ouest de Terre-Neuve. Mais c'est William Aiton, en 1789, qui propose le premier un nom pour le spécimen de Banks, soit *Uvularia lanceolata.*

Puis, après quelques péripéties et détours, on connut l'espèce plutôt sous le nom *Streptopus roseus.* En 1993, ce nom fut changé pour le nom actuel, *S. lanceolatus,* en rapport avec l'épithète de son premier nom, selon la règle de priorité de la nomenclature botanique. Comme *roseus* n'est plus utilisé dans ce genre, il n'y a aucun risque de confusion à conserver le nom français streptope rose, d'après la couleur de la fleur.

Le streptope rose possède deux types de rhizomes: rhizome épais, qui s'allonge au rythme de moins de 1 cm par année, et rhizome fin, s'allongeant annuellement de tout au plus 4,5 cm.

Le streptope des montagnes

Le streptope des montagnes, un streptope très rare, pousse au Québec. C'est Fernald, botaniste américain de grande réputation, qui découvre ce streptope au mont Albert, en 1905. Mais s'agit-il d'une espèce à proprement parler (à l'époque, c'est l'opinion de Marie-Victorin) ou d'une variété du streptope blanc (selon l'opinion du botaniste Norman C. Fassett)? Ou encore d'un hybride entre le streptope blanc et le streptope rose?

Ce streptope pousse dans des milieux frais (îles Mingan et nord-ouest de Terre-Neuve) ou subalpins (monts Albert, Jacques-Cartier et Logan, en Gaspésie; monts Katahdin et Washington, en Nouvelle-Angleterre). Toutes ces localités sont réputées pour leur concentration en plantes rares ou en endémiques à aire restreinte

Gisèle Lamoureux

*Détail du **streptope blanc**. Pratiquement sans poils, fleurs très ouvertes, presque complètement blanches, queue coudée. Photo d'un individu croissant à proximité du streptope des montagnes de la photo ci-contre (à Mingan).*

*Le **streptope des montagnes**. Poils peu abondants sur la tige, comme chez le streptope blanc, mais feuilles bordées de cils, comme chez le streptope rose. Fleurs blanches lorsqu'en bouton, devenant rouge foncé en s'épanouissant et s'ouvrant autant que celles du streptope blanc; queue coudée (comme chez le streptope blanc) et poilue (comme chez le streptope rose).*

Photo: Gisèle Lamoureux

(qui ne se trouvent qu'à quelques endroits au monde et sur une petite superficie). Récemment, deux autres localités se sont ajoutées au Québec: Charlevoix (sapinière, dans la pente d'une colline sans nom) et Parc des monts Valin.

Entre les deux

Sa couleur, son allure générale et les poils peu abondants sur la tige rappellent le streptope blanc. Mais des cils bordent ses feuilles, comme chez le streptope rose. Le plus extraordinaire, ce sont ses fleurs: blanches lorsqu'en bouton, elles deviennent rouge foncé en s'épanouissant et s'ouvrent autant que celles du streptope blanc. Les tépales sont abondamment garnis de papilles, absents chez les deux autres streptopes. Elles sont le plus souvent par deux, sur des queues coudées (comme chez le streptope blanc) et poilues (comme chez le streptope rose).

Quant aux fruits... peu de gens peuvent se vanter d'en avoir vu. Par exemple, dans le massif du mont Jacques-Cartier, la plante abonde mais ne développe pas parfaitement ses fruits, les ovaires étant vides et recroquevillés, alors qu'à côté, les streptopes blanc et rose fructifient abondamment. Mais Fernald rapporte que dans une localité à Terre-Neuve, le streptope des montagnes donne d'abondants fruits, rouge cerise et allongés.

Chez tous les spécimens récoltés au mont Washington, le pollen examiné s'est révélé complètement stérile, tandis qu'au même endroit, au moins 95 % des grains de pollen des deux autres streptopes étaient fertiles. Tous les fruits récoltés, bien qu'en apparence normaux, comptaient des graines ratatinées, non fertiles. Tous les spécimens d'herbier ont montré les mêmes caractères, qu'ils proviennent de Mingan, de la Gaspésie, de Terre-Neuve, ou du mont Washington.

Le streptope rose compte 16 chromosomes, le streptope blanc, 32, et le streptope des montagnes, un nombre intermédiaire: 24. De plus, sauf en un site, les localités connues comptent, outre le streptope des montagnes, les streptopes rose et blanc. Aussi, actuellement, la tendance semble à considérer le streptope des montagnes comme un hybride. Son nom devient alors: streptope hybride des montagnes *(Streptopus Xoreopolus)*.

Intriguant...

Mais comment expliquer que les streptopes rose et blanc ne s'hybrident qu'en de rares endroits? Leurs aires de répartition se recoupent pourtant largement. Peut-être l'hybride est-il adapté seulement à des habitats particuliers et rares? Certains avancent l'hypothèse de l'importance du moment de la floraison. Dans la plus grande partie de leurs aires de répartition ces deux streptopes ne fleurissent pas tout à fait au même moment, rendant l'hybridation impossible. En milieu boréal ou montagnard, la saison de végétation, raccourcie aux deux extrémités, provoque une sorte de téléscopage qui, certaines années, amène les deux espèces à fleurir en même temps, rendant l'hybridation possible. Cette hypothèse vaudrait pour plusieurs autres hybrides du même type.

Et puis comment expliquer qu'une plante à fleur blanche s'hybridant avec une plante à fleur rose (le rose étant constitué de lignes et de points) donne une plante à fleur rouge foncé (d'une couleur uniforme, non des lignes et des points)? Et la présence de papilles sur les tépales, absents chez les deux autres streptopes? Certains croient à la présence de caractères récessifs chez le streptope blanc, qui se manifesteraient chez l'hybride.

Réf. sp. Cullina 99, Fassett 35, Löve 63, Marie-Victorin 29, Piper 86, Reveal 93, Sobey 77, Taylor 66.

*Fruits du **streptope blanc**. Plante sans poils, fruit plus allongé, queue coudée.*

*Fruits du **streptope rose**. Cils autour des feuilles et poils sur la queue des fruits, qui sont plus arrondis.*

Photos: Roger Larose

Symplocarpe chou-puant

suite de la page 198

La médecine populaire utilisa le symplocarpe chou-puant à toutes sortes de fins. Michel Sarrazin et Jean-François Gaulthier, médecins du roi sous le régime français, en connaissaient les utilisations. La plante, tant en usage interne qu'externe, fit même partie de la pharmacopée étatsunienne, de 1820 à 1882, et de la pharmacopée canadienne. Le symplocarpe chou-puant fut surtout réputé contre les spasmes de toutes sortes (crampes, épilepsie, asthme, toux spasmique, delirium tremens, etc.), mais aussi comme vomitif, diurétique, stimulant et narcotique.

Une plante inusitée

À l'automne, une fois disparues ses immenses feuilles qui le cachaient, le fruit du symplocarpe chou-puant se remarque; il rappelle une pomme-de-terre rugueuse. C'est durant cette saison qu'un plant déjà installé commence à développer ses fleurs, et qu'il pointe sa corne luisante, cet énorme bourgeon prêt pour le printemps suivant.

Un important système de grosses racines contractiles tire le rhizome vers le bas et l'enfonce d'année en année. Chez les plants à maturité (qui fleurissent), le rhizome se trouve profondément enfoncé, à environ 30 cm et ressemble presque à une souche. Chaque année un plant produit plusieurs

Quel étonnante pomme-de-terre rugueuse! C'est le fruit du ***symplocarpe chou-puant****. Cette sphère provient du développement d'une inflorescence qui compte de nombreuses fleurs. Chaque fleur s'y reconnaît encore, avec le reste du pistil (point jaune au centre de chaque fleur), entouré des restes des 4 étamines (jaunes).*

Photo: Roger Larose

feuilles, mais jamais plus de 11 (incluant les 3 feuilles rudimentaires qui l'enveloppent avant le débourrement). Le bourgeon contient de plus les rudiments d'une trentaine de feuilles, soit une provision pour 3 ans, ce qui rappelle un phénomène analogue chez la matteuccie tête-de-violon (page 393).

La plante forme parfois des colonies denses et étendues; l'une d'elles, près de Toronto, comptait 735 individus en fleurs, répartis sur seulement 40 m^2. Une étude non statistique, en Iowa, rapporte que la densité serait plus élevée en forêt que dans un marais sans arbre. Dans un ou l'autre habitat, autour de 45 % des pieds restent stériles. Chaque pied atteignant la maturité produit de 1 à 3 inflorescences (spathes), exceptionnellement 4. Mais elles ne fructifient pas toutes: près de 15 % le faisaient dans le marais et 40 %, en forêt. Très peu menaient deux inflorescences ou plus à terme. Les graines germent facilement, mais la croissance des plantules serait très lente, hasardeuse, et toutes celles observées disparurent en peu de temps. La plantule persisterait sur la graine plus d'une saison.

Au Québec, ce véritable perce-neige abonde surtout dans la région de la ville de Québec. C'est une plante très spéciale, intrigante même.

Cheminées dans la neige

L'inflorescence, en particulier le spadice qui supporte les fleurs, développe une chaleur interne remarquable, qui porte sa température à 25 °C au-dessus de la température extérieure. Et la plante fleurit alors que la température de l'air ambiant se maintient autour de zéro, de jour comme de nuit, ou dans une tourbière, dont la tourbe est gelée sur 15 à 20 cm de profondeur. Elle fait vraiment fondre la neige et la belle spathe, première annonce florale du printemps, se développe souvent au fond d'une étonnante cheminée de neige, creuse d'une vingtaine de centimètres ou plus. Aucune feuille n'est alors visible. Elles s'épanouiront quand la spathe se fanera.

C'est la respiration de la plante qui génère cette chaleur, tout comme c'est la respiration du corps humain qui maintient sa propre chaleur. Chez le symplocarpe chou-puant, cette respiration s'effectue non pas dans des poumons, mais dans les mitochondries, des organites présents dans les cellules. Le «combustible» nécessaire pour alimenter cette respiration exceptionnellement active, se trouve dans les réserves situées dans les parties souterraines de la plante: une plante coupée à ras de terre ne maintient pas cette température élevée.

Les tissus spongieux de la spathe représentent un matériau isolant, idéal pour conserver une température éle-

Répartition: aire disjointe

Sauf exception, et du moins au Québec et en Ontario, la répartition du symplocarpe chou-puant semble se limiter à des formations géologiques non acides (calcaires, sédimentaires ou métamorphiques). Ainsi, la plante n'a pas pénétré le Bouclier canadien, cette vaste zone largement composée de roches acides.

À l'échelle du globe, sa répartition est plutôt restreinte et il fait partie d'un groupe de plantes affectées d'une curieuse aire de répartition. Leurs aires, fortement disjointes, comprennent deux zones très éloignées l'une de l'autre: l'est de l'Amérique du Nord et l'est de l'Asie, dont le Japon. Entre autres, 20 % des fougères non tropicales de l'est de notre continent font partie de ce groupe.

Comment expliquer ce qui unit deux régions aussi éloignées et actuellement sans point de jonction? La plante s'est-elle dispersée à partir des régions polaires, plus chaudes au cours d'autres ères géologiques? Ou encore, ces deux aires représentent-elles les restes d'une aire beaucoup plus vaste qui les englobait à une époque géologique ancienne?

vée dans l'espace qu'elle délimite. Mais ces tissus laissés à eux-mêmes ne résistent pas au froid: placés à une température de – 4 °C, ils gèlent. Sans la chaleur dégagée par le spadice, la spathe gèlerait, ou sans doute ne se développerait pas.

Le ***symplocarpe chou-puant*** *fait vraiment fondre la neige! Sa belle spathe, première annonce florale du printemps, se développe souvent au fond d'une étonnante cheminée de neige, creuse d'une vingtaine de centimètres ou plus.*

Photo: Gisèle Lamoureux

Somme toute, le symplocarpe chou-puant se crée un microclimat presque tropical, sous la neige! Sa température élevée fait fondre la neige, facilite sa croissance hâtive, et attire les insectes pollinisateurs.

Peu commun chez les plantes, ce «chauffage interne» fut observé chez deux autres espèces de la même famille, *Philodendron selloum* et *Arum maculatum,* de même que chez le lotus sacré *(Nelumbo nucifera).* Le taux de production de chaleur par unité de poids fut mesurée chez *Arum* et *Philodendron*. Il atteint des niveaux considérés comme très élevés, comparables aux hauts taux générés lors du vol des oiseaux et des insectes. Une fleur d'*Arum*, par exemple, génère 0,4 watt/g, presque 2 fois plus qu'un colibri en vol (0,237), alors que le taux maximum connu chez les animaux, celui des muscles d'une abeille en vol, est de 2,4 watt/g et qu'un rat, à 10 °C, génère à peine 0,016 watt/g.

Tunnel et tourbillons de pollen

L'ouverture de la spathe ne s'oriente pas de manière privilégiée par rapport aux points cardinaux ni par rapport aux vents dominants d'un site. Mais une étude de la circulation de l'air à l'intérieur de la spathe révèle qu'il s'y forme des tourbillons, dès que se manifeste une circulation d'air à l'extérieur. Quelle que soit la direction du vent, la forme de la spathe fait que l'air s'engouffre dans le tunnel spiralé qu'elle crée. Cette circulation d'air équilibre la température à l'intérieur de la

Poison mortel

Les plantes de la famille de l'arum, à laquelle appartient le symplocarpe chou-puant, renferment des cristaux d'oxalate de calcium. Ces cristaux furent longtemps réputés causer l'intense irritation ressentie lors de la consommation de plantes crues, chez certains genres de cette famille (arisème*, calla°, *Dieffenbachia* et plusieurs espèces ornementales). La plante cuite ne présente pas cet inconvénient.

D'après des études sur le *Dieffenbachia*, la sensation de brûlure et la paralysie temporaire causée aux muqueuses de la bouche viendraient plutôt d'autres substances, apparemment une enzyme et d'autres composés. Car les cristaux d'oxalate de calcium, eux, résistent à la chaleur. L'irritation étant immédiate, l'ingestion dépasse rarement la première bouchée. Heureusement, car à forte dose, le symplocarpe chou-puant serait mortel.

Les aracées comptent quantité de genres utilisés comme plantes d'intérieur, à cause de l'exceptionnelle beauté de leur feuillage. C'est la famille de plantes nord-américaines la plus importante de ce point de vue. Qui ne possède pas, dans sa chaumière, une espèce des genres suivants: *Aglaonema, Anthurium, Caladium, Dieffenbachia, Epipremmum* (incluant *Pothos, Scindapsus), Philodendron* (incluant *Monstera), Spathiphyllum, Syngonium, Zantedeschia?* Eh bien, attention de ne pas en manger et... de protéger vos plantes de vos enfants et inversement (surtout)!

spathe et la maintient plus élevée qu'à l'extérieur. Des modèles permettent d'affirmer que ce facteur assure, à lui seul, une température plus élevée de 7,5 °C par rapport à l'air ambiant.

Cette turbulence représente aussi un mécanisme facilitant la pollinisation. En l'absence de vent, tout le pollen tombe au fond de la spathe. Mais une circulation d'air à l'intérieur de la spathe crée un tourbillon qui entraîne le pollen dans une spirale autour du spadice, vers le bas. Et ceci même si la circulation d'air est minime et de l'ordre de 1,8 km/h. Au passage, le pollen ne manque pas de s'accrocher aux pistils qu'il frôle.

Dans une inflorescence de symplocarpe chou-puant, les fleurs situées au sommet du spadice arrivent à maturité les premières, et celles du bas, les dernières. Chaque fleur compte 4 étamines (mâles) et un pistil à un stigmate (femelle). En premier lieu, les pistils arrivent à maturité et deviennent réceptifs, en commençant par les fleurs du haut du spadice, puis en descendant vers celles du bas. Puis c'est au tour des étamines, de haut en bas du spadice aussi. L'inflorescence traverse donc une phase fonctionnelle femelle, puis une phase mâle. Il y a chevauchement des deux phases et l'inflorescence est alors fonctionnellement femelle et mâle, probablement sur une courte période (1 à 3 jours chez une espèce japonaise voisine, dont la phase femelle dure en moyenne 7 jours, et la phase mâle, 17 jours). Cette séquence de floraison (protérogyne) rend intéressant le mouvement en spirale du pollen autour du spadice. Surtout dans un contexte où l'inflorescence se développe sous la neige, ou juste après sa fonte, alors que les faibles températures limitent l'activité des insectes pollinisateurs ou même entraînent leur mort.

Par contre, une fécondation croisée est aussi souhaitable, question de produire des individus avec des bagages génétiques différents, adaptés à des conditions variées du milieu. Chez le symplocarpe chou-puant, du pollen libéré dans le sens du vent, à 0,5 m d'une spathe, s'y trouve entraîné. Une bonne partie, de l'ordre de 10 à 12 %, s'engouffre dans la spathe et frappe sa paroi interne ou le spadice. Et voilà un potentiel de pollinisation croisée, sans insectes!

La plante présente donc des caractères assurant tant l'autofécondation que la pollinisation croisée. Mais personne ne sait, actuellement, comment s'effectue la fécondation de cette plante, dans les faits.

Charogne, ail digéré, mouffette

Durant la maturation des fleurs, le spadice libère des composés volatils odorants ou plutôt... malodorants! En fait, sauf la pulpe des fruits mûrs qui libère une odeur agréable, toutes les parties de la plante dégagent une forte odeur de charogne, d'ail digéré ou de mouffette, décelable seulement si les tissus sont brisés. Chez une plante intacte, l'odeur dégagée par le spadice n'est perceptible, par un nez humain de modèle régulier, que de très près. Ainsi, la plante ne se repère pas à l'odeur, à moins qu'on l'ait écrasée. Si la curiosité de sentir le symplocarpe chou-puant vous ronge et que vous n'osez pas vous coucher dans la neige ou sur le sol gelé pour approcher votre nez du spadice (car il ne faut pas l'arracher, question de respecter l'intégrité de la plante), il suffit de ne détacher qu'un tout petit morceau d'une spathe ou d'une feuille, c'est suffisant et cela ne lui nuit pas.

Attention aux ours

Les ours se régaleraient des jeunes feuilles, de même que des parties souterraines. Ils fréquentent les sites riches en symplocarpe chou-puant, au cap Tourmente par exemple (près de Québec).

Les graines nourrissent les écureuils, la gélinotte huppée, le canard branchu (huppé), le faisan de colchide (à collier) et des rongeurs non identifiés. Mais le feuillage montre rarement des marques de broutement. La plante est réputée donner mauvais goût au lait lorsque les vaches la broutent.

Les impressionnantes feuilles du ***symplocarpe chou-puant*** *atteignent 60 cm de diamètre. Magnifiques et majestueuses! L'exceptionnelle beauté du feuillage de plusieurs plantes de sa famille, en fait la plus importante famille de plantes nord-américaines utilisées comme plantes d'intérieur.*

Photo: Gisèle Lamoureux

Plusieurs espèces de la famille du symplocarpe présentent des inflorescences malodorantes et à température élevée. Plusieurs d'entre elles vivent sous des climats plus chauds que le nôtre et les botanistes croient que l'élévation de température favorise, dans ces cas, l'exhalation de ces mauvaises odeurs... qui attireraient les insectes pollinisateurs. Un peu comme la viande avariée et la charogne le font... ou encore le trille rouge*.

Chez le symplocarpe chou-puant, odeur et chaleur attirent plusieurs espèces d'insectes, dont les abeilles. Ils aideraient à la fécondation mais s'engluent parfois, quand ils ne se prennent pas dans les toiles tendues à l'entrée de la spathe par différentes espèces d'araignées! Et puis, une espèce non spécifiée de paruline (fauvette) aurait installé son nid dans une spathe.

Tradition amérindienne

Les Amérindiens, eux aussi, l'utilisèrent pour soulager divers maux: rhumatismes, épilepsie, convulsions, maux de dents ou de tête, douleurs, crampes, blessures, hémorragies, faiblesse du cœur, chute de l'utérus, tuberculose, toux, rhume, vers...

Les racines faisaient partie de la trousse de tatouage des Amérindiens Menomini. Ceux-ci considéraient les tatouages, dessinés au site de la maladie, comme des talismans destinés à protéger contre le retour de la maladie.

Les Amérindiens Iroquois l'utilisaient en cataplasme sur des morsures, infligées par des chiens ou lors de bagarres. Ce qui n'était pas à dédaigner, c'est que ce traitement entraînait la chute des dents... du mordeur!

Les Amérindiens Meskwakis attribuaient la destruction de la base du rhizome à l'esprit du serpent, *Monito*, qui s'en nourrissait. Un Meskwaki ne devait avoir plus de quatre rhizomes en sa possession, en même temps, sinon *Monito* envoyait les serpents à sonnettes dans sa maison pour en mordre les habitants. Ainsi, la crainte d'une intervention de l'esprit du serpent préservait cette plante à croissance lente contre la cueillette intensive. Sagesse des légendes?

Réf. sp. Camazine 84, Cullina 99, Dore 67, Foerste 1888, Gauthier 2001, Hodgins 87, Knutson 72, Marie-Victorin 31, Sanders 87, Seymor 97, Small 59, Soper 58, Uemura 93.

Gisèle Lamoureux

*Noter la forme de la spathe du **symplocarpe chou-puant**, cette corne rouge, ouverte et spiralée, qui entoure l'inflorescence. Sa forme lui permet de capter le moindre courant d'air, de le transformer en tourbillon qui entraîne le pollen en une spirale descendante autour de l'inflorescence. Remarquer les groupes de 4 étamines jaunes de chaque fleur.*

Trientale boréale

suite de la page 96

Trientale boréale et médéole de virginie* partagent un mode bien particulier de propagation, peu courant. Elles forment des tubercules au bout de longs stolons (ou rhizome sans noeud).

Un mode peu courant de propagation

C'est sous le sol que se joue le sort de la trientale boréale, cette discrète occupante de la forêt. Au début de juin, lorsque le couvert forestier est à peu près complètement fermé, son tubercule, enfoui dans le sol à la base de la tige, entreprend la formation de 1 à 4 stolons. D'après une étude au Wisconsin, ces stolons atteignent une longueur moyenne de 30 cm, mais se prolongent parfois jusqu'à 1m.

Croissant durant les jours longs de l'été, ils cessent leur élongation sous l'influence des jours courts de la fin de juillet et du mois d'août (photopériode de 15 heures, au Wisconsin). À leur extrémité se forment alors des tubercules, qui grâce aux bons soins de la plante mère, se bourrent de réserves d'amidon. Les tubercules filles prennent racine et commencent, dès la fin de septembre, l'élaboration des tiges de l'année suivante.

Un mois plus tard, les stolons qui relient les tubercules filles à la plante mère se désagrègent, disparaissent en même temps que meurt la plante mère. La nouvelle génération de tubercules, parfaitement identique à la plante qui lui a donné naissance, se trouve isolée et physiologiquement indépendante. Cette propagation végétative constitue le processus dominant par lequel la trientale boréale survit et se multiplie en forêt. Elle consacre certainement beaucoup plus d'énergie à cette propagation végétative (65 % de la masse) qu'à la reproduction sexuée (2 à 6 %).

Pas de sexe, pas de plantule

La propagation à partir de graines paraît peu répandue, même si les individus qui fleurissent dans une colonie, fructifient dans une proportion variant de 8 à 96 % (en moyenne 66 %, selon une étude au Michigan). Le stigmate produit une goutte de liquide collant; si une anthère y touche, les deux organes restent en contact pendant plusieurs jours! Inutilement d'ailleurs: auto-incompatible à cause de barrières physiologiques, le pollen de la trientale boréale ne féconde les fleurs de l'individu l'ayant produit, que dans 2 % des cas.

Ainsi, toutes les tiges d'une colonie viennent d'un ou de quelques individus seulement, à cause de la propagation par tubercules, et leurs fleurs arrivent rarement à se polliniser entre elles. Certaines colonies, étudiées au Michigan, comprennent entre 250 et 400 tiges et montrent un très faible taux de pollinisation. Sauf, bien sûr, lorsque le pollen provient d'une colonie distante, grâce aux bourdons et aux autres insectes pollinisateurs. Par exemple, certaines mouches mangent ce pollen, qui colle à leur corps et qu'elles transportent par inadvertance.

Chaque fleur reste épanouie durant environ 7 jours et la période de floraison d'une colonie couvre une vingtaine de jours (Nouveau-Brunswick). La trientale boréale fleurit vers le milieu ou la fin du printemps, à la même époque que plusieurs espèces printanières boréales: aralie chassepareille*, maïanthème du canada*, clintonie boréale*, cypripède rose* et cornouiller quatre-temps*.

Le fruit reste souvent attaché au sommet de la plante, qui elle-même demeure debout jusqu'à ce qu'une épaisse couche de neige la plaque au sol. Du moins chez la trientale d'europe, le manteau de la graine, particulièrement imperméable, exige que la germination se fasse dans des conditions très humides; heureusement, ces graines conservent leur vitalité pendant plusieurs années. Chose certaine, pour la trientale boréale aucun botaniste n'observa de plantules en nature, même au cours d'une étude de 5 ans portant uniquement sur cette espèce (Wisconsin). Elles se détectent sans doute très difficilement, comme le laissent croire les cotylédons minuscules et incolores obtenus en laboratoire pour la trientale d'europe.

Réf. sp. Anderson 70, 73, 83, Barrett 87, Bierzychudek 82a, Cook 83, Helenurm 87, Hiirsalmi 69, Lepage 46, Sobey 77.

Le stigmate de la ***trientale boréale*** *produit une goutte de liquide collant. Si une anthère y touche, les deux restent en contact! Inutilement: auto-incompatible à cause de barrières physiologiques, son pollen ne féconde les fleurs de l'individu l'ayant produit, que dans 2 % des cas. La plante consacre beaucoup plus d'énergie à la propagation végétative (65 % de sa masse) qu'à la reproduction sexuée (2 à 6 %).*

Photo: Gisèle Lamoureux

Trilles blanc, ondulé, penché, rouge

suite des pages 48, 50, 52, 202

Tout comme l'ail des bois et plusieurs espèces de la famille du lis, les trilles mettent au moins de 7 à 10 ans pour fleurir une première fois en milieu naturel. Une croissance vraiment lente! Des études de populations parlent plutôt d'un minimum de 17 ans, pour le trille blanc, et de 13 ans, pour le trille rouge. Ce n'est que récemment que des études scientifiques élaborées, s'étendant sur plusieurs années, mirent en lumière le cycle biologique particulier et la dynamique des populations des trilles nord-américains.

De la difficulté de naître et de grandir

La partie n'est pas gagnée d'avance pour les graines des trilles. Laissées une semaine à l'air libre, elles se dessèchent et perdent leur pouvoir de germer. La germination complète nécessite deux périodes de froid, entrecoupées d'une période de réchauffement. Après le premier hiver, la graine germe, mais produit seulement des racines. Au deuxième printemps, la plantule est complète: le cotylédon émerge du sol, s'étale puis fait de la photosynthèse.

Mais ce n'est que la troisième année que se forme une première vraie feuille, allongée et fragile. L'année suivante, la seule feuille produite changera de forme, deviendra ovale et à base arrondie, et le rhizome commencera à se former; c'est le stade juvénile-une-feuille. Par la suite, le rhizome et la feuille unique augmentent de taille d'année en année.

À deux reprises, la plante atteindra un seuil amenant des changements importants. Arrivé à une certaine taille, le rhizome émet une tige et trois feuilles; c'est le stade juvénile-trois-feuilles. Continuant à grossir pendant quelques années, le trille atteint finalement la maturité en produisant une fleur.

Le nombre d'années nécessaires pour atteindre chacun de ces seuils varie selon les conditions du milieu et la qualité des saisons de végétation.

Les stades de croissance des trilles

An 1 au printemps	Début de germination; racines seulement
An 2 au printemps	Suite de la germination: le cotylédon se développe
An 3	Début du stade juvénile-une-feuille: une seule feuille et début du rhizome
An 4 et suivants (une ou quelques années de plus: 2, 3, 4 ou plus)	Développement du stade juvénile-une-feuille: grossissement du plant
An 5 ou plus	Début du stade juvénile-trois-feuilles: une tige et 3 feuilles
An 6 ou plus (quelques années de plus: 2, 3, 4 ou plus)	Développement du stade juvénile-trois-feuilles: grossissement du plant
An 7 ou plus	Maturité: production de la première fleur

Des botanistes observèrent 15 stades de croissance ou grossissement pour le trille blanc, 16 pour le trille rouge et 14 pour le trille ondulé.

Trille rouge. *La germination des trilles demande 2 ans. Puis les trilles passent par 2 stades juvéniles: juvénile-une-feuille, juvénile-trois-feuilles. Chacun dure plusieurs années, durant lesquels la feuille grossit. Ici, 5 individus: trois juvéniles-une-feuille et deux juvéniles-trois-feuilles. Le plus gros de ces 5 trilles a probablement au moins 6 ou 7 ans (incluant la germination), et il est bien loin d'avoir une taille suffisante pour fleurir, comparé aux trilles qui l'entourent, tels ceux de la photo de la page 433.*

Photo: Gisèle Lamoureux

Assez gros pour fleurir

Dans le cas du trille blanc, une étude menée au Michigan révèle qu'avant de fleurir, la plante doit produire des feuilles de surface supérieure à 36,3 cm^2, et un rhizome de plus de 2,5 cm^3. Dans la population étudiée, aucun trille n'a fleuri avant l'âge de 17 ans. Une étude au New Hampshire porte sur une colonie de trille rouge: le plus jeune individu en fleur avait 11 ans; d'autres, âgés de 23 ans, n'avaient pas encore fleuri.

De manière générale, les botanistes s'entendent pour dire qu'en milieu naturel, dans des conditions optimales, les trilles ne peuvent prendre moins de 7 à 10 ans pour atteindre la taille requise pour fleurir une première fois.

Refleurissent-ils?

Normalement, lorsqu'il a fleuri une fois, le trille refleurit chaque année. Mais une seule fois par année. Produit l'année précédant son épanouissement, parfois 2 ans à l'avance, le bourgeon qui donnera la prochaine fleur se situe sur le rhizome; il nécessiterait une période de froid hivernal pour se développer. Chez le trille blanc, ce bourgeon est bien développé à l'automne, comme chez la plupart des plantes printanières.

Des circonstances exceptionnelles empêchent parfois la plante de refleurir. Le rhizome doit refaire ses réserves à chaque année, à partir de substances que les feuilles élaborent par photosynthèse. Une mauvaise saison de croissance, des feuilles complètement arrachées ou dé-

Stades de développement du trille blanc

Onze des quinze stades, de la graine à la fleur

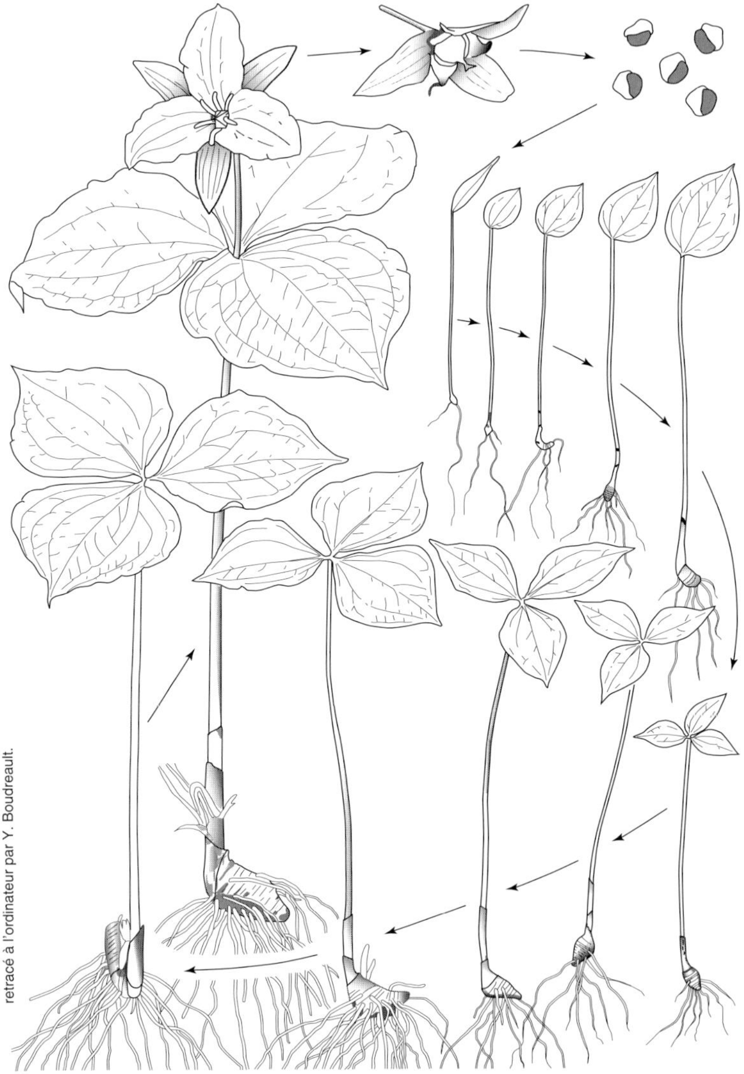

Tiré de Ohara 1989. Dessin de M. Umebayashi, retracé à l'ordinateur par Y. Boudreault.

Taille de la plante, nombre, forme et taille des feuilles augmentent progressivement. Noter l'absence de division du rhizome. Ce cycle demande théoriquement un minimum de 7 à 10 ans, mais le minimum observé est de 17 ans. Selon les variations du milieu, des individus demeurent au même stade pendant plusieurs années et certains régressent.

vorées par les insectes, un très grand effort de reproduction (plusieurs fleurs sur un rhizome) ou d'autres causes, risquent de réduire les réserves du rhizome ou d'empêcher leur renouvellement. De sorte que certains individus matures ne fleurissent pas; ils produisent seulement trois feuilles ou rien du tout.

Un bouquet de plusieurs fleurs

Annuellement, chez la majorité des trilles, chaque rhizome, c'est-à-dire chaque plant, produit à son extrémité une seule tige et une seule fleur. Pour certaines espèces, deux bourgeons se forment. Un seul se développe au printemps suivant, mais des circonstances particulières permettent le développement des deux bourgeons... un ensoleillement inhabituel, par exemple, ou une forêt partiellement coupée.

Il existe d'autres exceptions. Le trille rouge, notamment, lorsque le rhizome est très gros, émet de 2 à 5 tiges portant chacune une fleur. L'étude menée au New Hampshire révèle qu'environ 15 % des trilles rouges en fleurs d'une vieille colonie portent plus d'une fleur (2 fleurs: 13 %; 3 fleurs: 1,4 %; 4 fleurs: 0,7 % et 5 fleurs: 0,1 % c'est-à-dire 1/1000). Observé pendant 4 ans, chacun des rhizomes produisit le même nombre de fleurs d'année en année, ce qui laisse croire que l'augmentation du nombre de fleurs s'étale sur une très longue période.

Un âge vénérable

Pour connaître l'âge d'un arbre, on compte les cernes du tronc; chez les trilles, il se forme à chaque année un resserrement — appelé constriction — qui ceinture le rhizome. Chaque constriction équivaut à un an de croissance, mais pour évaluer l'âge de la plante, il faut ajouter deux ans (la germination) au nombre de constrictions. Dans l'étude du New Hampshire, les trilles rouges sans fleurs comptent, en moyenne, une quinzaine de constrictions (min. 5, max. 23). Les trilles à une fleur et ceux à plusieurs fleurs présentent, en moyenne, le même nombre de constrictions, soit respectivement 20 (variant de 11 à 29) et 21 (variant de 16 à 26). Même s'ils affichent le même nombre de constrictions, les rhizomes multifleurs accusent vraisemblablement un plus grand âge. Mais rien ne permet de le prouver, étant donné que la partie la plus vieille du rhizome pourrit au bout de 20 ou 30 ans (maximum observé: 32, et chez le trille blanc: 30). Ce plus grand âge expliquerait que les rhizomes multifleurs sont plus gros: ils montrent une croissance annuelle supérieure, la distance entre les constrictions étant plus grande. Mais d'autres facteurs pourraient aussi expliquer cette masse plus forte.

Plus de fleurs de trille rouge chez les gros rhizomes, mais aussi des fleurs plus grandes avec plus d'ovules (parfois plus de 200 ovules). Plus de graines aussi: deux fleurs attirent plus d'insectes pollinisateurs qu'une seule! Rares dans une colonie, ces gros rhizomes multifleurs dépassent les 30 ans, probablement même plusieurs fois 30 ans et certains croient qu'ils ont le même âge que la forêt qui les abrite (souvent 125 ou 200 ans). Ne pas oublier que les déterrer, par curiosité personnelle, peut signifier la mort d'un ancêtre digne de notre respect. Que donnerait de vérifier que le trille devant vous a plus de 30 ans, si pour le savoir il faut le tuer? Certains scientifiques l'ont fait, au nom de tous; profitez de leur expérience et laissez vivre les trilles.

Réserve par ci, réserve par là

Il existe des plantes printanières éphémères, telles les claytonies*, les dicentres* et l'érythrone*. Avant l'étalement des feuilles de l'érable à sucre, elles se dépêchent de boucler leur cycle annuel en un temps record: feuilles, fleurs et graines. Il ne subsiste aucune trace de ces plantes au-dessus du sol, durant l'été.

D'autres printanières, non éphémères, fleurissent au printemps mais restent vertes en été, telles les uvulaires, violettes, trilles et bien d'autres. Ces espèces expérimentent deux types très différents d'éclairement: un milieu très ensoleillé au début du printemps, puis très sombre par la suite. En été, le parterre d'une

***Trille rouge**. Il est peu commun de trouver plus de deux tiges fleuries au bout d'un seul rhizome. Ici, ce trille en montre 3. Le maximum trouvé est de 5. Il arrive fréquemment que deux rhizomes se côtoient de près, et forment à eux deux de gros bouquets.*

Photo: Gisèle Lamoureux

érablière reçoit en effet peu de lumière: aussi peu que 1 % du plein ensoleillement y fut mesuré dans une colonie de trilles rouges.

Au cours de son évolution, ce trille acquit une stratégie adaptée à cette alternance d'éclairements. En prévision de jours peu propices à la photosynthèse, il fait des provisions.

Des réserves pour le bourgeon

C'est l'amidon, un sucre complexe, qui représente la principale réserve nutritive accumulée par le trille rouge dans son rhizome. L'amidon se conserve bien dans la plante et s'utilise à long terme.

Au début de la saison, ces réserves sont à leur plus bas. Mais grâce à une photosynthèse très active, elles augmentent rapidement durant les 3 premières semaines de croissance et atteignent leur maximum après 2 semaines additionnelles (fin mai, début juin). Ces réserves demeurent à peu près stables jusqu'à ce que les feuilles se fanent, fin août. À partir de ce moment, les réserves déclinent assez rapidement et atteignent leur minimum vers la mi-novembre, minimum conservé intact jusqu'au printemps suivant.

Que se passe-t-il de la fin août à la mi-novembre? Où va l'amidon du rhizome, à quoi sert-il? La plante le destine à sa croissance future: elle le transfère dans le bourgeon qui termine le rhizome. Gros dès l'automne, ce bourgeon contient là des feuilles et des fleurs déjà partiellement développées. Ainsi, lui transférer l'amidon à la fin de l'été, permet une croissance accélérée au printemps suivant. Il ne manque que de l'eau pour croître… et profiter au maximum du grand éclairement printanier de l'érablière pour refaire des réserves et recommencer!

D'autres réserves pour le fruit

Pendant l'été, les réserves d'amidon du rhizome ne servent pas à la maturation du fruit. Car il existe une autre réserve secrète, destinée à cette fin.

Le trille rouge ne forme qu'un fruit par tige, mais un gros fruit qui représente de 2 à 8 % de la biomasse totale. L'avortement du fruit se produit fréquemment et s'accompagne d'un flétrissement prématuré des feuilles, généralement à la fin de juin. Les plantes dont le fruit n'avorte pas conservent leurs feuilles. Ceci porte à croire que le feuillage contribue au développement et à la maturation du fruit, comme c'est le cas chez bien d'autres plantes. Mais il n'en est rien!

N'est-il pas étonnant qu'une tige coupée de trille rouge à laquelle, de surcroît, on enlève les feuilles, réussisse à former des fruits tout à fait semblables à ceux d'un trille intact? Sauf pour la grosseur des graines, un peu réduites, mais non de façon statistiquement significative. Et cela, même si les tiges sont maintenues dans de l'eau distillée seulement. L'expérience fut tentée à l'Université Laval, dans une chambre de croissance reproduisant des conditions semblables à celles qui prévalent dans une érablière.

C'est dire qu'il existe, dans la tige, une réserve de sucres (autres que de l'amidon, la concentration de celui-ci y étant faible). Et que cette réserve suffit, à elle seule, à assurer le développement du fruit. Avant cette expérience, des études avaient démontré que, chez certaines plantes, les réserves contenues dans la tige contribuent partiellement (moins de 50 %) à la maturation du fruit. Mais chez le trille rouge, la tige remplit cette tâche à 100 % et c'est la première plante chez laquelle ce phénomène est rapporté (Lapointe 1998).

Dans la tige, les réserves de sucres se constituent seulement durant les 3 premières semaines de croissance. Par la suite, elle déclinent lentement, pendant la maturation du fruit, puis très rapidement lorsque le fruit atteint sa maturité.

*Le **trille rouge** présente parfois des anomalies de couleurs: pétales verdâtres, jaune pâle, blanc crème ou avec ces couleurs combinées. Le pistil reste rouge vin, ce qui permet de reconnaître qu'il ne s'agit pas d'un trille blanc, car lui a un pistil blanc. Plusieurs gènes sont impliqués dans la couleur de la fleur et ces diverses colorations résultent de la suppression spontanée d'un plus ou moins grand nombre d'entre eux.*

Photo: Jacques Labrecque

Pour répondre à la coloration blanche qu'affiche parfois la fleur du trille rouge, le ***trille blanc*** *prend à l'occasion une teinte rosée, juste avant de se faner. Il existe donc des trilles rouges à fleur blanche et des trilles blancs à fleur rosée!*

Photo: Gisèle Lamoureux

La devise du trille rouge pourrait être: «amasser, amasser tandis qu'il fait soleil». Il profite pleinement du début du printemps pour accumuler de l'amidon, qui se garde longtemps dans son rhizome et assure sa croissance future, et pour accumuler d'autres types de sucres dans sa tige, utilisables à plus court terme et assurant le développement et la maturation de son fruit. Une stratégie bien adaptée au peu de lumière disponible en été dans l'érablière. Une stratégie qui lui permet d'amener plus fréquemment ses fruits à maturité... et des fruits plus gros que ceux de bien des plantes de l'érablière qui ne comptent que sur la photosynthèse estivale pour développer les leurs!

Ainsi, pendant l'été, les feuilles du trille rouge ne sont pas essentielles au développement de ses fruits. Mais elles contribuent peut-être à la production de graines un peu plus grosses.

Des fourmis, des trilles et de l'asaret gingembre

Un bel échange!

Les trilles produisent des graines pourvues d'un appendice charnu, la caroncule, parfois plus volumineuse que la graine elle-même! Les fourmis, et au Japon certains coléoptères, raffolent de cette caroncule. Les premières transportent seulement des graines entières à leur nid. Elles consomment uniquement la caroncule, laissant intact le pouvoir de germination des graines. Les coléoptères impliqués, nocturnes et solitaires, montrent les mêmes habitudes alimentaires, mais ne transportent pas les graines.

Conséquence? Une étude portant sur deux espèces japonaises de trille révèle que les graines tombent dans un rayon de 20 cm de la plante mère, dans 50 % des cas. À cause des coléoptères, 85 % des graines perdent leur caroncule et demeurent près de la plante mère, tandis que les fourmis transportent seulement les 15 % restant. La répartition des plantules de trille se révèle être généralement en amas, près des plantes mères. C'est la faute des coléoptères, qui interfèrent avec le transport par les fourmis! La dispersion de seulement 15 % des graines est insuffisante pour former des amas près des nids de ces fourmis... qui déménagent souvent, paraît-il.

Mais les fourmis de cette étude ne transportent pas les graines bien loin: 3,3 m au maximum, en moyenne 0,6 m. Transport à distance impossible: la densité des nids à cet endroit est de 0,7 nid par m^2 et les fourmis défendent âprement leur territoire. Est-ce rentable, pour les trilles, de produire une si grosse caroncule, coûteuse en énergie, qui permettra le transport de seulement 15 % des graines, sur une distance de moins d'un mètre?

Oui. Au-delà de 0,6 m du plus proche trille fertile, on observe un plus grand nombre de juvéniles-trois-feuilles que de plants plus jeunes (plantules et juvéniles-une-feuille). Cela signifie que le transport par les fourmis permet aux jeunes trilles de vivre plus longtemps. Lorsque trop de graines restent à la même place, la compétition devient insoutenable pour plusieurs.

Mais ce n'est pas parfait. Une myrmécochorie efficace (dispersion par les fourmis, de *Myrmica:* genre de fourmi) suppose que la plante laisse tomber ses graines sporadiquement, sur plusieurs jours. Chez les trilles, le fruit tombe en entier, d'un seul coup. Transporter, avant la nuit (moment ou les coléoptères s'activent), les 85 ou 101 graines contenues dans un seul fruit des deux espèces de trille japonaises étudiées, représente une tâche impossible pour les fourmis.

Observations similaires chez le trille blanc, en relation avec des fourmis d'espèces différentes. Comme les fruits de ce trille contiennent bien moins de graines que les espèces japonaises, les fourmis les vident complètement et transportent les graines sur une distance de 4 ou 5 mètres.

Le cas de l'asaret gingembre

Même scénario chez l'asaret gingembre*: les fourmis transportent la graine au nid et ne mangent que la caroncule. Leur intervention réduit la prédation par les souris à pattes blanches qui, elles, mangent la graine. Une étude, en Virginie-Occidentale, parle de 24 % de graines volées par les souris, lorsque les fourmis interviennent, et de 70 %, en l'absence des fourmis. L'absence de caroncule, l'enfouissement des graines, sous les roches et en profondeur, par les fourmis... et la défense qu'elles font

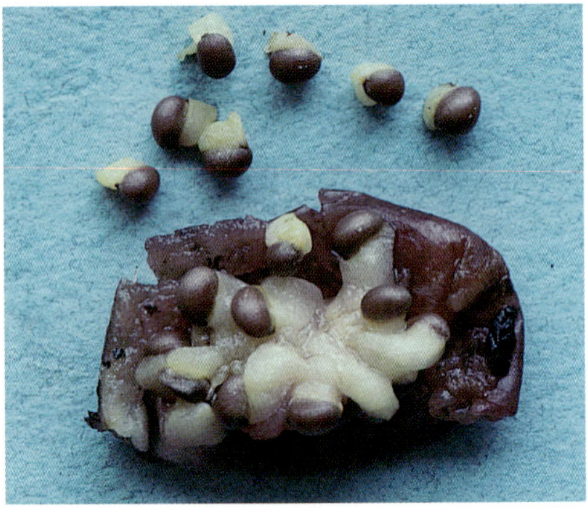

***Trille rouge**. Chez les trilles, les graines se rattachent au fruit par un tissu spongieux fort apprécié des fourmis. Lorsque la graine se détache, elle conserve une partie de ce tissu, sorte d'excroissance qui la coiffe, nommée caroncule.*

Photo: Roger Larose

de leur nid expliqueraient que les souris ne mangent pas les graines transportées par les fourmis.

Un p'tit changement au menu, peut-être? Croyez-le ou non, dans certains cas, les fourmis choisissent, de préférence, la caroncule d'une espèce moins fréquente dans leur habitat (ou absente et expérimentalement introduite). Aucune explication, sinon qu'elles agissent comme si elles en avaient ras le bol du même menu. La satiété, que ça s'appelle. Avantageux pour l'espèce moins fréquente, car le dépotoir d'un nid de fourmis, c'est fertile. Le cas est rapporté avec certitude pour l'asaret gingembre versus *Jeffersonia diphylla* (en Indiana) et très probable pour l'asaret gingembre versus la sanguinaire du canada* (Virginie-Occidentale).

Le trille le plus nordique

Le trille penché, plutôt rare autour de Montréal et le plus nordique des quatre trilles de nos contrées, se révèle aussi le moins fréquent, le moins abondant et le seul qui dépasse, vers l'ouest, l'extrémité des Grands Lacs.

Le trille blanc, le moins nordique, est peut-être le plus abondant. À moins que cet honneur ne revienne au trille rouge, tout juste un peu plus nordique que le trille blanc. Trille rouge et trille blanc se partagent la tâche d'égayer, le premier, la région de Québec, et le second, la région de Montréal.

Le trille ondulé, à peine moins nordique que le trille penché, s'étend comme lui plus à l'est, dans les Maritimes.

Ils atteignent tous les quatre le sud des Appalaches et leurs aires sont typiquement appalachiennes. Essentiellement forestiers, ces quatre trilles habitent cependant des forêts différentes. Le type de forêt que chaque espèce préfère influence, du moins en partie, son abondance relative dans chaque type de forêt et l'étendue de son aire vers le nord, ou encore vers l'ouest ou l'est.

D'autres plantes de ce livre dont la caroncule attire les fourmis… autant que le miel attire les mouches? Sanguinaire du canada*, chélidoine herbe-aux-verrues*, violettes*, érythrone d'amérique*, corydales*, dicentres*, claytonie feuille-étroite*, et plusieurs carex aussi.

Le commerce des trilles

Les trilles occupent une place de choix dans le cœur des amants de la nature. Par amour, certains désirent en voir pousser autour de leur habitation. Sans savoir que, dans certaines circonstances, la réalisation d'un tel désir nuit aux populations naturelles de trilles.

Le jardin botanique Kew, de Londres, publia une étude en 1992 sur le commerce des trilles dans le monde. L'article rapporte qu'aucune plante indigène américaine n'est plus universellement connue et appréciée que le trille. Au Japon, quantité d'études scientifiques portent sur les trilles, à qui on voue pratiquement une dévotion. Dans les érablières du nord-est de l'Amérique, c'est presque un pèlerinage qui amène chaque année les admirateurs de la flore à contempler les tapis de trilles printaniers (et les autres plantes printanières, bien sûr).

Déjà en 1777, le trille rouge est offert en vente au Royaume-Uni. Trente ans plus tard, le trille penché, le trille blanc et deux autres espèces étatsuniennes s'ajoutent aux catalogues de ventes. Puis, une firme de vente de bulbes, en Hollande, offre le trille blanc en 1855. Le nord-est de l'Amérique du Nord compte la plus grande concentration d'espèces de trille et celles exportées en Europe à cette époque y poussent en exclusivité. Ce n'est que dans les années 1970 que des trilles originaires d'Asie pénètrent le commerce mondial.

Mais les ventes de trilles restent marginales, jusque dans les années 1980. Aux

États-Unis, les quantités de rhizomes exportés chaque année passent de 3 000, en 1981-82, à 13 000 en 1986-87. Parmi les plus vendus: le trille blanc et le trille rouge, prélevés en milieu naturel. Pour la seule année 1989, le nombre de trilles prélevés et exportés hors de l'État du Tennessee atteint les 600 000. Des prélèvements d'une telle ampleur risquent de faire disparaître, en peu d'années, des populations entières de trilles, sensibles à la récolte. C'est ainsi que s'enclenche le déclin d'espèces en milieu naturel. Qu'on se rappelle que 30 ans de récoltes intensives suffirent pour faire disparaître, à toutes fins pratiques, les abondantes populations de ginseng cinq-folioles de la vallée du Saint-Laurent... et ce, avec les moyens existants dans les années 1700!

Au Québec, rien ne permet de connaître les quantités prélevées, car rien n'oblige leur enregistrement. Pourtant, des règlements à cet effet existent pour pratiquement chaque espèce de la faune, permettant de connaître l'état des populations (au moins approximativement) et de mieux les gérer.

Des trilles dans le parterre

Quel impact présente le commerce horticole des trilles et comment cultiver des trilles sans en acheter?

Actuellement, la production commerciale de trilles à des fins horticoles, à partir de semis, n'est pas rentable et la culture in vitro n'est pas au point. Aussi, les trilles sur le marché proviennent de rhizomes prélevés en forêt, ce qui appauvrit grandement le patrimoine écologique. Car qui dit commerce, dit des milliers de plants prélevés chaque année. Afin de contrer cette pratique, nous suggérons de ne pas en acheter, ni d'en demander aux pépiniéristes et centres-jardins.

Le sauvetage des trilles voués à la destruction, à cause de l'étalement urbain ou routier, par exemple, ne suffit certainement pas à alimenter le commerce. Offerts sur les étalages, ces trilles provenant de sauvetage créent l'illusion que la plante est couramment produite en serre, ce qui augmente la demande.

Au lieu de les acheter, certains particuliers sont tentés de transplanter eux-mêmes des individus trouvés en forêt. Il n'est pas évident que ceux qui transplantent des trilles dans leur parterre réussiront à assurer leur survie pendant un minimum de 30 ans (ou 60, 90, 120 ans ou plus), comme le milieu naturel le fait. Ainsi, ces transplantations non nécessaires représentent une perte de longévité pour la plante... pour satisfaire un caprice. Par ailleurs, prélever une motte en forêt amène une perturbation du sol qui se répercutera sur plusieurs années, sans compter qu'il faudra à la nature bien des années pour remplacer le trille enlevé. Un seul trille prélevé, passe encore, mais nous sommes plusieurs millions à aimer les trilles.

La façon la moins dommageable pour avoir des trilles près de chez soi reste de cueillir quelques graines en nature, les semer dans son parterre et... attendre. Quelles intéressantes observations en vue!

Propagé en pépinière? Wouais!

L'étude de Kew tente de retracer l'origine des trilles vendus. Proviennent-ils du milieu naturel ou de cultures «artificielles», c'est-à-dire d'une propagation en pépinière? La plupart du temps, les vendeurs sont des revendeurs, qui n'ont ni prélevé ni cultivé eux-mêmes les trilles qu'ils vendent. Et leurs sources d'approvisionnement sont généralement aussi des revendeurs, qui ignorent également la provenance de ces trilles. Avant d'atteindre l'acheteur au détail, le trille a souvent passé entre 3 paires de main... aveugles et sourdes! Ce qui rend l'origine du trille vendu bien obscure. Alors, quoi qu'en dise le vendeur au détail, actuellement (en 2001) les trilles sur le marché furent tous prélevés en milieu naturel... et il ne peut en être qu'ainsi pour plusieurs années encore.

Sans compter la confusion qui entoure l'expression «propagé en pépinière». Cette expression peut vouloir dire, et c'est le sens adopté dans les *Nursery Guides* en vigueur aux États-Unis, que la plante fut prélevée en milieu naturel puis conservée en pépinière, par exemple pendant un été. Un tel séjour en pépinière protège l'acheteur contre des plantes fraîchement prélevées en forêt, qui auraient moins de chances de survivre en culture. Cette protection du consommateur n'efface pas, aux yeux d'un conservationniste, que le trille provient, en fait, de populations naturelles.

L'étude conclut qu'en pratique, les trilles les plus populaires sur le marché, soit le trille rouge et le trille blanc, proviennent du milieu naturel, après ou non un séjour en pépinière. Des spécialistes des trilles et de leur culture se prononcent dans le même sens (dont Case & Case 1997). Rien de surprenant. La culture des trilles à partir de graines n'est pas rentable, considérant le nombre d'années requis pour produire un trille fleuri — même si la culture peut accélérer le processus et demande, par exemple pour le trille blanc, «seulement» 5 ou 6 ans. Et puis, les pertes de plantules et de juvéniles, inhérentes à la biologie de l'espèce, s'avèrent très lourdes. Sans compter que jusqu'à maintenant, les essais de culture in vitro ont tous échoué.

Contrôler le prélèvement à des fins commerciales

Bien des personnes perçoivent les plantes indigènes ornementales comme communes, abondantes, et la nature, comme un réservoir inépuisable. Ce n'est certes pas le cas, surtout dans une perspective de commerce, qui exige chaque année des dizaines et même des centaines de milliers de plants. L'effondrement de stocks provenant de populations naturelles commercialisées est maintenant chose courante à l'échelle planétaire (morue, etc.). Au Québec, plusieurs plantes forestières s'avèrent sensibles à la récolte, malgré leur abondance, souvent à cause de leur croissance lente ou de leur propagation réduite (voir Lamoureux & Nantel 1999).

Semer des trilles

Il importe de récolter les graines des trilles parcimonieusement. Sous nos latitudes, les trilles ont un immense besoin en graines, du fait que c'est pratiquement leur seul moyen de se propager. Et puis, les jeunes plants font face à une très forte mortalité.

En procédant par semis, vous serez à même de suivre la croissance des trilles, pas à pas, et de voir s'ils se conforment au modèle observé par les botanistes! Vos liens avec «vos» trilles n'en seront que plus solides.

Les graines séchées des trilles de nos contrées ne germent pas. Il faut procéder dès que le fruit est mûr. Débarrasser complètement les graines fraîches de la pulpe, y compris de la caroncule qui provoque souvent leur moisissure.

Pour ce faire, laisser tremper les graines pendant quelques jours dans l'eau, puis rincer, et répéter sans que le trempage total dure plus de 15 jours. D'autres préconisent la recette suivante: tremper les graines pendant 15 minutes dans une solution de peroxyde d'hydrogène à 3 % (trouvée couramment en pharmacie), entreposer pendant environ 5 jours dans des serviettes mouillées placées dans des sacs de plastique, placer les graines dans un tamis et les frotter délicatement sous l'eau courante, stériliser à nouveau au peroxyde d'hydrogène, puis planter aussitôt en pleine terre (plutôt qu'en pot qu'on oublie d'entretenir durant les 7 à 10 ans nécessaires pour obtenir une fleur).

Ne pas cueillir la plante entière, ni la transplanter ni modifier l'habitat.

● pH 6-7, plus acide pour le trille ondulé.

Faut-il contrôler le prélèvement à des fins commerciales? Volonté d'agir et modèles ne manquent pas! Quel foisonnement de lois, à l'échelle mondiale, pour protéger les habitats naturels et les espèces en situation précaire, pour interdire ou restreindre le prélèvement partiel ou intégral de plantes indigènes, pour interdire ou réglementer le commerce de ces plantes. Pour jeune qu'elle soit, la levée de boucliers semble universelle, du moins dans les pays dits développés, et le Québec est loin d'être le premier à s'interroger sur les conséquences du commerce des plantes indigènes. Quantité de modèles législatifs existent, en Europe, en Australie, en Amérique du Nord (voir une compilation préliminaire de ces lois dans Lamoureux & Nantel 1999). La jeunesse de ces lois permet peu d'en évaluer l'efficacité, mais chose certaine, il ne subsiste aucun doute quant à la volonté universelle d'intervenir.

Protéger les trilles au Québec

Au Québec, les politiques accompagnant la *Loi sur les espèces menacées ou vulnérables* permettent d'intervenir, entre autres, dans les cas

- de «certaines espèces récoltées, exploitées ou potentiellement exploitables pour leur valeur alimentaire, médicinale ou ornementale»;
- d'«espèces manifestement en déclin et celles que rendent fragiles la structure et la biologie de leurs populations» (Labrecque & Lavoie 2001).

Cette loi n'est intervenue dans de tels cas, qu'après que les dégâts dus à une exploitation commerciale furent constatés, par exemple pour l'ail des bois et le ginseng. De 1996 à 2000, des conservationnistes et certains producteurs horticoles de plantes indigènes demandèrent au gouvernement d'interdire le commerce et le prélèvement à des fins commerciales des trilles et des dizaines d'autres plantes à croissance lente. Aucun résultat concret jusqu'à maintenant, les ressources et la volonté politique n'étant pas au rendez-vous. En 2002, un projet de règlement se dessine, concernant 9 espèces: adiante du canada°, asaret gingembre*, cardamines carcajou* et géante*, lis du canada°, matteuccie tête-de-violon*, sanguinaire du canada*, trille blanc*, uvulaire grande-fleur*. Un bon début, mais c'est nettement insuffisant.

Pertes d'habitats

La perte d'habitats constitue probablement la principale source d'anéantissement des populations de trilles. Déforestation, développements domiciliaires et routiers ont grugé, et grugent encore à grandes mordées, les habitats propices aux trilles et autres plantes indigènes propres à l'est de l'Amérique du Nord.

Dans une société où prévaut le capitalisme sauvage, comme c'est le cas actuellement, la voix de ceux qui veulent préserver les plantes sauvages dans leur habitat se bute à des difficultés incroyables. Par exemple, des procès sans fin. Comme ce fut le cas, en Estrie il y a quelques années, pour des citoyens qui désiraient préserver, contre un développement domiciliaire, une colline jouissant d'une biodiversité remarquable. S'attaquer aux compagnies forestières, dont les nouvelles méthodes et la machinerie ultralourde (40 tonnes) dévastent quotidiennement de grandes superficies? Ce n'est pas à la portée de tous.

Ces pratiques forestières, ces développements domiciliaires et routiers génèrent des emplois et font circuler des millions de dollars, du moins pour un certain temps. Les environnementalistes n'ont pas d'argent à offrir, que de l'air pur, de l'eau fraîche et un univers de ressourcement, de bien-être naturel ... ce n'est pas rien! Quant aux développeurs-investisseurs, nous enrichissent-ils vraiment? Rien ne se perd, rien ne se crée... il doit bien y avoir un appauvrissement quelque part. On oublie trop facilement de calculer au bilan, les pertes d'habitats,

Trille blanc. Une surpopulation de cerfs de virginie peut extirper des populations de trille blanc aussi florissantes que celle-ci. Nourrir artificiellement des cerfs de virginie, leur laisser l'accès à des vergers ou à de grandes cultures de plantes fourragères, augmentent leur densité en forêt, au détriment des trilles, que les cerfs recherchent avidement.

Gisèle Lamoureux

d'espèces, de milieux naturels, les services qu'ils rendent... seul véritable capital qui compte aux yeux de la vie.

L'idée n'est pas uniquement de protéger quelques fleurs ici et là. La perte d'habitats, de biodiversité, signifie aussi la perte d'écosystèmes. C'est démanteler le filet fragile de la vie, dans lequel est nouée la vie humaine. Dans un filet, tout se tient. En démailler une partie, c'est affecter le filet entier, y compris la partie humaine. Tous les vivants sont solidaires.

Le citoyen se sent souvent impuissant face aux compagnies transnationales qui s'emparent du capital-nature et le détruisent. Du moins peut-il ne pas acheter un bien non nécessaire, les trilles et autres plantes sensibles au prélèvement, maintenant qu'il connaît leur provenance et le tort que leur commerce cause. Ne pas ajouter une pression supplémentaire sur les trilles... c'est peu, mais c'est facile. Et il existe des milliers d'autres plantes à cultiver!

Extirpation par les cerfs de virginie

D'après une étude dans le sud-est du Minnesota, le cerf de virginie préfère le trille blanc aux autres herbes tendres ou jeunes branches des arbustes. D'un seul coup de gueule, il fauche fleur ou fruit, 100 % des feuilles et la tige. Pour un plant donné, il ne le fait qu'une seule fois par saison de végétation, en mai ou début juin, car le rhizome ne produit pas de seconde pousse. Le cerf choisit les plus gros individus, ceux qui montrent de larges feuilles et fleurissent. Lorsque la densité des cerfs de virginie est élevée, par exemple 25 à 35 cerfs par km^2 en hiver, la population de trilles se réduit à de petits individus et le taux de reproduction diminue de 50 % durant une seule saison de végétation.

L'année suivante, le rhizome produit une nouvelle pousse, en autant qu'il ait reformé son bourgeon terminal avant le broutement du cerf. Une forte densité de cerfs de virginie amène inévitablement une répétition du broutement, d'année en année. Même lorsque le trille blanc se fait rare, le cerf de virginie le recherche de préférence à toute autre plante (même observation en Illinois et dans le nord du Wisconsin). L'effet cumulatif du broutement, durant par exemple 5 ans, hypothèque le taux de reproduction des trilles pour les années subséquentes. Lorsque la forte densité de cerfs de virginie perdure, disons pour 15 ou 20 ans, le trille blanc n'a aucune chance de regagner du terrain et ses populations se trouvent complètement extirpées.

Les impacts négatifs d'une surpopulation de cerfs s'étendent à d'autres herbacées. Clintonies, maïanthèmes, sanguinaires, sceaux-de-salomon, streptopes et uvulaires présentent tous des caractères qui les rendent sensibles au broutement des cerfs de virginie: 1) les cerfs en aiment la saveur, 2) une seule bouchée arrache pratiquement tout le feuillage, les fleurs ou les fruits, 3) elles ne repoussent pas au cours de la même saison de végétation.

Belles chez elles: ne pas cueillir les trilles

Cueillir des trilles ne les aide certainement pas à survivre. Mais il n'existe pas, à notre connaissance, d'étude portant sur l'effet de la cueillette des trilles, en rapport avec le maintien ou la survie des colonies. Les personnes qui ramassent des bouquets de trilles, cueillent en même temps les feuilles. Chose certaine, la plante ne remplace pas les parties cueillies par une autre tige, dans la même année de croissance. Or c'est par ses feuilles que la plante fabrique les réserves qu'elle accumule dans ses rhizomes, réserves qui servent à assurer sa survie.

Certains trilles forment leur bourgeon deux ans à l'avance, d'autres seulement l'année d'avant. Si le bourgeon donnant naissance à la tige de l'année suivante est formé avant la cueillette des feuilles, la plante pourra probablement émettre une nouvelle tige, le moment venu. Sinon... Or le trille blanc et le trille rouge ne forment leur bourgeon qu'à l'automne.

Les botanistes se rendent compte de plus en plus que chez les herbacées vivaces en général, la production annuelle de semis par graines contribue peu au maintien ou à la croissance des populations. Par contre, la stabilité des populations chez ces espèces est très liée à la survie des plants matures, de même qu'à la propagation végétative. Ainsi, prélever des plantes entières pour les transplanter perturbe plus la colonie que de cueillir des fleurs... ou de les brouter comme le font les cerfs de virginie. Tout de même, la récolte de tiges en fleurs enlève à la colonie une source potentielle de graines. Par conséquent, elle diminue le nombre des naissances dans la colonie.

À retenir: les bouquets de trilles rouges... puent!

Contrôler les cerfs de virginie?

Souvent, les gestionnaires des populations de cerfs reconnaissent les méfaits de l'animal lorsqu'il ne subsiste aucune herbacée au sol, lorsque le sol nu remplace le parterre vert. Il est alors bien trop tard pour sauver les populations de plantes à croissance lente. Des symptômes moins évidents, plus subtils, précèdent un tel désastre. Une réduction du taux de floraison, un déclin de la taille des individus constituent des signes avant-coureurs sérieux. Le rétablissement de plantes à croissance lente extirpées risque de demander des dizaines d'années, et à condition que le hasard (ou «la main de l'homme») favorise l'établissement de graines et de plantules, souvent rares ou pratiquement jamais observées chez plusieurs espèces.

Un équilibre naturel s'établit normalement entre la quantité de nourriture disponible, le nombre de prédateurs et la survie des cerfs de virginie. En éliminant des forêts complètes ou en les fragmentant à l'extrême, en éliminant les prédateurs — surtout le loup — puis en réduisant la chasse sportive, en protégeant et en alimentant artificiellement les cerfs de virginie (favoris du grand public), l'humain perturbe fortement la structure et le dynamisme des écosystèmes. L'équilibre naturel des forêts fréquentées par l'animal se trouve aussi faussé par la proximité de vergers ou de grandes cultures de plantes fourragères, réservoirs inépuisables de nourriture lorsque la forêt se révèle insuffisante et qui contribuent à l'augmentation de la densité des cerfs en forêt.

Dans un contexte où, par l'action humaine, les écosystèmes s'éloignent de leur équilibre naturel, les gestionnaires de la faune doivent faire en sorte que le troupeau de cerfs de virginie ne mette pas en péril les populations de plantes à croissance lente. Afin de réduire au minimum les impacts négatifs remarqués sur la régénération forestière, sur la diversité de la faune et de la flore et sur la sécurité routière, des études étatsuniennes recommandent, en 1995, de maintenir une densité de moins de 5 cerfs par km^2. Des spécialistes estiment qu'avant la colonisation par les Européens, la densité du cerf de virginie était de 2 par km^2 sur une grande partie de son aire (densité actuelle dans le Bas-Saint-Laurent); elle n'excédait pas 4 cerfs par km^2 dans le nord du Wisconsin (la densité des cerfs s'exprime d'après la densité hivernale et se réfère à des superficies boisées).

Au Québec, des densités hivernales du même ordre que les surpopulations enregistrées au Minnesota sont observées, en 2001, ici et là en Montérégie et dans la vallée du Richelieu (20 à 30 par km^2). Le cerf de virginie a modifié substantiellement la composition du parterre forestier à ces endroits, mais aucune mesure n'a encore été adoptée, six ans après les recommandations étatsuniennes. Voir aussi pages 327 et 395.

Génétique, structure des populations et évolution

De façon générale chez les plantes à fleurs, l'hybridation spontanée semble fréquente en milieu naturel. Elle revêt une importance particulière dans l'évolution des plantes et se trouve souvent à l'origine de nouvelles espèces.

Par exemple, actuellement les trilles comptent environ 46 espèces, dont huit au Japon. Très étudiées, ces dernières finirent par livrer leur secret! Elles forment une série polyploïde (avec plusieurs jeux de chromosomes) à $2n = 10$, 15, 20 et 30 chromosomes. Chaque espèce dérive l'une de l'autre et la série inclut cinq espèces issues d'hybrides. L'Amérique du Nord représente le plus grand centre de diversité pour le genre trille, avec 29 espèces dans l'est et 7 dans l'ouest. Les espèces américaines se révèlent plus homogènes quant aux nombres de chromosomes, car toutes sont diploïdes à $2n = 10$. Aucune espèce ne se trouve à la fois dans l'est et dans l'ouest de l'Amérique du Nord et aucune espèce d'Asie ne croît en Amérique.

Les trilles se répartissent en 3 catégories:

1 trilles à fleurs sessiles (sans queue, non représentés au Québec),

2 trilles à fleurs avec un pédoncule (queue) dressé, comme le trille rouge et toutes les espèces japonaises,

3 trilles à fleurs avec un pédoncule pendant, comme le trille penché.

Le rôle du pédoncule dans cette affaire? Non éclairci! Chose certaine, sa présence va de pair avec un ensemble de caractères importants.

La plupart des trilles sessiles poussent dans le sud-est des États-Unis, dans les plaines de débordement des cours d'eau: des habitats sujets à des changements imprévisibles, apportés par des inondations. La majorité des trilles avec pédoncule montrent une taille plus forte, des graines plus petites, et fréquentent des forêts stables, telles les érablières (stables parce que soumises à des perturbations naturelles de faibles étendues et peu fréquentes — tels la chute d'arbres morts ou les chablis).

Les trilles pédonculés

La plupart des trilles pédonculés se propagent exclusivement par graines. Potentiellement, leur rhizome peut se propager par la formation de courtes ramifications et, occasionnellement, certaines espèces américaines le feraient.

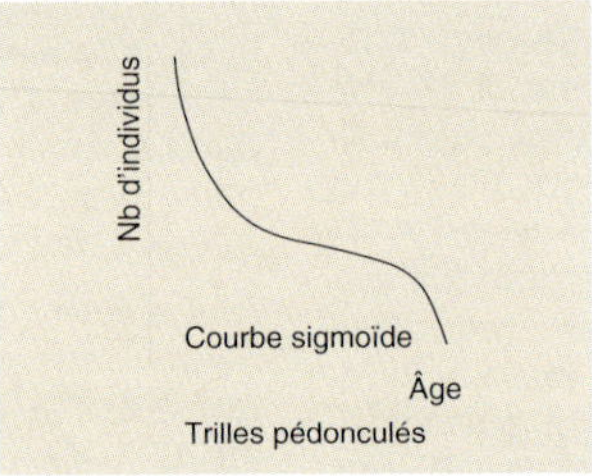

Chez les trilles pédonculés, une colonie compte un très grand nombre de plantules et de jeunes (premières années du stade juvénile-une-feuille). Irrégulièrement répartis dans la colonie, ils se trouvent surtout en amas, au pied des trilles matures (ayant fleuri); ceci instaure, entre ces jeunes, une compétition considérable pour l'espace. Fragiles et peu compétitifs, les jeunes accusent une forte mortalité.

S'ils s'établissent et grossissent suffisamment pour atteindre le stade juvénile-trois-feuilles, les individus vivront pendant plusieurs années, grâce à leurs racines fortes, leurs feuilles plus larges. Avec les plus gros juvéniles-une-feuille, ils forment une classe intermédiaire, uniformément répartie dans la colonie, dont le nombre d'individus varie peu d'année en année. Ce type de répartition indique que, bien établis, ils ont dépassé le stade de la compétition: ils vivent en équilibre avec les plantes qui les entourent. Avec les trilles matures, ils représentent la partie stable de la colonie. De leur côté, les trilles matures persistent pendant plusieurs dizaines d'années, refleurissent et produisent les graines nécessaires au maintien de la population.

Les colonies comptent peu de vieux individus et peu d'individus sénescents qui ne produisent plus de graines. La production de fleurs et de graines consomme beaucoup d'énergie et représenterait le principal facteur de mortalité naturelle des trilles matures. Imaginons une année où la plante fructifie abondamment, mais ne peut renouveler ses réserves, par exemple parce que des insectes parasites dévorent ses feuilles…

À cause de ces caractères biologiques, la courbe des âges d'une population est sigmoïde (sinueuse): beaucoup de plantules et de juvéniles-une-feuille dont le nombre décroît rapidement, moins de juvéniles-trois-feuilles et de trilles matures mais qui vivent plusieurs années (plateau de la courbe), peu de très vieux trilles (seconde décroissance rapide de la courbe).

Les trilles à pédoncule pendant

Les espèces de trille à pédoncule pendant, tel le trille penché, montrent peu de caractères biologiques distincts. Ils se propagent comme les autres trilles pédonculés, mais produisent peu de graines en proportion du nombre d'ovules formés (environ 30 %). En comparaison, les trilles à pédoncule dressé montrent un taux au-dessus de 50 %, allant jusqu'à 85 % chez le trille ondulé.

Dressé ou penché, le pédoncule, quel avantage? Dressé, il expose la fleur aux insectes pollinisateurs volants. Penché, il la cache sous les feuilles… plus difficile à trouver pour ces mêmes pollinisateurs! Y aurait-il un lien avec le faible taux de graines? Caché, oui, pour qui se promène au-dessus, mais très visible pour qui circule au ras du sol, sous les trilles! Existe-t-il des types de pollinisateurs pour qui la fleur se trouve ainsi plus accessible? Quant aux fruits, mieux vaut qu'ils restent cachés, à l'abri des prédateurs, jusqu'à leur parfaite maturité. D'ailleurs, chez certains trilles, le pédoncule dressé au moment de la floraison s'allonge ensuite et pend, amenant le fruit sous les

*Le **trille rouge** forme des colonies aussi étendues que le trille blanc, du moins dans la région de Québec. Un trille à pédoncule dressé? Oui, mais... le pédoncule s'incline souvent à la fin de la floraison et pendant la fructification.*

feuilles; c'est le cas du trille rouge et du trille blanc.

Les trilles sessiles

Les trilles sessiles (absents du Québec) se propagent surtout végétativement, mais aussi par graines. Le rhizome produit de nouvelles tiges sur de très courtes ramifications qui lui restent attachées pendant un certain temps. À la longue, le rhizome se disloque et forme plusieurs individus autonomes.

Ce mode de propagation semble plus efficace, mieux adapté aux habitats soumis à des changements imprévisibles, propres aux trilles sessiles. Notamment, l'inondation périodique et répétée du substrat rend difficile la fixation des graines et l'établissement des plantules. Cette propagation végétative ne se produit que chez les trilles matures, rarement chez les juvéniles-trois-feuilles.

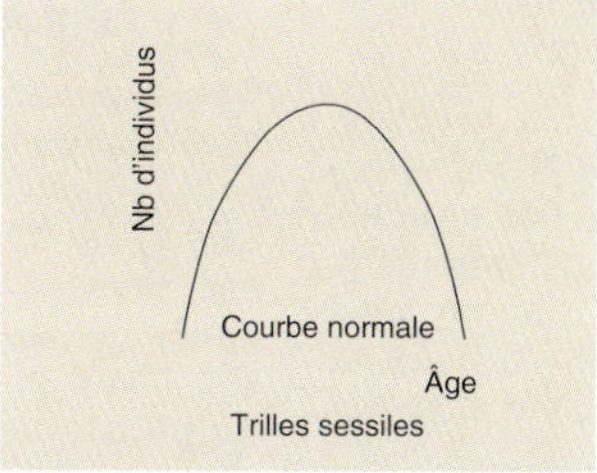

Malgré tout, les trilles sessiles sont ceux qui allouent le plus fort pourcentage d'énergie à la formation de graines. Les botanistes y voient le signe de l'augmentation du coût énergétique, pour la production de graines, dans les habitats instables ou hostiles.

Plantules et juvéniles-une-feuille représentent une plus faible proportion d'une colonie chez les trilles sessiles que chez les trilles pédonculés. Ce sont les juvéniles-trois-feuilles et les trilles matures qui sont les plus nombreux dans ces colonies. Ainsi, la courbe démographique se rapproche d'une courbe en cloche (courbe normale ou convexe): peu de plantules et juvéniles-une-feuille, beaucoup de juvéniles-trois-feuilles et de matures, peu de très vieux trilles. Ce type de courbe indique que les nouveaux plants proviennent davantage de la propagation végétative que des graines.

Multiplication, environnement et évolution

Somme toute, le genre trille possède le potentiel de se multiplier soit sexuellement, par graines, soit végétativement, par ramification du rhizome. Ce potentiel se serait développé différemment selon les conditions de l'habitat. Les trilles à fleurs sessiles croissent dans des habitats instables et développent leur potentiel de propagation végétative alors que les trilles à fleurs pédonculées, dans des habitats stables, exploitent leur potentiel de reproduction sexuée. Bien sûr, il existe des cas «entre les deux»! Ainsi, certaines espèces de trilles sessiles poussent dans des forêts stables... et se reproduisent surtout par graines, comme les trilles pédonculés.

Mais la question reste entière: que diable vient faire le pédoncule là-dedans?

Les mystères de la vie... et de la fécondation des trilles

Oui, c'est encore mystérieux! Par exemple, les opinions divergent quant à la fécondation du trille blanc et du trille rouge.

Les trilles se reproduiraient grâce à

- la pollinisation croisée (fécondation par le pollen provenant d'un autre individu),
- l'autofécondation (pollen d'une fleur qui féconde la même fleur ou une autre du même individu),
- l'apomixie (production de graines, sans fécondation véritable).

Selon certains, le trille blanc serait autostérile (autofécondation impossible), et le trille rouge jouirait à la fois de l'autofécondation et de la pollinisation croisée, avec prédominance du premier de ces deux modes. Qu'en est-il exactement?

Les stratégies de fécondation semblent différer géographiquement au sein d'une espèce... d'où les observations différentes de botanistes situés en des lieux différents.

Géographie, climat et pollinisateurs

Selon que l'autofécondation ou la pollinisation croisée soit favorisée par la sélection naturelle, la production des organes femelles ou mâles s'oriente différemment. La prépondérance revient aux organes mâles dans la pollinisation croisée, à cause de l'incertitude rattachée au transfert du pollen.

Le trille rouge et le trille blanc, dans le sud de l'Ontario, présentent une diminution de l'importance des organes mâles par rapport aux organes femelles, selon un axe géographique allant du sud-ouest au nord-est. Est-ce l'indice d'un changement de la pollinisation croisée vers l'autofécondation? En relation avec un climat moins favorable aux pollinisateurs? Si c'est le cas, l'augmentation observée, selon le même axe, de la proportion des pédoncules et des pétales (versus la plante entière) viserait alors à maximiser la visibilité de la fleur, pour attirer les pollinisateurs.

Le mont Saint-Hilaire, près de Montréal, se situe en périphérie de l'aire de répartition du trille blanc. Des botanistes y notèrent que peu d'insectes pollinisateurs le visitent. Ils observèrent une pollinisation, par les insectes, inadéquate en 1983 et adéquate l'année suivante. Donc très inégal à cet endroit, le succès de la pollinisation par les insectes reste imprévisible et lié au climat, probablement à la température.

Autofécondation: surtout ou uniquement

Des expériences sur la fécondation de quatre espèces japonaises de trille mènent à conclure que, potentiellement, l'autofécondation et la pollinisation croisée peuvent agir. Mais c'est la prédominance de l'autofécondation qui assure à ces trilles de hauts taux de fécondité. Autofécondation prédominante aussi chez le trille blanc, autour des Grands Lacs, indiquée par l'exceptionnelle homogénéité génétique que l'espèce montre... à cet endroit!

Même en fruit, le ***trille ondulé*** *garde son pédoncule dressé. Fruit rouge vermillon, allongé. Feuilles avec une courte queue et plus élancées que celles du trille rouge.*

Gisèle Lamoureux

Fruit blanc du ***trille blanc****. Quant au reste, à ce stade il ressemble au trille rouge, par ses feuilles sans queue, quoique aussi élancées que celles du trille ondulé. Graines à caroncule blanche.*

Gisèle Lamoureux

Fruit du ***trille rouge****. Globuleux et massifs, rouge vin, pédoncule couché sur les feuilles, amenant souvent le fruit sous celles-ci. Feuilles très élargies en leur centre, sans queue.*

Roger Larose

Le trille ondulé adopterait une stratégie différente. En moyenne, comparé au trille blanc et au trille rouge, il produit moins d'ovules (34), mais montre un plus haut taux de fécondité, car 85 % et même 92 % des ovules donnent des graines (trille blanc: 38 ovules, 68 % - 88 % de fécondité; trille rouge: 105 ovules, 76 % - 56 %). Par ailleurs, contrairement aux deux autres, le trille ondulé produit un nombre de graines non proportionnel à la grosseur des fleurs et des pédoncules. Ces faits laissent croire qu'il ne se reproduit pas par pollinisation croisée, mais par autofécondation, peut-être même, selon certains, par apomixie... Sans compter que les populations de trille ondulé restent petites, avec des individus dispersés, alors que les deux autres trilles poussent en colonies denses et étendues, comptant des centaines ou des milliers d'individus, une condition fréquemment rencontrée dans les cas de pollinisation croisée.

Pédoncule pendant et problème de fécondation

Apparentées au trille penché, trois espèces à pédoncule pendant de la Géorgie (États-Unis) montrent des taux de production de graines par rapport aux nombres d'ovules produits, bien inférieurs à ceux des espèces à pédoncule dressé: de 30 à 45 %, au lieu de 50 à 90 %. Cette différence révèle-t-elle une stratégie de pollinisation distincte chez les trilles à pédoncule pendant?

Considérant ce faible taux de production de graines, ces trilles recourent probablement peu à l'autofécondation, comparé aux trilles à pédoncule dressé. Quant à la pollinisation croisée, le manque de pollinisateurs la rendrait peu efficace; le fait de cacher la fleur sous les feuilles représente une particularité non négligeable, dans ce contexte. Actuellement, aucun pollinisateur n'est connu pour ces trois espèces.

Pollinisation et diversité

La pollinisation croisée présente, elle aussi, des avantages. Au sein d'une colonie, elle donne lieu à une plus grande diversité, car elle favorise de nouvelles combinaisons de gènes. Ceci permettrait, par exemple, une adaptation à des conditions plus variées du milieu ou l'apparition d'individus résistant à des maladies ou à des prédateurs.

Diversité dans la colonie: pollinisation croisée

Dans l'est de l'île Hokkaido, une espèce japonaise de trille *(T. kamtschaticum)* montre des populations plus variables génétiquement, qu'ailleurs sur l'île, et autostériles. La fécondation nécessite donc une pollinisation croisée, mais les fleurs s'y révèlent plus grandes, plus spectaculaires, avec des organes mâles plus longs, et les colonies sont plus étendues et plus denses. À l'opposé, les populations du sud et du nord de cette île affichent une moins grande variabilité génétique et tant l'autofécondation que la pollinisation croisée agissent.

Chez certaines plantes relevant d'autres genres, des botanistes observent des races autostériles produisant des individus autoféconds, lorsqu'elles colonisent des habitats différents de leur habitat normal. Pourquoi? Moins propices aux pollinisateurs, ces nouveaux habitats avantagent les plantes autofécondes. Puis, la sélection favorise les caractères augmentant l'efficacité de l'autofécondation, donc plus de graines pour la race autoféconde. À l'inverse, moins de pollinisateurs, moins de graines pour les individus à pollinisation croisée. Résultat? Les plantes autofécondes produisent plus de graines que celles à pollinisation croisée et dominent dans ce nouvel habitat.

Diversité entre les colonies: autofécondation

Les colonies issues de la pollinisation croisée incluent une grande variété d'individus. Mais chaque colonie, prise comme ensemble, diffère peu des colonies voisines. Dans le cas de l'autofécondation, c'est le contraire: les individus d'une colonie se ressemblent plus, car il n'y a

Le ***trille ondulé*** *fleurit plus tard que les autres trilles, sur des sols un peu plus acides et dans des forêts un peu plus nordiques (érablière à bouleau jaune, forêts mixtes ou conifériennes). Il ne forme jamais de grandes colonies mais, le plus souvent, des touffes de 2 ou 3 individus qui fleurissent. Un tel groupe de 7 individus fleuris se rencontre rarement. La plante pousse rapidement, du style «rien aujourd'hui, en fleurs demain»!*

Photo: Roger Larose

pas de nouvelles combinaisons de gènes. Plus de différences se dessinent alors entre chaque colonie, qu'à l'intérieur même d'une colonie.

Souvent, pour trouver des différences entre les colonies, il faut examiner en même temps plus d'une dizaine de caractères et procéder à des analyses statistiques. Ainsi, six populations de trille rouge du sud de l'Ontario, analysées de cette façon, révélèrent chacune un portrait particulier, permettant de distinguer les colonies les unes des autres. Les 12 caractères examinés? Longueur des tiges, des pédoncules, des styles, des ovules, des anthères et des filets du rang interne d'étamines; longueur et largeur des pétales, des sépales, des feuilles. Puisque chaque trille rouge provient d'une graine, impossible d'évoquer la propagation par rhizome, formant des clones, pour expliquer ces portraits différents. Peut-être est-ce le résultat de l'autofécondation?

Comme chez les humains

Il en est des trilles comme des humains. Une ville cosmopolite, où toutes les races se mélangent, donne une population très diversifiée... mais ressemble à une autre ville cosmopolite.

Un village isolé sur une île, donne une population où les gens se ressemblent plus. La population, alors bien caractérisée, diffère des populations voisines.

Réf. sp. Adam LeRoch 96, Anderson 94, Augustine 97, Balgooyen 95, Barrett 87, Beattie 81, Bierzychudek 82a, Blain 44, Boivin 53a, Braun 37, Brundrett 88, Case 87b, 97, Cayouette 84, Chmielewski 87, Cullina 99, Davis 81, Denman 86, Desmarais 52, Doyon 70, Fortin 68, Frett 95, Fukuda 80, Gates B. 40, 43, Hanzawa 93, Heithaus 81, Helenurm 87, Higashi 89, Kawano 86, 92, Lamoureux 72, Lapointe 98, Lee 95, Louis-Marie 40c, 40d, 40e, 61, Lubbers 89, Marie-Victorin 29, 44, Mockle 55, Nesom 85, Ohara 86a, 86b, 87, 89, 90, 96, Ohara & Utech 86, 88, Pringle 70, Raymond 47, Reed 62, Rimbach 1900, Ringius 87, Sanders 87, Sawkins 93, Schery 72, Sherk 67, Smythe 89, Sobey 77, Taylor 98, Vézina 65, Zomfeler 96.

Uvulaire grande-fleur

suite de la page 156

Le genre uvulaire comprend seulement cinq espèces, toutes restreintes à l'est de l'Amérique du Nord. À la fin des années 1800, certains botanistes séparèrent le genre en deux *(Uvularia* et *Oakesiella),* mais actuellement, on reconnaît plutôt deux sections dans un seul genre.

La section *Uvularia* comprend les espèces *grandiflora* et *perfoliata* — deux plantes de taille moyenne, à feuilles perfoliées (la tige traverse la base de la feuille). Pour sa part, la section *Oakesiella* comprend les espèces *sessilifolia, puberula (= pudica)* et *floridana,* trois plantes de petite taille à feuilles sans queue mais non perfoliées. Le nombre de chromosomes de *U. floridana,* une plante très rare, n'a pas été étudié, mais pour les quatre autres, $2n = 14$ chromosomes. Et, pour ces quatre plantes, chacune des sections compte une plante à aire de répartition plus large et englobant l'autre — chacune des petites aires se restreignant, grossièrement, à l'est du Mississipi.

Malgré leur nombre chromosomique commun et leur aire de répartition s'englobant, ces espèces ne semblent pas s'hybrider.

Une fleur qui dure une semaine

Les tiges fleuries de l'uvulaire grande-fleur comprennent de 1 à 4 fleurs, le plus souvent 2 ou 3, qui s'ouvrent l'une après l'autre — quoique parfois deux fleurs s'ouvrent en même temps sur une tige. La fleur reste enfermée dans une feuille enroulée, située juste à sa base, jusqu'à ce que les anthères arrivent à maturité.

Lorsque la fleur s'ouvre, les trois parties du stigmate se courbent vers l'arrière et trois longues anthères d'un premier rang, simultanément, commencent à se fendre, de bas en haut, pour libérer leur pollen. Chacune de ces anthères libère un abondant pollen durant 2 ou 3 jours. Une fois l'ouverture des anthères du premier rang terminée, c'est au tour du second rang d'entrer en action. De la sorte, la libération du pollen d'une fleur dure de 4 à 6 jours.

La corolle commence à se faner environ une semaine après son ouverture.

Les bourdons, des alliés

Le pollen d'une fleur d'uvulaire grande-fleur est peu compatible avec les ovules de la même fleur ou du même clone. Une étude menée en Illinois démontre que la pollinisation croisée forcée et la pollinisation naturelle donnent beaucoup plus de graines (en moyenne respectivement 9 et 7 graines par fruit) que l'autopollinisation forcée et le développement de graines en l'absence de pollinisation — ou apomixie — (1 et 0,3 graine par fruit). Par contre, peu d'insectes fréquentent cette fleur. Dans cette étude, la seule espèce de pollinisateur observée fut un bourdon *(Bombus griseocollis)* et 91 % étaient des reines.

Sous nos climats, la période de butinage des reines bourdons *(Bombus)* correspond à la floraison des plantes printanières les plus hâtives, incluant l'uvulaire grande-fleur. Cette uvulaire constitue une fleur de prédilection pour les bourdons: ils reconnaissent bien sa couleur jaune, préfèrent les fleurs en entonnoir ou en clochette (donnant prise à l'atterrissage), les fleurs à large ouverture et portant du nectar au fond de la corolle, que la force du bourdon, sa langue longue et son habileté à ramper et à saisir lui permettent d'atteindre. Des alliés robustes... mais malmenés par les humains (voir page 413 pour plus d'informations sur les bourdons).

Cycle de l'espèce voisine

À défaut de plus de connaissances sur le cycle de vie de l'uvulaire grande-fleur voici, d'après une étude en Caroline du Nord, quelques éléments connus chez l'uvulaire qui lui ressemble le plus, *Uvularia perfoliata* (absente du Québec, mais présente dans le sud de l'Ontario).

Germination: deux ans

La graine germe en deux temps. Le premier printemps, seules apparaissent deux racines principales. Puis à la fin de la saison de croissance, un bourgeon se développe. Racines et bourgeon restent attachés à la graine et dépendent de ses réserves pour vivre, car aucun tissu contenant de la chlorophylle n'est développé (ce qui permettrait une certaine autonomie).

Au second printemps, la tige aérienne se développe. Mais à la fin de sa deuxième saison de croissance, la plante n'a pas acquis le pouvoir de se multiplier, ni par graines, ni végétativement.

Multiplication végétative des rhizomes

Par la suite, un individu développe une seule tige aérienne par année, à partir d'un court rhizome doté de racines charnues. À partir de son émergence, la tige aérienne atteint sa taille maximale en une vingtaine de jours.

Les botanistes ignorent combien d'années il faut pour que la plante commence à se multiplier. Mais lorsque le rhizome atteint une certaine taille, il produit, en même temps qu'une tige aérienne, un ou deux stolons (tiges rampant près de la surface du sol). Chaque stolon se termine par un petit bourgeon embryonnaire.

Uvulaire grande-fleur. *Ses fleurs s'ouvrent peu. Les six tépales jaune citron, élégamment torsadés, produisent du nectar dans une protubérance à la base de chacun.*

Photo: Gisèle Lamoureux

Le stolon, dépourvu de racines, s'allonge pendant près d'un mois, s'éloigne de la plante mère d'environ 20 cm puis son extrémité prend racine. À la fin de la saison de végétation, le bourgeon embryonnaire a développé un rhizome de bonne taille. Durant l'hiver, le stolon se décompose et le rhizome développé à son sommet devient autonome. Dès la saison suivante, il peut, à son tour, produire d'autres stolons et rhizomes.

Assez gros pour fleurir

Avant de produire une tige fleurie, la plante doit atteindre une certaine taille. En moyenne, le poids sec total des plants fleuris étudiés étaient de 0,44 g, contre 0,18 g pour les plants végétatifs.

La partie persistante de la plante, le rhizome, contient les réserves qui permettront le développement printanier de la tige. Il représente en moyenne 70 % du poids de la plante. C'est de sa taille que dépend la capacité de fleurir et non de la taille de la partie aérienne de la plante.

La taille de la partie aérienne de cette uvulaire, évaluée par exemple à partir du nombre de feuilles sur la tige, constitue parfois un indice du stade de croissance auquel l'individu est parvenu. On sait, par exemple, qu'une plante qui compte 2, 3 ou 4 feuilles ne se multiplie ni par stolons, ni par graines et que son rhizome est petit.

Par contre, un petit ou un gros rhizome peuvent produire 5, 6, 7 feuilles ou plus (jusqu'à 12). S'il est petit, il ne se multipliera pas. S'il est plus gros, il produira des stolons. S'il est plus gros encore, il produira des stolons et des fleurs.

Environ 75 % de tous les plants couverts par cette étude comptaient 5, 6 ou 7 feuilles et les 2/3 d'entre eux se multipliaient végétativement (stolons). Dans la même catégorie (5, 6 ou 7 feuilles), tous les plus gros individus se reproduisaient sexuellement (par graines), mais ils ne représentaient que 3,5 % de tous les individus de la catégorie.

Efficacité: graines ou stolons

En moyenne, c'est 4,6 % des individus d'une population qui fleurissent et 1,4 % qui produisent des fruits! Par contre, 67 % des individus se multiplient végétativement. Et c'est même avant d'être assez gros pour fleurir que l'individu se propage végétativement.

Cette multiplication végétative augmente d'environ 95 % le nombre de plants par mètre carré. Ce qui est certainement plus efficace, localement, que la propagation par graines. Celle-ci représente une augmentation d'environ 5 % — si aucune graine ne se perd — ou 1,4 %, en comptant que les fourmis dérobent des graines.

Dépendre des insectes

La floraison dure environ 2 semaines et la fécondation s'effectue avant même le

Âge des uvulaires en fleurs

Alors, combien d'années faut-il pour que le rhizome d'*Uvularia perfoliata* atteigne une masse suffisante pour fleurir? Certainement plusieurs.

D'abord, il faut compter 2 ans pour le développement de la plantule. Durant les 2 stades juvéniles suivants, l'individu ne produit pas de stolon — stade(s) à 2, 3, 4 feuilles d'une part et 1/3 des plantes à 5, 6, 7 feuilles d'autre part. Il existe au moins un autre stade juvénile additionnel, formé par presque les 2/3 des plantes à 5, 6, 7 feuilles qui produisent des stolons.

Lorsqu'il se trouve dans de bonnes conditions et si la saison est bonne, le rhizome peut grossir d'année en année et changer de stade à chaque année. Donc, 2 ans pour germer, 2 ans pour les 2 stades juvéniles sans stolons, 1 an pour le stade juvénile avec stolons. Peut-on ainsi évaluer que cette uvulaire demande au moins 6 ans pour fleurir, à partir de la graine?

plein étalement de la fleur. L'autofécondation reste très faible, moins de 5 %, contre 90 % de réussite lors de fécondations croisées.

En Caroline du Nord, ce sont des coléoptères non volants *(Staphylinidæ)* qui assurent la fécondation. Leurs visites commencent alors que la fleur se trouve encore à demi enfermée dans la feuille enroulée qui la sous-tend. À la recherche du nectar contenu dans des poches à la base des tépales, l'insecte se faufile entre les tépales encore pressés sur les étamines, et se couvre alors de pollen.

Les fourmis dispersent les graines, car elles se délectent de la caroncule qui les rattachent aux fruits. À preuve: lorsqu'elles ne peuvent transporter la graine, elles en détachent la caroncule.

Réf. sp. Bierzychudek 82a, Brisson 94, Cullina 99, Holm 1891, Kawano 64, Marie-Victorin 29, Seibert 91, Soper 52, Whigham 74, Wilbur 63.

Ne fleurir qu'une fois

La germination d'*Uvularia perfoliata* n'est pas rare. Dans les populations étudiées, la plante produit en moyenne 11 plantules par mètre carré, ce qui s'avère bien plus que chez plusieurs autres espèces forestières.

Par contre, à la fin de la saison de végétation, la plante qui a fleuri disparaît complètement, incluant ses parties souterraines. Chaque individu ne fleurit donc qu'une fois.

L'existence de plusieurs stades juvéniles et le poids élevé des rhizomes qui fleurissent (comparés aux rhizomes juvéniles), permettent d'affirmer que cette uvulaire compte parmi les plantes à croissance lente. Il est probable que l'uvulaire grande-fleur possède, dans l'ensemble, un cycle semblable, comptant plusieurs stades juvéniles. Mais il est possible que ce cycle diffère dans les détails.

Uvulaire grande-fleur. *Elle fleurit tôt, alors que le parterre forestier n'est encore couvert que des feuilles mortes de l'année précédente.*

Gisèle Lamoureux

Uvulaire petite-fleur

suite de la page 154

Présente et verte durant tout l'été

Entre novembre et avril, l'absence de feuilles dans les arbres permet à environ 60 % de la lumière disponible d'atteindre le parterre de la forêt décidue. Ce pourcentage chute rapidement avec le déploiement des feuilles et n'atteint plus que de 4 à 20 % en été, et même moins (1 %).

Dans ces forêts, certaines espèces printanières peuvent être qualifiées d'éphémères. Tout leur cycle se déroule pendant que la lumière est à son maximum dans la forêt. Une fois le couvert forestier déployé, l'ombre s'installe et c'est un moment crucial pour ces plantes: elles s'effacent pratiquement de la surface du sol. Même leur feuillage disparaît. C'est le cas, par exemple, des claytonies*, des dicentres* et de l'érythrone*.

D'autres plantes profitent aussi au maximum de l'ensoleillement printanier de la forêt pour amener rapidement leur feuillage à maturité. Par contre, elles fleurissent un peu plus tard au printemps que les éphémères et elles conservent leur feuillage tout l'été. L'uvulaire petite-fleur se classe dans cette catégorie, avec la clintonie boréale*. Après la fonte des neiges, leurs feuilles mettent plus de temps à se dérouler et à atteindre la maturité, soit environ 40 jours, c'est-à-dire à peu près le temps qu'il faut à l'érythrone d'amérique et à la claytonie feuille-large pour accomplir tout leur cycle et disparaître de la surface du sol.

Synchronisme dans le déploiement du feuillage

Mais, au sein des colonies, tout le feuillage de l'uvulaire petite-fleur et de la clintonie se déploie rapidement et avec un synchronisme remarquable, comme s'il s'agissait d'une seule feuille. Ce synchronisme et cette rapidité suggèrent qu'il est vital que le feuillage de ces deux espèces arrive à maturité avant la fermeture complète du couvert forestier. Des comparaisons entre des individus de ces espèces croissant à différentes altitudes d'une même montagne (au New Hampshire) révèlent que ce synchronisme augmente avec l'élévation, probablement en réaction à la compression, en altitude, de la phase ensoleillée printanière.

À l'automne, les feuilles de l'uvulaire et de la clintonie meurent avant la chute des feuilles des arbres et le retour de la lumière dans le sous-bois. À ce moment, la sénescence du feuillage de ces espèces se déroule lentement et sans synchronisme particulier. Cela laisse croire à une importance moindre, pour la croissance de la plante, de la longueur de la phase «feuilles à maturité dans l'ombre de l'érablière». De ce point de vue, la sénescence du feuillage de la clintonie commence environ deux semaines après celle de l'uvulaire. Mais elle s'effectue plus rapidement et avec un peu plus de synchronisme, ce qui indique que la clintonie compte davantage sur les dernières semaines de l'été pour accumuler des réserves et pour croître.

Nouveau nom français

Les uvulaires de l'est de l'Amérique du Nord affichent toutes des feuilles sessiles (sans queue) ou des feuilles perfoliées, ce qui est sessile à l'extrême, car la tige passe à travers la base de la feuille! L'épithète *sessilifolia* se traduit par «feuille sessile», technique et non diagnostique. Nous avons préféré le pendant de l'épithète qui désigne l'espèce voisine, l'uvulaire grande-fleur *(U. grandiflora).* Ainsi, *U. sessilifolia* devient, en français, l'uvulaire petite-fleur.

Bonne nouvelle: pollinisateurs présents

Comme chez l'uvulaire grande-fleur*, le pollen de l'uvulaire petite-fleur féconde très peu les fleurs du clone dont il est issu. Dans une étude menée en Caroline du Sud, l'autopollinisation expérimentale conduisit au développement de fruits chez seulement 8 % des fleurs de l'uvulaire petite-fleur, contre 83 % pour la pollinisation croisée expérimentale.

Comme l'uvulaire petite-fleur ne figure pas parmi les premières à fleurir au printemps, elle peut compter sur plusieurs insectes pour la féconder: le froid printanier n'est plus un obstacle à l'activité des pollinisateurs. De plus, chaque fleur, qui contient généralement 6 ou 7 ovules, produit du nectar, ce qui semble attirer surtout les abeilles.

Une étude menée au Massachusetts rapporte une bonne nouvelle. Pour cette espèce, il ne semble pas y avoir de limitation due aux pollinisateurs en ce qui concerne le pourcentage de fruits produits, le nombre de graines par fruits (en moyenne 3) et leur poids.

Réf. sp. Alden 12, Bierzychudek 82a, Cullina 99, Holm 1891, Kawano 64, Mahall 78, Marie-Victorin 29, McCall 87, Motten 86, Soper 52, Wilbur 63.

Méconnaissable en été

Après la floraison, l'uvulaire petite-fleur change considérablement d'allure. Ses feuilles, d'abord enroulées dans le sens de la longueur, s'étalent, prennent de l'ampleur.

Comme sa tige s'allonge beaucoup, la fleur, qui paraissait terminale, montre sa véritable position, à l'aisselle d'une feuille. Mais elle termine en réalité une courte ramification, composée seulement de la fleur elle-même et de sa queue. Chez l'uvulaire grande-fleur*, la ramification qui supporte chaque fleur est plus évidente, car elle porte aussi une feuille.

***Uvulaire petite-fleur** en été. Noter la fructification jaune, sur une ramification à l'aisselle d'une feuille.*

Gisèle Lamoureux

Tableaux synthétiques comparant les violettes du Québec

classées d'après la couleur de la fleur et la présence ou l'absence d'une tige aérienne

Violettes jaunes ou crème; voir aussi violette pensée, section violettes bleues caulescentes

Noms	Avec ou sans tige	Autres caractères distinctifs	Habitat et fréquence	Répartition au Québec
jaune *pubescens* Incluant *eriocarpa, pensylvanica*	Caulescente.	Fleur jaune. La seule violette jaune caulescente de nos contrées.	Sous-bois (surtout érablières et forêts mélangées). Abonde près des sentiers et des cabanes à sucre. Très fréquente. Violette jaune la plus fréquente.	Sud du Québec, jusqu'au Témiscamingue, au lac Saint-Jean et en Gaspésie.
feuille-ronde *rotundifolia*	Acaule.	Fleur jaune. La seule violette jaune acaule de nos contrées. Très hâtive.	Sous-bois (érablières riches: à caryers, à tilleul; prucheraies); en particulier ravins et ruisseaux qui inondent au printemps. Espèce rare et localisée.	Sud des Appalaches, Montérégie. Le sud du Québec est à la limite nord de sa répartition.
des champs *arvensis*	Caulescente.	Fleur crème, à gorge jaune plus foncé. Pensée miniature à une couleur. Pétales latéraux dirigés vers le haut. Sépales dépassant les pétales.	Lieux cultivés: champs de céréales et fraisières. Autour des habitations, anciens jardins où elle persiste après culture. Peu fréquente hors des cultures.	Introduite ici et là, en provenance d'Eurasie où elle est indigène.

Violettes blanches et violette rosée

Noms	Tige ou non	Fleur	Autres caractères distinctifs	Habitat et fréquence	Répartition au Québec
tapissante *blanda* Incluant *incognita*	Acaule	Blanche. Au niveau ou juste au-dessus des feuilles. Un peu parfumée.	Forme de grands tapis, grâce à de très nombreux stolons. Feuilles garnies de poils (au moins les nervures), sur une ou sur les deux faces.	Sous-bois ni secs ni humides (tous les types de forêts) et aulnaies. Moins souvent: lieux humides et ouverts. Très fréquente.	Sud du Québec, jusqu'au lac Mistassini et toute la Côte-Nord et la Gaspésie. Plus rarement: jusque dans la taïga (pessière à lichens).
minuscule *macloskeyi* Incluant *pallens*	Acaule	Blanche. Très au-dessus des feuilles.	Très petite, la plus petite des violettes québécoises. Sans poils sauf, dans 80 % des cas, sur la queue de la feuille (longs cils caractéristiques), sur les pétales latéraux ou sur les deux.	Lieux humides, ensoleillés ou un peu ombragés: champs et chemins sourceux, fossés, tourbières, rivages, forêts. Violette blanche la plus fréquente des lieux humides.	Tout le Québec, sauf l'Ungava.
rosée *palustris*	Acaule	Rose très pâle. Au-dessus des feuilles.	Entièrement sans poils. Ressemble à la violette minuscule.	Arctique-subarctique et alpine-subalpine. Absente du Québec habité.	Régions nordiques et hauts sommets des Chic-Chocs.
trousse-dents *renifolia* Incluant *brainerdii* *mistassinica*	Acaule	Blanche. Au niveau ou juste au-dessus des feuilles.	Feuilles en forme de rein, à dents retroussées et crénelées (larges et arrondies). Touffes isolées, sans stolons. Pétales sans poils.	Sous-bois (tous les types de forêts); préfère calcaires, humus humide des rivages, pentes raides et rocheuses. Peu fréquente.	Sud du Québec jusqu'en Gaspésie et aux lacs St-Jean et Mistassini. Sites calcaires nordiques: Anticosti–Minganie, lac Guillaume-Delisle (baie d'Hudson), Blanc-Sablon, etc.
élancée *lanceolata*	Acaule	Blanche. Au niveau des feuilles.	Feuilles très allongées (lancéolées: limbe 3,5 à 5 fois plus long que large); non en forme de coeur. Plante entièrement dépourvue de poils et charnue.	Habitat très spécifique: lieux humides et ensoleillés, tels tourbières, rivages (tourbeux, sablonneux ou graveleux). Sporadique et peu fréquente.	Outaouais, Basses-Laurentides et sud du Québec jusqu'au Richelieu. Le sud du Québec est à la périphérie nord de sa répartition.
du canada *canadensis* Incluant *rugulosa*	Caulescente	Blanche, à gorge jaune. Revers et bouton violet.	La plus grande et la plus spectaculaire des violettes québécoises.	Sous-bois des érablières riches (à caryers, à tilleul), parfois érablière à bouleau jaune. Souvent sur calcaires. Très fréquente.	Sud du Québec, jusqu'à l'île d'Orléans.

Violettes bleues acaules (sans tige); voir aussi violette rosée, dans la section violettes blanches

Noms	Fleur	Autres caractères distinctifs	Habitat et fréquence	Répartition au Québec
commune *sororia* Incluant *affinis* (selon certains) *papilionacea* *septentrionalis*	Au niveau ou au-dessous des feuilles. Foncée ou pâle et gorge non bordée de taches sombres. Pétale de l'éperon coudé (vu de profil), poilu ou non. Pétales latéraux et pétale de l'éperon: poils fins, aigus, non élargis au sommet.	Sépales et feuilles bordés de cils. Feuilles, sauf les premières, poilues (surtout queue et nervures du revers).	Sous-bois (tous types de forêts) et lieux plus ouverts (rivages, pâturages, rochers, bords de routes). Demande moins d'humidité et tolère plus de soleil que la violette dressée. Violette la plus fréquente.	Sud du Québec, jusqu'au sud de la baie James, lac Saint-Jean et Gaspésie.
dressée *cucullata* Incluant *obliqua* *papilionacea*	Très au-dessus des feuilles. Foncée ou pâle et gorge bordée de taches sombres (pétales supérieurs). Pétale de l'éperon: droit (vu de profil), sans poils. Poils des pétales latéraux en forme de papille (sommet élargi en massue).	Sépales et feuilles sans cils. Feuilles sans poils (ou presque).	Lieux humides, ombragés ou ensoleillés; sous-bois, prairies, fossés, rivages, tourbières. Violette bleue la plus fréquente en milieu humide.	Sud du Québec, jusqu'en Abitibi, lac Saint-Jean et Gaspésie.
des calcaires *nephrophylla*	Nettement au-dessus des feuilles. Foncée et sans taches. Pétale de l'éperon légèrement coudé (vu de profil), poilu (poils fins).	Sépale et feuille sans cils. Feuilles sans poils, charnues; revers bleuâtre ou rougeâtre.	Habitat spécifique: calcaires ensoleillés (rivages, prairies humides et cédrières). Peu fréquente.	Sporadique des milieux calcaires: Outaouais–Richelieu, Québec–Gaspésie, lacs Saint-Jean et Mistassini, sud de la baie James, Anticosti–Minganie.
de selkirk *selkirkii*	Au niveau ou au-dessous des feuilles. Foncée. Éperon long (0,6 cm). Pétales tous sans poils.	Lobes des feuilles se recouvrant ou se touchant, laissant un petit orifice rond entre les lobes. Floraison très hâtive.	Sous-bois (érablière à tilleul, à bouleau jaune, forêts mélangées); éboulis, rochers ombragés, vieilles souches. Peu fréquente.	Tout le Québec, sauf l'Ungava. Surtout le sud du Québec, jusqu'en Abitibi, lac Saint-Jean et Gaspésie.
odorante *odorata*	Au niveau ou juste au-dessus des feuilles. Foncée. Style crochu.	Abondants stolons verts. Floraison très hâtive. Parfum très prononcé.	Pelouses ombragées où elle persiste après culture. Très peu fréquente.	Surtout connue de la région de Québec (domaines longeant le cap Diamant et île d'Orléans). Parc Gatineau, mont St-Hilaire.

Violettes bleues acaules très rares au Québec; taxinomie litigeuse ou indigénat douteux (plutôt pour spécialistes!)

affinis	Taxinomie litigeuse, difficile à distinguer de la violette commune dans laquelle certains botanistes l'englobent. Très rare
sagittata	Indigénat douteux [illegible]

Violettes bleues caulescentes (avec tige) et violette pensée (3 couleurs)

	Fleur	Autres caractères distinctifs	Habitat et fréquence	Répartition au Québec
bleu-pâle *labradorica* Incluant *conspersa, adunca v. minor*	Bleu pâle, sans taches foncées. Pétales latéraux poilus. Éperon long, mais moins de 1 cm.	Tige faible (décombante). Feuilles vert clair, minces, molles, presque sans poils.	Habitats variés, souvent humides. Forêts mésiques, champs humides, tourbières. Au nord: combes à neige, rivages et platières, éboulis. Fréquente et variable.	Tout le Québec, sauf l'Ungava et Anticosti.
des sables *adunca* Incluant *aduncoides*	Bleu foncé et de couleur uniforme. Pétales latéraux poilus. Éperon crochu et long (plus de 1 cm).	Plus robuste que les violettes bleu-pâle et long-éperon. Forme des coussins. Feuilles épaisses et rugueuses, très poilues des 2 côtés.	Habitat très spécifique: lieux très secs, sur sable (dunes, rivages, pinèdes, bleuetières) ou rochers. Peu fréquente.	Sud du Québec, jusqu'au lac Saint-Jean. Stations isolées en Gaspésie et à Natashquan.
long-éperon *rostrata*	Bleu pâle, teinté de lavande; taches foncées autour de la gorge et rayures. Pétales latéraux sans poils. Éperon très long: 1 à 2 cm.	Tige ni faible ni forte. Feuilles plutôt minces et molles.	Sous-bois (érablière à caryers, à érable rouge, prucheraies, cédrières), souvent sur calcaires. Très rare et très localisée.	Sud du Québec, près de la frontière américaine (Estrie–Outaouais). Dépasse peu le Richelieu.
pensée *tricolor*	Pensée miniature à trois couleurs: violet, jaune et crème. Sépales 2 à 3 fois plus courts que les pétales.	Pétales latéraux dirigés vers le haut.	Lieux cultivés: champs de céréales et fraisières. Parterres, où elle persiste après la culture de pensées. Peu fréquente hors des cultures.	Introduite ici et là, en provenance d'Eurasie où elle est indigène.

Violette bleu-pâle

suite de la page 234

La violette bleu-pâle varie beaucoup. Tellement, qu'il n'y a pas si longtemps les botanistes reconnaissaient deux espèces différentes *(V. conspersa* et *V. labradorica* au sens strict), la première au sud et la seconde, au nord. Aux limites de l'aire de répartition, ces deux anciennes espèces semblaient bien différentes (au nord: plante plus petite, plus compacte et feuilles de forme un peu différente) mais, dans la zone de contact, rien ne permettait de les délimiter avec assurance. Comme s'il y avait passage en douce d'une espèce à l'autre.

Quelle confusion!

Considérant les populations nordiques, certains botanistes trouvèrent qu'elles ressemblaient plutôt à la violette des sables*. Généralement, les feuilles de celle-ci se démarquent par l'abondance de poils courts sur les deux faces, mais parfois, elles se trouvent entièrement dépourvues de poils (variété ou forme *glabra,* rare dans l'est de l'Amérique du Nord, commune dans l'ouest). Cette forme ressemble à certaines populations nordiques de la violette bleu-pâle *(V. labradorica* au sens strict), entre autres par sa taille et par la forme des feuilles. Ce voyant, ces botanistes réunirent cette forme et le *V. labradorica* (au sens strict) dans une nouvelle entité qu'ils nommèrent *V. adunca* variété *minor,* entité ainsi rattachée à la violette des sables. Les limites entre *V. conspersa* et *V. labradorica* au sens strict étaient floues et en joignant cette dernière à la violette des sables, cela rendit également floues les limites entre la violette des sables et *V. conspersa.* Quelle confusion!

L'examen récent de milliers de spécimens permit de mettre en lumière cette confusion et de conclure que *V. conspersa, V. labradorica* (au sens strict) et *V. adunca* variété *minor* ne forment qu'une seule et même espèce, à condition d'exclure la forme *glabra,* qui reste rattachée à la violette des sables. Récemment, les botanistes réunirent donc ces entités en une seule espèce. Bien que *V. conspersa* soit plus fréquent et plus répandu, c'est le nom *V. labradorica* qui prévalut, car c'est le plus ancien des deux.

La première flore du Labrador

par Jacques Cayouette

Si les botanistes reconnaissent que le plus ancien nom latin donné à la violette bleu-pâle est *Viola labradorica* … c'est que quelqu'un, il y a longtemps, récolta cette plante au Labrador. Mais quand et qui? C'est en 1818 que paraît la première flore de cette contrée, et la violette bleu-pâle y est décrite pour la première fois. En fait, cette flore se résume à un long article scientifique d'une trentaine de pages. L'auteur? Franz von Paula von Schrank (1747-1835), un jésuite botaniste au Jardin botanique de Munich, en Allemagne, et qui n'a jamais mis les pieds au Labrador! … tout comme Jacobus Cornuti(y) rédigea la première flore du Canada, en 1635, sans avoir lui-même séjourné ici.

Mais de qui Schrank obtint-il le premier spécimen de violette bleu-pâle? D'un élève de Linné, le Bavarois Johan Christian Daniel von Schreber (1739-1810)… qui ne s'est jamais rendu au Labrador, lui non plus! Alors, qui récolta ce spécimen? Le plus célèbre missionnaire botaniste de la communauté morave rattachée au Labrador, Benjamin Gottlieb Kohlmeister (1756-1844). Kohlmeister oeuvra au Labrador de 1790 à 1824. Il récolta la violette bleu-pâle probablement lors de son séjour à Okak (environ 57°30´N).

Mais, il existait, au début des années 1800, une compétition amicale entre les botanistes, pour l'obtention de spécimens du Labrador. Parmi les Nord-Américains figure Lewis David von Schweinitz (1780-

Un nouveau nom français

Dans nos contrées, seul *V. labradorica* au sens large a des fleurs bleu pâle (c'est-à-dire *V. conspersa, V. labradorica* et *V. adunca* variété *minor).* D'où le nom choisi en titre. Violette bleu-pâle paraît plus approprié que la traduction de *labradorica,* qui ne se réfère qu'à une portion de l'aire de répartition et qui fut utilisé pour désigner une partie seulement du concept actuel. Les autres noms communs de la violette bleu-pâle se réfèrent à l'une ou à l'autre des anciennes espèces maintenant regroupées.

La couleur bleu pâle s'écrit sans trait d'union. Mais pour rassembler les éléments d'une épithète spécifique composée de plusieurs mots, le trait d'union se justifie.

1834), de Bethlehem en Pennsylvanie, lui-même prélat morave et spécialiste des champignons, des carex et... des violettes. Quel bonheur de recevoir un jour, des mains d'un prélat morave allemand, une collection de plantes du Labrador comptant une violette! Il la juge nouvelle et la nomme *Viola punctata.* Trop tard... il s'agit de la violette décrite par Schrank! Qui plus est, le spécimen de violette reçue par Schweinitz, venait aussi de Kohlmeister! Peut-être ce dernier avait-il recolté, le même jour et au même endroit, plusieurs individus de cette violette, dont deux devinrent des spécimens types servant à décrire deux fois le même taxon?

Les missionnaires furent souvent à la source de découvertes en sciences naturelles. Comme ils devaient rejoindre des communautés autochtones dans des régions éloignées, ils en profitaient pour observer la nature en détail et prélever des spécimens de toute sorte. Ainsi, en 1811, Kohlmeister et son collègue Kmoch voulant étendre leur influence vers le nord, entreprennent un voyage en bateau, le long des côtes du Labrador et de la baie d'Ungava. Ils se rendent jusqu'au fleuve Koksoak, qu'ils remontent jusqu'à ce qui se nomme aujourd'hui Kuujjuak (Fort-Chimo). Le récit de leur voyage est truffé d'observations sur la végétation, les plantes, la nature en général.

Les Moraves furent très actifs au Labrador, tant comme missionnaires que comme naturalistes. Leur contribution en botanique s'étala sur près de deux siècles, de 1765 jusqu'au début des années 1940. À cette époque, les explorateurs naturalistes prélevaient plusieurs spécimens de la même espèce et les échangeaient ou les distribuaient aux collectionneurs et aux herbiers du monde entier. C'est ainsi que la violette bleu-pâle cueillie par Kohlmeister, rejoignit autant un botaniste européen qu'un botaniste américain... à partir d'une mission fort éloignée du Labrador.

Réf. spéc. Ballard 92, 94, Cayouette 98, 99, Cinq-Mars 66, Russell 65, Schrank 1818, Schweinitz 1822.

Viola Xmalteana, *hybride entre la violette bleu-pâle et la violette long-éperon. Fleurs intermédiaires quant à la longueur de l'éperon et quant à la coloration (très pâle, mais avec des taches); pétales latéraux velus.*

Gisèle Lamoureux

suite de la page 228

La famille de la violette compte autour de 22 genres, rassemblant quelque 900 espèces. La plupart des genres portent des fleurs régulières (pétales tous semblables) et sans nectar. Le genre *Viola,* avec 400 ou 500 espèces réparties à l'état sauvage sur tous les continents, constitue une exception, avec sa fleur à symétrie bilatérale (pétales inégaux) et son éperon rempli de nectar. Difficile d'imaginer que la même famille comprend aussi des arbres et des arbustes, notamment dans le genre tropical *Rinorea.* Le fruit des violettes compte 3 loges qui, en séchant, prennent la forme d'un U, ce qui presse les graines les unes contre les autres puis les expulse avec force, comme lorsqu'on pince un noyau entre les doigts.

Un manuscrit islandais (Bjornsson 1475) rapporte l'utilisation médicinale des violettes en Europe, à cette époque. On les considérait comme un élément humide et froid au premier degré... utile donc pour refroidir tout type de chaleur, par exemple: brûlures, tête lourde d'avoir mangé ou bu, inflammations des yeux, estomacs enflammés et secs, acouphènes et maux d'oreille. Une huile de violette, appliquée en massant le foie, dissipe toute la chaleur de la fièvre et des autres malaises, mais attention, si le nombril est frictionné, il s'ensuit immédiatement des sueurs! La violette soignait aussi l'insomnie des hommes: l'herbier de Gerarde (Londres, 1633) spécifie que si une humeur chaude et sèche retarde leur sommeil, une huile de violette, ointe sur les testicules, le provoquera doucement!

Les Amérindiens Cherokee utilisèrent indifféremment plusieurs espèces de violettes (violette commune, dressée*, feuille-ronde*) aux fins suivantes: en compresse (feuilles) contre les maux de tête, en infusion pour combattre diarrhées, rhumes, toux, sécrétions du système respiratoire (vaporisée dans le nez) et comme tonique printanier, en compresse (racines écrasées) sur les furoncles. Les Européens employèrent des violettes à des fins semblables (voir violette odorante*).

Symbolisme des violettes et culture populaire

Les habitants des pays anglo-saxons émettent un voeu, en cueillant la première fleur de violette au printemps, réputée protectrice. Dans le calendrier floral occidental, la violette est la fleur de mars, sans doute à cause de la violette odorante* qui fleurit à cette époque, en Europe.

Grecs et Celtes couvraient les cercueils des jeunes vierges de ce symbole d'innocence, de virginité et de mort infantile. Pendant des siècles, elle symbolisa aussi la modestie, la simplicité, la fidélité et la pudeur. Y a-t-il un lien entre ces symboles et l'inclinaison de la fleur?

Quatre États américains affichent une violette comme emblème floral. Au Wisconsin, c'est *V. papilionacea* — aujourd'hui incluse dans la violette commune —, au Rhode Island: *V. palmata,* et deux États ont choisi *V. pedata:* l'Illinois et le New Jersey.

La flore de Rolland (1896-1914) donne une idée de l'importance des violettes dans la vie quotidienne française au temps jadis. Par exemple, que peut-il bien se passer au temps des violettes pour qu'un dicton affirme «à l'apparition des violettes, c'est le moment pour les fillettes d'aller à confesse»? Et pourquoi les fleurs de violettes sont-elles inclinées au bout de la queue qui les supporte? «Parce que chez les Orientaux la violette est supposée se prosterner devant la rose et cacher sa tête par respect». Que signifie nourrir la vache avec les violettes? ... «gaspiller les choses précieuses». Estimer quelque chose comme une queue de violette? ... «n'en faire aucun cas». Les vieilles violettes n'ont plus d'odeur se dit «des choses qui ne sont plus de mode, n'ont plus de valeur». Et qu'est-ce qu'une vieille violette? Cela se dit «d'une femme fanée, surtout d'une vieille fille». «C'est une autre violette» signifie «c'est bien autre chose». Et puis «un pot de violettes envoyé à une jeune fille, par un garçon, indique qu'elle est bien aimée; c'est une déclaration en règle». Finalement «une jeune fille ne doit jamais toucher aux violettes blanches parce qu'il lui est interdit de cueillir des fleurs blanches tant qu'elle n'est pas mariée». Et attention «mettre des violettes sur la poitrine y fait venir des puces».

Le langage des fleurs connut plusieurs versions depuis le XVIIIe siècle, où il fut très à la mode en Occident. Cette mode, venue des harems du Moyen-Orient où ce langage accompagnait les amours illicites, permit aux amoureux européens de mener discrètement des intrigues amoureuses. Une version de ce langage fait dire aux violettes «je retourne votre amour». D'autres lui font plutôt représenter un message de discrétion: «qu'on ignore notre amour». D'autres enfin, voient dans la violette blanche, l'innocence; dans la violette double, l'amitié partagée; dans la violette jaune, la beauté fanée et dans un bouquet de violettes entouré de feuillage, des amours secrètes.

La violette fut aussi un cadeau de bonne chance à une femme, tandis que la pensée *(Viola tricolor)* offerte à un homme, avait le même sens.

Le nom de la violette

Violette est un diminutif du latin classique *Viola,* qui viendrait de *via,* route, du fait que des violettes bordaient souvent les routes romaines. Les anciens Grecs, tel que dans l'herbier de Dioscoride au 1er siècle, désignaient la violette odorante sous le nom de *ion*, mais selon d'autres botanistes, ils désignaient aussi de ce nom, plusieurs autres plantes.

Ion viendrait de Io, une des bien-aimées de Zeus (Jupiter). L'histoire raconte que Zeus, comme d'habitude, tente de dissimuler une nouvelle infidélité à son épouse Héra (Junon). Cette fois, il essaie de cacher son rendez-vous galant, en enveloppant la Terre d'un nuage aussi sombre et épais que la nuit... ce qui éveille les soupçons d'Héra. Zeus doit agir vite lorsqu'Héra fait disparaître le nuage. Il change Io en génisse, mais celle-ci n'apprécie pas l'herbe rêche qu'elle doit brouter. Elle verse des larmes, que Zeus change en une herbe délicate, d'odeur infiniment agréable (violette odorante*?), dont la terre se couvre pour la nourrir convenablement. Zeus nomme cette plante *ion,* du nom de son amante du jour, et certains ont fait de la violette, l'herbe de Jupiter. La suite de l'histoire? Zeus jure à Héra qu'il ne connaît pas cette génisse ravissante. Alors Héra lui demande de la lui donner... et elle s'organise pour que les amants ne se revoient plus.

La violette n'est-elle pas plutôt cette nymphe, Ianthé? Désespérément poursuivie, elle est métamorphosée par Diane (déesse de la Lune et des bois) en une fleur, qui se cache depuis dans les vallées ombragées.

Ion est peut-être aussi en l'honneur des nymphes d'Ionie (région voisine de la mer Ionienne). Elles auraient offert ces fleurs à Ion (fils de Créuse, violée par Apollon), en remerciement d'avoir débarrassé la région d'un sanglier dangereux.

Existe-t-il un lien entre les noms violette et viole, l'ancêtre du violon? Peut-être. D'après les dictionnaires, violette date de 1140 et vient de viole, dérivé du latin *viola,* que Pline utilisait pour désigner les violettes dès le 1er siècle. Le nom de l'instrument dérive de l'ancien provençal *viola* et remonte lui aussi au XIIe siècle; durant le Moyen-Âge, il désignait tous les instruments à cordes. Et certains voient une ressemblance entre la forme des fleurs des violettes, vues de face, et celle des violons.

Vivre une dizaine d'années

La violette commune produit une rosette de feuilles, à partir d'un rhizome court et robuste. Lorsque la plante atteint une certaine taille, ce rhizome peut se ramifier et donner naissance à une autre rosette. Les deux rosettes restent attachées au rhizome.

Le plus difficile pour une violette commune, c'est peut-être de survivre à la première année de son existence. Le taux de mortalité, durant cette première année, frise 80 %. Et tout dépend de sa taille, cette année-là: les individus à une ou deux feuilles tendent à ne pas réapparaître la seconde année ou à rester petits, mais les gros, à 4 feuilles et plus, vivent plus longtemps et restent gros. Personne ne sait au juste combien d'années vivra une violette commune qui survit à sa première année, mais chose certaine, dans bien des cas c'est plus de 10 ans.

Et ce n'est pas en hiver, mais bien de mai à septembre, pendant sa période active, que s'enregistre le plus haut taux de mortalité pour cette espèce; plus de 50 % des mortalités surviennent en été. Chaque année, dans une population, il naît à peu près autant de violettes communes qu'il en meurt et les changements dans la taille d'une population, d'une année à l'autre, sont remarquablements faibles. D'après des modèles mathématiques, il faudrait entre 10,5 ans et 14 ans pour renouveler entièrement une population.

Chez la violette commune, seul le rhizome hiverne. Mais tôt au printemps, ses premières feuilles émergent, aussitôt suivies par des fleurs. C'est peut-être la température qui déclenche son émergence, non la longueur du jour comme c'est le cas pour certaines plantes. Cette émergence coïncide apparemment avec le moment où la température moyenne du sol s'élève au-dessus de 10 °C, et celle de l'air, au-dessus de 0 °C. La fermeture printanière du couvert forestier ralentit considérablement sa croissance: de toutes les radiations lumineuses utiles pour la photoynthèse que reçoit le couvert forestier, seulement 1 à 13 % atteignent les violettes.

Feuilles: la première dure peu

La plupart des violettes communes ne produisent qu'une ou deux feuilles dans la saison, mais certaines en produisent jusqu'à neuf... sans que l'on sache trop quel facteur environnemental détermine l'abondance de cette production. Le printemps (mai et juin) voit naître rapidement plusieurs feuilles, mais un ralentissement suit. Quelques feuilles meurent au printemps ou en été, mais la plupart durent jusqu'au milieu d'août. Leur sénescence s'esquisse alors, bien que certaines persistent jusqu'aux premières neiges. Durant le jour, en juillet par exemple, la température des feuilles reste inférieure à la température de l'air.

La première feuille qui émerge au printemps, commence déjà à se flétrir, ou à être victime de prédation, peu de temps après qu'elle eut atteint sa taille maximale. Au contraire, les autres feuilles se maintiennent jusqu'à la fin de la saison de croissance. Le déclin de cette première feuille coïncide avec la fermeture printanière du couvert forestier. Peut-être est-ce dû à une nature biochimique particulière, résultant de sa formation en plein soleil, contrairement aux autres feuilles que la plante produit plus tard, à l'ombre?

En situation expérimentale de faible éclairement, la violette commune augmente la surface de ses feuilles. Elle en allonge aussi la queue, ce qui lui permet de mieux orienter la feuille en quête de lumière. Par contre, chez les violettes, une exposition à de fortes intensités lumineuses résulte en la fermeture des stomates (pores permettant les échanges gazeux) et une réduction de la photosynthèse.

Qui mange les feuilles de la violette commune? Question restée sans réponse. Chose certaine, à la fin d'une saison, environ 34 % de la surface totale des feuilles d'un échantillon d'une population étaient mangés. Certains soupçonnent les chenilles nocturnes d'un papillon, l'argynne *(Speyera,* d'un magnifique brun orangé), réputées spécialistes dans la dégustation des violettes, tout comme celles des bolorias, papillons qui ressemblent aux argynnes.

Une fleur pas régulière!

Une fleur de violette se reconnaît instantanément, qu'il s'agisse d'une violette grimpante, grasse, arbustive, etc. La structure de base reste la même, chez les quelques centaines d'espèces du genre... seuls les détails varient!

Mais, une fleur de violette, ce n'est pas simple! D'abord, les pétales diffèrent entre eux. Il y a les deux du haut, les deux des côtés et enfin, celui du bas, qui porte un éperon à l'arrière.

Les deux pétales du haut restent dressés chez certaines espèces, telles la violette commune et la violette dressée*, ou se courbent plus ou moins vers l'arrière, comme chez la violette tapissante*. Mais la courbure dépend parfois de l'âge de la fleur ou du degré d'ensoleillement qui l'atteint.

Les pétales des côtés portent ou non des poils, ce qui constitue un caractère d'identification des espèces. Et puis, il y a la sorte de poils! La violette dressée se garnit de poils bien particuliers, épais, renflés et arrondis au sommet, tassés comme un bataillon de soldats. Chez les autres espèces, les poils sont fins et aigus, plutôt échevelés.

Mais la particularité des pétales des violettes se révèle surtout dans celui du bas. À l'arrière, son éperon sera long ou court, droit ou courbé et le pétale portera ou non des poils. Mais ce qui est bien particulier, c'est l'appendice que contient l'éperon, dans lequel s'accumule le nectar.

Violette dressée*. Fleur bleu foncé, parfois pâle, à gorge entourée de taches plus sombres. Poils des pétales latéraux bien particuliers, épais, renflés et arrondis au sommet, tassés et rangés comme un bataillon de soldats. Pétale de l'éperon (celui du bas) sans poils.*

Photo: Gisèle Lamoureux

Cet appendice se connecte à l'arrière de l'une des deux étamines.

Et ces étamines se trouvent bien cachées au fond de la fleur. Elles entourent l'ovaire et se prolongent par un autre appendice, cette fois-ci vers l'avant: une sorte de minimanchon entourant le style. C'est dans ce manchon que les étamines libèrent leur pollen.

Évolution de la fleur et pollinisateurs

Le plus souvent, ce sont les abeilles solitaires qui fréquentent les violettes. Mais des papillons et d'autres insectes y cueillent aussi pollen ou nectar. Évidemment, plusieurs d'entre eux cherchent la voie qui les amènera le plus vite possible au nectar. Et cette voie passe sous le stigmate et le style.

Lorsque l'insecte passe sous le stigmate, il le soulève, ouvrant ainsi le petit manchon qui asperge l'insecte de son pollen libre. Mais juste avant, le stigmate, en forme de pelle à neige, a ramassé le pollen que l'insecte rapporte depuis d'autres fleurs, sur son dos… ou sur son ventre.

Car il semble bien y avoir deux positions pour l'insecte qui désire s'abreuver de nectar. Il peut atterrir sur le pétale du bas, glisser tout bonnement sa tête et avancer en soulevant le stigmate avec son dos. Mais il semble que les abeilles solitaires, en particulier, adoptent une autre position. À l'arrivée, elles se renversent sur le dos et rampent en soulevant le stigmate avec leur ventre. Dans cette position, elles reçoivent plus de pollen sur une plus grande partie de leur corps. Ces abeilles solitaires recherchent, et recueillent, à la fois du nectar et du pollen. Dans une position comme dans l'autre, il faut une langue longue ou au moins de longueur moyenne pour atteindre le nectar.

Certaines violettes auraient développé des aptitudes pour attirer l'une ou l'autre de ces deux catégories d'insectes. Ainsi, l'abeille qui travaillera sur le dos, arrive directement dans la gorge de la fleur et préfère une fleur plus ouverte, avec les pétales du haut recourbés vers l'arrière (violette tapissante*). Elle requiert des poils solides sur les pétales latéraux, en guise d'appuis pour ses pattes lors de la cueillette.

Par contre l'insecte qui atterrit, préfère une vaste plateforme d'atterrissage formée, par exemple, des pétales latéraux enrobant et soutenant le pétale de l'éperon. Il lui faut des guides visuels le dirigeant vers une ouverture donnant accès au nectar, telles une coloration différente de la gorge (violette du canada*), des lignes guides de couleur contrastée ou une couronne de taches foncées ciblant la gorge (violette long-éperon*, dressée*).

Chez la violette long-éperon, 72 % des visites d'insectes reçues au cours d'observations systématiques, viennent de pollinisateurs qui soulèvent le stigmate avec leur dos, mais chez la violette pensée*, c'est 100 % (bourdons). Au contraire, chez la violette tapissante, 87 % des visites viennent d'insectes qui se renversent sur le dos (abeilles solitaires).

Acaule

La violette commune relève du groupe des violettes acaules à fleurs bleues. Acaule? Du grec *akoulos*: sans tige. Sans tige aérienne oui, mais avec tige souterraine, appelée rhizome. Le terme acaule s'oppose à «caulescente», désignant les plantes à tige aérienne dressée.

Certaines violettes acaules possèdent tout de même des tiges aériennes, mais couchées sur le sol: des stolons. Ces stolons s'enracinent aux nœuds (comme les longs courants des fraisiers) et forment souvent des tapis fournis; les violettes odorante* et tapissante*, notamment, se trouvent particulièrement bien pourvues en stolons.

Deux sortes de fleurs

Les violettes produisent deux sortes de fleurs: des fleurs voyantes, qui s'ouvrent normalement (fleurs chasmogames, du grec *chasmatos:* ouverture) et d'autres plus petites, discrètes, le plus souvent près du sol et qui ne s'ouvrent pas (fleurs cléistogames, du grec *kleistos:* fermé). Produites plus tard, en été, ces fleurs qui ne s'ouvrent pas sont forcément fécondées par leur propre pollen.

Les fleurs normales, tellement jolies, restent ouvertes chacune environ une semaine, ce qui laisse amplement le temps aux insectes de les polliniser. Mais la violette commune produit plus de fleurs cléistogames que de fleurs normales. De bien plus grande taille, les fleurs normales exigent un gros investissement d'énergie. Seules les violettes communes les plus grandes en produisent, et les graines issues de ces fleurs sont plus grosses.

À moins de mutation, les fleurs cléistogames reproduisent exactement le bagage génétique (génome) du plant qui les a produites, sans rien y changer. Cela signifie que leurs graines, et les plantes qu'elles produisent, se trouvent à l'avance bien adaptées aux conditions de l'environnement immédiat, puisque la plante

***Violette commune**. Fleur bleu foncé, parfois pâle ou même très pâle, sans taches sombres; base blanche des pétales bien visible. Poils des pétales latéraux longs, fins et aigus, plutôt échevelés et débordant un peu de la gorge de la fleur. Pétale de l'éperon sans poils ou avec quelques poils. À noter: violette dressée et violette commune affichent généralement le même bleu (bien que souvent plus pâle chez la violette commune). La différence de coloration entre les deux fleurs de la page 465 peut provenir d'un éclairage différent ou de la pellicule photographique qui ne réagit pas toujours de la même façon dans le cas du bleu.*

Photo: Gisèle Lamoureux

Violette dressée. *Le pétale de l'éperon est droit, ce qui se voit bien de profil. Sépales dépourvus de cils.*

Photos: Gisèle Lamoureux

Violette commune. *Pétale de l'éperon coudé, projetant le bas de la fleur vers l'avant. Sépales garnis de cils sur tout le pourtour (variété septentrionale) ou sur une partie seulement (variété commune). Feuilles bordées de cils et poilues sur le revers (sans poils ou presque chez la violette dressée).*

Comparaison entre les violettes dressée et commune		
	Violette dressée *(V. cucullata)*	**Violette commune** *(V. sororia)*
Allure générale	Fleurs très visibles: dépassant de beaucoup les feuilles grâce à des queues égalant 1,5 ou 2 fois celles des feuilles. Fleurs dressées, bien droites dans la touffe de feuilles. Feuillage vert clair.	Fleurs plus cachées: parmi les feuilles ou juste au-dessus, avec des queues égalant à peu près celles des feuilles. Fleurs étalées près du sol ou à queues penchées. Feuillage vert un peu plus foncé.
Fleur / forme	De profil: pétale de l'éperon droit. De face: fleur bien étalée en largeur.	De profil: pétale de l'éperon coudé, projeté vers l'avant, avec les pétales latéraux. De face: comprimée sur les côtés.
Fleur / couleur	Foncée, parfois pâle. Gorge entourée de taches plus sombres (sur les pétales supérieurs).	Foncée, parfois pâle ou même très pâle. Taches absentes ou estompées. Base blanche des pétales bien visible.
Poils / fleur	Pétales latéraux: poils courts et égaux, à sommet élargi et arrondi (comme les papilles de la langue); non hirsutes (non échevelés) mais plutôt tassés à la base des pétales. Pétale de l'éperon sans poils. Sépales sans cils (cils: poils répartis régulièrement sur le bord, comme les cils d'une paupière).	Pétales latéraux: poils longs et inégaux, cylindriques et aigus, non élargis au sommet; hirsutes et débordant un peu de la gorge de la fleur. Pétale de l'éperon sans poils ou avec quelques poils. Sépales avec cils.
Poils / feuilles à la floraison (très variable, valable pour la majorité)	Sans cils. Première(s) feuille(s) (vieilles lors de la floraison): sans poils. Feuilles suivantes (jeunes lors de la floraison): sans poils ou avec seulement quelques poils.	Avec cils. Première(s) feuille(s) sans poils. Feuilles suivantes: poils abondants, surtout sur la queue et les nervures du revers.
Habitat	Typiquement lieux humides, ombragés ou ensoleillés.	Lieux mésiques (ni humides, ni secs), surtout en forêt.
Fruit / couleur	Vert jaune.	Vert foncé, tacheté de rouge.

parentale y a poussé et fructifié avec succès. Mais ceci est vrai, en autant que l'environnement ne change pas!

Quant aux fleurs chasmogames, les insectes pollinisateurs leur amènent parfois de nouveaux gènes, par le biais de grains de pollen transportés depuis des fleurs éloignées. Les graines qui en résultent risquent d'être mieux adaptées aux changements, petits ou importants, des conditions environnementales immédiates. Elles risquent aussi de mieux s'adapter à des environnements complètement différents, vers lesquels divers agents de dispersion les amèneront.

Les fleurs cléistogames favorisent l'émergence de petites différences au sein d'une population. Tous les plants issus de ces fleurs copient l'identité de la plante parentale. Ils sont leurs jumeaux. Si, côte à côte, deux plantes parentales établissent chacune leurs lignées de petits jumeaux identiques, cela risque de créer des sous-populations légèrement différentes les unes des autres. Comme si, dans un village, madame X avait comme descendantes 500 ou 1000 jumelles identiques et madame Y, la même chose. Cela se remarquerait!

Banque de semences

La production de fruits, chez un plant de violette commune, s'avère faible: en moyenne pour une population, même pas un fruit par année par plante. Par contre, il existe une corrélation entre le nombre de fruits et non pas l'âge, mais la taille de la plante. Plus la plante possède de feuilles, plus elle produit de fruits: les plantes à 4 feuilles, bien que moins nombreuses, produisent chacune 3 ou 4 fruits. Pas surprenant: les fleurs naissent à l'aisselle des feuilles donc, plus de feuilles, plus de fruits.

Cette production de fruits dépend aussi des conditions climatiques prévalant au cours d'une saison de végétation: il existe de bonnes et de mauvaises saisons pour la violette commune. Par exemple, la production moyenne de fruits observée une année (plants de tous âges et de toutes tailles inclus), fut le double de celle d'une autre année, peut-être parce que le printemps avait débuté un mois plus tôt.

Le nombre de graines par fruit de violette commune varie beaucoup, par exemple entre 20 et 54, le plus souvent autour de 40. Chez plusieurs espèces de plantes, les graines s'accumulent dans le sol et y forment une banque de semences. Chez la violette commune, une grande proportion des graines de cette banque s'avèrent endommagées ou complètement détruites. Par exemple, la moyenne de 14 échantillons de 1 m^2 comptait 506 fragments et 330 graines entières, dont 252 endommagées.

La capsule de cette violette projette les graines à 2 m, en moyenne, parfois jusqu'à près de 5 m. Les fourmis contribuent également à disperser les graines des violettes, car celles-ci sont garnies d'une caroncule dont les fourmis raffolent (voir violette jaune* et violette odorante*).

Plantules: survivre à la sécheresse et à la compétition

La germination et la production de plantules varient aussi beaucoup, selon que l'année soit favorable ou non, mais également selon les lignées de violette commune. Toutefois, le poids des graines (environ 8 mg, en moyenne) n'influence pas le délai de germination, ni la taille finale de la plante. Les variations de la taille des violettes communes pourraient être dues à des taux différents de croissance ou de germination. Une germination hâtive serait associée à une plus grande probabilité de survie et des différences significatives dans les délais de germination furent mesurées entre trois lignées: la première mit 15 jours à germer, avec un taux de germination de 70 %; la deuxième mit 23 jours, avec un taux de 79 %, et la dernière prit 27 jours avec un taux de 27 %.

La mortalité, plus élevée chez les plantules que chez les adultes, est aussi plus forte chez les petits individus. La sécheresse semble le facteur environnemental le plus défavorable à la survie des plantules. Une forte densité végétale nuit aussi, engendrant de la compétition pour le peu de ressources disponibles.

Cultivée en laboratoire, sans compétition et recevant en grande quantité eau, lumière et nutriments, la violette commune atteint des tailles bien plus importantes, en peu de temps — par exemple, 21 feuilles et 8 fruits en 8 semaines. En milieu naturel, par contre, les plantes de plus de 4 feuilles produisent moins de fruits que celles qui n'ont que 4 feuilles, indice probable d'une limitation due au manque de ressources du milieu.

Somme toute, la production de graines, de même que la survie des adultes et des plantules, dépend non pas de l'âge, mais de la taille que la violette commune atteint... et elle a avantage à devenir grande dès sa première année! Tout se passe comme si, dans le sol, ses graines recelaient un fort potentiel de croissance. Mais elles doivent germer et croître rapidement, le plus possible dans un microsite riche en nutriments et... où la densité des végétaux reste faible!

Des violettes parentes

La quasi totalité des violettes bleues acaules de l'Amérique du Nord ont $2n = 54$ chromosomes, indice de grande parenté entre les espèces. Les aires de répartition de ces violettes se recoupent et comme les espèces semblent compatibles sur le plan génétique, peu de barrières s'opposent à la fécondation entre les espèces. Il existe donc de nombreux hybrides, qui se croisent eux-mêmes avec les espèces parentales (introgression), donnant des individus très variés.

Les deux plus fréquentes violettes bleues acaules, la violette commune et la violette dressée*, s'hybrident apparemment régulièrement. À un même endroit, la violette commune commence à fleurir quelques jours avant la violette dressée, mais leurs périodes de floraison se chevauchent, facilitant d'autant le croisement entre les deux espèces. L'hybride *(Viola cucullata X V. sororia)* se reconnaît assez facilement à sa touffe de feuilles, dense et très luxuriante, et à ses

*L'hybride entre les deux violettes bleues acaules les plus fréquentes (**Viola cucullata X V. sororia**) se reconnaît à son feuillage dense et luxuriant, et à ses fleurs plus grandes que celles des parents. Les pétales latéraux portent à la fois des poils fins et des poils à sommet élargi. Les fleurs, bien visibles, sont juste un peu au-dessus des feuilles, mais leur queue est faible, inclinée ou tombante.*

Photo: Gisèle Lamoureux

fleurs plus grandes que celles des deux parents. Il porte des caractères de la violette dressée (fleurs bien visibles parce que portées un peu au-dessus des feuilles, pétales latéraux garnis de poils papilleux à sommet élargis) et des caractères de la violette commune (queues des fleurs faibles, inclinées ou tombantes et non bien droites comme chez la violette dressée; pétales latéraux garnis de poils fins et aigus, mêlés aux poils papilleux). Les deux espèces parentales se côtoient généralement à peu de distance de l'hybride.

Espèces, variétés ou simples variations?

Des recherches récentes, portant sur plusieurs milliers de spécimens, révèlent que chez les violettes bleues acaules (et en particulier chez la violette commune), la forme de la feuille et des sépales, de même que l'abondance et la répartition des poils, varient énormément. Cette recherche conduisit des botanistes à regrouper des espèces de violettes, qu'autrefois d'autres botanistes distinguaient par ces caractères. Ainsi, la violette commune, entendue au sens large, inclut actuellement les violettes papilionacée (en partie), septentrionale et affine.

D'autres botanistes continuent de reconnaître la violette septentrionale et la violette affine comme des espèces distinctes ou comme des variétés de la violette commune. À cet effet, ils retranchent, de la violette commune, tous les individus à pétale de l'éperon poilu. Ce caractère les distingue aussi de la violette dressée (pétale de l'éperon sans poils) et s'associe par ailleurs à d'autres spécifications:

- pour la **violette septentrionale** (ou violette commune variété septentrionale): sépales densément ciliés sur tout le pourtour;
- pour la **violette affine** (ou violette commune variété affine): sépales non ciliés et très aigus; feuilles étroitement ovales et presque triangulaires (sommet atténué et aigu, lobes de la base absents ou peu developpés), sans poils — sauf quelques poils blancs, raides et clairsemés, sur la surface des lobes (semblables aux poils des feuilles de la violette de selkirk* et très différents des poils généralement trouvés sur les feuilles de la violette commune); serait très rare au Québec, dans des lieux humides, marécageux ou des fossés, et figure sur la liste des plantes susceptibles d'être désignées menacées ou vulnérables. (À noter: pour reconnaître ce taxon, certains spécialistes attachent une importance primordiale aux poils particuliers sur les lobes des feuilles, mais d'autres affirment que ce caractère n'est pas fiable.)

Par contre, plus personne ne reconnaît la violette papilionacée comme espèce. On en parle même comme d'une espèce mythique! Elle représente, selon certains, une forme pratiquement sans poils de la violette commune ou, selon d'autres, un hybride entre les violettes commune, dressée et affine (pour ceux qui reconnaissent cette dernière).

Cultivées en serre dans des conditions uniformes, des violettes communes provenant de sites géographiquement éloignés conservent certains caractères laissant croire à l'existence de races géographiques. Les plantes provenant de régions plus méridionales conservent, par exemple, la faculté de fleurir plus hâtivement que les violettes communes provenant de sites plus au nord.

Réf. sp. Antlfinger 85, Ballard 94, Beattie 74, 75, 76, Bierzychudek 82a, Brainerd 24, Castelli 70, Cinq-Mars 66, Gershoy 34, Gil-Ad 98, Malte 15, McKinney 92, Russell 65, Solbrig 80, 81, Willis 66.

Violette de selkirk

suite de la page 226

Selkirk et Pursh: aventure au far west

par Jacques Cayouette et Gisèle Lamoureux

Pourquoi diable cette violette porte-t-elle le nom du comte de Selkirk? Qui a voulu lui rendre cet hommage? Pursh? Qui est-ce?

On connaît peu de choses sur la période canadienne du botaniste d'origine allemande Frederick Pursh (1774-1820). C'est surtout parce que son herbier et ses papiers furent détruits, peu de temps avant son décès à Montréal.

Il se passionne tôt pour les sciences naturelles et s'amène aux États-Unis, en 1799, pour y recueillir des plantes utiles. Après 12 ans d'exploration, plus de 10 000 km à pied et grâce à ses contacts auprès de nombreux botanistes éminents, il amasse suffisamment d'information pour écrire une flore nord-américaine. Il se retrouve à Londres en 1811, pour compléter son *Floræ Americæ Septentrionalis,* qui paraît fin 1813.

Toujours à Londres, il fait la connaissance du comte de Selkirk. Celui-ci avait déjà établi des colonies écossaises, à l'Île-du-Prince-Édouard et dans le Haut-Canada, puis commencé à en développer dans la vallée de la rivière Rouge, qui deviendra Winnipeg. Pursh qui désire revenir en Amérique, pour y explorer des régions qu'il ignore, se dit vivement intéressé par ce lieu. Selkirk invite Pursh, en 1814, à devenir son botaniste pour cette aventure.

Pursh revient en Amérique au début de 1816. Le 3 juin, il signe son contrat avec Selkirk et la Compagnie de la Baie d'Hudson. Grâce à sa fortune personnelle, Selkirk a auparavant acquis suffisamment d'actions de la Compagnie de la Baie d'Hudson pour s'y faire entendre et la compagnie lui a concédé un immense territoire pour établir sa colonie. Cette colonie de Rivière-Rouge, devient un

Violette de selkirk*. Difficile de ne pas la trouver mignonne, cette toute petite violette!*

Photo: Roger Larose

***Violette de selkirk**. D'autres violettes de nos contrées affichent des feuilles poilues, soit sur le dessus, soit sur le revers, mais la violette de selkirk est la seule, avec la violette affine, dont le dessus des feuilles s'orne de tels poils raides et blancs.*

Photo: Roger Larose

enjeu important, car elle tombe en plein territoire convoité par la Compagnie du Nord-Ouest. Les «voyageurs» de cette compagnie passent par cette région pour atteindre leur territoire de l'Athabasca. Ils s'y procurent de la viande de bison et la mise en culture du territoire exclut la présence du bison. La tension s'avive entre le groupe de Selkirk et les Compagnies de la Baie d'Hudson et du Nord-Ouest.

Fin juin et juillet 1816, soit quelques semaines suivant la signature du contrat avec Pursh, Selkirk se dirige vers Rivière-Rouge. À Sault-Sainte-Marie, il apprend la nouvelle du massacre des colons déjà installés avec, en tête de liste, Robert Semple, le chef de la nouvelle colonie. Ce Semple, un érudit, féru de littérature et de sciences, aurait certainement été un collaborateur hors pair pour les explorations botaniques de Pursh.

À la suite du massacre, Selkirk entend faire respecter ses droits et des représailles s'ensuivent, ainsi que des procès à n'en plus finir. La santé de Selkirk s'en ressent. Il rentre en Angleterre en 1819 et meurt à Pau, en France, en 1820.

Pursh accompagnait peut-être Selkirk, en juin et juillet 1816, alors que le groupe s'est arrêté à Fort William (aujourd'hui Thunder Bay). Des récoltes de Pursh, de plantes typiques de la région du lac Huron, sont datées du 22 juin *(Houstonia canadensis)* et du 16 juillet 1816 *(Castilleja coccinea)*. D'autres collections, non datées celles-là, indiqueraient des herborisations de Pursh sur la rive nord du lac Supérieur, peut-être dans la région de Fort William. Pursh a probablement exploré ces régions en d'autres occasions, mais personne ne sait s'il s'est rendu à la rivière Rouge.

L'année suivante, Pursh rencontre à Montréal un autre écossais, John Goldie (1793-1886; voir dryoptère de goldie, Fleurbec 1993). Ce jeune botaniste s'intéresse particulièrement aux plantes présentant un potentiel en horticulture ornementale. En herborisant autour de Montréal, Goldie découvre une violette et la montre à Pursh. Comme c'est une plante inconnue à ce jour, Pursh mentionne son intention de la nommer en l'honneur du comte de Selkirk. À la suite du décès prématuré de Pursh, Goldie se charge de publier sa découverte, en 1822. À cette fin, il utilise le manuscrit de Pursh et dédie la violette à Selkirk, respectant le désir de Pursh d'honorer celui par qui lui vint l'espoir d'une aventure passionnante.

Ainsi, la violette de selkirk commémore la rencontre de deux grands hommes et d'un projet à leur mesure, que la vie ne leur permit pas de réaliser ensemble.

Réf. sp. Ballard 94, Cayouette 98, 2000, Cinq-Mars 66, Ewan 52, Mackay 38, Russell 65, Veyron 89.

Violette des sables

suite de la page 238

Le nom violette des chiens ne désigne plus cette plante; il se référait à un de ses anciens noms latins *(V. canina,* décrite par un botaniste autre que Linné). Par ailleurs, Linné utilisa le nom *V. canina* pour une autre violette européenne, qui porte toujours ce nom.

La violette des sables fut déjà rattachée à une autre espèce européenne, *V. rupestris.* Il existe cependant des différences entre les deux et, surtout, leur croisement produit seulement des plantes stériles, ce qui justifie le maintien des deux espèces.

Variable et au cœur d'une confusion

L'aire de répartition de la violette des sables couvre un très vaste territoire et la plante montre des variations importantes d'un bout à l'autre de cette aire. Ce qui varie? Son allure, sa pubescence, la couleur de la fleur, de même que la longueur, la courbure et la forme de son éperon. Au point que différents botanistes reconnurent plusieurs espèces au lieu d'une. Jusqu'à 20! Aujourd'hui, ces espèces ne sont plus reconnues par personne. Voici l'histoire de l'une d'entre elles.

Au départ, tous les décomptes de chromosomes de la violette des sables se révélaient uniformes: $2n = 20$. Jusqu'à ce que, au milieu des années 1960, des botanistes découvrent des individus de l'Alberta et du Manitoba avec $2n = 40$, c'est-à-dire comptant 4 jeux de chromosomes (tétraploïdes) au lieu de 2.

Mais cette différence dans le nombre de chromosomes correspond-elle à des différences dans l'apparence de la plante? Des études statistiques portant sur l'allure, la forme et la taille des pétales, des sépales, des feuilles, des stipules ne purent établir à ce moment aucun rapport avec le nombre de chromosomes. Seules des différences très mineures séparent les deux races chromosomiques, telles la forme et la longueur des poils du sommet du style (c'est minuscule) et parfois la longueur des poils des feuilles ou la taille des grains de pollen (différence de l'ordre de 0,75 mm)! Ainsi, la race tétraploïde, serait d'origine récente, puisque peu différente de la diploïde.

La répartition des deux races diffère. La tétraploïde occupe une aire vaste, enclavée dans celle de la diploïde. Cette aire s'étend principalement du Pacifique au lac Winnipeg, au nord de la frontière américaine, et pousse une pointe le long de cette frontière jusqu'au lac Supérieur. La tétraploïde n'est pas connue du Québec et des Maritimes et la diploïde est totalement exclue de la plus grande partie de l'aire de la tétraploïde. Qu'en est-il d'une race à 3 jeux de chromosomes (triploïde)? Elle existe et se trouve lors-

Violette des sables. *De profil, son long éperon crochu se voit bien. Feuille typiquement triangulaire.*

Photo: Gisèle Lamoureux.

que des populations diploïdes et tétraploïdes se voisinent. Mais, cette triploïde est stérile.

Malgré le peu de différences morphologiques (et chimiques aussi) entre la diploïde et la tétraploïde, certains nommèrent la tétraploïde *V. aduncoides* (signifiant semblable à la violette des sables).

À l'époque où les auteurs publièrent cette étude, la violette des sables incluait le *V. adunca* variété *minor*. Grâce à l'examen plus récent de milliers de spécimens, cette variété est maintenant transférée à une espèce différente (violette bleu-pâle*, voir le texte sur cette espèce). De nouvelles études statistiques mettent en lumière qu'en se basant sur les caractères floraux ou végétatifs, il n'existe pas vraiment de regroupements d'individus permettant de reconnaître des variétés ou des sous-espèces de violette des sables (reliées à la polyploïdie ou non).

Chacune son habitat

La *Flore laurentienne* (Marie-Victorin, 1964) spécifie: «Les Violettes sont peu particularistes au point de vue de l'habitat... (texte de Jacques Rousseau)». À l'époque où ces lignes furent écrites (1935), il existait une certaine confusion dans la taxinomie de plusieurs groupes de violette, empêchant de cerner leurs préférences écologiques. Les connaissances actuelles permettent d'affirmer le contraire et la violette des sables en est un cas probant.

Le Québec compte 18 espèces de violettes (peut-être 19, si on retrouve la violette sagittée) et ne pousse pas n'importe laquelle n'importe où!

- Les violettes des champs, pensée et odorante s'échappent de culture et vivent dans les parterres seulement; en outre, les deux premières se trouvent aussi comme plantes nuisibles dans certaines cultures (céréales, fraises).
- La violette rosée croît uniquement en milieu arctique ou subarctique et alpin ou subalpin.
- La violette des sables se trouve sur sables très secs, parfois sur rochers secs (en forêt ou non).
- La violette des calcaires croît toujours sur des calcaires, généralement dans des lieux ouverts, et deux autres, les violettes trousse-dents et long-éperon, croissent de préférence sur ce type de substrat, mais en forêt.
- Trois violettes vivent en milieu humide (rivages, tourbières, etc.) soit ensoleillé (violette élancée), soit ensoleillé ou partiellement ombragé (violette minuscule), soit ensoleillé ou ombragé (violette dressée).
- La violette du canada ne se trouve que dans les érablières riches (à caryers, à tilleul) et la violette feuille-ronde, dans ces érablières et dans l'érablière à bouleau jaune.
- Une autre, la violette jaune, fréquente les érablières et les forêts mixtes.
- Les quatre dernières violettes semblent moins sélectives quant à l'habitat. La violette à fleur bleue la plus abondante (v. commune) et celle à fleur blanche la plus abondante (v. tapissante) se trouvent dans un grand éventail de forêts mésiques: érablières, forêts mixtes ou conifériennes et poussent aussi, mais moins souvent, en milieux plus ouverts. Les deux autres (bleu-pâle, de selkirk) présentent des aires de répartition très vastes, depuis le domaine de l'érablière jusqu'au domaine arctique, et couvrent des habitats variés; elles poussent surtout en forêt, au sud et, au nord, fréquentent plutôt les arbustaies le long des cours d'eau de même que, pour la violette bleu-pâle, d'autres types de rivages et les combes à neige.

Comme trois des espèces les moins sélectives comptent parmi les plus abondantes (commune, bleu-pâle, tapissante), cela laisse l'impression que les violettes sont «peu particularistes au point de vue de l'habitat»... Ce qui n'est pas le cas de la majorité des espèces.

Réf. spéc. Ballard 92, 94, Cinq-Mars 66, McPherson 73, Russell 65.

Violette élancée

suite de la page 106

L'épithète spécifique *lanceolata* (lancéolé), signifie «atténué aux deux extrémités» et se réfère à la forme d'un fer de lance... qui, lui-même, peut aussi être de forme hastée (feuille de la petite oseille°) ou de bien d'autres formes! À ce terme technique, fut préféré une épithète qui décrit aussi bien la plante: élancée (mince et svelte), qui tire son origine du verbe lancer, du latin *lanceare:* manier la lance.

La violette élancée possède $2n = 24$ chromosomes, tout comme une violette bleue, la violette de selkirk*, et trois autres violettes blanches: minuscule*, trousse-dents* et du canada*

Sans doute l'une des violettes les moins souvent rencontrées dans nos contrées, elle se classe probablement parmi les plantes «sporadiques». Sans que l'on sache pourquoi, ces plantes, loin de s'installer dans chacun des sites comportant un habitat qui leur convienne, n'occupent que quelques sites disjoints, apparemment répartis au hasard à l'intérieur de leur aire géographique. Elles sont peu communes.

Croissance un peu lente

Après la floraison de ses fleurs régulières, la violette élancée produit, de juin à septembre, des fleurs cléistogames (qui ne s'ouvrent pas, voir *Deux sortes de fleurs*, p. 467). Les premiers gels détruisent la partie aérienne de la plante, et seuls les parties souterraines et les stolons hivernent. Tout comme chez la violette minuscule, la date de l'émergence des premières violettes élancées varie beaucoup d'une année à l'autre, ce qui porte à croire que c'est la température et non la photopériode (longueur du jour) qui enclenche leur développement.

Lorsque l'occasion se présente, la violette élancée adopte une tactique de guérilla et occupe rapidement un espace laissé libre, grâce à la production de stolons. Elle forme des feuilles durant tout l'été, jusqu'aux premiers gels, et présente un maximum de croissance tard en août.

L'étude d'une population révèle que les petits individus ne comptant que 1, 2 ou 3 feuilles produisent rarement des fruits. Les bonnes années, si la plante compte 4 feuilles, elle produit en moyenne 1 fruit, mais si elle compte 5 feuilles, elle produit 3 fruits. Une mauvaise année se solde par une production nulle de fruits, même chez les plus gros plants. Une bien petite proportion compte 5 feuilles: dans la population étudiée, un seul individu sur 72!

Beaucoup de plantules

La germination ne semble pas poser de problèmes chez cette violette. Des observations au Massachusetts révèlent une forte densité de plantules dans les deux populations observées: 40 et 26 plantules / m^2.

La survie de ces plantules durant les 3 années subséquentes s'établissait à 50 %, 10 % et 100 %. Cela laisse croire que les deux premières années de la vie sont difficiles. Certaines années semblent moins favorables que d'autres: 2 ans plus tard, sur le même site, seulement 15 % des plantules survivaient à leur première année. Des taux de survie de 60 et 82 % sont rapportés pour la première année d'une autre population.

Les plantules qui, la première année, réussissent à produire au moins 4 feuilles, ou celles qui conservent leurs cotylédons pendant 15 jours ou plus, sont assurées de survivre avec une probabilité de 94 % ou plus. Pour les autres, la probabilité de survivre se situe entre 50 et 80 %.

Réf sp. Ballard 94, Cinq-Mars 66, Russell 65, Solbrig 88.

Violette jaune

suite de la page 174

Impressionnante, cette quantité de données faisant état de caractères qui favorisent le repérage et le transport de graines par les fourmis! Et ce, chez différents genres de plantes, dont les violettes.

Essentiellement, les graines des violettes sont projetées hors du fruit, à une bonne distance, puis presque toutes sont prises en charge par les fourmis. Elles possèdent une structure attrayante, la caroncule, un tissu spongieux qui contient des glucides et que les fourmis recherchent. La sélection naturelle, chez les violettes, agit-elle dans le sens d'une augmentation de la caroncule pour attirer les fourmis? Certains botanistes le croient.

Fourmi, laquelle préfères-tu?

En Virginie Occidentale, une étude compare les préférences de plusieurs espèces de fourmis pour les graines de 9 espèces de violettes, dont les violettes jaune, tapissante, long-éperon, commune et dressée (les autres ne poussent pas ici). La préférée? La violette jaune... et les autres dans l'ordre ci-haut mentionné, la violette dressée ne faisant l'objet d'aucun intérêt de la part des fourmis présentes!

Mais, malgré des observations attentives, il ne fut trouvé aucune association spécifique entre une espèce de fourmi et une espèce de violette. Le plus précis qu'on puisse dire, c'est que les graines des violettes sont transportées par des fourmis de taille moyenne qui vivent dans le sol! Toutefois, les fourmis du genre *Aphænogaster* se sont montrées particulièrement intéressées aux graines de la violette jaune.

Normales ou cléistogames

Presque toutes les violettes produisent deux sortes de fleurs et donc deux sortes de fruits: des fleurs régulières (chasmogames) et des fleurs qui ne s'ouvrent pas (cléistogames; voir *Deux sortes de fleurs,* p. 467). De manière générale, les fourmis récoltent beaucoup moins les graines issues de fleurs cléistogames, soit 80 % moins.

Ce n'est pas qu'elles soient moins attrayantes: leur caroncule est plus volumineuse et les fourmis récoltent tant les unes que les autres, lorsqu'on les leur offre simultanément (en conditions expérimentales). Mais, en milieu naturel, les deux sortes ne se trouvent pas en même temps. Les fleurs chasmogames s'épanouissent en début de saison et leurs graines arrivent à maturité en juin, avant l'abondance des insectes. Tardives, les graines des fleurs cléistogames arrivent en juillet-août, alors que les fourmis cherchent moins leur nourriture ou se promènent avec des insectes dans le bec.

C'est, en tous cas, le comportement des *Aphænogaster,* qui recherchent particulièrement la violette jaune. Par ailleurs, les fourmis de ce genre réussissent à bien agripper les graines de violettes et les échappent moins souvent que les fourmis du genre *Myrmica,* par exemple.

Projetées, transportées, grignotées ...

Dans 85 % des cas, lorsqu'une fourmi ramasse une graine de violette, elle la transporte au nid. Dans ces cas, pour la violette jaune, la distance parcourue par les fourmis jusqu'au nid, fut comparée à la distance de projection par les fruits. En serre, où l'expérience fut mesurée, l'absence de feuillage ambiant permet une projection à une plus grande distance qu'en milieu naturel et cette projection remporte la course haut la main: en moyenne 1,20 m (maximum 5,40 m) con-

Violette jaune, la violette préférée des fourmis. Le fruit des violettes compte 3 loges qui, en séchant, prennent la forme d'un U, ce qui presse les graines les unes contre les autres puis les expulse avec force, comme lorsqu'on pince un noyau entre les doigts. La violette jaune projette ses graines jusqu'à 5,4 m!

Photo: Gisèle Lamoureux

tre 0,72 m pour les fourmis (maximum: 1,08 m)!

Le nid des fourmis change régulièrement de place. Dans cette étude en Virginie Occidentale, les colonies de fourmis ne séjournaient en moyenne que 20 jours à un endroit.

Les graines d'une autre violette (violette commune*) furent récupérées après un séjour dans des nids de fourmis. Celles-ci mangent les caroncules, mais pas les graines, et très peu (8 %) arboraient encore leur caroncule. Par contre, le grignotage des fourmis abîme l'enveloppe de la graine (scarification) dans 70 % des cas. Ceci accélère un peu la mise en œuvre de la germination mais surtout, quelle surprise, permet d'atteindre plus rapidement le stade de plantule (après 35 jours: 64 % de germination, contre 56 % chez le groupe témoin et, après 25 jours, 33 % atteignent le stade plantule contre 14 % dans le groupe témoin).

Mais les caroncules des graines des violettes n'intéressent pas que les fourmis. D'autres prédateurs les dérobent, les petits rongeurs et les oiseaux, par exemple. En 3 jours (au cours d'une expérience), les fourmis transportèrent environ 25 % des graines de la violette commune* (moins convoitées que la violette jaune) et les autres prédateurs, environ 60 %.

Signalons enfin que les graines d'autres plantes printanières se garnissent de caroncule et les fourmis y trouvent aussi leur compte. C'est le cas démontré de la sanguinaire du canada*, des trilles*, de l'uvulaire à grande fleur* et de l'asaret gingembre*.

Caroncule et évolution

En général, la reproduction sexuée produit de nouveaux génotypes, aptes à coloniser de nouveaux sites et susceptibles d'apporter des changements dans l'évolution de l'espèce. Mais dans le cas des fleurs cléistogames, qui s'autopollinisent, il ne s'agit pas de nouveaux génotypes. La cléistogamie agit plutôt comme la multiplication végétative, qui multiplie un génotype existant, contribuant à maintenir et à élargir les colonies dans les habitats favorables où elles croissent déjà. Ainsi, en transportant plus de graines issues de fleurs chasmogames que de fleurs cléistogames, les fourmis contribuent dans une certaine mesure à l'évolution de l'espèce.

Mais alors pourquoi les graines cléistogames arborent-elles de plus grosses caroncules? Peut-être est-ce parce qu'au début de l'été, la caroncule représente la plus importante source de diglycérides (sorte de sucre) et la compétition est grande pour accéder à cette ressource. Pour les violettes, pas besoin de se forcer pour produire une grosse caroncule, même une petite sera convoitée. Au contraire, à la fin de l'été, les insectes morts représentent une importante source de ces composés et la compétition change de camp: question d'attirer les insectes pour qu'ils dispersent ses graines, quelle plante produira la plus grande quantité de diglycérides?

Le fait de germer plus rapidement et d'atteindre plus vite le stade plantule (grâce au grignotage des fourmis) représente parfois la différence entre fleurir au bon moment ou non. Si la germination se trouve constamment perturbée par le va-et-vient et les activités des fourmis (creusage, grignotage des nouvelles tiges, etc.) cet avantage disparaît. Mais, les fourmis changent leur nid de place aux 20 jours. C'est comme si elles plantaient les graines, puis les laissaient à elles-mêmes. Parfait pour la dispersion des violettes!

Petit déplacement important

La distance atteinte par les graines lors de la projection par les fruits dépasse la distance que les fourmis font parcourir aux graines en les amenant au nid. Alors, quel avantage la plante trouve-t-elle en échange de sa caroncule? Contrairement à la graine projetée par le fruit, celle transportée au nid se trouve relocalisée dans un endroit sûr pour germer et s'établir. Elle reçoit aussi le stimulus nécessaire à la germination (scarification par grignotage de l'enveloppe). Et surtout, elle se trouve entourée de matières nutritives.

Car en forêt, les fourmis représentent un élément essentiel à la formation des sols dont certains horizons résultent entièrement de leurs activités. Autour du nid, sous l'humus forestier, se trouve un savant mélange, préparé par les fourmis, qui descendent des éléments organiques de la surface et remontent des éléments

Violette jaune. *Lorsqu'elle profite d'éclaircies pour pousser, elle forme souvent des colonies denses.*

Photo: Gisèle Lamoureux

minéraux des profondeurs. Elles réassortissent aussi les particules: elles ne transportent que les petites (moins de 4 mm). Et les petites particules retiennent mieux l'eau du sol. N'est-ce pas du jardinage favorable à la germination et à l'établissement de plantules? Peu d'organismes brassent le sol comme le font les fourmis. Les vers de terre oui, mais personne ne les a vu transporter des graines!

L'hétérogénéité du sol, en milieu forestier, est bien connue. Parfois, un petit déplacement vers un site favorable fait une grande différence. Une distance de 10 cm, dans la bonne direction, signifie germer ou pas, s'établir ou pas. Alors la fonction des fourmis, dans cette affaire, est de véritablement «planter» les graines des violettes au bon endroit... et de les abîmer un peu, pour stimuler leur germination!

En forêt, les fourmis sont omniprésentes. Des études en Nouvelle-Angleterre révèlent qu'un acre de sol forestier comprend entre 60 000 et 100 000 nids de fourmis. Elles ne transportent pas toutes des graines de violettes, d'accord.

Réf. sp. Ballard 94, Cain 67, Cinq-Mars 66, Culver 78, Grandtner 73, Lévesque 66, Russell 65.

Lionel Cinq-Mars et les violettes, fleurs de mars

par Jacques Cayouette et Gisèle Lamoureux

La beauté de la fleur des violettes, l'abondance et la discrétion des individus, la complexité du genre — plusieurs centaines d'espèces ne différant souvent que par des détails de la fleur —, voilà de bonnes raisons pour attirer des botanistes en quête de groupes difficiles et intéressants! Et les violettes du Québec eurent leurs spécialistes.

Dans la *Flore laurentienne,* que Marie-Victorin publie en 1935, peu de textes sont signés par d'autres que le grand maître. Le genre violette, lui, fut confié à son talentueux élève et collaborateur, Jacques Rousseau. Plus près de nous, en 1966, un botaniste originaire de Saint-Cœur-de-Marie, au Lac-Saint-Jean, publie une importante étude sur les violettes du Québec. C'est Lionel Cinq-Mars (12 juin 1919 - 6 août 1973)... et, dans le langage des fleurs, la violette est la fleur de mars! (Voir *Symbolisme des violettes et culture populaire,* p.462)

Cinq-Mars aimait travailler sur les groupes difficiles: il fut également un spécialiste des amélanchiers et des carex. Son amour des violettes et des carex l'a rapproché de son ami Marcel Raymond, collaborateur de Marie-Victorin et botaniste au Jardin botanique de Montréal. Les deux botanistes récoltèrent plusieurs centaines de spécimens de violettes, dans toutes les régions du Québec, ce qui servit de base à des travaux ardus, échelonnés sur une quinzaine d'années. Les Montérégiennes, particulièrement Rougemont, constituaient le lieu de travail et d'exploration préféré de Lionel Cinq-Mars.

D'abord agronome, spécialisé en phytopathologie, Cinq-Mars fut réputé pour ses travaux sur les maladies du pommier. Parallèlement, il développa une expertise sur la flore et sur les oiseaux du Québec méridional et devint, en 1962, botaniste-professeur à la Faculté d'agriculture de l'Université Laval. Dans cette institution, il mit sur pied l'Herbier Louis-Marie, dont il devint le premier conservateur. Avec la collaboration de Bernard Boivin, il lance deux périodiques: *Ludoviciana* et *Provancheria,* dont il fut éditeur et administrateur. Il conserva ces postes jusqu'à son décès. Le père Louis-Marie, un ami très proche, lui dédia un nouvel amélanchier *(Amelanchier quinti-martii).*

La précision de son travail et la qualité de ses spécimens d'herbier étaient remarquables. Ses récoltes de violettes servent encore à mieux comprendre les mystères de ce groupe.

Violette long-éperon

suite de la page 236

Les fourmis, c'est connu, aiment les graines des violettes, car une appétissante caroncule les coiffe. La fourmi brune du bois *(Lasius alienus)* préférerait les graines de la violette long-éperon à celles des violettes jaune et commune. Comme les fourmis transportent la graine au nid et ne mangent que la caroncule, elles aident à la dispersion des violettes. Mais voilà... des études détaillées révèlent que, dans le cas de la violette long-éperon, l'éjection des graines par la plante les transporte plus loin que ne le font les fourmis: en moyenne la projection les amène à 1,2 m (maximum 4,2 m) et les fourmis les transportent sur 0,72 m (maximum 1,25 m). L'aide à la dispersion apportée par les fourmis constitue quand même un facteur non négligeable.

Grossir avant de produire des graines

Comme chez plusieurs autres espèces (trilles*, arisèmes*, etc.), la violette long-éperon doit atteindre une certaine taille avant de produire des graines. Et il s'agit bien d'une certaine taille, non d'un certain âge... bien qu'il existe souvent une relation entre les deux. Mais la taille dépend plus particulièrement des conditions environnementales.

Dans des populations étudiées de cette violette, 95 % des individus produisant des graines pèsent plus de 0,2 g (poids sec) et aucun, moins de 0,1 g. Des autres individus, 83 % pèsent moins de 0,2 g.

La densité des populations de violette long-éperon (nombre d'individus / m^2) influence considérablement la production de graines. Plus la densité augmente, c'est-à-dire plus les individus deviennent tassés, plus ils sont petits, probablement par manque de ressources. L'augmentation de la densité signifie une augmentation de la compétition qui, à son tour, entraîne une réduction du poids moyen des individus. Et si une violette long-éperon n'atteint pas 0,2 g de poids sec... elle ne produit pas de graines. Ainsi, la proportion d'individus fructifiants diminue en fonction de la densité d'une population.

En moyenne, la violette long-éperon consacre 9,3 % de son énergie (biomasse) à la production de graines. Ce pourcentage ne varie pas avec la densité des individus. La réponse de cette violette à une augmentation de la densité est de diminuer la proportion d'individus fructifiants et non de diminuer la proportion d'énergie que chacun consacre à la production de graines.

Le résultat final? La violette long-éperon change sa production annuelle de graines en fonction des conditions environnementales qui affectent la densité.

Réf. sp. Ballard 92, 94, Beattie 75, Bierzychudek 82a, Cinq-Mars 66, Culver 78, Russell 65, Thompson 81, Valentine 76.

Symbolisme des violettes et culture populaire

Pour d'autres informations concernant le folklore rattaché aux violettes, voir pages 462-463

Violette minuscule

suite de la page 100

Stolons et tapis

Violette minuscule et violette tapissante produisent quantité de stolons, des tiges rampant à la surface du sol qui s'enracinent et donnent naissance à de nouveaux ramets. Chez ces deux violettes, ce mode de propagation produit des tapis denses, très souvent dépourvus d'autres végétaux. Mais la petite taille de la violette minuscule lui permet rarement de former des tapis étendus, aussi remarquables que ceux qui caractérisent la violette tapissante.

Pourtant... elle en forme des ramets sur une petite surface, la violette minuscule! Des chercheurs du Massachusetts renoncèrent même à étudier pendant plus d'un an, la démographie de la violette minuscule. C'est que, dans une placette de 1 m^2, croissaient 1400 ramets de violette minuscule. Peu aisé de marquer et de suivre ces ramets d'une année à l'autre, comme les études démographiques l'exigent souvent!

Chez les violettes minuscule et tapissante, cette propagation par stolons et ramets donne bien plus de nouveaux individus que ne le fait la multiplication par établissement de plantules issues de graines. C'est le contraire chez la violette commune*: elle produit très peu de stolons.

Des stolons pour l'hiver

Les stolons, longs, non ramifiés et terminés par un ramet, poussent à l'aisselle des feuilles de ces deux violettes blan-

***Violette minuscule** (fleur blanche) et **violette dressée** (fleur bleue). Comparée à la violette dressée, la violette minuscule fait figure de naine.*

Photo: Gisèle Lamoureux

ches. Elles ne forment jamais plus d'un stolon par feuille et généralement seulement à partir de la 3e feuille du ramet. C'est dire que seuls les gros plants avec plusieurs feuilles produisent plusieurs stolons. Environ 40 % des ramets de violette minuscule produisent des stolons et seulement 6 % en produisent plus d'un. La production de nouveaux stolons augmente au cours de la saison de végétation.

De juin à août, après la saison des fleurs régulières, quelques nœuds du rhizome produisent des fleurs cléistogames (ne s'ouvrant pas), solitaires et très peu visibles — tant chez la violette minuscule que chez la violette tapissante. Chez ces espèces, les parties aériennes se fanent et meurent à la fin de l'été, ou plus rapidement en situation de sécheresse, et seuls les parties souterraines et les stolons hivernent.

La violette minuscule consacre environ 15 % de son énergie (biomasse) à la propagation. Fleurs et fruits constituent une infime partie de ce pourcentage et presque toute cette énergie est consacrée aux stolons.

Production tardive de ramets

La date de l'émergence des premiers ramets printaniers de la violette minuscule varie beaucoup d'une année à l'autre, ce qui porte à croire que c'est la température et non la photopériode (longueur du jour) qui enclenche le développement des ramets. C'est avant que les arbres ne déploient leurs feuilles, alors que l'éclairement est à son maximum en forêt, que la violette minuscule produit plusieurs ramets.

Mais, assez curieusement, la fin de la saison de végétation voit une nouvelle explosion de ramets chez cette violette, mais pas chez la violette tapissante. Dans l'étude menée au Massachusetts, dans une population considérée stable, la densité moyenne des ramets est passée d'environ 325 / m^2 en mai et juin à près de 700 / m^2 à la fin août.

Une taille qui diminue avec la densité

Un ramet de violette minuscule compte le plus souvent 2 feuilles, mais les gros individus en comptent jusqu'à 6. La production de nouvelles feuilles dure toute la saison de végétation, au grand plaisir de certains prédateurs qui les consomment. Par exemple, lors d'une observation, environ 30 % des feuilles avaient été consommées, au moins en partie. En général, cette prédation n'affecte pas la survie de la plante.

Dans des populations nouvellement installées, à la suite de perturbations de l'habitat, la densité des ramets augmente rapidement. Par exemple, dans une population à Terre-Neuve, en 4 ans la densité est passée de 60 / m^2 à 480 et peu de ramets fleurirent au fil des ans: 6 / 60, 12 / 232, 12 / 292 et 12 / 480. Dans de telles populations, le taux de mortalité des ramets est considéré faible (16 %), indépendant de leur taille (les petits ne meurent pas plus que les gros) et indépendant du fait que le ramet fleurisse ou non.

Cette étude à Terre-Neuve révèle que l'augmentation de la densité des ramets s'accompagne d'une diminution de leur taille. Dans la population observée durant 4 ans, les ramets passèrent en moyenne de 3,16 feuilles à 3,02, puis à 1,56 et finalement à 2,29 feuilles. En général, les violettes doivent atteindre une certaine taille avant de fleurir et, chez la violette minuscule, il semble que la proportion de ramets qui fleurissent diminue à mesure que la densité des ramets augmente. Les ramets qui fleurissent présentent, en moyenne, une plus grande taille que les autres: les ramets fleuris avaient 2,80 feuilles et les autres, 1,97 feuille.

Réf. sp. Ballard 94, Cinq-Mars 66, Newell 81, 83, Russell 65, Schellner 82.

Violette odorante

suite de la page 224

Dans les festins, les Anciens portaient une couronne de violettes autour du front, leur reconnaissant la vertu de dissiper les fumées de l'ivresse et de prévenir maux de tête et étourdissements. Plus tard en Europe, la même couronne éloigna les vipères, grâce à son odeur. Ce qui est plus certain, c'est la propriété de la racine de provoquer des vomissements (présence de saponosides) et d'expulser les sécrétions provenant des voies respiratoires. Le «sirop de violettes» aidait les enfants à dégager leurs voies respiratoires lors de coqueluches, rhumes, bronchites, etc. Avec le tussilage pas-d'âne*, la violette odorante (parfois d'autres violettes) faisait partie des «quatre fleurs pectorales», en réalité au nombre de sept, jadis utilisées contre la toux et contre les inflammations des voies digestives, des reins et de la vessie.

En Europe, la violette odorante fleurit très tôt et «la tisane de violette n'est bonne pour la fièvre que si les fleurs sont cueillies dans le mois de février» ... à cause de «la ressemblance des mots fièvre et février»! Dans la même veine, «manger la première violette que l'on trouve au printemps garantit de la fièvre pour toute l'année» à condition «de l'avaler, sans la mâcher et en levant les yeux au ciel» (Rolland 1896-1914). Son usage contre la fièvre n'est pas dénué de sens, lorsqu'on sait que la violette odorante contient de l'acide salicylique (précurseur de l'aspirine, voir saule p'tits-minous, page 415). Cependant, l'acide salycilique des violettes est un désinfectant et un solvant des tissus rarement ingéré; il s'applique plutôt en onguent pour adoucir la peau, les cors, les verrues et comme fongicide. La violette odorante fut aussi un ancien remède populaire contre les meurtrissures ... (les bleus qui tournent au violet! est-ce en lien avec la doctrine des signatures?) et bien d'autres maux. Certains lui ont reconnu des vertus contre le cancer, que d'autres contestent.

La couleur violette tire son nom de la fleur foncée de la violette odorante sauvage — et la couleur mauve, de la fleur nommée mauve *(Malva,* parfois entièrement mauve, parfois blanche rayée de mauve). Aussi, pour distinguer le violet du mauve, se rappeler que la fleur de la violette tire sur le bleu et celle de la mauve, sur le rose. Anciennement,

Mauve musquée °.

La couleur violette tire son nom de la fleur de la violette odorante, et la couleur mauve, de la fleur nommée mauve.

Violette odorante.

Photos: Gisèle Lamoureux

d'autres plantes portèrent le nom de violette, dont la pervenche (violette des sorciers), ce qui obligea, pour la distinguer, à nommer la violette odorante «violette de mars». Il est vrai que les fleurs de pervenche et de violette odorante revêtent des bleus profonds, qui se ressemblent.

La violette odorante compte $2n = 20$ chromosomes et ne semble pas apparentée aux violettes bleues acaules de l'est de l'Amérique du Nord, dont plusieurs comptent $2n = 54$ chromosomes. En Europe, l'attrait de son parfum en fit une plante horticole, introduite dans tout le continent; elle s'y trouve à l'état sauvage en forêt et fleurit en mars, parfois fin février (ou même janvier, en culture). Dans la région de Montréal, elle s'épanouit dès la mi-avril dans certains jardins.

Doux parfum

Vulcain parut si laid aux yeux de son épouse Vénus, qu'elle ne voulut rien savoir de le suivre. Pour faire oublier sa laideur, le dieu du feu se couronna de violettes, dont l'agréable parfum eut raison de la belle, qui accepta les hommages de son mari. Aphrodite, pendant grecque de Vénus, en fit sa fleur, la ville d'Athènes, son emblème et les Grecs, le symbole de l'amour.

La violette odorante, c'est la célèbre violette parfumée, dont les pétales embaument savons, eaux de toilette et parfums. Mais la perception de son odeur ne dure pas: la fleur émet aussi de l'ionine, une substance heureusement volatile, qui réduit la sensibilité de l'odorat et s'utilise comme désodorisant. Faut-il alors sentir la violette odorante par petits coups répétés?

Ne sentez pas toutes les violettes sauvages... c'est inutile: ici, la violette odorante ne partage pas son parfum avec les autres espèces! Dans nos contrées, en recèlent quelques relents, à peu près seulement la violette tapissante* et, à un degré moindre, la violette minuscule*... mais encore faut-il que la fleur soit proche du nez!

Grasse (près de Nice) et Toulouse, dans le sud de la France, constituent des centres de culture de la violette odorante à des fins de parfumerie. Les violettes poussant à l'ombre dégagent le meilleur parfum et des rangées d'oliviers et d'orangers les protègent du soleil. Le maximum de fragrance se développe des fleurs cueillies le soir ou tôt le matin. Environ 2000 fleurs pèsent 500 g et il en faut près de 500 kg pour obtenir 0,5 kg d'huile essentielle concentrée. Il existe aussi des substances de synthèse (ionone) qui possèdent un parfum très semblable et s'emploient à la place des fleurs.

Les mots ionine et ionone viennent d'*ion*, nom grec des violettes (voir *Le nom de la violette,* page 463). Iode lui doit aussi son nom (de *iodes)* et le lien viendrait de la couleur violette des vapeurs dégagées par l'iode dans certaines conditions.

Des fourmis et de la violette odorante

Qui a dit que les violettes projetaient leurs graines au loin? C'est vrai pour plusieurs espèces, mais pas pour la violette odorante. Au lieu de dresser ses fructifications au-dessus du feuillage et de projeter ses graines, la violette odorante les couche au ras du sol. Le fruit s'ouvre et laisse échapper les graines, qui ne vont pas plus loin qu'à 1 ou 2 cm, ou restent dans la capsule, comme dans un bol de «fruits» offerts aux fourmis qui passent par là!

Et quel appât! Une appétissante caroncule (tissu tendre et spongieux) coiffe la graine, presque aussi volumineuse qu'elle. La violette odorante appartient à la section *Rostellatæ,* à laquelle se confinent les espèces présentant d'aussi importantes caroncules. Ses graines s'avèrent relativement grosses, comparées à celles d'autres espèces: 3,5 à 4,5 mm, contre environ 1,25 à 1,8 mm pour la violette des champs* ou autour de 2 mm pour les violettes du canada* et pensée*. L'enveloppe de la graine est suffisamment dure pour résister aux mâchoires des fourmis.

Au cours d'une expérience en serre, des graines de violette odorante, de violette des champs et d'une autre espèce (10 graines de chacune), furent offertes à de petites fourmis *(Solenopsis geminata,* 3,25 - 3,85 mm). En 49 minutes, tout fut transporté sous terre. Au bout de 48 heures, les fourmis avaient retourné 6 graines à la surface: une de violette des champs, vidée de son contenu, et 5 de violette odorante, un peu rongées et complètement dépouillées de leur caroncule, mais au contenu intact. Ces toute petites fourmis ont réussi à manger les petites graines de la violette des champs, mais seulement la tendre caroncule des grosses graines dures de la violette odorante.

L'association entre violette odorante et fourmis semble ainsi profiter aux deux organismes: la caroncule fournit de l'énergie aux fourmis qui, de leur côté, contribuent à disperser les graines de la violette odorante... même si elles sont aussi grosses qu'elles. D'autant plus qu'il fut démontré que les graines de violette odorante ainsi un peu rongées, germent plus rapidement et produisent des plants plus vigoureux.

Réf sp. Ballard 94, Beattie 75, Cinq-Mars 66, Russell 65.

Favorite de Victoria et de Napoléon

Un grand monarque en fit sa fleur préférée: Victoria (1819-1901), reine de Grande-Bretagne, d'Irlande, impératrice des Indes et à la tête de l'Empire britannique, sur lequel le soleil ne se couchait jamais.

Mais auparavant, la violette symbolisa la France d'un autre empereur, Napoléon Bonaparte. «Le premier Empire prit pour symbole floral la violette, car, dit-on, à leur première rencontre Joséphine avait lancé à Bonaparte un bouquet de ces fleurs que Napoléon ne cessa d'aimer toute sa vie.» (Lehane 1977). On dit aussi de Napoléon: «Lui-même cueillait les violettes qui poussaient sur la tombe de sa tendre Joséphine pour les enfermer dans un médaillon que l'on retrouva plus tard sur son lit de mort.» (Todd 1993).

Après son abdication, on appelait Napoléon «le père la violette». En 1814, avant son départ en exil, il aurait annoncé son retour «avec les violettes». Ses partisans, obligés de se cacher, choisirent la violette comme signe de ralliement et trinquèrent en secret au «Caporal violette». Il est question d'une carte postale qui, en 1815, inonda la France, représentant une innocente touffe de violettes, dans lesquelles se reconnaissaient Napoléon, son épouse et leur fils. Par la suite, le gouvernement français adopta-t-il vraiment des décrets, pour défendre toute reproduction de violettes, à cause de l'emblème des bonapartistes? Chose certaine, Napoléon revient d'exil et débarque en France le 1er mars 1815, à temps pour les violettes!

Curieux qu'une reine-impératrice et un empereur, aux personnalités démesurément grandes, accordent leur amour à une si petite fleur, symbolisant la modestie et la simplicité (voir *Symbolisme des violettes et culture populaire,* pages 462-463).

Violette pensée

suite de la page 178

La violette pensée fut réputée très puissante pour susciter l'enchantement amoureux et Shakespeare l'utilise à cette fin dans *Le songe d'une nuit d'été.* D'aprèsTodd (1993) «Selon une vieille légende, la pensée des champs, aussi appelée violette tricolore et herbe de la Trinité, avait autrefois un parfum si suave qu'elle affolait les femmes et les jeunes filles qui allaient la cueillir dans les champs sans se soucier du blé piétiné. C'est elle-même, toute triste de causer tant de dégâts, qui demanda à la Trinité sa patronne (jaune d'or pour le Père, blanc pur pour le Fils, et violet pensif pour l'Esprit-Saint) de lui ôter son odeur afin que l'homme pût manger à sa faim.» Vous désirez que vos amours prospèrent? Plantez des violettes pensées de manière qu'elles dessinent un coeur. Si elles prospèrent, ainsi en ira-t-il de vos amours.

Blanche pensée, blessée d'amour

Une histoire raconte que la pensée était à l'origine blanche, mais que Cupidon la colora en pourpre:

Je remarquai pourtant où le trait de Cupidon tomba,
Il tomba sur une petite fleur d'Occident,
Autrefois blanche comme le lait,
Aujourd'hui empourprée par sa blessure
Que les jeunes filles appellent Pensée d'amour.

William Shakespeare *Le songe d'une nuit d'été*

La façon sûre de se faire de suite un amoureux? Qu'une jeune fille porte, au cours d'un bal, un bouquet de trois pensées: une mauve, une blanche et une troisième, très rare, si même elle existe: veloutine noire sans jaune dedans. Et si vous ne savez quel amant choisir, la pensée vous aidera: faites tourner la tige entre vos doigts, en disant: «Pense bien! où tu t'arrêteras, mon amant sera.» Mais si jamais quelqu'un dépose extérieurement à votre fenêtre, durant la nuit, un bouquet de pensées, c'est un avertissement: vous faites mieux de *penser* à votre prétendant, absent pour une raison quelconque, que d'aller courir bals et fêtes! Rolland (1896-1914) raconte ainsi une légende ukrainienne: «Un jour, à l'insu de leurs parents, un frère épousa sa sœur (sans savoir qu'elle était sa sœur). Quand tous deux connurent leur crime involontaire, ils en eurent un tel chagrin que Dieu en eut pitié et les transforma en cette fleur (la pensée), qui a gardé le nom de *bratky* (les frères).»

Réf. sp. Ballard 94, Bailey 49, Cinq-Mars 66, Doyon 90, Todd 93.

Roger Larose

Gisèle Lamoureux

Gisèle Lamoureux

Violette pensée. *La couleur des fleurs varie du tout jaune au tout violet. Mais toujours, les pétales dépassent les sépales.*

Violette tapissante

suite de la page 98

Développement et vie d'un clone

La plus grande partie de ce texte est traduite et adaptée de Cook 1983

La violette tapissante, comme son nom l'indique, forme des tapis souvent étendus, d'où le nouveau nom adopté en français par Fleurbec. Vraisemblablement, ces tapis se composent de plusieurs clones entremêlés. Chaque clone est en compétition avec les clones voisins et produit plusieurs ramets (= individu, voir *Qu'est-ce qu'un ramet?* page 384). La performance d'un ramet individuel dépend non seulement de la répartition des ramets voisins, mais aussi du nombre et de la performance des autres ramets qui lui sont connectés. Car les ramets de chaque clone restent physiquement et physiologiquement connectés pendant plusieurs années et chaque clone fonctionne comme un seul organisme intégré. Distinguer les clones les uns des autres ou analyser la compétition entre les ramets est d'une complexité inouïe.

Quatre ans pour fleurir

Dès sa naissance, la plantule de violette tapissante fait face à des conditions adverses. L'éclairement est faible, les racines des arbres et des arbustes voisins accaparent vite l'eau disponible et une armée d'herbivores de tout acabit convoite sa chair tendre.

Même les ramets de son espèce lui nuisent, d'autant plus que le nombre de

***Violette tapissante**. Elle porte ses fleurs au niveau des feuilles et ses feuilles sont poilues, deux caractères qui la distinguent de la violette minuscule (fleurs bien au-dessus de feuilles sans poils — sauf parfois quelques poils sur la queue).*

Photo: Gisèle Lamoureux

ramets de violette tapissante par mètre carré (densité) est parfois élevé (440 par exemple). La densité de ces ramets affecte la germination, l'émergence et la survie des plantules: celles-ci sont plus nombreuses lorsque la densité des ramets est faible. Par contre, l'émergence de nouveaux ramets sur les stolons, de même que la mort des ramets, sont indépendants de cette densité.

Durant sa **première année**, même la plus vigoureuse plantule ne produira qu'une rosette de 2 ou 3 feuilles, chacune pas plus grande qu'un 25 cents, et dont il ne restera que la queue après le passage des limaces ou d'autres herbivores. Sur 100 plantules nées en mai, 64 mourront avant le printemps suivant. Mais ce taux varie grandement, même sur une distance aussi courte que 1 ou 2 m, et il dépend des précipitations locales.

Au cours de sa **deuxième année**, la probabilité de disparaître descend sous la barre du 50 % et sa taille, plus que son âge, détermine cette probabilité. Ainsi, lorsque la somme des diamètres de ses feuilles n'atteint pas 10 cm (environ 3 feuilles), la probabilité qu'elle meure est de 22 %. Ce risque passe à moins de 4 % pour une plante de plus grande taille: elle possède des racines plus profondes, plus de réserves nutritives et un plus grand potentiel de continuer à vivre malgré une perturbation.

Les plus gros ramets produiront des stolons durant la 2e année, bien avant que des fleurs ne se forment. S'ils sont petits, les ramets grossiront durant cette 2e année et ne produiront des stolons que la **troisième année**.

Le bourgeon qui termine le stolon hiverne sous la neige et émerge au 3e printemps. C'est à ce moment qu'il produira des feuilles vigoureuses... et une 2e génération de stolons. Après cette production de stolons, il arrive que le ramet fille produise de minuscules fleurs cléistogames (qui ne s'ouvrent pas et s'autopollinisent), mais il faut attendre encore pour que s'épanouissent les jolies fleurs blanches de la violette tapissante. Elles naîtront seulement sur certains ramets et seulement après qu'un stolon, et le bourgeon qui le termine, aura hiverné encore une fois. Le clone aura alors **4 ans**.

Somme toute, le ramet issu de graine ne produit pas lui-même des graines. Ce sont les ramets filles, qui naissent au bout de stolons, qui le font.

Durée et mort d'un ramet

Un ramet de violette tapissante ne vit que 3 à 5 ans. Le clone, lui, s'étend avec l'âge, produit de plus en plus de ramets filles et vit bien plus longtemps — mais personne ne sait combien de temps.

La mort d'un ramet mère est un phénomène curieux. Il arrive qu'un individu fasse preuve d'une grande vitalité au cours d'une saison, produise plusieurs stolons et un fruit ou deux puis ... n'émerge tout simplement pas l'année suivante, parce qu'il est mort. Plus souvent, un ramet vigoureux une année se développe très tardivement l'année suivante et n'émet qu'une misérable petite feuille; il meurt à la moindre sécheresse ou à la plus petite morsure d'un herbivore. Ainsi un ramet mère sénescent et faible, se trouve entouré de 3 ou 4 ramets filles, pleins de vitalité, ayant eux-mêmes produit des ramets petites-filles.

La multiplication, qu'il s'agisse de graines ou de stolons, hypothèque-t-elle la survie du ramet? Par exemple, en réduisant sa taille au point de le rendre très vulnérable? Il semble que oui, d'après des observations rigoureuses et de savants calculs. Les ramets qui ne produisent ni stolons ni graines, conservent sensiblement la même taille l'année suivante. Mais la production de stolons ou de fruits, une année donnée, s'accompagne, l'année suivante, d'une diminution de la taille.

Une année dans la vie d'un clone

Somme toute, si elle survit à la première année de son développement, la plantule devient un ramet qui, la 2e ou la 3e année, produit des stolons donnant naissance à de vigoureux et prolifiques ra-

Violette tapissante

Développement d'un clone, à partir de la graine

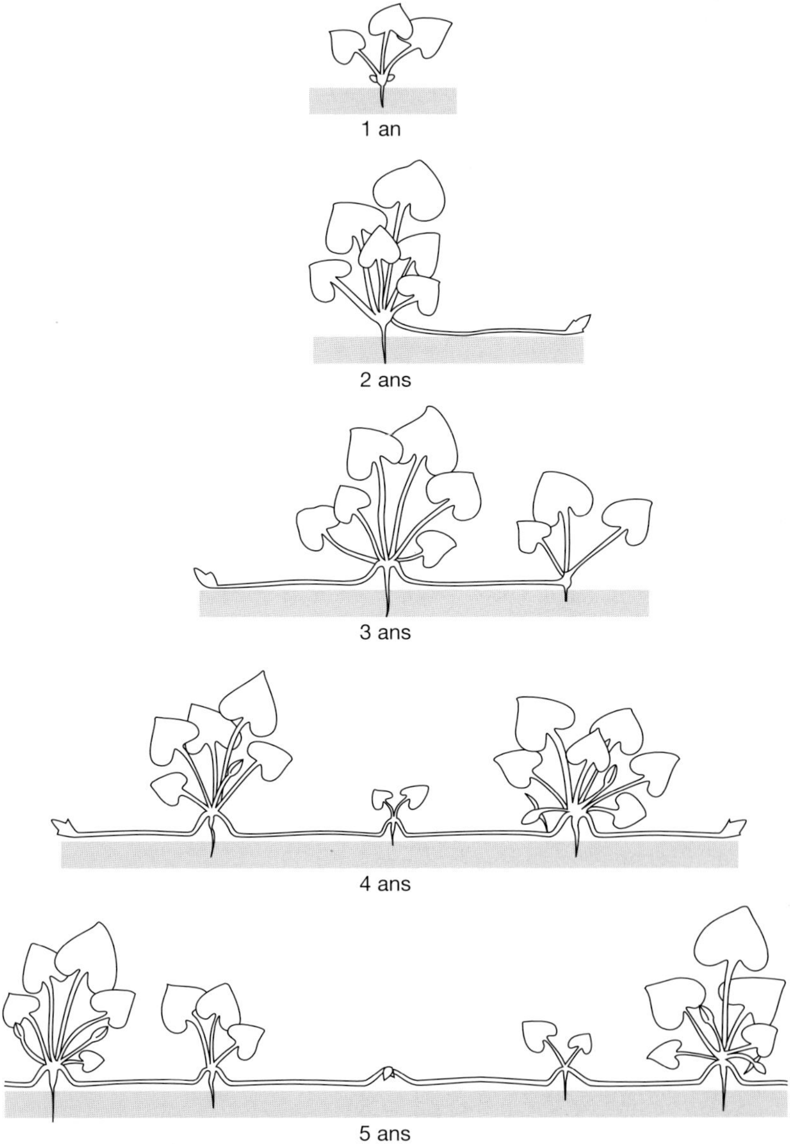

Tiré de Cook 1983. Retracé à l'ordinateur par M.-J. Poulin.

mets. Durant la 3e ou la 4e année, la capacité de croissance du clone glisse vers les ramets de la génération plus jeune, qui augmentent leur taille, alors que celle du ramet mère décline. Rendu à la 5e année, ce dernier cesse de produire des feuilles, mais le clone continue à le faire, par le biais des ramets filles.

La vie du clone au cours d'une saison? En août, les stolons emmagasinent des réserves et développent leurs bourgeons, qui hiverneront. Les feuilles du ramet mère se désintègrent et les métabolites qu'elles contenaient retournent dans les parties souterraines de la plante. Dans quelles proportions ces métabolites se logent-ils dans les bourgeons des stolons? C'est encore inconnu. Au printemps, les bourgeons des stolons se développent. Les réserves nutritives contenues dans les parties souterraines nourrissent ces bourgeons, qui entrent en compétition les uns contre les autres pour accaparer ces réserves.

Le clone se déplace

Un ramet occupe un microsite pendant 5 ans et la prolifération des ramets filles permet l'exploration des alentours, sur une bonne superficie. Une microcartographie de tous les ramets de 3 populations révéla que la longueur des stolons varie passablement. Un stolon moyen mesurait 21 cm, le plus court, 6 cm, et le plus long, 35 cm.

Les ramets filles tendent à se rassembler en amas, d'abord parce qu'un ramet mère peut produire plus d'un stolon et que ceux-ci croissent à proximité les uns des autres. Mais les stolons provenant de parents différents tendent aussi à former des amas. Pourquoi plusieurs stolons se dirigent-ils vers un même microsite pour s'y enraciner et produire un ramet? Il est difficile de ne pas croire à l'effet probable des conditions environnementales sur la croissance des stolons. Des botanistes émettent l'hypothèse que les stolons détectent des différences de concentration de nutriments dans le sol et qu'ils développent leurs ramets là où les concentrations s'avèrent supérieures.

N'est-il pas impressionnant de constater l'hétérogénéité du parterre forestier? Des roches à moitié enfouies, des troncs en décomposition, des branches pourries, un riche humus, une mini cuvette humide, tout ça en mosaïque. Du matériel à explorer pour un clone! Les stolons tournent parfois abruptement pour contourner un obstacle et l'établissement d'un ramet fille est fréquemment associé à une pièce de bois décomposée, une excellente source d'azote.

Les stolons de la violette tapissante peuvent produire des racines sur toute leur longueur et une prolifération de racines se trouve souvent à proximité de matière organique décomposée ou de branches pourrissantes. Le chemin parcouru par un clone de violette tapissante est aussi variable que les méandres parcourus par une amibe affamée!

Lorsque les ressources se répartissent en mosaïque dans un habitat, certains avantages assurent le succès d'un clone, telles la capacité de détecter des concentrations de nutriments, la capacité de développer des racines à n'importe quel point du stolon et la capacité de développer des ramets aux endroits stratégiques.

Mieux lutter pour évoluer

Une loi fondamentale de la biologie, l'évolution, joue aussi à l'échelle des clones, dont ceux de la violette tapissante. Dans cette optique, les bénéfices qu'une espèce retire d'une croissance clonale peuvent provenir, par exemple,

- d'une meilleure habileté à récolter les ressources d'un environnement,
- d'une capacité accrue d'envahir d'autres clones et de résister à l'invasion par des plantules,
- d'une diminution de la probabilité de mourir d'un clone, par la répartition du risque de mort entre de multiples ramets, capables d'une vie indépendante.

Réf. sp. Ballard 94, Cinq-Mars 66, Cook 83, Russell 65, Schellner 82, Thompson 81, Waller 81.

Croissance lente et dispersion limitée

Tableaux synthétiques

Plusieurs espèces sauvages printanières croissent lentement. Leur développement s'échelonne sur plusieurs années et la plante passe souvent par plusieurs stades juvéniles avant d'atteindre la maturité sexuelle (fleurir et fructifier).

Cette croissance lente va souvent de pair avec une longévité remarquable et plusieurs herbacées printanières vivent pluricentenaires. Elles méritent le même respect, la même attention, qu'une personne ou qu'un arbre qui dépassent les 100 ou 150 ans!

Par ailleurs, ces espèces se propagent souvent végétativement et forment des tapis denses, comptant parfois des centaines d'individus (ramets). La plante occupe ainsi royalement une superficie donnée. Par contre, la dispersion au loin et l'établissement à partir de graines se butent souvent à d'importants obstacles.

La fructification elle-même présente régulièrement des problèmes. Par exemple, chez le maïanthème du canada, à peine 6 % des bourgeons de fleurs produiront des graines mûres, et chez le cornouiller quatre-temps, c'est 11 %; et puis, chez ces graines, c'est l'exception qui germera.

La germination, à son tour, se révèle souvent difficile ou lente, étalée sur 2 ans ou plus. Chez d'autres, le taux de germination s'avère faible ou la mortalité des plantules et des juvéniles, très élevée. Dans certains cas, la recherche de plantules en milieu naturel reste infructueuse: aucune ne fut observée par les botanistes, malgré plusieurs années de recherches ciblées et d'observations minutieuses.

Bien des espèces printanières à croissance lente ne poussent que dans les forêts de l'est de l'Amérique du Nord et cette information figure dans les tableaux qui suivent. Moins largement réparties à l'échelle planétaire, ces plantes constituent un patrimoine mondial et il nous incombe de les préserver, à tout prix, dans leur habitat. Notre responsabilité à cet égard s'en trouve accrue d'autant qu'elles ne poussent pas ailleurs.

Le tableau des deux pages suivantes résume quelques données connues sur la biologie des «belles de nos bois». Mais toutes les espèces printanières n'ont pas fait l'objet d'études démographiques et, dans bien des cas, leur cycle biologique reste un mystère. Sont-elles à croissance lente ou non? Nul ne le sait.

Espèces printanières à croissance lente répertoriées dans ce livre: quelques caractères connus

pages (pour plus d'information)	nom	nombre d'années pour fleurir et fructifier, à partir de la dispersion de la graine	longévité / bulbe ou clone (ans)	longévité maximale observée / fragment de rhizome (ans) *couronne	longévité maximale observée / ramet (ans)	âge / ramet fleuri (ans)	germination lente, difficile, longue ou taux faible	recrutement rare, faible, problématique ou jamais observé	mortalité élevée des plantules et juvéniles	seulement en Amérique du Nord ou est de l'Amérique du Nord	commerce horticole, alimentaire, médicinal ou teinturerie	propagation végétative limitée ou nulle	particularité
72	actée blanche	5					√			E	h		
74	actée rouge	5					√			N	h		
254, 268-278	ail des bois	7 à 10	probablement + de 50				√		√	E	illégal		1
86	anémone du canada	3								N	h		
84, 279-288	aralie chassepareille	inconnu, + de 5	pluricentenaire		50	5 ou +	√	√		N			
200, 289-301	arisème petit-prêcheur	4 à 6	minimum 25 / pluricentenaire	4			√		√	E	h	√	2
204, 302-305	asaret gingembre	minimum 7 ou 8	104	10			√	√	√	E	h, a, m		
194, 312-313	claytonie feuille-large	+ de 4							√	E			
170, 314-330	clintonie boréale	environ 15	pluricentenaire	15			√	√	√	N	h		
206, 331-333	cohosh bleu	minimum 5 à 7					√	√		E	h		
90, 334-336	cornouiller de suède		plusieurs décennies / centenaire										3
88, 339-341	cornouiller quatre-temps	inconnu, + de 4	plusieurs décennies / centenaire				√		√		h		
214, 342-345	cypripède rose	15 à 20	+ de 50				√		√	E	h		
218	épigée fleur-de-mai	minimum 3								E	h		4
152, 346-355	érythrone d'amérique	10 ou +	16				√	√	√	E	h		

192, 359-360	hépatique noble	4 à 13; jusqu'à 35	pluricentenaire	20			√				h, m	√	
248, 363-371	iris versicolore	3					√			E	h		5
220, 372-376	linnée boréale	5 à 10	pluricentenaire	tige 10				√			h		6
76, 377-382	maïanthème à grappes	7	plusieurs décennies / centenaire	+ de 20		3	√			N	h		7
80, 383-391	maïanthème du canada	7	pluricentenaire		12	3 ou 4	√	√		N	h		
78	maïanthème étoilé	7					√			N			
252, 392-400	matteuccie tête-de-violon	plusieurs	pluricentenaire	*120				√			h, a		8
164, 401-404	médéole de virginie	+ de 5					√			E	h		
66	mitrelle deux-feuilles	4								E	h		
92, 405-407	oxalide des bois	inconnu, + de 3 à 5			19	3 à 5	√	√		E	h		
160	pigamon hâtif	3								E	h		
168, 408-410	populage des marais	+ de 3 ou 4	+ de 50					√	√		h		
46, 411-414	sanguinaire du canada	2 ou 3	plusieurs décennies				√			E	h, m, t		
64	saxifrage de virginie	inconnu, + de 2							√	E			
158	sceau-de-salomon poilu	plusieurs					√			E	h		
82, 418-420	streptope blanc	plusieurs					√				h		
208, 418-420	streptope rose	plusieurs					√			N	h		
198, 421-426	symplocarpe chou-puant	plusieurs	pluricentenaire	+ de 75					√		h		
96, 427-428	trientale boréale	plusieurs					√	√		N			
48, 429-449	trille blanc	minimum théorique 7, minimum observé 17	plusieurs décennies	30			√		√	E	h	√	
50, 429-449	trille ondulé	minimum 7 à 10	plusieurs décennies				√			E	h	√	
52, 429-449	trille penché	minimum 7 à 10	plusieurs décennies				√			E			
202, 429-449	trille rouge	minimum théorique 7, minimum observé 11	plusieurs décennies	32			√		√	E	h	√	
156, 450-453	uvulaire grande-fleur	minimum 5 ou 6					√	√		E	h		
154, 454-455	uvulaire petite-fleur	plusieurs					√			E			
106, 477	violette élancée	2 ou 3								E			4
98, 489-492	violette tapissante	4	inconnu		5				√	E			

***Particularités**: 1) protégé au Québec 2) maladie fréquente 3) rare dans le Québec habité 4) répartition sporadique 5) emblème floral, habitat en régression 6) protégée en Europe 7) bourgeon dormant 20 ans 8) surexploitée au Québec*

Des indices incitent à penser que plusieurs autres printanières présentent aussi une croissance lente, dont les espèces figurant dans les tableaux suivants.

Par exemple, des plantes rares ou possédant un statut juridique de protection au Québec, relèvent de cette catégorie, et le premier tableau les concerne (l'ail des bois paraît dans ce tableau et dans celui de la page précédente). Quant au second tableau, il regroupe des plantes printanières présumées à croissance lente, qui font l'objet de commerce.

Souvent attrayantes, les espèces à croissance lente sont prélevées en milieu naturel pour la vente, car leur culture à partir de graines demande plusieurs années et n'est pas rentable. Le prélèvement à des fins commerciales risque de nuire à la survie de leurs populations. Prière de ni les acheter ni les vendre et surtout, ne pas perturber leur habitat.

Espèces printanières rares ou jouissant d'un statut juridique de protection au Québec

pages (pour plus d'information)	nom	rareté ou statut juridique	seulement Amérique du Nord ou est de l'Amérique du Nord	commerce
254, 268-278	ail des bois	vulnérable	E	illégal
62	cardamine découpée	menacé	E	
196	claytonie feuille-étroite	menacé	E	horticole
172	violette feuille-ronde	rare	E	
236, 482	violette long-éperon	menacé		

Espèces printanières probablement à croissance lente et faisant l'objet de commerce

pages (pour plus d'information)	nom	seulement en Amérique du Nord ou dans l'est de l'Amérique du Nord	commerce horticole, alimentaire ou médicinal
210	ancolie du canada	N	horticole
216	benoîte des ruisseaux	N	horticole
58	cardamine carcajou	E	horticole, alimentaire
94	coptide savoyane		médicinal
212	corydale toujours-verte	N	horticole
54	dicentre capuchon-jaune	N	horticole
56	dicentre capuchon-rose	E	horticole
180	dircé bois-de-plomb	E	médicinal
70	tiarelle feuille-en-cœur	E	horticole
228, 462-472	violette commune	N	horticole
230	violette dressée	E	horticole
104	violette du canada	N	horticole

Glossaire

Termes spécialisés ou sens particuliers utilisés dans ce volume

Abénaquis(e); nom et adj. Tribu d'Amérindiens nomades, de la grande famille algonquine. Présents en Nouvelle-Angleterre à l'arrivée des Européens, ils migrèrent ensuite en Beauce et occupent aujourd'hui, au Québec, les territoires d'Odanak (embouchure de la rivière Saint-François) et de Wôlinak (Bécancour).

abondance; n.f. Nombre d'individus, d'après le nombre de tiges ou le pourcentage de recouvrement au sol, soit pour un site, une population, etc., ou pour l'ensemble de l'aire de répartition. Une espèce qui est peu abondante dans toutes les populations de son aire est considérée comme rare (cas de plusieurs espèces de la famille de l'orchidée). À distinguer de fréquence et de densité (voir ces termes).

abortif(ve); adj. Qui provoque l'avortement.

achaine ou **akène;** n.m. Fruit sec, ne s'ouvrant pas et contenant une seule graine, inséparable des enveloppes du fruit; exemple: pissenlit*.

acide cyanydrique; n.m. Substance toxique présente chez plusieurs espèces d'arbres fruitiers de la famille de la rose. Voir p. 136.

acide; adj. Voir pH.

adulte; adj et nom. Voir mature.

aigrette: n.f. Touffe de poils, de soies ou d'écailles facilitant le transport par le vent des graines qui en sont pourvues.

aisselle; n.f. Angle à la jonction de deux organes, par exemple à la rencontre entre la feuille et la tige. Illustration p. 500.

alcalin(e), adj.; **alcalinité**, nom. Voir pH. Synonyme: basique, basicité.

alcaloïde; n.m. Groupe de substances contenant de l'azote et ressemblant chimiquement à des alcalins. Proviennent des plantes et causent des réactions physiologiques très marquées, touchant le plus souvent le système nerveux. La médecine en utilise de nombreux et plusieurs sont toxiques.

Algonquin(e); nom et adj. Grande famille linguistique d'Amérindiens nomades, qui habitaient un vaste territoire entre les Rocheuses et l'Atlantique. Leur civilisation utilisa abondamment l'écorce du bouleau à papier (canots, contenants, etc.). Abénaquis, Attikameks, Cris, Micmacs et Montagnais appartiennent à ce groupe. Désigne aussi la tribu amérindienne qui contrôlait la vallée de l'Outaouais et qui occupe aujourd'hui, au Québec, l'Outaouais et l'Abitibi-Témiscamingue.

alluvion; n.f. Sédiment laissé par une nappe ou un cours d'eau qui se retire après une crue. Constituée le plus souvent de particules fines qui enrichissent le sol.

alpin(e); adj. De Alpes. Se dit de la partie des montagnes au-dessus de la limite des forêts, caractérisée par une végétation de toundra et d'arbres rabougris, reliée à un climat froid et venteux. Désigne aussi les plantes et les groupements végétaux qui poussent à cet endroit. Dans le sud du Québec, l'étage alpin se trouve principalement dans le parc de la Gaspésie, dans les monts Groulx et Otish (Territoires du Nouveau-Québec), sur le mont du Lac des Cygnes et quelques autres sommets dans Charlevoix.

alterne; adj. Se dit des feuilles insérées une à une, à des hauteurs différentes sur la tige. S'emploie aussi pour d'autres organes ou parties d'organe. Illustration p. 503.

Amérindien(ne); nom et adj. Mot formé de Amérique et Indien. Désigne l'ensemble des Indiens d'Amérique et ce qui est relatif à ces peuples. Le terme indien s'applique aux habitants de l'Inde et c'est parce qu'ils se croyaient rendus aux Indes que les premiers explorateurs octroyèrent aux indigènes d'Amérique le qualificatif d'indien. Dans notre texte, «Amérindien» se réfère surtout aux indigènes de l'est du Canada et du nord-est des États-Unis.

amphi-atlantique; n.f. et adj. Espèce ayant une répartition des deux côtés de l'Atlantique, sans atteindre le Pacifique. Soit, généralement dans l'hémisphère nord, dans l'est de l'Amérique du Nord et dans l'ouest de l'Europe.

aneuploïdie; n.f. Lorsque, chez un organisme normalement diploïde, pour un chromosome particulier le nombre n'est pas diploïde. Exemple: la trisomie des mongoliens, chez qui le chromosome 21 est représenté 3 fois au lieu de 2 ($2n+1$ chromosomes); dans d'autres cas d'aneuploïdie, il s'agit d'un chromosome en moins ($2n-1$).

annuelle; n.f. et adj. Espèce qui dure un an. Qui accomplit son cycle vital complet en une année, de la germination à la maturation des graines. Généralement, la plante passe l'hiver sous forme de graine, mais pas toujours: voir barbarée vulgaire*, p. 150.

anthère; n.f. Partie de l'étamine qui renferme le pollen et le plus souvent composée de deux sacs polliniques. Généralement renflée et plus volumineuse que le filet qui la supporte. Illustration p. 505.

antibiotique; n.m. et adj. Substance généralement produite par un micro-organisme, qui tue une ou des espèces déterminées de micro-organismes ou qui empêche leur croissance. Contrairement aux antiseptiques, n'est pas toxique pour tous les vivants.

antiseptique; n.m et adj. Substance toxique pour tous les vivants. Employé surtout pour tuer les microbes; exemples: peroxyde d'hydrogène, eau de javel.

antitumoral; n.m. et adj. Qui combat ou réduit les tumeurs.

aphrodisiaque; n.m. et adj. Propre à exciter le désir sexuel, à faciliter l'acte sexuel.

apomixie; n.f. Production de graines, sans fécondation. Comprend la parthénogénèse (développement à partir de l'oosphère) et l'apogamie (à partir d'une cellule autre que l'oosphère). Voir p. 377.

arborescent; adj. Qui a le port, l'allure d'un arbre.

arbustaie; n.f. Formation végétale composée principalement d'arbustes.

Arctique; n.m. et adj. Zone bioclimatique située dans les régions très froides, au nord de la limite des forêts. Désigne les espèces et les groupements végétaux qui poussent principalement dans la toundra nordique; les plantes de la toundra des hauts sommets sont plutôt qualifiées d'alpines et les espèces communes aux deux types de toundra, d'**arctiques-alpines**. Voir *Domaines floristiques de l'Amérique du Nord*, p. 27.

aromatique; n.m. et adj. Qui a une odeur agréable et pénétrante.

astringent(e); n.m. et adj. Qui resserre les tissus, en faisant contracter les capillaires sanguins et diminuer les sécrétions des glandes. Arrête les saignements et facilite la cicatrisation.

Attikamek (Tête-de-Boule); nom et adj. Tribu d'Amérindiens nomades de la grande famille algonquine, présents en Mauricie. Aujourd'hui au Québec: Manouane, Weymontachinge, Obedjiwan.

aulnaie; n.f. Groupement végétal dominé par des aulnes.

autofécondation; n.f. Quand le pollen d'une fleur féconde un ovule de cette même fleur, d'une fleur de la même plante ou du même clone.

batture; n.f. Canadianisme désignant la zone des marées, lorsqu'elle est plate et de grande étendue. Désigne aussi les secteurs du lit des rivières exondés en été et s'applique plutôt aux étendues de vases. À l'origine et en d'autres pays, ce terme désignait les endroits à fleur d'eau sur lesquels la mer vient se briser.

bétulaie; n.f. De *Betula*: nom latin du bouleau. Groupement végétal dominé par des bouleaux; par des bouleaux jaunes: bétulaie jaune (on dit aussi bétulaie à bouleau jaune), par des bouleaux à papier: bétulaie blanche.

boréal(e); adj. De Borée, dieu grec du vent du nord. Se rapporte au climat froid des régions nordiques. Désigne aussi les espèces et les groupements végétaux qui poussent principalement sous ce climat, le plus souvent dans la forêt boréale. L'aire de répartition de ces plantes empiète à l'occasion sur les zones adjacentes, à la faveur de milieux à climat équivalent, par exemple: au nord, vallées bien abritées et au sud, sommets exposés. Voir *Domaines floristiques de l'Amérique du Nord*, p. 30.

bouturage; n.m. Mode de multiplication par enracinement d'une partie coupée de la plante.

bractée; n.f. Feuille modifiée, souvent réduite, accompagnant la fleur ou l'inflorescence. Peut différer des autres feuilles par sa couleur ou sa forme. Exemples: les 4 bractées blanches de l'inflorescence du cornouiller quatre-temps*, les abondantes bractées vertes sous la «fleur» (capitule) du pissenlit*, les bractées de la hampe du tussilage pas-d'âne*. Illustration p. 507.

buissonnant(e); adj. Formant des buissons.

bulbe; n.m. Organe souterrain

Note. Certains termes, définis comme adjectifs dans les dictionnaires courants, s'utilisent aussi comme substantifs en botanique. Nous les avons définis comme «nom et adjectif». C'est le cas, par exemple, pour annuelle, calcicole, circumboréale, circumpolaire, diploïde, herbacée, introduite, invasculaire, juvénile, ligneux, mature, sporadique, tétraploïde, transcontinentale, triploïde, vasculaire, vivace.

bourré de réserves qui assurent la survie de la plante d'année en année. Essentiellement, c'est un bourgeon dont la plus grande partie est constituée soit par une tige renflée (bulbe solide des crocus, de l'érythrone), soit par des feuilles charnues et écailleuses (bulbe écailleux des lis), soit par des feuilles dont les bases entourent le bulbe comme des tuniques (bulbe tuniqué de l'oignon).

calcaire; n.m. et adj. Roche sédimentaire alcaline, constituée de carbonate de calcium.

calcicole; n.f. et adj. Espèce qui fréquente les substrats calcaires. Bien des plantes tolèrent mal ces roches alcalines, ce qui laisse le champ libre à tout un cortège d'espèces qui s'en accommodent et qui, souvent peu compétitrices, ne fréquentent que les lieux peu ou non colonisés par la végétation.

calice; n.m. Enveloppe extérieure de la fleur, très souvent verte. Formée soit par l'ensemble de plusieurs pièces libres, les sépales, soit par une seule pièce, lobée ou non (l'équivalent de sépales soudés). Illustration p. 504.

capitule; n.m. Mode de groupement de fleurs sans queue ou presque, serrées les unes contre les autres sur un même support court (réceptacle) de façon à imiter une seule fleur. Se nomme aussi «fleur composée». Exemples: le pissenlit * et illustration p. 507.

caroncule; n.f. Crête de tissus charnus qui surmonte la graine de certaines espèces et généralement la rattache au fruit avant sa libération. Photo p. 447.

carpelle; n.m. Partie de la fleur: organe femelle de la reproduction. Unité de base du pistil (voir ce mot), typiquement formé d'un ovaire, d'un style et d'un stigmate. Dans un pistil, les carpelles sont libres ou soudés. Dans le cas de carpelles soudés, souvent les stigmates ne le sont pas, indiquant le nombre de carpelles en cause.

cataplasme; n.m. Pâte faite avec une substance médicamenteuse, placée entre deux épaisseurs de tissu et appliquée sur les parties malades.

cédrière; n.f. Groupement végétal dominé par le cèdre-thuya occidental.

chablis; n.m. En forêt, clairière découpée par le vent qui renverse ou casse de grands arbres. Souvent un chablis forme un couloir, comprenant plusieurs arbres enchevêtrés parce que tombés les uns sur les autres comme des dominos, ce qui rend la marche impossible.

charnu(e); adj. Se dit d'un tissu végétal épais, gonflé de liquide. Exemple: cerise et fraise sont charnus.

Cherokee; nom et adj. Amérindiens de l'ouest de la Caroline du Nord, du nord-ouest de la Géorgie et aussi de l'Oklahoma.

Chippewa; nom et adj. Autre nom des Amérindiens Ojibwés.

chlorophylle; n.f. Pigment vert absorbant l'énergie lumineuse nécessaire à la photosynthèse.

chromosome; n.m. Structure souvent en forme de bâtonnet (droit ou courbé), contenue dans chaque cellule. Les chromosomes régissent le fonctionnement d'un organisme et transmettent les caractères héréditaires. Ils se composent de gènes.

circumboréale; n.f. et adj. De *circum*: autour et *boreus*: boréal, du nord. Espèce qui pousse tout autour du globe, principalement dans la zone boréale. Désigne aussi l'aire d'une telle espèce.

circumpolaire; n.f. et adj. De *circum*: autour et *polaris*: pôle. Espèce qui pousse tout autour du globe, principalement dans la zone arctique, soit au nord de la limite des forêts, dans la toundra nordique. Certaines plantes circumpolaires poussent aussi sur les sommets exposés de montagnes situées plus au sud, lorsque les conditions climatiques s'apparentent à celles de l'Arctique. Désigne aussi l'aire d'une telle espèce.

clairière; n.f. Dans la forêt: trouée, espace dépourvu d'arbres.

clone; n.m. Groupe constitué d'individus tous issus asexuellement de la même plante mère (sans intervention de cellules sexuelles ou sans fécondation) et possédant les mêmes chromosomes. Produits par multiplication végétative ou par apomixie, de tels groupes sont génétiquement très homogènes et les individus se ressemblent, comme des jumeaux identiques.

collet; n.m. Région de transition entre la tige et la racine (généralement située au niveau du sol).

colonie; n.f. Groupe de plusieurs individus d'une même espèce, poussant à proximité les uns des autres dans un espace délimité. Souvent, ils

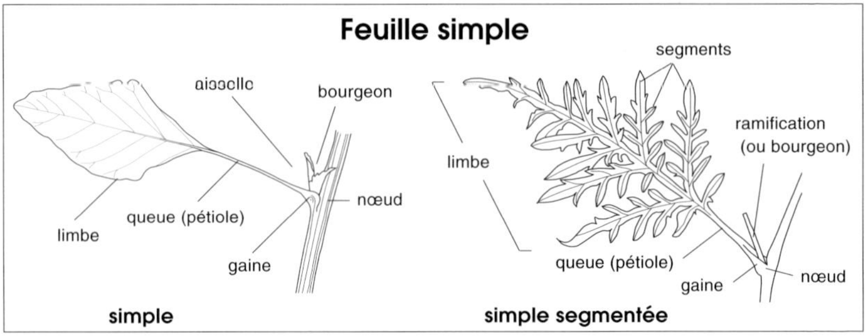

sont issus les uns des autres. Parfois même ils ne constituent qu'un individu, au sens strict, parce qu'ils viennent du même rhizome et que leurs tiges sont unies (ou l'ont été) par leurs parties souterraines. Voir aussi clone, ramet.

composée (feuille); adj. Constituée de deux ou de plusieurs folioles rattachées à une même queue ou à un axe central. Exemples: feuille des fraisiers (3 folioles), celle du sureau rouge (de 5 à 7 folioles). Illustration p. 501.

compresse; n.f. Pièce de linge imbibé d'eau (chaude ou froide) ou d'un liquide contenant une substance médicamenteuse (infusion d'une plante par exemple) et qu'on applique sur les parties malades.

constriction; n.f. Étranglement dans la silhouette d'une tige, d'un rhizome. Souvent due à un ralentissement de la croissance.

continue (aire); adj. Se dit de l'aire de répartition d'une espèce lorsqu'elle n'est pas interrompue par une absence importante (voir carte p. 74), par opposition à une aire disjointe (p. 208).

cordillérienne (origine); adj. En provenance de la cordillère (désignant les grandes chaînes de montagnes de l'ouest de l'Amérique du Nord).

corme; n.m. Bulbe solide (voir bulbe) formé par l'épaississement de la base de la tige. Désigne aussi le fruit des cormiers *(Sorbus)*.

cormille; n.m. Petit corme, généralement formé par le bourgeonnement d'un corme.

corolle; n.f. Partie de la fleur, généralement la plus voyante et la plus colorée, constituant l'un des deux rangs de pièces qui enveloppent les organes de reproduction. Formée soit par l'ensemble de plusieurs pièces libres, les pétales, soit par une seule pièce, lobée ou non (l'équivalent de pétales soudés). Illustration p. 504.

cosmopolite; n.f. et adj. Espèce très largement répartie sur presque tous les continents de l'hémisphère nord et de l'hémisphère sud, telles certaines plantes nuisibles à l'agriculture («mauvaises herbes»). Exemple: pissenlit officinal*.

cotylédon ou **cotyle**; n.m. Partie d'une graine, son organe généralement le plus volumineux. Il contient les réserves alimentaires qui nourriront la plantule lors de la germination. À ce moment, généralement devenu capable de photosynthèse, il exerce la même fonction qu'une feuille. Mis à part les gymnospermes (conifères), les plantes à fleurs se répartissent entre deux grands groupes: les monocotylédones (comptant un seul cotylédon par graine; exemples: trille, maïs) et les dicotylédones (qui en comptent deux; exemples: haricot, érable); mais il existe des exceptions (1 ou 3 cotylédons chez des dicotylédones, voir p. 194).

couronne; n.f. Chez les fougères: touffe de frondes disposées en cercle et rattachées au même pied.

cours d'eau; n.m. Creux naturel ou artificiel dans lequel l'eau circule de façon perceptible. Englobe ruisseaux, rivières, fleuves, canaux, fossés.

crosse; n.f. Chez les fougères: bourgeon de fronde enroulé comme un ressort.

cultivar; n.m. Plante, généralement une variété, issue de culture et ne se maintenant que par la culture.

décidu(e); adj. Se dit des arbres (ou des forêts qu'ils composent) qui renouvellent tout leur feuillage au même moment, chaque année; exemple: les érables et les érablières. Désigne aussi une partie du domaine tempéré. Voir *Domaines floristiques de l'Amérique du Nord*, p. 32.

décoction; n.f. Liquide obtenu en faisant bouillir pendant quelques minutes, dans de l'eau, du vin ou un autre liquide, une ou plusieurs parties d'une plante, réduites en petits morceaux. Désigne aussi cette opération. Voir tisane.

densité; n.f. Nombre d'individus ou de ramets par unité de surface. Fait référence à la proximité des individus entre

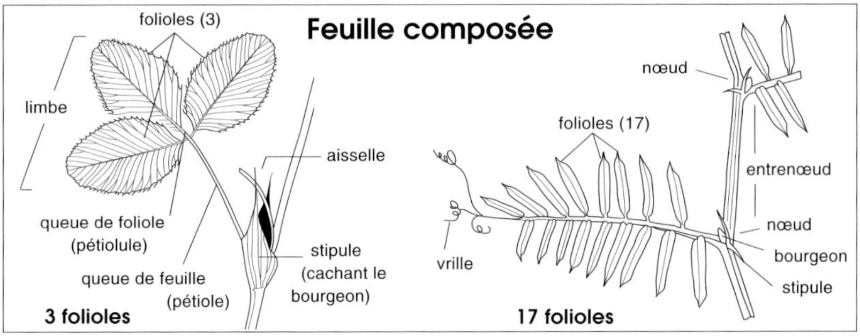

eux. Exemple: 25 ramets / m^2.

dépérissement des érablières; n.m. Maladie ou mort, peut-être dues à des causes physiques ou chimiques (gel, pluies acides) ou à un affaiblissement par ces causes, suivi par des infestations de champignons ou d'insectes pathogènes.

dicotylédone ou **dicotyle**; n.f. et adj. Grand groupe de plantes dont la graine contient deux cotylédons. Dans ce groupe, les pièces florales sont généralement par 4, 5 ou par multiple de ces chiffres. Voir cotylédon.

diploïde; n.m. et adj. Organisme, ou partie d'un organisme, dont les cellules comptent deux jeux de chromosomes.

disjointe; adj. Se dit d'une espèce dont l'aire de répartition est interrompue par une absence importante. Exemple: une circumboréale absente en Asie est dite circumboréale disjointe en Asie; pour une espèce disjointe en Amérique du Nord, voir carte p. 208. Qualifie aussi l'aire elle-même.

diurétique; n.m. et adj. Qui accroît la formation d'urine.

domaine floristique; n.m. Partie de la surface de la terre qui supporte un groupe de plantes montrant, en général, la même répartition. Voir *Domaines floristiques de l'Amérique du Nord*, p. 26.

dormance (graine, bourgeon, etc.); n.f. Période de vie au ralenti, sans activité physiologique ou développement apparent, même en présence de conditions favorables. Voir p. 348 et 360.

drastique; adj et n.m. Purgatif très violent; voir purgatif. À noter: constitue un anglicisme si utilisé dans le sens de draconien (voir p. 180).

dune; n.f. Amoncellement, par le vent, de sable, en séries de buttes ou collines atteignant plusieurs mètres de hauteur. Se trouve en bordure de la mer (dune littorale) ou à l'intérieur des terres (dune continentale). Voir aussi Fleurbec 1985: *Plantes sauvages du bord de la mer,* p. 33.

échappée de culture; n.f. et part. passé. Espèce qui, pour survivre sous nos latitudes, a eu besoin à l'origine de soins apportés par la culture, mais qui, une fois installée, a réussi à se répandre en dehors des jardins et à pousser spontanément, à l'état sauvage. Certaines s'échappent vraiment et se répandent au loin, par exemple la julienne des dames°; d'autres persistent sur place après la fin des soins apportés par la culture, mais sans s'éloigner (lilas, muguet). Parmi celles qui persistent seulement, certaines se répandent à l'occasion, par exemple lorsqu'une crue brise un rhizome d'hémérocalle fauve° et que le cours d'eau l'emporte au loin.

écosystème; n.m. Système qui comprend une communauté d'organismes vivants (faune, flore, etc.), les facteurs non vivants de leur milieu (climat, sol, topographie), et qui englobe les interactions entre ces éléments de même que leur évolution dans le temps. Peut être envisagé à différentes échelles, depuis un microhabitat jusqu'à la planète entière.

élément floristique; n.m. Espèce dont l'aire de répartition couvre l'ensemble, ou à peu près, de l'aire d'un domaine floristique donné. S'accompagne généralement du nom du domaine floristique considéré (élément arctique, élément boréal, etc.).

embrassant(e); adj. Se dit d'une feuille dont la base, dépourvue de queue, entoure plus ou moins largement la tige.

entier(ère); adj. Se dit d'une structure dont la marge n'est pas découpée par des dents, des lobes, des incisions, des divisions, etc.

entrenoeud ou **entre-noeud**; n.m. Partie de la tige qui sépare deux noeuds. Illustration ci-haut.

envahissant(e); adj. Qualifie une plante qui se répand rapidement et en grand nombre, dans une région. Se dit généralement d'une plante qui envahit les cultures au point d'être gênante.

éperon; n.m. Prolongement creux, en forme de tube, généralement d'une pièce de la corolle d'une fleur, parfois du calice. Voir ancolie, violettes.

épi; n.m. Mode de groupement de fleurs sans queue ou presque, disposées le long d'un axe allongé et non divisé; exemple: maïs. Illustration p. 506.

épithète spécifique; n.f. Le deuxième mot qui compose le nom d'une plante et désigne plus particulièrement l'espèce. Exemple: dans trille rouge et dans *Trillium erectum*, les épithètes spécifiques sont rouge et *erectum*.

érablière; n.f. Groupement végétal dominé par l'érable, le plus souvent par l'érable à sucre. Terme utilisé ici sans référence à l'exploitation des produits de l'érable.

ère géologique; n.f. Grande division du temps à l'échelle géologique. L'ère la plus ancienne (précambrien) montre peu de signes de vie terrestre. Puis, à l'ère primaire (paléozoïque, il y a environ 300 millions d'années) fougères et autres ptéridophytes se diversifient et prédominent. L'ère secondaire (mésozoïque), il y a 130 millions d'années, vit le développement des conifères et autres gymnospermes. Mais c'est pendant l'ère tertiaire, il y a 70 millions d'années, que les autres plantes à fleurs (angiospermes) acquirent cette ineffable diversité qui les caractérise encore pendant notre ère (quaternaire).

espèce; n.f. Ensemble d'individus capables de s'interféconder librement et donnant des descendants féconds. Unité de base de la classification des êtres vivants.

étalé(e); part. passé. Se dit d'un organe (tige, feuille ou autre) dont la disposition tend à se rapprocher de l'horizontale. N'est ni dressée, ni tombante, ni retombante.

étamine; n.f. Partie de la fleur; organe mâle de la reproduction, produisant le pollen. Constituée d'un filet et d'une anthère. Illustration p. 505.

étang; n.m. Nappe d'eau, généralement douce, plus petite et moins profonde qu'un lac, mais plus grande qu'une mare. Occupant une dépression fermée à l'intérieur des terres, aucun cours d'eau ne s'y déverse mais, à l'occasion, une petite décharge autorise une très faible circulation d'eau.

exondé(e); part. passé. Se dit d'une plante qui se découvre, ou sort de l'eau, après avoir été inondée. S'applique aussi à l'habitat.

fécondation; n.f. Fusion des noyaux de deux cellules de sexes différents, entraînant un doublage du nombre de chromosomes pour les cellules qui en résultent. À noter: le terme fertilisation devrait être réservé à l'enrichissement d'un sol par des fertilisants.

fertile; adj. Plante ou partie de plante qui produit des spores ou des graines.

feuille; n.f. Organe généralement composé d'une lame mince, appelée limbe, qui se rattache à la tige par une queue (pétiole), dont la base s'élargit en une gaine. En général, principal organe de photosynthèse. Illustration p. 500.

filet; n.m. Partie de l'étamine supportant l'anthère, souvent mince comme un fil. Illustration p. 505.

fleur; n.f. Partie de la plante qui regroupe les organes reproducteurs (pistil et étamines) et des enveloppes qui les protègent et favorisent la fécondation (calice et corolle). Illustration p. 504.

fleuron; n.m. Dans la famille des composées: chacune des petites fleurs d'un capitule.

flore; n.f. Ensemble des espèces végétales qui poussent à l'état spontané (sauvage) dans une région, un pays. Liste de ces espèces. Livre dans lequel sont listées ou décrites ou illustrées ces espèces.

foliole; n.f. Chacune des divisions d'une feuille composée. Contrairement à la feuille simple, la foliole ne porte pas de bourgeon à son aisselle. Exemple: les trois folioles de la feuille des fraisiers*. Illustration p. 501.

forme; n.f. Catégorie de classification à l'intérieur d'une espèce. Désigne une classe d'individus qui se distinguent par un ou des caractères généralement non transmissibles ou très peu importants. Voir aussi variété.

frênaie; n.f. Groupement végétal dominé par des frênes.

fréquence; n.f. Nombre de populations ou de sites dans l'aire de répartition. Une espèce qui se rencontre souvent à l'échelle de son aire de répartition est dite fréquente ou commune; à l'opposé, elle peut être rare. À distinguer d'abondance et de densité.

fronde; n.f. Feuille des fougères, généralement composée d'un stipe (queue) et d'un limbe, parcouru d'un rachis. La plupart débutent sous forme de crosses et produisent des fructifications (sores) sur leur face inférieure.

fructification; n.f. Chez les plantes à fleurs: fruit ou ensemble de fruits. Chez les plantes à spores: structure qui porte les spores. Désigne aussi le processus de production de fruits ou de spores.

fruit; n.m. Partie de la plante résultant du développement de la paroi de l'ovaire et contenant les graines qui, elles, résultent du développement des ovules.

fuseau (en); n.m. De forme allongée, élargie au centre et se rétrécissant en pointe aux deux extrémités. Exemple: fruit de la sanguinaire p. 414.

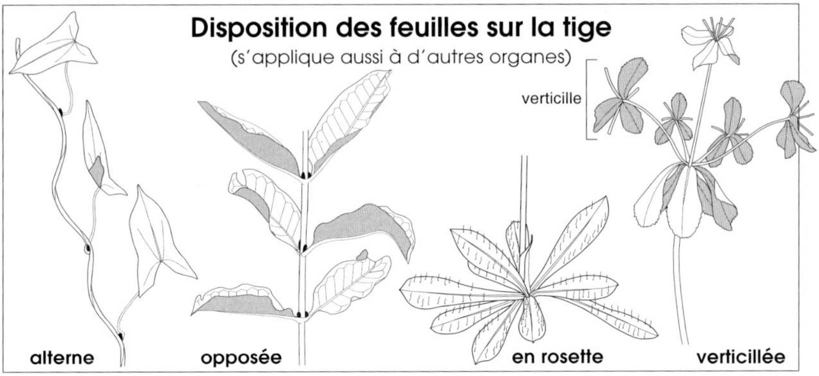

gaine; n.f. Élargissement de la base ou de la queue d'une feuille. Dans certains cas, cet élargissement entoure complètement la tige comme, par exemple, chez les plantes de la famille du blé. Illustration p. 500.

gène; n.m. Unité de base qui détermine un ou un ensemble de caractères héréditaires. Un chromosome est composé principalement d'une suite ordonnée de gènes.

genet; n.m. Individu génétique: toutes les plantes qui proviennent d'un même embryon et qui possèdent le même bagage génétique — qu'il s'agisse d'un individu à tige unique, tel un érable à sucre, ou d'un clone, tel un tapis de clintonie boréale.

genre; n.m. Catégorie de classification entre l'espèce et la famille (regroupe des espèces et subdivise les familles).

glaciation; n.f. Période pendant laquelle un glacier recouvre une région. La fin de la dernière glaciation qui affecta nos contrées remonte à environ 10 000 ans (dépendamment de la région).

glanduleux(se); adj. Se dit de plantes ou d'organes qui portent des glandes, le plus souvent situées au bout de poils et sécrétant des substances odorantes, visqueuses ou autres.

grain; n.m. Chez les graminées, désigne la graine pratiquement soudée à son enveloppe; à toutes fins pratiques, c'est le fruit des graminées (synonyme: caryopse). Par analogie, désigne une petite chose arrondie, rappelant un grain, par exemple un grain de pollen.

graine; n.f. Résultat du développement de l'ovule fécondé par le pollen. Elle peut être nue (comme chez les conifères) ou contenue dans une enveloppe, le fruit, qui lui résulte du développement de la paroi de l'ovaire.

grappe; n.f. Mode de groupement des fleurs (et des fruits) dans lequel chaque fleur est munie d'une queue (à peu près toutes de la même longueur), fixée sur un seul axe central, allongé, non ramifié; exemple: cerisier à grappes. Diffère de l'épi par le fait que ses fleurs possèdent des queues. **Grappe composée**: l'axe central est ramifié et chaque ramification constitue elle-même une grappe; exemple: maïanthème à grappes, grappe de raisins. Illustration p. 506.

grève; n.f. Terrain plat formé de graviers, au bord des mers, des lacs ou des cours d'eau. Par opposition, la plage est formée de sable.

habitat; n.m. Milieu de vie défini par un ensemble de conditions du climat, du sol, de la végétation, de la faune et par une histoire (facteur temps) .

hampe; n.f. Axe allongé, terminé par une ou plusieurs fleurs et analogue à une longue queue de fleur, qui part souvent de la base de la plante. Dépourvue de feuilles, mais portant parfois des bractées; exemples: la queue de la «fleur» du pissenlit officinal* (sans bractées), celle du tussilage pas-d'âne (avec bractées), celle du cypripède rose*.

herbacée; n.f. et adj. Plante dont la tige, généralement verte et tendre, ne contient pas de bois, présente la consistance de l'herbe.

herbier; n.m. Collection de plantes séchées. Institut ou lieu où sont conservées ces collections. Traité de botanique. Certains (surtout des biologistes de la faune) utilisent aussi ce terme pour désigner des bancs d'herbes ou d'algues, sous l'eau, comme synonyme de marais submergé ou de prairie aquatique; mais, à notre avis, ces derniers termes établissent mieux le lien avec la nomenclature utilisée pour d'autres formations végétales.

herboriser; verbe. Étudier les plantes dans leur habitat naturel, les récolter pour les collectionner ou pour les utiliser.

hêtraie; n.f. Groupement végétal dominé par des hêtres.

horticole; adj. Qui a rapport à la culture des jardins, des plantes ornementales ou potagères ou à la culture en serre.

Huron(ne); nom et adj. Tribu d'Amérindiens sédentaires, agriculteurs. Groupe le plus populeux à l'arrivée des Européens en Nouvelle-France et le plus important partenaire des Français. La Huronie se situait dans la péninsule du sud de l'Ontario (au nord du lac Ontario: lac Huron et baie Georgienne). Aujourd'hui au Québec: Village-des-Hurons, près de Québec. Voir Iroquois.

hybride; n.m. ou adj. Individu résultant du croisement d'espèces différentes ou, plus rarement, de genres différents. En horticulture, le terme désigne surtout le résultat du croisement de variétés d'une même espèce.

in vitro; loc. adv. Dans un milieu de culture, en éprouvette. La culture in vitro désigne une culture en milieu artificiel, de tissus isolés ou de microorganismes.

indigène; n.f. et adj. Espèce native d'une région donnée, qui y a toujours poussé spontanément, sans intervention humaine, par opposition à une espèce introduite (ou naturalisée) pendant la période historique.

inflorescence; n.f. Ensemble de toutes les fleurs d'une plante ou d'une partie regroupée des fleurs; inclut les autres structures reliées à la floraison (bractées, etc.). Désigne aussi le mode de groupement des fleurs; exemple: inflorescence en épi, en grappe.

infrutescence; n.f. Ensemble de tous les fruits d'une plante ou d'une partie regroupée des fruits. Résulte du développement d'une inflorescence.

Parties de la fleur

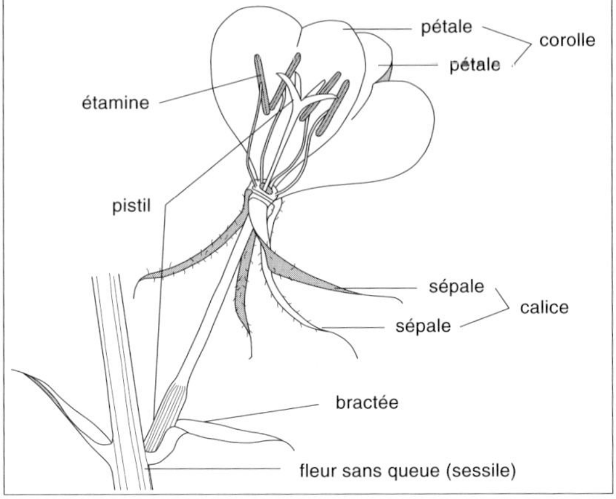

infusion; n.f. Liquide obtenu en versant de l'eau bouillante (ou un autre liquide bouillant) sur des morceaux de plante; le liquide doit reposer pendant quelques minutes avant d'être filtré (le thé est une infusion). Désigne aussi cette opération. Voir tisane.

introduite; n.f. et part. passé. Espèce non indigène, originaire d'une contrée éloignée (généralement d'un autre continent), amenée intentionnellement ou non durant la période historique, qui pousse spontanément, est bien établie, bien acclimatée depuis plusieurs dizaines ou centaines d'années et fait maintenant partie intégrante de la flore d'une région car elle y pousse spontanément à l'état sauvage. Exemple: pissenlit officinal*. Comprend les plantes échappées de culture et celles qui persistent après culture. Synonyme de naturalisée.

invasculaire; n.f. et adj. Groupe de plantes qui ne possèdent pas de vaisseaux (champignons, algues, lichens, mousses, etc.). Une de ces plantes.

involucre; n.m. Ensemble des bractées (petites feuilles) réunies en rosette ou en verticille sous une fleur ou un groupe de fleurs. Exemple: l'ensemble des abondantes bractées vertes sous la «fleur» (capitule) du pissenlit officinal* — on parle alors de bractées involucrales. Voir bractée et illustration p. 507.

Iroquois(e); nom et adj. Grande confédération d'Amérindiens sédentaires, pratiquant l'agriculture avant l'arrivée des Européens, tout comme les Hurons, avec qui les relations n'étaient pas amicales. Occupait le nord de l'État de New York et la vallée du Saint-Laurent, depuis le lac Érié et le sud du lac Ontario jusqu'au Richelieu. Comprenait cinq nations (Cayuga, Seneca, Oneida, Onondaga et Mohawk) auxquelles se sont joints une partie des Hurons, après que les Iroquois les eurent décimés. Mohawks aujourd'hui au Québec: autour de Montréal (Kahnawake, Kanesatake, Akwesasne).

juvénile; n.m. et adj. Jeune individu ayant dépassé le stade de plantule (cotylédons remplacés par des feuilles),

Étamine et pistil

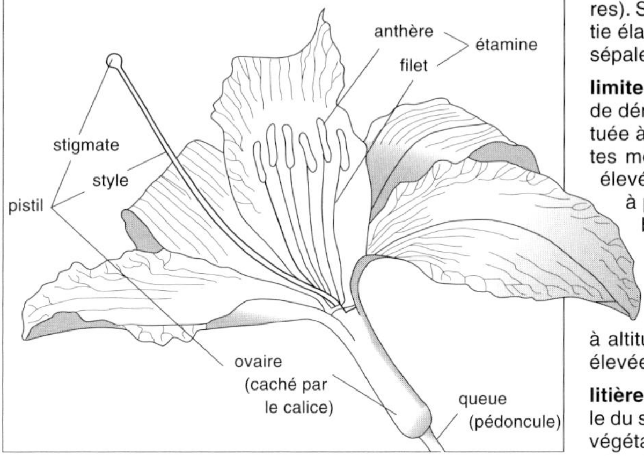

mais n'ayant pas atteint la maturité sexuelle, c'est-à-dire ne produisant ni fleur ni graine (ni spore, chez les fougères et plantes apparentées).

labelle; n.m. Chez les orchidacées: pétale central, généralement très développé et différent des autres. Exemple: pétale gonflé des cypripèdes (p. 343).

lac; n.m. Nappe d'eau, généralement douce, plus grande qu'un etang. Le plus souvent, la nappe occupe une dépression fermée, à l'intérieur des terres; un ou des cours d'eau s'y déversent et un autre sert de décharge, permettant une circulation de l'eau, généralement très faible, non perceptible, sauf à la source et à l'embouchure de ces cours d'eau. Parfois, il s'agit plutôt de l'élargissement d'un cours d'eau (lac fluvial).

languette (synonymes: **ligule, rayon**); n.f. Dans certains capitules de la famille des composées: corolle en forme de mini-langue. Exemples: les rayons blancs de la marguerite et les rayons jaunes du pissenlit. Illustration p. 507.

laxatif; n.m. et adj. Purgatif doux (voir purgatif).

lenticelle; n.f. Orifice structuré dans l'écorce externe des arbres et arbustes, permettant les échanges gazeux. Souvent bordée de tissus en saillie, comme chez les aulnes, cornouillers, sureaux.

libre; adj. Se dit d'un organe non soudé à un autre. Exemple: les pétales des trilles*, par opposition aux pétales soudés de la linnée boréale*.

lichen; n.m. Organismes vivants formés chacun de l'association d'un champignon et d'une algue. En général, les lichens croissent lentement sur la pierre, le sable, l'écorce, etc., et résistent à des conditions climatiques extrêmes, mais plusieurs sont sensibles à la pollution de l'air.

ligneux; n.m. et adj. De *lignum:* bois. Constitué de bois ou comportant des fibres de bois.

ligule; n.f. Chez les plantes de la famille des composées: synonyme de languette (voir ce mot). Chez les plantes de la famille du blé: petite membrane ou ligne de poils située au sommet de la gaine des feuilles.

limbe; n.m. Principale partie de la feuille: la surface élargie, verte et étalée, n'incluant pas la queue (ni le stipe des fougères). S'applique aussi à la partie élargie d'un pétale ou d'un sépale. Illustration p. 500-501.

limite des arbres; n.f. Ligne de démarcation imaginaire située à haute altitude (en hautes montagnes) ou à latitude élevée (dans le Grand Nord) à partir de laquelle les arbres perdent leur allure caractéristique, restent nains et rabougris. Ne pas confondre avec la limite des forêts, située à altitude ou à latitude moins élevées.

litière; n.f. Couche superficielle du sol, composée de débris végétaux non entièrement décomposés, encore reconnaissables.

lobe; n.m. Partie comprise entre deux larges échancrures. Exemple: les cinq lobes des feuilles de l'érable à sucre.

macération; n.f. Liquide obtenu en laissant tremper une plante dans un liquide froid (souvent pendant plusieurs jours). Désigne aussi cette opération. Voir tisane.

marais; n.m. Formation végétale colonisant les milieux humides qui sont inondés durant la plus grande partie de la saison de végétation. Au sens large, tel qu'entendu dans nos livres, le marais comprend la végétation aquatique submergée, la végétation à feuilles flottantes et la végétation émergente (celle qui sort de l'eau). L'eau libre (dépourvue de végétaux autres que les algues microscopiques) constitue la limite inférieure du marais; la limite supérieure se démarque par le milieu riverain terrestre (non inondé durant la plus grande partie de la saison de végétation), supportant une végétation riveraine (par opposition à marécageuse, aquatique). Le terme marais s'applique aussi à la vé-

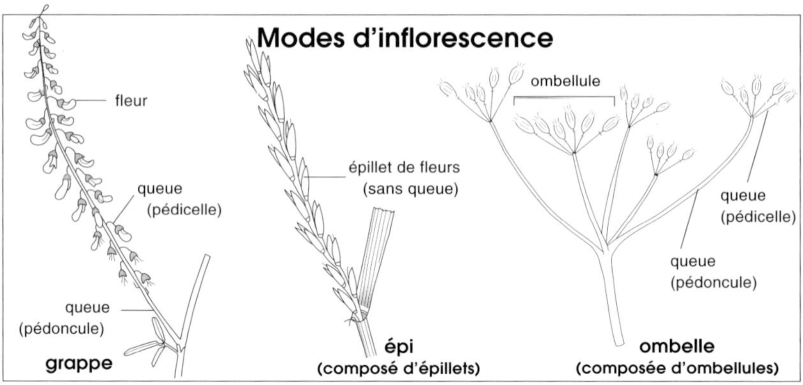

gétation du littoral marin, soumis aux marées, si on considère que le recouvrement par l'eau de la marée équivaut à une inondation durant la plus grande partie de la saison de végétation; on parle, par exemple, de marais salés. Tous ne s'entendent pas sur cette définition; certains appliquent le concept de marais uniquement à la végétation émergente.

marcottage; n.m. Mode de multiplication d'une plante par lequel une branche enterrée — ou recouverte de végétaux ou d'eau —, mais encore rattachée à la plante-mère, produit des racines et donne un nouvel individu potentiellement indépendant de la plante mère. Exemple: populage des marais p. 408.

mare; n.f. Petit étang.

marécage; n.m. Synonyme de marais. Pour certains, les marécages sont des marais comprenant des arbres.

mature; n.m. et adj. Individu ayant atteint la maturité sexuelle et produisant fleur et graine (ou spores, chez les fougères et plantes apparentées).

mélézaie; n.f. Groupement végétal dominé par des mélèzes.

menacée (espèce); adj. Une espèce peut être menacée dans l'ensemble de son aire mondiale de répartition ou dans une partie seulement de l'aire qu'elle occupe, par exemple dans un territoire politique telle une province. Au Québec, ce terme constitue un des deux statuts juridiques de protection, en vertu de la *Loi sur les espèces menacées ou vulnérables*, et il désigne une espèce dont la disparition est appréhendée. Par exemple, une espèce dont la taille des populations ou l'aire de répartition au Québec ont diminué ou sont restreintes (disjointe, sporadique, endémique, périphérique). Divers facteurs entrent en jeu: perte ou dégradation de l'habitat, exploitation, polluants, prédation, épidémies, maladies, changements climatiques.

Menomimi; nom et adj. Tribu d'Amérindiens du Wisconsin.

Meskwaki; nom et adj. Tribu d'Amérindiens de l'Iowa.

Micmac(aque); nom et adj. Tribu d'Amérindiens qui occupaient le littoral de la Gaspésie et des provinces maritimes. Aujourd'hui au Québec: Gaspé, Maria, Restigouche.

mixte (forêt); adj. Comprenant des conifères et des arbres décidus (feuillus).

monocotylédone ou **monocotyle**; n.f. et adj. Grand groupe de plantes dont la graine ne contient qu'un cotylédon. Dans ce groupe, les pièces florales sont généralement par trois ou par multiple de trois. Voir cotylédon.

Montagnais(e) ou **Innus**; nom et adj. Tribu d'Amérindiens nomades de la grande famille algonquine. Occupaient en hiver un vaste territoire de chasse, depuis le Saint-Maurice jusqu'à Sept-Îles et plus au nord jusqu'aux terres habitées par les Inuits du Labrador; descendaient en été vers le fleuve Saint-Laurent et le lac Saint-Jean. Aujourd'hui au Québec: Lac-Saint-Jean et Côte-Nord.

montagnard(arde); nom et adj. Désigne deux domaines floristiques qui couvrent les montagnes de l'ouest de l'Amérique du Nord. Se dit aussi, dans les hautes montagnes en général, des étages de végétation (haut et bas montagnard) situés à des altitudes élevées, entre l'étage alpin et l'étage du piedmont. Voir *Domaines floristiques de l'Amérique du Nord*, p. 37.

morphologie; n.f. Forme extérieure, structure; apparence d'un organe ou d'un organisme. Science qui étudie ces sujets.

multiplication; n.f. Production de nouveaux individus, soit par reproduction (processus sexué), soit par propagation végétative (sans processus

Modes d'inflorescence (suite)

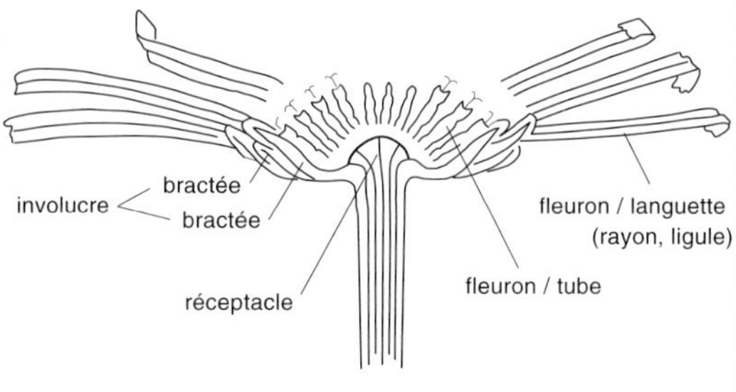

capitule

sexué, appelée aussi multiplication végétative).

mutation; n.f Changement soudain chez un individu, résultant d'une modification dans les gènes ou les chromosomes. Ce changement se transmet à sa descendance et donne naissance à de nouveaux types.

mycoplasme; n.m. Organisme apparenté aux bactéries — et, comme elles, ayant des cellules sans noyau délimité par une membrane —, mais aussi sans paroi cellulaire. Cause des maladies chez les plantes, dont celles connues sous le nom de jaunisse (incapacité à synthétiser la chlorophylle).

mycorhize; n.f. Association mutuellement bénéfique (symbiose) d'un champignon et d'une racine.

narcotique; n.m. et adj. Substance qui, par une action directe sur le cerveau, enlève la sensation de grandes douleurs (sur lesquelles n'agissent pas les analgésiques ordinaires). Entraîne une accoutumance; exemple: morphine.

naturalisée (plante); part. passé. Synonyme de plante introduite (voir ce terme).

Navajo; nom et adj. Tribu d'Amérindiens de l'ouest des États-Unis (Arizona, Nouveau-Mexique, Utah).

nectaire; n.m. Organe sécrétant du nectar; présent dans la fleur ou sur d'autres parties de la plante.

nectar; n.m. Liquide sécrété par les plantes et contenant différents sucres. Des insectes l'utilisent pour fabriquer du miel, auquel il contribue à donner une saveur particulière (miel de pissenlit, de bleuetière, de verge-d'or, etc.). Les proportions relatives des sucres (surtout glucose, fructose, saccharose) sont propres à chaque plante. Voir aussi p. 322.

noeud; n.m. Partie de la tige au point de rencontre avec une feuille ou une ramification. Illustration p. 500-501.

nomenclature; n.f. Partie de la taxinomie qui fixe les règles pour nommer les êtres vivants.

nutriment; n.m. Substance pouvant servir de nourriture et être directement assimilée.

Ojibwé(e); nom et adj. Tribu d'Amérindiens de la grande famille algonquine; de la région des Grands Lacs (nord du Midwest américain et sud de l'Ontario).

ombelle; n.f. Mode de groupement des fleurs dans lequel les queues des fleurs, à peu près d'égale longueur, partent toutes d'un même point et s'étalent comme les rayons d'un parapluie. Illustration p. 506.

ombellule; n.f. Petite ombelle terminant les rayons d'une ombelle composée; exemple: aralie chassepareille*. Illustration p. 506.

opposé(e); adj. Se dit de feuilles disposées par paires, de chaque côté et à la même hauteur sur la tige; exemple: érables. S'emploie aussi pour d'autres organes. La plupart du temps, les feuilles opposées sont également décussées, c'est-à-dire disposées en croix, chaque paire se plaçant à angle droit par rapport à la précédente et à la suivante. Illustration p. 503.

ouvert (lieu); adj. Laissant pénétrer la lumière, parce que dépourvu d'arbres ou de gros arbustes, soit en milieu naturel (rive, littoral, prairie alpine, etc.), soit à la suite d'une intervention humaine (terrain vague des villes, lieu cultivé, chemin, fossé, etc.).

ovaire; n.m. Partie inférieure du carpelle (ou du pistil), renflée et contenant un ou des ovules. Illustration p. 505.

ovule; n.m. Organe très petit, renfermé dans l'ovaire, destiné à être fécondé et à se transformer en graine.

panicule; n.f. Mode de groupement de fleurs ou de fruits, formant un triangle, un cône, parfois une boule. Ce type d'inflorescence comprend plusieurs ramifications, de plus en plus courtes vers le sommet. Fréquente chez les graminées.

pédicelle; n.m. Voir pédoncule.

pédoncule; n.m. Queue d'une fleur solitaire ou axe principal d'une inflorescence. Dans le cas d'une inflorescence, le pédoncule se ramifie en unités plus petites, les pédicelles, qui sont les queues de chacune des fleurs de l'inflorescence. Pédoncule et pédicelle s'utilisent pareillement pour les fruits et les infrutescences. Illustration p. 505-506.

persistant(e); adj. Se dit d'un organe qui reste attaché à la plante plus longtemps que la normale ou qui reste sur la plante tout l'hiver. Se dit aussi d'une plante cultivée qui persiste après l'arrêt des soins apportés par la culture sans pour autant se répandre au loin (exemple: lilas, muguet).

pessière; n.f. De *Picea*: nom latin de l'épinette. Groupement végétal dominé par des épinettes. La pessière noire est dominée par l'épinette noire; on dit aussi pessière à épinette noire.

pétale; n.m. Chacune des pièces de la corolle d'une fleur, généralement colorée et voyante. Peut être libre ou soudé à d'autres pétales. Illustration p. 504.

pétiole; n.m. Queue d'une feuille. Illustration p. 500-501.

pétiolule; n.m. Queue d'une foliole. Illustration p. 501.

peupleraie; n.f. Groupement végétal dominé par des peupliers. Peupleraie boréale: groupement dominé par des peupliers baumiers.

pH; n.m. (abréviation de «potentiel d'hydrogène»). Unité de mesure de la concentration en ions hydrogène (H^+). Exprime, sur une échelle de 0 à 14, le degré d'acidité (si inférieur à 7) ou de basicité (si supérieur à 7). Une substance neutre comme l'eau pure a un pH de 7 mais celui de l'eau de mer se situe autour de 8. Au Québec, les sols basiques dépassent rarement un pH de 8 et sont généralement liés à la présence de calcium (exemple: plages maritimes). Beaucoup plus fréquents dans nos contrées, les sols acides ont un pH inférieur à 7, parfois aussi bas que 3 (certaines tourbières); leur acidité dépend de la nature du substrat (présence de silice) et de la présence de débris végétaux libérant beaucoup d'acidité (sphaignes, aiguilles de conifère).

pharmacopée; n.f. Recueil officiel des médicaments d'un pays. Synonyme: *Codex*.

photopériode; n.f. Durée du jour (ou de la période d'éclairement) nécessaire à la croissance de la plante et à son développement jusqu'à maturité.

photosynthèse; n.f. Processus extrêmement important de fabrication de matière organique (matière de base de tous les êtres vivants). Se déroule uniquement grâce à la chlorophylle des plantes vertes, qui absorbe l'énergie de la lumière, l'utilise pour décomposer le CO_2 (en carbone et oxygène) et pour lier le carbone à de l'eau (H_2O). Ceci produit des sucres ($C_6H_{12}O_6$) et libère de l'oxygène, qui renouvelle l'oxygène de l'air. Réaction très complexe, se résumant à l'équation chimique suivante: $6CO_2 + 6H_2O \ddagger C_6H_{12}O_6 + 6O_2$.

phytogéographie; n.f. Du grec *phuton*: plante et géographie. Science qui s'intéresse à la répartition des plantes à la surface de la terre et aux causes de cette répartition. Synonyme: géobotanique.

pinède; n.f. Groupement végétal dominé par des pins.

pionnière; adj et n.f. Espèce qui s'installe parmi les premières sur un terrain nu, dépourvu de végétation (rocher, lac, brûlé, etc.). Généralement peu compétitive, elle laisse la place à d'autres espèces qui s'installent à mesure que le milieu devient plus favorable.

pistil; n.m. Partie de la fleur; organe femelle de la reproduction. Désigne l'ensemble des carpelles (voir ce mot). Un pistil comprend soit une seule structure – formée d'un carpelle unique ou de carpelles soudés –, soit plusieurs structures juxtaposées formées de carpelles libres. Dans le 1er cas, le pistil compte un seul ovaire donnant un fruit unique (iris, p. 363), mais dans le 2e cas, il compte autant d'ovaires que de carpelles libres et produit un assemblage de fruits (populage des marais, p. 410). Illustration p. 505.

plaine de débordement; n.f. Terrain que les lacs et les cours d'eau n'inondent que durant une petite partie seulement de la saison de végétation, après la fonte des neiges ou après de grosses pluies.

plantule; n.f. Jeune plante contenue dans la graine et comprenant trois parties: la gemmule (=plumule), la tigelle et la radicule; la graine comprend aussi un ou deux cotylédons, rattachés à la tigelle. La plantule se développe au cours de la germination, en se nourrissant des réserves fournies par les cotylédons, ce qui peut s'échelonner sur deux ans (parfois plus), par exemple chez plusieurs liliacées. À partir du moment où les cotylédons n'interviennent plus dans la nutrition de la plantule mais sont remplacés par des feuilles régulières (développées à partir de la gemmule), la plantule devient «jeune plante» ou «juvénile».

platière de rivière; n.f. Terrain plat, en bordure ou dans le lit d'une rivière, généralement composé de pierres, de graviers ou de sables. Inondée seulement lors des crues, c'est-à-dire à la fonte des neiges ou lors de grosses pluies.

ploïdie; n.f. Se réfère au nombre de jeux de chromosomes dans les cellules. Voir aussi diploïde, triploïde, polyploïdie.

pollen; n.m. Corpuscule produit par les étamines (organes mâles de la fleur), ressemblant superficiellement à de la poudre et destiné à féconder la fleur.

polyploïdie; n.f. Désigne un nombre de jeux de chromosomes supérieur à 2 par cellule.

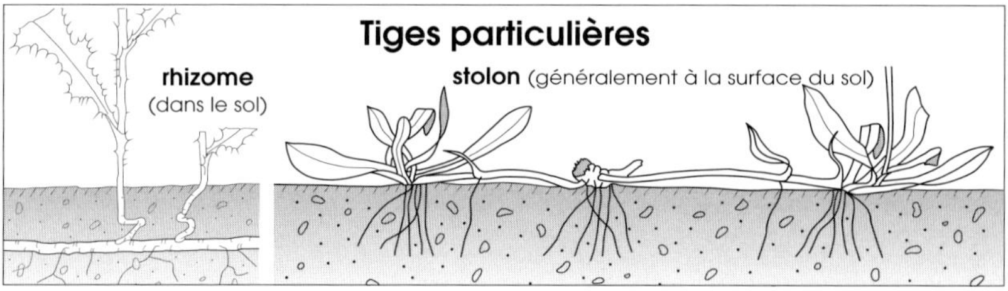

population; n.f. Ensemble des individus ayant la possibilité de se reproduire entre eux. Se dit d'un ensemble envisagé dans sa totalité (niveau mondial) ou, plus fréquemment, dans une de ses parties (niveau régional ou local, colonie, site, station représentant un groupement végétal, etc.).

Potawatomi; n.m. et adj. Tribu d'Amérindiens de l'État du Wisconsin.

pourpre; adj. Couleur rouge foncé, tirant sur le brun ou le violet: fleur de l'asaret gingembre*, de la sarracénie pourpre°. Utilisé aussi comme nom, pour désigner d'autres rouges.

pousse annuelle; n.f. Partie de la tige qui représente la croissance durant une année.

prairial(e); adj. Désigne le domaine floristique qui couvre les grandes prairies de l'ouest de l'Amérique du Nord. Voir *Domaines floristiques de l'Amérique du Nord*, p. 36.

prairie; n.f. Paysage végétal dominé par des plantes herbacées (des herbes, par opposition aux arbres).

propagation végétative (synonyme: **multiplication végétative**); n.f. Production d'un autre individu sans intervention de cellules sexuelles ou sans fécondation. Il existe divers modes de propagation végétative, tels la division du bulbe (ail des bois*, p. 255), la production de bulbes satellites (érythrone d'amérique*, p. 347, 349) ou de cormilles (arisème petit-prêcheur*, p. 292), le marcottage (populage des marais*, p. 408), la formation de ramets qui restent attachés au rhizome (clintonie boréale* p. 314) ou s'en détachent à la suite de sa destruction (asaret gingembre*, p. 303). Diverses techniques horticoles constituent aussi des modes de propagation végétative, tels la division de rhizomes, le bouturage, la culture de tissus.

prothalle; n.m. Chez les fougères, prêles, lycopodes et autres ptéridophytes: végétal minuscule issu de la germination d'une spore. Porte les organes reproducteurs qui produisent les cellules sexuelles mâles et femelles. Voir Fleurbec 1993, *Fougères, prêles et lycopodes*.

pruine; n.f. Cire qui recouvre certains organes ou organismes et leur donne une couleur bleutée; exemple: pruine sur des prunes. S'enlève facilement, par simple frottement.

purgatif(ve); n.m. et adj. Substance qui provoque l'évacuation de l'intestin. Un purgatif a un effet plus violent et plus complet qu'un laxatif, mais un drastique les surpasse.

queue; n.f. Axe qui supporte une fleur (pédoncule, pédicelle), une feuille (pétiole), une foliole (pétiolule), une fronde (stipe).

radicule; n.f. Dans la graine, partie de la plantule destinée à devenir une racine.

ramet; n.m. Rameau feuillé d'un rhizome, devenu indépendant ou pouvant le devenir; à l'origine, rattaché à un rhizome qui en connecte plusieurs. Unité répétitive d'un tapis formé par propagation végétative. Voir p. 384.

rang taxinomique; n.m. Place qu'occupe une entité végétale dans la hiérarchie: forme, variété, sous-espèce, espèce.

rare; adj. Se dit d'une plante qui ne présente qu'une faible abondance dans toutes ses populations, ou qui est concentrée dans une aire réduite à l'échelle mondiale, ou qui est très dispersée (peu fréquente) dans une vaste région. Au Québec et dans plusieurs autres États, il existe une liste d'espèces reconnues comme rares, selon des critères bien précis; dans le présent livre, ce terme ne désigne que les espèces qui figurent sur ces listes, telle celle établie pour le Québec par Bouchard *et al.* 1983. À noter: le statut de plante rare n'est pas un statut juridique de protection. Toutefois, presque toutes les plantes rares sont considérées en situation précaire et donc susceptibles, au Québec, de recevoir un des deux statuts juridiques de protection en vertu de la *Loi sur les espèces menacées ou vulnérables*. Voir aussi menacée, vulnérable.

réceptacle; n.m. Sommet souvent élargi de la hampe ou de la queue de la fleur sur lequel se fixent les fleurs ou leurs différentes parties. Illustration p. 507.

relique (plante ou population); adj. Se dit d'une plante présentant une population disjointe, dans une région anciennement rattachée à l'aire principale de l'espèce. Divers phénomènes expliquent la persistance de telles populations, mais cette notion se rattache surtout à la théorie des nunataks, selon laquelle de telles populations disjointes se rencontrent, dans l'est de l'Amérique du Nord, en des lieux épargnés par la dernière glaciation.

répartition géographique; n.f. Manière dont une plante occupe la surface du globe. Étendue du territoire englobant tous les endroits où une plante donnée a été trouvée. Plusieurs utilisent le mot «distribution» qui, employé dans ce sens, constitue un anglicisme.

reproduction sexuée; n.f. Mode de multiplication requérant la fusion des noyaux de deux cellules de sexes différents pour qu'un nouvel individu soit formé.

retombant(e); adj. Se dit d'une feuille ou d'un autre organe, décrivant une courbe vers le bas.

rhizome; n.m. Tige souterraine, souvent charnue et horizontale, parfois verticale. Se distingue d'une racine en ce que, comme toute tige, il porte des feuilles, fleurs, racines et autres tiges. De plus, il est généralement garni d'écailles, absentes sur les racines. Illustration p. 509.

rivage; n.m. Zone d'influence d'une nappe d'eau, d'un cours d'eau. L'influence peut être directe (cas d'une inondation) ou indirecte et s'exercer par l'entremise de la nappe phréatique.

riverain(e); nom et adj. Qui borde une nappe d'eau ou un cours d'eau; s'utilise autant pour les personnes que pour les autres vivants ou les choses. Dans le domaine de la végétation, nous réservons ce terme aux formations végétales terrestres, c'est-à-dire non inondées durant la plus grande partie de la saison de végétation, mais installées sur des terrains sous l'influence d'une nappe d'eau ou d'un cours d'eau, en particulier dans une plaine de débordement. Au Québec, certains utilisent dans le même sens le terme ripaṙien, probablement calqué de l'anglais *riparian*, ou du latin *riparius*.

rosette; n.f. Bouquet de feuilles disposées en cercle et rayonnantes, souvent appliquées sur le sol ou presque; exemple: pissenlit*. Illustration p. 503.

rouille; n.f. Groupe de champignons microscopiques (ordre des urédinales) qui causent des maladies chez les plantes, se manifestant souvent par une coloration rouille. Plusieurs doivent obligatoirement se développer sur deux ou plusieurs hôtes successifs pour boucler leur cycle (la rouille du blé passe aussi sur l'épine-vinette, d'où l'inopportunité de cultiver cet arbuste). Voir p. 301.

sac pollinique; n.m. Petite loge dans une anthère, contenant le pollen. Les anthères comportent souvent deux sacs polliniques.

saison de végétation. Voir végétation (saison de).

sapinière; n.f. Groupememt végétal dominé par des sapins.

saulaie; n.f. Groupement végétal dominé par des saules.

sauvage (plante); n.f. et adj. Qui pousse spontanément dans une contrée, sans culture ni autre intervention humaine. Comprend les plantes indigènes et les plantes introduites (naturalisées, dont celles échappées de culture ou persistant après culture). La «flore» d'un lieu comprend toutes les plantes sauvages — ne sont pas considérées comme sauvages, les éphémérophytes (espèces qui viennent d'ailleurs, poussent durant une seule saison de végétation, ne résistent pas à l'hiver et de ce fait, ne sont pas considérées comme réellement introduites).

sépale; n.m. Chacune des pièces du calice d'une fleur. Peut être libre ou soudé à d'autres sépales. Illustration p. 504.

serpentine; n.f. Roche métamorphique ultra-basique, à fort contenu en fer et en magnésium, dont certaines catégories donnent le talc et l'amiante; verte lorsque fraîchement cassée et tirant son nom de son aspect de peau de serpent. Peu d'espèces végétales réussissent à s'accommoder de ce substrat sur lequel poussent plusieurs plantes rares. Peu répandue dans l'est de l'Amérique du Nord; principaux affleurements dans les Appalaches: région de Thetford Mines, mont Albert (Gaspésie), Terre-Neuve (parc national de Gros-Morne).

sessile; adj. Sans queue. Illustration p. 504.

sexuée (reproduction). Voir reproduction.

sore; n.m. Chez les fougères, regroupement de sporanges affectant une forme caractéristique pour chaque espèce. Généralement au revers du limbe; parfois sur des frondes distinctes, comme chez la matteuccie tête-de-violon.

sous-espèce; n.f. Catégorie de classification, intermédiaire entre l'espèce et la variété. Les limites et différences entre sous-espèce et variété sont floues.

spatule (en); n.f. Se dit des feuilles ou autres organes dont le bout est élargi et arrondi: feuille d'antennaire*.

sporadique; n.f. et adj. Espèce rare ou peu commune dans toute l'aire géographique qu'elle occupe (faible fréquence). Compte peu de localités à travers le monde et n'est pas présente dans tous les sites comportant un habitat qui lui convient. Voir p. 477.

sporange; n.m. Minuscule sachet contenant les spores. Regroupés en sores chez les fougères, sous les écussons chez les prêles, ou restant isolés à l'aisselle de feuilles modifiées (sporophylles) chez les lycopodes et les sélaginelles.

spore; n.f. Du grec *spora*; semence. Corpuscule microscopique servant à la reproduction et produit par de nombreuses espèces sans fleurs: algues, champignons, mousses, fougères et autres ptéridophytes, etc. La spore diffère de la graine par l'absence d'embryon et la production de spores se fait sans fécondation. Donne naissance à une structure qui porte des organes sexués donnant lieu à une fécondation.

stérile; adj. Qualifie une plante ou une partie de plante qui ne produit pas de graines ou de spores.

stigmate; n.m. Partie du carpelle (ou du pistil), terminant l'ovaire ou le style. Étalé ou enroulé, garni de poils ou de substances gluantes et destiné à intercepter et à retenir le pollen. Souvent, le nombre de stigmates d'un pistil indique le nombre de loges dans l'ovaire. Illustration p. 504.

stolon; n.m. Tige rampant à la surface du sol, émettant des touffes de feuilles et s'enracinant aux noeuds. Permet ainsi à la plante de se propager végétativement; exemple: fraisiers*. Illustration p. 509. Comptent parfois parmi les stolons, certaines tiges enfouies, sans racines ou avec racines seulement aux nœuds.

stupéfiant; adj et n.m. Substance qui agit sur le système nerveux, produit une inertie physique et mentale et provoque une dépendance. L'état de stupeur s'accompagne de l'engourdissement de la sensibilité et de l'intelligence.

style; n.m. Partie du carpelle (ou du pistil) qui unit l'ovaire et le stigmate. Généralement rétréci et allongé en colonne ou en tube mince, à travers lequel croît le tube pollinique. Illustration p. 505.

sub- (-alpin, -arctique, etc.); préfixe. Signifiant «presque» ou «sous».

subalpin(e); adj. Sur une montagne, désigne la partie juste en bas de l'étage alpin, c'est-à-dire entre la limite des arbres et la forêt coniférienne dense. Se dit aussi des plantes et des groupements végétaux qui poussent à cet endroit.

substrat ou **substratum**; n.m. Ce sur quoi poussent les plantes, quelle qu'en soit la nature: roche, gravier, sable, vase, autres végétaux.

sudorifique; n.m. et adj. Qui fait transpirer.

talus d'éboulis; n.m. Amoncellement de pierres provenant du fractionnement d'une paroi rocheuse et situé au bas de cette paroi.

tanin ou **tannin**; n.m. Catégorie de substances dérivées de phénols, qui ont un effet astringent et un goût amer (comme le thé). Utilisés en teinturerie, pour tanner les peaux et pour fabriquer de l'encre.

taxinomie ou **taxonomie, systématique, biosystématique**; n.f. Science qui traite de l'identification, des noms et de la classification des êtres vivants.

taxon; n.m. Catégorie quelconque et indéterminée de plantes (famille, genre, espèce, variété, forme, etc.).

teinture; n.f. En teinturerie: substance colorante. En pharmacie: alcool ou éther contenant une substance médicinale active; se prépare en faisant macérer, pendant une ou deux semaines, une partie de la plante fraîche dans cinq à six fois son poids d'alcool à 60 %.

tempéré(e); adj. Se rapporte au climat modéré, correspondant à la zone de la forêt décidue. Désigne aussi les espèces et groupements végétaux qui poussent principalement dans cette zone. L'aire de répartition de ces espèces empiète à l'occasion sur les zones adjacentes, à la faveur de milieux équivalents, par exemple vallées bien abritées des zones plus au nord ou sommets plus au sud. Voir *Domaines floristiques de l'Amérique du Nord*, p. 32.

tépale; n.m. Nom donné aux sépales et aux pétales lorsqu'ils se distinguent peu les uns des autres, ont à peu près la même forme et la même coloration. Exemple: érythrone d'amérique*.

terrasse; n.f. Terrain plat formé des dépôts laissés par une mer ou un cours d'eau lorsqu'ils se retirent. Les terrasses se succèdent souvent en gradins, vestiges de retraits successifs des eaux.

tertiaire (époque ou ère); n.m. et adj. Voir ère géologique.

Tête-de-Boule. Attikamek.

tétraploïde; n.m. et adj. Se dit d'un organisme dont les cellules comptent quatre jeux de chromosomes.

tisane; n.f. Boisson contenant une substance végétale, obtenue par infusion, décoction, macération ou dissolution de plantes dans de l'eau.

tonique; n.m. et adj. Substance qui aide l'organisme à retrouver son énergie et ses forces; qui fortifie, stimule, vivifie ou active l'organisme ou ses organes.

touffe; n.f. Bouquet de feuilles ou de tiges jaillissant en un point et dressées en tous sens.

toundra; n.f. Mot d'origine lapone. Formation végétale (paysage) des milieux très froids, caractérisée par l'absence d'arbres et par une végétation basse (hauteur moyenne ≈ 25 cm). On trouve cette formation dans le Grand Nord (toundra arctique), sur les hautes montagnes (toundra alpine) et en bordure des côtes très froides (le long de la baie d'Hudson et de la Basse-Côte-Nord). Voir *Domaines floristiques de l'Amérique du Nord*, p. 27.

tourbeuse (forêt); adj. Forêt installée sur les lieux d'une ancienne tourbière et dont le sol est encore constitué de tourbe.

tourbière; n.f. Dépression de terrain où s'accumule la tourbe, c'est-à-dire la matière organique d'origine végétale. Habitat très humide, où la décomposition des débris organiques est très lente. Dans le langage populaire, on la désigne souvent par les termes inappropriés de swamp, marécage ou savane. Cet habitat est souvent dominé par des sphaignes et des arbustes bas (dont plusieurs de la famille du bleuet) ou par des carex. Voir Fleurbec 1987, *Plantes sauvages des lacs, rivières et tourbières*.

toxine; n.f. Substance toxique produite par un être vivant et agissant comme antigène.

toxique; adj. Se dit d'une substance qui empoisonne en détruisant ou en modifiant les fonctions vitales. Certaines peuvent entraîner la mort, même à petite dose.

transcontinentale; n.f. et adj. Espèce qui pousse d'un bout à l'autre d'un continent. En Amérique du Nord: de l'Atlantique au Pacifique; exemple: cornouiller quatre-temps* p. 88.

transition (forêt de); n.f. Forêt en évolution, destinée à être remplacée par un autre type de forêt. Par exemple, les forêts de peuplier faux-tremble sont souvent les premières à s'installer après une perturbation importante et étendue, mais elles durent peu et d'autres forêts les remplacent.

tremblaie; n.f. Groupement végétal dominé par des peupliers faux-tremble.

triploïde; n.m. et adj. Organisme dont les cellules comptent trois jeux de chromosomes.

tropical(e); adj. Désigne le domaine floristique qui couvre principalement l'aire du climat tropical soit, en Amérique du Nord et au nord du Mexique, seulement la pointe sud de la Floride. Voir *Domaines floristiques de l'Amérique du Nord*, p. 38.

tubercule; n.m. Partie renflée d'un rhizome ou d'une racine où s'accumulent les réserves nutritives et qui sert à la propagation végétative, grâce à de petits bourgeons portés à sa surface.

usage externe; n.m. À utiliser sur les parties extérieures du corps; ne doit pas être avalé ou injecté. Les gargarismes, qui ne sont pas ingérés, sont des médicaments d'usage externe.

usage interne; n.m. Peut être ingéré ou, dans certains cas, injecté.

variété; n.f. *Sens taxinomique:* catégorie de classification à l'intérieur d'une espèce. Désigne une classe d'individus qui se distinguent par un ou des caractères constants, c'est-à-dire transmissibles par reproduction, mais peu importants et n'empêchant pas l'interfécondation. *Sens agronomique:* cultivar, c'est-à-dire groupe de plantes présentant certains caractères qui ne se maintiennent que par la culture.

vasculaire; n.f. et adj. Groupe de plantes qui possèdent des vaisseaux, c'est-à-dire les ptéridophytes et les plantes à graines (gymnospermes ou conifères et plantes à fleurs). Une de ces plantes.

végétation (saison de); n.f. Temps de l'année où le climat permet la croissance des plantes. Au Québec: du printemps à l'automne.

végétation; n.f. Ensemble des végétaux d'un lieu, d'une région, tenant compte de la masse ou de la couverture présentée par chaque espèce. L'étude de la végétation s'intéresse à la dominance des espèces, aux associations végétales, à leur cartographie, etc. Par opposition, «flore» désigne la simple liste des espèces, sans tenir compte du nombre d'individus de chacune ou de son importance relative dans la masse végétale.

verticille; n.m. Mode de groupement des feuilles, par trois ou plus à un nœud (même hauteur et autour de la tige). S'emploie aussi pour d'autres organes. Illustration p. 503.

vivace; n.f. et adj. Se dit d'une plante dont au moins la partie souterraine vit plus de deux ans.

vulnérable (espèce); adj. Au Québec, ce terme constitue un des deux statuts juridiques de protection, en vertu de la *Loi sur les espèces menacées ou vulnérables,* et il désigne une espèce dont la survie est précaire, même si sa disparition n'est pas appréhendée. Par exemple, une espèce dont la dégradation de l'habitat, la surexploitation ou autres entraînent une régression de l'aire de répartition ou un déclin soutenu de l'effectif; une espèce dont la répartition au Québec est restreinte au point de ne pouvoir supporter toute dégradation ou perte d'habitat; une espèce à répartition québécoise restreinte et qui est sensible aux modifications ou variations du milieu. Voir aussi menacée.

Bibliographie

Documents consultés lors de la rédaction de *Flore printanière*

Aalders, L.E. & I.V. Hall. 1961. Pollen incompatibility and fruit set in lowbush blueberries. Canadian Journal of Genetics and Cytology 3: 300-307.

Abrahamson, W.G. 1979. Patterns of resource allocation in wildflower populations of fields and woods. American Journal of Botany 66: 71-79.

Adam LeRoch, S. 1996. S.O.S. pour une humble trille. Guide Ressources 11(10): 10.

Adams, J. 1927. The germination of the seeds of some plants with fleshy fruits. American Journal of Botany 14: 415-428.

Aiken, G.B. 1968. Pioneering with wildflowers. Prentice-Hall, Englewood Cliffs, New Jersey.

Al-Shehbaz, I.A. 1988. The genera of *Arabideæ (Cruciferæ; Brassicaceæ)* in the southeastern United States. Journal of the Arnold Arboretum 69: 85-166.

Alcock, R.H. 1876. Botanical names for English readers. L. Reeve & Co., London. Réimpression de 1971: Grand River Books, Detroit, Michigan.

Alden, I. 1912. A contribution to the life history of *Uvularia sessilifolia.* Bulletin of the Torrey Botanical Club 39: 439-445.

Alex, J.F., R. Cayouette & G.A. Mulligan. 1980. Noms populaires et scientifiques des plantes nuisibles du Canada, édition révisée. Publication n° 1397, Direction de la recherche, Agriculture Canada, Ottawa.

Anderson, E. 1936. The species problem in *Iris*. Annals of the Missouri Botanical Garden 23: 457-509.

Anderson, R.C. 1970. The role of daylength and temperature in tuber formation and rhizome growth of *Trientalis borealis* Raf. Botanical Gazette 131: 122-128.

Anderson, R.C. 1994. Height of white-flowered trillium *(Trillium grandiflorum)* as an index of deer browsing intensity. Ecological Applications 4(1): 104-109.

Anderson, R.C. & M.H. Beare. 1983. Breeding system and pollination ecology of *Trientalis borealis (Primulaceæ).* American Journal of Botany 70: 408-415.

Anderson, R.C. & O.L. Loucks. 1973. Aspects of the biology of *Trientalis borealis* Raf. Ecology 54: 798-808.

Angevine, M.W. & S.N. Handel. 1986. Invasion of forest floor space, clonal architecture, and population growth in the perennial herb *Clintonia borealis*. Journal of Ecology 74: 547-560.

Anonyme. 1893. Clinton, DeWitt. The National Cyclopædia of American Biography, volume 3, pages 43-45. James T. White & Company, New York. Réimpression de 1967.

Anonyme. 1895. Clinton, DeWitt. *In* Wilson, J.G. & J. Friske (editors). Appleton's Cyclopedia of American Biography, volume 1, pages 660-661. D. Appleton & Co., New York.

Anonyme. 19??. The uses of red willow *Cornus stolonifera* or red osier dogwood. Wilderness Arts & Recreation 1(2): 91-94

Antlfinger, A.E., W.F. Curtis & O.T. Solbrig. 1985. Environmental and genetic determinants of plant size in *Viola sororia.* Evolution 39: 1053-1064.

Argus, G.W. 1964. Preliminary reports on the flora of Wisconsin. No. 51. *Salicaceæ.* The genus *Salix* - The willows. Wisconsin Academy of Sciences, Arts and Letters 53: 217-272.

Argus, G.W. & K.M. Pryer. 1990. Les plantes vasculaires rares du Canada / Notre patrimoine naturel. Musée canadien de la nature, Ottawa.

Argus, G.W., K.M. Pryer, D.J. White & C.J. Keddy (rédacteurs). 1982-87. Atlas des plantes vasculaires rares de l'Ontario. 4 parties. Musée national des sciences naturelles, Musées nationaux du Canada, Ottawa.

Argus, G.W. & D.J. White. 1978. Les plantes vasculaires rares de l'Alberta. Syllogeus n° 17, Musée national des sciences naturelles, Musées nationaux du Canada, Ottawa.

Art, H.W. 1995. Fleurs sauvages cultivées dans votre jardin. Traduction de l'édition étatsunienne de 1987. Éditions Broquet, L'Acadie, Québec.

Ashmun, J.W. & L.F. Pitelka. 1985. Population biology of *Clintonia borealis.* II. Survival and growth of transplanted ramets in different environments. Journal of Ecology 73: 185-198.

Ashmun, J.W., R.J. Thomas & L.F. Pitelka. 1982. Translocation of photoassimilates between sister ramets in two rhizomatous forest herbs. Annals of Botany 49: 403-415.

Augustine, D.J. & L.E. Frelich. 1997. Effects of white-tail deer on populations of an understory forb in fragmented deciduous forests. Conservation biology 12(5): 995-1004.

Ayotte, G. 1994. Glossaire de botanique / Autoformation. Éditions Multimondes, Sainte-Foy, Québec.

Bailey, L. H. 1949. Manual of cultivated plants / Most commonly grown in the continental United States and Canada. Revised edition. Macmillan Co., New York.

Bain, J.F. & K.E. Denford. 1979. The herbaceous members of the genus *Cornus* in northwestern North America. Botaniska Notiser 132: 121-129.

Balgooyen, C.P. & D.M. Waller. 1995. The use of *Clintonia borealis* and other indicators to gauge impacts of white-tail deer on plant communities in northern Wisconsin, USA. Natural Areas Journal 15: 308-318.

Ball, C.R. 1946. More plant study: fewer plant names. Journal of the Arnold Arboretum 27: 371-385.

Ballard Jr., H.E. 1992. Systematics of *Viola* section *Viola* in North America north of Mexico. MSc. Thesis, Central Michigan University, Mount Pleasant.

Ballard Jr., H.E. 1994. Violets of Michigan. The Michigan Botanist 33: 131-199. [Voir aussi: Addenda and Errata: Violets of Michigan (Vol. 33, No. 4). The Michigan Botanist 34: 84.]

Barrett, S.C.H. & K. Helenurm. 1981. Floral sex ratios and life history in *Aralia nudicaulis (Araliaceæ)* Wild sarsaparilla. Evolution 35: 752-762.

Barrett, S.C.H. & K. Helenurm. 1987. The reproductive biology of boreal forest herbs. I. Breeding systems and pollination. Canadian Journal of Botany 65: 2036-2046.

Barrett, S.C.H. & J.D. Thomson. 1982. Spatial pattern, floral sex, and fecundity in dioecious *Aralia nudicaulis (Araliaceæ).* Canadian Journal of Botany 60: 1662-1670.

Baskin, C.C. & J.M. Baskin. 1988. Germination ecophysiology of herbaceous plant species in a temperate region. American Journal of Botany 75(2): 286-305.

Baskin, C.C. & J.M. Baskin. 1995. Warm plus cold stratification requirement for dormancy break in seeds of the woodland herb *Cardamine concatenata (Brassicaceæ),* and evolutionary implications. Canadian Journal of Botany 73: 608-612.

Baskin, J.M. & C.C. Baskin. 1985a. Epicotyl dormancy in seeds of *Cimicifuga racemosa* and *Hepatica acutiloba.* Bulletin of the Torrey Botanical Club 112: 253-257.

Baskin, J.M. & C.C. Baskin. 1985b. Seed germination ecophysiology of the woodland spring geophyte *Erythronium albidum.* Botanical Gazette 146: 130-136.

Baskin, J.M. & C.C. Baskin. 1986. Seed germination ecophysiology of the woodland herb *Asarum canadense.* American Midland Naturalist 116: 132-139.

Bassett, I.J., R.M. Holmes & K.H. MacKay. 1961. Phenology of several plant species at Ottawa, Ontario, and an examination of the influence of air temperatures. Canadian Journal of Plant Science 41: 643-652.

Bawa, K.S., C.R. Keegan & R.H. Voss. 1982. Sexual dimorphism in *Aralia nudicaulis* L. *(Araliaceæ).* Evolution 36: 371-378.

Bayer, R.J. & G.L. Stebbins. 1982. A revised classification of *Antennaria (Asteraceæ: Inuleæ)* of the eastern United States. Systematic Botany 7: 300-313.

Bayer, R.J. & G.L. Stebbins. 1987. Chromosome numbers, patterns of distribution, and apomixis in *Antennaria (Asteraceæ: Inuleæ).* Systematic Botany 12: 305-319.

Bayer, R.J. & G.L. Stebbins. 1993. A synopsis with keys for the genus *Antennaria (Asteraceæ: Inuleæ: Gnaphaliinæ)* of North America. Canadian Journal of Botany 71: 1589-1604.

Beattie, A.J. 1974. Floral evolution in *Viola.* Annals of the Missouri botanical garden. 61: 781-793.

Beattie, A.J. 1976. Plant dispersion, pollination and gene flow in *Viola.* Oecologia (Berlin) 25: 291-300.

Beattie, A.J. & D.C. Culver. 1981. The guild of myrmecochores in the herbaceous flora of West Virginia forests. Ecology 62: 107-115.

Beattie, A.J. & N. Lyons. 1975. Seed dispersal in *Viola (Violaceæ):* adaptations and strategies. American Journal of Botany 62: 714-722.

Bélisle, L.-A. 1971. Dictionnaire général de la langue française au Canada. 2e édition. Bélisle, éditeur inc., Québec.

Bell, A.D. 1974. Rhizome organization in relation to vegetative spread in *Medeola virginiana.* Journal of the Arnold Arboretum 55: 458-468.

Bell, C.R. & B.J. Taylor. 1982. Florida wild flowers and roadside plants. Laurel Hill Press, Chapel Hill, North Carolina.

Benoît, J. 1994. La fleur de lis ou la Fleur-de-Liesse: petite histoire d'une vieille confusion. La Presse, Montréal, samedi 25 juin, p. B3.

Benoit, P. 1985-1986. Nomenclatura insectorum canadensium / Noms d'insectes au Canada / Insect names in Canada, 5e édition, et Supplementum. Centre de recherches forestières des Laurentides, Service canadien des forêts. Ministère des Approvisionnements et Services Canada.

Berg, R.Y. 1969. Adaptation and evolution in *Dicentra (Fumariaceæ),* with special reference to seed, fruit, and dispersal mechanism. Nytt magasin for botanikk 16(1): 49-75.

Bergeron, L. 1980. Dictionnaire de la langue québécoise. Léandre Bergeron & VLB Éditeur, Montréal.

Bergeron, M.E. & L. Lapointe. 2001. Impact of one year crozier removal on long-term frond production in *Matteuccia struthiopteris.* Canadian Journal of Plant Science 81: 155-163.

Bernard, J.P. & R. Gauthier. 1986. Observations sur le *Geum urbanum* L. dans la région de Québec et description de deux hybrides. Le Naturaliste canadien 113: 317-324.

Bernhardt, P. 1977. The pollination ecology of a population of *Erythronium americanum* Ker. *(Liliaceæ).* Rhodora 79: 278-282.

Bicknell, E.P. 1896. The blue-eyed grasses of the eastern United States *(Genus Sisyrinchium).* Bulletin of the Torrey Botanical Club 23: 130-137.

Bierzychudek, P. 1981. Pollinator limitation of plant reproductive effort. American Naturalist 117: 838-840.

Bierzychudek, P. 1982a. Life histories and demography of shade-tolerant temperate forest herbs: a review. New Phytologist 90: 757-776.

Bierzychudek, P. 1982b. The demography of Jack-in-the-pulpit, a forest perennial that changes sex. Ecological monographs 52: 335-351.

Bierzychudek, P. 1984. Assessing «optimal» life histories in a fluctuating environment: the evolution of sex-changing by Jack-in-the-pulpit. American Naturalist 123: 829-840.

Birdseye, C. & E.G. Birdseye. 1972. Growing woodland plants. Dover publications, New York.

Blain, A. 1944. La germination des trilles. Revue canadienne de biologie 3(4): 483-485.

Blodget, F.H. 1900. Vegetative reproduction and multiplication in *Erythronium.* Bulletin of the Torrey Botanical Club 27: 305-315.

Blum, M.M. & A. Krochmal. 1974. *Epigea repens* L. Trailing-arbustus. *In* Schopmeyer, C.S. Seeds of woody plants in the United States, Agriculture Handbook No. 450, Forest Service, U.S. Department of Agriculture, Washington, D.C. p. 380-381.

Blunt, W. 1986. Linné 1707-1778, le prince des botanistes. Traduction de Françoise Robert (The compleat naturalist / A life of Linnaeus, 1971). Collection Un savant, une époque. Belin, Paris.

Boivin, B. 1942. Quelques noms vernaculaires de plantes du Québec. Contributions de l'Institut botanique de l'Université de Montréal n° 44: 3-9.

Boivin, B. 1943a. The «coûdres» of the «Isle es couldres». Rhodora 45: 29-31.

Boivin, B. 1943b. Quelques noms vernaculaires de plantes du Québec. II. Contributions de l'Institut botanique de l'Université de Montréal n° 48: 3-20.

Boivin, B. 1953a. Two new variations in *Trillium.* Rhodora 65: 101.

Boivin, B. 1953b. Variations de l'*Actæa rubra* (Aiton) Willdenow. Annales de l'Acfas 19: 93-94.

Boivin, B. 1966-67. Énumération des plantes du Canada. Provancheria, Mémoires de l'Herbier Louis-Marie, université Laval, Québec. Extrait du Naturaliste canadien 93: 253-274, 371-437, 583-646, 989-1063 et 94: 131-157, 471-528, 625-655.

Boivin, N. 1997. Le Québec devrait changer d'emblème floral. Le Quotidien (Jonquière), 11 septembre, page 4.

Bonnard, A. 1946. Les dieux de la Grèce. Mermod, Lausanne, Suisse.

Bouchard A., D. Barabé, M. Dumais & S. Hay. 1983. Les plantes vasculaires rares du Québec. Syllogeus n° 48, Musée national des sciences naturelles, Musées nationaux du Canada, Ottawa.

Bouchard, A., S. Hay, L. Brouillet, M. Jean & I. Saucier. 1991. Les plantes vasculaires rares de l'île de Terre-Neuve. Syllogeus n° 65, Musée canadien de la nature, Ottawa.

Bouchard, A. & P.F. Maycock. 1970. A phytogeographical and phytosociological study of *Viola rotundifolia* in eastern Canada. Canadian Journal of Botany 48: 2285-2303.

Boucher, P. 1664. Histoire véritable et naturelle des mœurs et productions du pays de la Nouvelle-France, vulgairement dite le Canada. Édition de 1964: Société historique de Boucherville, Boucherville.

Boudreau, F. & D. Bisson. 1983. Observations sur la distribution et l'habitat de l'orignal en Moyenne-et-Basse-Côte-Nord. Série de l'inventaire du Capital-Nature n° 2, Service des inventaires écologiques, ministère de l'Environnement, Québec.

Boullard, B. 1988. Dictionnaire de botanique. Ellipses, Paris.

Bournérias, M. & C. Bock. 1992. Le génie végétal. Nathan, Paris.

Brainerd, E. 1924. Some natural violet hybrids of North America. Bulletin No. 239, Vermont Agricultural Experiment Station, Burlington, Vermont.

Brako, L., A.Y. Rossman & D.F. Farr. 1995. Scientific and common names of 7000 vascular plants in the United States. APS Press, The American Phytopathological Society, St. Paul, Minnesota, USA.

Braun, E.L. 1937. Some relationships of the flora of the Cumberland Plateau and Cumberland Mountains in Kentucky. Rhodora 39: 193-208.

Braun, E.L. 1957. *Dentaria laciniata* from seed. Rhodora 59: 267-269.

Brayshaw, T.C. 1976. Catkin bearing plants of British Columbia. British Columbia Provincial Museum, No. 18 Occasional Paper Series, Victoria, British Columbia.

Brisson, J.D. 1995. La grande aventure de la fraise. Les Amis du Jardin Van den Hende 12(4): 20-23.

Brisson, J.D. 1996. La distribution du genre *Lilium* avec référence à son évolution. Les Amis du Jardin Van den Hende 13(3): 16-21.

Brisson, J.D, M. Lajoie, J. Allard & A. Jacob-Remacle. 1994. Les insectes pollinisateurs: des alliés à protéger / Comment mieux les reconnaître pour mieux les protéger. Éditions versicolores, Québec.

Brockman, C.F., H.S. Zim & R. Merrilees. 1982. Guide des arbres de l'Amérique du Nord / Guide d'identification sur le terrain. Éditions Broquet, L'Acadie, Québec.

Brown, C.A. 1972. Wildflowers of Louisiana and adjoining States. Louisiana University Press, Baton Rouge, Louisiana.

Brown, H.B. 1910. The genus *Cratægus,* with some theories concerning the origin of its species. Bulletin of the Torrey Botanical Club 37: 251-260.

Brown, R.L., J.W. Ashmun & L.F. Pitelka. 1985. Within — and between — species variation in vegetative phenology in two forest herbs. Ecology 66: 251-258.

Brundrett, M. & B. Kendrick. 1988. The mycorrhizal status, root anatomy, and phenology of plants in a sugar maple forest. Canadian Journal of Botany 66: 1153-1173.

Brundrett, M. & B. Kendrick. 1990. The roots and mycorrhizas of herbaceous woodland plants. 1. Quantitative aspects of morphology. New Phytologist 114: 457-468.

Bruneau, A., W. Lummis & D. Ramsay. 2000. Intoxications alimentaires associées à l'ingestion de crosses de fougère — Québec 1999. Santé Canada, Relevé des maladies transmissibles au Canada 26-20: 165-170. <http://www.hc-sc.gc.ca/hpb/lcdc/publicat/ccdr/00vol26/rm2620fa.html>

Brunet, O. 1865. Catalogue des plantes canadiennes contenues dans l'herbier de l'Université Laval et recueillies pendant les années 1858-65. C. Darveau, Imprimeur-lithographe, Québec.

Brunet, O. 1870. Éléments de botanique et de physiologie végétale suivi d'une petite flore simple et facile pour aider à découvrir les noms des plantes les plus communes du Canada. Ateliers de P.-G. Delisle, Québec.

Brunton, D.F. 1989. The marsh dandelion *(Taraxacum* section *Palustria: Asteraceæ)* in Canada and the United States. Rhodora 91: 213-219.

Budd, A.C. & K.F. Best. 1969. Wild plants of the canadian prairies. Publication No. 983, Research Branch, Canada Department of Agriculture, Ottawa.

Cain, M.L. & R.E. Cook. 1988. Growth in *Medeola virginiana* clones. II. Stochastic simulation of vegetative spread. American Journal of Botany 75: 732-738.

Cain, M.L. & Damman, H. 1997. Clonal growth and ramet performance in the woodland herb *Asarum canadense.* Journal of Ecology 85: 883-897.

Cain, S.A. 1967. Studies on the stemmed yellow violets of Eastern North America II. Mass-collection of *Viola pubescens* and *V. eriocarpa* in the Michigan area. Le Naturaliste canadien 94: 79-129.

Calder, J.A. & R.L. Taylor. 1965. New taxa and nomenclatural changes with respect to the flora of the Queen Charlotte Islands, British Columbia. Canadian Journal of Botany 43: 1387-1400.

Camazine, S. & K.J. Niklas. 1984. Aerobiology of *Symplocarpus fœtidus*: interactions between spathe and spadix. American Journal of Botany 71(6): 843-850.

Camp, W.H. 1945. The north american blueberries with notes on other groups of *Vacciniaceæ*. Brittonia 5: 203-275.

Cardon, D. 1978. Pratique de la teinturerie végétale. Éditions Fleurus, Paris.

Carter, C.R. & H.W. Vogelmann. 1968. Variations in populations of *Clintonia borealis* (Ait.) Raf. Bulletin of the Torrey Botanical Club 95: 305-309.

Case Jr., F.W. 1987a. Orchids of the western Great Lakes region. Revised edition. Cranbrook Institute of Science Bulletin 48, Michigan.

Case Jr., F.W. 1987b. Trilliums. Part one: The pedunculate trilliums. Wildflower 3(2): 28-34. Part two: The sessile trilliums. Wildflower 3(3): 34-39.

Case Jr., F.W & R.B. Case. 1997. Trilliums. Timber Press, Portland, Oregon.

Castelli, M.R. 1970. Flowering behavior in a uniform garden of wide-ranging, spring-blooming, woodland herbs of the eastern United States. Castanea 35: 260-277.

Catling, P.M. & J. Cayouette. 1994. Occurence, origin and status of native germplasm in the Gaspé Peninsula of Québec, with special reference to small fruits. Plant Genetic Resources Newsletter 100:1-8.

Catling, P.M., J. Cayouette & J. Postman. 1995. *Fragaria multicipita*, reduced to the rank of forma. Rhodora 97: 245-254.

Cayouette, J. 1986. Innovations taxonomiques et observations sur la flore vasculaire du Nouveau-Québec. Le Naturaliste canadien 113: 331-336.

Cayouette, J. 1987. La flore vasculaire de la région du lac Chavigny (50°12'N - 75°08'O), Nouveau-Québec. Provancheria n° 20, Mémoires de l'Herbier Louis-Marie, université Laval, Québec.

Cayouette, J. 1997. Données inédites sur la répartition d'espèces décrites dans *Flore printanière.* Communication personnelle non publiée. Centre de recherches de l'Est sur les céréales et les oléagineux, Agriculture et Agroalimentaire Canada, Ottawa, Ontario.

Cayouette, J. 1998a. Abner Benedict, l'homme qui a vu l'homme qui a vu Pursh. FloraQuebeca 3(2): 9.

Cayouette, J. 1998b. Kohlmeister et Kmoch, deux moraves en Ungava, en 1811. FloraQuebeca 3(3): 7-8.

Cayouette, J. 1998c. Lionel Cinq-Mars et la Montérégie. Document non publié, préparé pour le 5e Rendez-vous botanique (20 juin 1998) du ministère de l'Environnement et de la Faune du Québec.

Cayouette, J. 1999. Kohlmeister et ses associés botanistes. FloraQuebeca 4(1): 6-7.

Cayouette, J. 2000. Pursh explore le Haut-Canada en 1816. FloraQuebeca 5(1): 6-7.

Cayouette, R. 1975. Études taxonomiques et phytogéographiques sur la flore du Saguenay. Rapport non publié; Herbier du Québec, Service de la recherche, ministère de l'Agriculture du Québec.

Cayouette, R. & J. Cayouette. 1984. Variations de la coloration des pétales chez le *Trillium cernuum* L. var. *cernuum (Liliaceæ).* Le Naturaliste canadien 111: 325-327.

Cazes, J. 1995. La claytonie de Caroline: un indicateur de la santé de nos forêts? Forêt & Conservation 61(6): 7.

Centre de données sur le patrimoine naturel du Québec. Direction du patrimoine écologique et du développement durable, ministère de l'Environnement, Québec.

Cerovsky, J. 1995. Plantes en danger. Librairie Gründ, Paris.

Chinard, G. 1957. Les Michaux et leurs précurseurs. *In* Centre national de la recherche scientifique. Colloques internationaux (1956) LXIII. Les botanistes français en Amérique du Nord avant 1850, p. 263-284. Paris.

Chmielewski, J.G. & G.S. Ringius. 1987. Biomass – allocation patterns in populations of *Trillium erectum* and *T. grandiflorum* in southern Ontario. Canadian Journal of Botany 65: 1671-1675.

Choquette, L. 1926. Le bois de plomb *(Dirca palustris* L.). Paris.

Cinq-Mars, L. 1966. Mise au point sur les violettes *(Viola spp.)* du Québec. Le Naturaliste canadien 93: 895-958. Repris dans Provancheria n° 1, Mémoires de l'Herbier Louis-Marie, Faculté d'Agriculture de l'Université Laval, Québec.

Cinq-Mars, L. 1971. Le genre *Amelanchier* au Québec. Le Naturaliste canadien 98: 329-346.

Clark, R.C. 1971. The woody plants of Alabama. Annals of the Missouri Botanical Garden 58(2): 99-242.

Clason, W.E. 1989. Elsevier's dictionnary of wild and cultivated plants. Elsevier's Science Publishers B.V., Amsterdam, The Netherlands.

Clifford, P.E. & W.D. McDowell. 1982. Lateral stress initiates bending responses in dandelion peduncles: a clue to geotropism? Canadian Journal of Botany 60: 2671-2673.

Cody, W.J. 1979. Vascular plants of restricted range in the continental Northwest Territories, Canada. Syllogeus No. 23, Musée national des sciences naturelles, Musées nationaux du Canada, Ottawa.

Cody, W.J. 1996. Flora of the Yukon Territory. NRC Research Press, Ottawa, Canada.

Cody, W.J. & D.M. Britton. 1989. Les fougères et les plantes alliées du Canada. Publication 1829F, Direction générale de la recherche, Agriculture Canada, Ottawa.

Cody, W.J. & V. Wagner. 1980. The biology of Canadian weeds. 49. *Equisetum arvense* L. Canadian Journal of Plant Science 61: 123-133.

Coghlan, A. 1997. Hardy marsh plants gobble up weedkiller. New Scientist, 22 mars, page 24.

Cook, R.E. 1983. Clonal plant populations. American Scientist 71: 244-253.

Cook, R.E. 1988. Growth in *Medeola virginiana* clones. I. Field observations. American Journal of Botany 75: 725-731.

Coon, N. 1969. Using wayside plants. Hearthside Press, New York.

Cornuti, I. 1635. Canadensium Plantarum Historia. Réimpression de l'édition parisienne de 1966: The Sources of Science No. 37, Jonhson Reprint Corporation, New York.

Cottez, H. 1986. Dictionnaire des structures du vocabulaire savant, 4ᵉ édition. Les usuels du Robert, Paris.

Couillard, L. 1987. Les plantes rares de l'archipel de Mingan. Environnement Canada, Ottawa.

Couillard, L. 1995. La situation de l'ail des bois *(Allium tricoccum)* au Québec. Gouvernement du Québec, ministère de l'Environnement et de la Faune, Direction de la conservation et du patrimoine écologique, Québec.

Couillard, L. 1998. Le statut d'espèce vulnérable, ça change pas le monde, sauf que... Quatre-Temps 22(1): 50-51.

Couillard, L. & Fleurbec /G. Lamoureux , S. Lamoureux/. 1998. Espèces vulnérables au Québec — L'ail des bois. Gouvernement du Québec, ministère de l'Environnement, Direction de la conservation et du patrimoine écologique, Québec. <http://www.menv.gouv.qc.ca>

Couillard, L. & P. Grondin. 1986. La végétation des milieux humides du Québec. Les Publications du Québec, Québec.

Coursol, F. 1998. Données inédites sur la répartition d'espèces décrites dans *Flore printanière.* Communication personnelle non publiée. Mont-Laurier.

Craig, D.L. 1981. Le bleuet en corymbe dans l'est du Canada. Agriculture Canada, Publication 1279F, Ottawa.

Cronquist, A. 1982. Map of the floristics provinces of North America. Brittonia 34: 144-145.

Crowder, A.A. & G.J. Taylor. 1984. Characteristics of sites occupied by wild lily-of-the-valley, *Maianthemum canadense* var. *canadense,* on Hill Island, Ontario (Canada). Canadian Field-Naturalist 98: 151-158.

Cruise, J.E. & E. Haber. 1972. Distribution and chromatography of *Polygonatum* in Ontario. Canadian Journal of Botany 50: 1157-1161.

Cullina, B. 1999. A growing reputation. American nurseryman. Septembre 15: 32-37.

Culver, D.C. & A.J. Beattie. 1978. Myrmecochory in *Viola:* Dynamics of seed-ant interactions in some West Virginia species. Journal of Ecology 66: 53-72.

Curtis, J.T. 1943. Germination and seedling development in five species of *Cypripedium* L. American Journal of Botany 30: 199-205.

Dafni, A., D. Cohen & I. Noy-Meir. 1981. Life-cycle variation in geophytes. Annals of the Missouri Botanical Garden 68: 652-660.

Dagenais, J. 1985. Rapport sur la situation de l'ail des bois *(Allium tricoccum)* au Québec. Association des biologistes du Québec, Publication 8.

Damman, H. & M.L. Cain. 1998. Population growth and viability analyses of the clonal woodland herb, *Asarum canadense.* Journal of Ecology 86: 13-26.

Davis, M.A. 1981. The effect of pollinators, predators, and energy constraints on the floral ecology and evolution of *Trillium erectum.* Oecologia 48: 400-406.

Davis, R.W. 1986. The pollination biology of *Cypripedium acaule (Orchidaceæ).* Rhodora 88: 445-450.

Day, D.F. 1885. George W. Clinton, LL.D. Bulletin of the Torrey Botanical Club 12: 103-106.

Day, R. 1989. Rare and endangered plants of Newfoundland & Labrador. The Osprey, Newfoundland Natural History Society Quaterly 20(3): 95-97.

Day, R. & P.M. Catling. 1991. The rare vascular plants of Prince Edward Island. Syllogeus No. 67, Musée canadien de la nature, Ottawa.

de Guise, C. 1996. L'ail des bois: encore en danger. Franc-Vert 12(6): 9.

De Wit, H. 1965. Les plantes du monde / Les plantes à fleurs. Tome II. Hachette, Paris.

Deam, C.C. 1940. Flora of Indiana. Division of Forestry, State of Indiana Department of Conservation, Indianapolis.

Del Tredici, P. 1983. Propagating leatherwood: a lesson in humility. Arnoldia. Jamaica Plain: Arnold Arboretum 44: 20-23.

Denman, R. 1986. Trillium-Lore. Wildflower 2(2): 12-13.

Désaultels, L. 1991. L'ail des bois sous l'aile de la loi. Forêt & Conservation 58(2): 22-25.

Desfontaines, M. 1807. Mémoire sur le genre *Convallaria.* Annales du Museum d'histoire naturelle (Paris) 9: 45-55.

Deshaye, J. 1997. Données inédites sur la répartition d'espèces décrites dans *Flore printanière.* Communication personnelle non publiée. Québec.

Deshaye, J. & J. Cayouette. 1988. La flore vasculaire des îles et de la presqu'île de Manitounuk, Baie d'Hudson: structure phytogéographique et interprétation bioclimatique. Provancheria n° 21, Mémoires de l'Herbier Louis-Marie, université Laval, Québec.

Desmarais, Y. 1952. Écologie du *Trillium erectum.* Le Naturaliste canadien 79: 198-203.

DesMeules, P. 1968. Notes on the use of bark by moose *(Alces Alces americana* Clinton) in Laurentide Park (Québec). Le Naturaliste canadien 95: 1159-1164.

Dony, J.G., S.L. Jury & F.H. Perring. 1986. English names of wildflowers. Edition two. The Botanical Society of the British Isles.

Doohan, D.J. & T.J. Monaco. 1992. The biology of Canadian weeds: 99. *Viola arvensis* Murr. Canadian Journal of Plant Science 72: 187-201.

Dore, W.G. 1964. Two kinds of Blue Cohosh. Ontario Naturalist 2(1): 5-9.

Dore, W.G. 1967. Skunk cabbage rare in Ottawa district. Trail & Landscape 1(1): 1-28.

Douglas, G.W., G.W. Argus, H.L. Dickson & D.F. Brunton. 1981. Les plantes vasculaires rares du Yukon. Syllogeus n° 28, Musée national des sciences naturelles, Musées nationaux du Canada, Ottawa.

Doyle, J.J., R.N. Beachy & W.H. Lewis. 1984. Evolution of rDNA in *Claytonia* Polyploid complexes. *In* Grant, W.F. (editor). Plant Biosystematics, p. 321-341, Academic Press, New York.

Doyon, D. 1966. La distribution des espèces du genre *Dentaria* dans le Québec. Le Naturaliste canadien 93: 161-169.

Doyon, D. 1990. Répartition de la violette des champs et de la violette tricolore au Québec. Eurêka! La recherche agroalimentaire 26: 3-5.

Doyon, D. & R. Cayouette. 1970. Étude sur la flore du comté de Lévis. II - Précisions sur la distribution et l'habitat de quelques espèces méridionales. Le Naturaliste canadien 97: 447-454.

Doyon, D. & V. Lavoie. 1966. Étude comparative des aires de *Dicentra cucullaria* (L.) Bernh. et de *Dicentra canadensis* (Goldie) Walp. au Québec. Le Naturaliste canadien 93: 3-9.

Doyon, D. & V. Lavoie. 1966. La distribution de quelques espèces végétales dans la région de Québec et leur cadre phytosociologique. Le Naturaliste canadien 93: 797-822.

Duke, J.A. & E.S. Ayensu. 1985. Medecinal plants of China. 2 volumes. Reference Publications, Algonac, Michigan.

Dupras, I. & J. Daas. 1996. Données inédites sur la culture de plantes sauvages. Communication personnelle non publiée. Horticulture Indigo, Ulverton, Québec.

Dupuy, W.A. 1930. Our plants friends and foes. Réimpression de 1969. Dover Publications, New York.

Duval, M. 1962. Les plantes vénéneuses du Québec. La Revue d'Oka 36(1): 1-17.

Dykeman, B.W. 1982a. Aménagement des peuplements naturels de la fougère-à-l'autruche. Ministère de l'Agriculture et de l'Aménagement rural du Nouveau-Brunswick.

Dykeman, B.W. 1982b. Culture des fougères-à-l'autruche — une projection économique. Ministère de l'Agriculture et de l'Aménagement rural du Nouveau-Brunswick, Direction de l'industrie végétale, Fredericton.

Dykeman, B.W. 1985. Effects of crozier removal on growth of the ostrich fern. Canadian Journal of Plant Science 65: 1019-1023.

Dykeman, B.W. 1991. Culture des crosses de fougères chez soi. Publication n° 1444 de l'ACC. Cultures maraîchères dans les provinces Atlantiques. Agdex n° 250.

Easterly, N.W. 1964. Distribution patterns of Ohio *Cruciferæ.* Castanea 29(3): 164-173.

Edwards, J. 1984. Spatial pattern and clone structure of the perennial herb, *Aralia nudicaulis* L. *(Araliaceæ).* Bulletin of the Torrey Botanical Club 111: 28-33.

Elliott, D.B. 1976. Roots, an underground botany and forager's guide. The Chatham Press, Old Greenwich, Connecticut.

Erichsen-Brown, C. 1979. Use of plants for the past 500 years. Breezy Creeks Press, Aurora, Ontario.

Eriksson, O. 1988. Variation in growth rate in shoot populations of the clonal dwarf shrub *Linnæa borealis.* Holarctic Ecology 11: 259-266.

Eriksson, O. 1992. Population structure and dynamics of the clonal dwarf-shrub *Linnæa borealis.* Journal of Vegetation Science 3: 61-68.

Eriksson, O. & J. Ehrlen. 1992. Seed and microsite limitation of recruitment in plant populations. Oecologia 91: 360-364.

Erskine, D.S. 1956. Additions to the flora of Saint-Paul Island, Nova Scotia. Rhodora 58: 245-250.

Erskine, D.S. 1985. The plants of Prince Edward Island / With new records, nomenclatural changes, and corrections and deletions by P.M. Catling, D.S. Erskine & R.B. MacLaren. Publication No. 1798, Research Branch, Agriculture Canada, Ottawa.

Evans, H. E. 1993. Pioneer Naturalists. Henry Holt and Company, New York.

Ewan, J. 1952. Frederick Pursh, 1774-1820, and his botanical associates. Proceedings of the American Philosophical Society 96(5): 599-628.

Ewan, J. 1970. Plant collectors in America; backgrounds for Linnaeus. International Association of Plant Taxonomy. Utrecht, Suisse.

Fahselt, D. 1972. The use of flavonoid components in the characterization of the genus *Corydalis (Fumariaceae)*. Canadian Journal of Botany 50: 1605-1610.

Falinska, K. 1979. Experimental studies of the reproductive strategy of *Caltha palustris* L. populations. Ekologia Polska (Polish Journal of Ecology) 27: 527-543.

Farb, P. 1963. Face of North America; The natural history of a continent. Harper & Row, Publishers, New York.

Farrar, J.L. 1996. Les arbres du Canada. Fides & Service canadien des forêts, Ressources naturelles Canada.

Fassett, N.C. 1935. Notes from the herbarium of the University of Wisconsin - XII. A study of *Streptopus*. Rhodora 37: 88-113.

Favreau, G., Y. Raymond & J. Masquelier. 1969. Étude du pigment rouge isolé des fruits d'*Actæa rubra* Wild. Le Naturaliste canadien 96: 191-202.

Feilberg, J. 1984. A phytogeographical study of south Greenland. Vascular Plants. Meddelselser Om Grøland, Bioscience 15. Copenhagen.

Fernald, M.L. 1906. Some anomalous plants of *Tiarella* and *Mitella*. Rhodora 8: 90-92.

Fernald, M.L. 1929. *Coptis trifolia* and its eastern american representative. Rhodora 31: 136-142.

Fernald, M.L. 1946. The identity of *Sisyrinchium angustifolium*. *In* Contributions from the Gray Herbarium of Harvard University, No. CLXII: Identifications and reidentifications of north american plants. Rhodora 48: 152-160.

Fernald, M.L. 1950. Gray's manual of botany, 8th edition. Corrected printing 1970. D. Van Nostrand Co., New York.

Fernald, M.L. & A.C. Kinsey. 1958. Edible wild plants of eastern North America; revised edition by R.C. Rollins. Harper & Row, New York.

Ferron, J. 1970. L'amélanchier. Édition de 1986, VLB éditeur, Montréal.

Ferron, M. & R. Cayouette. 1975. Noms des mauvaises herbes du Québec, 3e édition. Agriculture Québec, Québec.

Finnerty, T.L., J.M. Zajicek. & M.A. Hussey. 1992. Use of seed priming to bypass stratification requirements of three *Aquilegia* species. HortScience 27: 310-313.

Fizzell, J. A. 1962. A dozen weeds in your lawn. Circular 847, University of Illinois, College of Agriculture, Extension service in agriculture and home economics, Urbana, Illinois.

Flanagan, L.B. & J.F. Bain. 1988. The biological flora of Canada: 8. *Aralia nudicaulis* L., Wild sarsaparilla. Canadian Field-Naturalist 102: 45-59.

Flanagan, L.B. & W. Moser. 1985 a. Flowering phenology, floral display and reproductive success in dioecious, *Aralia nudicaulis (Araliaceæ)*. Oecologia 68: 23-28.

Flanagan, L.B. & W. Moser. 1985 b. Pattern of 14C assimilate distribution in a clonal herb, *Aralia nudicaulis*. Canadian Journal of Botany 63: 2111-2114.

Fleurbec. 1975a. Essais d'utilisation des plantes sauvages comestibles et médicinales. Rapport non publié du projet Croquefeuille, Québec.

Fleurbec. 1975b. Plantes sauvages printanières, guide d'identification. Fleurbec éditeur, Saint-Augustin (Portneuf), Québec.

Fleurbec. 1978. Plantes sauvages des villes et des champs, volume 1. Guide d'identification. Fleurbec éditeur, Saint-Henri-de-Lévis, Québec.

Fleurbec. 1981a. Plantes sauvages au menu. Guide culinaire. Fleurbec éditeur, Saint-Cuthbert, Québec.

Fleurbec. 1981b. Plantes sauvages comestibles. Guide d'identification. Fleurbec éditeur, Saint-Henri-de-Lévis, Québec.

Fleurbec. 1983. Plantes sauvages des villes, des champs et en bordure des chemins, volume 2. Guide d'identification. Fleurbec éditeur, Saint-Augustin (Portneuf), Québec.

Fleurbec. 1985. Plantes sauvages du bord de la mer. Guide d'identification. Fleurbec éditeur, Saint-Augustin (Portneuf), Québec.

Fleurbec. 1987a. L'aulne rugueux: tout un monde. Forêt & Conservation 54(5): 24-27.

Fleurbec. 1987b. Plantes sauvages des lacs, rivières et tourbières. Guide d'identification. Fleurbec éditeur, Saint-Augustin (Portneuf), Québec.

Fleurbec. 1993. Fougères, prêles et lycopodes. Guide d'identification. Fleurbec éditeur, Saint-Henri-de-Lévis, Québec.

Fleurbec / G. Lamoureux, S. Lamoureux, A. Tousignant, L. Cournoyer & R.F. Gauthier/. 1994. Plantes susceptibles d'être désignées menacées ou vulnérables. Noms français de 229 espèces. Rapport non publié, préparé pour le gouvernement du Québec, ministère de l'Environnement et de la Faune, Direction de la conservation et du patrimoine écologique, Québec.

Fleurbec / G. Lamoureux. 1994. *Iris versicolor*. Affiche grand format (71 X 55,9 cm).

Fleurbec éditeur, Saint-Henri-de-Lévis, Québec.

Fleurbec / G. Lamoureux. 1996. Pourquoi la minuscule? / Épithètes spécifiques dérivées de noms propres. FloraQuebeca 1(3): 6-8.

Fleurbec / G. Lamoureux. 1997. Pourquoi la minuscule? / Épithètes spécifiques dérivées de noms propres. InVivo (Bulletin de l'Association des biologistes du Québec) 17(2): 10-12.

Fleurbec / G. Lamoureux. 2000. Noms de plantes dérivés de noms propres / Pourquoi la minuscule? Le Naturaliste canadien 124(1): 7-10.

Fleury de la Roche, A. 1929. Les plantes bienfaisantes. Éditions Gautier-Languereau, Paris.

Flora of North America Editorial Committee. 1993. Flora of North America north of Mexico. Volume 2: Pteridophytes and Gymnosperms. Oxford University Press, New York.

Flora of North America Editorial Committee. 1997. Flora of North America north of Mexico. Volume 3. *Magnoliophyta: Magnoliidae* and *Hamamelidae.* Oxford University Press, New York.

Flora of North America Editorial Committee. 2000. Flora of North America north of Mexico. Volume 22. *Magnoliophyta: Alismatidæ, Arecidæ, Commelinidæ* (in part), and *Zingiberidæ.* Oxford University Press, New York.

Foerste, A.F. 1888. The development of *Symplocarpus fœtidus* (L.) Salisb. Bulletin of the Torrey Botanical Club 15(6): 151-155.

Foerste, A.F. 1891. On the formation of the flower buds of spring-blossoming plants during the preceding summer. Bulletin of the Torrey Botanical Club 18: 101-107.

Foley, D.J. 1935. Herbs for use and for delight. Réimpression de 1974. Dover Publications, New York.

Forsyth, A. 1991. Natural liaisons: When cheating pays. Equinox No. 58: 21-23.

Fortin, A. 1961. Observations sur la propagation de l'*Erythronium americanum* Ker-Gawl. Le Naturaliste canadien 93: 316-320.

Fortin, J.A. 1968. Les mycorhizes ectotrophes des arbres forestiers. Le Naturaliste canadien 95: 287-305.

Fosberg, F.R. 1942. *Cornus sericea* L. *(C. stolonifera* Michx.). Bulletin of the Torrey Botanical Club 69: 583-589.

Foster, S. & R. Caras. 1994. A field guide to venomous animals and poisonous plants (North America north of Mexico) / The Peterson field guide series. Houghton Mifflin Co., New York.

Fournier, P. 1947-48. Le livre des plantes médicinales et vénéneuses de France. 3 volumes. Paul Chevalier éditeur, Paris.

Fox, D.R. 1930. Clinton, DeWitt. *In* Johnson A. & D. Malone (editors). Dictionary of American Biography, volume 4, pages 221-225. Charles Scribner's Sons, New York.

Franklin, J.F. & C.T. Dyrness. 1969. Vegetation of Oregon & Washington. USDA Forest Service Research Paper PNW-80, Portland, Oregon.

Frankton, C. & G.A. Mulligan. 1974. Les mauvaises herbes du Canada, 2e édition. Canada, ministère de l'Agriculture, publication n° 948, Ottawa.

Frett, J. 1995. Mt. Cuba: a bioregional garden. Wildflower 11(2): 40-41.

Fukuda, I. & W.F. Grant. 1980. Chromosome variation and evolution in *Trillium grandiflorum.* Canadian Journal of Genetics and Cytology 22: 81-91.

Furlow, J.J. 1977. *Betulaceæ.* Fieldiana: Botany 40: 56-58.

Furlow, J.J. 1979 . The systematics of the american species of *Alnus (Betulaceæ).* Rhodora 81: 1-121, 151-248.

Fyles, F. 1921. Les principales plantes vénéneuses du Canada. Bulletin n° 39, ministère fédéral de l'Agriculture, Ottawa, Canada.

Gagné, R. 1983. Emblème floral: Québec attend plus de pression pour l'iris versicolore. Le Soleil (Québec), 9 juillet.

Gagnon, D. 1980. Addition de *Claytonia virginica* L. à la flore de l'Outaouais au Québec. Le Naturaliste canadien 107: 301-302.

Gagnon, D. 1993. L'étude démographique du ginseng à cinq folioles et de l'ail des bois. L'Euskarien 15: 33-36.

Gagnon, D. 2001. Ail des bois, nombre de graines dans une cache de souris (correction d'une erreur parue dans Gagnon 1993). Communication personnelle non publiée. Université du Québec à Montréal.

Galen, C., R.C. Plowright & J.D. Thomson. 1985. Floral biology and regulation of seed set and seed size in the Lily, *Clintonia borealis.* American Journal of Botany 72: 1544-1552.

Galen, C. & H.G. Weger. 1986. Re-evaluating the significance of correlations between seed number and size: evidence from a natural population of the lily, *Clintonia borealis.* American Journal of Botany 73: 346-352.

Galway, D.H. 1945. The North American species of *Smilacina.* American Midland Naturalist 33: 644-666.

Garnier, G., L. Bézanger-Beauquesne & G. Debraux. 1961. Ressources médicinales de la flore française. 2 volumes. Visot Frères, Paris.

Gates, B.N. 1940. Dissemination by ants of the seeds of *Trillium grandiflorum.* Rhodora 42: 194-196.

Gates, B.N. 1942. The dissemination by ants of the seeds of bloodroot, *Sanguinaria canadensis.* Rhodora 44: 13-15.

Gates, B.N. 1943. Carunculate seed dissemination by ants. Rhodora 45: 438-445.

Gates, F.C. 1940. The flora of Kansas. Agricultural Experiment Station, Kansas State College of Agriculture and Applied Sciences, Manhattan, Kansas.

Gaudreau, L. 1979. Emblème floral du Québec: un nouveau choix s'impose! Mémoire au Premier ministre du Québec. Société linnéenne de Québec, non publié, 115 pages. Texte repris en partie dans un dépliant du même titre, produit en 1997 par Abitibi-Consolidated, Association forestière Saguenay-Lac-St-Jean, Consortium de recherche sur la forêt boréale commerciale de l'Université du Québec à Chicoutimi, Direction régionale du Saguenay-Lac-St-Jean du ministère des Ressources naturelles, Faculté de Foresterie et de Géomatique, Ordre des ingénieurs forestiers du Québec, Société linnéenne du Québec et Wladimir Smirnoff scientifique et peintre.

Gauthier, B. 2001. Campagne de la Société linnéenne en faveur de l'adoption de l'iris versicolore comme emblème floral. Communication personnelle non publiée. Ministère de l'Environnement, Direction du patrimoine écologique et du développement durable, Québec.

Gauthier, R. 1995. Les bryophytes: une diversité mal connue. Quatre-Temps, 19(3): 30-32.

Gauthier, R. 2001. Première fleur du printemps dans la Plée bleue. La sarracénie / Bulletin de la Société de conservation et de mise en valeur de la Grande plée bleue (université Laval) 10(1): 4.

Gauvin, C. 1984. *Arisæma dracontium,* espèce rare. Bulletin de la Société d'animation du Jardin et de l'Institut botaniques (Montréal) 8(3): 52.

Gauvreau, E-B. 1904. Cypripède et *Bombus.* Le Naturaliste canadien 31(5): 49-53.

Genaust, H. 1976. Etymologisches Wörterbuch der Botanischen Pflanzennamen. Birkäuser Verlag, Stuttgart, Bundes Deutchland Republik.

Gerarde J. 1633. The herbal or general history of plants gathered by John Gerarde of London, Master in Chirurgerie. Very much enlarged by Thomas Johnson, Apothecary of London. Réimpression de 1975. Dover Publications, New York.

Gershoy, A. 1934. Studies in North American violets. Bulletin 367, University of Vermont and State Agricultural College, Vermont Agricultural Experiment Station, Burlington, Vermont.

Gerth van Wijk, H.L. 1911-1916. A dictionnary of plantnames. 2 volumes. Réimpression de 1971. A. Asher & Co., Vaals-Amsterdam, The Netherlands.

Gervais, C. 1982. La flore vasculaire de la région du mont Logan, Gaspésie, Québec. Provancheria n° 13, Mémoires de l'Herbier Louis-Marie, université Laval, Québec.

Gervais, C. 1988. Stratégies de reproduction: le cas de *Phragmites australis* et de *Claytonia caroliniana.* Eurêka! La recherche agro-alimentaire n° 11: 1.

Gervais, C. 1989. Essais de corrélation entre les chromosomes surnuméraires de *Claytonia caroliniana* Michx et le dépérissement des érablières. Eurêka! La recherche agro-alimentaire n° 13: 2.

Gervais, C. & M.M. Grandtner. 1981. Étude cyto-écologique de quatre populations de *Claytonia caroliniana* var. *caroliniana* au Québec. Journal canadien de botanique 59: 1685-1701. [Voir aussi: Gervais, C. & M.M. Grandtner. 1982. Erratum. Journal canadien de botanique 60: 1284.]

Gervais, C. & M.M. Grandtner. 1983. Essai de corrélation entre l'humidité du sol et les anomalies chromosomiques dans une population de *Claytonia caroliniana* var. *caroliniana.* Journal canadien de botanique 61: 2969-2978.

Gervais, C. & M.M. Grandtner. 1990. Chromosomes surnuméraires, variations climatiques et dépérissement des érablières. *In* C. Camiré, W. Hendershot & D. Lachance (rédacteurs). Le dépérissement des érablières, causes et solutions possibles. CRBF, Faculté de foresterie et de géomatique, université Laval, Québec, p. 265-269.

Gervais, C., M.M. Grandtner, G. Roy & N. Dignard. 1992. Les bio-indicateurs chromosomiques: pour une détection précoce des modifications de l'écosystème forestier. *In* Comptes rendus du colloque La recherche sur le dépérissement: un premier pas vers le monitoring des forêts, Direction de la recherche du ministère des Forêts et Conseil de la recherche forestière du Québec; mars, p. 85-89.

Gervais, C., G. Roy, N. Dignard, G. Desaulniers & M.M. Grandtner. 1989a. Recherches cytologiques et dépérissement: résultats et perspectives. Conférence présentée au 2e atelier sur le dépérissement des érablières, février, Saint-Hyacinthe; Centre de recherche acéricole du ministère de l'Agriculture, des Pêcheries et de l'Alimentation du Québec.

Gervais, C., G. Roy, M.M. Grandtner & G. Desaulniers. 1989b. The B chromosomes of *Claytonia caroliniana (Portulacaceæ)* and maple forest dieback. Canadian Journal of Forest Research 19: 595-598.

Gervais, C. & J. Smith. 1985. Étude cytotaxonomique des *Cornus* herbacés de l'île aux Basques (estuaire du Saint-Laurent, Québec). Le Naturaliste canadien 112: 525-533.

Gil-Ad, N.L. 1998. The micromorphologies of seed coats and petal trichomes of the taxa of *Viola* subsection *Boreali-Americanae (Violaceae)* and their utility in discerning orthospecies from hybrids. Brittonia 50(1): 91-121.

Gilbert, H. & S. Payette. 1982. Écologie des populations d'aulne vert *(Alnus crispa* (Ait.) Pursh) à la limite des forêts, Québec nordique. Géographie physique et Quaternaire 36: 109-124.

Gleason, H. A. 1952. The new Britton and Brown illustrated flora of the northeastern United States and adjacent Canada. 3 volumes. The New York Botanical Garden, New York.

Gleason, H.A. & A. Cronquist. 1964. The natural geography of plants. Columbia University Press, New York.

Gleason, H.A. & A. Cronquist. 1991. Manual of vascular plants of northeastern United States and adjacent Canada. 2nd edition. New York Botanical Garden, New York.

Gorham, A.L. 1953. The question of fertilization in *Smilacina racemosa* (L) Desf. Phytomorphology 3: 44-50.

Gorham, P.R. 1946. Investigations on rubber-bearing plants. II-Carbohydrates in the roots of *Taraxacum kok-saghyz* Rod. Canadian Journal of Research, C, 24: 47-53.

Goris, A. 1914. Localisation et rôle des alcaloïdes et des glucosides chez les végétaux. Jacques Lechevalier, Paris.

Gouvernement du Québec. 1979. Les principaux insectes défoliateurs des arbres du Québec. Sous la direction de R. Béique et G. Bonneau, ministère de l'Énergie et des Ressources, Direction de la conservation, Service d'entomologie et de pathologie, Québec. Publication ER1-3294-8 (79-08).

Gouvernement du Québec. 1986. Techniques de régénération des rives. Ministère de l'Environnement, Direction de l'aménagement des lacs et des cours d'eau. Programme de régénération des rives.

Grandtner, M.M. 1966. La végétation forestière du Québec méridional. Les Presses de l'université Laval, Québec.

Grandtner, M.M. 1973. Notice nécrologique / Lionel Cinq-Mars 12 juin 1919 - 6 août 1973. Le Naturaliste canadien 100: 521-523.

Grandtner, M.M. & C. Gervais. 1985. Extrême précocité et conditions thermiques du développement apical et floral chez *Claytonia caroliniana* var. *caroliniana.* Journal canadien de botanique 63: 1516-1520.

Grandtner, M.M. & C. Gervais. 1990. Étapes initiales du développement in situ de *Claytonia caroliniana* var. *caroliniana.* Journal canadien de botanique 68: 726-730.

Gray, A. 1863. Manual of the botany of the Northern United States, 4th revised edition. Ivison, Phinney &Co, New York.

Greene, E.L. 1887. Bibliographical notes on well known plants.—I. *Linnæa borealis.* Bulletin of the Torrey Botanical Club 14: 136-139.

Greene, E.L. 1888. Bibliographical notes on well known plants.—IX. *Unifolium.* Bulletin of the Torrey Botanical Club 15: 285-287.

Greuter W., F.R. Barrie, H.M. Burdet, W.G. Chaloner, V. Demoulin, D.L. Hawksworth, P.M. Jorgensen, D.H. Nicolson, P.C. Silva, P. Trehane & J. McNeill. 1995. Code international de la nomenclature botanique / Adopté par le Quinzième Congrès International de Botanique, Yokohama, Août-Septembre 1993 (Code de Tokyo). Version française par H.M. Burdet; Boissiera, Mémoires de botanique systématique (Genève, Suisse) 49. <http://wwwcjb.unige.ch/cjb/code/sommaire.html>

Grevisse, M. 1980. Le bon usage. Grammaire française avec des remarques sur la langue française d'aujourd'hui. 11e édition revue. Duculot / Éditions du renouveau pédagogique, Paris-Gembloux.

Grieve, M. 1967. A modern herbal. 2 volumes. Hafner Publishing Co., New York.

Griffin, D., W. Barrett & A. MacKay. 1984. Atlantic wildflowers. Oxford University Press, Toronto, Ontario.

Groh, H. & H.A. Senn. 1940. *Prunus* in eastern Canada. Canadian Journal of Research 18(C): 318-346.

Guillermond, A. & G. Mangenot. 1946. Précis de biologie végétale, 2e édition revue et corrigée. Masson et Cie Éditeurs. Paris.

Gunatilleke, C.V.S. & I.A.U.N. Gunatilleke. 1984. Some observations on the reproductive biology of three species of *Cornus (Cornaceæ).* Journal of the Arnold Arboretum 65(3): 419-427.

Guyot, L. 1964. Origine des plantes cultivées. Que sais-je? n° 79, Presses universitaires de France, Paris.

Guyot, L. & P. Gibassier. 1966. Les noms des arbres. Que sais-je? n° 861, Presses universitaires de France, Paris.

Guyot, L. & P. Gibassier. 1968. Les noms des fleurs. Que saisje? n° 866, Presses universitaires de France, Paris.

Guyot, L. & P. Gibassier. 1972. Histoire des fleurs. Que sais-je? n° 954, Presses universitaires de France, Paris.

Haglund, G.E. 1946. Contributions to the knowledge of the *Taraxacum* flora of Alaska and Yukon. Svensk Botanisk Tidskrift 40: 325-361.

Haglund, G.E. 1948. Further contributions to the knowledge of the *Taraxacum* flora of Alaska and Yukon. Svensk Botanisk Tidskrift 42: 297-336.

Haglund, G.E. 1949. Supplementary notes on the *Taraxacum* flora of Alaska and Yukon. Svensk Botanisk Tidskrift 43: 107-116.

Hall, I.V. & L.E. Aalders. 1961. Note on male sterility in the common lowbush blueberry, *Vaccinium angustifolium* Ait. Canadian Journal of Plant Science 41: 865.

Hall, I.V., L.E. Aalders, N.L. Nickerson & S.P. Vander Kloet. 1979. The biological flora of Canada. I. *Vaccinium angustifolium* Ait., Sweet lowbush blueberry. Canadian Field-Naturalist 93: 415-430.

Hall, I.V. & J.D. Sibley. 1976. The biology of canadian weeds. 20. *Cornus canadensis* L. Canadian Journal of Plant Sciences 56: 885-892. Repris dans G.A. Mulligan (rédacteur). La biologie des mauvaises herbes du Canada. Publication 1693, Agriculture Canada.

Hamilton, E. 1962. La mythologie: ses dieux, ses héros, ses légendes. Nouvelles éditions Marabout, Verviers, Belgique.

Handel, S.N. 1978. New ant-dispersed species in the genera *Carex, Luzula,* and *Claytonia.* Canadian Journal of Botany 56: 2925-2927.

Hannan, G.L. & H.A. Prucher. 1996. Reproductive biology of *Caulophyllum thalictroides (Berberidaceæ),* an early flowering perennial of eastern North America. American Midland Naturalist 136(2): 267-277.

Hanzawa, F.M. & S. Kalisz. 1993. The relationship between age, size, and reproduction in *Trillium grandiflorum (Liliaceæ).* American Journal of Botany 80: 405-410.

Harder, L.D., J.D. Thompson, M.B. Cruzan & R.S. Unnasch. 1985. Sexual reproduction and variation in floral morphology in an ephemeral vernal lily, *Erythronium americanum.* Oecologia (Berlin) 67: 286-291.

Harder, L.D. & J.D. Thomson. 1989. Evolutionary options for maximizing pollen dispersal of animal-pollinated plants. American Naturalist 133: 323-344.

Hardin, J.W. 1973. The enigmatic chokeberries *(Aronia, Rosaceæ).* Bulletin of the Torrey Botanical Club 100: 178-184.

Harlow, W.M. 1942. Trees of the eastern and central United States and Canada. Édition corrigée de 1957. Dover Publications, New York.

Harriman, N.A. 1965. The genus *Dentaria* L. *(Cruciferæ)* in eastern North America. Ph.D. thesis, Vanderbilt University, Nashville, Tennesse.

Harrington, H.D. 1967. Edible native plants of the Rocky Mountains. The University of New Mexico Press, Albuquerque, New Mexico.

Harshberger, J.W. 1899. The botanists of Philadelphia and their work. Philadelphia.

Harvill Jr., A.M., T.R. Bradley & C.E. Stevens. 1981. Atlas of the Virginia flora. Part II: Dicotyledons. Virginia Botanical Associates, Farmville, Virginia.

Harvill Jr., A.M., C.E. Stevens & D.M.E. Ware. 1977. Atlas of the Virginia flora. Part I: Pteridophytes through Monocotyledons. Virginia Botanical Associates, Farmville, Virginia.

Hauke, R.L. 1966. A systematic study of *Equisetum arvense.* Nova Hedwigia 13: 81-119.

Hauke, R.L. 1978. A taxonomic monograph of *Equisetum* subgenus *Equisetum.* Nova Hedwigia 30: 385-455.

Healy, B.J. 1972. A gardener's guide to plant names. Charles Scribner's Sons, New York.

Heithaus, E.R. 1981. Seed predation by rodents on three ant-dispersed plants *Asarum canadense, Jeffersonia diphylla, Sanguinaria canadensis.* Ecology 62: 136-145.

Helenurm, K. & S.C.H. Barrett. 1987. The reproductive biology of boreal forest herbs. II. Phenology of flowering and fruiting. Canadian Journal of Botany 65: 2047-2056.

Higashi, S., S. Tsuyuzaki, M. Ohara & F. Ito. 1989. Adaptative advantages of ant-dispersed seeds in the myrmecochorous plant *Trillium tschonoskii (Liliaceæ).* Oikos 54: 389-394.

Hiirsalmi, H. 1969. *Trientalis europæa* L. Study of the reproductive biology, ecology and variation in Finland. Annales Botanici of Fennici 6: 119-173.

Hinds, H.R. 1983. Les plantes vasculaires rares du Nouveau-Brunswick. Syllogeus n° 50, Musée national des sciences naturelles, Musées nationaux du Canada, Ottawa.

Hinds, H.R. 1986. Flora of New Brunswick. Primrose Press, Fredericton, New Brunswick.

Hodgins, J.L. & A.J. Rubaszek. 1987. Insects and spiders associated with the inflorescence of eastern skunk-cabbage *(Symplocarpus fœtidus* (L.) Nutt.) at Highland Creek Park, Scarborough, Ontario. Wildflower 3(2): 36-37.

Hodgson, L. 1993. Nul besoin d'un coup d'État pour faire de l'«iris versicolore» un symbole national. Le Soleil (Québec), 19 juin, page E-4.

Hodgson, L. 1994. L'iris versicolore, un emblème à cultiver à tout prix. Le Soleil (Québec) 21 mai, page E5.

Holland, P.G. 1974. The growth behavior, ecology, and geography of *Erythronium americanum* in northeast North America. Canadian Journal of Botany 52: 1765-1772.

Holland, P.G. 1980. Trout lily in Nova Scotia: an assessment of the status of its geographic range. Journal of Biogeography 7: 363-381.

Holland, P.G. 1981a. Eleven years of change in the species composition of permanent quadrats in deciduous forest on mont St-Hilaire, Québec. Le Naturaliste canadien 108: 311-323.

Holland, P.G. 1981b. The demography of Trout lily *(Erythronium americanum* Ker.) in Nova Scotia. Vegetatio 45: 97-106.

Holm, T. 1891. Notes upon *Uvularia, Oakesia, Diclytra* and *Krigia.* Bulletin of the Torrey Botanical Club 18(1): 1-11.

Holm, T. 1919. The history of the popular name «Flower de Luce» or «Fleur de Lis» of the Iris. Rhodora 21: 180-181.

Holm, T. 1925. Hibernation and rejuvenation, exemplified by north american herbs. American Midland Naturalist 9: 434-476.

Holmes, R. (rédacteur). 1993. Taylor's Guide to natural gardening. Houghton Mifflin Co., New York.

Horner, F.W. Inc. 198?. Antiplaque Viadent. Guide de référence clinique. Division des produits dentaires de Horner, Montréal.

Hosie, R.C. 1972. Arbres indigènes du Canada. Service canadien des forêts, ministère de l'Environnement, Ottawa, Canada.

Hultén, E. 1958. The amphiatlantic plants and their phytogeographical connections. Kungl. Svenska Vetenskapsakademiens Handlingar, Fjärde Serien. Band 7. Nr 1. Almqvist & Wiksell, Stockholm.

Hultén, E. 1962. The circumpolar plants; Part I: Vascular cryptogams, conifers, monocotyledons. Kungl. Svenska Vetenskapsakademiens Handlingar, Fjärde Serien. Band 8. Nr 5. Almqvist & Wiksell, Stockholm.

Hultén, E. 1968. Flora of Alaska and neighboring territories / A manual of the vascular plants. Stanford University Press, Stanford, California.

Hultén, E. 1971. The circumpolar plants; Part II: Dicotyledons. Kungl. Svenska Vetenskapsakademiens Handlingar, Fjärde Serien. Band 13. Nr 1. Almqvist & Wiksell, Stockholm.

Hultén, E & M. Fries. 1986. Atlas of north european vascular plants north of the Tropic of Cancer. 3 volumes. Koeltz Scientific Books, Königstein, Federal Republic of Germany.

Humphrey, H.B. 1961. Makers of North American botany. Chronica Botanica: An international biological and agricultural series, No. 21. The Ronald Press Co., New York.

Hutchings, M.J. & I.K. Bradbury. 1986. Ecological perspectives on clonal perennial herbs. Bioscience 36(3): 178-182.

Huttleston, D.G. 1949. The three subspecies of *Arisæma triphyllum.* Bulletin of the Torrey Botanical Club 76: 407-413.

Inghe, O. & C.O. Tamm. 1985. Survival and flowering of perennial herbs. IV. The behaviour of *Hepatica nobilis* and *Sanicula europæa* on permanent plots during 1943-1981. Oikos 45: 400-420.

Inghe, O. & C.O. Tamm. 1988. Survival and flowering of perennial herbs. V. Patterns of flowering. Oikos 51: 203-219.

Jaeger, E.C. 1944. A source-book of botanical names and terms. Charles C. Thomas Publisher, Springfield, Illinois.

Jasienuk, M. 1984. Cleistogamy in *Oxalis montana* Raf. Ph.D. thesis, McGill University, Montréal.

Jones Jr., S.B. & L.E. Foote. 1990. Gardening with native wild flowers. Timber Press, Portland, Oregon.

Jones, S.B. & N.C. Coile. 1988. The distribution of the vascular flora of Georgia. Department of Botany, university of Georgia, Athens.

Kartesz, J.T. 1994. A synonymized checklist of the vascular flora of the United States, Canada, and Greenland. 2 volumes. 2nd edition. Timber Press, Portland, Oregon.

Kawano, S., M. Ihara & M. Suzuki. 1968. Biosystematic studies on *Maianthemum (Liliaceæ - Polygonatæ).* II. Geography and ecological life history. Japanese Journal of Botany 20(1): 35-65.

Kawano, S., M. Ihara, M. Suzuki & H.H. Iltis. 1967. Biosystematic studies on *Maianthemum (Liliaceæ - Polygonatæ).* I. Somatic Chromosome number and morphology. Botanical Magazine (Tokyo) 80: 345-352.

Kawano, S. & H.H. Iltis. 1963a. Cytotaxonomy of the genus *Polygonatum (Liliaceæ).* I-Karyotype analysis of some eastern north american species. Cytologia, International Journal of Cytology 28: 321-330.

Kawano, S. & H.H. Iltis. 1963b. Cytotaxonomy of the genus *Smilacina (Liliaceæ).* I-Karyotype analysis of some eastern north american species. Chromosoma 14: 296-309.

Kawano, S. & H.H. Iltis. 1964. Cytotaxonomic and geographic notes on *Uvularia (Liliaceæ).* Bulletin of the Torrey Botanical Club 91: 13-23.

Kawano, S. & H.H. Iltis. 1966. Cytotaxonomy of the genus *Smilacina (Liliaceæ)*. II- Chromosome morphology and evolutionary consideration of New World species. Cytologia 31(1): 12-28.

Kawano, S., J.M. Kane & H.H. Iltis. 1966. Chromosome morphology of the north american species of *Actæa (Ranunculaceæ)*. Canadian Journal of Botany 44: 1231-1234.

Kawano, S., M. Ohara & F.H. Utech. 1986. Life history studies on the genus *Trillium (Liliaceæ)*. II. Reproductive biology and survivorship of four eastern north american species. Plant Species Biology 1: 47-58.

Kawano, S., M. Ohara & F.H. Utech. 1992. Life history studies on the genus *Trillium (Liliaceæ)*. VI. Life history characteristics of three western north american species and their evolutionary-ecological implications. Plant Species Biology 7: 21-36.

Keeler, H. 1903. Our northern shrubs and how to identify them. Réimpression de 1969. Dover Publications, New York.

Kenkel, N.C. 1993. Modeling markovian dependence in populations of *Aralia nudicaulis*. Ecology 74: 1700-1706.

Kershaw, F. 1986. Foamflower. Wildflower 2(2): 19.

Kingsbury, J.M. 1964. Poisonous plants of the United States and Canada. Prentice-Hall, Englewood Cliffs, New Jersey.

Kingsbury, J.M. 1965. Deadly harvest, a guide to common poisonous plants. Holt, Rinehart & Winston, New York.

Kitto, S.L. & A. Hoopes. 1992. Micropropagation and field establishment of *Tiarella cordifolia*. Journal of Environnemental Horticulture 10(3): 171-174.

Klinka, K., V.J. Krajina, A. Ceska & A.M. Scagel. 1989. Indicator plants of coastal British Columbia. University of British Columbia Press, Vancouver.

Knutson, R.M. 1972. Temperature measurements of the spadix of *Symplocarpus fœtidus* (L) Nutt. American Midland Naturalist 88: 251-254.

Kochmer, J.P. & S.N. Handel. 1986. Constraints and competition in the evolution of flowering phenology. Ecological Monographs 56: 303-325.

Koroleff, A. 1954. Leaf litter as a killer. Journal of Forestry 52: 178-182.

Krochmal, A. & C. Krochmal. 1973. A guide to the medicinal plants of the United States. Quadrangle, The New York Times Book Co., New York.

Labrecque, J. & G. Lavoie. 2002. Les plantes vasculaires menacées ou vulnérables du Québec. Ministère de l'Environnement, Direction du patrimoine écologique et du développement durable, Québec (sous presse).

Lacoursière, E. 1969. Étude écologique de la végétation riparienne entre Sainte-Famille et la pointe d'Argentenaye à l'île d'Orléans. Thèse M.Sc. non publiée; université Laval, Québec.

Lacoursière, E. & M.M. Grandtner. 1971. Contribution à l'étude écologique de la végétation riparienne de l'île d'Orléans. Le Naturaliste canadien 98: 443-459.

Lacoursière, E. & M.M. Grandtner. 1972. Les groupements végétaux ripariens entre Sainte-Famille et la pointe d'Argentenaye, île d'Orléans, Québec. Le Naturaliste canadien 99: 469-507.

Laforge, M. 1996. Quel sera notre insecte-emblème? Franc-Vert 13(5): 14-18.

LaFrankie Jr., J.V. 1984. Anatomy of stem abscission in the genus *Smilacina (Liliaceae)*. Journal of the Arnold Arboretum 65: 563-570.

LaFrankie Jr., J.V. 1985a. A note on seedling morphology and establishment growth in the genus *Smilacina (Liliaceæ)*. Bulletin of the Torrey Botanical Club 112: 313-317.

Lafrankie Jr., J.V. 1985b. Morphology, growth, and vasculature of the sympodial rhizome of *Smilacina racemosa (Liliaceæ)*. Botanical Gazette 146: 534-544.

LaFrankie Jr., J.V. 1986a. Morphology and taxonomy of the new world species of *Maianthemum (Liliaceæ)*. Journal of the Arnold Arboretum 67: 371-439.

LaFrankie Jr., J.V. 1986b. Transfer of the species of *Smilacina* to *Maianthemum (Liliaceæ)*. Taxon 35: 584-589.

Lakela, O. 1937. A monograph of the genus *Tiarella* L. in North America. American Journal of Botany 24(6): 344-351.

Lakela, O. 1965. A flora of northeastern Minnesota. University of Minnesota Press, Minneapolis.

Lamoureux, G. 1972. Inventaire floristique préliminaire du parc de la Mauricie. Rapport non publié, Parcs Canada, Ottawa. Disponible aux bibliothèques de l'Herbier Louis-Marie de l'université Laval et de l'Institut de recherche en biologie végétale de l'Université de Montréal.

Lamoureux, G. 1982. Le dossier de l'ail des bois. Bio..., revue de l'Association des biologistes du Québec, 1(3): 15-16.

Lamoureux, G. 1994. Une récolte bien pensée. Fleurs, Plantes et Jardins 5(6): 24-28.

Lamoureux, G. 1998a. Nouvel emblème floral / L'iris versicolore pour le 24 juin 1998? FloraQuebeca 3(2): 6.

Lamoureux, G. 1998b. Protection de l'ail des bois. FloraQuebeca 3(1): 4.

Lamoureux, G. 1999a. L'iris

versicolore / Une fleur d'ici comme emblème. FloraQuebeca 4(1): 3.

Lamoureux, G. 1999b. Une fleur d'ici comme emblème. Carte postale à retourner au ministre québécois des Relations avec les citoyens, Robert Perreault, signifiant un appui au changement d'emblème floral en faveur de l'iris versicolore. Produite et diffusée gratuitement par FloraQuebeca, Fleurbec et PopMédia.

Lamoureux, G. 2000. Iris versicolore / Enfin! un véritable emblème floral. FloraQuebeca 5(1): 5.

Lamoureux, G. & J. Dagenais. 1984. Des espèces végétales menacées par le commerce? Franc-Nord 1(2): 26-31.

Lamoureux, G. & E. Lacoursière. 1976. Étude préliminaire des groupements végétaux caractérisant quelques gîtes larvaires à moustiques dans la région de Trois-Rivières (Québec). Journal canadien de botanique 54: 177-190.

Lamoureux, G. & P. Nantel. 1999. Cultiver des plantes sauvages... sans leur nuire. Fleurbec éditeur. Saint-Henri-de-Lévis, Québec.

Lamoureux, G. & M.-J. Poulin. 2000. Les bulbes de l'érythrone d'amérique — morphologie, profondeur et orientation dans le sol. Observations personnelles non publiées. Saint-Henri-de-Lévis et Boischatel, Québec.

Landry, P. 1975. Le concept d'espèce et la taxinomie du genre *Amelanchier (Rosacées)*. Bulletin de la Société botanique de France 122: 243-252.

Lape, F. 1986. On transplanting native plants. Wildflower 2(2): 18.

Lapointe, L. 1998. Fruit development in *Trillium*. Dependence on stem carbohydrates reserves. Plant physiology 117: 183-188.

Lapointe, L. 2001. Observations inédites sur *Erythronium americanum* et *Matteuccia struthiopteris*. Communication personnelle non publiée. Département de biologie, Université Laval, Québec.

Lapointe, L. & J. Molard. 1997. Costs and benefice of mycorrhizal infection in a spring ephemeral, *Erythronium americanum*. New Phytologist 135: 491-500.

Lareau, M. 1997. La production commerciale du bleuet au Québec. Quatre-Temps 21(1): 46-47.

Lavallée, A. 1982. La brûlure du saule. Feuillet d'information CRFL (Centre de recherche forestière des Laurentides) n° 9, 2e édition, Environnement Canada, Service canadien des forêts, Ottawa.

Lavallée, A. 1983. Le nodule noir du cerisier. Édition révisée par G. Laflamme. Feuillet d'infornation CRFL (Centre de recherche forestière des Laurentides) n° 16, Environnement Canada, Service canadien des forêts, Ottawa.

Lavallée, R. 1978a. L'ail des bois. Forêt-Conservation 45(5): 12-17.

Lavallée, R. 1978b. Quelques aspects de la biologie de l'ail des bois *Allium tricoccum* Ait. Mémoire de fin d'études. Faculté de foresterie et de géodésie, université Laval, Québec.

Lavoie, G. 1984a. Contributions à la connaissance de la flore vasculaire et invasculaire de la Moyenne-et-Basse-Côte-Nord, Québec-Labrador. Provancheria n° 17, Mémoires de l'Herbier Louis-Marie, université Laval, Québec.

Lavoie, G. 1984b. La flore vasculaire du comté de Témiscouata, Québec. Provancheria n° 16, Mémoires de l'Herbier Louis-Marie, université Laval, Québec.

Lavoie, G. 1992. Plantes vasculaires susceptibles d'être désignées menacées ou vulnérables au Québec. Direction de la conservation et du patrimoine écologique, ministère de l'Environnement du Québec, Québec.

Lavoie, N. 1993. À propos... d'une chercheuse en écologie végétale, Andrée Nault. Quatre-Temps 17(4): 52-53.

Lavoie, V. 1968. La phytosociologie et l'aménagement des bleuetières. Le Naturaliste canadien 95: 397-412.

Leclerc, C.-É. 1954. Fleur de lys, fleur énigmatique. Les Presses universitaires Laval, Québec.

Leclerc, H. 1966. Précis de phytothérapie, 5e édition. Masson et Cie, Éditeurs. Paris-VIe.

Lee, P. 1995. Trilliums from seed. Wildflowers 11(1): 36-37.

Lehane, B. 1977 . Le pouvoir des plantes (traduit et adapté de l'anglais par N. DeVoogd & R. Olcina). Éditions Princesse, Paris.

Lehner, E. & J. Lehner. 1960. Folklore and symbolism of flower, plants and trees. Tudor Publishing Co., New York.

Lepage, E. 1946. Variations taxonomiques de trois espèces laurentiennes. Le Naturaliste canadien 73: 13-16.

Lepage, E. 1950. Variations mineures de quelques plantes du nord-est du Canada et de l'Alaska. Le Naturaliste canadien 77: 228-231.

Lepage, E. 1951. Entités nouvelles dans la flore du Québec. Le Naturaliste canadien 78: 341-352.

Lepage, E. 1955. Nouvelles formes du *Cornus canadensis* L. et du *Pontederia cordata* L. Le Naturaliste canadien 82: 99-102.

Lévesque, Frère L. & P. Dansereau. 1966. Études sur les violettes jaunes caulescentes de l'est de l'Amérique du Nord. I- Taxonomie, nomenclature, synonymie et bibliographie. Le Naturaliste canadien 93: 489-569.

Levin, M.H. 1960. Studies on the ecological life history of *Saxifraga virginiensis.* Bulletin of the Torrey Botanical Club 87: 348-354.

Lewis, W.H. 1961. Merger of the north american *Houstonia* and *Oldenlandia* under *Hedyotis.* Rhodora 63: 216-223.

Lewis, W.H. 1962. Phylogenetic Study of *Hedyotis (Rubiaceæ)* in North America. American Journal of Botany 49: 855-865.

Lewis, W.H. 1970. Extreme instability of chromosome number in *Claytonia virginica.* Taxon 19: 180-182.

Lewis, W.H. & M.P.F. Elvin-Lewis. 1977. Medical botany. John Wiley & Sons, New York.

Lewis, W.H., R.L. Oliver & Y. Suda. 1967. Cytogeography of *Claytonia virginica* and its allies. Annals of the Missouri Botanical Garden 54(2): 153-171.

Lewis, W.H. & E.E. Terrell. 1962. Chromosomal races in eastern north american species of *Hedyotis (Houstonia).* Rhodora 64: 313-323.

Lieutaghi, P. 1978. Le livre des bonnes herbes. 2 volumes. Marabout Service, Verviers, Belgique.

Lincoln Jr., W.C. 1981. Laboratory germination of *Saxifraga virginiensis* - Early or Rock Saxifrage. The Newsletter of the Association of Official Seed Analysts 55(1): 52-53.

Lincoln Jr., W.C. & M.L. McGuigan. 1976. Germination studies of *Ranunculus abortivus* and *Ranunculus bulbosus.* The Newsletter of the Association of Official Seed Analysts 50(3): 56-58.

Lindsay, D.R. & I.J. Bassett. 1951. Preliminary report of the life history of Yellow Rocket *(Barbarea vulgaris* R.Br.). Proceedings of the fifth meeting, eastern section, National Weed Committee, November 7-9, MacDonald College, Québec.

Linné, C. 1753. Species plantarum, A facsimile of the first edition 1753. Volume I: 1957, with an Introduction by W.T. Stearn. Volume II: 1959, with an Appendix by J.L. Heller & W.T. Stearn. Ray Society / Bernard Quaritch Ltd, Londres.

Lis, M. & M. Barbier. 1980. Le langage des fleurs et les dictons bucoliques de Michel le jardinier. Mengès, Paris.

Little, E.L. 1980. National Audubon Society field guide to north american trees: Eastern region. Alfred A. Knopf, New York.

Lohmann, M. 1993. Les fleurs sauvages (traduction et adaptation de l'édition allemande de 1992, par M. Bozet). Éditions Chantecler, Aartselaar, Belgique.

Long, R.W. & O. Lakela. 1976. A flora of tropical Florida / A manual of the seed plants and ferns of southern peninsular Florida. 2nd edition. Banyan Books, Miami.

Louis-Marie, Père. 1940a. Entités systématiques nouvelles. La Revue d'Oka 15(4): 144-154. Repris dans Louis-Marie, Père 1941. Problèmes de biologie végétale. Institut agricole d'Oka.

Louis-Marie, Père. 1940b. Le problème de nos Dentaires hybrides. La Revue d'Oka 15(4): 155-162. Repris dans Louis-Marie, Père 1941. Problèmes de biologie végétale. Institut agricole d'Oka.

Louis-Marie, Père. 1940c. Essai de classification des variations mineures du trille. La Revue d'Oka 14(4): 103-143. Repris dans Louis-Marie, Père 1941. Problèmes de biologie végétale. Institut agricole d'Oka.

Louis-Marie, Père. 1940d. Notes sur trois cas de fasciation. La Revue d'Oka 15(4): 167-171. Repris dans Louis-Marie, Père 1941. Problèmes de biologie végétale. Institut agricole d'Oka.

Louis-Marie, Père. 1940e. Récentes variations du *Trillium.* La Revue d'Oka 15(4): 187-196.

Louis-Marie, Père. 1960. Cas d'introgression dans la flore du Québec. La Revue d'Oka 34(1): 1-11.

Louis-Marie, Père. 1961. Dynamisme de la flore du Québec. La Revue d'Oka 35(5): 111-115.

Löve, D. & H. Harries. 1963. *Streptopus oreopolus* Fern., a hybrid taxon. Rhodora 65: 310-317.

Lovett Doust, J. & P.B. Cavers. 1982. Sex and gender dynamics in Jack-in-the-pulpit, *Arisæma triphyllum (Araceæ).* Ecology 63(3): 797-808.

Lovett Doust, L., J. Lovett Doust & K. Turi. 1986. Fecundity and size relationships in Jack-in-the-pulpit, *Arisæma triphyllum (Araceæ).* American Journal of Botany 73: 489-494.

Lubbers, A.E. & M.J. Lechowicz. 1989. Effects of leaf removal on reproduction vs. belowground storage in *Trillium grandiflorum.* Ecology 70: 85-96.

Luer, C.A. 1975. The native Orchids of the United States and Canada excluding Florida. New York Botanical Garden, Bronx, New York.

Lundqvist, J. (rédacteur). 1992. Index Holmiensis, a world index of plant distribution maps; Volume VII: *Dicotyledoneæ* G-J. Swedish Museum of Natural History, Department of Phanerogamic Botany, Stockholm, Sweden.

Lundqvist, J. & B. Nordenstam (rédacteurs). 1988. Index Holmiensis, a world index of plant distribution maps; Volume VI: *Dicotyledoneæ* D-F. Swedish Museum of Natural History, Department of Phanerogamic Botany, Stockholm, Sweden.

Lyon, D. 1992. Bee pollination of facultatively xenogamous *Sanguinaria canadensis* L. Bulletin of the Torrey Botanical Club 119: 368-375.

MacDonald, M.A. & P.B. Cavers. 1974. Cauline rosettes — an asexual means of reproduction and dispersal occurring after seed formation in *Barbarea vulgaris* (yellow rockett). Canadian Journal of Botany 52: 913-918.

Macior, L.W. 1970. The pollination ecology of *Dicentra cucullaria.* American Journal of Botany 57: 6-11.

MacKay, D. 1938. The Honourable Company. A history of the Hudson's Bay Company. Tudor Publishing Co., New York.

Mahall, B.E. & F.H. Bormann. 1978. A quantitative description of the vegetative phenology of herbs in a northern hardwood forest. Botanical Gazette 139: 467-481.

Maher, R.V., G.W. Argus, V.L. Harms & J.H. Hudson. 1979. Les plantes vasculaires rares de la Saskatchewan. Syllogeus n° 20, Musée national des sciences naturelles, Musées nationaux du Canada, Ottawa.

Maher, R.V., D.J. White, G.W. Argus & P.A. Keddy. 1978. Les plantes vasculaires rares de la Nouvelle-Écosse. Syllogeus n° 18, Musée national des sciences naturelles, Musées nationaux du Canada, Ottawa.

Malte, M.O. & J.M. Macoun. 1915. Hybridization in the genus *Viola.* The Ottawa Naturalist 28(11-12): 145-150, 161-167.

Marchand, D.A. & J.W. Grear. 1975. Preliminary studies of *Sisyrinchium (Iridaceae)* in Ontario. Ontario field biologist 29(2): 36-43.

Marie-Victorin, Frère. 1922. Esquisse systématique et écologique de la flore dendrologique d'une portion de la Rive sud du Saint-Laurent, aux environs de Longueuil, P.Q. Contributions du Laboratoire de botanique de l'Université de Montréal n° 1.

Marie-Victorin, Frère. 1929. Les Liliiflores du Québec. Contributions du Laboratoire de botanique de l'Université de Montréal n° 14.

Marie-Victorin, Frère. 1931. Les Spadiciflores du Québec. Contributions du Laboratoire de botanique de l'Université de Montréal n° 19.

Marie-Victorin, Frère. 1941. Histoire de l'Institut botanique de l'Université de Montréal 1920-1940. Contributions de l'Institut botanique de l'Université de Montréal n° 40.

Marie-Victorin, Frère. 1944-45. Quelques entités phanérogamiques mineures de la flore du Québec. Contributions de l'Institut botanique de l'Université de Montréal n° 56: 57-65.

Marie-Victorin, Frère. 1995. Flore laurentienne, 3e édition revue par E. Rouleau et mise à jour par L. Brouillet, S.G. Hay et I. Goulet (en collaboration avec M. Blondeau, J. Cayouette et J. Labrecque pour l'impression de 1997). Les Presses de l'Université de Montréal, Montréal.

Marie-Victorin, Frère & J. Rousseau. 1940. Nouvelles entités de la flore phanérogamique du Canada oriental. Contributions de l'Institut botanique de l'Université de Montréal n° 36.

Marie-Victorin, Frère & J. Rousseau. 1944. Documents tératologiques concernant la flore indigène du Québec. Le Naturaliste canadien 71: 97-113. Repris dans Contributions de l'Institut botanique de l'Universitré de Montréal n° 56: 13-29.

Marino, P.C., R.M. Eisenberg & H.V. Cornell. 1997. Influence of sunlight and soil nutrients on clonal growth and sexual reproduction of the understory perennial herb *Sanguinaria canadensis* L. Journal of the Torrey Botanical Society 124(3): 219-227.

Martin, A.C., H.S. Zimm & A.L. Nelson. 1951. American wildlife and plants / A guide to wildlife food habits. Réimpression de 1961. Dover Publication, New York.

Maurais, J. 1980. Lexique des épices et assaisonnements. Cahier de l'Office de la langue française n° 33, Office de la langue française, Gouvernement du Québec, Montréal.

Maycock, P.F. 1956. *Tiarella cordifolia* in Wisconsin. Rhodora 58: 309-310.

McAtee, W.L. 1939. Wildfowl food plants. Collegiate Press, Ames, Iowa.

McCall, C. & R.B. Primack. 1987. Resources limit the fecundity of three woodland herbs. Oecologia 71: 431-435.

McClintock, D. & R.S.R. Fitter. 1982. Guide des plantes à fleurs de l'Europe occidentale (adaptation française par S. & C. Favarger). Delachaux & Nieslé, Neuchâtel, Suisse.

McGregor, R.L. & T.M. Barkley (rédacteurs). 1977. Atlas of the flora of the Great Plains. The Iowa State University Press, Ames, Iowa.

McJannet, C., G. Argus, S. Edlund & J. Cayouette. 1993. Rare vascular plants in the canadian arctic. Syllogeus n° 72, Musée canadien de la nature, Ottawa.

McJannet, C.L., G.W. Argus & W.J. Cody. 1995. Rare vascular plants in the Northwestern Territories. Syllogeus n° 73, Musée canadien de la nature, Ottawa.

McKinney, L.E. 1992. A taxonomic revision of the acaulescent blue violet *(Viola)* of North America. Sida, Botanical Miscellany No. 7, Botanical Research Institute of Texas.

McPherson, G.D. & J.G. Packer. 1973. A contribution to the taxonomy of *Viola adunca.* Canadian Journal of Botany 52: 895-902.

Mercier, S., C. Gervais, M.M. Grandtner & G. Roy. 1990. Les chromosomes B de *Claytonia caroliniana* Michx. en forêt naturelle et dans deux emprises électriques. Le Naturaliste canadien 117: 13-17.

Meusel, H., E. Jäger & E. Weinert. 1965. Verglechende chorologie der zentraleuropäischen flora (karten). Band I. Veb Gustav Fischer Verlag, Jena, Germany.

Meusel, H., E. Jäger, S. Rauschert & E. Weinert. 1968. Verglechende chorologie der zentraleuropäischen flora (karten); band II. Veb Gustav Fischer Verlag, Jena, Germany.

Meusel, H., E. Jäger, S. Bräutigam, H.-D. Knapp, S. Rauschert & E. Weinert. 1992. Verglechende chorologie der zentraleuropäischen flora (karten); band III. Veb Gustav Fischer Verlag, Jena, Germany.

Mickel, J.T. & J.S. Wilson. 1958. Red nuclei in *Smilacina* fruits. Bulletin of the Torrey Botanical Club 85: 215-219.

Millspaugh, C.F. 1892. American medicinal plants. Réimpression de 1974. Dover Publications, New York.

Ministère de l'Énergie et des Ressources. 1990. Petite flore forestière du Québec, 2e édition. Les Publications du Québec, Québec.

Mitchell, R.S. 1963. Phytogeography and floristic survey of a relic area in the Marianna lowlands, Florida. American Midland Naturalist 69(2): 338.

Mockle, I.A. 1955. Contribution à l'étude des plantes médicinales du Canada. Jouve éditeur, Paris.

Moerman, D.E. 1999. Native American ethnobotany. Timber Press, Portland, Oregon.

Mohlenbrock, R.H. & D.M. Ladd. 1978. Distributions of Illinois vascular plants. Southern Illinois University Press, Carbondale, Illinois.

Montgomery, F.H. [1965]. Poisonous fruits. Special Publication Number 1. Federation of Ontario Naturalists, Edwards Gardens, Don Mills, Ontario.

Montgomery, F.H. 1955. Preliminary studies in the genus *Dentaria* in eastern North America. Rhodora 57: 161-173.

Moore, R.J. 1963. Karyotype evolution in *Caulophyllum.* Canadian Journal of Genetics and Cytology 5: 384-388.

Morin, E. 1986. *Viola rotundifolia,* espèce rare. Bulletin de la Société d'animation du Jardin et de l'Institut botaniques de Montréal 10(4): 21-28.

Morisset, P., S. Payette & G. Lavoie. 1987. Flore du Québec nordique et des territoires adjacents. Centre d'études nordiques et Herbier Louis-Marie, université Laval. Rapport non publié, Office de Planification et de Développement du Québec, Québec.

Morton, J.F. 1977. Major medicinal plants, botany, culture and uses. Charles C. Thomas Publishers, Springfield, Illinois.

Morton, J.K. & J.M. Venn. 1984. The flora of Manitoulin Island and the adjacent islands of Lake Huron, Georgian Bay and the North Channel; 2nd revised edition. Department of Biology, University of Waterloo, Ontario.

Morton, J.K. & J.M. Venn. 1990. A checklist of the flora of Ontario vascular plants. University of Waterloo Biology Series No. 32, Waterloo, Ontario.

Mosquin, T. 1970. Chromosome numbers and a proposal for classification in *Sisyrinchium (Iridaceæ).* Madronõ 20: 269-275.

Mosquin, T. 1985. The explosive pollination mechanism in the pop flower, *Chamæpericlymenum (Cornaceæ).* Canadian Field-Naturalist 99: 1-5.

Moss, E.H. 1983. Flora of Alberta, 2nd edition. Revised by J.G. Packer. University of Toronto Press, Toronto, Ontario.

Motten, A.F. 1982. Autogamy and competition for pollinators in *Hepatica americana (Ranunculaceae).* American Journal of Botany 69(8):1296-1305.

Motten, A.F. 1986. Pollinisation ecology of the spring wildflower community of a temperate deciduous forest. Ecological Monographs 56: 21-42.

Muir, A.M. 1995. The cost of reproduction to the clonal herb *Asarum canadense* (wild ginger). Canadian Journal of Botany 73: 1683-1686.

Muller, R.N. 1976. Role of *Erythronium americanum* Ker. in energy flow and nutrient dynamics of a northern hardwood forest ecosystem. Science 93: 1126-1128.

Muller, R.N. 1978. The phenology, growth and ecosystem dynamics of *Erythronium americanum* in the northern hardwood forest. Ecological Monographs 48: 1-20.

Mulligan, G.A. 1984. La biologie des mauvaises herbes du Canada. Communications 33-61, publication n° 1765, Agriculture Canada, Ottawa. (Extraits du Canadian Journal of Plant Science.)

Mulligan, G.A. & D.B. Munro. 1990. Plantes toxiques du Canada. Agriculture Canada, Publication 1842F. Ottawa.

Munz, P.A. 1965. A California flora. University of California Press, Berkeley.

Munz, P.A. 1968. Supplement to A California flora. University of California Press, Berkeley.

Murrell, Z.E. 1994. Dwarf dogwoods: Intermediacy and the morphological landscape. Systematic Botany 19: 539-556.

Nantel, P. 1999. Évaluation de la longévité d'*Arisæma triphyllum,* à partir de matrices de transition existantes. Communication personnelle non publiée.

Nantel, P. 2000. Évaluation de l'âge d'un tapis d'un mètre carré de *Clintonia borealis,* à partir des données d'Angevine & Handel 1986. Communication personnelle, non publiée.

Nantel, P., D. Gagnon & A. Nault. 1996. Population viability analysis of american ginseng and wild leek harvested in stochastic environments. Conservation Biology 10(2): 608-621.

Nault, A. 1996. Précisions sur l'ail. Franc-Vert 13(1): 5.

Nault, A. 2000a. Ensemencer l'ail des bois. La terre de chez nous, décembre.

Nault, A. 2000b. Sem'ail programme public d'ensemencement d'ail des bois au Québec. Biodôme de Montréal, Montréal, Québec.

Nault, A. 2001. Ail des bois: longévité, populations disparues au Québec. Communication personnelle non publiée. Biodôme de Montréal.

Nault, A. & D. Gagnon. 1987. Some aspects of the pollination ecology of wild leek, *Allium tricoccum* Ait. Plant species biology 2: 127-132.

Nault, A. & D. Gagnon. 1988. Seasonal biomass and nutrient allocation patterns in wild leek *(Allium tricoccum* Ait.), a spring geophyte. Bulletin of the Torrey Botanical Club 115(1): 45-54.

Nault, A. & D. Gagnon. 1993. Ramet demography of *Allium tricoccum,* a spring ephemeral, perennial forest herb. Journal of Ecology 81: 101-119.

Nesom, G.L. & J.C. La Duke. 1985. Biology of *Trillium nivale (Liliaceæ).* Canadian Journal of Botany 63: 7-14.

Newcomb, L. 1977. Newcomb's wildflower guide / An ingenious new key system for quick, positive field identification of the wildflowers, flowering shrubs and vines of northeastern and north-central North America. Little, Brown and Co., Boston, Massachusetts.

Newell, S.J. 1983. Demography of Newfoundland populations of three *Viola* species. Canadian Journal of Botany 61: 2581-2591.

Newell, S.J., O.T. Solbrig & D.T. Kincaid. 1981. Studies on the population biology of the genus *Viola.* III. The demography of *Viola blanda* and *Viola pallens.* Journal of Ecology 69: 997-1016.

Nichols, G.E. 1934. The influence of exposure to winter temperatures upon seed germination in various native american plants. Ecology 15: 364-373.

Niering, W.A. 1979. Audubon Society field guide to north american wildflowers: Eastern region. Alfred A. Knopf, New York.

Ogden, E.C., F.H. Steinmetz & F. Hyland. 1966. Check-list of the vascular plants of Maine. Révision de l'édition de 1948 par R.C. Bean, C.D. Richards & F. Hyland. Bulletin of the Josselyn Botanical Society of Maine No. 8, Orono, Maine.

Ogden, J. 1974. The reproductive strategy of higher plants II. The reproductive strategy of *Tussilago farfara.* Journal of Ecology 62: 291-324.

Ohara, M. 1989. Life history evolution in the genus *Trillium.* Plant Species Biology 4: 1-28.

Ohara, M., H. Takeda, Y. Ohno & Y. Shimamoto. 1996. Variations in the breeding system and the population genetic structure of *Trillium kamtschaticum (Liliaceæ).* Heredity 76: 476-484.

Ohara, M. & S. Higashi. 1987. Interference by ground beetles with the dispersal by ants of seeds of *Trillium* species *(Liliaceæ).* Journal of Ecology 75: 1091-1098.

Ohara, M. & S. Kawano. 1986a. Life history studies on the genus *Trillium (Liliaceæ).* I. Reproductive biology of four japanese species. Plant Species Biology 1: 35-45.

Ohara, M. & S. Kawano. 1986b. Life history studies on the genus *Trillium (Liliaceæ).* IV. Stage class structures and spatial distribution of four japanese species. Plant Species Biology 1: 147-161.

Ohara, M., S. Kawano & F.H. Utech. 1990. Differentiation patterns of reproductive systems in the genus *Trillium.* Plant Species Biology 5: 73-81.

Ohara, M. & F.H. Utech. 1986. Life history studies on the genus *Trillium (Liliaceæ).* III. Reproductive biology of six sessile-flowered species occuring in the southeastern United States with special reference to vegetative reproduction. Plant Species Biology 1: 135-145.

Ohara, M. & F.H. Utech. 1988. Life history studies on the genus *Trillium (Liliaceæ).* V. Reproductive biology and survivorship of three declinate-flowered species. Plant Species Biology 3: 35-41.

Ohwi, J. 1965. Flora of Japan [version anglaise: Meyer, F.G. & E.H. Walker (rédacteurs)]. Smithsonian Institution, Washington, D.C.

Oinonen, E. 1971. The time table of vegetative spreading in oak fern *(Carpogymnia dryopteris* (L.) Löve & Löve) and may-lily *(Maianthemum bifolium* (L.) F.W. Schmidt) in southern Finland. Acta forestalia fennica 118: 4-37

Ornduff, R. 1980. Heterostyly, population composition, and pollen flow in *Hedyotis cærulea* (in the Piedmont region of North Carolina). American Journal of Botany 67: 95-103.

Overton, J.B. 1902. Parthenogenesis in *Thalictrum purpurascens.* Botanical Gazette 33: 363-375.

Ownbey, R.P. 1944. The liliaceous genus *Polygonatum* in North America. Annals of the Missouri Botanical Garden 31: 373-413.

Packham, J.R. 1978. Biological flora of the British Isles: *Oxalis acetosella* L. Journal of Ecology 66: 669-693.

Pady, S.M. 1939. Host invasion in systemic infections of *Uromyces caladii.* Mycologia 31: 590-605.

Palaiseul, J. 1972. Nos grands-mères savaient... La vérité sur les plantes et la vie naturelle. Éditions du Jour / Robert Laffont, Montréal / Paris.

Paris, R.R. & H. Moyse. 1971, 1976, 1981. Précis de matière médicale. 3 volumes. Masson, Paris.

Parks, C.R. & J.W. Hardin. 1963. Yellow Erythroniums of the eastern United States. Brittonia 15(3): 245-258.

Payette, S. & E. Lepage. 1977. La flore vasculaire du golfe de Richmond, baie d'Hudson, Nouveau-Québec. Provancheria n° 7, Mémoires de l'Herbier Louis-Marie, université Laval, Québec.

Pellet, F.C. 1976. American honey plants, 5th edition. Dadant & Sons, Hamilton, Illinois.

Peterson, L. 1978. A field guide to edible wild plants / The Peterson field guide series. Houghton Mifflin Co., Boston.

Peterson, M.G. 1905. How to know the wild fruits. Réimpression de 1973. Dover Publications, New York.

Petrides, G.A. 1986. A field guide to trees and shrubs (northeastern and north-central United States and southeastern and south-central Canada) /The Peterson field guide series. Houghton Mifflin Co., Boston.

Phipps, J.B. & M. Muniyamma. 1980. A taxonomic revision of *Cratægus (Rosaceæ)* in Ontario. Canadian Journal of Botany 58: 1621-1699.

Pickett, F.L. 1915. A contribution to our knowledge of *Arisæma triphyllum.* Memoirs of the Torrey Botanical Club 16: 1-55.

Pilet, P.-E. 1968. Les mouvements végétaux, 2e édition. Que sais-je? n° 569, Presses universitaires de France, Paris.

Piper, J.K. 1986. Germination and growth of bird-dispersed plants: effects of seed size and light on seedling vigor and biomass allocation. American Journal of Botany 73: 959-965.

Piper, J.K. 1989. Light, flowering, and fruiting within patches of *Smilacina racemosa* and *Smilacina stellata (Liliaceæ).* Bulletin of the Torrey Botanical Club 116: 247-257.

Pitelka, L.F., S.B. Hansen & J.W. Ashmun. 1985. Population biology of *Clintonia borealis.* I. Ramet and patch dynamics. Journal of Ecology 73: 169-183.

Plowright, R.C. 1981. Nectar production in the boreal forest lily *Clintonia borealis.* Canadian Journal of Botany 59: 156-160.

Porsild, A.E. 1958. Geographical distribution of some elements in the flora of Canada. Geographical Bulletin 11: 57-77.

Porsild, A.E. & W.J. Cody. 1980. Vascular plants of the continental Northwest Territories, Canada. National Museum of Natural Sciences, National Museums of Canada, Ottawa.

Porter, C.L. 1960. The *liliaceæ* of Wyoming. Rocky Mountain Herbarium, University of Wyoming, leaflet 33. Laramie, Wyoming.

Prange, R.K., D.P. Ormrod & J.T.A. Proctor. 1984. Effect of frond age on frond elongation, gas exchange, and water relations in the ostrich fern *(Matteuccia struthiopteris).* Canadian Journal of Botany 62: 2094-2100.

Prange, R.K. & P. von Aderkas. 1985. The biological flora of Canada. 6. *Matteuccia struthiopteris* (L.) Todaro, Ostrich Fern. Canadian Field-Naturalist 99: 517-532.

Pratt, A. 1873. Flowering plants, grasses, sedges and ferns of Great Britain, and their allies the club mosses, pepperworts and horsetails. 6 volumes. 3rd edition. Frederick Warne & Co., London.

Prieur, B. 1988. L'iris vs notre chameau d'emblème floral. Franc-Nord 5(3): 6-9.

Primack, R.B. 1996. Return of a native. Natural History, May: 46-47.

Primack, R.B. & P. Hall. 1990. Costs of reproduction in the pink lady's slipper orchid: a four-year experimental study. American Naturalist 136: 638-656.

Pringle, J.S. 1970. The Trilliums of Ontario. Royal Botanical Garden Technical Bulletin No. 5, Hamilton, Ontario.

Provancher, L. 1862. Flore canadienne, accompagnée d'un vocabulaire des termes techniques et de clefs analytiques. 2 volumes. Joseph Darveau Éditeur-Imprimeur, Québec.

Provancher, L. 1871. L'asaret du Canada. Le Naturaliste canadien 3(2): 55-56.

Pudlo, R.J. A.J. Beattie & D.C. Culver. 1980. Population consequences of changes in an ant-seed mutualism in *Sanguinaria canadensis.* Oecologia (Berlin) 146: 32-37.

Radford, A.E., H.E. Ahles & C.R. Bell. 1968. Manual of the vascular flora of the Carolinas. University of North Carolina Press, Chapel Hill, North Carolina.

Rameau J.C., D. Mansion, G. Dumé, J. Timbal, A. Lecointe, P. Dupont & R. Keller. 1989. Flore forestière française, guide écologique illustré. 1- Plaines et collines; 2- Montagnes. Institut pour le développement forestier, ministère de l'Agriculture et de la Forêt, France.

Raymond, M. 1947. Notes sur la double distribution de certaines espèces boréales. Le Naturaliste canadien 74: 17-20. Repris dans Contributions de l'Institut botanique de l'Université de Montréal n° 62: 11-14.

Raymond, M. 1949a. Le *Claytonia virginica* L. dans le Québec. Le Naturaliste canadien 76(8-10): 201-204.

Raymond, M. 1949b. Notes sur les *Arisæma* du Québec. Contributions de l'Institut botanique de l'Université de Montréal n° 64: 43-50.

Raymond, M. 1955. Une variété nouvelle du *Cerastium arvense* L. Bulletin de la Société botanique de France 102(3-4): 125-127.

Raymond, Y., D. Grenier, F. Mercier & P.-P. Leblanc. 1971. Étude qualitative des acides gras de la graine d'*Actæa rubra* Wild. Le Naturaliste canadien 98: 955-958.

Reed, C.F. 1962. The genus *Trillium* in Kentucky. Castanea 27(3): 143-155.

Reed, C.F. 1970. Selected weeds of the United States. Agriculture Handbook 366, US Department of Agriculture.

Reveal, J.L. 1993. *Streptopus lanceolatus* (Aiton) Reveal, a new name for *Streptopus roseus* Michx *(Convallariaceæ).* Phytologia 74: 185-189.

Reznicek, T. & D.M. Britton. 1971. Chromosome studies on the spring beauties, *Claytonia,* in Ontario. The Michigan Botanist 10: 51-62.

Riley, J.L. & S.M. McKay. 1980. The vegetation and phytogeography of coastal southwestern James Bay. Life Science contributions No. 124, Royal Ontario Museum, Toronto.

Rimbach, A. 1900. Physiological observations on some perennial herbs. Botanical Gazette 30: 171-188.

Ringius, G.S. & J.G. Chmielewski. 1987. Morphological variation within and among six populations of *Trillium erectum* in southern Ontario. Canadian Journal of Botany 65: 2450-2457.

Ringius, G.S. & R.A. Sims. 1997. Plantes indicatrices des forêts canadiennes. Ressources naturelles Canada, Service canadien des forêts. Ottawa.

Risser, P. & G. Cottam. 1967. Influence of temperature on the dormancy of some spring ephemerals. Ecology 48: 500-503.

Robert, P. 1987. Le Grand Robert de la langue française. 2e édition revue et enrichie par A. Rey. Le Robert, Paris.

Roland, A.E. & E.C. Smith. 1966-69. The flora of Nova Scotia. Part I: The Pteridophytes, Gymnosperms, and Monocotyledons; Part II: The Dicotyledons. Proceedings of the Nova Scotian Institute of Science (Halifax) 26(2): 3-238; 26(4): 277-743.

Rolland, E. 1896-1914. Flore populaire. Tomes I-XI. Réimpression de 1967. Éditions G.-P. Maisonneuve et Larose, Paris.

Rollins, R.C. 1993. The *Cruciferæ* of continental North America. Stanford University Press, Stanford, Californie.

Romer, T. 1995. L'«orchidée du Nord»: notre iris sauvage. Fleurs, Plantes et Jardins 6(2): 78-80.

Rouleau, E. 1986. Index epithetorium specificorum phanerogamarum (1753—1975). Manuscrit de 19 541 fiches, donné pour publication au Royal Botanic Gardens, Kew. Copie déposée à la bibliothèque du Jardin botanique de Montréal.

Rouleau, E. & G. Lamoureux. 1992. Atlas des plantes vasculaires de l'île de Terre-Neuve et des îles de Saint-Pierre-et-Miquelon / Atlas of the vascular plants of the island of Newfoundland and of the islands of Saint-Pierre-et-Miquelon. Fleurbec éditeur, Saint-Henri-de-Lévis, Québec.

Rousseau, C. 1968. Histoire, habitat et distribution de 220 plantes introduites au Québec. Le Naturaliste canadien 95: 49-171. Repris dans Ludoviciana n° 5, Contributions de l'Herbier Louis-Marie, université Laval, Québec.

Rousseau, C. 1974. Géographie floristique du Québec-Labrador. Travaux et documents du Centre d'études nordiques n° 7, Les Presses de l'université Laval, Québec.

Rousseau, J. 1935. *Viola* — Violette. Pages 274-282 dans Marie-Victorin, Frère. 1995. Flore laurentienne, 3e édition. Les Presses de l'Université de Montréal, Montréal.

Rousseau, J. 1937. La botanique canadienne à l'époque de Jacques Cartier. Contributions du Laboratoire de botanique de l'Université de Montréal n° 28.

Rousseau, J. 1946-48. 1. Notes sur l'ethnobotanique d'Anticosti; 2. Ethnobotanique abénakise; 3. Ethnobotanique et ethnozoologie gaspésiennes. Mémoire du Jardin botanique de Montréal n° 2.

Rousseau, J. 1955. Les noms populaires des plantes au Canada français. Mémoires du Jardin botanique de Montréal n° 43.

Rousseau, J. 1966. La fleur-de-lis et l'emblème floral du Québec. Cahier des Dix 31: 27-78.

Rousseau, J., G. Béthune & P. Morisset. 1977. Voyage de Pehr Kalm au Canada en 1749. Traduction annotée du journal de route inédit. Pierre Tisseyre, Montréal.

Rousseau, J. & M. Raymond. 1945. Études ethnobotaniques québécoises: 1. Le folklore botanique de Caughnawaga, 2. Le folklore botanique de l'île aux Coudres, 3. Notes ethnobotaniques sur les Tête-de-Boule de Manouan. Contributions de l'Institut botanique de l'Université de Montréal n° 55.

Rowe, J.S. 1972. Les régions forestières du Canada. Publication n° 1300F, Service canadien des forêts, ministère de l'Environnement, Ottawa.

Roy, C. 1966a. Littérature orale en Gaspésie, 2e édition. Bulletin n° 134, Musée des sciences naturelles, Musées nationaux du Canada, Ottawa.

Roy, C. 1966b. Saint-Pierre et Miquelon: une mission folklorique aux îles, 2e édition. Bulletin n° 182, Musée des sciences naturelles, Musées nationaux du Canada, Ottawa.

Rudd, V.E. 1951. Geographical affinities of the flora of North Dakota. American Midland Naturalist 45(3): 722-739.

Ruhren, S. & M. R. Dudash. 1996. Consequences of the timing of seed release of *Erythronium americanum (Liliaceæ)*, a deciduous forest myrmecochore. American Journal of Botany 83(5): 633-640.

Russell, N.H. 1965. Violets *(Viola)* of central and eastern United States: An introductory survey. Sida, Contributions to botany 2(1): 1-113.

Rust, R.W. 1980. Pollen movement and reproduction in *Arisæma triphyllum.* Bulletin of the Torrey Botanical Club 107: 539-542.

Rydberg, P.A. 1906. Flora of Colorado. Agricultural Experiment Station, Colorado Agricultural College, Fort Collins.

Rydberg, P.A. 1922. Flora of the Rocky Mountains and adjacent plains. Réimpression de 1954. Hafner Publishing Co., New York.

Sabot, J. 1980. 150 plantes mellifères / Culture, multiplication. Collection Faire soi-même, La Maison rustique, Paris.

Sabourin, A. 1991. Guide des crucifères sauvages de l'est du Canada. Publié à compte d'auteur, Blainville, Québec. / Publié en plusieurs parties dans la revue Quatre-Temps (Les Amis du Jardin botanique de Montréal), Québec.

Sabourin, A. 2001. Ail des bois: populations disparues au Québec. Communication personnelle non publiée. Blainville, Québec.

Salisbury, F.B. 1990. Snow flowers. Wildflower 6(1): 16-18.

Salvet, J.-M. 1999. Emblèmes québécois / Le papillon Amiral et l'iris versicolore en bonne position. Le Soleil (Québec), 7 mai, page A-8.

Sanders, J. 1987. Ah, spring!. Wildflower 3(2): 12-15.

Sanders, J. 1989. Our tulip in the grass. Wildflower 5(2): 10-13.

Sanders, J. 1996. Born to the Purple; Larger Blue Flag, *Iris versicolor.* Wildflower 12(3): 8-9.

Sargent, C.S. 1922. Manual of the trees of North America. 2 volumes. Réimpression de 1965. Dover Publications, New York.

Saucier, J-P., P. Grondin, A. Robitaille & J.-F. Bergeron. 1998. Les zones de végétation et les domaines bioclimatiques du Québec /Carte et texte. Gouvernement du Québec, ministère des Ressources naturelles, Québec. <http://www.mrn.gouv.qc.ca/3/30/300/zones_vegetation/zone_veg.asp>

Saunders, C.F. 1934. Useful wild plants of the United States and Canada. Robert Mc Bride & Co., New York.

Sauvé, P.-M. 1977. La teinturerie naturelle au Québec. Les Éditions de l'Aurore, Montréal.

Sawkins, M.C. & H.N. McGough. 1993. The genus *Trillium* in trade. Traffic Bulletin 13(3): 117-121.

Schaffner, J.H. 1925. Experiments with various plants to produce change of sex in the individual. Bulletin of the Torrey Botanical Club 52: 35-47.

Schaffner, J.H. 1932. Revised Catalog of Ohio Vascular Plants. Ohio Biological Survey 5(2), Bulletin No. 25. Columbus, Ohio.

Schellner, R.A., S.J. Newell & O.T. Solbrig. 1982. Studies on the population biology of the genus *Viola.* IV. Spatial pattern of ramets and seedlings in three stoloniferous species. Journal of Ecology 70: 273-290.

Schemske, D.W. 1977. Flowering phenology and seed set in *Claytonia virginica (Portulacaceæ).* Bulletin of the Torrey Botanical Club 104: 254-263.

Schemske, D.W. 1978. Sexual reproduction in an Illinois population of *Sanguinaria canadensis* L. American Midland Naturalist 100: 261- 268.

Schemske, D.W., M.F. Willson, M.N. Melampy, L.J. Miller, L. Verner, K.M. Schemske & L.B. Best. 1978. Flowering ecology of some spring woodland herbs. Ecology 59: 351-366.

Schery, R.W. 1972. Plants for man, 2nd edition. Prentice-Hall, Englewood Cliffs, New Jersey.

Schrank, F. v. P. von. 1818. Aufzählung einiger Pflanzen aus Labrador, mit Anmerkungen. Denkschriften der Königlich — Baierischen Botanischen Gesellschaft in Regensburg 1(2): 1-30.

Schweinitz, Lewis David von. 1822. Attempt of a monography of the Linnean genus *Viola,* comprising all the species hitherto observed in North-America. American Journal of Sciences and Arts 5: 48-81.

Scoggan, H.J. 1950. The flora of Bic and the Gaspe Peninsula, Quebec. Bulletin No. 115, National Museum of Canada, Ottawa.

Scoggan, H.J. 1957. Flora of Manitoba. Bulletin No. 140, National Museum of Canada, Ottawa.

Scoggan, H.J. 1978-1979. The flora of Canada. 4 volumes. Musée national des sciences naturelles, Musées nationaux du Canada, Ottawa.

Secrétariat d'état. 1975. Flore du Canada. Bulletin de terminologie n° 156, Bureau des traductions, Ottawa.

Seibert, T.F. & J.A. Savidge. 1991. Pollination and breeding biology of large-flowered bellwort, *Uvularia grandiflora.* Canadian Field-Naturalist 105: 392-394.

Sélection du Reader's Digest. 1987. Guide des plantes sauvages. Sélection du Reader's Digest (Canada), Montréal, Québec.

Seymor, R.S. 1997. Plants that warm themselves. Scientific American. March 104-109.

Seymour, F.C. 1989. The Flora of New England, 2nd edition. Réimpression de 1993. The Charles E. Tuttle Co., Ruthland, Vermont.

Sharr, F.A. 1978. Western Australian plant names and their meanings / A glossary. University of Western Australia Press, Fremantle, Western Australia.

Sherk, L.C. 1967. La culture des plantes emblèmes du Canada. Publication n° 1288, ministère de l'Agriculture du Canada, Ottawa.

Shetler, S.G & L.E. Skog (rédacteurs). 1978. A provisional checklist of species for Flora North America (Revised). Missouri Botanical Garden.

Shinners, L.H. 1957. *Sisyrinchium bermudiana* L. instead of *S. angustifolium* Miller. Rhodora 59: 159-160.

Silva, J.F., T.M. Kana & O.T. Solbrig. 1982. Shoot demography in New England populations of *Maianthemum canadense* Desf. Oecologia 52: 181-186.

Silvertown, J.W. 1987. Introduction to plant population ecology. Second edition. Longman Scientific & Technical / John Wiley & Sons, New York.

Slade, A.J. & M.J. Hutchings. 1987. The effects of nutrient availability on foraging in the clonal herb *Glechoma hederacea.* Journal of Ecology 75: 95-112.

Small, E. & P.M. Catling. 2000. Les cultures médicinales canadiennes. Les Presses scientifiques du CNRC, Ottawa.

Small, J.A. 1959. Skunk cabbage, *Symplocarpus fœtidus.* Bulletin of the Torrey Botanical Club 86(6) : 413-421.

Small, J.K. 1933. Manual of the Southeastern flora. University of North Carolina Press, Chapel Hill, North Carolina.

Smith, B.H. & C.E. Derivera & C.L. Bridgman & J.J. Woida. 1989. Frequency-dependent seed dispersal by ants of two deciduous forest herbs. Ecology 70: 1645-1648.

Smith, H.H. 1933. Ethnobotany of the forest Potawatomi Indians. Bulletin of the Public Museum of the city of Milwaukee 7(1): 1-230.

Smythe, M. 1989. The great trillium robbery. Wildflower 5(2): 19.

Sobey, D.G. & P. Barkhouse. 1977. The structure and rate of growth of the rhizomes of some forest herbs and dwarf shrubs of the New Brunswick–Nova Scotia Border region. Canadian Field-Naturalist 91: 377-383.

Soeurs des Saints Noms de Jésus et de Marie. 1941. Teintures végétales / Extraits des plantes de chez nous. École ménagère régionale de Sainte-Martine, Québec.

Solbrig, O.T. 1981. Studies on the population biology of the genus *Viola.* II. The effect of plant size on fitness in *Viola sororia.* Evolution 35(6): 1080-1093.

Solbrig, O.T., F.W. Curtis, D.T. Kincaid & S.J. Newell. 1988. Studies on the population biology of genus *Viola.* V. The demography of *Viola fimbriatula* and *Viola lanceolata.* Journal of Ecology 76: 301-319.

Solbrig, O.T., S.J. Newell & D.T. Kincaid. 1980. The population biology of the genus *Viola.* I. The demography of *Viola sororia.* Journal of Ecology 68: 521-546.

Soltis, D.E. & B.A. Bohm. 1984. Karyology and flavonoid chemistry of the disjunct species of *Tiarella (Saxifragaceæ).* Systematic Botany 9: 441-447.

Soper, J.H. 1952. Phytogeographic studies in Ontario. 1- The genus *Uvularia* in southern Ontario. Rhodora 54: 57-66.

Soper, J.H. & M.L. Heimburger. 1982. Shrubs of Ontario. Royal Ontario Museum, Life sciences miscellaneous publication, Toronto, Ontario.

Soper, J.H., A. Sathyanarayana Rao. 1958. An interesting spring harbinger. Bulletin of Federation of Ontario Naturalists 79: 19-22.

Sørensen, T. 1958. Sexual chromosome-aberrants in triploid apomictic *Taraxaca.* Saertryk af Botanisk Tidsskrift 54: 1-22.

Sperka, M. 1973. Growing wildflowers / A gardener's guide. Harper & Row, Publishers, New York.

St. John, H. 1937. A new *Thalictrum* from Mount Rainier, Washington. Madronõ 4(4): 114-115.

St. John, H. 1963. Flora of southeastern Washington and adjacent Idaho, 3rd edition. Outdoor pictures, Escandido, California.

Stafleu, F.A. 1967. Taxonomic literature / A selective guide to botanical publications with dates, commentaries and types. Regnum Vegetabile volume 52, Utrech, Netherlands.

Staudt, G. 1962. Taxonomic studies in the genus *Fragaria;* typification of *Fragaria* species known at the time of Linnæus. Canadian Journal of Botany 40: 869-886.

Staudt, G. 1999. Systematics and geographic distribution of the american strawberry species. Taxonomic studies in the genus *Fragaria (Rosaceæ: Potentilleæ).* University of California Publications in Botany, Volume 81.

Stearn, W.T. 1966. Botanical Latin / History, grammar, syntax, terminology and vocabulary. Hafner Publishing Co., New York.

Stebbins, G.L. 1971. Chromosomal evolution in higher plants. Prentice-Hall, London.

Steinmetz, E.F. 1947. Vocabularium botanicum. E.F. Steinmetz, Amsterdam.

Stern, K.R. 1961. Revision of *Dicentra (Fumariaceæ).* Brittonia 13: 1-57.

Stevens, C. 1968. A remarkable disjunct occurrence of *Cornus canadensis* in the Virginia Blue Ridge. Castanea 33: 247-248.

Steyermark, J.A. 1968. Flora of Missouri. The Iowa State University Press, Ames, Iowa.

Stokes, D.W. & L.Q. Stokes. 1992. An easy guide to growing and identifying wildflowers. Little Brown and Co., United States of America.

Stork, H.E. 1920. Studies in the genus *Taraxacum.* Bulletin of the Torrey Botanical Club 47: 199-207.

Straley, G.B., R.L. Taylor & G.W. Douglas. 1985. The rare vascular plants of British Columbia. Syllogeus n° 59, Musée national des sciences naturelles, Musées nationaux du Canada, Ottawa.

Strausbaugh, P.D. & E.L. Core. 1952-53. Flora of West Virginia. 2 Parts. West Virginia University Bulletin, Series 52 No. 12-2 and Series 53 No. 12-1, West Virginia.

Stuckey, R. L. 1998. Rafinesque's botanical pursuits in the Ohio valley (1818-1826). Journal of the Kentucky Academy of Science 59(2): 111-157.

Sutherland, S. & L.F. Delph. 1984. On the importance of male fitness in plants: patterns of fruit-set. Ecology 65: 1093-1104.

Tappeiner II, J.C. & P.B. Alaback. 1989. Early establishment and vegetative growth of understory species in the western helmock — Sitka spruce forests of southeast Alaska. Canadian Journal of Botany 67: 318-326.

Taylor, A. 1998. Unusual forms of *Trillium grandiflorum.* CBCN (Canadian Botanical Conservation Network) Newsletter 3(2): 9-10.

Taylor, K.S. & S.F. Hamblin. 1963. Handbook of Wildflower cultivation. Réimpression de 1976. Collier Books, New York.

Taylor, T.M.C. 1966. The Lily family *(Liliaceæ)* of British Columbia. British Columbia Provincial Museum, Department of Recreation and Conservation, Victoria.

Taylor, T.M.C. 1973. The rose family *(Rosaceæ)* of British Columbia. British Columbia Provincial Museum, Handbook 30, Victoria.

Thaler, G.R. & R.C. Plowright. 1979. The effect of aerial insecticide spraying for spruce budworm control on the fecundity of entomophilous plants in New Brunswick. Canadian Journal of Botany 58: 2022-2027.

Thibault, M. & D. Hotte. 1985. Carte des régions écologiques du Québec méridional, deuxième approximation. Service de la cartographie, ministère de l'Énergie et des Ressources, Québec.

Thompson, D.A. & A.J. Beattie. 1981. Density-mediated seed and stolon production in *Viola (Violaceæ).* American Journal of Botany 68: 383-388.

Thompson, I. 1939. Geographical affinities of the flora of Ohio. American Midland Naturalist 21: 737.

Todd, P. 1993. Le langage des fleurs. Leurs symboles, leurs vertus, leurs secrets. France loisirs, Paris,

Tralau, H. (rédacteur). 1969. Index Holmensis, a world phytogeographic index; volume I: *Equisetales, Isoetales, Lycopodiales, Psilotales, Filicales, Gymnospermæ.* The Scientific Publishers, Zürich.

Tralau, H. (rédacteur). 1972-1973-1974. Index Holmensis, a world index of plant distribution maps; volume II: *Monocotyledoneæ* A-I; volume III: *Monocotyledoneæ* J-Z; volume IV: *Dicotyledoneæ* A-B. The Scientific Publishers, Zürich.

Tralau, H. (rédacteur). 1981. Index Holmiensis, a world index of plant distribution maps; volume V: *Dicotyledoneæ* C. Swedish Natural Science Research Council, Stockholm, Sweden.

Trease, G.E. & W.C. Evans. 1971. Pharmacognosy. Balliere Tindall, London.

Trelawny, J.G. 1983. Wildflowers of the Yukon and northwestern Canada including adjacent Alaska. Sono Nis Press, Victoria, British Columbia.

Tumidajowicz, D. 1975. Population dynamics of *Anemone nemorosa* in the Niepolomice forest. Bulletin de l'Académie polonaise des sciences, série des sciences biologiques, Cl. II, 23(2): 101-108.

Turner, N.J. & A.F. Szczawinski. 1980. Common poisonous plants and mushrooms of North America Timber Press, Portland, Oregon.

Tutin, T.G., V.H. Heywood, N.A. Burges, D.M. Moore, D.H. Valentine, S.M. Walters (rédacteurs). 1964-1980. Flora Europæa. 5 volumes. Cambridge University Press, Cambridge, Great Britain.

Uemura, S., K Ohkawara, G. Kudo, N. Wada & S. Higashi. 1993. Heat-production and cross-pollination of the asian skunk cabbage *Symplocarpus renifolius (Araceæ).* American Journal of Botany 80(6): 634-640.

Ugborogho, R.E. 1977. North american *Cerastium arvense* L.: taxonomy, reproductive system and evolution. Fyton 35(2): 169-187.

Utech, F. & L.B. Thien. 1973. Chromosome numbers in *Clintonia borealis (Liliaceæ).* The Michigan Botanist 12: 122-128.

Valentine, D.H. 1976. Patterns of variation in north temperate taxa with a wide distribution. Taxon 25: 225-231.

Vance, F.R., J.R. Jowsey & J.S. McLean. 1984. Wildflowers across the Prairies. Revised and expanded. Western Producer Prairie Books, Saskatoon, Saskatchewan.

Vander Kloet, S.P. 1978. Systematics, distribution and nomenclature of the polymorphic *Vaccinium angustifolium.* Rhodora 80: 358-376.

Vander Kloet, S.P. & I.V. Hall. 1981. The biological flora of Canada. 2. *Vaccinium myrtilloides* Michx., velvet-leaf blueberry, ecologic aspects, geographic distribution. Canadian Field-Naturalist 95: 329-345.

Vankat, J.L. 1979. The natural vegetation of North America / An introduction. John Wiley & Sons, New York.

Vasseur, L. & D. Gagnon. 1994. Survival and growth of *Allium tricoccum* Ait. transplants in different habitats. Biological Conservation 68: 107-114.

Vasseur, L., D. Gagnon & J.-P. Simon. 1990. Isoenzymatic variability among populations and varieties of wild leek *(Allium tricoccum).* Biochemical Systematics and Ecology 18(5): 321-324.

Veyron, M. 1989. Dictionnaire canadien des noms propres. Larousse Canada, Boucherville, Québec.

Vézina, A. & J. Cayouette. 1974. Rapport complémentaire sur la distribution de *Matteuccia struthioptheris* (L.) Todaro en Gaspésie et ses possibilités d'exploitation. Rapport soumis à l'Office de développement de l'Est du Québec. Faculté des sciences de l'agriculture et de l'alimentation, université Laval, Québec.

Vézina, P.E. & M.M. Grandtner. 1965. Phenological observations of spring geophytes in Quebec. Ecology 46: 869-872.

Voisard, A.-M. 1999. L'iris pour la St-Jean / Les botanistes en campagne pour soutenir le projet de loi du ministre Perreault. Le Soleil (Québec), 8 mai, page A-25.

von Aderkas, P. 1984. Economic history of Ostrich fern, *Matteuccia struthiopteris,* the edible fiddlehead. Economic Botany 38(1): 14-23.

von Aderkas, P. & P.E.J. Green. 1986. Leaf development of the ostrich fern *Matteuccia struthiopteris* (L.) Todaro. Botanical Journal of the Linnean Society 93: 307-321.

Voss, E.G. 1968. The spring beauties *(Claytonia)* in Michigan. The Michigan Botanist 7: 77-93.

Voss, E.G. 1972-1985-1996. Michigan flora / A guide to the identification and occurrence of the native and naturalized seed-plants of the State. Part I: Gymnosperms and Monocots; Part II: Dicots *(Saururaceæ - Cornaceæ)*; Part III: *Dicots (Pyrolaceæ - Compositæ).* Cranbrook Institute of Science and University of Michigan Herbarium, Ann Arbor, Michigan.

Wagstaff, S.J. & Taylor R.J. 1988. Genecology of *Cerastium arvense* and *C. beeringianum (Caryophyllaceæ)* in northwest Washington. Madroño 35(3): 266-277.

Waller, D.M. 1981. Neighborhood competition in several violet populations. Oecologia 51: 116-122.

Walton, G.B. & L. Hufford. 1994. Shoot architecture and evolution of *Dicentra cucullaria (Papaveraceæ, Fumarioideæ).* International Journal of Plant Sciences 155(5): 553-568.

Waltz, D. 1962. Phytogeographia Laurentiana. III - Les conditions de distribution gaspésienne du *Tussilago farfara* L. Contributions de l'Institut botanique de l'Université de Montréal n° 76. (Extrait de Le Naturaliste canadien 89: 38-65.)

Ward, D.B. 1968. The nomenclature of *Sisyrinchium bermudiana* and related north american species. Taxon 17: 270-276.

Wein, G.R. & S.T.A. Pickett. 1988. Dispersal, establishment, and survivorship of a cohort of *Erythronium americanum.* Bulletin of the Torrey Botanical Club 116: 240-246.

Weiner, M.A. 1972. Earth medecine — earth foods / Plant remedies, drugs, and natural foods of the North American Indians. Macmillan Publishing Co., New York.

Werpachowski, C. 1989. Reproductive strategies of *Caltha palustris* L. under various living conditions. Acta Societatis Botanicorum Poloniae 58: 423-438.

Wheeler, W. 1993. Le lys. Michel Aveline éditeur, Paris.

Wheelwright, E. 1935. Medicinal plants and their history. Réimpression de 1974. Dover Publications, New York.

Wherry, E.T., J.M. Fogg Jr. & H.A. Wahl. 1979. Atlas of the flora of Pennsylvania. The Morris Arboretum of the University of Pennsylvania, Philadelphia.

Whigham, D. 1974. An ecological life history study of *Uvularia perfoliata* L. The American Midland Naturalist 91(2): 343-359.

White, D.J. & K.L. Johnson. 1980. Les plantes vasculaires rares du Manitoba. Syllogeus n° 27, Musée national des sciences naturelles, Musées nationaux du Canada, Ottawa.

Whitman, A.A., M.L. Hunter Jr & J.W. Witham. 1998. Age distribution of ramets of a forest herb, Wild Sarsaparilla, *Aralia nudicaulis (Araliaceae).* Canadian Field-Naturalist 112(1): 37-44.

Wilbur, R.L. 1963. A revision of the north american genus *Uvularia (Liliaceæ).* Rhodora 65: 158-188.

Willemin, V & G.-A. Langlois. 1988. Dites-le avec des fleurs. Syros.

Willis, J.C. 1966. A dictionary of the flowering plants and ferns, 7th edition. Cambridge University Press, Cambridge, Great Britain.

Willson, M.F. 1983. Natural history of *Actæa rubra:* fruit dimorphism and fruit / seed predation. Bulletin of the Torrey Botanical Club 110: 298-303.

Wilson J.G. & J. Fiske (editors). 1895. Clinton, DeWitt. Appleton's Cyclopaedia of American Biography, volume 1, pages 660-661. D. Appleton & Co., New York.

Wolfe, L.M. 1983. The effect of plant size on reproductive characteristics in *Erythronium americanum (Liliaceæ).* Canadian Journal of Botany 61: 3489-3493.

Worthen, W.B. & E.W. Stiles. 1986. Phenotypic and demographic variability among patches of *Maianthemum canadense* (Desf.) in central New Jersey (USA), and the use of self-incompatibility for clone discrimination. Bulletin of the Torrey Botanical Club 113: 398-405.

Worthen, W.B. & E.W. Stiles. 1988. Pollen-limited fruit set in isolated patches of *Maianthemum canadense* Desf. in New Jersey (USA). Bulletin of the Torrey Botanical Club 115: 299-305.

Young J.A. & C.G. Young. 1992. Seeds of woody plants in North America (Revised and enlarged edition). Dioscorides Press (Timber Press), Portland, Oregon.

Zichmanis, Z. & J. Hodgins. 1982. Flowers of the wild / Ontario and the Great Lakes Region. Oxford University Press, Toronto, Ontario.

Zomfeler, W.B. 1996. The *Trilliaceæ* in the southeastern United States. Havard Papers in Botany No. 9: 91-120.

Index
des autres guides Fleurbec

Cet index ne mentionne que les noms en titre pour les espèces décrites dans les autres guides Fleurbec.

c: Plantes sauvages comestibles
f: Fougères, prêles et lycopodes
l: Plantes sauvages des lacs, rivières et tourbières
m: Plantes sauvages du bord de la mer
v1: Plantes sauvages des villes et champs, volume 1
v2: Plantes sauvages des villes et champs, volume 2

A

B

H

I

J

K

L

M

N

O

P

Q

R

S

Index

En **gras:** définition, photo, texte principal consacré à une espèce.

En *italique:* nom latin d'espèce.

B

F

G

H

J

K

L

T

Ce premier titrage de la première édition de l'ouvrage
Flore printanière
a été achevé d'imprimer
le vingt-et-un mars deux mille deux
sur les presses de
J.B. Deschamps inc.
à Québec (Beauport)
sous la surveillance de Gisèle Lamoureux.

Numérisation et préimpression: Graphiscan Info-Couleur.
Conception, graphisme et mise en pages: Fleurbec.

Diffusion: Dimédia
539 boul. Lebeau, Ville Saint-Laurent, H4N 1S2, (514) 336-3941.

http://pages.globetrotter.net/fleurbec/
webmestre: Vincent Lebeau-Lamoureux